An Testament Nowyth

An Testament Nowyth

The New Testament in Cornish

evertype
2020

Dyllys gans/*Published by* Evertype, 19A Corso Street, Dundee, DD2 1DR, Scotland. *www.evertype.com*.

Trailyans Kernowek/*Cornish translation* © 2011–2020 Nicholas Williams.

Penscrefor/*Editor*: Michael Everson.

Penscrefor cùssulek/*Advisory editor*: Map Essa.

Kensa dyllans 2020. Daspryntys gans êwnansow Genver 2021.
First edition 2020. Reprinted with corrections January 2021.

Y kefyr covath rolyans rag an lyver-ma dhyworth an Lyverva Vretednek.
A catalogue record for this book is available from the British Library.

ISBN-10 1-78201-283-4 (aden gales)
ISBN-13 978-1-78201-283-2 (*hardcover*)

ISBN-10 1-78201-284-2 (aden vedhel)
ISBN-13 978-1-78201-284-9 (*paperback*)

Olsettys in Janson Text gans Michael Everson.
Typeset in Janson Text by Michael Everson.

Cudhlen ha mappys gans/*Cover and maps by* Michael Everson.

Rol an lyver

Raglavar	vi
Foreword	xiii
Mathew	1
Mark	48
Lûk	77
Jowan	127
Actys an Abosteleth	165
Romans	212
1 Corynthyans	233
2 Corynthyans	252
Galathyans	265
Efesyans	272
Fylyppyans	278
Colossyans	283
1 Thessalonyans	288
2 Thessalonyans	292
1 Tymothy	295
2 Tymothy	300
Tîtùs	304
Fylemon	307
Ebrowyon	308
Jamys	323
1 Peder	328
2 Peder	334
1 Jowan	338
2 Jowan	343
3 Jowan	344
Jûd	345
Revelacyon (pò Dysqwedhyans)	347
Mappys	370

Raglavar

I'n vledhen 2002 Spyrys a Gernow a wrug dyllo ow thrailyans vy a'n Testament Nowyth in Kernowek Udnys Amendys. Y feu versyon êwnhës a'n text-na warbarth gans an Testament Coth pùblyshys gans Evertype i'n vledhen 2011 avell *An Beybel Sans*.[1] Yth o an *Beybel Sans* screfys in Kernowek Standard (KS) yn tien. Yth yw an lyver-ma daspryntyans gans nebes amendyansow bian a'n Testament Nowyth in *An Beybel Sans*.

Pàn ylly radnow an Testament Nowyth bos kefys in Kernowek tradycyonal, y feu an keth tyleryow-na das-spellys in Kernowek Standard ha gorrys aberth i'n trailyans awoles. In mesk tyleryow a'n par-na y hyll bos recknys an trailyans gwrës gans Wella Rowe, Sancras, a Sen Mathew 2:1–20 ha chaptra 4 yn tien. Pelha y feu tyleryow mes a homylys Jowan Tregear ûsys kefrÿs, rag ensampyl Romans 2:17–24 (TH 14v)[2] ha Romans 3:9–18 (TH 7v). Devydnow cot erel in mes a'n Testament Nowyth yw kefys in textow Kernowek erel, spessly in *Pascon agan Arluth*, *Passio Christi*, ha *Resurrexio Domini*. Lûk 22:10–12 rag ensampyl, yw growndys wàr *Passio Christi* 627–640.

Y feu remnant an text trailys warlergh an versyon Grêk gweredhek. Rag hedna me a wrug devnyth a *The New Greek Interlinear New Testament*.[3] Yth o a brow traweythyow *The New English Bible*,[4] *The Good News Bible*,[5] *Y Beibl Cymraeg*

---

1 Williams, Nicholas, tr. 2011. *An Beybel Sans: The Holy Bible in Cornish*. Cathair na Mart: Evertype, 2011. ISBN 978-1-904808-70-1.

2 Abbreviations:

AB = Lhuyd, *Archæologia Britannica*

ACB = Pryce, *Archæologia Cornu-Britannica*

BF = Oliver Padel, ed. 1975. *Cornish Writings of the Boson Family*

BK = *Bewnans Ke*

BM = *Beunans Meriasek*

CW = *The Creation of the World*

PA = *Pascon agan Arluth*

PC = *Passio Christi*

RD = *Resurrexio Domini*

SA = *Sacrament an Alter*

TH = *Tregear's Homilies*

TWG = Wella Rowe. *The Word of God*. ISBN 978-1-326-10127-5.

3 Robert K. Brown, Philip W. Comfort, and J. D. Douglas, eds. 1990. *The New Greek Interlinear New Testament*. Wheaton Illinois: Tyndale House. ISBN 0-8423-1213-7.

4 *The New English Bible*. 1972. Resohen: An Cowethasow Beyblek in kescowethyans gans Gwask Ûnyversyta Resohen, Gwask Ûnyversyta Kergraunt. ISBN 0-564-00201-1.

Newydd,[6] hag *An Testament Nevez hon Aotrou hag hor Zalver Jesus-Christ*.[7] Me a veras inwedh traweythyow wàr an partys a'n Testament Nowyth o dyllys solabrÿs in Kernowek dasvêwys.[8]

Henwyn an lyfryow

An lyver-ma yw gelwys *An Testament Nowyth*, lavar ûsys gans Jowan Tregear (*e.g. ow pewa in dan an la han* **testament nowyth** TH 27r) ha gans *Sacrament an Alter* (*An chalys an* **Testament noweth** *ew an gois ew skvllys* SA 66r).

Aswonys dhyn yw henwyn an peswar awayl, rag Jowan Tregear a scrif: *so an auctorite an egglos a rug amyttya an peswar aweylar only,* **luk**, **mark**, **mathew**, *ha* **Jowan**. I'n trailyansow Kernowek dasvêwys dyllys i'n gansvledhen dhewetha, yma an awaylow gelwys *An Awayl herwyth Sen Mark*,[9] *An Awayl herwyth Sen Mathew*,[10] *An Awayl herwyth Sen Jowan*,[11] hag *An Awayl herwyth Sen Luk*.[12] I'n textow tradcyonal bytegyns *warlergh* yw an ger ûsys rag 'according to.' In gwir in *Beunans Meriasek* lînen 391 ny a red *warlergh sen luk*. Rag hedna in tîtlys an awaylow awoles *warlergh* yw ûsys kyns ès *herwyth*.

Pàn vo Tregear ow cul mencyon a'n dhyskyblyon warlergh an Assencyon ev a's gelow *an abesteleth* yn fenowgh. Wàr an tenewen aral rag 'The Acts of the Apostles' ev a scrif *actus appostolus* (TH 44v), *actus appostlis* (TH 44v), *actus appostols* (TH 44v), *actus appostolis* (TH 45r) and *actys an appostolis* (TH 46v). Saw yth hevel gwell heb ûsya dew er dyffrans rag 'apostles'. Pympes lyver an Testament Nowyth awoles ytho yw gelwys *Actys an Abesteleth*.

---

5   *The Good News Bible.* 1976. Loundres: An Cowethasow Beyblek, Collins. ISBN 0-564-00521-50.

6   *Y Beibl Cymraeg Newydd.* 1988. Swindon: Cymdeithas y Beibl. ISBN 0-564-05743.

7   *An Testament Nevez hon Aotrou hag hor Zalver Jesus-Christ, lakeat e brezonec, ha reizet hervez ar vam-scrid gregach.* 1938. Paris, 58, Rue de Clichy. Trailys gans Pastor ar Choad.

8   Y feu trailyans a'n Testament Nowyth in Kernowek Kebmyn dyllys i'n vledhen 2004: *An Testament Nowydh* (Redruth: Kesva an Taves Kernewek, ISBN 1-902917-33-2. Ow daswel a'n lyver-ma a yll bos gwelys in Michael Everson, Craig Weatherhill, Ray Chubb, Bernard Deacon, Nicholas Williams, 2007, *Form and Content in Revived Cornish* (Cathair na Mart: Evertype, ISBN 978-1-904808-10-7, folednow 90–226.

9   Caradar (A. S. D. Smith), tr. 1960. *An Awayl herwyth Sen Mark.* Amendys gans Talek (E. G. R. Hooper). Cambron: An Lef Kernewek.

10 Gwas Cadoc (D. R. Evans), tr. 1975. *An Awayl herwyth Sen Mathew.* Pensans: Kesva an Tavas Kernewek.

11 Gwas Kevardhu (John Page), tr. 1985. *An Awayl herwyth Sen Jowan.* Mabe, Penryn: Dyllansow Truran. ISBN 0-907566-77-4.

12 Talek (E. G. Retallack Hooper), tr. 1989. *An Awayl herwyth Sen Luk: St Luke's Gospel in Cornish.* Cambron: An Lef Kernewek.

Pàn vo henwyn tradycyonal a lyfryow erel a'n Testament Nowyth kefys i'n textow Kernowek, yth yw devnyth gwrÿs a'n henwyn-na i'n trailyans-ma:

Romans 'Romans': *yma S Powle in y epistyll then* **romans** *in v chaptyr ow leverall* (TH 4v)

Corynthyans 'Corinthians': *S paule in xi chapter in kynsa pistill then* **Corinthians** *y ma ow leverel* (TH 51v)

Galathyans 'Galatians': *in iii-a chapter then* **galathians** *yma S Powle ow leverell* (TH 7v)

Efesyans 'Ephesians': *in iiii-a chapter thyn* **Ephesians** (TH 41v)

Fylyppyans 'Philippians': *ema Chrisostom ow scryfa than* **philipians** (SA 66r)

Tymothy 'Timothy': *yma S paul in iii chapter the* **Tymothe** *ow kylwall an egglos catholyk an pyllar han grownd a wryoneth* (TH 17v).

Yma dew er dyffrans rag 'Revelacyon' in Kernowek, rag yma Jowan Tregear ow côwsel a *speciall revelacion* (TH 14r, 17r) ha *speciall dyswythyans* (TH 13v). An dhew er-na, spellys **Revelacyon** ha **Dysqwedhyans**, yw ûsys awoles avell henwyn dyffrans rag lyver dewetha an Testament Nowyth.

Henwyn usy ow tallath gans J

Yth hevel fatell gresy Caradar (A.S.D. Smith) an hanow Jesu in Kernowek dhe vos *Yesu hag in kepar maner John dhe vos *Yowan. Me re settyas in mes in ken tyller meur a argùmentys rag dysqwedhes fatell o tybyans Caradar myskemerys i'n poynt-ma ha fatell esa an dhew hanow ow tallath gans *J* [dʒ].[13] Yth yw lies hanow screfys i'n textow tradycyonal gans *I* pò gans *i*.[14] I'n rol obma awoles me a re an form ûsys i'n trailyans-ma warbarth gans an Sowsnek ha'ga spellyansow i'n textow hengovek:

Jacob 'Jacob': *iacob* RD 1007

Jafet 'Japhet': *Iafet* OM 1054, *Japhet* BF: 46, 48

Jamys 'James': *Iamys* PC 1014, TH 48r; *iamys* RD 947, 1375; *Jamez* TWG 34

Jeremy 'Jeremiah': *Iheremy* TH 7v ×3; *Iheremye* TH 6v; *Iheremyas* TH 43v

Jesus 'Jesus': *Ihesus* PA *passim*; TH *passim*; *ihesus* PA *passim*; PC *passim*; RD 472, 755, 1805, etc.; BM 567, 591, 851; *Iesus* SA 60v ×3, 61v; TWG 30, 32 ×2, 34 ×2

---

13 Williams, Nicholas. 2016. "Initial J in biblical names", in *The Cornish Consonantal System*. Portlaoise: Evertype. ISBN 978-1-78201-185-9, folednow 90–92.

14 Ny vedha devnyth gwrÿs a'n glyf *j* i'n textow moyha avarr ma's dhe nôtya dyweth nùmber Roman, rag ensampyl *xij* 'dewdhek'; yth o brâs yn fenowgh kepar ha *J* shâp an lytheren veur *I*, saw ny vedha dyffrans dysqwedhys inter an dhyw avell lytherednow dyblans erna wrug *Charles Butler* dyllo y *English Grammar* i'n vledhen 1634.

Jerùsalem 'Jerusalem': *ierusalem* PA 226; 853, 1342, OM 1298, 1933, 1948, 2060, PC 1649, 2639; *Iherusalem* TH 27v, 47v; *hierusalem* TH 48r; *Jerusalem* TWG 22 ×2.

Job 'Job': *Iob* TH 6v, 7r, 8r

Jônas 'Jonah': *Ionas* TH 45v

Jordan 'Jordan': *Jordan* TWG 32

Josef 'Joseph': *ioseph* RD 3, 22; *Joseph* TWG 26

Josùe 'Joshua': *iosue* OM 1880; *Iosue* TH 55v ×3

Jowan 'John': *Iowan* PA 417, 1582, 1587; *iowan* PC 464, 619, 700, RD 959, BM 2877; *Jowan* TH 37v, 39v, 41v, 43v; *Iohan* PC 687; TH 15r, 17r, etc.

Jùbyter 'Jupiter': *iubyter* BM 2327

Jûd 'Jude': *Iud* PC 464; *iude* RD 1031 ×2, 1448

Jûdas 'Judas': *Iudas* PA 279, 281, 297, 313, 373, 491, etc.; *iudas* PA 321, 378, 841, 846; PC 759, 935, 960, 1078, 1101, 1204; *Iudas* TH 44v, SA 61r ×2, 65v ×2

Jûdy 'Judea': *iudi* PC 1594, 1607; *iudy* RD 10.

Ken henwyn personek ha henwyn tyleryow

An henwyn-ma usy ow sewya yw henwyn kefys i'n textow Kernowek hag ûsys kefrÿs i'n trailyans awoles. I'n rol-ma yth yw rÿs kyns oll an form in KS, ena an trailyans Sowsnek, hag ena an form pò formys i'n tavas hengovek:

Abel 'Abel': *abel* OM 437, 522; *abell* CW 1144, 1248, 1291

Abraham 'Abraham': *Abraham* TH 6v, 13r ×2, 55r; *abraham* BM 452

Anas 'Annas': *annas* PA 607, 613, 892, PC 553, 933, 977

Androw 'Andrew': *androw* PA 417, PC 464, RD 1043; *Androw* TH 45v, 47r

Araby 'Arabia': *araby* OM 1930, 1943; *Araby* BK 2717

Asya 'Asia': *asia* TH 47r

Athens 'Athens': *Athens* TH 29r

Barabas 'Barabbas': *barabas* PA 986, 1000, 1003, PC 2041, 2349, 2370, 2480

Baramathia 'Aramathea': *baramathia* PC 3099, RD 22; *baramathya* RD 627

Belsebùk 'Beelzebub': *Belsebuk* OM 541; *belsebuc* OM 881, 890, RD 128, 2358, BM 2330; *belsebuk* PC 1925, 3055

Bertyl 'Bartholomew': *bertyl* RD 971

Besseda 'Bethesda': *bessede* OM 2783

Bethlem 'Bethlehem': *bethlem* OM 1934, PC 1607, 1652

Bythynya 'Bithynia': *bithinia* TH 47r

Cappadocya 'Cappadocia': *cappadocia* TH 47r

Cayfas 'Caiaphas': *cayfas* PC 361, 564, 573, 1129, etc.

Caym 'Cain': *Caym* OM 437, 571, 597; *caym* OM 618; *cayme* CW 1065, 1144, 1178, etc.

Cedron 'Kedron': *cedron* OM 2804, 2811, 2815, PC 2544

Cesar 'Caesar': *cesar* PC 1575, 2220, 2223, RD 1629, 2115, 2117

AN TESTAMENT NOWYTH

Cesaria 'Caesarea': *cesarye* TH 43v

Corynth 'Corinth': *Corinthe* TH 47v

Crêta 'Crete': *Creta* TH 33v

Davyth 'David': *dauyth* PC 1720; *daveth* PC 1479; *Davith* TH 8v

Ejyp 'Egypt': *Egyp* BK 2641; *Egip* BK 2629; *egip* OM 1415, 1422, 1647

Elias 'Elijah': *Elias* SA 60; *Helias* SA 60 ×2; *helyas* RD 235, TH 43v

Elyseùs 'Elisha': *Eliseus* SA 60r

Enok 'Enoch': *enoch* CW 2094, 2110; *ennoc* RD 197

Erod 'Herod': *erod* PC 1603, 1615, 1842, 1859

Esay 'Isaiah': *Esay* TH 40r

Faro 'Pharaoh': *pharow* OM 1417, 1610; *pharo* OM 1422, 1479, 1651

Felyp 'Philip': *phelyp* PC 2379; *phelip* RD 995; *phylip* RD 1399

Fryjy 'Phrygia': *Phrygy* BK 2684

Fylyppy 'Philippi': *philippi* TH 43v

Gabriel 'Gabriel': *gabryel* OM 1927

Galyle 'Galilee': *galyle* PA 676, 696, 854, 858, 2057; *galile* PC 329, 898, 1281, RD 797, 887; *Galile* TH 47r

Gomorre 'Gomorra': *Gamorre* TH 6v

Grêss 'Greece': *Grece* BK 2417

Isak 'Isaac': *ysac* OM 1279, 1287, 1293, 1374, 1385 , 1393, 1410

Israel 'Israel': *Israel* OM 1869; *israel* PC 276, 2879; *Israell* TH 40r, 50v; *israell* TH 11v; *isrel* OM 1546; *ysral* OM 1489; *ysrael* OM 1553, PC 427; *ysraell* TH 40r

Jowan Baptyst 'John the Baptist': *iowen baptyst* BM 4449; *Johan baptist* TH 8r, 29v; *Jowan baptist* TH 43v

Lasser 'Lazarus': *Lasser* BM 450

Lûk 'Luke': *luk* BM 391, TH 36r, 37v, 38r, 41v; *Luk* TH 29v, 52v, BK 3293; *luke* TH 52v; *Luke* SA 64r

Maria 'Mary': *maria* PC 162, 3100, RD 23, 154, 630, BM 156, 158, 631, etc, TH 12v ×2, 13r, 13v, etc.; *marya* PA 409, 425, 1331, 1332, etc., BM 4116, SA 59r; *Maria* BM 1246, 1247, 3134, etc., SA 61v, BK 2816, 2900; AB: 245a; *Marya* BM 154, SA 64v

Maudlen 'Magdalen': *maudlen* RD 920

Meneth Olyvet 'Mount of Olives': *meneth olyved* RD 2409

Mownt Sinay 'Mount Sinai': *mownt Sinai* TH 56v

Moyses 'Moses': *moyses* OM 1403, 1433, 1443, etc., RD 1484, TH 13v, 14r ×2; 14v, 26v, etc.; *Moyses* TH 1v, 55v

Myhal 'Michael': *myhal* OM 185, BM 2077, 2201, CW 213; *myhall* CW 599; *Myhal* BK 1377; *mehall* CW 964

Nazare 'Nazareth': *nazare* PA 549, PC 328, 1112, 1115, etc; *nazary* PA 2037; *nazareth* PC 1117; *Nazareth* TWG: 32

Nepthaly 'Naphtali': *Nepthaly* TWG: 32

Noy 'Noah': *noy* OM 1017, TH 39r, CW 2495; *Noy* OM 1231, TH 39v; *noye* CW 2226, 2295; *Noye* TH 7r

Nycodêmùs 'Nicodemus': *Nicodemus* TH 37v; *nychodemus* PC 3145, RD 645, TH 37v

Pawl 'Paul': *Pawle* TH 4v, 7v, 8r, etc.; *pawle* TH 9r, 14r, 29v, 33r; *Powle* TH 4v ×2, 7v, ACB: F f 4; *powl* TH 13r; *powle* TH 13r, 14v, 48r; *poulle* TH 47r; *povle* BM 1689; *paule* TH 18r, 25r, 32v, etc.; *Paule* SA 66r

Peder 'Peter': *peder* PC 464, 619, 643, etc.; RD 935; *Peder* SA 63r, TWG: 34; *pedyr* PA 361, 363, 367, 386, etc., BM 4044, TH 3v, 9v, 17v, etc.; *Pedyr* PA 417, 561, BM 1689, 4017, TH 42v ×2, 43r, 45r, etc.

Pontùs 'Pontus': *pontus* TH 47r

Pylat 'Pilate': *pylat* PA 778, 785, 793, etc., PC 1502, 1567, 1585, etc., RD 1656, 1811, 2063; *Pylat* PA 993, 1005, 1009, etc.; *pilat* PC 379, 1702, 1920, etc., RD 37, 367, 548, etc; *Pilat* ACB: E e 3

Rama 'Ramah': *Rama* TWG: 28

Roboam 'Rehoboam': *Roboam* TH 50v

Rom 'Rome': *rom* TH 48v, 50r; *rome* BM 1181, 1344, 1534, 1628, etc., TH 42v, 46v ×3, 47r, etc.; *Rom* TH 50r, BK 2493, 2839; *Rome* TH 46v, 47r ×3, etc., BK 2116

Salamon 'Salamon': *salamon* OM 2371, 2377, OM 2404, etc.; *Salamon* OM 2341, TH 8r ×2, 31r, 50v

Salome 'Salome': *salome* RD 699, 1074

Samarya 'Samaria': *Samarya* TH 46v

Sampson 'Samson': *sampson* BM 2983

Satnas 'Satan': *satnas* PA 38, 145, 712, PC 880, 2254, BM 872, 3513

Sîmon 'Simon': *symon* PA 1389, PC 493, 704; RD 1019; *Symon* PC 465; RD 1435, TH 43r ×3, 44r, etc.; *Symmon* PA 1386

Sodom 'Sodom': *Sodome* TH 6v

Syry 'Syria': *Syry* BK 2694

Tharsys 'Tarsus': *Tharsis* BK 2718

Tyber 'Tiberius': *tyber* RD 1799

Tyberyas 'Tiberias': *Tiberias* TH 42v

Tîtùs 'Titus': *tytus* TH 33v

Zebalon 'Zebulon'; *Zebalon* TWG: 32.

Gerva

I'n trailyans-ma geryow benthygys dhyworth Sowsnek re beu preferrys dhe eryow nowyth-gwrÿs nag yw kefys i'n tavas tradycyonal. Rag hedna *pùrgacyon* yw ûsys kyns ès **purheans*, ha *cyrcùmcîsys*, neb yw destys, re beu ûsys kyns ès **enwosys*, ger desmygys gans Nance. An ger *luyth* in Kernowek Udnys (*loeth* in Kernowek Kebmyn) yw das-spellyans a *luid* 'battle array, army' in Kernowek Coth hag yth ywa ûsys traweythyow rag 'tribe' i'n tavas dasvêwys. I'n present trailyans bytegyns, *trib* dhyworth Tregear (cf. *oll an x tryb a Israell* 'all the ten tribes of Israel' TH 50v) re beu preferrys.

Nyns yw an ger *profus* 'prophet' kefys in text vêth warlergh an Ordinalia, ha nyns yw kefys ma's udn exampyl a'n form liesek. *Profet* wàr an tenewen aral yw ûsys moy ès 20 treveth in TH, SA, ha TWG. Yth yw an form liesek *profettys* kefys degweyth; ha'n hanow abstract *profecy* yw kefys dywweyth. *Profet*, *profettys* ha *profecy* yw ûsys i'n trailyans awoles.

In Kernowek dasvêwys an ger ûsys rag 'judge' re beu **brusyas* pò *brusyth*. **Brusyas* a veu desmygys gans Nance; *brusyth* yw spellyans in Kernowek Cres a *brodit* an Kernowek Coth ha'n sison in cres an ger yw dhe dhowtya. An ger ûsys rag 'judge' i'n tavas tradycyonal yw *jùj* (spellys *iug, iudg, judge*) ha hedna yw an ger i'n trailyans awoles.

Yth yw devnyth gwrÿs yn fenowgh i'n tavas dasvêwys a'n ger *offeryas* rag 'priest'. Nyns yw *offeryas* kefys bytegyns, rag yth ywa das-spellyans a *offeriat* in Gerva an Kernowek Coth. An ger ûsys rag 'priest, cleric' in Kernowek Cres ha Kernowek Dewedhes yw *pronter* (spellys in fordhow dyvers avell *pronter, prounter, prownter* ha *proanter*) hag yth ywa kefys moy ès ugansweyth. Yth yw an form liesek *prontyryon* kefys seythgweyth. *Pronter* ha *prontyryon* yw ûsys awoles.

An trailyans-ma

Dell yw complys a-uhon Kernowek Standard ('Standard Cornish', KS) yw an lytherednans ûsys i'n trailyans-ma. Porpos Kernowek Standard yw dhe vos warrantus ha dyblans ow tùchya an leveryans. Intendys yw an trailyans-ma dhe vos êsy dhe redya, teythiak y nas ha dhe sewya clos styr an Grêk gwredhek.

Nicholas Williams
Hedra 2020

Foreword

My translation of the New Testament in the spelling known as Unified Cornish Revised (UCR) was published by Spyrys a Gernow in 2002. An emended version of that text was published together with the Old Testament as *An Beybel Sans* by Evertype in 2011.[1] This latter was entirely in Standard Cornish (Kernowek Standard or KS). The present work is a reprint with minor emendations of the New Testament in *An Beybel Sans*.

Where passages from the New Testament were available in traditional Cornish, they were respelt in KS and incorporated into the text below. Portions of this kind include the translations by William Rowe of Sancreed of Matthew 2:1–20 and all Matthew 4. Moreover passages from John Tregear have been used, notably in Romans 2:17–24 (TH 14v)[2] and Romans 3:9–18 (TH 7v). Further short passages from the New Testament can be found elsewhere in the Cornish texts, in particular in *Pascon agan Arluth*, *Passio Christi*, and *Resurrexio Domini*. For example Luke 22:10–12 below has been taken from *Passio Christi* 627–640.

The rest of the text has been based on the original Greek, for which I used *The New Greek Interlinear New Testament*.[3] Of value on occasion were *The New English Bible*,[4] *The Good News Bible*,[5] *Y Beibl Cymraeg Newydd*,[6] and *An Testament Nevez*

1   Williams, Nicholas, tr. 2011. *An Beybel Sans: The Holy Bible in Cornish*. Cathair na Mart: Evertype, 2011. ISBN 978-1-904808-70-1).

2   Abbreviations:

AB = Lhuyd, *Archæologia Britannica*

ACB = Pryce, *Archæologia Cornu-Britannica*

BF = Oliver Padel, ed. 1975. *Cornish Writings of the Boson Family*

BK = *Bewnans Ke*

BM = *Beunans Meriasek*

CW = *The Creation of the World*

PA = *Pascon agan Arluth*

PC = *Passio Christi*

RD = *Resurrexio Domini*

SA = *Sacrament an Alter*

TH = *Tregear's Homilies*

TWG = Wella Rowe. *The Word of God*. ISBN 978-1-326-10127-5.

3   Robert K. Brown, Philip W. Comfort, and J. D. Douglas, eds. 1990. *The New Greek Interlinear New Testament*. Wheaton Illinois: Tyndale House. ISBN 0-8423-1213-7.

4   *The New English Bible*. 1972. Oxford: The Bible Societies in association with Oxford University Press, and Cambridge University Press. ISBN 0-564-00201-1.

5   *The Good News Bible*. 1976. London: Bible Societies, Collins. ISBN 0-564-00521-50.

hon Aotrou hag hor Zalver Jesus-Christ.[7] Such parts of the New Testament as had already been published in revived Cornish were also consulted on occasion.[8]

The names of the books

This book is called *An Testament Nowyth*, an expression used both by John Tregear (*e.g. ow pewa in dan an la han **testament nowyth** TH 27r*) and *Sacrament an Alter* (*An chalys an **Testament noweth** ew an gois ew skvllys SA 66r*).

We know the traditional Cornish names of the four gospels, because John Tregear writes: *so an auctorite an egglos a rug amyttya an peswar aweylar only, **luk**, **mark**, **mathew**, **ha Jowan***. In the translations in revived Cornish published last century the gospels are referred to as *An Awayl herwyth Sen Mark*,[9] *An Awayl herwyth Sen Mathew*,[10] *An Awayl herwyth Sen Jowan*,[11] and *An Awayl herwyth Sen Luk*.[12] In the traditional Cornish texts, however, 'according to' is most commonly rendered *warlergh*. Further in *Beunans Meriasek* line 391 we read *warlergh sen luk*. In the translation below therefore 'according to' in the titles of the gospels is *warlergh* rather than *herwyth*.

When speaking of the apostles Tregear most often calls them *an abesteleth*. On the other hand he refers to the Acts of the Apostles as *actus appostolus* (TH 44v), *actus appostlis* (TH 44v), *actus appostols* (TH 44v), *actus appostolis* (TH 45r), and *actys an appostolis* (TH 46v). Rather than use two different words for 'apostle' in the title and in the body of the text, the Acts of the Apostles below are called *Actys an Abesteleth*.

---

6   *Y Beibl Cymraeg Newydd*. 1988. Swindon: Cymdeithas y Beibl. ISBN 0-564-05743.

7   *An Testament Nevez hon Aotrou hag hor Zalver Jesus-Christ, lakeat e brezonec, ha reizet hervez ar vam-scrid gregach*. 1938. Paris, 58, Rue de Clichy. Translated by Pastor ar Choad.

8   A translation of the New Testament in Common Cornish appeared in 2004: *An Testament Nowydh* (Kesva an Taves Kernewek, Redruth ISBN 1-902917-33-2). My review of this work will be found in Michael Everson, Craig Weatherhill, Ray Chubb, Bernard Deacon, Nicholas Williams, 2007, *Form and Content in Revived Cornish* (Cathair na Mart: Evertype, ISBN 978-1-904808-10-7, pages 90–226).

9   Caradar (A. S. D. Smith), tr. 1960. *An Awayl herwyth Sen Mark*. Revised by Talek (E. G. R. Hooper). Cambron: An Lef Kernewek.

10 Gwas Cadoc (D. R. Evans), tr. 1975. *An Awayl herwyth Sen Mathew*. Pensans: Kesva an Tavas Kernewek.

11 Gwas Kevardhu (John Page), tr. 1985. *An Awayl herwyth Sen Jowan*. Mabe, Penryn: Dyllansow Truran. ISBN 0-907566-77-4.

12 Talek (E. G. Retallack Hooper), tr. 1989. *An Awayl herwyth Sen Luk: St Luke's Gospel in Cornish*. Cambron: An Lef Kernewek.

Where traditional names for other books of the New Testament can be found in the Cornish texts, such names have been used in the present translation:

Romans 'Romans': *yma S Powle in y epistyll then* **romans** *in v chaptyr ow leverall* (TH 4v)

Corynthyans 'Corinthians': *S paule in xi chapter in kynsa pistill then* **Corinthians** *y ma ow leverel* (TH 51v)

Galathyans 'Galatians': *in iii-a chapter then* **galathians** *yma S Powle ow leverell* (TH 7v)

Efesyans 'Ephesians': *in iiii-a chapter thyn* **Ephesians** (TH 41v)

Fylyppyans 'Philippians': *ema Chrisostom ow scryfa than* **philipians** (SA 66r)

Tymothy 'Timothy': *yma S paul in iii chapter the* **Tymothe** *ow kylwall an egglos catholyk an pyllar han grownd a wryoneth* (TH 17v).

There are two Cornish words for 'Revelation' as John Tregear speaks both of *speciall revelacion* (TH 14r, 17r) and *speciall dyswythyans* (TH 13v). Both terms, spelt **Revelacyon** and **Dysqwedhyans**, are used below as alternative titles for the last book of the New Testament.

Names beginning with J

Caradar (A. S. D. Smith) appeared to believe that the name Jesus was **Yesu* in Cornish and similarly that John was **Yowan*. I have set out detailed arguments elsewhere to show that Caradar was mistaken on this point and that in traditional Cornish both names began with *J* [dʒ].[13] In the traditional texts many names are written with either *I* or *i*.[14] I cite here the form used in this translation and the forms attested in the texts:

Jacob 'Jacob': *iacob* RD 1007

Jafet 'Japhet': *Iafet* OM 1054, *Japhet* BF: 46, 48

Jamys 'James': *Iamys* PC 1014, TH 48r; *iamys* RD 947, 1375; *Jamez* TWG 34

Jeremy 'Jeremiah': *Iheremy* TH 7v ×3; *Iheremye* TH 6v; *Iheremyas* TH 43v

Jesus 'Jesus': *Ihesus* PA *passim*; TH *passim*; *ihesus* PA *passim*; PC *passim*; RD 472, 755, 1805, etc.; BM 567, 591, 851; *Iesus* SA 60v ×3, 61v; TWG 30, 32 ×2, 34 ×2

Jerùsalem 'Jerusalem': *ierusalem* PA 226; 853, 1342, OM 1298, 1933, 1948, 2060, PC 1649, 2639; *Iherusalem* TH 27v, 47v; *hierusalem* TH 48r; *Jerusalem* TWG 22 ×2.

---

13 Williams, Nicholas. 2016. "Initial J in biblical names", in *The Cornish Consonantal System*. Portlaoise: Evertype. ISBN 978-1-78201-185-9, pp. 90–92.

14 The glyph *j* was almost always used in the earliest texts only to indicate the end of a number like *xij* 'twelve'; the shape of capital *I* was often large like *J*, but it was not until Charles Butler's 1634 *English Grammar* that the two shapes were distinguished as separate letters.

Job 'Job': *Iob* TH 6v, 7r, 8r

Jônas 'Jonah': *Ionas* TH 45v

Jordan 'Jordan': *Jordan* TWG 32

Josef 'Joseph': *ioseph* RD 3, 22; *Joseph* TWG 26

Josùe 'Joshua': *iosue* OM 1880; *Iosue* TH 55v ×3

Jowan 'John': *Iowan* PA 417, 1582, 1587; *iowan* PC 464, 619, 700, RD 959, BM 2877; *Jowan* TH 37v, 39v, 41v, 43v; *Iohan* PC 687; TH 15r, 17r, etc.

Jùbyter 'Jupiter': *iubyter* BM 2327

Jûd 'Jude': *Iud* PC 464; *iude* RD 1031 ×2, 1448

Jûdas 'Judas': *Iudas* PA 279, 281, 297, 313, 373, 491, etc.; *iudas* PA 321, 378, 841, 846; PC 759, 935, 960, 1078, 1101, 1204; *Iudas* TH 44v, SA 61r ×2, 65v ×2

Jûdy 'Judea': *iudi* PC 1594, 1607; *iudy* RD 10.

Further proper names

The following are further proper names which occur in the Cornish texts and are used below. I cite first the form in KS, then the English equivalent and the attestation(s) in traditional Cornish.

Abel 'Abel': *abel* OM 437, 522; *abell* CW 1144, 1248, 1291

Abraham 'Abraham': *Abraham* TH 6v, 13r ×2, 55r; *abraham* BM 452

Anas 'Annas': *annas* PA 607, 613, 892, PC 553, 933, 977

Androw 'Andrew': *androw* PA 417, PC 464, RD 1043; *Androw* TH 45v, 47r

Araby 'Arabia': *araby* OM 1930, 1943; *Araby* BK 2717

Asya 'Asia': *asia* TH 47r

Athens 'Athens': *Athens* TH 29r

Barabas 'Barabbas': *barabas* PA 986, 1000, 1003, PC 2041, 2349, 2370, 2480

Baramathia 'Aramathea': *baramathia* PC 3099, RD 22; *baramathya* RD 627

Belsebùk 'Beelzebub': *Belsebuk* OM 541; *belsebuc* OM 881, 890, RD 128, 2358, BM 2330; *belsebuk* PC 1925, 3055

Bertyl 'Bartholomew': *bertyl* RD 971

Besseda 'Bethesda': *bessede* OM 2783

Bethlem 'Bethlehem': *bethlem* OM 1934, PC 1607, 1652

Bythynya 'Bithynia': *bithinia* TH 47r

Cappadocya 'Cappadocia': *cappadocia* TH 47r

Cayfas 'Caiaphas': *cayfas* PC 361, 564, 573, 1129, etc.

Caym 'Cain': *Caym* OM 437, 571, 597; *caym* OM 618; *cayme* CW 1065, 1144, 1178, etc.

Cedron 'Kedron': *cedron* OM 2804, 2811, 2815, PC 2544

Cesar 'Caesar': *cesar* PC 1575, 2220, 2223, RD 1629, 2115, 2117

Cesaria 'Caesarea': *cesarye* TH 43v

Corynth 'Corinth': *Corinthe* TH 47v

Crêta 'Crete': *Creta* TH 33v

Davyth 'David': *dauyth* PC 1720; *daveth* PC 1479; *Davith* TH 8v

Ejyp 'Egypt': *Egyp* BK 2641; *Egip* BK 2629; *egip* OM 1415, 1422, 1647

Elias 'Elijah': *Elias* SA 60; *Helias* SA 60 ×2; *helyas* RD 235, TH 43v

Elyseùs 'Elisha': *Eliseus* SA 60r

Enok 'Enoch': *enoch* CW 2094, 2110; *ennoc* RD 197

Erod 'Herod': *erod* PC 1603, 1615, 1842, 1859

Esay 'Isaiah': *Esay* TH 40r

Faro 'Pharaoh': *pharow* OM 1417, 1610; *pharo* OM 1422, 1479, 1651

Felyp 'Philip': *phelyp* PC 2379; *phelip* RD 995; *phylip* RD 1399

Fryjy 'Phrygia': *Phrygy* BK 2684

Fylyppy 'Philippi': *philippi* TH 43v

Gabriel 'Gabriel': *gabryel* OM 1927

Galyle 'Galilee': *galyle* PA 676, 696, 854, 858, 2057; *galile* PC 329, 898, 1281,
    RD 797, 887; *Galile* TH 47r

Gomorre 'Gomorra': *Gamorre* TH 6v

Grêss 'Greece': *Grece* BK 2417

Isak 'Isaac': ysac OM 1279, 1287, 1293, 1374, 1385 , 1393, 1410

Israel 'Israel': *Israel* OM 1869; *israel* PC 276, 2879; *Israell* TH 40r, 50v; *israell*
    TH 11v; *isrel* OM 1546; *ysral* OM 1489; *ysrael* OM 1553, PC 427; *ysraell* TH
    40r

Jowan Baptyst 'John the Baptist': *iowen baptyst* BM 4449; *Johan baptist* TH 8r,
    29v; *Jowan baptist* TH 43v

Lasser 'Lazarus': *Lasser* BM 450

Lûk 'Luke': *luk* BM 391, TH 36r, 37v, 38r, 41v; *Luk* TH 29v, 52v, BK 3293;
    luke TH 52v; *Luke* SA 64r

Maria 'Mary': *maria* PC 162, 3100, RD 23, 154, 630, BM 156, 158, 631, etc,
    TH 12v ×2, 13r, 13v, etc.; *marya* PA 409, 425, 1331, 1332, etc., BM 4116,
    SA 59r; *Maria* BM 1246, 1247, 3134, etc., SA 61v, BK 2816, 2900; AB: 245a;
    Marya BM 154, SA 64v

Maudlen 'Magdalen': *maudlen* RD 920

Meneth Olyvet 'Mount of Olives': *meneth olyved* RD 2409

Mownt Sinay 'Mount Sinai': *mownt Sinai* TH 56v

Moyses 'Moses': *moyses* OM 1403, 1433, 1443, etc., RD 1484, TH 13v, 14r ×2;
    14v, 26v, etc.; *Moyses* TH 1v, 55v

Myhal 'Michael': *myhal* OM 185, BM 2077, 2201, CW 213; *myhall* CW 599;
    Myhal BK 1377; *mehall* CW 964

Nazare 'Nazareth': *nazare* PA 549, PC 328, 1112, 1115, etc; *nazary* PA 2037;
    nazareth PC 1117; *Nazareth* TWG: 32

Nepthaly 'Naphtali': *Nepthaly* TWG: 32

Noy 'Noah': *noy* OM 1017, TH 39r, CW 2495; *Noy* OM 1231, TH 39v; *noye*
    CW 2226, 2295; *Noye* TH 7r

Nycodêmùs 'Nicodemus': *Nicodemus* TH 37v; *nychodemus* PC 3145, RD 645,
    TH 37v

Pawl 'Paul': *Pawle* TH 4v, 7v, 8r, etc.; *pawle* TH 9r, 14r, 29v, 33r; *Powle* TH 4v ×2, 7v, ACB: F f 4; *powl* TH 13r; *powle* TH 13r, 14v, 48r; *poulle* TH 47r; *povle* BM 1689; *paule* TH 18r, 25r, 32v, etc.; *Paule* SA 66r

Peder 'Peter': *peder* PC 464, 619, 643, etc.; RD 935; *Peder* SA 63r, TWG: 34; *pedyr* PA 361, 363, 367, 386, etc., BM 4044, TH 3v, 9v, 17v, etc.; *Pedyr* PA 417, 561, BM 1689, 4017, TH 42v ×2, 43r, 45r, etc.

Pontùs 'Pontus': *pontus* TH 47r

Pylat 'Pilate': *pylat* PA 778, 785, 793, etc., PC 1502, 1567, 1585, etc., RD 1656, 1811, 2063; *Pylat* PA 993, 1005, 1009, etc.; *pilat* PC 379, 1702, 1920, etc., RD 37, 367, 548, etc; *Pilat* ACB: E e 3

Rama 'Ramah': *Rama* TWG: 28

Roboam 'Rehoboam': *Roboam* TH 50v

Rom 'Rome': *rom* TH 48v, 50r; *rome* BM 1181, 1344, 1534, 1628, etc., TH 42v, 46v ×3, 47r, etc.; *Rom* TH 50r, BK 2493, 2839; *Rome* TH 46v, 47r ×3, etc., BK 2116

Salamon 'Salamon': *salamon* OM 2371, 2377, OM 2404, etc.; *Salamon* OM 2341, TH 8r ×2, 31r, 50v

Salome 'Salome': *salome* RD 699, 1074

Samarya 'Samaria': *Samarya* TH 46v

Sampson 'Samson': *sampson* BM 2983

Satnas 'Satan': *satnas* PA 38, 145, 712, PC 880, 2254, BM 872, 3513

Sîmon 'Simon': *symon* PA 1389, PC 493, 704; RD 1019; *Symon* PC 465; RD 1435, TH 43r ×3, 44r, etc.; *Symmon* PA 1386

Sodom 'Sodom': *Sodome* TH 6v

Syry 'Syria': *Syry* BK 2694

Tharsys 'Tarsus': *Tharsis* BK 2718

Tyber 'Tiberius': *tyber* RD 1799

Tyberyas 'Tiberias': *Tiberias* TH 42v

Tîtùs 'Titus': *tytus* TH 33v

Zebalon 'Zebulon'; *Zebalon* TWG: 32.

Vocabulary

In this translation attested borrowings have been preferred to unattested coinages, thus the word *pùrgacyon* is used in preference to the coinage *purheans, and the attested *cyrcùmcîsys* to the invented *enwosys. Unified Cornish *luyth* (Common Cornish *loeth*) is a respelling of Old Cornish *luid* 'battle array, army' and is sometimes used for 'tribe' in revived Cornish. In the present translation, however, Tregear's *trib* (cf. *oll an x tryb a Israell* 'all the ten tribes of Israel' TH 50v) has been preferred.

The word *profus* 'prophet' is not attested later than the *Ordinalia* and one example only of the plural is forthcoming. *Profet* on the other hand occurs over 20 times in TH, SA, and TWG. The plural *profettys* is attested 10 times; and the abstract *profecy* 'prophecy' is attested twice. *Profet*, *profettys* and *profecy* are used below.

It has been customary in revived Cornish to use either *brusyas* or *brusyth* for 'judge.' *Brusyas* was coined by Nance; *brusyth* is a Middle Cornish respelling of Old Cornish *brodit*, and the assibilation in the word of internal -*d*- is questionable. The ordinary word for 'judge' in Cornish is *jùj* (spelt *iug, iudg, judge*) and this has been used below.

For 'priest' the word *offeryas* is often used in revived Cornish. *Offeryas* is not actually attested, being a respelling of *offeriat* in the Old Cornish Vocabulary; the plural is not recorded. The ordinary word for 'priest, cleric' in traditional Cornish is *pronter* (variously spelt *pronter, prounter, prownter*, and *proanter*), which is attested in Old, Middle and Late Cornish at least 20 times altogether. The plural *prontyryon* occurs seven times; *pronter, prontyryon* have been used below.

The present translation

As mentioned above, the orthography used below is Standard Cornish (Kernowek Standard) which is intended to be both authentic and phonetically unambiguous. The aim of this translation is to be readable and idiomatic as well as accurate.

Nicholas Williams
October 2020

An Awayl warlergh Mathew

1 Lyver genesygeth Jesu Crist, mab Davyth, mab Abraham.

2Abraham a veu tas dhe Isak;

Isak a veu tas dhe Jacob;

Jacob a veu tas dhe Jûda ha'y vreder.

3Jûda a veu tas dhe Perez ha dhe Zera gans Tamar, ha Perez a veu tas dhe Hezron;

Hezron a veu tas dhe Aram.

4Aram a veu tas dhe Amynadab;

Amynadab a veu tas dhe Nahshon;

Nahshon a veu tas dhe Salmon.

5Salmon a veu tas dhe Boaz gans Rahab;

Boaz a veu tas dhe Obed gans Rûth;

Obed a veu tas dhe Jesse;

6ha Jesse a veu tas dhe Davyth Mytern.

Davyth a veu tas dhe Salamon gans gwreg Ùrry;

7ha Salamon a veu tas dhe Roboam;

ha Roboam a veu tas dhe Abija;

hag Abija a veu tas dhe Asaf;

8hag Asaf a veu tas dhe Jehoshafat;

ha Jehoshafat a veu tas dhe Joram;

ha Joram a veu tas dhe Ùzzy;

9hag Ùzzy a veu tas dhe Jotham;

ha Jotham a veu tas dhe Ahaz;

hag Ahaz a veu tas dhe Hezekias.

10Hezekias a veu tas dhe Manasse;

ha Manasse a veu tas dhe Amos;

hag Amos a veu tas dhe Josias;

11ha Josias a veu tas dhe Jecony ha'y vreder, pàn veu Flehes Israel exîlys dhe Babylon.

12Ha wosa an exîlyans dhe Babylon: Jecony a veu tas dhe Shealtiel;

Shealtiel a veu tas dhe Zerùbbabel;

13Zerùbbabel a veu tas dhe Abiùd;

hag Abiùd a veu tas dhe Eliakim;

hag Eliakim a veu tas dhe Azor.

14Azor a veu tas dhe Zadok;

ha Zadok a veu tas dhe Akim;

hag Akim a veu tas dhe Eliùd.

15Eliùd a veu tas dhe Eleazar;

hag Eleazar a veu tas dhe Mathan;

ha Mathan a veu tas dhe Jacob.

16Jacob a veu tas dhe Josef, gour Maria, may feu Jesu genys dhedhy, hag ev yw gelwys an Crist.

17Indelma pùb heneth dhia Abraham dhe Davyth yw peswardhek heneth; ha dhia Davyth bys exîlyans Babylon peswardhek heneth; ha dhia exîlyans Babylon bys i'n Crist peswardhek heneth.

18Genesygeth Jesu Crist a wharva kepar dell sew: Maria, y vabm, o ambosys yn gwreg dhe Josef, saw kyns ès y dhe dhos warbarth, y feu hy kefys gans flogh der an Spyrys Sans. 19Abàn o Josef, hy gour, den ewnhensek ha nag o va whensys dh'y shâmya, ev a dhetermyas hy gorra dhyworto in dadn gel.

20Pàn esa owth ombredery adro dhe'n mater-ma, el an Arlùth a apperyas dhodho in hunros ha leverel, "Josef mab Davyth, na borth own a gemeres Maria yn gwreg dhis, rag hy re omdhuk der an Spyrys Sans. 21Denethy mab hy a wra, ha te a vydn

1

y elwel Jesu, drefen ev dhe selwel y bobel a'ga fehosow."

²²Oll an taclow-ma a hapnyas, rag may halla bos collenwys an ger o côwsys gans an Arlùth dre anow an profet ow leverel, ²³"Mir, gwerhes a wra omdhon ha denethy mab, hag ev a vëdh gelwys Emanùel", hèn yw dhe styrya "Duw genen ny".

²⁴Ha Josef a dhyfunas a'y gùsk ha gul warlergh comondment el an Arlùth, ha kemeres y wreg dhodho; ²⁵saw ny wrug ev hy aswon erna veu genys hy mab. Ha'n flogh a veu henwys Jesu.

2 Lebmyn, pàn veu Jesu genys in Bethlem a Jûdy in dedhyow Erod an mytern, y teuth tus fur dhyworth an Ÿst dhe Jerùsalem ²ow leverel, "Ple ma ev yw genys mytern an Yêdhewon? Rag yma gwelys genen ny y steren i'n Ÿst, hag yth on ny devedhys dhe wordhya dhodho."

³Pàn wrug Erod an mytern clôwes hebma, ev a veu troblys, hag oll Jerùsalem ganso ev. ⁴Ha pàn wrug ev cùntell oll uhel prontyryon ha scrîbys an bobel warbarth, ev a wovydnas ortans ple fedha Crist genys. ⁵Hag y a leverys dhodho, "In Bethlem a Jûdy, rag indelma yth ywa screfys gans an profet:

⁶"'Ha te, Bethlem, in pow Jûdy, nyns os an biadnha in mesk myterneth Jûdy, rag mes ahanas y whra dos mytern a vydn bugelya ow fobel Israel.'"

⁷Nena Erod, pàn wrug ev yn pryveth cria an dus fur adenewen, ev a wovydnas ortans sur pana dermyn a wrug an steren dysqwedhes. ⁸Hag ev a's danvonas dhe Bethlem ha leverel dhedhans, "Gwrewgh whelas sur an flogh yonk, ha pàn wrewgh why y gafos, drewgh ger dhybm arta, may hallen vy mos ha gordhya dhodho inwedh."

⁹Pàn wrussons y clôwes an mytern, y êth in kerdh, ha'n steren a wrussons y gweles i'n Ÿst êth dhyragthans, erna wrug hy dos ha sevel dres an le mayth esa an flogh. ¹⁰Pàn wrussons y gweles an steren, y fowns lowen gans meur a lowender. ¹¹Ha pàn vowns y devedhys i'n chy, y a welas an flogh yonk gans Maria y dhama, hag y a godhas dhe'n dor ha gordhya dhodho. Ha pàn wrussons y egery aga thresor, y a ros dhodho owr ha frankincens ha myrr. ¹²Hag y a veu gwarnys gans Duw hag y ow cùsca, na wrellens y dos ogas dhe Erod, hag y êth yn kerdh dh'aga fow aga honen fordh aral.

¹³Ha pàn vowns y gyllys yn kerdh, merowgh, el nev a dhysqwedhas dhe Josef dre hunros indelma: "Sa'bàn, ha kebmer an flogh yonk ha'y dhama, ha kê dhe Ejyp, ha bedhowgh ena, erna wryllyf dry dhis ger; rag Erod a vydn whelas an flogh yonk rag y ladha."

¹⁴Pàn wrug ev sevel, ev a gemeras an flogh yonk ha'y dhama i'n nos, ha mos dhe Ejyp. ¹⁵Hag ev a remainyas ena, erna wrug Erod merwel, ma halsa bos composys a veu côwsys gans Arlùth nev der an profet ow leverel, "Mes a Ejyp me a vydn gelwel ow mab."

¹⁶Nena Erod, pàn wrug ev gweles fatell o ges gwrës anodho gans an dus fur, ev a veu engrys ha danvon in mes, ha ladha oll an flehes esa in Bethlem hag oll adro in dadn dhew vloodh, adhia an termyn a wrug ev

govyn orth an dus fur. ¹⁷Nena y feu composys a veu côwsys gans Jeremy an profet ow leverel,

¹⁸"In Rama a veu clôwys olva,
    kynvan ha garma;
Rahel owth ola rag hy flehes ha ny
    vynsa hy bos confortys,
rag yth yns y ledhys."

¹⁹Pàn o Erod marow, el nev a dheuth dhe Josef in cùsk in Ejyp ow leverel, ²⁰"Kebmer an flogh yonk ha'y dhama ha kê dhe bow an Yêdhewon, rag yma marow an re-na, esa ow whelas bêwnans an flogh yonk."

²¹Nena Josef a savas in bàn, ha kemeres an flogh ha'y dhama, hag entra in pow Israel. ²²Saw pàn welas bos Arkelaùs rainys in Jûdy in le y das Erod, own a'n jeva mos dy. Wosa bos gwarnys dre hunros, ev a voydyas bys in côstys Galyle. ²³Ha pàn dheuth Josef dy, ev a dregas in tre henwys Nazare, may halla bos composys a veu côwsys der an profettys, "Nazarên ev a vêdh gelwys."

3 I'n dedhyow-na Jowan Baptyst a apperyas in gwylfos Jûdy ow progeth, hag ow leverel, ²"Codhowgh in edrega, rag ogas yw gwlascor an nev." ³Rag hebma yth yw an den a veu campollys der Esay an profet pàn leverys,

"Lev onen ow carma i'n gwylfos,
    'Darbarowgh fordh an Arlùth,
    gwrewgh compes y fordh ev'."

⁴Ha Jowan o gwyskys in blew cawrvargh, ha grugys a grohen in kerhyn y lonow, ha locùstys o y voos ha mel gwyls. ⁵I'n eur-na yth esa ow tos in mes dhodho tus Jerùsalem, hag oll tregoryon Jûdy, ha'n pow adro dhe'n Jordan, ⁶hag y a veu besydhys ganso in dowr Jordan, ow confessya aga fehosow.

⁷Saw pàn welas ev meur a Farysys ha Sadûkys ow tos dhodho dhe vos besydhys, ev a leverys dhedhans, "Why broud a nedras! Pyw re'gas gwarnyas dhe fia dhyworth an sorr usy ow tos? ⁸Degowgh ytho frût wordhy a edrek. ⁹Na wrewgh leverel i'gas cowsesow, 'Ny a'gan beus Abraham yn tas', rag me a lever dhywgh, fatell alsa Duw derevel flehes dhe Abraham mes a'n veynma. ¹⁰Ea, solabrës re beu an vool gorrys orth gwredhednow an gwêdh. Rag hedna pùb gwedhen na wrella don frût dâ, a vêdh trehys dhe'n dor ha tôwlys i'n tan.

¹¹"In gwir yth esof vy orth agas besydhya gans dowr dhe edrek, mes yma nebonen ow tos wàr ow lergh, hag ev yw moy galosek agesof vy, ma nag oma wordhy dhe dhon y sandalys. Ev a vydn agas besydhya gans an Spyrys Sans ha gans tan. ¹²Yma an wynsel in y dhorn, hag ev a vydn cartha yn tien y leur drùshya, ha cùntell y waneth aberth i'n skyber; mes an us ev a vydn lesky gans tan na yll bos dyfudhys."

¹³Nena y teuth Jesu dhia Alyle dhe Jowan ryb an Jordan rag bos besydhys ganso, ¹⁴saw Jowan ny vydnas gul indella, hag ev a leverys, "Y codhvia dhybmo bos besydhys genes jy, ha te, osta devedhys dhybmo vy?" ¹⁵Saw Jesu a worthebys dhodho ha leverel "Bedhens indelma i'n tor'-ma,

rag y tegoth dhyn collenwel pùb gwiryoneth." Nena ev a assentyas.

¹⁶Wosa Jesu dhe vos besydhys, ev a dheuth in bàn mes a'n dowr, ha dystowgh an nev a egoras, hag ev a welas Spyrys Duw ow skydnya avell colombmen ha dos warnodho. ¹⁷Ha lev in mes a'n nev a leverys, "Ow Mab Meurgerys yw hebma, ha me yw pës dâ ganso."

4 Nena Jesu a veu hùmbrynkys aberth i'n gwylfos dhe vos temptys gans an jowl. ²Ha pàn wrug ev penys dew ugans jorna ha dew ugans nos, y feu wosa hedna gwag. ³Ha'n temptyor a dheuth dhodho, hag a leverys, "Mars osta mab Duw, lavar dhe'n veyn-ma dhe vos gwrës bara."

⁴Saw ev a leverys, "Yth yw screfys, 'Ny wra den bewa dre vara y honen, saw gans kenyver ger eus ow tos mes a anow Duw.'"

⁵Nena an jowl a'n kemeras in bàn aberth i'n cyta venegys, hag a'n settyas wàr wartha an templa, ⁶hag a leverys dhodho, "Mars osta mab Duw, towl dha honen dhe'n dor, rag yth yw screfys,

"'Ev a wra ry dh'y eleth an power ahanas jy,
in aga dewla y a wra dha dhon in bàn, rag dowt in torn vëth oll
te dhe vrêwy dha droos warbydn men.'"

⁷Jesu a leverys dhodho, "Yth yw screfys arta, 'Te ny wreth temptya dha Arlùth Duw.'"

⁸Arta an jowl a'n kemeras in bàn wàr veneth pòr uhel, ha dysqwedhes dhodho oll an gwlascorow a'n bës

ha'n gordhyans anodhans, ⁹hag a leverys dhodho, "Oll an re-ma me a vydn ry dhis, mar mynta mès codha dhe'n dor ha'm gordhya vy."

¹⁰Jesu a leverys dhodho, "Kê dhy-wortama, Satnas, rag yth yw screfys, 'Te a wra gordhya dha Arlùth Duw, hag ev y honen te a wra servya'."

¹¹Nena an jowl a'n gasas ev, ha merowgh, eleth nev a dheuth hag a'n chersyas.

¹²Lebmyn, pàn wrug Jesu clôwes fatell o Jowan tôwlys dhe bryson, ev êth dhe Alyle, ¹³ha wosa gasa Nazare ev a dheuth ha trega in Capernaùm (tyller neb yw tre a vor in pow Zeba-lon ha Nepthaly), ¹⁴may halla bos composys a veu côwsys gans Esay an profet indelma,

¹⁵"Pow Zebalon ha pow Nepthaly
    ryb an mor pella ès Jordan,
    Galyle an Jentylys—
¹⁶"An bobel esa owth esedha in tewolgow a welas golow brâs,
    ha'n dhe'n re-na esa owth esedha i'n pow hag i'n skeus a'n ancow,
    yma golow derevys in bàn."

¹⁷Dhyworth an termyn-na Jesu a dhalathas progeth ha leverel, "Repentyowgh, rag yma gwlascor nev dhe dhorn."

¹⁸Ha pàn esa Jesu ow qwandra ryb an mor a Alyle, ev a welas dew vroder, Sîmon, henwys Peder, hag Androw y vroder, ow tôwlel roos i'n mor—rag yth êns y pùscadoryon. ¹⁹Ev a leverys dhedhans, "Sewyowgh vy, ha me a vydn gul ahanowgh pùscadoryon a dus." ²⁰Ha scav y a asas aga rosow ha'y sewya.

²¹Hag ow mos alena, ev a welas dew vroder erel, Jamys mab Zebedy

ha Jowan y vroder, i'n gorhal gans
Zebedy, aga sîra, owth êwna aga
rosow, hag ev a grias dhedhans.
²²Hag adhesempys y a asas an gorhal
ha'ga sîra hag a'n sewyas ev.

²³Ha Jesu êth oll adro der Alyle ow
tesky i'ga synagys geryow Duw, hag
a'n wlascor, ow sawya oll sortow
cleves hag oll pystygow in mesk an
bobel. ²⁴Ha'y glos êth der oll Syry,
hag y a dhros dhodho oll an glevyon,
ha'n re-na o kemerys gans pùb sort
cleves ha tormentys, ha'n re-na o
kemerys gans dewolow, ha'n re-na o
frantyk ha'n re-na o paljies, hag ev a's
sawyas. ²⁵Hag ena rûth veur a bobel
a'n sewyas dhyworth Galyle ha
Decapolys ha Jerùsalem ha Jûdy, ha
dhyworth an barth aral a'n Jordan.

5 Ha pàn welas Jesu an rûth, ev
êth in bàn dhe'n meneth, ha
wosa ev dhe esedha, y dhyscyplys a
dheuth dhodho. ²Ev a dhalathas
côwsel, ha'ga desky ow leverel,

3"Gwydn aga bës an vohosogyon in
   spyrys, rag dhedhans y yw
   gwlascor nev.
4Gwydn aga bës an re morethek,
   rag y a vëdh confortys.
5Gwydn aga bës an re clor, rag an
   nor a vëdh aga erytans.
6Gwydn aga bës an re-na a berth
   nown ha sehes awos an gwir-
   yoneth, rag y a vëdh lenwys.
7Gwydn aga bës an re mercyabyl,
   rag y a gav mercy.
8Gwydn aga bës an re-na yw pur
   aga holon, rag y a welvyth Duw.
9Gwydn aga bës an re-na a wra
   cres, rag y a vëdh gelwys an
   flehes a Dhuw.

¹⁰Gwydn aga bës an re-na a vo
helhys awos an gwiryoneth, rag
y a bew gwlascor nev.

¹¹"Gwydn agas bës, pàn vewgh why
cablys ha helhys gans tus, hag y ow
leverel pùb ehen a dhrog gans gow
wàr agas pydn rag ow herensa vy.
¹²Gwrewgh lowenhe ha bedhowgh
leun a joy, rag meur yw agas gober i'n
nev, rag indella y whrêns helghya an
profettys kyns agas prës why.

¹³"Why yw holan an bës, saw mar
qwrug an holan kelly y sawour, in
pana vaner a vëdh e sellys arta? Nyns
yw vas na fella dhe dra vëth, marnas
dhe vos tôwlys dhe ves ha trettys in
dadn dreys.

¹⁴"Why yw golow an bës. Cyta a
veu settys wàr veneth, ny yll bos
cudhys, ¹⁵na ny vëdh cantol anowys
ha gorrys in dadn vùshel, mès wàr
goltrebyn, ha nena hy a wra gul
golow dhe gebmys a vo i'n chy.
¹⁶Indella gwrêns agas golow terlentry
dhyrag tus, may hallens y gweles agas
oberow dâ, ha gordhya agas Tas usy
in nev.

¹⁷"Na brederowgh me dhe vos
devedhys rag dyswul an laha na'n
profettys. Ny wrug avy dos dhe
dhyswul, saw dhe gollenwel. ¹⁸Rag in
gwir me lever dhywgh why: bys pàn
wrella tremena an nev ha'n nor, ny
vydn tremena naneyl jet na badna
dhyworth an laha, erna vo collenwys
pùptra oll. ¹⁹Rag hedna, pynag oll a
wrella terry onen an comondmentys
lyha-ma ha desky y hynsa dhe wul
indella, ev a vëdh gelwys an lyha in
gwlascor nev, mès pynag oll a's
gwrella ha'ga desky, an keth den na a
vëdh gelwys brâs in gwlascor nev.
²⁰Rag me a lever dhywgh: marnas

5

agas leldury a vo a-ugh leldury an scrîbys ha'n Farysys, ny yllowgh entra in gwlas nev.

²¹"Y feu leverys i'n termyn coth, 'Ny dal dhis ladha.' Pynag oll a wrella ladha, a vëdh in danjer a jùjment. ²²Saw me a lever dhywgh why hebma: pynag oll a vo angry gans y vroder, ev a vëdh in danjer a jùjment, ha neb a lavarra dh'y vroder 'Pedn pyst', ev a vëdh in danjer a'n consel, ha neb a lavarra 'Fol!', ev a vëdh in danjer a dan iffarn.

²³"Rag hedna, mars esos owth offrydna dha ro wàr an alter, hag ena te a berth cov bos gans dha vroder neppyth wàr dha bydn, ²⁴gas ena dha ro dhyrag an alter. Gwra mos i'th fordh i'n kensa le, bëdh unverhës gans dha vroder, hag ena deus dhe offrydna dha ro.

²⁵"Bëdh unverhës toth dâ gans dha escar, ha te ow kerdhes i'n fordh ganso, rag own dha escar dhe'th telyvra dhe'n jùj, ha'n jùj dhe'n jailer, ha te dhe vos tôwlys dhe bryson. ²⁶In gwir me a lever dhis, na wrêta dos in mes alena bys may whrelles tylly an dheneren dhewetha.

²⁷"Why re glôwas y vos leverys, 'Te ny dal gul avoutry', ²⁸saw me a lever dhywgh, neb a wrella meras orth benyn gans lùst, ev re wrug avoutry solabrës gensy in y golon. ²⁹Ha dha lagas dyhow mar qwra dhyso trebuchya, tedn e mes ha'y tôwlel dhyworthys. Gwell y fëdh dhis onen a'th esely dhe vos kellys, ès dha gorf oll dhe vos tôwlys in iffarn. ³⁰Mar qwra dha dhorn dyhow dhyso peha, trogh e dhe ves, ha towl e dhyworthys; rag y fëdh gwell dhis onen a'th esely dhe vos kellys, ès dha

gorf yn tien dhe vos tôwlys aberth in iffarn.

³¹"Y feu leverys dhe'n dus coth inwedh, 'Mar teu den ha gorra y wreg dhyworto, res yw dhodho ry screfa dydhemedhyans dhedhy.' ³²Saw me a lever dhywgh, pynag oll a wrella dydhemedhy y wreg, marnas hy a wra gyglotry, ev a's gwra gwadn-wre'ty; ha neb a wrella demedhy gensy, ev yw avoutrer.

³³"Arta why re glôwas fatell veu leverys dhe'n dus coth, 'Ny dal dhis gowlia, saw te a dal gul dha dy re'n Arlùth.' ³⁴Saw me a lever dhywgh, na wrewgh tia màn, naneyl re'n nev, rag esedhva Duw ywa, ³⁵na re'n dor, rag scavel y dreys yw ev, na re Jerùsalem, rag hy yw cyta an Mytern brâs; ³⁶naneyl na wra tia re'th pedn, rag ny ylta gul dhe udn vlewen anodho bos naneyl gwydn na du. ³⁷Nâ, bedhens agas lavar 'Ea, ea' ha 'Nâ, nâ.' Tra vëth moy ès hedna a dheu dhyworth an tebel-el.

³⁸"Why re glôwas fatell veu leverys, 'Lagas rag lagas ha dans rag dans.' ³⁹Saw me a lever dhywgh, na wrewgh resystens orth hedna a vo drog. Mar teu den vëth ha'th weskel wàr dha vogh dhyhow, trail dhodho an vogh gledh inwedh; ⁴⁰ha mar mydn nebonen dha dhry dhyrag an gort, ha don dhyworthys dha bows, gas ev dhe gafos dha vantel inwedh. ⁴¹Mar teu den ha'th constrîna dhe dravalya udn vildir, kê ganso dyw. ⁴²Mar teu den ha govyn orthys, ro dhodho. Mar pëdh den vëth ow whelas chevysya dhyworthys, bëth na wra y sconya.

⁴³"Why a'n clôwas desky i'n termyn eus passys, 'Te a wra cara dha gothman ha casa dha escar.' ⁴⁴Saw me

a lever dhywgh, Gwrewgh cara agas eskerens, ha pesowgh rag an re na usy orth agas vexya ha'gas persecûtya, ⁴⁵may hallowgh why bos flehes agas Tas usy in nev. Rag ev a wra dhe'n howl derevel kefrës wàr an dâ ha'n drog, hag ev a dhenvyn glaw wàr an jùst ha wàr an anjùst. ⁴⁶Rag mar tewgh why ha cara an re usy orth agas cara why, pana reward a vedhowgh why? A nyns usy an doloryon ow cul indella? ⁴⁷Ha mar tewgh why ha cows dâ only a'n re-na, neb yw agas bredereth ha cothmans, pana vater brâs yw hedna? A nyns usy an Jentylys ow cul indella? ⁴⁸Rag hedna bedhowgh perfeth, kepar dell yw perfeth agas Tas usy in nev.

6 "Kemerowgh with na wrellowgh agas oberow dâ dhyrag tus rag bos gwelys gans an bobel— rag nena ny'gas bëdh gober vëth dhyworth agas Tas, usy in nev.

²"Rag hedna, pàn wrellowgh why ry alusenow, na whethowgh corn dhyragowgh, kepar dell wra an ipocrytys i'n synagys hag i'n strêtys, may hallens cafos prais dhyworth an bobel. Ea, me a lever dhywgh, gallas aga gober gansans. ³Saw te, pàn ves ow ry dha alusenow, na wrello dhe'th dorn cledh godhvos pandr'usy dha dhorn dyhow ow cul, ⁴rag may fo cudh dha alusenow, ha'th Tas neb a wel taclow cudh, ev a vydn dha rewardya.

⁵"Pàn wrelles pesy, na vëdh avell an ipocrytys, rag y a gar pesy a'ga sav i'n synagys hag orth cornelly an strêtys, may hallens bos gwelys gans an bobel. In gwir me a lever dhywgh: gallas aga gober gansans. ⁶Saw te, pàn wrelles pesy, kê aberth i'th chambour

ha wosa degea an daras, gwra pesy dhe'th Tas, yw kelys, ha'th Tas, neb a wel in dadn gel, a vydn dha rewardya. ⁷Ha pàn wrellowgh pejadow, na wrewgh ûsya dascows uver kepar ha'n paganys; rag ymowns y ow cresy y fedhons clôwys awos nùmber brâs aga geryow. ⁸Na vedhowgh ytho kepar hag ynsy, rag agas Tas a wor pandr'usy othem dhywgh anodho, kyns ès why dh'y wovyn orto.

⁹"Rag hedna gwrewgh pesy indelma:

"'Agan Tas ny usy i'n nev,
     benegys re bo dha hanow.
¹⁰Re dheffo dha wlascor.
     Re bo gwrës dha volùnjeth, i'n
     nor kepar hag i'n nev.
¹¹Ro dhyn ny hedhyw agan bara
     pùb dëdh oll.
¹²Ha gav dhyn agan cabmweyth,
     kepar dell eson ny ow cava dhe'n
     re-na usy ow cabmwul wàr agan
     pydn ny.
¹³Ha na wra agan gorra in
     temptacyon, saw delyrf ny
     dhyworth drog. Rag dhyso jy
     yma an wlascor, ha'n gallos, ha'n
     gordhyans, bys vycken ha bys
     venary. Amen.'

¹⁴"Rag mara qwrewgh why gava dhe dus aga habmweyth, agas Tas i'n nev a vydn gava dhywgh why inwedh agas cabmweyth why. ¹⁵Mar ny wrewgh why gava dhe dus aga habmweyth, bëth moy ny wra agas Tas gava dhywgh agas cabmweyth why.

¹⁶"Pella, pàn wrellowgh penys, na vedhowgh kepar ha'n ipocrytys, trist aga semlant, rag ymowns ow tyfacya aga honen, may halla an bobel gweles

fatell wrowns y penys. In gwir, me a
lever dhywgh: gallas aga gober
gansans. [17]Saw te, pàn wrelles penys,
gwra ùntya dha bedn ha golgh dha
fâss [18]ma na vo gwelys gans tus te dhe
benys, saw dha Das, usy in dadn
gudh, a wra dha weles, hag in dadn
gudh ev a vydn dha rewardya.

[19]"Na gùntellowgh dhywgh
tresourys wàr an nor, le may ma prëv
dyllas ha gossen ow tyswul, ha lader
ow terry chy rag robbya. [20]Saw
gorrowgh in bàn dhywgh tresourys
i'n nev, le nag eus naneyl prëv na
gossen ow tyswul ha le na yll lader
terry chy ha robbya. [21]Ple pynag a vo
agas tresour, ena y fëdh agas colon
inwedh.

[22]"Golow an corf yw an lagas, rag
hedna mars yw cler dha lagas, oll dha
gorf a vëdh leun a wolow. [23]Saw mars
yw anyagh dha lagas, oll dha gorf a
vëdh leun a dewlder. Rag hedna mars
yw tewolgow an golow usy inos, assa
vëdh brâs an tewolgow-na!

[24]"Ny yll den vëth servya dew
vêster, rag ev a wra hâtya an eyl ha
cara y gela, poken ev a vydn ry
worshyp dhe'n eyl ha dysprêsya y
gela. Ny yllowgh servya kefrës Duw
ha rychys.

[25]"Rag hedna me a lever dhywgh:
na vedhowgh prederys adro dh'agas
bêwnans, pandra vydnowgh why
debry pò eva, na bëth moy adro
dh'agas corf, pandr'a yllowgh why
gorra i'gas kerhyn. A nyns yw an
bêwnans moy ages sosten, ha'n corf
moy ages dyllas? [26]Merowgh orth
ŷdhyn an air: ny wrowns naneyl
gonys has, na mejy, na cùntell in
skyberyow, saw yma agas Tas i'n nev
orth aga maga. A nyns owgh why
polta moy a vry agessans y? [27]Ha pyw

ahanowgh der y brederow a yll
moghhe y hës a udn kevelyn kyn fe?

[28]"Ha prag yth owgh why prederys
adro dhe dhyllas? Merowgh orth lyly
an prasow, fatell wrowns y tevy. Ny
wrowns y naneyl lavurya na nedha.
[29]Saw me a lever dhywgh, nag o
Salamon i'n oll y splander taclys
kepar hag onen a'n re-na. [30]Rag
hedna mars usy Duw indella ow
qwetha gwels an prasow, usy hedhyw
ow tevy hag avorow a vëdh tôwlys in
forn, pyseul dhe voy a vydn ev agas
gwysca why, why dus, bohes agas
fëdh! [31]Rag hedna na vedhowgh
prederys ha leverel, 'Pandr'a wren ny
debry pò eva, naneyl pandr'a yllyn ny
gwysca i'gan kerhyn?' [32]Rag yma an
Jentylys ow whelas oll an re-na, hag
in gwir agas Tas i'n nev a wor bos
othem dhywgh anodhans oll. [33]Saw
kyns oll whelowgh gwlascor Duw
ha'y ewnder ev, hag oll an re-na a
vëdh rës dhywgh why kefrës. [34]Na
vedhowgh ytho prederys a'n jëdh
avorow, rag an jëdh avorow a vydn
dry anken anodho y honen. Lowr
dhe'n jëdh hedhyw yw y dhrog y
honen.

7 "Na wrewgh brusy, ma na
vewgh why brusys, [2]rag gans an
vreus may whrewgh why brusy
dredhy, why a vëdh brusys, ha gans
an musur a wrewgh why musura
ganso, y fëdh musurys dhywgh why.
[3]"Praga y whrêta meras orth an
motta usy in lagas dha vroder, saw an
trester usy i'th lagas dha honen, nyns
esta orth y weles màn? [4]Pò fatell ylta
jy leverel dhe'th vroder, 'Gas vy dhe
dedna an motta mes a'th lagas jy,' hag
awot an trester i'th lagas dha honen?
[5]Ass osta fekyl! Kensa tedn an trester

mes a'th lagas dhejy, ha nena te a welvyth cler, ha gallos tedna in mes an motta usy in lagas dha vroder.

6"Na rewgh dhe'n keun an pëth a vo sans, naneyl na dôwlowgh agas perlys arag mogh, rag own y dh'aga threttya in dadn dreys, ha trailya ha'gas sqwardya why.

7"Govydnowgh, hag y fëdh rës dhywgh; whelowgh, ha why a gav. Knoukyowgh wàr an daras, hag y fëdh egerys dhywgh, 8rag neb a wrella govyn, dhodho y fëdh rës, ha pynag oll a wrella whelas, ev a gav, ha pynag oll a wrella knoukya, y fëdh egerys dhodho.

9"Eus den vëth i'gas mesk, pàn wrella y vab govyn orto bara, a vynsa ry dhodho men? 10Pò mar teu an flogh ha govyn pysk, a vydn ev ry dhodho serpont? 11Why ytho, kynth owgh why pehadoryon, why a wor ry royow dâ dh'agas flehes. Pyseul dhe voy a vydn agas Tas i'n nev ry taclow dâ dhe'n re-na a wrella govyn orto! 12In pùptra ytho gwrewgh dh'agas hynsa poran kepar dell via dâ dhywgh why y dhe wul dhywgh. Rag hèm yw an laha ha'n profettys.

13"Entrowgh der an yet stroth, rag ledan yw an yet hag efan yw an fordh, usy ow lêdya dhe dhystrùcsyon, ha lies huny yw an re-na a wra entra dredho. 14Rag stroth yw an yet ha cul yw an fordh, usy ow mos dhe vêwnans, ha bohes yw an re-na a wra y gafos.

15"Bedhowgh war a fâls profettys, rag y a dheu dhywgh in dyllas deves, saw yth yns y i'n golon rampyng bleydhas, settys rag devorya. 16Aga aswon a wrewgh der aga frûtys. A yll grappys bos cùntellys dhywar dhreyn, pò fyges dhywar ascal? 17In ketelma

pùb gwedhen dhâ a dheg frût dâ, mès drog-wedhen a dheg tebel-frût. 18Ny yll gwedhen dhâ don tebel-frût, naneyl ny yll tebel-wedhen don frût dâ. 19Pùb gwedhen na wrella don frût dâ, a vëdh trehys dhe'n dor ha tôwlys i'n tan. 20Warlergh aga frûtys ytho why a's aswon.

21"Ny wra entra in gwlascor nev kenyver onen a lavarra dhybm, 'Arlùth, Arlùth', mès an re a wrella bodh ow Thas usy in nev. 22Lies huny a vydn leverel dhybm i'n jëdh-na, 'Arlùth, Arlùth, a ny wrussyn ny profusa i'th hanow jy, hag i'th hanow jy tôwlel in mes dewolow, ha gul meur a oberow galosek?' 23Nena me a vydn leverel dhedhans, 'Bythqweth ny wrug avy agas aswon why. Dyberthowgh dhyworthyf, why tebel-oberoryon!'

24"Rag hedna pynag oll a glêwfo an geryow-ma a lavaraf, hag a wrella wàr aga lergh, ev a yll bos hevelebys dhe dhen fur a dherevys y jy wàr an garrek. 25Ha'n glaw a godhas ha'n livyow a dheuth, ha'n gwyns a whethas ha dehesy wàr an chy-na, saw ny godhas an chy màn, awos y vos fùndys wàr garrek. 26Ha pynag oll a glewfo an geryow-ma a lavaraf, saw heb gul wàr aga lergh, ev yw kepar ha den fol neb a dherevys y jy wàr an treth. 27Ha'n glaw a godhas, hag y teuth an livyow, ha'n gwyns a whethas, ha dehesy wàr an chy-na, ha'n chy a veu dystrêwys ha brâs veu y goodh!"

28Ha pàn worfednas Jesu an lavarow-ma, an bobel a'n jeva marth brâs a'y dhyscans, rag yth esa ev orth aga desky kepar hag onen a'n jeva auctoryta. Nyns o va haval dh'aga scrîbys.

8 Ha wosa Jesu dhe skydnya dhywar an meneth, rûth vrâs a dus a'n sewyas, ²hag ena leper a dheuth nes dhodho, ha codha wàr bedn dewlin dhyragtho ow leverel, "Arlùth, mar mynta, ty a yll ow glanhe."

³Ha Jesu a istynas y dhorn ha'y dùchya ha leverel, "Manaf, bëdh glân." Ha dystowgh an lovryjyon a'n gasas, ⁴ha Jesu dhodho a leverys, "Kebmer with na wrelles leverel ger dhe dhen vëth, saw kê ha dysqwa dha honen dhe'n pronter, ha doro dha ro, kepar dell ordnas Moyses avell dùstuny dhedhans."

⁵Ha pàn êth Jesu aberth in Capernaùm, y teuth dhodho centùry ha'y besy ⁶ha leverel, "Yma ow maw vy a'y wroweth i'n chy, hag ev tormentys gans an paljy."

⁷Ev a leverys dhodho, "Me a vydn dos ha'y sawya."

⁸An centùry a worthebys, "Arlùth, nyns ov wordhy te dhe dhos in dadn ow tho. Saw ny dal dhis mès leverel an ger ha'm maw a vëdh yaghhës. ⁹Rag me ow honen a'm beus auctoryta, hag yma soudoryon in dadnof. Me a lever dhe'n eyl anodhans, 'Kê', hag otta va ow mos; ha dh'y gela, 'Deus', hag ev a dheu; me a lever dhe'm maw, 'Gwra hebma', hag ev a'n gwra."

¹⁰Pàn glôwas Jesu hedna, marth a'n jeva, ha leverel dhe'n re-na esa orth y sewya, "In gwir, me a lever dhywgh, ny gefys kebmys fëdh bythqweth in Israel. ¹¹Ea, meur a dus a wra dos dhia'n ÿst ha'n west hag esedha orth an bord gans Abraham, Isak ha Jacob in gwlascor nev, ¹²saw eryon an wlascor a vëdh tôwlys in mes bys i'n tewolgow abell—le may fëdh olva ha scrynva dens."

¹³Ha Jesu a leverys dhe'n centùry, "Kê wàr dha fordh. Re bo gwrës dhis kepar dell wrusta cresy." Ha'y vaw a veu yaghhës i'n very termyn-na.

¹⁴Pàn dheuth Jesu dhe jy Peder, ev a gafas dama dhâ Peder a'y groweth, ha hy grêvys a'n fevyr. ¹⁵Jesu a dùchyas hy dorn ha'n fevyr a's gasas. Dystowgh hy a savas in bàn ha dallath y servya ev.

¹⁶An gordhuwher-na y feu degys dhodho lies den o troblys gans tebelspyrys, hag ev a dowlas in mes an drog-spyrysyon gans ger y anow, ha yaghhe oll an glevyon. ¹⁷Y feu hebma may halla bos collenwys an pëth hag o leverys dre anow an profet Esay,

"Agan gwanderow ev y honen a's kemeras hag a dhug agan clevejow."

¹⁸Ha Jesu pàn welas rûth vrâs adro dhodho, ev a ros gorhebmyn dhe omdedna dhe ladn aral an mor. ¹⁹Scrîba a dheuth dhodho ha leverel, "Descador, me a vydn dha folya pynag oll tyller mayth ylly."

²⁰Jesu a'n gorthebys, "Dhe'n lewern yma tell, ha neythow dhe ÿdhyn an air, saw ny'n jeves Mab an Den tyller vëth dhe bowes y bedn ino."

²¹Onen aral a'n dyscyplys a gowsas orto ha leverel, "Arlùth, gas vy kensa dhe vos hag encledhyas ow thas."

²²Jesu a worthebys dhodho, "Gwra ow folya vy. Gesowgh an re marow dhe encledhyas aga re marow aga honen."

²³Ena ev a entras i'n scath, ha'y dhyscyplys a dheuth wàr y lergh.

²⁴Hager-awel a dherevys wàr an mor, mayth esa an todnow ow cudha an scath. Saw yth esa ev in cùsk, ²⁵ha'y gowetha a dheuth ha'y dhyfuna ow leverel, "Arlùth, gweres ny! Yth eson ny in peryl a vernans!"

²⁶Saw ev a's gorthebys ha leverel, "Prag yth esowgh why ow kemeres own, why a vohes fëdh!" Nena ev a savas in bàn ha rebûkya an gwyns ha'n mor, hag y feu spaven.

²⁷Marth a's teva hag y leverys, "Py sort den yw hebma, pàn usy an mor ha'n gwyns owth obeya dhodho kyn fe!"

²⁸Pàn o va devedhys dhe'n ladn aral, dhe Bow an Gadarenas, ev a vetyas orth dew dhen troblys gans tebel-spyrys hag y ow tos mes a'n bedhow. Mar wyls êns y, na ylly den vëth passya der an fordh-na. ²⁹Dystowgh y a armas ha govyn orto, "Pandr'eus intredhon ny ha te, a Vab Duw? Osta devedhys obma rag agan tormentya kyns an termyn ewn?"

³⁰Yth esa pell alena gre vrâs a vogh ow pory, ³¹ha'n debel-spyrysyon a'n pesys ha leverel, "Mara mynta agan tôwlel in mes, gas ny dhe entra i'n gre mogh."

³²Ev a worthebys, "Voydyowgh alebma!" Y a dheuth in mes hag entra i'n mogh, hag oll an gre a bonyas toth brâs an lêder serth wàr nans bys i'n mor, ha peryshya i'n dowr. ³³An vugeleth a bonyas in kerdh, ha mos dhe'n cyta ha derivas oll an câss ha'n pëth a hapnyas ow tùchya an seghyer dyowl. ³⁴Gans hedna oll an cyta a dheuth in mes rag metya gans Jesu. Pàn wrussons y weles, y a'n pesys a omdedna mes a'ga fow y.

9 Ha wosa ev dhe vones aberth in scath, ev a dremenas dhe'n tenewan aral a'n mor, ha dos dh'y cyta y honen. ²Hag ena y feu degys dhodho paljy a'y wroweth wàr wely. Pàn welas aga fëdh, Jesu a leverys dhe'n paljy, "Gwella dha jer, ow mab; gyvys yw dha behosow."

³Gans hedna radn a'n scrîbys a leverys i'ga holon, "Yma an den-ma ow cably Duw."

⁴Pàn wrug ev convedhes aga freder, Jesu a leverys, "Prag yth esowgh ow predery drog i'gas colon? ⁵Rag pyneyl yw êsya leverel, 'Dha behosow yw gyvys' pò leverel, 'Sa'bàn ha kerdh?' ⁶Saw rag may hallowgh why godhvos fatell y'n jeves Mab an Den auctoryta wàr an norvës dhe bardona pehosow"—ev a leverys dhe'n paljy—"Sa'bàn, drefa dha wely ha kerdh dhe dre." ⁷Hag ev a savas in bàn ha mos tre. ⁸Pàn welas an bobel hedna, y a's teva marth, ha gordhya Duw, neb a wrauntyas kebmys gallos dhe vab den.

⁹Ha pàn esa ev ow mos wàr y fordh, Jesu a welas den henwys Mathew, esedhys orth an dollva. Jesu a leverys dhodho, "Gwra ow sewya." Ev a savas in bàn ha'y sewya.

¹⁰Pàn esa Jesu a'y eseth i'n chy orth an bord, meur a doloryon ha pehadoryon a entras hag esedha gans Jesu ha'y dhyscyplys. ¹¹Pàn welas an Farysys hedna, y a wovydnas orth y dhyscyplys, "Prag y whra agas descador debry gans toloryon ha pehadoryon?"

¹²Wosa Jesu dh'aga clôwes, ev a worthebys, "Nyns eus othem vëth a vedhek dhe'n dus yagh, mès dhe'n re clâv. ¹³Saw ewgh ha descowgh styr an lavar-ma, 'Sacryfîs ny vanaf mès

tregereth.' Nyns oma devedhys dhe elwel an re gwiryon, mès an behadoryon."

[14]Ena y teuth dhodho dyscyplys Jowan ha leverel, "Prag yth eson ny ha prag yth usy an Farysys ow cul penys, saw nyns usy dha dhyscyplys jy ow cul penys vëth?"

[15]Jesu a worthebys, "A yll cowetha an gour prias gul penys pàn usy va gansans? Yma an dedhyow ow tos, pàn vo an gour prias kemerys dhywortans, hag i'n eur-na y a wra penys.

[16]"Nyns eus den vëth ow corra clowt mès a badn nowyth wàr gweth goth rag hy êwna, poken an clowt, neb yw gorrys warnedhy, a wra tedna dhyworth an gweth, ha lacka vëdh an sqward. [17]Naneyl nyns yw gwin nowyth deverys in botellow a grehyn coth, rag an crehyn a wra tardha ha dystrêwys vedhons, ha'n gwin a vëdh kellys. Nâ, gwin nowyth a dal bos deverys in crehyn nowyth ha'n dhew a vëdh gwethys."

[18]Pàn esa Jesu whath ow côwsel indella, y teuth dhodho rewler a'n synaga, ha plegya dhyragtho ow leverel, "Ow myrgh yw nowyth marow, saw mar teuta, hag istyna dha dhorn warnedhy, hy a wra bewa."

[19]Ena Jesu ha'y dhyscyplys a savas in bàn ha mos wàr y lergh.

[20]Gans hedna benyn, esa ow sùffra nans o dewdhek bledhen a issyw a woos, a dheuth adrëv dhodho, ha tùchya lysten y bows, [21]rag hy a levery in hy holon, "Mara callaf unweyth tùchya y bows, me a vëdh sawys."

[22]Jesu a drailyas ha'y gweles hag ev a leverys dhedhy, "Gwella dha jer,

dha fëdh re'th selwys." Ha hy a veu yaghhës i'n eur-na.

[23]Ha pàn dheuth Jesu bys in chy an rewler, ha gweles an menstrels ha'n dus ow kyny, [24]ev a leverys, "Avoydyowgh alebma, rag nyns yw an vowes marow, saw ow cùsca yma hy." Saw gul ges anodho a wrussons. [25]Mès wosa an rûth dhe vos gorrys mes a'n chy, ev a entras ha'y hemeres er an dorn, ha'n vowes a savas in bàn. [26]Ha'n ger dâ anodho a omlêsas der oll an pow-na.

[27]Ha pàn esa Jesu ow mos alena, dew dhen dall a'n folyas ow cria, "Kebmer mercy ahanan, te Vab Davyth."

[28]Ha wosa ev dhe entra i'n chy, an dhellyon a dheuth dhodho, ha Jesu a wovydnas ortans, "Esowgh why ow cresy fatell allama gul hebma?"

Y a worthebys, "Eson, Arlùth."

[29]Nena ev a dùchyas aga lagasow ha leverel, "Bedhens gwrës dhywgh warlergh agas fëdh," [30]ha'ga lagasow a veu egerys. Ha Jesu a's ordnas strait gans an geryow-ma, "Gwaityowgh na wrella den vëth godhvos hebma." [31]Mès kettel wrussons mos in mes, y a dhalathas declarya an nowodhow anodho der oll an pow-na.

[32]Ha wosa y dhe omdedna, y feu drës dhodho den a'n jeva dyowl omlavar. [33]Pàn wrug Jesu tôwel in mes an drog-spyrys omlavar, an den a ylly côwsel. Marth brâs a's teva an bobel, hag y a leverys, "Ny veu tra vëth a'n par-na gwelys kyns in Israel."

[34]Saw an Farysys a leverys, "Dre weres chyften an dhewolow yma va ow tôwlel mes an tebel-spyrysyon."

[35]Hag yth esa Jesu ow mos adro der oll an cytas ha'n trevow, ow tesky i'ga synagys hag ow progeth awayl an

wlascor, hag ow yaghhe pùb cleves ha gwanegreth. ³⁶Pàn welas Jesu an rûth, ev a gemeras pyteth anodhans, drefen aga bos sqwith ha scùllys kepar ha deves heb bugel. ³⁷Ena ev a leverys dh'y dhyscyplys, "Yn tefry, brâs yw an drevas, saw tanow yw an oberoryon. ³⁸Pesowgh ytho Arlùth an drevas, may whrella danvon oberoryon dh'y drevas."

10 Nena Jesu a elwys y dhewdhek abostel warbarth, hag ev a ros dhedhans power wàr debel-spyrysyon, may hallens aga thôwlel in mes, ha sawya pùb maner cleves ha dysêsys.

²Ot obma henwyn an dewdhek abostel: an kensa o Sîmon, gelwys Peder, hag Androw y vroder, Jamys mab Zebedy ha Jowan y vroder, ³Felyp ha Bertyl, Tobmas ha Mathew an tollor, Jamys mab Alfeùs, ha Thadeùs, ⁴Sîmon Canaanyas, ha Jûdas Scaryot, an den a wrug y draita.

⁵An dewdhek-ma Jesu a's danvonas in kerdh, ow ry gormynadow dhedhans hag ow leverel, "Na wrewgh mos naneyl in fordh an Jentylys na dhe cyta vëth a'n Samarytans, ⁶saw kyns oll ewgh dhe whelas an deves kellys a jy Israel. ⁷Pàn vewgh why ow mos wàr agas fordh, pregowthowgh an nowodhow dâ ow leverel, 'Ogas yma gwlascor nev.' ⁸Gweresowgh an glevyon, derevowgh an re marow, glanhewgh an lepers, tôwlowgh in mes an dhewolow. Heb pêmont why re recêvas; rewgh heb pêmont. ⁹Na dhrewgh genowgh naneyl owr, arhans na brest i'gas pors, ¹⁰na sagh rag an fordh, na dyw vantel, nag eskyjyow, na lorgh vëth oll. Rag wordhy yw an gonesyas a'y sosten.

¹¹"Pynag oll a vo an cyta pò an bendre mayth ellowgh aberth inhy, govydnowgh pyw yw gwyw ena ha ganso ev tregowgh, bys pàn wrellowgh why dyberth alena. ¹²Pàn wrellowgh why entra i'n chy, dynerhowgh a vo ino. ¹³Mar pëdh wordhy an chy, re dheffa agas cres warnodho, mès mar ny vëdh wordhy, re dhewhello agas cres dhywgh why. ¹⁴Ha pynag oll na wrella agas recêva na goslowes orth agas geryow, pàn ellowgh mes a'n chy pò a'n cyta-na, shakyowgh an doust dhywar agas treys. ¹⁵In gwir me a lever dhywgh, fatell vëdh êsya dhe dir Sodom ha Gomorre dëdh breus ages dhe'n cyta-na.

¹⁶"Otta vy orth agas danvon why in mes avell deves in mesk bleydhas, rag hedna bedhowgh fur kepar ha nedras, ha gwiryon kepar ha kelemy. ¹⁷Bedhowgh war a dus, rag y a vydn agas delyvra dhe'n consels ha'gas scorjya i'ga synagys, ¹⁸ha why a vëdh degys dhyrag rewlysy ha myterneth rag ow herensa vy, dhe dhon dùstuny dhedhans ha dhe'n Jentylys. ¹⁹Pàn wrellons y agas delyvra, na vedhowgh prederys fatell wrewgh why côwsel na pandra dal dhywgh leverel, rag grauntys vëdh dhywgh i'n very termyn-na an pëth a wrellowgh leverel. ²⁰Ny vedhowgh whywhy ow côwsel, mès y fëdh Spyrys agas Tas ow côwsel dredhowgh.

²¹"Broder a wra traita y vroder dhe'n mernans, ha'n tas y flogh, ha flehes a wra sordya warbydn tas ha mabm, ha'ga delyvra dhe vos ledhys. ²²Why a vëdh hâtys gans oll an bobel awos ow hanow vy. Mès seul a wrella pêsya bys i'n dyweth, a vëdh selwys. ²³Pàn wrellons y agas tormentya i'n

eyl cyta, fiowgh dh'y ben. In gwir me a lever dhywgh hebma: ny wrewgh why passya der oll cytas Israel, kyns ès Mab an Den dhe dhos. ²⁴"Nyns yw brâssa an dyscypyl ages y dhescador, na nyns usy an servont a-ugh y arlùth. ²⁵Lowr yw dhe'n dyscypyl bos kepar ha'y vêster, ha dhe'n servont kepar ha'y arlùth. Mar qwrussons y ry an hanow Belsebùk dhe vêster an chy, pyseul dhe voy a vydnons y deraylya oll y veyny! ²⁶"Rag hedna na berthowgh own vëth anodhans, rag nyns eus tra vëth cudh na vëdh dyscudhys, na tra vëth in dadn gel na wra dos dhe'n golow. ²⁷An pëth esof ow leverel dhywgh i'n tewolgow, hedna leverowgh i'n golow, ha'n dra a vydnowgh why clôwes i'n scovarn, gwrewgh y arma dhywar dohow an treven. ²⁸Na berthowgh own a'n re-na usy ow ladha an corf, rag ny yllons y dyswul an enef. Nâ, kyns oll perthowgh own a hedna a alsa dystrêwy in iffarn an enef ha'n corf kefrës. ²⁹A ny vëdh dew wolvan gwerthys a udn ferdhyn? Mès nyns usy nagonen anodhans ow codha dhe'n dor heb bodh agas Tas. ³⁰Nyverys yw pùb blewen oll wàr agas pedn. ³¹Na berthowgh own ytho, rag why a dal moy ages lies golvan. ³²"Pynag oll ytho a wrella ow aswon vy dhyrag tus, an keth den-na a vanaf vy aswon dhyrag ow Thas, usy i'n nev. ³³Mès pynag oll a wrella ow denaha dhyrag tus, me inwedh a vydn y dhenaha dhyrag ow Thas, usy i'n nev. ³⁴"Na wrewgh predery ow bos vy devedhys rag dry cres wàr an norvës. Ny wrug avy dos rag dry cres saw cledha. ³⁵Rag yth ov devedhys rag gul

"'dhe'n mab omsevel warbydn y das
ha dhe'n vyrgh warbydn hy mabm
ha dhe'n wreg yonk warbydn hy dama dhâ,
³⁶hag eskerens den a vëdh esely y veyny y honen.'

³⁷"Neb a wrella cara tas pò mabm moy agesof vy, nyns ywa wordhy ahanaf; ha neb a garra mab pò myrgh moy agesof vy, nyns ywa wordhy ahanaf. ³⁸Neb na wrella kemeres in bàn y grows ha'm sewya vy, nyns ywa wordhya ahanaf. ³⁹An re-na a wrella cafos aga bêwnans, y a'n kyll, saw an re-na a wrella kelly aga bêwnans rag ow herensa vy, y a'n cav. ⁴⁰"Neb a wrella agas wolcùbma why, a wra ow wolcùbma vy, ha pynag oll a wrella ow wolcùbma vy, ev a wra wolcùbma hedna a wrug ow danvon. ⁴¹Neb a wrella wolcùbma profet in hanow profet, ev a wra recêva gober profet. Ha neb a wrella wolcùbma den ewnhensek in hanow den ewnhensek, ev a recef weryson an re ewnhensek. ⁴²Pynag oll a rolla hanaf a dhowr yeyn dhe eva dhe onen a'n re munys-ma, in hanow dyscypyl, in gwir me a lever dhywgh, ny wra va kelly y wober."

11 Pàn wrug Jesu gorfedna y gomondmentys dh'y dhewdhek dyscypyl, ev êth alena dhe dhesky ha progeth i'ga cytas.

²Ha Jowan, pàn glôwas in pryson adro dhe oberow Crist, ev a dhanvonas radn a'y dhyscyplys dhe wovyn, ³"Osta hedna a dal dos, pò a res dhyn gortos onen aral?"

⁴Jesu a's gorthebys, "Ewgh ha derivowgh dhe Jowan an taclow

esowgh ow clôwes hag ow qweles:
⁵an dall a wel ha'n evredhek a wra
kerdhes, yma an lepers glanhës, ha'n
bodhar a glôw, an dus varow yw
dasvewys, ha'n awayl yw pregowthys
dhe'n vohosogyon. ⁶Benegys yw ev
na vo sclandrys rag ow herensa vy."

⁷Pàn esa dyscyplys Jowan ow
tyberth, Jesu a dhalathas côwsel orth
an bobel ow tùchya Jowan ha leverel,
"Pandr'êthowgh in mes dhe weles i'n
gwylfos? Corsen cryhyllys gans an
gwyns? ⁸Saw pëth êthowgh dhe
weles? Den gwyskys in dyllas
medhel? Saw an re-na hag yw
gwyskys in dyllas medhel, in palycys
why a's cav. ⁹Saw prag yth êthowgh
in mes? Rag gweles profet? Hedna in
gwir a welsowgh ha polta moy ages
profet. ¹⁰Hèm yw hedna may feu
screfys anodho,

"'Ot, me a vydn danvon ow
    messejer dhyrag dha fâss,
hag ev a wra darbary dha fordh
    dhyragos.'

¹¹In gwir me a lever dhywgh, nag
yw brâssa ès Jowan Baptyst den vëth
a'n re na a veu genys a venyn—
bytegyns an lyha in gwlascor nev yw
brâssa agesso ev. ¹²Saw dhyworth
dedhyow Jowan bys i'n jorna-ma,
yma gwlascor nev ow sùffra nerth
garow, ha gans garowder yma tus ow
whelas hy hemeres dre nell. ¹³Rag oll
an profettys ha'n laha a wrug profusa
bys in dedhyow Jowan. ¹⁴Ha mar
mydnowgh why recêva an dra, ev yw
Elias neb a dal dos. ¹⁵Seul a'n jeves
scovornow dhe glôwes, gwrêns ev
clôwes!

¹⁶"Dhe bandr'a wrama hevelly an
heneth-ma? Haval yns dhe flehes

esedhys in tyller marhas ow carma an
eyl dh'y gela, hag ow leverel,

¹⁷"'Ny re wrug piba dhywgh
mès ny wrussowgh dauncya;
ny re wrug kyny,
mès why ny wrussowgh devera
    dagrow.'

¹⁸"Rag Jowan a dheuth heb debry nag
eva, hag y a levery, 'Ev a'n jeves
dyowl.' ¹⁹Mab an Den a dheuth, hag
ev ow tebry hag owth eva, hag ot-
tensy ow leverel, 'Merowgh! Cowlek
ywa, pedn medhow ha cothman dhe
doloryon ha pehadoryon!' Mès
furneth yw ewnhës gans hy oberow."

²⁰Nena Jesu a dhalathas reprêva an
cytas, may feu gwrës inhans y oberow
moyha galosek, drefen na wrussons y
codha yn edrek, hag ev a leverys,
²¹"Gojy, Corosaym! Gojy, Besseda!
Rag a pe gwrës in Tir ha Sîdon an
oberow galosek a veu gwrës inowgh
why, y a wrussa repentya in saghlen
ha lusow termyn hir alebma. ²²Ea, me
a lever dhywgh, fatell vëdh gwell dhe
Tir ha dhe Sîdon dëdh breus ages
dhywgh why! ²³Ha te, Capernaùm, a
vedhys jy derevys bys i'n nev? Na
vedhys, te a vëdh iselhës bys in iffarn.
Rag a pe gwrës in Sodom an oberow
galosek, a veu gwrës inos jy, y a via
a'ga sav bys i'n jëdh hedhyw. ²⁴Mès
me a lever dhywgh, y fëdh moy
plesont dhe bow Sodom dëdh breus
ès dhyso jy."

²⁵I'n termyn-na Jesu a leverys, "A
Das, yth esof owth aswon grâss dhis,
Arlùth an nev ha'n norvës, drefen te
dhe gudha an taclow-ma dhyworth
an re fur ha skiansek, ha'ga dysclôsya
dhe flehesygow. ²⁶Ea, a Das, rag
indella yth hevelly dâ dhis.

27"Ow thas re wrug delyvra pùptra dhybm. Nyns eus den vëth owth aswon an Mab marnas an Tas, naneyl nyns eus den vëth owth aswon an Tas marnas an Mab, ha'n re-na a vo an Mab whensys dhe dhysqwedhes an Tas dhedhans.

28"Dewgh bys dhybm, why oll usy ow lavurya in dadn sawgh poos, ha me a vydn agas refreshya. 29Kemerowgh warnowgh ow yew ha descowgh genef, rag me yw clor, hag uvel yw ow holon, ha why a gav cosoleth dh'agas enef. 30Rag ow yew vy yw wheg, hag ow sawgh scav dhe dhon."

12 I'n termyn-na Jesu êth der an gwanethegow jorna an sabot, ha'y dhyscyplys o gwag hag y a dhalathas terry pednow an ÿs ha'ga debry. 2Pàn welas an Farysys hedna, y a leverys dhodho, "Mir, yma dha dhyscyplys ow cul tra nag yw lafyl dëdh an sabot."

3Ev a's gorthebys, "A ny wrussowgh why redya an pëth a wrug Davyth ha'y gowetha, pàn êns gwag? 4Fatell wrug ev entra in chy Duw, ha debry Bara an Presens, nag o lafyl dhe dhebry, naneyl dhodho y honen na dh'y gowetha, mès dhe'n brontyryon yn udnyk? 5Pò a ny wrussowgh why redya i'n laha fatell usy prontyryon an templa ow terry an sabot heb bos cablus? 6Me a lever dhywgh bos neppyth obma, hag yw brâssa ès an templa. 7Saw mar teffowgh ha godhvos styr an lavar-ma, 'Sacryfîs ny vanaf vy saw tregereth,' ny wrussowgh why dampnya an re gwiryon. 8Rag arlùth an sabot yw Mab an Den."

9Ev a voydyas alena hag entra i'ga synaga. 10Ena yth esa den gwedhrys y dhorn. Govyn a wrussons orto ha leverel, "Ywa lafyl sawya cleves jorna an sabot?" may hallens y vlâmya.

11Ev a worthebys, "Pyw ahanowgh neb a'n jeves davas, mar teu hy ha codha in pyt jorna an sabot, na vynsa settya dalhen inhy ha'y thedna in mes? 12Pyseul dhe voy a dal den ès davas? Rag hedna lafyl yw gul dâ jorna an sabot."

13Nena ev a leverys dhe'n den, "Istyn dha dhorn." Ev a's istynas, ha dystowgh ev a veu yagh avell y gela. 14Saw an Farysys êth in mes, hag omgùssulya wàr y bydn, fatell yllens y dhystrêwy.

15Mès pàn wrug Jesu godhvos hedna, ev a dhybarthas alena, ha meur a dus a'n folyas. Ev a sawyas pùbonen oll anodhans, 16ow comondya dhedhans na wrellens derivas ger anodho. 17Hèm o may fe collenwys an pëth re bia côwsys gans Esay an profet:

18"Ot obma ow servont ha me re wrug y dhêwys,
ow den meurgerys, usy ow enef pës dâ ganso.
Me a vydn settya ow Spyrys warnodho,
hag ev a wra declarya jùstys dhe'n Jentylys.
19Ny wra va naneyl strîvya na cria yn uhel,
na ny glôwvyth y lev den vëth i'n strêtys.
20Ny wra va naneyl terry corsen vrêwys,
na dyfudhy bùben leun a vog, erna wrella dry jùstys dhe vyctory,

²¹hag in y hanow ev an nacyons a
gav govenek."

²²Nena y feu drës dhodho sagh
dyowl, hag ev dall hag omlavar. Jesu
a wrug y sawya may halla va côwsel
ha gweles. ²³Marth brâs a's teva oll an
bobel hag y a leverys, "Yw hebma
mab Davyth?"

²⁴Mès pàn glôwas an Farysys an
dra, y a leverys, "Ny wra an pollat-ma
tôwlel in mes dewolow saw unsel dre
Belsebùk, pryns an dhewolow."

²⁵Saw pàn wrug Jesu aswon aga
brës, ev a leverys, "Pùb gwlascor
rydnys wàr hy fydn hy honen a vëdh
wastys. Cytas pò treven rydnys wàr
aga fydn aga honen, ny wrowns y
sevel. ²⁶Mars usy Satnas ow tôwlel
Satnas in mes, rydnys ywa wàr y bydn
y honen. In pana vaner ytho a yll y
wlascor remainya a'y sav? ²⁷Mar
qwrama tôwlel dewolow in mes dre
Belsebùk, dre byw usy agas mebyon
why orth aga thôwlel in mes? Rag
hedna y a vëdh agas jùjys why. ²⁸Mès
mar qwrama tôwlel in mes dewolow
dre Spyrys Duw, nena gwlascor Duw
yw devedhys intredhowgh.

²⁹"Pò fatell yll nebonen terry chy
an den galosek, ha sêsya y bosessyon,
mar ny wra ev kelmy kyns oll an den
crev-na, hag ena pylla y jy?

³⁰"Seul na vo genef, wàr ow fydn
yma, ha seul na wrella cùntell
genama, scùllya a wra. ³¹Rag hedna
me a lever dhywgh, fatell vëdh gyvys
dhe vab den pùb pegh ha pùb
blasfemy, saw blasfemy warbydn an
Spyrys Sans ny vëdh gyvys nefra.
³²Ha pynag oll a gowssa warbydn
Mab an Den, dhodho y fëdh gyvys,
saw pynag oll a gowssa warbydn an
Spyrys Sans, ny vëdh gyvys dhodho,

naneyl i'n bës-ma nag i'n bës usy ow
tos.

³³"Poken gwrewgh dhe'n wedhen
bos dâ ha'y frût dâ, pò gwrewgh
dhe'n wedhen bos podrethek ha'y
frût podrethek, rag der hy frût y fëdh
an wedhen aswonys. ³⁴Why broud a
nedras! Fatell yllowgh leverel an dra
yw dâ, pàn owgh why drog agas
honen? Rag mes a lanwes an golon
yma an ganow ow côwsel. ³⁵An den
dâ a gôws taclow dâ mes a'y dresour
dâ, ha'n tebel-was a gôws drockoleth
in mes a'y dhrog dresour. ³⁶Me a
lever dhywgh, fatell vëdh res dhywgh
dëdh breus ry acownt ha recken a bùb
ger côwsys in sevureth. ³⁷Rag war-
lergh dha lavarow te a vëdh jùstyfies,
ha warlergh dha lavarow te a vëdh
dampnys."

³⁸Nena radn an scrîbys ha'n
Farysys a leverys dhodho, "Descador,
ny a vydn gweles sin dhyworthys."

³⁹Ev a's gorthebys ha leverel
dhedhans, "Heneth fâls ha dyslel yw
hebma, neb a vydn cafos sin, saw sin
vëth ny vëdh rës dhedhans, saw unsel
sin an profet Jônas, ⁴⁰rag kepar dell
veu Jônas in torr an morvil try dëdh
ha teyr nos, indelma y fëdh Mab an
Den try dëdh ha teyr nos in colon an
nor. ⁴¹Tus Nyneve a wra dasserhy
dëdh breus gans an heneth-ma ha'ga
dampnya, dre rêson y dhe godha in
edrega awos progeth Jônas, hag ot
obma onen moy ages Jônas.
⁴²Myternes an Soth a vydn sevel in
bàn dëdh breus gans an heneth-ma
ha'ga dampnya, rag hy a dheuth
dhyworth pednow an bës dhe glôwes
skentoleth Salamon, hag ot obma
onen yw brâssa ages Salamon.

⁴³"Peskytter mayth ella an spyrys
plos mes a dhen, an spyrys a vydn

17

passya dre dyleryow sëgh ow whelas powesva, saw ny's cav màn. ⁴⁴Nena an spyrys plos a lever, 'Me a vydn dewheles dhe'm chy ow honen, may whrug avy dos in mes anodho', ha pàn dheffa dy, ev a'n cav gwag, scubys ha tekhës. ⁴⁵Nena ev a vydn mos ha kemeres dh'y honen seyth spyrys moy, hag y lacka agesso y honen. Hag y oll a wra entra i'n chy-na, hag y fedhons tregys ino, ha dyweth an den-na a vëdh lacka ages y dhallath. Indella inwedh y fëdh an câss dhe'n tebel-heneth-ma."

⁴⁶Pàn esa Jesu whath ow côwsel orth rûth an bobel, yth esa y vabm ha'y vreder a'ga sav avês hag y ow whelas côwsel orto. ⁴⁷Rag hedna nebonen a leverys dhodho, "Mir, dha vabm ha'th vreder a'ga sav avês hag y ow whelas côwsel orthys."

⁴⁸Ev a worthebys ha leverel dhe'n den a gowsas, "Pyw yw ow mabm ha pyw yw ow breder?" ⁴⁹Ev a istynas y dhorn tro ha'y dhyscyplys ha leverel, "Ot obma ow mabm ha'm breder, ⁵⁰rag oll an re-na a wrella bolùnjeth ow Thas usy i'n nev, y yw ow broder ha'm whor ha'm mabm."

13 An keth jorna-na Jesu êth mes a'n chy hag esedha ryb an mor, ²ha meur a dus a gùntellas adro dhodho. Rag hedna ev a entras i'n scath hag esedha inhy, hag yth esa oll an dus a'ga sav wàr an treth. ³Nena ev a leverys dhedhans lies tra dre barablys, in ketelma, "Gonador êth in mes dhe wonys has. ⁴Pàn esa va ow conys, radn a'n has a godhas ryb an fordh ha'n ÿdhyn a dheuth ha'y dhebry. ⁵Radn aral a godhas wàr veynek, le nag esa saw nebes gweras. An has a egynas heb let, drefen nag

esa downder dor, ⁶saw pàn o an howl derevys, y feu va desehys ha crînys, dre rêson na'n jeva gwredhen. ⁷Radn aral a godhas in mesk dreyn, ha'n dreyn a devys hag a'n tagas. ⁸Radn aral whath a godhas wàr dhor dâ hag a dhug trevas, radn a'n ÿs a ros cansplek, radn try ugansplek ha radn deg warn ugansplek. ⁹Seul a'n jeffa scovornow, gwrêns ev goslowes."

¹⁰Nena y dhyscyplys a dheuth dhodho ha govyn, "Prag yth esta ow côwsel ortans dre barablys?"

¹¹Ev a worthebys, "Dhywgh why re beu grauntys godhvos mysterys gwlascor nev, saw ny veu grauntys dhedhans y. ¹²Rag seul a'n jeffa, dhodho ev y fëdh rës moy, ha lanwes a'n jevyth, mès pynag oll na'n jeffa tra vëth, dhyworto y fëdh kemerys inwedh a vo ganso kyn fe. ¹³Rag hedna me a gôws ortans dre barablys, dre rêson

"nag usons y ow qweles, kynth
    usons y ow meras, ha ny wrowns
    y naneyl goslowes na convedhes,
    kynth usons ow clôwes."

¹⁴In gwir collenwys yw gansans a veu profusys gans an profet Esay, pàn leverys,

"'Ea, why a vydn goslowes, mès
    nefra ny wodhowgh why
    convedhes;
ea, why a wra meras, mes bëth ny
    wrewgh why percêvya.
¹⁵Rag colon an bobel-ma yw gyllys
    talsogh,
ha bodhar yw aga scovornow.
Y re dhegeas aga lagasow,
ma na wrellens meras gans aga
    lagasow, na goslowes gans aga

scovornow ha convedhes i'ga
brës ha trailya—
ha me a vynsa aga sawya.'

16"Mès benegys yw agas lagasow
why, rag y re welas, ha'gas scovornow
why, rag y re glôwas. 17In gwir me a
lever dhywgh, fatell veu lies profet ha
lies den ewnhensek neb o whensys
dhe weles an taclow a welsowgh why,
mès ny wrussons aga gweles màn; ha
dhe glôwes an pëth a glôwsowgh
why, mès ny wrussons aga clôwes nes.
18"Clôwowgh ytho parabyl an
gonador. 19Pàn wrella nebonen
clôwes ger an wlascor heb y gon-
vedhes, nena y teu an jowl ha don dhe
ves a vo gonedhys in y golon. An den-
na yw an has ryb an fordh. 20Saw an
has neb a veu hasys wàr veynek, hèn
yw an den a glôwa an ger ha
dystowgh a'n recef gans lowena;
21bytegyns nyns eus gwredhen ino,
hag ev ny bës saw pols bian. Pàn
wrella hapnya anken pò govyjyon
awos an ger, ev a goodh dhe ves
whare. 22Ha'n has neb a veu hasys in
mesk an dreyn, ev yw an den a glôwa
an ger, mes troblys an bës hag antylly
rychys a wra y daga, ma na wra va
don frût vëth oll. 23Saw an has neb a
veu gonedhys in dor dâ, yw an den
usy ow clôwes an ger hag orth y
gonvedhes, hag ev a dheg frût—radn
anodho cansplek, radn try ugansplek
ha radn degplek warn ugans."

24Ev a settyas parabyl aral dhyrag-
thans ha leverel, "Gwlascor nev yw
kepar ha den a wonedhas has dâ in y
wel, 25saw pàn esa tus in cùsk, y escar
a dheuth ha gonys has ivra in mesk an
has dâ, hag ena mos in kerdh. 26Pàn
veu tevys an ÿs, an ivra a apperyas
magata.

27"Gwesyon an tiak a dheuth ha
derivas an câss dhodho, 'Syra, a ny
wrusta jy gonys has dâ i'th vargen tir?
A ble teuth an ivra usy ino?'
28"Ev a worthebys dhedhans, 'Ow
escar a wrug hedna.'

"An wesyon a leverys dhodho, 'A
vynta jy ny dhe vos in rag ha cùntell
an ivra?'
29"Saw ev a worthebys, 'Na vanaf,
rag own why dhe dhywredhya an ÿs
kefrës ha why ow cùntell an ivra.
30Gwrêns y aga dew tevy warbarth
bys i'n drevas, hag i'n kynyaf me a
wra leverel dhe'n vejoryon, 'Cùntell-
owgh warbarth an ivra kensa, ha'y
vanala rag aga lesky, mès cùntellowgh
an ÿs ha'ga cruny i'm skyber.'"

31Ev a dherivas ken parabyl dhe-
dhans: "Gwlascor nev yw haval orth
hasen kedhow, a gemeras den ha'y
gorra in y vargen tir. 32In gwir an
lyha oll a bùb hasen yw hy, saw pàn
vo hy tevys, yth yw hy an brâssa inter
oll an losow, rag gwedhen yw hy, ha
merowgh, ÿdhyn an air a dheu rag
trega in hy branchys." 33Ev a leverys
parabyl aral dhedhans: "Gwlascor
nev yw kepar ha gwel a gemeras
benyn ha'y gudha in try musur a
vleus, bys pàn veu oll an toos
derevys."

34Oll an lavarow-na Jesu a gowsas
dre barablys orth an rûth vrâs, ha heb
parablys ny leverys dhedhans tra
vëth, 35may halla bos collenwys an
geryow côwsys gans an profet ow
leverel:

"Me a wra egery ow ganow ha
     côwsel dre barablys,
me a vydn declarya a veu kelys dhia
     fùndacyon an bës."

19

³⁶Nena Jesu a dhybarthas dhyworth an rûth hag entra i'n chy. Y dhyscyplys a dheuth dhodho ha leverel, "Gwra styrya dhyn parabyl an ivra i'n bargen tir."

³⁷Ev a worthebys dhedhåns indelma: "Gonador an has yw mab an Den, ³⁸an bargen tir yw an bës, an has dâ yw flehes an wlascor, saw an ivra yw flehes an tebel-el. ³⁹An escar neb a's gonedhas yw an jowl, an drevas yw dyweth an bës, ha'n eleth yw an vejoryon.

⁴⁰"Rag hedna, kepar dell yw an ivra cùntellys ha leskys in tan, indella y whyrvyth orth dyweth an bës-ma. ⁴¹Mab an Den a vydn dyllo y eleth, hag y a wra cùntell mes a'y wlascor pùptra hegas ha'n re-na usy ow cul cabmweyth, ⁴²hag y a vydn aga thôwlel in forn tan, hag ena y fëdh olva ha scrynva dens. ⁴³I'n termyn-na an re gwiryon a wra shînya kepar ha'n howl in gwlascor aga Thas. Neb a'n jeffa scovornow dhe glôwes, gwrêns ev goslowes!

⁴⁴"Arta, haval yw gwlascor nev dhe dresour kelys i'n dor. Nebonen a'n cafas, ha pàn y'n cafas, ev a'n cudhas. Nena gans lowender brâs ev êth ha gwertha oll y bosessyon rag prena an bargen tir-na.

⁴⁵"Gwlascor nev yw haval kefrës dhe varchont eus ow whelas perlys bryntyn. ⁴⁶Pàn wrug ev cafos perl a bris brâs, ev êth ha gwertha oll a'n jeva, ha prena an perl.

⁴⁷"Arta, gwlascor nev a yll bos hevellys dhe roos tôwlys i'n mor, neb a gùntell pùb ehen a bysk. ⁴⁸Pàn o hy leun, y a's tednas dhe'n tir, ha wosa esedha, y a worras an pùscas dâ in canstellow, saw y a dowlas in mes an re-na nag o vas. ⁴⁹Indella y fëdh orth dyweth an bës, an eleth a vydn dos ha dyberth an debel-dus dhyworth an re gwiryon, ⁵⁰hag y a wra tôwlel an debel-dus in forn tan, le may fëdh olva ha scrynva dens."

⁵¹Jesu a leverys dhedhans, "A wrussowgh why convedhes oll an lavarow-ma?"

Y a worthebys, "Gwrussyn, Arlùth."

⁵²Nena ev a leverys dhedhans, "Rag hedna pùb scrîba, hag a veu deskys rag gwlascor nev yw kehaval dhe diak usy ow try mes a'y withva kefrës taclow nowyth ha taclow coth."

⁵³Ha pàn wrug Jesu fynyshya an parablys-ma, ev a omdednas alena. ⁵⁴Ha wosa ev dhe dhos dh'y bow y honen, ev a wrug desky an dus i'ga synaga, may fowns y amays ha leverel, "A ble whrug hebma cafos an furneth-ma ha'n oberow barthusek? ⁵⁵A nyns ywa mab an ser predn? A nyns yw y vabm henwys Maria? A nyns yw Jamys, Joses, Sîmon ha Jûda y vreder? ⁵⁶Ha'y wheryth, a nyns usons y oll obma i'gan mesk? Ple whrug ev dhana cafos hebma oll?" ⁵⁷Ha dyvlesys vowns y in y gever.

Mès Jesu a leverys dhedhans, "Nyns yw profet heb onour, saw in y bow y honen, hag in y jy y honen." ⁵⁸Ha ny wruga meur a oberow galosek ena, awos aga dyscrejyans.

14 I'n prës-na an mytern Erod a glôwas adro dhe Jesu, ²hag ev a leverys dh'y servysy, "Hèm yw Jowan Baptyst. Ev re dhassorhas dhyworth an re marow, ha rag hedna yma an power barthusek-ma owth obery ino."

³Rag Erod a sêsyas Jowan, ha'y gelmy ha'y dôwlel dhe bryson awos Erodyas, gwreg y vroder Felyp, ⁴dre rêson Jowan dhe leverel dhodho, "Nyns yw lafyl te dh'y hemeres yn gwreg." ⁵Yth esa Erod ow tesîrya ladha Jowan, mès own a'n jeva a'n bobel, rag an bobel a gresy Jowan dhe vos profet.

⁶Ha pàn veu gôlys pedn bloodh Erod, myrgh Erodyas a dhauncyas dhyrag an ôstysy, ha plêsya an mytern. ⁷Gans hedna ev a dos, y whre va ry dhedhy pynag oll tra a vydna hy dervyn orto. ⁸Nena hy a veu exortys gans hy mabm ow leverel, "Ro dhybm pedn Jowan Baptyst wàr dallyour." ⁹Grêvys veu an mytern pàn glôwas hedna. Bytegyns awos an ty ha'y ôstysy, ev a gomondyas may fe hedna grauntys. ¹⁰Erod a erhys may fe Jowan dybednys i'n pryson, ¹¹ha'y bedn degys wàr dallyour ha rës dhe'n dhamsel. Ha hy a'n dros dh'y mabm. ¹²Nena y teuth dyscyplys Jowan, ha kemeres y gorf ha'y encledhyas. Wosa hedna y a dherivas an mater dhe Jesu.

¹³Pàn glôwas Jesu hedna, ev êth in scath alena, ha mos dhe dyller dianeth y honen oll. Saw an rûth a glôwas anodho, hag y a'n sewyas wàr dir dhyworth an trevow. ¹⁴Pàn diras Jesu, ev a welas nùmber brâs a dus. Ev a gemeras pyteth anodhans ha sawya oll an glevyon i'ga mesk.

¹⁵Ha pàn dheuth an gordhuwher, y dhyscyplys a dheuth dhodho ha leverel, "Dyveth yw an tyller-ma ha'n jëdh yw gorfednys. Gorr an rûth in kerdh ytho may hallens y entra i'n trevow, ha prena sosten."

¹⁶Mès Jesu a leverys dhedhans, "Ny res dhedhans mos in kerdh. Rewgh dhedhans dhe dhebry agas honen."

¹⁷Y a worthebys dhodho, "Nyns eus dhyn obma saw pymp torth ha dew bysk."

¹⁸Ev a leverys, "Drewgh y obma." ¹⁹Ena Jesu a gomondyas dhe'n bobel esedha wàr an glaswels. Wosa ev dhe gemeres an pymp torth ha'n dhew bysk, ha meras tro ha'n nev, ev a's benegas ha'ga therry ha ry an torthow dhe'n dyscyplys. An dyscyplys a's ros dhe'n rûth. ²⁰Ha pùb huny a dhebras lùk. Hag y feu cùntellys lowr a'n brewyon o gesys rag lenwel dewdhek canstel. ²¹Yth o neb pymp mil dhen an re-na a dhebras, heb nyvera an benenes ha'n flehes.

²²Ha Jesu a besys y dhyscyplys dhe entra i'n scath ha tremena dhe denewen aral an mor, hag ev a dhanvonas an rûth in kerdh. ²³Wosa ev dhe dhanvon an dus dhe ves, ev êth bys i'n meneth rag pesy heb den vëth ganso. An gordhuwher o cowldhevedhys pàn veu va indella heb cowetha. ²⁴An scath o gyllys dhyworth an tir hag in cres an mor, hag yth esa an todnow orth hy thossya yn fol, rag treus o an gwyns.

²⁵Ha myttyn avarr ev a dheuth dhedhans ow kerdhes wàr an mor, ²⁶ha pàn wrug an dyscyplys y weles ow kerdhes indella, y a gemeras own brâs hag y a leverys, "Tarosvan yw!" ha cria a wrussons rag ewn uth.

²⁷Saw whare Jesu a leverys dhedhans, "Bedhens dâ agas cher. Me ywa. Na gemerowgh own."

²⁸Ha Peder a worthebys ha leverel, "Arlùth, mars ywa te, gwra erhy dhybm dos dhyso wàr an dowrow."

²⁹Ev a leverys, "Deus!"

Ha Peder a skydnyas in mes a'n scath, ha kerdhes wàr an dowrow ha dos dhe Jesu. ³⁰Saw pàn welas nerth an hager-awel, own a'n jeva, hag ev a dhalathas budhy. Peder a grias, "Arlùth, gweres vy!"

³¹Dhesempys Jesu a istynas y dhorn ha'y dhalhedna, ha leverel dhodho, "Ass yw bohes dha fëdh! Prag y whrêta dowtya?"

³²Ha pàn dheuthons aberth i'n scath, an gwyns a cessyas. ³³Gans hedna pùbonen esa i'n scath a dheuth ha'y wordhya ow leverel, "In gwir te yw Mab Duw."

³⁴Ha pàn wrussons y passya dres an mor, y a diras in Genesaret. ³⁵Ha tus an tyller-na, pàn wrussons y aswon, a dhanvonas ger anodho dhe oll an pow adro. Hag y a dhros dhodho oll an glevyon. ³⁶Y a'n pesys may rolla dhedhans cubmyas unweyth dhe dùchya gwrèm y bows. Seul a'n tùchyas, a veu yaghhës.

15 Wosa hedna Farysys ha scrîbys a dheuth dhia Jerù-salem dhe Jesu ow leverel, ²"Prag y whra dha dhyscyplys cabm dhe dradycyons an dus hen? Rag ny wrowns golhy aga dewla kyns ès debry bara."

³Jesu a worthebys ha leverel dhedhans, "Ha why, prag y whrewgh gul warbydn Duw rag kerensa agas tradycyon? ⁴Rag Duw a leverys, 'Gwra onora dha das ha'th vabm' ha 'Seul a wrella molethy tas pò mabm, gwyw yw ev dhe vos ledhys.' ⁵Saw why a lever, 'Pynag oll a lavarra dh'y das pò dh'y vabm, ro sacrys yw oll an socour a alses recêva dhyworthyf,' nag yw res dhodho onora naneyl tas

na mabm. ⁶Indelma ytho rag kerensa agas tradycyon yth esowgh why ow naha ger Duw. ⁷Ass yw fekyl agas fara! Esay an profet a wrug profusa yn ewn, pàn leverys,

⁸"'Yma an bobel-ma orth ow onora gans aga ganow,
mes pell yma aga holon dhyworthyf,
⁹hag yn uver ymowns y orth ow gordhya,
ow tesky dyscans mab den avell comondmentys.'"

¹⁰Ha wosa ev dhe elwel an rûth dhodho, ev a leverys dhedhans, "Clôwowgh ha convedhowgh. ¹¹An dra usy owth entra der an ganow, ny wra hedna mostya den, saw an dra a dheu mes a'y anow—yma hedna orth y vôstya."

¹²Ha pàn dheuth an dyscyplys dhodho, y a leverys, "A wodhesta y feu an Farysys sclandrys pàn wrussons y clôwes dha eryow?"

¹³Ev a worthebys, "Kenyver losowen, na veu plynsys gans ow Thas in nev, a vëdh dywredhys. ¹⁴Gesowgh an dus-na dhe vos. Hùmbrynkysy dhall dhe dhellyon yns y. Mar qwra den dall hùmbronk den dall, nena y aga dew a wra codha i'n cledh."

¹⁵Mès Peder a leverys dhodho, "Gwra styrya dhyn an parabyl."

¹⁶Ev a worthebys, "Owgh why whath heb convedhes? ¹⁷A ny wodhowgh why convedhes fatell wra pùptra, usy owth entra i'n ganow, passya der an corf bys i'n caughty? ¹⁸Saw pùptra usy ow tos mes a'n ganow, hedna a dheu dhyworth an golon, ha hedna a wra mostya den.

¹⁹Dhia an golon y teu drog-purpos, denlath, avoutry, gyglotry, ladrans, fâls-dùstuny ha blasfemy. ²⁰Yma an re-na ow mostya den; mès debry heb golhy dewla ny wra y vôstya màn."

²¹Ha Jesu êth alena ha mos in kerdh bys in côstys Tir ha Sîdon. ²²Canaanyades a'n pow-na a dheuth ha garma, "Arlùth, Mab Davyth, kebmer tregereth ahanaf. Tormentys tydn yw ow myrgh gans tebel-spyrys."

²³Saw ev ny's gorthebys poynt, ha'y dhyscyplys a dheuth dhodho ha'y besy ow leverel, "Danvon hy in kerdh, rag yma hy ow carma wàr agan lergh."

²⁴Hag ev a worthebys, "Ny veuma danvenys saw dhe dheves kellys chy Israel."

²⁵Saw hy a dheuth ha codha wàr bedn dewlin dhyragtho, ow leverel, "Arlùth, gweres vy."

²⁶Ev a worthebys, "Ny dal kemeres bara an flehes ha'y dôwlel dhe'n keun."

²⁷Nena hy a leverys, "Ea, Arlùth, saw an keun a wra debry an brewyon a goodh dhywar vord aga mêstrysy."

²⁸Gans hedna Jesu a worthebys ha leverel, "A venyn, brâs yw dha fëdh. Re bo gwrës dhis oll warlergh dha volùnjeth." Hy myrgh a veu yaghhës i'n very prës-na.

²⁹Wosa Jesu dhe vones alena, ev a dheuth ogas dhe vor Galyle. Ev êth in bàn bys i'n meneth hag esedha ena. ³⁰Hag y teuth dhodho bùsh brâs a dus, hag i'ga mesk lies huny neb o cloppek, evredhek, dall, omlavar ha lies huny erel. Y a wrug aga settya dhyragtho ha Jesu a's sawyas, ³¹may feu amays an bobel hag y ow qweles an den omlavar ow côwsel, an

evredhek yn yagh, an cloppek ow kerdhes ha'n dall ow qweles. Rag hedna y a braisyas Duw Israel.

³²Nena Jesu a elwys dhodho y dhyscyplys ha leverel, "Yth esof ow kemeres pyta a'n bobel, rag ottensy genama nans yw try dëdh, hag y ny's teves tra vëth dhe dhebry. Ny vanaf aga danvon in kerdh heb sosten, rag dowt y dhe glamdera i'n fordh."

³³Ha'n dyscyplys a leverys dhodho, "Ple hyllyn ny cafos bara i'n gwylfos lowr dhe vaga mar lies den?"

³⁴Ha Jesu a leverys dhedhans, "Pana lies torth eus genowgh?"

Y a worthebys, "Seyth ha nebes pùscas bian."

³⁵Hag ev a erhys dhe'n rûth esedha wàr an dor. ³⁶Ha wosa ev dhe gemeres an seyth torth ha'n pùscas in y dhewla, ha'ga benega ha'ga therry, ev a's ros dhe'n dyscyplys, ha'n dyscyplys a's ros dhe'n bobel. ³⁷Hag oll an rûth a dhebras, ha cafos sosten lùk. Hag y feu cùntellys a'n brewyon gesys lowr rag lenwel seyth canstel. ³⁸Ha'n re-na a dhebras o peder mil a dus, heb nyvera benenes ha flehes. ³⁹Nena ev a dhanvonas an rûth in kerdh, hag entra i'n scath ha mos dhe gôstys Castel Maudlen.

16 Ha'n Farysys ha'n Sadûkys a dheuth dhodho orth y demptya, rag y a wovydnas orto may whrella dysqwedhes dhedhans sin mes a'n nev.

²Ev a worthebys dhedhans ow leverel, "Pàn vo an gordhuwher devedhys, why a lever, 'Teg vëdh an awel, rag rudh yw an ebron', ³ha myttyn why a lever, 'Y fëdh hager-awel hedhyw, rag an ebron yw rudh ha tewl.' Why a yll convedhes

23

semlant an ebron—a ny yllowgh why convedhes sînys an termyn? 4Why tebel-heneth dyscryjyk, usy ow whelas sin! Saw sin vëdh oll ny vëdh rës dhywgh mès only sin Jônas." Hag ev a's gasas, ha mos alena.

5Pàn wrug an dyscyplys dos dhe'n tu aral, y a remembras na wrussons dry vytel vëdh gansans. 6Ha Jesu a leverys dhedhans, "Kemerowgh with ha bedhowgh war a wel an Farysys ha'n Sadûkys."

7Hag y a resnas intredhans aga honen ha leverel, "Hèm yw drefen na wrussyn ny dry genen sosten vëdh."

8Pàn wrug Jesu convedhes hedna, ev a leverys dhedhans, "A why a vohes fëdh, prag yth esowgh why ow resna intredhowgh, drefen nag eus bara genowgh? 9A nyns esowgh why whath ow convedhes, naneyl ow remembra an pymp torth ha'n pymp mil, ha pana lies canstel a vrewyon a wrussowgh why cruny? 10A ny yllowgh why naneyl remembra an seyth torth ha'n peder mil, ha pana lies basket leun a wrussowgh why kemeres in bàn? 11Fatell ylla bos ytho, na wodhowgh convedhes na wrug avy leverel hebma dhywgh adro dhe vara? Saw bedhowgh war a wel an Farysys ha'n Sadûkys." 12Nena y a wrug convedhes ev dhe gomondya dhedhans, may whrellens kemeres with a dhyscans an Farysys ha'n Sadûkys, kyns ès a wel rag bara.

13Jesu a dheuth dhe'n côstys a Cesaria Fylyppy, hag ev a wovydnas orth y dhyscyplys, "Pyw usy an bobel ow leverel dhe vos an Mab a Dhen?"

14Y a worthebys, "Radn Jowan Baptyst, radn Elias, radn Jeremy pò onen a'n profettys."

15Jesu a leverys dhedhans y, "Saw pyw a leverowgh why y bosama?"

16Nena Sîmon Peder a wrug gortheby hag a leverys, "Te yw an Crist, Mab an Duw a vêwnans."

17Ha Jesu a'n gorthebys, "Benegys osta jy, Sîmon mab Jônas, rag ny wrug kig na goos dysqwedhes hedna dhyso jy, mès ow Thas vy usy i'n nev. 18Ha me a lever dhyso jy: te yw Peder (pò an garrek), ha wàr an garrek-ma me a vydn byldya ow eglos, ha ny wra an yettys a iffarn prevailya wàr hy fydn. 19Ha me a vydn ry dhyso jy an alwhedhow a wlascor nev, ha pynag oll a wrylly kelmy i'n bës obma, ev a vëdh inwedh kelmys i'n nev. Pynag oll a wrylly dygelmy i'n bës obma, ev a vëdh dygelmys i'n nev magata." 20Nena ev a erhys strait dhe'n dyscyplys, na wrellens derivas dhe nebonen ev dhe vos an Crist.

21Alena rag Jesu a dhalathas dysqwedhes dh'y dhyscyplys, y fedha res dhodho mos dhe Jerùsalem, ha sùffra lies tra dhyworth an dus hen, an uhel prontyryon ha'n scrîbys, ha dhe vos ledhys, ha dasserhy an tressa jorna.

22Nena Peder a'n kemeras adenewen, ha dallath y rebûkya ha leverel, "Bydner re bo, a arlùth. Bydner re wrella hedna hapnya dhis!"

23Saw ev a drailyas ha leverel dhe Beder, "Kê adrëv dhybm, Satnas! Te yw men a drebuchyans ragof. Nyns esos owth attendya an taclow a Dhuw, mès an taclow a vab den."

24Nena Jesu a leverys dh'y dhyscyplys, "Mar mydn den vëth ow folya vy, gwrêns ev naha y honen ha kemeres y grows, ha dos wàr ow lergh. 25Rag pynag oll a vydna sawya y vêwnans, ev a wra y gelly, ha pynag oll a wrella kelly y vêwnans rag ow herensa vy, ev a'n cav. 26Rag pana les ywa dhe dhen vëth, mar teu va ha gwainya oll an bës, ha kelly y vêwnans y honen? Pëth a vynsa den vëth ry yn chyffar rag y vêwnans y honen? 27Rag Mab an Den a dal dos in splander y Das gans y eleth, hag ena ev a vydn attylly dhe bùbonen warlergh y wrians. 28In gwir me a lever dhywgh bos re a'ga sav obma na wra tastya mernans, erna wellens Mab an Den ow tos in y wlascor."

17 Ha wosa whegh dëdh Jesu a gemeras Peder, ha Jamys, ha Jowan y vroder, hag a's lêdyas a'n eyl tu bys in meneth uhel. 2Ha'y fysment a veu trailys dhyragthans, hag yth esa y dremyn ow terlentry avell an howl, ha'y dhyllas a veu maga whydn avell golow. 3Ha Moyses hag Elias a apperyas dhedhans, hag y ow côwsel orto.

4Nena Peder a leverys dhe Jesu, "Arlùth, dâ yw dhyn ny bos obma. Mar mynta, me a wra byldya obma try scovva, onen ragos jy, onen rag Moyses, hag onen rag Elias."

5Pàn esa va whath ow côwsel, cloud spladn a dheuth warnodhans, ha lev a dheuth mes a'n cloud ha leverel, "Hèm yw ow Mab meurgerys, mayth oma plêsys ganso. Goslowowgh orto."

6Pàn glôwas an dyscyplys hedna, y a godhas wàr aga fâss rag ewn uth. 7Saw Jesu a dheuth ha'ga thùchya ha leverel, "In sol ha na berthowgh own." 8Ha pàn wrussons meras wàr vàn, ny welsons mès Jesu yn udnyk.

9Pàn esens ow skydnya dhywar an meneth, Jesu a gomondyas dhedhans na wrellens derivas orth den vëth

adro dhe'n vesyon, erna ve Mab an Den dasserhys a'n re marow.

10Ha'y dhyscyplys a wovydnas orto, "Prag ytho y lever an scrîbys, fatell res dhe Elias dos kensa?"

11Ev a worthebys, "Elias in gwir a wra dos kensa ha restorya pùptra, 12saw me a lever dhywgh bos Elias devedhys solabrës, mès ny wrug an dus y aswonvos. I'n contrary part y a wrug dhodho warlergh aga bodh. Yn kettelna Mab an Den a wra sùffra orth aga dewla." 13Nena an dyscyplys a gonvedhas ev dhe gôwsel a Jowan Baptyst.

14Ha pàn dheuthons bys i'n rûth, y teuth dhodho nebonen, hag ev a godhas wàr bedn dewlin dhyragtho ha leverel, 15"Arlùth, kebmer mercy a'm mab, rag varys ywa ha troblys yn uthyk. Lies torn yma va ow codha i'n tan hag yn fenowgh i'n dowr. 16Me a'n dros ev dhe'th tyscyplys, saw ny wodhyens y yaghhe."

17Nena Jesu a worthebys, "Why heneth dyslel ha dygnas, pana bellder a vedhaf genowgh? Pana bellder a vëdh res dhybm agas sùffra? Dro va dhybmo obma." 18Ha Jesu a rebûkyas an jowl, hag ev a dheuth in mes anodho, ha'n flogh a veu yaghhës i'n very prës-na.

19Nena y dhyscyplys a dheuth dhodho yn pryva ha leverel dhe Jesu, "Prag na yllyn y dôwlel in mes?"

20Ev a worthebys dhedhans, "Dre rêson agas dyscrejyans—rag in gwir me a lever dhywgh, mar pëdh genowgh fëdh mar vrâs avell hasen kedhow, why a yll comondya dhe'n meneth-ma 'Bëdh removys alebma bys i'n tyller-na!' hag ev a vydn gwaya mes a'y dyller. Ny vëdh tra vëth ùnpossybyl dhywgh, 21mes tebel-spyrys a'n sort-ma, ny yll bos tôwlys in mes saw dre bejadow ha penys."

²²Pàn êns y tregys yn Galyle, Jesu a leverys dhedhans, "Mab an Den a vêdh delyvrys inter dewla tus, ²³hag y a'n ladh, ha'n tressa dêdh ev a wra dasserhy." Hag y fowns troblys dres musur.

²⁴Pàn dheuthons dhe Capernaùm, cùnteloryon trubyt an templa a dheuth dhe Beder ha govyn orto, "A ny wra agas descador pe an trubyt?"

²⁵Ev a worthebys, "Ev a'n gwra", hag ev a entras i'n chy, mes kyns ev dhe gôwsel, Jesu a leverys, "Pan-dr'esta ow predery, a Sîmon? Pyw usy myterneth an bës-ma ow kemeres trubyt dhywortans, dhyworth aga mebyon aga honen pò dhyworth ken re?"

²⁶Pàn worthebys Peder, "Dhyworth ken re," Jesu a leverys, "Frank ytho yw an flehes. ²⁷Mès, ma na wrellen ry offens, kê dhe'n mor ha towl hig. Kebmer an kensa pysk a dheffa in bàn, ha pàn wrelles egery y anow, te a gav ino *bathùs* mona. Kebmer hedna, ha roy ev dhedhans ragof vy ha ragos jy."

18 I'n eur-na an dyscyplys a dheuth dhe Jesu ha leverel, "Pyw yw an moyha in gwlascor nev?"

²Ha wosa ev dhe elwel flogh bian dhodho, ev a'n gorras i'ga mesk ³ha leverel, "In gwir me a lever dhywgh: marnas why a vo trailys i'gas brës may fewgh kepar ha flehes vian, ny yllowgh why nefra entra in gwlascor nev. ⁴Rag hedna pynag oll a vo uvel kepar ha'n flogh bian-ma, an keth yw an moyha in gwlascor nev. ⁵Pynag oll a wrella recêva flogh a'n par-ma i'm hanow vy, ev a wra ow recêva vy.

⁶"Pynag oll a wrella dhe onen a'n re bian-ma kelly y fëdh inof vy, gwell via dhodho men melyn dhe vos cregys adro dh'y godna, ha'y vudhy i'n keynvor down. ⁷Ellas, pàn wra taclow dhe dus an bës kelly aga fëdh! Res yw dhe daclow a'n par-na hapnya pùpprës—mes goev hedna a vo chêson ragthans! ⁸Mar teu dha dhorn pò dha droos ha gul dhis kelly dha fëdh, trogh y dhyworthys ha towl y in mes. Gwell via dhis entra i'n bêwnans evredhek pò mans, ages te dhe vos tôwlys gans dewla ha dewdros i'n tan dyvarow. ⁹Ha mar qwra dha lagas dhis kelly dha fëdh, tedn ev in mes ha towl ev dhyworthys. Gwell via dhis entra i'n bêwnans heb lagas, ages bos tôwlys gans dha dewlagas in tan iffarn.

¹⁰"Gwaityowgh na wrellowgh dysprêsya onen a'n re bian-ma, rag me a lever dhywgh, fatell vêdh aga eleth y i'n nev a'ga sav pùpprës dhyrag Duw i'n nev. ¹¹(Rag Mab an Den a dheuth dhe selwel an re-na a vo kellys).

¹²"Pandr'esowgh why ow predery? Mara'n jeves bugel cans davas, ha mar teu onen anodhans ha mos in stray, a ny wra va gasa an nawnjek ha peswar ugans i'n meneth, ha mos dhe whelas an onen a vo gyllys in stray? ¹³Ha mar teu va ha'y gafos, in gwir me a lever dhywgh, ev dhe rejoycya moy adro dhodho ès adro dhe'n nawnjek ha peswar ugans na wrug bythqweth gwandra. ¹⁴Indelma yth yw bolùnjeth agas Tas i'n nev, na wrella onen vëth a'n re bian-ma mos dhe goll.

¹⁵"Mar teu dha vroder ha gul trespas wàr dha bydn, kê in kerdh ha lavar dhodho y fowt intra te hag ev

yn udnyk. Mar teu va ha goslowes orthys, te re wainyas dha vroder arta. ¹⁶Saw mar ny vydn ev goslowes orthys, whath kebmer genes onen pò dew aral, may fo pùb lavar destys dre dhùstuny dew dhen pò try den. ¹⁷Mar ny vydn ev clôwes i'n eur-na, lavar dhe'n eglos. Mar ny vëdh ev parys dhe woslowes orth an eglos kyn fe, bedhens dhyso kepar hag onen a'n Jentylys pò a'n doloryon.

¹⁸"In gwir me a lever dhywgh: pana dra a wrellowgh why kelmy wàr an nor, ev a vëdh inwedh kelmys in nev, ha pana dra a wrellowgh lowsya i'n nor, ev a vëdh lowsys in nev.

¹⁹"Arta me a lever dhywgh why: mar pëdh dew ahanowgh acordys wàr an nor adro dhe dra vëth a wrellowgh why govyn, an dra a vëdh grauntys dhywgh gans ow Thas usy i'n nev. ²⁰Rag le may fo dew pò try cùntellys warbarth i'm hanow vy, ena me a vëdh i'ga mesk."

²¹Nena Peder a dheuth dhodho ha govyn, "Mar teu ow broder ha gul trespas wàr ow fydn, py lies torn a dal dhybm y ava dhodho? Bys in seyth gweyth?"

²²Jesu a leverys dhodho, "Nyns yw lowr seyth gweyth, mès gav dhodho bys i'n seyth deg seyth gweyth.

²³"Rag hedna gwlascor nev a yll bos hevellys dhe vytern a vydna bos reknys gans y wesyon. ²⁴Pàn dhalathas rekna, y feu drës dhyragtho gwas a'n jeva kendon a dheg mil dalent. ²⁵Abàn na'n jeva pegans dhe dylly, y arlùth a gomondyas, may fe va gwerthys warbarth gans y wreg ha'y flehes, ha pùptra oll a'n jeva rag tylly an gendon. ²⁶"Pàn glôwas hedna, an gwas a godhas wàr bedn dewlin dhyragtho

ha'y besy ha leverel, 'Graunt dhybm spàss, ha me a wra tylly oll an gendon.' ²⁷Ha'n arlùth a gemeras mercy anodho, ha'y relêssya dhyworth y gendon.

²⁸"An keth gwas-na êth alena ha metya orth onen a'y geswesyon, neb esa in kendon a gans dynar dhodho. Ev a'n sêsyas yn stroth er an vriansen ha leverel, 'Tal dhybm dha gendon.'

²⁹"Gans hedna y geswas a godhas wàr bedn dewlin ha'y besy ow leverel, 'Graunt dhybm spàss ha me a vydn y dylly.'

³⁰"Ev ny vydnas hedna, mes ev êth ha'y dôwlel dhe bryson, erna wrella aqwytya y gendon. ³¹Pàn welas y geswesyon pandra wruga, y a veu grêvys brâs, ha mos ha meneges oll an dra o gwrës.

³²"I'n eur-na y arlùth a'n gelwys dhodho ha leverel, 'Te debel-was, me a'th relêssyas qwit a oll dha gendon jy, awos te dhe'm pesy. ³³A ny dalvia dhis inwedh kemeres mercy a'th geswas, kepar dell wrug avy ahanas dhejy?' ³⁴Ha'y arlùth a sorras meur orto, hag ev a'n delyvras dhe vos tormentys, erna wrella tylly oll an gendon.

³⁵"In ketelma inwedh ow Thas, usy i'n nev, a vydn gul dhywgh why, mar ny wrewgh oll gava dh'agas broder a leun golon."

19 Ha pàn wrug Jesu gorfedna an lavarow-ma, ev a asas Galyle ha dos dhe gôstys Jûdy wàr an tenewen aral a dhowr Jordan. ²Bûsh brâs a dus a'n folyas, hag ev a wrug aga yaghhe i'n tyller-na.

³Ha Farysys a dheuth dhodho orth y demptya ha leverel, "Ywa lafyl

dydhemedhy gwreg rag chêson vëth oll?"

⁴Ev a worthebys, "A ny wrussowgh why redya fatell wrug an Formyor i'n dalathfos aga creatya 'gorow ha benow'?" ⁵Rag hedna den a wra forsâkya y das ha'y vabm ha glena orth y wreg, hag y aga dew a vëdh udn kig. ⁶Nyns yns y dew na fella, mès udn kig. Na wrella den vëth ytho dyberth, a vo jùnys warbarth gans Duw y honen."

⁷Y a leverys dhodho, "Prag y whrug Moyses ytho comondya dhyn dhe ry screfa dyberth dhe venyn ha'y dydhemedhy?"

⁸Ev a worthebys, "Awos caletter agas colon y whrug Moyses alowa dhywgh why gorra agas gwrageth adenewen, mès nyns o an câss indella i'n dalathfos. ⁹Me a lever dhywgh: pynag oll a wrella settya y wreg adenewen, ha demedhy gwreg aral, marnas awos avoutry, avoutrer yw an den-na."

¹⁰Y dhyscyplys a leverys dhodho, "Mars yw indella an câss gans den demedhys, gwell yw sevel orth demedhy gwreg."

¹¹Ev a worthebys, "Ny yll kenyver onen degemeres an lavar-na, saw an re-na a's teffons an grâss. ¹²Rag yma spadhesygyon i'n bës re beu genys indella, ha spadhesygyon re beu gwrës gans tus, ha re erel re wrug spadhesygyon anodhans aga honen awos gwlascor nev. Seul a alla recêva hebma, gwrêns y recêva."

¹³Ena y feu drës dhodho flehes yonk, may halla va settya y dhewla warnodhans ha pesy ragthans, mès an dyscyplys a rebûkyas an dus esa ow cul hedna.

¹⁴Saw Jesu a leverys, "Gesowgh an flehes vian dhe dhos dhybmo, ha na wrewgh aga dyfen, rag dhe'n re-ma yma gwlascor nev." ¹⁵Wosa ev dhe settya y dhewla warnodhans, ev a dhybarthas dhywortans.

¹⁶Hag udn den a dheuth dhodho ha leverel, "Descador, pana oberow dâ a res dhybm gul rag cafos an bêwnans heb dyweth?"

¹⁷Ev a worthebys, "Prag yth esta ow covyn orthyf adro dhe'n pëth yw dâ? Nyns yw dâ mès onen only. Mars osta whensys dhe entra i'n bêwnans-na, res yw dhis gwetha an comond-mentys."

¹⁸Ev a wovydnas, "Pëth yns y?" Jesu a worthebys, "Na ladh, na wra avoutry, na lader, na dhog camdhùstuny, ¹⁹gwra onora dha das ha'th vabm, ha car dha gentrevak kepar ha te dha honen."

²⁰An den yonk a leverys, "Oll an re-na me re wethas. Pandr'usy othem dhybm whath anodho?"

²¹Jesu a leverys dhodho, "Mar mynta bos perfeth, kê ha gwerth oll dha rychys, ha'ga ry dhe'n vohosogyon, ha te a gav tresour in nev, ha deus ha gwra ow folya vy."

²²Pàn glôwas an den yonk hedna, ev a voydyas hag ev pòr drist, rag rych dres ehen o va.

²³Nena Jesu a leverys dh'y dhyscyplys, "In gwir me a lever dhywgh, cales yw dhe dhen rych entra in gwlascor nev. ²⁴Me a lever inwedh y fedha moy êsy dhe gawrvargh passya dre grow nasweth, ages dhe dhen rych entra in gwlascor nev."

²⁵Pàn glôwas an dyscyplys hedna, y a's teva marth brâs ha leverel, "Pyw ytho a yll bos selwys?"

26Jesu a veras ortans ha gortheby, "Ùnpossybyl ywa dhe vab den, mès Duw a yll gul pùptra."

27Nena Peder a leverys dhodho, "Mir, ny re forsâkyas pùptra oll ha'th folya jy. Pandra'gan bëdh ytho?"

28Jesu a leverys dhedhans, "In gwir me a lever dhywgh, ha why orth ow folya, pàn wrella Mab an Den esedha wàr dron y wordhyans i'n Creacyon Nowyth, why inwedh a wra esedha wàr dhewdhek tron, ha brusy dewdhek trib Israel. 29Ha pynag oll re forsâkyas treven, pò breder, pò wheryth, pò tas, pò mabm, pò flehes, pò tirethow rag ow herensa vy, ev a wra recêva moy ages hedna, hag ev a wra eryta an bêwnans heb dyweth. 30Saw lies huny i'n le arag a vëdh wàr dhelergh, ha'n re wàr dhelergh a vëdh arag.

20 "Gwlascor nev a yll bos hevellys dhe diak neb êth in mes myttyn abrës, may halla gobrena gonesyjy rag y vynyard. 2Ev a vargednyas gansans rag gober udn sols an jorna, ha'ga danvon bys in y vynyard.

3"Pàn êth ev in mes ogas dhe naw eur myttyn, ev a welas tus erel a'ga sav heb lavur i'n varhas. 4Ev a leverys dhedhans, 'Ewgh why inwedh dhe'n vynyard, ha pynag oll a vo ewn, me a'n re dhywgh.' 5Ha'n dus êth dy.

"An tiak eth in mes arta ogas dhe hanter-dëdh, ha try eur dohajëdh, hag i'n kepar maner ev a wrug gobrena gonesyjy. 6Pàn eth in mes adro dhe bymp eur, ev a gafas re erel a'ga sav syger hag ev a leverys dhedhans, 'Prag yth esowgh why ow sevel heb lavur obma oll an jorna?'

7"Y a worthebys, 'Drefen na wrug den vëth agan arfeth.'

"Nena ev a leverys dhedhans, 'Ewgh why inwedh dhe'n vynyard.'

8"Pàn dheuth an gordhuwher, arlùth an vynyard a leverys dh'y styward, 'Galw an wonesyjy ha gwra aga thylly, ow tallath gans an re a dheuth dewetha bys i'n re kensa.'

9"Pàn dheuth an wonesyjy a dhalathas dhe bymp eur, pùbonen anodhans a gafas udn sols. 10Ha pàn dheuth an re kensa, yth esens ow predery y dhe gafos moy, mès udn sols a gafas pùbonen anodhans y kefrës. 11Wosa y dhe recêva aga wajys, y a dhalathas croffolas warbydn an tiak ha leverel, 12'An re dewetha-ma a lavuryas udn owr, ha te a's gwrug kehaval dhyn ny, re beu ow lavurya dres oll an jëdh in tomder an howl.'

13"Ev a worthebys dhe onen anodhans, 'A gothman, ny wrama cabm vëth dhyso. A ny wrusta bargednya genama rag udn sols? 14Kebmer an pëth usy dhis, ha voyd alebma. Me a vydn ry dhe'n re dewetha-ma kebmys ha dhyso jy. 15A ny'm beus an gwir dhe wul gans ow mona vy kepar dell vanaf vy ow honen? Pò esta ow kemeres envy, drefen me dhe vos larj?'

16"Indelma an re dewetha a vëdh kyns oll, ha'n re kensa orth an dyweth."

17Ha pàn o Jesu ogas parys dhe dravalya dhe Jerùsalem, ev a gemeras an dewdhek adenewen i'n fordh, ha leverel dhedhans, 18"Otta ny ow mos in bàn dhe Jerùsalem, ha Mab an Den a vëdh delyvrys dhe'n uhel prontyryon ha dhe'n scrîbys. Y a vydn ry breus wàr y bydn ha'y dhampnya dhe'n mernans, 19ha'y dhelyvra dhe'n Jentylys, may hallens y scornya, y scorjya ha'y ladha i'n growspredn. Mès an tressa dëdh ev a wra dasserhy."

²⁰Nena mabm mebyon Zebedy a dheuth dhodho gans hy mebyon, ha codha wàr bedn dewlin ha govyn favour orto.

²¹Ev a leverys dhedhy, "Pandr'esta ow tesîrya?"

Hy a leverys, "Gwra declarya, fatell vëdh ow dew vab avy esedhys rybos i'th wlascor, an eyl adhyhow ha'y gela agledh."

²²Jesu a worthebys, "Ny wodhowgh pandr'esowgh ow covyn. A yllowgh why eva a'n hanaf a wrama eva anodho?"

Y a worthebys, "Gyllyn."

²³Ev a leverys, "Eva a wrewgh a'm hanaf vy, mès esedha a'm parth dyhow ha'm parth cledh—dhe ry hedna ny sev i'm gallos vy, mès in gallos an re-na, may feu va parys ragthans gans ow Thas."

²⁴Pàn glôwas an dewdhek hedna, y a sorras fèst orth an dhew vroder. ²⁵Mès Jesu a's gelwys ha leverel, "Why a wor bos rewlysy an Jentylys ow lordya warnodhans, ha'ga brâsyon dhe wul mêstry warnodhans. ²⁶Ny vëdh indella i'gas mesk why. Seul a vydna bos pedn intredhowgh, ev a res bos agas servont. ²⁷Ha pynag oll a vydna bos an kensa, ev a dal bos agas gwas. ²⁸In kepar maner ny dheuth Mab an Den dhe dhemondya servys, mès dhe servya, ha may halla va ry y vêwnans in raunson rag lies huny."

²⁹Pàn esens ow voydya dhyworth Jeryco, rûth vrâs a'n folyas, ³⁰hag yth esa dew dhall a'ga eseth ryb an fordh. Pàn wrussons y clôwes bos Jesu ow passya yn ogas dhedhans, y a grias ha leverel, "Arlùth, kebmer pyteth ahanan, te vab Davyth!"

³¹Ha'n bobel a's rebûkyas ha leverel dhedhans tewel, mes y a grias dhe voy uhel ha leverel, "Arlùth, kebmer pyteth ahanan, te vab Davyth!"

³²Nena Jesu a savas in nes ha gelwel, "Pandr'esowgh ow tesîrya me dhe wul dhywgh?"

³³Y a worthebys, "Arlùth, may whrelles egery agan dewlagas."

³⁴Jesu a gemeras pyta anodhans ha'ga thùchya. Dystowgh y a gafas aga golok, ha'y sewya ev.

21

Ha pàn dheuthons ogas dhe Jerùsalem, ha dos bys dhe Bethfage ha dhe Veneth Olyvet, Jesu a dhanvonas dew dhyscypyl in rag ²ow leverel dhedhans, "Ewgh dhe'n castel eus aragon. Ena why a gav asen, hag ebol in udn golmen. Gwrewgh aga dygelmy ha drewgh y dhybmo vy. ³Ha mara lever den vëth wàr agas pydn why tra vëth, gwrewgh y wortheby whare, 'Dhe'n Arlùth othem yma dhe wruthyl gans an rema,' hag ev a's delyrf genowgh why."

⁴Hebma a hapnyas may fe collenwys an dra a veu campollys gans an profet ow leverel,

⁵"Lavar dhe vyrgh Sion,
Otta dha vytern ow tos dhis
yn uvel hag ow marhogeth wàr asen,
ha wàr ebol pò asen yonk."

⁶Nena an dyscyplys êth ha gul kepar dell wrug Jesu comondya dhedhans. ⁷Y a dhros an asen ha'n ebol, ha settya aga dyllas warnodhans, ha Jesu a esedhas wàr an

asen. ⁸Ha rûth pòr vrâs a lêsas aga dyllas wàr an fordh, ha re erel a drohas branchys dhywar an gwëdh ha'ga thôwlel alês wàr an fordh. ⁹Hag yth esa radn anodhans ow kerdhes dhyragtho ha radn adrëv dhodho, hag yth esens y oll ow cria,

"Hosana dhe Vab Davyth!"

"Benegys yw ev usy ow tos yn hanow an Arlùth!"
"Hosana i'n nev awartha!"

¹⁰Pàn wrug Jesu entra in Jerùsalem, oll an cyta a veu movys, hag yth esa tus ow covyn, "Pyw yw hebma?" ¹¹Yth esa an rûth ow leverel, "Hèm yw an profet, Jesu a Nazare in Galyle."

¹²Ha Jesu a entras i'n templa ha tôwlel in mes oll an re-na esa ow qwertha hag ow prena ino. Ev a wrug dysevel tablys an arhansoryon, ha chairys an re-na esa ow qwertha kelemy. ¹³Ev a leverys dhedhans, "Yma screfys, 'Ow chy vy a vëdh gelwys chy pejadow,' mès why re'n gwrug fow dhe ladron."

¹⁴Ha dellyon hag evredhygyon a dheuth dhodho i'n templa, hag ev a's sawyas. ¹⁵Mès pàn welas an uhel prontyryon ha'n scrîbys an oberow barthusek a wre, ha'n flehes ow carma i'n templa hag ow leverel, "Hosana dhe Vab Davyth!" y a veu serrys meur ¹⁶ha leverel dhodho, "Esta ow clôwes pandr'usy an re-ma ow leverel?" Jesu a worthebys dhedhans. "Clôwaf—a ny wrussowgh bythqweth redya an scryptour-ma:

"'A anow a'n flehes dâ ha'n re munys ow tena te re barusas prais ragos dha honen'?"

¹⁷Ev a voydyas dhywortans, ha mos mes a'n cyta bys in Bethany, ha spêna an nos ena.
¹⁸Ternos avarr, pàn esa Jesu ow tewheles dhe'n cyta, ev a'n jeva nown. ¹⁹Ev a welas gwedhen fyges ryb an fordh ha dos nes, mès ny gafas tra vëth warnedhy saw unsel delyow. Ev a leverys dhedhy, "Bydner re bo frût warnas arta bys vycken!" Ha dystowgh an wedhen a wedhras.
²⁰Pàn welas y dhyscyplys hedna, y a's teva marth ha leverel, "Fatell wrug an wedhen gwedhra mar uskys?"
²¹Ha Jesu a's gorthebys, "In gwir me a lever dhywgh, mar pëdh genowgh fëdh heb dowtya, y whrewgh why a pëth a veu gwrës dhe'n wedhen fyges, ea, ha moy ès hedna kyn fe. Mar tewgh why ha leverel dhe'n meneth-ma, 'Bëdh lyftys in bàn ha tôwlys i'n mor!' an dra a wra hapnya. ²²Pùptra oll a wrellowgh why govyn gans fëdh i'gas pejadow, why a'n cav."

²³Jesu a entras i'n templa, ha pàn esa va ow tesky an bobel, an uhel prontyryon ha'n dus hen a dheuth dhodho ha leverel, "Pëth yw an auctoryta may whrêta dredho an taclow-ma, ha pyw a'n ros dhis?"
²⁴Jesu a's gorthebys ha leverel, "Ha me inwedh a vydn govyn orthowgh why udn dra, ha mara tewgh why ha'm gortheby, me a dherif dhywgh gans pana auctoryta esof ow cul an taclow-ma. ²⁵Besydhyans Jowan, a ble feu va? Dhyworth nev pò dhyworth mab den?"

Nena y a argyas an eyl gans y gela ow leverel, "Mar teun ny ha leverel, 'Dhyworth nev,' nena ev a vydn leverel, 'Prag na wrussowgh why ytho cresy dhodho?' 26Mès mar teun ny ha leverel 'Dhyworth mab den,' own a'gan beus a'n bobel, rag yma pùbonen ow sensy Jowan dhe vos profet."

27Nena y a worthebys, "Ny wodhon màn."

Hag ev a leverys, "Na bëth moy ny wrama derivas dhywgh, pëth yw an auctoryta a'm beus rag gul an taclow-ma.

28"Pëth yw agas breus ow tùchya hebma? Yth esa den hag ev a'n jeva dew vab. Ev a dheuth dhe'n kensa mab ha leverel, 'A vab, kê dhe lavurya i'n vynyard.'

29"An mab a worthebys, 'Na vanaf.' Mès wosa hedna ev a jaunjyas y vrës ha mos dy.

30"An tas êth dhe'n secùnd mab ha leverel an keth tra. Ev a worthebys, 'Ea, sîra, me a vydn mos.' Saw ny wrug ev mos màn.

31"Pyneyl a'n dhew a wrug bolùnjeth y das?"

Y a leverys, "An kensa mab."

Jesu a leverys dhedhans, "In gwir me a lever dhywgh, bos an doloryon ha'n behadoryon owth entra in gwlascor Duw kyns ès whywhy. 32Rag Jowan a dheuth dhywgh in fordh gwiryoneth ha ny wrussowgh cresy dhodho, mès an doloryon ha'n behadoryon a gresys dhodho. Kyn whrussowgh why gweles oll an câss-na, ny wrussowgh repentya ha cresy dhodho.

33"Goslowowgh orth parabyl aral. Yth esa tiak, hag ev a blansas vynyard, ha gorra ke adro dhodho ha'y balas ha gul gwinwask, ha derevel tour golva ino. Nena ev a'n settyas gans kemeroryon, ha mos bys in ken pow abell. 34Ha pàn veu termyn an drevas, ev a dhanvonas y servysy dhe'n gemeroryon rag degemeres ascor y vynyard.

35"Saw an gemeroryon a sêsyas y servysy, ha cronkya an eyl anodhans, ladha y gela, ha labedha an tressa anodhans. 36Arta ev a dhanvonas gwesyon erel dhedhans, moy aga nùmber ages an kensa bagas, saw y a's dyghtyas in kepar maner. 37Wàr an dyweth ev a dhanvonas dhedhans y vab y honen, rag ev a leverys, 'Y a vydn dysqwedhes revrons dhe'm mab.'

38"Saw pàn welas an gemeroryon an mab, y a leverys an eyl dh'y gela, 'Ot obma an er. Deun, gesowgh ny dh'y ladha ha cafos y ertach ev!' 39Rag hedna y a'n sêsyas ha'y dôwlel mes a'n vynyard, ha'y ladha.

40"Now, pàn dheffa arlùth an vynyard ytho, pandra vydn ev gul gans an gemeroryon-na?"

41Y a leverys dhodho, "Ev a vydn dyswul an sherewys-na yn ahas, ha settya an vynyard gans ken re, hag y a vydn ry dhodho y drevas in hy thermyn ewn."

42Jesu a leverys dhedhans, "A ny wrussowgh why bythqweth redya i'n scryptour benegys,

"'An men neb a veu sconys gans
    gweythoryon an chy,
hedna re beu gwrës an pedn men.
Gans an Arlùth hebma re beu
    performys
ha tra varthys yw i'gan golok ny'?

43"Rag hedna, me a lever dhywgh, fatell vëdh gwlascor Duw kemerys dhyworthowgh why, ha rës dhe genedhel a vydn ry hy threvas. 44Seul a wrella codha wàr an men-ma, a vëdh brêwys dhe dybmyn, ha'n men a vydn sqwattya den vëth a wrella va codha warnodho."

45Pàn glôwas an uhel prontyryon ha'n Farysys y barablys, y a wrug ùnderstondya fatell esa va ow côwsel adro dhedhans aga honen. 46Yth esens ow tesîrya y sêsya, mès own a's teva a rûth an bobel, dre rêson pùbonen dhe gresy y vos profet.

22 Ha Jesu a gowsas arta ortans dre barablys ha leverel, 2"Gwlascor nev a yll bos hevellys orth mytern a wrug gool demedhyans rag y vab, 3hag a dhanvonas y wesyon dhe elwel an ôstysy dhe'n maryach, mès y ny vynsens dos.

4"Arta ev a dhanvonas gwesyon erel ha leverel dhedhans, 'Derivowgh orth an re-na yw gelwys, Ot obma ow gool vy parys: ledhys yw an ohen ha'n lodnow tew. Yma pùptra parys. Dewgh dhe'm gool demedhyans.'

5"Mès y a sconyas a dhos. Y a voydyas, an eyl dh'y vargen tir, ha'y gela dh'y negys. 6Ha'n remnant a sêsyas y wesyon hag a's tebeldhyghtyas ha'ga ladha. 7Ha'n mytern a veu engrys ha danvon y soudoryon dhe dhyswul an voldroryon-na, ha lesky aga cyta.

8"Nena ev a leverys dh'y wesyon, 'Con an demedhyans yw parys, mès nyns o wordhy an re-na a veu gelwys dy. 9Kewgh ytho dhe'n crows'hensy, ha pynag oll a wrellowgh why metya orto, gelwowgh y dhe'n gon.' 10Ha'n wesyon-na êth in mes dhe'n fordhow,

ha cùntell oll an dus a wrussons metya ortans, an drog-pobel ha'n re dâ kefrës, ha hel an gool demedhyans a veu lenwys a ôstysy.

11"Pàn entras an mytern dhe veras orth an ôstysy, ev a welas ena den nag esa gwysk demedhyans in y gerhyn, 12hag a leverys dhodho, 'Coweth, fatell wrusta entra heb gwysk demedhyans?' Ny ylly gortheby.

13"Nena an mytern a leverys dhe'n wesyon, 'Kelmowgh y dreys ha'y dhewla, ha tôwlowgh ev in mes bys i'n tewolgow. Ena y fëdh olva ha scrynva dens.'

14"Rag lies onen yw gelwys, mès bohes yw an re a vëdh dêwysys."

15Wosa hedna an Farysys a omdednas rag omgùssulya fatell yllens y vagledna in y eryow y honen. 16Rag hedna y a dhanvonas dhodho aga dyscyplys ha'n Erodyans, ha leverel, "Descador, ny a wor te dhe vos gwir ow tesky fordhow Duw warlergh an gwiryoneth, ha nag esta ow tysqwedhes favour dhe dhen vëth; rag ny wrêta vry a roweth nag a worshyp an dus. 17Lavar dhyn ytho pëth esta ow predery. Ywa lafyl dhe dylly tollow dhe Cesar, pò nag ywa?"

18Mès Jesu a wodhya spît aga brës, hag a worthebys, "Ass yw fekyl agas cher! Prag yth esowgh ow whelas ow frevy? 19Dysqwedhowgh dhybm bath a vo tyllys yn trubyt." Hag y a dhros dhodho deneren. 20Nena ev a leverys dhedhans, "Pyw a bew an imach ha'n tîtel-ma?"

21Y a worthebys, "Cesar."

"Rendrowgh ytho dhe Cesar an pëth a vo dhe Cesar, ha dhe Dhuw an pëth usy dhodho ev."

²²Pàn glôwsons hedna, y a's teva marth. Dyberth a wrussons ha mos wàr aga fordh.

²³An jorna-na Sadûkys a dheuth dhodho. Ymowns y ow leverel nag eus dasserghyans vëth, hag y a wovydnas orto indelma, ²⁴"Descador, Moyses a leverys, 'Mar teu den ha merwel heb gasa flehes wàr y lergh, y tal dh'y vroder demedhy y wreg ha derevel issyw dh'y vroder.' ²⁵Yth esa i'gan mesk seyth broder, ha'n kensa a wrug demedhy, ha wosa hedna merwel heb mab, ha gasa y wreg dh'y vroder. ²⁶An secùnd broder a wrug gul indella kefrës, ha'n tressa bys i'n seythves broder. ²⁷Wàr an dyweth an venyn hy honen a verwys. ²⁸I'n dasserghyans ytho pyw a bewvyth an wreg-na, rag y feu hy yn gwreg dhedhans oll?"

²⁹Jesu a worthebys, "Myskemerys owgh why, dre rêson na wodhowgh why naneyl an scryptour na gallos Duw. ³⁰Rag i'n dasserghyans ny vydnons naneyl demedhy na bos kemerys yn gwreg, mès y fedhons kepar ha'n eleth i'n nev. ³¹Hag ow tùchya dasserghyans an re marow, a ny wrussowgh why redya an pëth a leverys Duw, ³²'Me yw Duw Abraham ha Duw Isak ha Duw Jacob?' Duw an re marow nyns ywa, saw Duw an re bew."

³³Ha pàn glôwas an bobel hedna, marth a's teva a'y dhyscans.

³⁴Pàn wrug an Farysys clôwes fatell wrug Jesu conclûdya an Sadûkys, y a gùntellas warbarth, ³⁵hag onen anodhans, neb o den a'n laha, a wovydnas orto rag y brevy, ³⁶"Mêster, pandr'yw an brâssa comondment i'n laha?"

³⁷Jesu a'n gorthebys hag a leverys dhodho indelma, "'Te a wra cara dha

Arlùth Duw gans oll dha golon, ha gans oll dha enef, ha gans oll dha vrës.' ³⁸Hèm yw an brâssa ha'n kensa comondment, ³⁹ha'n secùnd yw haval dhe hebma, "Te a wra cara dha gentrevak kepar ha te dha honen." ⁴⁰Hag in nes an dhew gomondment-ma yma oll an laha ha'n profettys ow hangya."

⁴¹Ha pàn o an Farysys cùntellys warbarth, Jesu a wovydnas ortans ha leverel, ⁴²"Pandr'esowgh why ow predery adro dhe'n Crist? Mab dhe byw ywa?"

Y a worthebys, "Mab Davyth."

⁴³Ev a leverys dhedhans, "Rag hedna, fatell yll Davyth der an Spyrys Sans y elwel 'Arlùth'? Rag ev a lever,

⁴⁴"'An Arlùth a leverys dhe'm
       arlùth vy, "Eseth a'n barth
       dyhow dhybm,
erna whryllyf settya dha eskerens in
       dadn dha dreys."'

⁴⁵"Mars usy Davyth orth y elwel Arlùth, fatell yll ev bos mab Davyth?" ⁴⁶Ny allas den vëth y wortheby i'n mater, naneyl nyns esa den vëth na fella ow lavasos govyn orto qwestyon vëth.

23 Nena Jesu a gowsas orth an bobel hag orth y dhyscyplys ha leverel, ²"Yma'n scrîbys ha'n Farysys a'ga eseth in chair Moyses. ³Rag hedna gwrewgh ha gwethowgh pùptra oll a wrellens comondya dhywgh—mès na wrewgh warlergh aga oberow, rag nyns yw aga fara warlergh aga dyscans. ⁴Ymowns y ow kelmy warbarth sawghyow poos rag aga settya wàr dhywscoth an bobel, mès ny vydnons y lyftya bës kyn fe rag aga scaffne.

⁵"Ymowns y ow cul pùptra may halla an bobel aga gweles. Rag hedna y a wra ledan aga fylacterys ha hir aga fylednow. ⁶Ass yw dâ gansans an tyleryow moyha wordhy i'n bankettys ha'n esedhow gwella oll i'n synagys! ⁷Aga desîr yw dhe vos dynerhys i'n tyleryow marhas ha bos gelwys 'Raby' gans an bobel.

⁸"Mès ny dal dhywgh why bos gelwys 'Raby', rag why oll a'gas beus udn descador, ha why oll yw breder. ⁹Naneyl na wrewgh gelwel den vëth agas tas, rag why a'gas beus udn Tas, usy yn nev. ¹⁰Naneyl na vedhowgh gelwys descadoryon, rag yma udn descador dhywgh, hèn yw an Crist. ¹¹An den brâssa intredhowgh a vëdh agas servont. ¹²Neb a wrella exaltya y honen, a vëdh uvlys, ha seul a wrella uvla y honen, a vëdh exaltys.

¹³"Gowhy, why scrîbys ha Farysys, fekyl agas cher! Why a wra alwhedha daras gwlascor nev warbydn an dus, rag nyns esowgh why owth entra inhy agas honen, saw pàn eus re erel owth entra, why a wra aga lettya. ¹⁴Gowhy, why scrîbys ha Farysys, fekyl agas cher! Yth esowgh why ow tevorya treven gwedhwesow; why a wra pejadow hir may halla an bobel agas gweles—rag hedna agas pùnyshment a vëdh dhe voy sherp!

¹⁵"Gowhy, why scrîbys ha Farysys, fekyl agas cher! Why a wra mos dres an mor dhe gafos udn dyscypyl nowyth, mès pàn wrellowgh why y gafos, why a wra mab an pla anodho—dywweyth lacka agesowgh agas honen!

¹⁶"Gowhy, why gedyoryon dhall! Rag why a lever, 'Mar teu nebonen ha tia re'n sentry, ny amownt an ty tra vëth, saw mar teu va ha tia re owr an templa, kelmys ywa der y dy.' ¹⁷Ass owgh why gocky ha dall! Pyneyl yw an moyha anodhans—an owr pò an sentry a wra dhe'n owr bos sans? ¹⁸Ha why a lever, 'Mar teu nebonen ha tia re'n alter, ny amownt y dy màn; mès mar teu va ha tia re'n offryn usy wàr an alter, ev yw kelmys der y dy.' ¹⁹Ass owgh why dall! Pyneyl anodhans yw an moyha, an offryn pò an alter a wra dhe'n offryn bos sans? ²⁰Seul a wrella tia re'n alter, yma va ow tia re'n alter, ha re'n dra a vo warnedhy. ²¹Seul a wrella tia re'n sentry, yma va ow tia re'n sentry ha re hedna usy tregys ino. ²²Seul a wrella tia re'n nev, yma va ow tia re'n tron a Dhuw, ha re hedna usy a'y eseth warnodho.

²³"Gowhy, why scrîbys ha Farysys, fekyl agas cher! Rag why a wra dega a venta, dyll ha cùmyn ha gasa dhe goll i'n laha taclow yw moy aga bry: ewnder, mercy ha lendury. Y talvia dhywgh practycya an re-na heb unweyth ankevy an taclow erel. ²⁴Ass owgh why dall avell gedyoryon! Rag yth esowgh why ow crodra gwybesen in mes, hag ow lenky cawrvargh!

²⁵"Gowhy, why scrîbys ha Farysys, fekyl agas cher! Yth esowgh why ow pùrjya an tu avês a'n hanaf hag a'n scudel, saw an tu aberveth yw leun a goveytys hag omjersyans dyrewl. ²⁶Why Farysys dall! Kyns oll y tal dhywgh glanhe an tu aberveth a'n hanaf, may fo glân an tu avês kefrës.

²⁷"Gowhy, why scrîbys ha Farysys, fekyl agas cher! Why yw kepar ha bedhow gwydngalhys. Teg yns y wàr ves, saw wor'an tu aberveth ymowns y leun a eskern hag a bùb lastethes.

²⁸Indelma kefrës yth esowgh why owth apperya dhe'n bobel kepar ha tus wiryon, saw wor'an tu aberveth why yw leun a fâlsury ha fara dylaha.

²⁹"Gowhy, why scrîbys ha Farysys, fekyl agas cher! Why a wra byldya bedhow an profettys ha tekhe meyn cov an re gwiryon, ³⁰ha why a lever, 'Mar teffen ny ha bewa in dedhyow agan tasow, ny vynsen bythqweth cowethya gansans, pàn wrussons scùllya goos an profettys.' ³¹Indelma yth esowgh ow testa wàr agas pydn agas honen, fatell owgh why issyw a'n re-na a ladhas an profettys. ³²Ea, lenwowgh musur an trespassys a wrug agas tasow!

³³"Why serpons! Why broud a nedras! Fatell yllowgh why fia dhyworth breus iffarn? ³⁴Rag hedna yth esof ow tanvon dhywgh profettys, tus fur ha descadoryon. Why a vydn ladha radn anodhans ha'ga crowsya, ha radn aral why a vydn scorjya i'gas synagys ha'ga chacya a cyta dhe cyta, ³⁵may whrella dos warnowgh oll an goos gwiryon a veu scùllys wàr an norvës, dhyworth goos Abel, an den ewnhensek, bys in goos Zacarias mab Baracky, a wrussowgh why ladha inter an sentry ha'n alter. ³⁶In gwir me a lever dhywgh, fatell wra oll an taclow-ma wharvos dhe'n heneth-ma.

³⁷"A Jerùsalem, a Jerùsalem—an cyta usy ow ladha an profettys, hag a wra labedha an re-na hag a veu danvenys dhedhy! Pana lies torn a wrug avy desîrya cùntell dha flehes, kepar dell usy yar ow cùntell hy ÿdhnygow in dadn hy eskelly, saw why ny vynsowgh alowa hedna! ³⁸Mir, agas chy yw gesys dhywgh yn tianeth! ³⁹Rag me a lever dhywgh, na

wrewgh why ow gweles arta, erna wrellowgh why leverel, 'Benegys yw ev usy ow tos yn hanow an Arlùth'."

24 Ha Jesu a asas an templa, ha mos wàr y fordh, ha'y dhyscyplys a dheuth ha dhysqwedhes dhodho byldyansow an templa. ²Ev a wovydnas ortans, "A nyns esowgh why ow qweles oll an re-ma? In gwir me a lever dhywgh, na vëdh gesys obma men wàr ven heb bos dysevys."

³Ha pàn esa va a'y eseth in Meneth Olyvet, y dhyscyplys a dheuth dho-dho yn pryva ha leverel, "Derif orthyn pana dermyn a wra oll an taclow-ma wharvos, ha pana sin a vëdh gwelys pàn dhyffy in finweth an oos."

⁴Ev a worthebys, "Bedhowgh war na vewgh tùllys, ⁵rag lies huny a vydn dos i'm hanow vy ha leverel, 'Me yw an Crist,' hag y a wra tùlla meur a dus. ⁶Ha why a glôwvyth a vreselyow ha son a vreselyow. Gwaityowgh na gemerowgh own, rag res yw an taclow-ma dhe wharvos, mès ny vëdh an dyweth whath. ⁷Rag nacyon a vydn sevel warbydn nacyon, ha gwlascor warbydn gwlascor, hag y fëdh nown brâs ha dorgis in tyleryow dyvers. ⁸Saw ny vëdh hedna mès dallath an golovas.

⁹"Nena y a vydn agas delyvra dhe vos tormentys, hag a wra agas ladha, hag oll an nacyons a vydn agas casa why awos ow hanow vy. ¹⁰Nena lies huny a wra forsâkya aga fëdh, ha traita an eyl y gela, ha hâtya an eyl y gela. ¹¹Ha lies fâls profet a vydn sordya, ha dysseytya lowr a dus. ¹²Dre rêson pùb sort a gabmweyth dhe encressya, kerensa lies huny a wra yeynhe. ¹³Mès seul a wrella durya

bys i'n dyweth, ev a vëdh selwys.
14Hag awayl an wlascor a vëdh
pregowthys dres oll an bës yn
dùstuny dhe oll an nacyons, ha wosa
hedna an dyweth a vydn dos.

15"Pàn welowgh ytho an 'Sacrylych
a Wastyans' a'y sav i'n tyller sans, an
dra-na campollys gans an profet
Danyel (gwrêns an redyor y gon-
vedhes), 16nena an re-na neb a vo
tregys yn Jûdy a res fia bys i'n
menydhyow, 17ha'n den a vo wàr do
an chy, bydner re wrello skydnya rag
don taclow mes a'n chy; 18ha neb a vo
i'n gwel, bydner re wrello dos tre rag
kerhes y vantel! 19Ellas, an benenes
neb a vëdh gans flogh i'n dedhyow-
na ha'n mamethow a vëdh ow prodna
re munys, goy! 20Pesowgh na vo agas
fo i'n gwâv na jorna an sabot. 21Rag y
fëdh painys brâs i'n termyn-na, na
veu aga eqwal dhia dhallath an bës
bys i'n jëdh hedhyw, na ny vëdh nefra
namoy. 22Na ve an dedhyow-na
gwrës cot, ny vynsa den vëth scappya,
mès rag kerensa y gothmans Duw re
wrug cot an dedhyow-na solabrës.
23Mar lever nebonen dhywgh i'n
termyn-na, 'Ot obma Crist,' pò 'Otta
va ena,' na gresowgh dhodho màn.
24Rag Cristow gow ha fâls profettys a
vydn spryngya in bàn, hag y a wra
dysqwedhes sînys brâs ha marthùj-
yon, rag tùlla an re dêwysys kyn fe,
mar kyllons. 25Merowgh, me re'gas
gwarnyas arag dorn.

26"Mar towns y ha leverel ytho,
'Mir! Yma va i'n gwylfos,' na wrewgh
mos in mes; pò 'Otta va i'n chy,' na
gresowgh hedna na hen. 27Rag kepar
dell dheu an luhesen in mes a'n ÿst ha
golowy bys i'n west, in ketella y fëdh
devedhyans Mab an Den. 28Pyle

pynag a vo an corf marow, ena an
bryny kig a vydn cùntell.
29"Dystowgh wosa anken an
dedhyow-na

"'an howl a vëdh tewlhës,
ha ny vydn an loor ry hy golow;
an ster a vydn codha dhe'n dor mes
a'n nev, ha potestas an nevow a
vëth cryhyllys.'

30"Ha sin Mab an Den a wra
apperya i'n nev, ha nena pùb nacyon
an bës a wra mùrnya, pàn wellens y
Mab an Den ow tos wàr gloudys an
nev gans gallos ha gordhyans brâs.
31Hag ev a vydn danvon y eleth gans
son uhel an trompa, hag y a vydn
cùntell warbarth y bobel dhêwysys
dhia an peswar gwyns, dhyworth a'n
eyl pedn a'n nev dh'y gela.

32"Lebmyn descowgh parabyl
dhyworth an wedhen fyges: kettel vo
hy branchys tender, ha pàn wrella hy
delyowa, nena why a wor bos an hâv
ow nessa. 33In ketelma inwedh, pàn
wrellowgh why gweles oll an taclow-
ma, why a wor y vosa ogas hag orth
an daras. 34In gwir me a lever
dhywgh, na wra an heneth-ma
tremena, erna vo wharvedhys oll an
taclow-ma. 35An nev ha'n nor a wra
tremena, mes ow geryow vy a wra
durya bys venary.

36"Saw ow tùchya an jëdh ha'n our-
na, ny wor den vëth, ny wor naneyl
eleth an nev na'n Mab saw unsel an
Tas. 37Rag devedhyans Mab an Den
a vëdh kepar ha dedhyow Noy. 38Rag
i'n dedhyow-na kyns an liv, yth esa an
dus ow tebry hag owth eva, ow
temedhy, bys i'n jëdh mayth entras
Noy i'n gorhal. 39Ny wrussons y
godhvos tra vëth, erna dheuth an liv

ha dystrêwy pùbonen anodhans. Indella y fëdh devedhyans Mab an Den. [40]I'n termyn-na y fëdh dew dhen i'n gwel, an eyl a vëdh kemerys ha'y gela gesys. [41]Y fëdh dyw venyn ow melyas orth an udn vrow, an eyl a vëdh kemerys ha gesys vëdh hy ben.

[42]"Gwrewgh golyas ytho, rag ny wodhowgh pana dhëdh a vydn dos agas Arlùth. [43]Mès godhvedhowgh hebma: mar teffa den an chy godhvos pana dermyn i'n nos a vynsa an lader dos, ev a via yn tyfun, ha ny vynsa alowa dhodho terry aberth in y jy. [44]Bedhowgh why ytho parys inwedh, rag Mab an Den a wra dos, pàn na vewgh why orth y wetyas.

[45]"Pyw yw an servont lel ha dywysyk dhana, neb a ros y vêster an charj a'y veyny dhodho, may halla va ry dhedhans aga alowans a sosten i'n termyn ewn? [46]Benegys a vëdh an servont mar teu y vêster ha'y gafos indelma pàn dheffa ev. [47]In gwir me a lever dhywgh, fatell wra y vêster y settya a-ugh oll y bosessyon. [48]Saw mar teu an tebel-servont ha leverel in y golon, 'Yma ow mêster pell heb dos,' [49]ha mar teu va ha cronkya y gowetha, an servysy erel, ha wosa hedna dallath debry hag eva gans pednow medhow, [50]nena y vêster a vydn dos i'n jorna na vëdh ev orth y wetyas, hag i'n our na vëdh ev ow qwetyas. [51]Ev a wra y drehy dhe dybmyn ha'y settya gans an ipocrytys, le may fëdh olva ha scrynva dens.

25 "Gwlascor nev a yll bos hevellys orth deg maghteth brias. Y a gemeras aga lùgern ha mos in mes dhe vetya orth an gour prias. [2]Fol o pymp anodhans ha'n pymp erel o fur. [3]An re fol a gemeras aga lùgern heb kemeres oyl gansans. [4]Mès an meghtythyon fur a gemeras lestry oyl. [5]Ha pàn wrug an gour prias dylâtya heb dos, hun a dheuth warnodhans hag y a gùscas.

[6]"Mès in prës hanter-nos y feu clôwys cry, 'Ot obma an gour prias! Kewgh in mes dhe vetya ganso.' [7]"Nena oll an meghtythyon-na a dhyfunas ha tacla aga lùgern. [8]Ha'n re fol a leverys dhe'n re fur, 'Rewgh dhyn radn a'gas oyl, rag yma agan lùgern ow tyfudhy.' [9]"Mès an re fur a worthebys, 'Mar teun ny ha ry oyl dhywgh, ny vëdh oyl lowr dhyn ny agan honen. Nâ, kewgh dhe'n wycoryon ha prenowgh oyl ragowgh why agas honen.' [10]"Gyllys êns dhe brena oyl, pàn dheuth an gour prias. An meghtythyon, neb o parys, a entras ganso in banket an demedhyans, ha'n daras a veu degës wàr aga lergh. [11]"Pols wosa hedna an meghtythyon erel a dheuth arta ha leverel, 'Arlùth, arlùth, egor dhyn an daras.' [12]"Saw ev a's gorthebys, 'In gwir me a lever dhywgh, nag esof orth agas aswon.' [13]Bedhowgh yn tyfun ytho, rag ny wodhowgh naneyl an jëdh na'n prës y teu Mab an Den.

[14]"Yma an câss kepar ha den esa ow mos wàr viaj in mes a'y bow y honen. Ev a elwys y wesyon ha trestya y bëth dhedhans. [15]Dhe onen anodhans ev a ros pymp talent, ha dh'y gela dew, ha dhe dhen aral whath udn talent, dhe bùbonen warlergh y deythy. Nena ev a dhybarthas. [16]An gwas, neb a recêvas an pymp talent, êth in kerdh whare ha gul negys gansans, may whrug ev gwainya pymp talent moy. [17]Yn kepar maner an gwas, neb a

recêvas an dhew dalent, a spêdyas y negys ha gwainya dew moy. [18]Saw an gwas, na recêvas mès udn talent, êth ha palas toll i'n dor ha cudha mona y vêster ino.

[19]"Termyn hir wosa hedna mêster an wesyon a dheuth tre dhe vos aqwytys gans y wesyon. [20]Ha gwas an pymp talent a dheuth in rag ha ganso pymp talent moy. Ev a leverys, 'A vêster, te a dhelyvras dhybm pymp talent. Ot obma pymp talent moy, a wrug avy gwainya dhis.'

[21]"Y vêster a leverys dhodho, 'Gwrës dâ, te was vas ha lel! Te re beu lel in nebes. Me a vydn dha settya a-ugh lies tra. Enter lebmyn aberth in joy dha vêster.'

[22]"Ha'n gwas, neb a gafas an dhew dalent, a dheuth dhyragtho ow leverel, 'Te a ros dhybm dew dalent. Mir! Me re wainyas dew dalent moy ragos.'

[23]"Y vêster a worthebys, 'Gwrës dâ, te was vas ha lel! Y feus lel in nebes. Me a vydn ry charj dhis a lowr a daclow. Enter lebmyn aberth in lowena dha vêster.'

[24]"Nena an gwas, na wrug recêva saw udn talent, a dheuth dhyrag y vêster ha leverel, 'A vêster, me a wodhya te dhe vos den cales, ha fatell wrêta mejy heb gonys ha cùntell heb hasa, [25]ha me a'm beu own. Rag hedna me êth ha cudha dha dalent i'n dor. Ot obma lebmyn dha vona dha honen.'

[26]"Y vêster a worthebys, 'Te dhrog-was diek! Te a wodhya yn tâ, fatell wrama mejy heb gonys ha cùntell heb hasa. [27]Y talvia dhis mos ha gorra ow mona in arhow gans arhansoryon. Nena, pàn wrellen

dewheles, me a vynsa cafos ow fëth ow honen warbarth gans oker.

[28]"'Rag hedna kemerowgh dhyworto an talent, ha rewgh ev dhe hedna a'n jeves deg talent. [29]Rag an re-na a's teffa pëth, dhedhans y fëdh rës, hag y fëdh dhedhans lowr ha plenty. Saw an re na vo tra vëth dhedhans, kemerys vëdh dhywortans a vo dhedhans kyn fe. [30]Ow tùchya an gwas cog-ma—tôwlowgh ev in mes i'n tewolgow pella, may fëdh olva ha scrynva dens.'

[31]"Pàn dheffa Mab an Den in y splander, hag oll an eleth ganso, nena ev a vydn esedha wàr dron y wordhyans. [32]Hag oll nacyons an bës a vëdh cùntellys dhyragtho, hag ev a vydn dyberth an eyl radn dhyworth hy ben, kepar dell eus bugel ow tyberth an deves dhyworth an gyfras. [33]Ev a vydn settya an deves a'y barth dyhow, ha'n gyfras a'y barth cledh.

[34]"Nena an mytern a vydn leverel dhe'n re-na a'y barth dyhow, 'Why neb yw benegys gans ow Thas, dewgh rag eryta an wlascor, re beu parys dhywgh dhyworth dallath an bës. [35]Rag me a'm beu nown, ha why a ros dhybm dhe dhebry; sehes a'm beu ha why a ros dhybm dhe eva; estren en vy ha why a'm recêvas. [36]Me o yn noth, ha why a worras dyllas i'm kerhyn; clâv en, ha why a gemeras with ahanaf; yth esen i'n pryson, ha why a dheuth rag ow vysytya.'

[37]"Nena an re gwiryon a vydn gortheby, 'Pana dermyn a wrussyn ny dha weles gwag ha ry boos dhis, pò ow sùffra sehes ha ry dhis dhe eva? [38]Pana dermyn a wrussyn dha weles yn estren, ha dos ha'th recêva, pò yn noth ha gorra dyllas adro dhis?

³⁹Pana dermyn a wrussyn ny dha weles clâv pò prysonys, ha dos dhe'th vysytya?'

⁴⁰"Ha'n mytern a vydn gortheby, 'Ea, in gwiryoneth me a lever dhywgh, kepar dell wrussowgh why dhe'n onen lyha a'm breder vy, dhybmo vy why a'n gwrug.'

⁴¹"Nena ev a vydn leverel dhe'n re-na a'y barth cledh, 'Kewgh dhyworthyf, a dus velegys, dhe'n tan dyvarow, re beu darbarys dhe'n jowl ha'y eleth. ⁴²Rag nown a'm beu, ha ny wrussowgh why ry dhybm tabm vëth dhe dhebry; sehes a'm beu ha ny wrussowgh ry dhybm badna dhe eva. ⁴³Me o estren, ha ny wrussowgh ow recêva, yn noth ha ny wrussowgh gorra dyllas i'm kerhyn. Me o clâv hag yth esen in pryson, ha ny dheuthowgh unweyth dhe'm vysytya.'

⁴⁴"Nena y inwedh a vydn leverel, 'Arlùth, pana dermyn a wrussyn dha weles gwag pò sëgh pò estren pò yn noth pò clâv pò in pryson heb dos ha'th socra?'

⁴⁵"Nena gortheby a wra va, "In gwir me a lever dhywgh why: in mar veur na wrussowgh why tra vëth rag onen a'n re lyha a'm breder, ny'n gwrussowgh dhybmo vy.'

⁴⁶"Ha'n re-ma a wra dyberth bys i'n pùnyshment heb dyweth, mes an re gwiryon bys in bêwnans nefra a bës."

26 Ha Jesu, pàn worfednas oll an lavarow-ma, a leverys dh'y dhyscyplys, ²"Why a wor y teu an Pask kyns pedn dew jorna, ha nena Mab an Den a vëdh delyvrys dhe vos crowsys."

³Ena an uhel prontyryon ha tus hen an bobel a dheuth warbarth in palys an uhel pronter, neb o henwys Cayfas, ⁴hag omgùssulya a wrussons, fatell yllens sêsya Jesu dre gast ha'y dhystrêwy. ⁵Mès y a leverys, "Ny yll tra vëth bos gwrës jorna an gool, rag dowt an bobel dhe wul deray."

⁶Yth esa Jesu in Bethany in chy Sîmon leper, ⁷pàn dheuth dhodho benyn ha gensy box alabauster a onyment ker, ha hy a wrug y dhenewy wàr y bedn hag ev a'y eseth orth an bord.

⁸Pàn welas an dyscyplys hedna, y a sorras ha leverel, "Pëth o an othem a scùllya an onyment ker? ⁹Rag ev a alsa bos gwerthys a sùm brâs, ha'n mona rës dhe'n vohosogyon."

¹⁰Jesu a gonvedhas aga brës ha leverel, "Prag yth esowgh why ow trobla an venyn-ma? Hy re wrug servys dâ ragof. ¹¹Why a gav bohosogyon pùb eur warnowgh ow carma, mès me ny vedhaf vy genowgh pùpprës. ¹²An keth onyment-ma hy a scùllyas warnaf rag ow encledhyas. ¹³In gwir me a lever dhywgh, pynag oll le may fo pregowthys an awayl-ma in oll an bës, leverys vëdh inwedh adro dhe'n pëth a wrug hy in remembrans anedhy."

¹⁴Yn eur-na onen a'n dewdhek, henwys Jûdas Scaryot, êth dhe'n uhel prontyryon ¹⁵ha leverel, "Pandra vydnowgh why ry dhybm, mar teuma ha gul dhywgh spêdya orth y gafos?" ¹⁶Y a wrug tylly dhodho deg warn ugans a vona, hag alena rag yth esa va ow whelas chauns dâ rag y draita.

¹⁷Ha'n kensa dëdh a'n Bara heb Gwel an dyscyplys a dheuth dhe Jesu

ha govyn, "Ple fia dâ dhis ny dhe barusy soper an Pask ragos?"

¹⁸Ev a worthebys, "Ewgh ajy dhe'n cyta dhe certan den ha derivowgh orto, 'An Descador a lever bos ogas y dermyn. Dâ via ganso sensy an Pask gans y dhyscyplys i'th chy jy.'" ¹⁹Ha'n dyscyplys a wrug kepar dell erhys Jesu dhedhans, ha dyghtya soper an Pask.

²⁰Pàn veu gordhuwher, ev a gemeras y blâss orth an bord gans an dewdhek dyscypyl. ²¹Pàn esens ow tebry, ev a leverys, "Me a lever gwiryoneth—onen ahanowgh re'm gwerthas dhe'm eskerens."

²²Hag y a veu pòr drist ha dallath côwsel orto ha govyn, "Arlùth, yw me hedna?"

²³Ev a worthebys, "Ow tebry genef yma a'n tallyour neb re'm gwerthas solabrës. ²⁴Mab an Den a dremen a'n bës, kepar dell yw screfys anodho, mes goev bëth neb a'n gwerthas. Mil well via, na ve va genys i'n bës-ma."

²⁵Jûdas, neb a'n traitas a leverys dhodho, "Raby, oma neb a'th werthas?"

Ev a worthebys, "Te re'n leverys."

²⁶Ha pàn esens y whath ow tebry, Jesu a gemeras bara hag a'n sonas, ha'y derry ha'y ry dhe'n dhyscyplys ha leverel, "Kemerowgh, debrowgh, ow horf avy yw hebma."

²⁷Ha wosa kemeres an hanaf ha'y sona, ev a'n ros dhedhans ha leverel, "Evowgh why oll a hebma, ²⁸rag hebma yw ow goos a'n kevambos nowyth, neb a vëdh scùllys rag lies huny i'n remyssyon a behosow. ²⁹Me a lever dhywgh why, alebma rag na wrama eva a frût an wedhen grappys bys i'n jorna, may whrellen y eva nowyth in gwlascor ow Thas."

³⁰Ha wosa cana hympna, y êth in mes dhe Veneth Olyvet.

³¹Ena Jesu a leverys dhedhans, "Kyns bos udn nos tremenys, why a vëdh sclandrys ahanaf kettep mab brodn, rag screfys yw,

"'Me a vydn gweskel an bugel,
    ha deves an bugel a vëdh scùllys
        alês.'

³²Mès wosa me dhe dhasserhy, me a vydn mos dhyragowgh dhe Alyle."

³³Peder a leverys dhodho, "Kyn fowns y oll sclandrys ahanas, nefra ny wrav dha dhyvlasa."

³⁴Jesu a leverys dhodho, "Yn tefry me a lever dhis, an nos-ma kyns ès bos an culyak kenys, tergweyth y whreth ow naha."

³⁵Yn medh Peder, "Kyn fena vy ledhys marow, ny'th tenahaf benary." Indella inwedh oll an dyscyplys a gowsas.

³⁶Ena Jesu êth gansans dhe dyller henwys Gethsemane, hag ev a leverys dhe'n dhyscyplys, "Esedhowgh obma ha me a wra mos in hans dhe besy."

³⁷Ev a gemeras ganso Peder ha dew vab Zebedy, ha tristans ha fienasow a dhalathas y gompressa. ³⁸Nena ev a leverys dhedhans, "Yma i'm enef tristans fast bys in ancow. Gortowgh obma ha golyowgh genef."

³⁹Ev êth dhywortans udn labm bian, ha codha wàr an dor ha pesy ow leverel, "A Das, mar kylla possybly bos, gas an hanaf-ma a vernans dhe vos dhyworthyf vy, ha mar ny yll bos na hen, dha volùnjeth jy re bo gwrës, ha not ow bolùnjeth vy."

⁴⁰Ev a drailyas dh'y dhyscyplys, hag a's cafas oll ow cùsca, hag ev a leverys dhe Beder, "A ny yllowgh udn pols

golyas dhe'm confortya? ⁴¹Golyowgh whath ha pesowgh, na wrellowgh why entra in temptacyon. Parys fèst yw an spyrys saw an kig yw gwadn."

⁴²Arta an secùnd treveth ev a omdednas, ha pesy ow leverel, "A Das, mar ny yll hebma passya dhyworthyf, marnas me a'n êv, dha volùnjeth re bo gwrës."

⁴³Ha pàn dheuth ev arta dhedhans, ev a's cafas ow cùsca, rag poos o aga lagasow. ⁴⁴Hag ev a's gasas arta, ha mos ha pesy an tressa treveth, ow leverel an keth lavarow.

⁴⁵Nena ev a dheuth dhe'n dyscyplys hag ev a leverys dhedhans "Esowgh why whath in cùsk hag ow powes? Merowgh, re dheuva an prës may fo Mab an Den delyvrys inter dewla pehadoryon. ⁴⁶Sevyn in bàn, deun alebma, rag ogas yma neb a'm gwerthas."

⁴⁷Pàn esa whath ow côwsel, Jûdas, onen a'n dewdhek, a dheuth dy ha warbarth ganso bùsh brâs ow ton cledhydhyow ha fustow. Y re bia danvenys dhyworth an uhel prontyryon ha tus hen an bobel. ⁴⁸Ha'n traitour a ros dhedhans sin, ow leverel, "Me a wra abma dhe'n den, may hallowgh y aswonvos. Settyowgh dalhen ino." ⁴⁹Hag ev a dheuth dhe Jesu ha leverel, "A raby ker, dhis lowena!" hag abma dhodho.

⁵⁰Jesu a leverys dhodho, "A gothman dâ, prag y whrusta dos?"

Nena y a dheuth in rag ha gorra aga dewla wàr Jesu ha'y sêsya. ⁵¹Ha dystowgh onen a gowetha Jesu a dednas y gledha, ha gweskel servont an uhel pronter, ha trehy y scovarn ryb an pedn dhyworto.

⁵²Nena Jesu a leverys, "Gorr dha gledha in y woon, rag neb a vewo dre gledha, dre gledha y fëdh ledhys. ⁵³Pò esta ow tyby, na alsen pesy ow Thas heb let dhe danvon dhybm moy ages dewdhek lyjyon a eleth? ⁵⁴I'n eur-na fatell via collenwys an scryptour, a lever bos res porres an dra dhe wharvos indelma?"

⁵⁵Nena Jesu a leverys dhe'n bùsh a dus, "A dheuthowgh dhybm gans cledhydhyow ha fustow rag ow sêsya, kepar ha dell vena lader? Yth esen i'gas mesk ow tesky i'n templa pùb jorna oll, ha ny wrussowgh ow sêsya. ⁵⁶Mès oll an dra-ma re hapnyas may fe collenwys scrivadhow an profettys." Nena oll y dhyscyplys a'n forsâkyas ha fia dhe'n fo.

⁵⁷An re-na, neb a sêsyas Jesu, a'n dros dhe Cayfas, an uhel pronter, hag y feu cùntellys an scrîbys ha'n dus hen in y jy. ⁵⁸Ha Peder a'n folyas abell bys in lës chy an uhel pronter. Ev a entras hag esedha gans an wethysy, may halla va gweles fatell wre taclow gorfedna.

⁵⁹Hag yth esa an uhel prontyryon hag oll an consel ow whelas fâls dùstuny warbydn Jesu, may hallens y worra dhe'n mernans. ⁶⁰Mès ny gafsons tra vëth, kyn whrug lies huny desta gowegneth wàr y bydn.

Wàr an dyweth dew dhen a dheuth in rag ⁶¹ha leverel, "An den-ma a leverys, 'Me a yll dystrêwy templa Duw, ha'y vyldya arta in bàn kyns pedn try dëdh'."

⁶²Ena an uhel pronter a savas ha leverel dhe Jesu, "A nyns eus gorthyp vëth genes? Pëth yw an dùstuny-ma a wrowns y desta wàr dha bydn?" ⁶³Saw Jesu a dewys.

An uhel pronter a leverys dhodho, "Dha gonjorya a wrav re'n Duw a vêwnans dhe veneges dhyn osta Crist Mab Duw pò nag osta."

⁶⁴Jesu a worthebys, "Te re'n leverys. Mès me a lever dhywgh hebma: kyns pell why a welvyth Mab an Den a'y eseth adhyhow dhe'n Power hag ow tos wàr gloudys an nev."

⁶⁵Nena an uhel pronter a sqwardyas y dhyllas ha leverel, "Yma va ow cably Duw. Pana othem a'gan beus a dhùstuny moy? ⁶⁶Lebmyn why re glôwas y vlasfemy. Pandra wrewgh why tyby anodho?"

Y a worthebys, "Ev yw wordhy a vernans."

⁶⁷Nena y a wrug trewa in y fâss ha'y gronkya. Hag yth esa radn anodhans ⁶⁸orth y frappya hag ow leverel, "Te Grist, gwra profusy dhyn pyw re wrug dha weskel!"

⁶⁹Hag yth esa Peder a'y eseth war ves i'n lës, ha maghteth a dheuth dhodho ha leverel, "Te inwedh y feus gans Jesu a Alyle."

⁷⁰Mès ev a nahas an dra dhyrag oll an dus esa i'n tyller-na, hag ev a leverys, "Ny wòn màn pandr'esta ow côwsel adro dhodho."

⁷¹Ha wosa ev dhe vos in mes dhe'n portal, mowes aral a'n gwelas hag a leverys dhe'n re esa gensy, "Y feu an den-ma in mesk cowetha Jesu a Nazare."

⁷²Hag arta Peder a wrug y dhenaha gans ty ha leverel, "Ny aswonaf an den."

⁷³Pols wosa hedna certan re a dheuth ha sevel ogas dhe Peder ha leverel dhodho, "In gwir te yw onen anodhans. Yma ton dha gows orth dha dhyskevra."

⁷⁴Nena Peder a dhalathas tia ha cùssya ha leverel, "Nyns esof orth y aswon màn!"

Desempys an culyak a ganas. ⁷⁵Ha Peder a remembras geryow Jesu, pàn leverys, "Kyns ès bos an culyak kenys, tergweyth y whreth ow naha." Ha Peder êth in mes ha devera dagrow wherow.

27 Pàn dheuth an myttyn, oll an uhel prontyryon ha tus hen an bobel a omgùssulyas warbydn Jesu may hallens y worra dhe'n mernans. ²Y a wrug y gelmy, y lêdya in kerdh ha'y dhelyvra dhe Pylat an governour.

³Pàn welas Jûdas, traitour Jesu, fatell veu va dampnys, ev a repentyas ha dry arta an deg warn ugans a arhans dhe'n uhel prontyryon ha'n dus hen. ⁴Ev a leverys, "Me re behas pàn wrug avy traita goos inocent."

Mès y a leverys, "Nyns yw hedna bern dhyn ny. Gwra avîsya anodho dha honen."

⁵Jûdas a dowlas an arhans wàr leur an templa. Nena ev a voydyas alena, ha mos ha cregy y honen.

⁶Mès an uhel prontyryon a gemeras an bathow ha leverel, "Ny via lafyl aga gorra i'n arhow sans, rag mona goos yns." ⁷Wosa omgùssulya y a brenas gans an mona gwel an gweythor pry avell ancladhva estrenyon. ⁸Rag hedna an gwel-na yw henwys, Gwel an Goos bys i'n jëdh hedhyw. ⁹Nena y feu collenwys an pëth a veu campollys gans an profet Jeremy, pàn leverys, "Hag y a gemeras an deg darn warn ugans a arhans, pris an den talvedhys gans mebyon Israel, ¹⁰hag y a's ros rag

gwel an gweythor pry, kepar dell wrug an Arlùth comondya dhybm."

[11]Jesu a sevys dhyrag an governour hag ev a wovydnas orto, "Osta mytern an Yêdhewon?"

Jesu a worthebys, "Te a'n lever."

[12]Mès pàn veu va cùhudhys gans an uhel prontyryon ha'n dus hen, ny leverys tra vëth. [13]Nena Pylat a leverys dhodho, "A ny ylta clôwes pygebmys dùstuny a wrowns y wàr dha bydn?" [14]Mès ev ny wrug gortheby ger vëth oll, ma'n jeva an governour marth brâs.

[15]Ûsadow a'n jeva an governour jorna an degol, dhe relêssya neb prysner dhe'n bobel, pynag oll a wrellens dêwys. [16]Yth esa i'n termyn-na prysner drog-gerys neb o gelwys Barabas. [17]Rag hedna, awos y dhe gùntell, Pylat a wovydnas ortans, "Pyneyl a vydnowgh why me dhe dhelyvra dhywgh, Barabas pò Jesu, yw henwys an Crist?" [18]Rag ev a wodhya Jesu dhe vos dr ̀es rag ewn atty.

[19]Ha pàn esa Pylat a'y eseth in cort an vreus, y wreg a dhanvonas ger dhodho dhe leverel, "Bydner re wrylly tra vëth dhe'n den inocent-na, rag me a sùffras lowr hedhyw awos hunros re'm beu adro dhodho."

[20]Saw an uhel prontyryon ha'n dus hen a inias an bobel dhe wovyn, may fe Barabas relêssys, ha Jesu ledhys.

[21]An governour a leverys dhedhans arta, "Pyneyl a'n dhew a vydnowgh me dhe relêssya dhywgh?"

"Barabas," y a leverys.

[22]Pylat a leverys dhedhans, "Pandra wrama dhe Jesu, yw gelwys an Crist?"

Y oll a leverys, "Bedhens ev crowsys!"

[23]Nena Pylat a wovydnas, "Praga? Pana dhrog re wruga gul?"

Mès y a grias dhe voy uhel, "Bedhens ev crowsys!"

[24]Pàn welas Pylat na ylly gul tra vëth a vry, mès lacka whath bos tervans ow tallath, ev a gemeras dowr ha golhy y dhewla ino dhyrag an bobel ow leverel, "Glân oma a woos an dremas-ma. Merowgh dhe'n dra agas honen."

[25]Ha'n bobel a worthebys, "Mar teu venjons vëth rag y woos, warnan ny re wrello codha ha wàr oll agan flehes!"

[26]Nena ev a relêssyas Barabas dhedhans, mès Jesu ev a scorjyas ha'y dhelyvra dhe'n soudoryon dhe vos crowsys.

[27]Nena soudoryon an governour a dhros Jesu bys in caslës an governour hag oll an ost a gùntellas in y gerhyn. [28]Y a dhystryppyas y dhyllas dhy-worto, ha'y wysca in mantel gogh. [29]Ha plethy dreyn a wrussons rag gul cùrun, ha'y settya wàr y bedn. Y a worras corsen in y dhorn dyhow ha mos wàr bedn dewlin dhyragtho ha gul ges anodho ow leverel, "Hayl dhis, mytern an Yêdhewon!" [30]Y a wrug trewa warnodho ha kemeres an gorsen ha'y weskel wàr an pedn gensy. [31]Wosa gul ges anodho y a gemeras dhyworto an vantel, ha'y wysca in y dhyllas y honen. Nena y a'n hùmbroncas in kerdh dh'y growsya.

[32]Pàn esens y ow mos in mes, y a gafas den dhia Cyrene gelwys Sîmon, hag y a'n constrînas dhe dhon crows Jesu. [33]Ha pàn dheuthons bys in tyller henwys Golgotha (hèn yw dhe styrya Tyller Crogen an Pedn), [34]y a offras dhodho dhe eva gwin kemyskys

gans bystel. Mès wosa y dastya, ny vydnas Jesu y eva. [35]Ha pàn wrussons y growsya, y a radnas y dhyllas intredhans ow tôwlel predn (may feu collenwys an dra menegys gans an profet, 'Y a radnas intredhans ow dyllas, ha wàr ow gwysk y a dowlas predn'). [36]Nena y a esedhas rag y wetha. [37]Hag y a settyas a-ughto an lîbel wàr y bydn, "HÈM YW JESU MYTERN AN YÊDHEWON." [38]Nena y feu crowsys ganso dew lader, an eyl a'y barth dyhow, ha'y gela a'y barth cledh. [39]An re-na esa ow tremena a wrug y gably, ow shakya aga fednow [40]hag ow leverel, "Te neb a vydna dystrêwy an templa, ha'y dherevel arta kyns pedn try dëdh, gwra sawya dha honen! Mars osta mab Duw, gwra skydnya dhywar an grows!"

[41]In kepar maner an uhel prontyryon, an scrîbys ha'n dus hen a wrug ges anodho ow leverel, [42]"Ev a allas sawya bêwnans tus erel. Lebmyn y honen ny yll ev omsawya. Ev yw mytern Israel. Deuns ev dhe'n dor lebmyn dhywar an grows, ha ny a vydn cresy dhodho. [43]Yma va ow trestya in Duw. Re wrello Duw y sawya i'n tor'-ma, rag ev a leverys y dhe vos Mab Duw." [44]Yth esa an ladron neb a veu crowsys ganso orth y vockya inwedh.

[45]Dhia hanter-dëdh bys teyr eur dohajëdh y feu tewolgow wàr oll an norvës. [46]Ogas dhe'n tressa eur Jesu a grias gans lev uhel, "*Ely, Ely, lama sabacthani!*" hèm yw dhe styrya, "A Dhuw, a Dhuw, prag y'm gysta vy?"

[47]Pàn glôwas hedna radn an dus esa a'ga sav in nes, y a leverys, "Yma hebma ow cria wàr Elias."

[48]Dystowgh onen anodhans a bonyas, ha kemeres spong ha'y lenwel a aysel ha'y settya orth gwelen ha'y ry dhodho dhe eva. [49]Saw an re erel a leverys, "Gorta pols! Aspiowgh lebmyn bysy, mara teu Elias dh'y dhelyvra."

[50]Nena Jesu a armas arta gans lev uhel, ha dascor y enef.

[51]I'n very prës-na veyl an templa a sqwardyas intra dew dhia an top bys i'n goles. An dor a grenas ha'n carrygy a veu felsys. [52]An bedhow inwedh a veu egerys, ha meur a gorfow an sens esa a'ga groweth a dhassorhas. [53]Wosa y dhasserghyans y a dheuth in mes a'n bedhow, hag entra i'n cyta sans hag apperya dhe lies huny.

[54]Yth esa centùry gans y soudoryon ow qwetha Jesu. Pàn wrussons gweles an dorgis hag oll an taclow a hapnyas, y fowns y diegrys ha leverel, "In gwiryoneth Mab Duw o an den-ma."

[55]Yth esa ena lies benyn i'n tyller-na hag y ow meras orth Jesu abell. Y a sewyas Jesu dhia Alyle rag y servya. [56]I'ga mesk yth esa Maria Maudlen, Maria mabm Jamys ha Josef, ha mabm mebyon Zebedy.

[57]Ha pàn dheuth an gordhuwher, den rych dhyworth Baramathia henwys Josef (onen a dhyscyplys Jesu) [58]êth dhe Pylat ha govyn corf Jesu orto. Pylat a ordnas may fe va rës dhodho. [59]Josef a gemeras an corf ha'y vailya in sendal glân [60]ha'y settya in y vedh nowyth, o trehys mes a'n garrek. Nena ev a rolyas men uthyk brâs adreus toll an bedh ha dyberth. [61]Yth esa ena Maria Maudlen ha'n Varia aral a'ga eseth adâl an bedh.

[62]Ha ternos, an jëdh wosa prepara-cyon an sabot, an uhel prontyryon ha'n Farysys a dheuth warbarth dhyrag Pylat [63]ha leverel, "Arlùth,

yth eson ny ow remembra fatell leverys an faitour-na hag ev whath yn few, 'Wosa try dëdh me a wra dasserhy.' ⁶⁴Rag hedna comond may fo an bedh diogelys bys i'n tressa dëdh. Poken martesen y dhyscyplys a alsa mos ha'y ladra ha'y dhon in kerdh, ha derivas dhe'n bobel ev dhe vos dasserhys a'n re marow. Indelma lacka via an dysseytyans dewetha ès an kensa dysseytyans."

⁶⁵Pylat a leverys dhedhans, "Kemerowgh soudoryon avell gwethysy genowgh, ha gwrewgh fastya an bedh gwella gallowgh." ⁶⁶Rag hedna y êth dy gans an wethysy, ha selya an men rag fastya an bedh.

28

Wosa an sabot ha kensa dëdh an seythen ow tardha, Maria Maudlen ha'n Varia aral êth dhe veras orth an bedh.

²Saw dhesempys y feu dorgis brâs, rag el an Arlùth a skydnyas mes a'n nev ha dos dhe rolya an men wàr dhelergh hag esedha warnodho. ³Kepar ha luhes o y semlant ha'y dhyllas o maga whydn avell an ergh. ⁴Ha'n wethysy, pàn wrussons meras orto, y a grenas rag ewn own, hag y fowns y kepar ha tus varow.

⁵Saw an el a gowsas orth an benenes ha leverel, "Na berthowgh own! Me a wor a whelowgh why, Jesu neb a veu crowsys. ⁶Obma nyns usy ev màn. Dasserhys yw, poran kepar dell leverys ev. Dewgh ha gwelowgh an le mayth esa va a'y wroweth. ⁷Nena kewgh heb let dhe dherivas orth y dhyscyplys, fatell ywa dasserhys a'n re marow. Ea, yma va ow mos dhyragowgh bys in Galyle.

Ena why a'n gwelvyth. Hèm yw ow messach ragowgh."

⁸Rag hedna y a asas an bedh yn uskys gans own ha gans lowena vrâs, ha ponya rag derivas an mater dh'y dhyscyplys. ⁹Ha dhesempys y a vetyas orth Jesu hag ev a leverys dhedhans, "Lowena dhywgh why!" Hag y a dheuth nes dhodho, sensy y dreys ha codha wàr bedn dewlin dhyragtho. ¹⁰Nena Jesu a leverys dhedhans, "Na berthowgh own! Kewgh ha leverowgh dhe'm breder dhe dravalya dhe Alyle. Ena y a'm gwelvyth."

¹¹Pàn esens y wàr aga fordh, re a'n wethysy êth dhe'n cyta, ha derivas dhe'n uhel prontyryon pùptra oll a wharva. ¹²Wosa an uhel prontyryon dhe omgùssulya warbarth gans an dus hen, y a erviras ry sùm lowr a vona dhe'n soudoryon ¹³ha comondya dhedhans, "Leverowgh, 'Y dhyscyplys a dheuth i'n nos ha don an corf in kerdh ha ny in cùsk.' ¹⁴Mar teu an mater-ma dhe scovornow an governour, ny a vydn gul dhodho cresy dhyn, ha'gas gwetha why rag trobel." ¹⁵Rag hedna an soudoryon a gemeras an mona ha gul kepar dell veu comondys dhedhans. Hag yma an whedhel-ma plontys whath in mesk an Yêdhewon bys i'n jëdh hedhyw.

¹⁶An udnyk dyscypyl êth dhe Alyle, dhe'n meneth ordnys dhedhans gans Jesu. ¹⁷Ha pàn wrussons y weles, y a godhas wàr bedn dewlin dhyragtho. Saw radn anodhans a dhowtyas. ¹⁸Saw Jesu a dheuth nes dhedhans hag a leverys, "Pùb auctoryta i'n nev ha wàr an nor re beu rës dhybm. ¹⁹Ewgh ytho ha descowgh oll an nacyons, orth aga besydhya in hanow

an Tas, ha'n Mab ha'n Spyrys Sans. ²⁰Gwrewgh aga desky dhe wetha pùptra a wrug avy comondya dhywgh. Merowgh, otta vy genowgh pùb eur oll bys gorfen an bës."

An Awayl warlergh Mark

1 Dallath awayl Jesu Crist Mab Duw. [2]Kepar dell yw screfys i'n profet Esay,

"Ot, yth esof ow tanvon ow messejer arag dha fâss,

hag ev a vydn darbary dha fordh dhyragos;

[3]lev onen ow cria i'n gwylfos: 'Darbarowgh fordh an Arlùth, gwrewgh compes y hensy.'"

[4]Yth esa Jowan ow pesydhya i'n gwylfos hag ow progeth an besydhyans a edrek rag remyssyon a behosow. [5]Hag yth êth in mes dhodho oll pow Jûdy hag oll tus Jerùsalem. Y fowns besydhys ganso in dowr Jordan, ow meneges aga fehosow. [6]Ha gwyskys o Jowan in blew cawrvargh ha grugys a grohen adro dhodho. Locùstys ha mel gwyls o y sosten. [7]Progeth a wre ow leverel, "Yma ow tos wàr ow lergh onen yw moy galosek agesof vy, nag oma wordhy dhe blegya ha dygelmy cronow y eskyjyow ev. [8]Me re wrug agas besydhya in gwir gans dowr; saw gans an Spyrys Sans ev a wra agas besydhya."

[9]Hag y wharva i'n dedhyow-na Jesu dhe dhos a Nazare in Galyle, may halla va bos besydhys gans Jowan i'n Jordan. [10]Ha dhesempys, pàn esa va ow tos in bàn mes a'n dowr, ev a welas an nev egerys ha'n Spyrys kepar ha colom ow skydnya warnodho. [11]Hag y teuth lev mes a'n nev ow leverel, "Te yw ow mab kerys usy ow joy ino."

[12]Heb let an Spyrys a'n helghyas bys i'n gwylfos. [13]Hag yth esa ena i'n gwylfos temptys gans Satnas dew ugans jorna. Yth esa gans an bestas gwyls ha'n eleth a wrug menystra dhodho.

[14]Ha wosa Jowan dhe vos prysonys, Jesu a dheuth dhe Alyle, ow progeth an awayl a wlascor Duw [15]hag ow leverel, "Collenwys yw an termyn; ogas yw gwlascor Duw. Repentyowgh ha cresowgh i'n awayl."

[16]Pàn esa Jesu ow kerdhes ryb mor Galyle, ev a welas Sîmon hag Androw y vroder ow tôwlel roos i'n mor, rag pùscadoryon êns y. [17]Jesu a leverys dhedhans, "Sewyowgh vy, ha me a vydn gul ahanowgh pùscadoryon a dus." [18]Ha dystowgh y asas aga rosow ha'y sewya ev.

[19]Ha pàn o va gyllys pols alena, ev a welas Jamys mab Zebedy, ha Jowan y vroder. Yth esens i'ga scath owth êwna aga rosow. [20]Heb let Jesu a's gelwys, hag y a forsâkyas aga sîra Zebedy i'n scath gans an wesyon gober, ha dos wàr y lergh.

[21]Y êth bys in Capernaùm, ha pàn dheuth jorna an sabot, Jesu a entras i'n synaga ha desky. [22]Ha marth o dhedhans a'y dhyscas, rag yth esa va ow tesky kepar hag onen a'n jeva auctoryta. Nyns o va kepar ha'n scrîbys. [23]I'n termyn-na yth esa i'ga synaga den hag a'n jeva tebel-spyrys. [24]Ev a grias, "Pandra vynta jy gul genen ny, te Jesu a Nazare? Osta devedhys rag agan dystrêwy? Me a'th aswon pyw osta, an Den Sans a Dhuw!"

[25]Saw Jesu a'n rebûkyas ha leverel, "Taw dhybmo ha deus mes anodho!"

26Wosa an tebel-spyrys dh'y shakya hag uja gans lev uhel, ev a dheuth mes anodho.

27An bobel a's teva marth yn kettep pedn, hag yth esens ow covyn an eyl orth y gela, "Pandr'yw hebma? Pana dhyscas nowyth yw hebma? Rag gans auctoryta yma va ow comondya dhe'n debel-spyrysyon kyn fe, hag ymowns y owth obeya dhodho." 28Ha heb let an nowodhow anodho êth in mes der oll an pow adro dhe Alyle.

29Whare wosa y dhe dhos mes a'n synaga, y a entras in chy Sîmon hag Androw, gans Jamys ha Jowan. 30Yth esa dama dhâ Sîmon grêvys der an fevyr ha hy i'n gwely. Dystowgh y a dherivas dhodho adro dhedhy. 31Jesu a dheuth ha'y hemeres er an dorn ha'y derevel in bàn. Gans hedna an fevyr a's forsâkyas ha hy a dhalathas menystra dhedhans.

32Dyworenos, pàn o sedhys an howl, y a dhros dhodho oll an glevyon, ha'n re-na o kemerys gans dewolow. 33Yth o oll an cyta cùntellys orth an daras. 34Jesu a sawyas lies huny o clâv a glevejow a bùb, sort ha tôwlel in mes lies tebel-spyrys. Ny wre va godhaf an tebel-spyrysyon dhe gôwsel, drefen y dhe aswon pyw o va.

35Ternos vyttyn, pàn o va stella tewl, ev a savas in bàn hag omdedna bys in tyller dianeth, may halla va ena pesy. 36Saw Sîmon ha'y gowetha a dheuth wàr y lergh. 37Pàn wrussons y gafos, y a leverys dhodho, "Yma pùb huny orth dha whelas."

38Ev a worthebys, "Deun ny bys i'n trevow nessa, may hallen progeth an nowodhow dâ ena kefrës. Rag dhe wul indella yth oma devedhys." 39Hag ev êth der oll Galyle ow progeth i'ga synagys hag ow tôwlel in mes drog-spyrysyon.

40Nena y teuth dhodho leper ha'y besy wàr bedn dewlin, "Mar mynta, te a yll ow glanhe."

41Jesu a gemeras trueth anodho ha dry in mes y dhorn, y dùchya ha leverel, "Manaf. Bëdh glân!" 42Dystowgh an cleves a'n gasas hag y feu glân.

43Jesu a'n inias yn freth ha'y dhanvon in kerdh dyson, 44ha leverel, "Gwait na wrylly leverel ger a'n mater dhe dhen vëth. Kê ha dysqwa dha honen dhe'n pronter hag offryn an pëth a wrug Moyses comondya yn dùstuny dhedhans." 45Saw ev êth in mes ha dallath derivas an dra adro, ma na ylly Jesu entra in opyn in cyta vëth na fella—saw yth esa va ow cortos i'n tyleryow pell dhyworth tus. Bytegyns yth esa an bobel ow tos in mes dhodho dhia bùb parth oll.

2 Arta ev a entras in Capernaùm wosa nebes dedhyow, hag y feu derivys y vos in tre. 2Hag yn scon kebmys tus a gùntellas, ma nag esa le dh'aga sensy, naneyl nyns esa tyller lowr ragthans adro dhe'n daras kyn fe, hag ev ow progeth an ger dhedhans. 3Nena tus a dheuth dhodho ha paljy gansans degys gans peswar a'ga nùmber. 4Abàn na yllens dos nes dhe Jesu awos an rûth, y a dhyscudhas an to a-ugh y bedn. Wosa y dhe derry dredho, y a wrug iselhe dhe'n dor an grava ha'n paljy a'y wroweth warnodho. 5Pàn welas aga crejyans, Jesu a leverys dhe'n paljy, "Mab, dha behosow yw gyvys dhis."

6Saw yth esa radn a'n scrîbys a'ga eseth i'n tyller-na hag yth esens ow tyspûtya i'ga holon, 7"Prag yma hebma ow côwsel i'n vaner ma? Cabel Duw ywa! Pyw a yll gava pehosow saw unsel Duw?"

[8]Desempys Jesu a aswonas in y spyrys aga bos ow tyspûtya an taclow-ma intredhans, hag ev a leverys dhedhans, "Prag yth esowgh why ow resna i'gas colon adro dhe'n maters-ma? [9]Pyneyl ywa êsya dhe leverel dhe'n paljy, 'Pardonys yw dha behosow dhis,' pò dhe leverel, 'Sa'bàn, kebmer dha wely ha kê wàr dha fordh'? [10]May hallowgh why godhvos bos auctoryta dhe Vab an Den wàr an norvës dhe bardona pehosow...." Ev a leverys dhe'n paljy, [11]"Me a lever dhis: sa'bàn, kebmer dha wely ha kê tre." [12]Heb let ev a savas in bàn, kemeres y wely ha mos in mes dhyragthans oll, may feu amays kenyver onen anodhans. Y a wrug praisya Duw ha leverel, "Bythqweth ny wrussyn ny gweles tra vëth a'n par-ma!"

[13]Jesu êth in mes arta ha kerdhes ryb an mor. Oll an rûth a dheuth dhodho, hag yth esa orth aga desky. [14]Pàn esa Jesu ow passya wàr y fordh, ev a welas Levy mab Alfeùs a'y eseth orth an dollva, ha Jesu a leverys dhodho, "Gwra ow sewya vy." Hag ev a savas in bàn ha'y sewya.

[15]Y wharva pàn esa Jesu a'y eseth orth an bord in chy Levy, meur a doloryon hag a behadoryon dhe vos a'ga eseth warbarth ganso ha'y dhys-cyplys—rag brâs o nùmber an re-na esa ow sewya Jesu. [16]Pàn welas an scrîbys ha'n Farysys fatell wre va debry gans toloryon ha pehadoryon, y a leverys dh'y dhyscyplys, "Prag yma va ow tebry hag owth eva gans toloryon ha pehadoryon?"

[17]Pàn glôwas Jesu hedna, ev a leverys dhedhans, "An re-na hag yw yagh ny's teves othem vëth a vedhek, mes an glevyon. Nyns oma devedhys rag gelwel an dus wiryon, mès an behadoryon dhe edrek."

[18]Yth esa dyscyplys Jowan ha'n Farysys ow penys. Tus a dheuth dhe Jesu ha leverel dhodho, "Prag yma dyscyplys Jowan ha'n Farysys ow cul penys, saw dha dhyscyplys jy, ny wrowns y penys màn?"

[19]Jesu a leverys dhedhans, "A yll kyffewy an prias gul penys, hadre vo an prias gansans? Hadre vo an prias i'ga mesk, ny wodhons y gul penys vëth. [20]Yma an dedhyow ow tos may fëdh an prias kemerys dhywortans, ha nena y a wra penys i'n dedhyow-na.

[21]"Naneyl ny wra den vëth gwrias darn a badn nowyth wàr wysk coth. Poken an darn nowyth a vydn tedna dhyworth an gweth goth ha lacka vëdh an sqward. [22]Naneyl nyns usy den vëth ow corra gwin nowyth in crehyn coth. Poken an gwin nowyth a vydn sqwattya an crehyn, ha'n gwin a vëdh scùllys ha'n crehyn dyswrës. Nâ, res yw gorra gwin nowyth in crehyn nowyth."

[23]Hag y wharva ev dhe vos ow kerdhes der an ÿsegow jorna an sabot. Y dhyscyplys wàr aga fordh a dhalathas terry an pednow ÿs. [24]An Farysys a leverys dhodho, "Mir, prag ymowns y ow cul an pëth nag yw lafyl jorna an sabot?"

[25]Jesu a worthebys dhedhans, "A ny wrussowgh redya bythqweth an pëth a wrug Davyth, pàn o va gwag hag ewl boos dhodho, ev ha'y gowetha kefrës? [26]Davyth a entras in chy Duw in dedhyow Abiathar, an uhel pronter, ha debry Bara an

Presens, nag o lafyl rag den vëth y dhebry marnas rag an brontyryon only. Ha Davyth a ros radn anodho dh'y gompany."

²⁷Nena Jesu a leverys dhedhans, "An sabot a veu gwrës rag les mab den. Ny veu mab den formys rag kerensa jorna an sabot. ²⁸Rag hedna Mab an Den yw Arlùth a'n sabot kefrës."

3 Ev a entras arta i'n synaga, hag yth esa den ena hag o gwedhrys y leuv. ²Y a aspias glew orto, mar mydna y sawya dëdh sabot, may hallens y acûsya. ³Hag ev a leverys dhe'n den o gwedhrys y leuv, "Deus nes."

⁴Nena ev a leverys dhe'n re erel, "Pyneyl ywa lafyl gul dâ jorna an sabot, poken gul drog? Sawya bêwnans pò ladha?" Saw y a dewys.

⁵Ha wosa ev dhe veras warnodhans gans sorr, hag ev grêvys awos caletter aga holon, ev a leverys dhe'n den, "Doroy in mes dha leuv." Ev a's dros in mes ha'y leuv a veu mar yagh avell hy ben. ⁶An Farysys êth in mes, ha dyson y a omgùssulyas gans an Erodyans wàr y bydn, fatell yllens y dhystrêwy.

⁷Jesu a omdednas gans y dhyscyplys tro ha'n mor, ha rûth vrâs dhyworth Galyle a'n sewyas. ⁸Pàn glôwsons an taclow brâs a veu gwrës ganso, meur a dus a dheuth dhodho dhia Jûdy, Jerùsalem, Idùmea, an pow dres dowr Jordan ha dhia gôstys Tir ha Sîdon. ⁹Ev a leverys dh'y dhyscyplys ytho, may fe scath vian orth y wortos awos an rûth, ma na wrellens y wasca; ¹⁰rag lies onen re bia sawys ganso, may whre gwasca warnodho kenyver onen a'n jeva

cleves rag y dava. ¹¹Tebel-spyrysyon, pàn wrêns y weles, a blegyas dhe'n dor dhyragtho ha garma ow leverel, "Te yw Mab Duw." ¹²Saw ev a erhys dhedhans na wrussens y dheclarya alês.

¹³Jesu êth in bàn i'n menydhyow ha gelwel warbarth an dus a vydnas, hag y a dheuth dhodho. ¹⁴Ev a wrug ordna dewdhek, may fêns ganso, may halla aga danvon in kerdh rag progeth, ¹⁵may hallens cafos gallos dhe sawya clevyon a bùb sort, ha may whrellens tôwlel in mes tebel-spyrysyon: ¹⁶Sîmon (a ros ev an hanow Peder dhodho), ¹⁷Jamys mab Zebedy, ha Jowan broder Jamys (ev a's henwys Boanerges, hèn yw dhe styrya Mebyon Taran), ¹⁸hag Androw, ha Felyp, ha Bertyl, ha Mathew, ha Tobmas, ha Jamys mab Alfeùs, ha Thadeùs, ha Sîmon Zelotes, ¹⁹ha Jûdas Scaryot, ev neb a wrug inwedh y draita.

Ena y êth tre ²⁰hag yth esa an rûth ow cùntell, arta ma na yllens kebmys ha debry. ²¹Ha pàn glôwas y gerens hedna, y êth in mes rag y sêsya, drefen y dhe leverel, "Yma va mes a'y rewl."

²²Ha'n scrîbys, neb a dheuth wàr nans dhia Jerùsalem a levery, "Yma ganso Belsebùk ha dre bryns an dhewolow yma va ow tôwlel in mes tebel-spyrysyon."

²³Jesu a's gelwys dhodho ha côwsel ortans dre barabyl, "Fatell yll Satnas tôwlel mes Satnas? ²⁴Mar pëdh gwlascor rydnys wàr hy fydn hy honen, ny yll sevel an wlascor-na. ²⁵Ha mar pëdh chy rydnys wàr y bydn y honen, ny ylla sevel. ²⁶Ha Satnas, mars ywa sevys in bàn wàr y bydn y honen, mars ywa rydnys, ny

wor ev sevel màn. Re dheuva y
dhyweth. [27]Ny yll den vëth entra in
chy den crev ha pylla y bëth, marnas
ev a wra kensa kelmy an den crev.
Nena ev a wra pylla y jy. [28]In gwir me
a lever dhywgh: oll aga fehosow a
vëdh gyvys dhe vebyon tus, ha
kenyver cabel Duw a wrellens ùttra.
[29]Saw neb a wrella cably an Spyrys
Sans, ny'n jevyth ev gyvyans rag
nefra. Yma va in peryl a begh nefra a
bës."

[30]Hèm o drefen y dhe leverel,
"Yma tebel-spyrys ino."

[31]Nena y teuth y vreder ha'y vabm.
Yth esens ow sevel wàr res hag a
dhanvonas ger dhodho orth y elwel.
[32]Ha'n rûth o esedhys adro dhodho
hag y a leverys, "Otta dha vabm ha'th
vreder a'ga sav avês hag ymowns y
orth dha whelas."

[33]Hag ev a's gorthebys ha leverel,
"Pyw yw ow mabm, ha'm breder?"

[34]Ev a veras adro orth an re-na esa
a'ga eseth ader dro hag ev a leverys,
"Ot obma ow mabm ha'm breder!
[35]Seul a wrella bodh Duw, an keth yw
ow broder, ha'm whor, ha'm mabm."

4 Ev a dhalathas desky arta ryb an
mor, hag yth o cùntellys adro
dhodho rûth mar vrâs may whrug ev
entra in gorhal hag esedha ena. Hag
yth esa oll an rûth wàr an tir ryb an
mor. [2]Hag ev a dheskys meur a
daclow dre barabyl dhedhans ha
leverel in y dhyscas, [3]"Goslowowgh!
Yth êth in mes gonador rag gonys
has. [4]Hag y wharva, pàn esa va ow
conys, radn a'n greun a godhas ryb an
fordh, hag y teuth an ÿdhyn ha'y
lenky. [5]Ha radn a godhas wàr dir
meynek, le nag esa meur a dhor. Heb
let an has a egynas, drefen nag esa

dhodho downder dor. [6]Saw pàn savas
an howl, y feu scaldys, ha drefen na'n
jeva gwredhyow, an has a dhesehas.
[7]Ha radn a godhas in mesk dreyn,
ha'n dreyn a devys ha'y daga, ha ny
dhug hy frût vëth. [8]Ha radn aral a
godhas in dor dâ, hag a wrug don frût
esa ow tevy hag ow cressya—radn a
dhug degplek warn ugans, radn try
uganslek ha radn aral whath
cansplek."

[9]Ha Jesu a leverys, "Seul a'n jeffa
scovornow rag clôwes, gwrêns ev
clôwes!"

[10]Ha pàn esens aga honen, an re-na
esa in y gerhyn gans an dewdhek a
wovydnas orto adro dhe'n parabyl,
[11]hag ev a leverys, "Grauntys yw
dhywgh why godhvos mystery a
wlascor Duw, saw dhe'n re-na usy
war ves, y fëdh gwrës pùptra dre
barablys,

[12]"'May whrellens gweles heb
aswonvos
ha clôwes heb convedhes,
rag own y dhe drailya, ha'ga fehos-
ow dhe vos gyvys dhedhans.'"

[13]Leverel a wrug ev dhedhans, "A
ny wodhowgh why an parabyl-ma?
Fatell ytho a vydnowgh why con-
vedhes kenyver parabyl? [14]Yma an
gonador ow conys an ger. [15]Hag
awotta an re-na usy ryb an fordh, le
may ma hesys an ger. Wosa y dh'y
glôwes, Satnas a dheu heb let ha
kemeres dhe ves an ger re bia hesys
i'ga holon. [16]Hag awotta an re kefrës
yw hesys in dor meynek. Whare wosa
y dhe glôwes an ger, y a'n degebmer
gans lowena. [17]Ny's teves gwredhyow
down, hag indella ny wrowns pêsya
mès pols bian. Nena pàn dheffa

anken ha tormens awos an ger, y a wra codha adenewen heb let. ¹⁸Hag otta an re-na yw hesys in mesk dreyn, neb a glôw an ger, ¹⁹hag yma prederow an bës-ma ha tenvos a rychys ha whans a bosessyon ow tos ajy hag ow taga an ger, hag ymowns y ow fyllel dhe dhon frût vëth. ²⁰Otta an re-na yw hesys in dor dâ. Y yw an re-na a glôw an ger hag a'n degebmer, hag a dheg frût, radn degblek warn ugans, radn try ugansplek ha radn cansplek."

²¹Dhedhans ev a leverys, "Yw drës lùgarn i'n chy may hyller y worra in dan vùshel pò in dan wely? A nyns ywa settys wàr an coltrebyn? ²²Rag nyns eus tra vëth cudh-na vëdh dysqwedhys, ha ny veu gwethys tra vëth in dadn gel na wrella dos bys i'n golow. ²³Mara'n jeves den scovornow rag clôwes, gwrêns ev clôwes!"

²⁴Hag ev a leverys dhedhans, "Bedhowgh war a'n pëth a glôwowgh. Gans an musur a wrellowgh musura, y fëdh musurys dhywgh why, hag yn certan moy a vëdh rës dhywgh. ²⁵Rag neb a bewfo, dhodho ev y fëdh rës, ha neb na bewfo, y fëdh kemerys dhyworto an pëth a bew kyn fe."

²⁶Ena ev a leverys, "Yth yw gwlascor Duw kepar ha den ow conys has i'n dor; ²⁷yma va ow cùsca hag ow sevel, nos ha dëdh, hag yma an has owth egyna hag ow tevy, ny wor ev pàn vaner. ²⁸Rag an dor a dheg trevas anodho y honen, an welsen wostalleth, ena an pedn ÿs ha wosa hedna an ÿs leun i'n pedn. ²⁹Saw pàn vo athves an drevas, dhesempys ev a wra gorra an crobman inhy, awos bos devedhys an kynyaf."

³⁰Jesu a leverys inwedh, "Dhe bandr'a wren ny hevelly gwlascor Duw? Dre bana parabyl a yllyn hy styrya?" ³¹Yth yw hy kepar ha greunen a has kedhow, ha pàn vo hy gorrys i'n dor, biadnha yw hy ages oll an has usy in dor. ³²Saw wosa hy bos hesys, hy a dev in bàn, hag yw brâssa ages oll an losow hag a dheg scorednow brâs, may halla ÿdhyn trega in dadn hy goskes."

³³Dre lies parabyl a'n par-na ev a dherivas an ger dhedhans warlergh aga gallos a'y gonvedhes. ³⁴Heb parablys ny gowsas ortans, saw pàn esens aga honen oll, ev a styryas kenyver tra dh'y dhyscyplys.

³⁵Ha'n keth dëdh, ha'n gordhuwher devedhys, ev a leverys dhedhans, "Gesowgh ny dhe vos dhe'n tenewen aral." ³⁶Ha wosa y dhe dhanvon an rûth in kerdh, y a'n kemeras ev, kepar dell esa, i'n gorhal. Yth esa inwedh gorholyon bian erel ganso. ³⁷Nena hager-awel vrâs a dherevys. Yth esa an todnow ow tôwlel aga honen warbydn an gorhal, mayth esens prèst orth y lenwel gans dowr. ³⁸Yth esa Jesu i'n delergh hag ev in cùsk wàr bluvak. Y a'n dyfunas ha leverel dhodho, "Mêster, a ny'th teur màn ny dhe vos dhe goll?"

³⁹Ev a savas ha rebûkya an gwyns ha leverel dhe'n mor, "Gas cres ha bëdh cosel!" An gwyns a cessyas hag y feu calmynsy brâs.

⁴⁰Ev a leverys dhedhans, "Prag yth esowgh why ow kemeres own? Fatell yw nag eus dhywgh fëdh?"

⁴¹Saw own brâs a's sêsyas, hag y a leverys an eyl dh'y gela, "Py par den yw hebma, pàn usy an gwyns ha'n mor owth obeya dhodho?"

5 Y a dheuth dhe du aral an mor, in pow an Gadarenas. ²Ha kettel wrug ev skydnya mes a'n gorhal, den hag a'n jeva tebel-spyrys a dheuth wàr y bydn mes a'n bedhow. ³Yth esa an den-na tregys in mesk an bedhow, ha ny ylly den vëth unweyth y gelmy gans chainys. ⁴Yn fenowgh ev re bia kelmys gans carharow ha chainys, saw ev a derry an carharow inter dew ha sqwattya an chainys dhe dybmyn; ha nyns o den vëth crev lowr rag y dempra. ⁵Nos ha dëdh yth esa va i'n bedhow ha i'n menydhyow ow carma hag ow prêwy y honen dre veyn.

⁶Saw pàn welas ev Jesu polta dhyworto, ev a bonyas ha'y wordhya. ⁷Ev a grias gans lev uhel ow leverel, "Pandra wrama genes dhejy, Jesu, te Vab a'n Duw Uhella? Me a'th pës rag kerensa Duw na wrylly ow thormentya." ⁸Rag Jesu a leverys dhodho, "Deus in mes a'n den, te debel-spyrys."

⁹Nena Jesu a wovydnas orto, "Pëth yw dha hanow?"

Ev a worthebys ha leverel, "Ow hanow yw Lyjyon, rag ny yw lies huny." ¹⁰Hag ev a'n pesys yn fen na wrella aga danvon in kerdh mes a'n pow.

¹¹Yth esa i'n tyller-na ogas dhe'n menydhyow gre vrâs a vogh ow pory. ¹²Hag oll an dhewolow a'n pesys ha leverel, "Gwra agan danvon ny bys i'n mogh, may hallen entra inhans." ¹³Jesu a ros dhedhans cubmyas, ha'n debel-spyrysyon êth in mes hag entra i'n mogh, ha'n gre (neb dyw vil anodhans) a bonyas gwyls an lêder serth wàr nans bys i'n mor, hag y fowns budhys i'n dowr.

¹⁴Bugeleth an mogh a fias dhe'n fo, ha derivas an dra i'n dre hag i'n pow adro. An dus a dheuth in mes rag gweles an pëth o wharvedhys. ¹⁵Y a dheuth dhe Jesu, ha gweles an sagh dyowl mayth esa an lyjyon ino a'y eseth, dyllas adro dhodho hag ev in y skians ewn, hag own a's teva. ¹⁶Ha'n re-na neb a'n gwelas, a dherivas ortans pëth a wharva dhe'n sagh dyowl hag adro dhe'n mogh inwedh. ¹⁷Nena y a dhalathas y besy may whrella voydya mes a'ga thireth.

¹⁸Ha pàn o Jesu devedhys i'n gorhal, an den re bia an tebel-spyrys ino, a'n pesys dhe ry dhodho cubmyas a'y sewya. ¹⁹Saw Jesu a'n sconyas ha leverel dodho, "Kê dhe dre dhe'th kerens ha derif dhedhans pygebmys re wrug an Arlùth ragos, hag ev dhe gemeres trueth ahanas." ²⁰Ha'n den a dhybarthas ha dallath derivas in Decapolys pyseul a wrug Jesu ragtho. Hag amays veu pùb huny orth y glôwes.

²¹Pàn veu Jesu tremenys arta i'n gorhal bys i'n tu aral, meur a dus a gùntellas in y ogas, hag yth esa ev ryb an mor. ²²Ha mir, onen a rewlysy an synaga, Jayrùs y hanow, a dheuth, ha pàn welas ev Jesu, ev a godhas orth y dreys, ²³ha'y besy in fen, ow leverel, "Yma ow myrgh vian ow crowedha in newores. Me a'th pës a dhos ha settya dha dhewla warnedhy, may fo hy sawys ha bewa." ²⁴Jesu êth ganso.

Ha meur a dus a'n sewyas ha'y wasca. ²⁵Hag yth esa benyn, hag a veu clâv gans issyw a woos nans o dewdhek bledhen. ²⁶Hy a wodhevys lowr gans lies medhek, ha spêna oll hy fëth heb cafos gweres vëth. Dhe'n contrary hy o dhe lacka. ²⁷Pàn wrug hy clôwes a Jesu, hy a dheuth adrëv dhodho i'n rûth ha tùchya y bows. ²⁸Rag hy a leverys dhedhy hy honen, "A callen unweyth y dùchya, kyn na ve mès y dhyllas, me a vëdh saw." ²⁹Hag adhesempys fenten hy goos a veu desehys, ha godhvos a wrug hy in hy horf hy bos sawys a'y dysês.

³⁰Ha Jesu, ow codhvos strait ino y honen an gallos dhe vos gyllys mes anodho, a drailyas i'n wask ha leverel, "Pyw a davas ow dyllas?" ³¹Y dhyscyplys a leverys dhodho, "Yth esta ow qweles an rûth orth dha wasca, hag a vynta govyn, 'Pyw a wrug ow thùchya?'"

³²Hag ev a veras a bùb tu dhodho rag gweles pyw a wrug an dra-ma. ³³Saw an venyn, pàn wrug hy convedhes an pëth re bia gwrës dhedhy, ha hy ow trembla rag ewn own, a dheuth ha codha dhe'n dor dhyragtho, ha derivas dhodho oll an gwiryoneth. ³⁴Ha Jesu a leverys dedhy, "Myrgh, dha fëdh re'th sawyas. Kê in cres ha bëdh saw a'th tysês."

³⁵Hadre veu va whath ow côwsel, tus a dheuth mes a jy rewler an synaga ha leverel, "Dha vyrgh yw marow. Na wra ancombra an Descador na fella."

³⁶Jesu, kettel glôwas an geryowma, y leverys dhe rewler an synaga, "Na borth awher, mès crës."

³⁷Ha ny wrug ev alowa dhe dhen vëth y sewya, saw unsel Peder, Jamys ha Jowan broder Jamys. ³⁸Y a dheuth dhe jy an rewler, ha gweles an deray ha tus owth ola hag ow kyny yn frâs. ³⁹Pàn entras Jesu i'n chy, ev a leverys dhedhans, "Prag yth esowgh why ow cul tros hag olva? Marow nyns yw an vowes màn—in cùsk yma hy." ⁴⁰Hag y a'n scornyas gans wharth.

Saw wosa ev dh'aga gorra in mes yn kettep pedn, ev a gemeras tas ha mabm an vowes, ha'n re-na esa ganso, hag entra i'n rom mayth esa an vowes a'y groweth. ⁴¹Ena ev a gemeras an vowes er an eyl dorn ha leverel dhedhy, "*Talitha cùmi*!" Hèn yw dhe styrya, "A vowes, sa'bàn!" ⁴²Ha'n vowes a savas in bàn heb let ha kerdhes, rag dewdhek bloodh o hy. Ha diegrys vowns hag amays. ⁴³Saw ev a erhys dhedhans na wrella den vëth godhvos a'n dra, hag ev a's comondyas dhe ry nebes sosten dhedhy.

6 Ev a asas an pow-na ha dos bys in y dre enesyk y honen ha'y dhyscyplys a'n sewyas. ²Pàn o devedhys dëdh an sabot, ev a dhalathas progeth i'n synaga hag yth o marth dhe lies huny orth y glôwes.

Y a leverys, "Ple cafas hedna an furneth-ma? Pana skians yw hebma re beu rës dhodho? Ass yw barthusek an oberow gwrës gans y dhewla! ³A nyns yw hebma an ser predn, mab Maria, broder Jamys ha Jose ha Jûda ha Sîmon? A nyns usy y wheryth obma genen?" Hag y a veu offendys in y gever.

⁴Jesu a leverys dhedhans, "Ny vëdh profet heb onour, saw unsel in y bow y honen, hag in mesk y gerens y honen, hag in y jy y honen." ⁵Ha ny ylly gul ober galosek vëth oll i'n tyller-na, marnas settya y dhewla wàr nebes clevyon ha'ga sawya. ⁶Marth brâs a'n jeva a'ga dyscrejyans.

Yth esa va ow mos adro i'n trevow ow tesky. ⁷Ev a elwys dhodho an dewdhek ha dallath aga danvon in mes, dew ha dew; hag ev a ros dhedhans gallos wàr debel-spyrysyon.

⁸Ev a's dyfednas na wrellens kemeres tra vëth rag an fordh saw lorgh—naneyl bara, na sagh, na mona i'ga fors. ⁹Ev a gomondyas dhedhans gorra sandalys adro dh'aga threys, ha sevel orth gwysca dyw bows. ¹⁰Ev a leverys, "Pyle pynag y whrellowgh why entra in chy, ena tregowgh bys pàn wrellowgh dyberth alena." ¹¹Mar qwra tus in neb tyller agas sconya heb goslowes orthowgh, pàn wrellowgh why mos alena, shakyowgh an doust dhyworth agas treys yn dùstuny wàr aga fydn."

¹²Gans hedna an dyscyplys êth in mes, ha progeth y resa dhe bùbonen repentya. ¹³Y a dowlas in mes lies tebel-spyrys, hag ùntya lies onen o clâv, ha'ga sawya.

¹⁴Mytern Erod an a glôwas adro dhe Jesu, rag y hanow o aswonys i'n pow. Yth esa radn ow leverel, "Jowan Baptyst re beu derevys a'n bedh. Dre hedna yma an gallos-ma owth obery ino."

¹⁵Yth esa ken re ow leverel, "Elias ywa."

Radn aral arta a levery, "Profet yw an den kepar hag onen a'n profettys coth."

¹⁶Saw pàn glôwas Erod anodho, ev a leverys, "Hèm yw Jowan, neb a wrug avy dybedna. Dasserhys ywa a'n mernans." ¹⁷Rag Erod y honen a dhanvonas tus dhe sêsya Jowan, y gelmy ha'y dôwlel dhe bryson awos Erodyas, gwreg y vroder Felyp, rag Erod a wrug hy demedhy. ¹⁸Ha Jowan a leverys dhe Erod, "Nyns yw lafyl te dhe gemeres gwreg dha vroder." ¹⁹Rag hedna Erodyas a sorras orto ha whelas y ladha, mès ny ylly hy poynt, ²⁰rag Erod a'n jeva own a Jowan, hag a wodhya y vos den ewnhensek ha sans, hag ev a'n gwethas. Pàn wre Erod goslowes orth Jowan, ev a vedha ancombrys brâs. Bytegyns dâ o ganso y glôwes.

²¹Saw y teuth chêson dâ jorna y bedn bloodh, may ros Erod banket rag y arlydhy, rag y offycers, ha rag rewlysy Galyle. ²²Pàn entras myrgh Erodyas hy honen ha dauncya, hy a blêsyas Erod ha'y ôstysy.

Ha'n mytern a leverys dhe'n vowes, "Govyn orthyf a vo dâ genes, ha me a vydn y ry dhis." ²³Ev a dos dhedhy yn solem ha leverel, "Pynag oll tra a wrelles govyn orthyf, me a'n re dhis bys in hanter ow gwlascor."

²⁴Hy êth in mes ha leverel dh'y mabm, "Pandra wrama govyn orto?" Hy a worthebys, "Pedn Jowan Baptyst."

²⁵Nena hy a dheuth gans toth dhe'n mytern ha leverel, "Dâ via genef te dhe ry dhybm pedn Jowan Baptyst wàr dallyour."

²⁶Grêvys fèst veu an mytern, saw dre rêson a'y dy hag awos y ôstysy, ny vydnas hy sconya. ²⁷An mytern a dhanvonas soudor a'n wethysy whare ha'y gomondya dhe dhry pedn Jowan. Ev êth ha'y dhybedna i'n pryson, ²⁸dry an pedn wàr dallyour ha'y ry dhe'n vowes. Nena an vowes a'n ros dh'y mabm. ²⁹Pàn glôwas dyscyplys Jowan anodho, y a dheuth ha kemeres y gorf ha'y settya in bedh.

³⁰An abosteleth a gùntellas adro dhe Jesu, hag a dherivas orto oll an taclow o gwrës ha deskys gansans. ³¹Ev a leverys dhedhans, "Deun alebma bys in tyller cosel rag powes pols." Rag yth esa cals a dus ow tos hag ow mos, ha ny's teva termyn lowr rag debry kyn fe.

32Y a voydyas in pryva bys in tyller dianeth in gorhal. 33An bobel a's gwelas ow tyberth ha lies anodhans a aswonas Jesu, hag a bonyas dhia bùb tre ha mos dhyragthans ha dos warbarth. 34Pàn wrug Jesu tira, ev a welas bùsh brâs a dus. Ev a gemeras trueth anodhans, rag y o kepar ha deves heb bugel. Ev a dhalathas desky lies tra dhedhans.

35Pàn o gyllys meur a'n jëdh, y dhyscyplys a dheuth dhodho ow leverel, "Tyller dianeth yw hebma ha'n jorna yw pell tremenys. 36Danvon an re-ma in kerdh, may hallens aga honen mos i'n pow adro hag i'n trevow, rag prena sosten dhedhans."

37Saw ev a's gorthebys, "Rewgh agas honen dhedhans neppyth dhe dhebry."

Y a leverys dhodho, "A dal dhyn ny mos rag prena dew ugans dynar a vara rag y ry dhedhans dhe dhebry?"

38Ev a leverys dhedhans, "Pana lies torth usy genowgh? Ewgh dhe weles."

Pàn wrussons aga rekna, y a leverys, "Ny a'gan beus pymp torth a vara ha dew bysk."

39Nena Jesu a gomondyas, may whrellens erhy dhe'n dus esedha in bagasow wàr an gwerwels. 40Rag hedna, y oll a esedhas in bagasow, in cansow hag in hanter-cansow. 41Ha wosa ev dhe gemeres an pymp torth ha'n dhew bysk, ev a veras wàr vàn dhe'n nev ha'ga benega, ha terry an torthow, ha'ga ry dh'y dhyscyplys dhe settya dhyrag an dus. Ha'n dhew bysk ev a's radnas intredhans oll. 42Kenyver onen a dhebras ha cafos lùk. 43Hag y a gemeras in bàn dewdhek canstel leun a'n brewyon hag a'n pùscas. 44An re-na neb a dhebras o pymp mil in nùmber.

45Jesu whare a gomondyas y dhyscyplys dhe gemeres an gorhal ha mos dhe'n tu aral, bys in Besseda, hadre ve va y honen ow tanvon an bobel in kerdh. 46Ha wosa ev dh'aga danvon dhe ves, ev a omdednas bys i'n meneth rag pesy.

47Pàn dheuth an gordhuwher, yth esa an gorhal in cres an mor, hag ev y honen oll wàr an tir. 48Ev a's gwelas, fatell êns y lavurys dre rêvya awos bos an gwyns wàr aga fydn. Adro dhe beswora golva an nos ev a dheuth dhedhans in udn gerdhes wàr an mor. Ev o porposys passya drestans. 49Saw pàn wrussons y weles ow kerdhes wàr an mor, y a gresys y vos tarosvan hag a grias in mes, 50rag y oll a'n gwelas ha kemeres scruth.

Dhesempys ev a gowsas ortans ha leverel, "Bedhowgh a gonfort dâ. Me yth ywa. Na berthowgh own." 51Nena ev a entras i'n lester ha'n gwyns a cessyas. Ha marth brâs a's teva, 52rag ny wodhyens convedhes merkyl an torthow dre rêson aga holon dhe vos cales.

53Pàn wrussons y passya dres an mor, y a diras in Genesaret ha kelmy an gorhal. 54Dystowgh an bobel a wrug y aswonvos, 55ha ponya dres oll an pow ader dro ha dallath don an re-na o clâv wàr ravadhow dhe ble bynag a glôwens Jesu dhe vos. 56Ple pynag oll a wrella va mos, in tre, cyta pò bargen tir, y a settya an glevyon i'n marhasow, ha'y besy may hallens tùchya pyllen y bows kyn fe. Kenyver onen a wrella indelma a vedha sawys.

7 Nena an Farysys ha radn a'n scrîbys a dheuth dhia Jerùsalem ha cùntell adro dhe Jesu. ²Y a welas radn a'y dhyscyplys dhe dhebry bara gans dewla mostys, hèn yw dhe styrya heb aga golhy. ³(Rag an Farysys hag oll an Yêdhewon, marnas y a wolgh aga dewla yn tâ, ny vydnons y debry. Indelma ymowns y ow qwetha tradycyon an dus hen. ⁴Ha pàn wrowns y dos dhia an varhas, marnas y a wra glanhe aga honen, ny wrowns y debry màn. Hag yma lies tradycyon erel a wrowns y sensy, rag ensampel golhy hanavow ha sethow ha lestry a vrest.)

⁵Rag hedna an Farysys ha'n scrîbys a wovydnas orto ev, "Prag na wra dha dhyscyplys jy sewya tradycyon an dus hen, saw debry bara, mostys aga dewla?"

⁶Ev a worthebys, "Yn ewn Esay a wrug profusa ahanowgh why, fecloryon, kepar dell yw screfys:

"'Yma an bobel-ma orth ow gordhya gans aga gwessyow,
mès pell dhyworthyf yma aga holon.

⁷Yn uver ymowns y orth ow gordhya, ow tesky comondmentys mebyon tus kepar ha dyscans Duw.'

⁸Yth esowgh why ow forsâkya arhadow Duw hag ow corra tradycyon tus in y le."

⁹Ev a bêsyas ha leverel, "Ass yw bryntyn agas fordh dhe sconya arhadow Duw, may hallowgh why sensy agas tradycyon agas honen! ¹⁰Rag Moyses a leverys, 'Gwra onora dha das ha'th vabm; ha neb a wrella molethy tas na mabm, yn sur ev a dal merwel.' ¹¹Saw yth esowgh why ow

tyby, mar teu den ha leverel dh'y das pò dh'y vabm, 'Pynag oll tra a alses gwetyas dhyworthyf avell scodhyans yw Corban' (hèn yw ro dhe Dhuw), ¹²nena ev dhe gafos an cubmyas a sevel orth gul tra vëth moy rag y das pò y vabm. ¹³Indelma der agas hengof agas honen, a wrussowgh why recêva, yth esowgh why ow cul ger Duw dhe vos gwag hag uver. Ha why a wra meur a daclow a'n par-na."

¹⁴Wosa ev dhe elwel oll an bobel dhodho, ev a leverys, "Goslowowgh orthyf yn kettep pedn, ha convedhowgh ¹⁵nag eus tra vëth wàr ves owth entra i'n den a alsa y vostya, mès an taclow a dheu in mes anodho, yth yw an re-na a wra y vôstya. ¹⁶Seul an jeffa scovornow rag clôwes, gwrêns ev clôwes."

¹⁷Ha pàn entras ev i'n chy dhyworth an bobel, y dhyscyplys a wovydnas orto adro dhe'n parabyl. ¹⁸Ev a leverys dhedhans, "Owgh why inwedh heb skians kepar ha'n re-na? A ny welowgh why na yll tra vëth mostya nebonen, mars usy hedna owth entra ino dhia an tu wàr vès? ¹⁹Rag ny wra an dra-na entra in y golon, saw yma va owth entra in y bengasen ha wosa hedna yth â mes a'y gorf bys i'n caughty." (Indelma ev a dheclaryas bos glân pùb sort a vytel.)

²⁰Ha Jesu a leverys, "An pëth usy ow tos mes a'n den, hedna a wra y vostya, ²¹rag yma pùb sort a dhrogwhans ow tos dhia an tu aberveth, hèn yw dhe styrya mes a'y golon, rag ensampel, harlotry, ladrynsy, moldrans, ²²avoutry, crefny, sherewynsy, dysseyt, mostethes, envy, cabel, goth ha folneth. ²³Yma oll an drogoberow-ma ow tos dhia an tu aber-

veth, hag yma an re-na ow mostya an den."

²⁴Ha Jesu a savas ha dyberth alena, ha mos dhe gôstys Tir ha Sîdon. Ev a entras in chy ha ny vydnas ev may fe hedna godhvedhys gans den vëth, saw ny ylly an dra bos kelys. ²⁵Rag benyn neb a's teva myrgh ha tebel-spyrys inhy, a glôwas yn scon a Jesu, ha dos ha codha orth y dreys. ²⁶Grêk o hy a nacyon an Syrofenycyans. Hy a'n pesys may whrella tôwel an tebel-spyrys mes a'y myrgh.

²⁷Jesu a leverys dhedhy "Bedhens an flehes lenwys kyns, rag ny dal kemeres bara an flehes rag y dôwlel dhe'n keun."

²⁸Ha hy a worthebys ha leverel dhodho, "Gwir yw hedna, a arlùth, saw otta an keun ow tebry brewyon an flehes usy ow codha dhywar an bord."

²⁹Hag ev a leverys dhedhy, "Awos an lavar-na, kê wàr dha fordh—gallas an tebel-spyrys mes a'th vyrgh."

³⁰Gans hedna hy êth tre, ha pàn dheuth hy dh'y chy, hy a gafas hy myrgh a'y groweth wàr an gwely ha'n tebel-spyrys gyllys mes anedhy.

³¹Nena ev êth dhyworth côstys Tir ha Sîdon ha dos arta tro ha mor Galyle, dre gres an tireth a Decapolys. ³²Hag y a dhros dhodho den bodhar ha stlav ha'y besy a settya y dhewla warnodho.

³³Jesu a'n kemeras adenewen in pryva ha gorra y vesias in y scovorn-ow ha trewa ha tùchya y davas. ³⁴Jesu a veras wàr vàn tro ha'n nev ha hanaja yn cosel ow leverel, "*Effatha*!" hèn yw dhe styrya "Bëdh egerys!" ³⁵Dys-towgh y scovornow a veu egerys, ha colm y davas lowsys, ha côwsel dyblans a wre.

³⁶Jesu a erhys na wrellens derivas an cas orth den vëth, mès dhe voy y whre va inia, dhe voy yth esens ow terivas an mater. ³⁷Y a's teva marth pòr vrâs ha leverel, "Ev re wrug pùptra yn tâ. Ea, ev a wra dhe'n dus vodhar clôwes kyn fe, ha côwsel dhe'n re omlavar."

8 I'n dedhyow-na, pàn esa rûth fèst brâs i'n tyller hag y heb tabm vëth dhe dhebry, Jesu a elwys y dhyscyplys dhodho ha leverel dhedhans, ²"Trueth a'm beus gweles an rûth, drefen y dhe vos genama try jorna, ha ny's teves tra vëth dhe dhebry. ³Mar teuma ha'ga danvon tre heb sosten, y a wra clamdera rag nown ryb an fordh, rag lies onen anodhans re dheuth abell."

⁴Y dhyscyplys a'n gorthebys, "Ple halsa bos kefys obma i'n dyveth bara lùk rag oll an re-ma?"

⁵Ev a wovydnas ortans, "Pyseul torth eus genowgh?"

"Seyth," y a leverys.

⁶Ev a gomondyas an dus dhe esedha wàr an dor. Nena ev a gemer-as an seyth torth, ry grâss, aga therry, ha'ga ry dh'y dhyscyplys dhe radna intredhans. Y a's radnas inter an dus. ⁷Yth esa gansans inwedh nebes pùscas munys, ha wosa aga benega, Jesu a erhys aga settya dhyragthans magata. ⁸Indella an bobel a dhebras hag a veu lenwys. Y feu kemerys in bàn a'n brewyon o gesys, seyth canstel leun. ⁹An re-na neb a dhebras o adro dhe beder mil. Ha Jesu a wrug aga danvon in kerdh. ¹⁰Heb let wosa hedna, ev a entras in lester gans y dhyscyplys ha mos dhe gôstys Dalmanùtha.

¹¹An Farysys a dheuth in mes dhodho ha dallath dyspûtya ha govyn neb sin dhia nev orto, may hallens y brevy. ¹²Hag ev a hanasas down in y spyrys ha leverel, "Prag y fëdh an heneth-ma ow whelas sin? In gwir me a lever dhywgh, na vëdh vossawys sin vëth oll dhe'n heneth-ma." ¹³Hag ev a dhybarthas dhywortans hag entra i'n gorhal arta, ha mos dhe'n tenewen aral.

¹⁴An dyscyplys a ancovas dry gansans bara, hag y ny's teva i'n gorhal mès udn dorth. ¹⁵Jesu a's gwarnyas ha leverel, "Kemerowgh wyth a wel an Farysys hag a wel Erod."

¹⁶An dyscyplys a leverys an eyl dh'y gela, "Hèm yw drefen na'gan beus bara."

¹⁷Jesu a wrug godhvos an dra ha leverel, "Prag yth esowgh why ow côwsel adro dh'agas fowt a vara? A ny yllowgh why percêvya na gweles whath? Yw agas colon whath mar gales? ¹⁸Eus lagasow dhywgh ha why heb gweles? Eus scovornow dhywgh ha why heb clôwes? A nyns esowgh why ow perthy cov? ¹⁹Pàn wrug avy terry an pymp torth, pana lies canstel leun a'n brewyon a wrussowgh why cùntell?"

"Dewdhek," yn medhons y.

²⁰"Ha pàn esa seyth torth rag peder mil dhen, pana lies canstel a vrewyon a wrussowgh why cafos?"

"Seyth," yn medhons y.

²¹Ev a leverys dhedhans, "A ny yllowgh why convedhes whath?"

²²Y a dheuth dhe Besseda, ha tus a dhros dhodho den dall orth y besy dh'y dùchya. ²³Ev a gemeras an den dall er an dorn ha'y hùmbronk mes a'n bendre. Pàn wrug ev trewa wàr y dhewlagas ha settya y dhewla warnodho, ev a wovydnas orto, "A ylta jy gweles tra vëth?"

²⁴An den a veras wàr vàn ha leverel, "Me a wel tus avell gwëdh ow mos adro."

²⁵Wosa hedna ev a settyas y dhewla arta wàr y dhewlagas ha meras stark orto, hag y wolok a veu restorys dhodho yn leun. ²⁶Jesu a'n danvonas in kerdh dh'y jy ha leverel, "Na wra entra i'n dre, naneyl na wra y dherivas orth den vëth ena."

²⁷Nena Jesu ha'y dhyscyplys êth wàr aga fordh bys in trevow Cesaria Fylyppy. I'n fordh ev a wovydnas orth y dhyscyplys, "Pyw usy tus ow leverel ow bosaf?"

²⁸Y a leverys dhodho, "Jowan Baptyst—saw yma radn ow leverel te dhe vos Elias, ha radn aral onen a'n profettys."

²⁹Jesu a leverys dhedhans, "Saw pyw a leverowgh whywhy ow bosaf?"

Peder a worthebys, "Te yw an Crist."

³⁰Gans hedna Jesu a erhys na wrellens côwsel a'n dra dhe dhen vëth oll.

³¹Ev a dhalathas aga desky fatell o res dhe Vab an Den godhaf lies tra, ha bos sconys gans an dus hen, an uhel prontyryon ha'n scrîbys, ha bos ledhys ha wosa try dëdh dasserhy. ³²Ev a gowsas dhe blebmyk, saw Peder a'n kemeras adenewen ha'y rebûkya.

³³Saw wosa trailya ha meras orth y dhyscyplys, ev a'n rebûkyas ev ha leverel, "Kê adrëv dhybm, Satnas! Rag yth esta ow settya dha vrës wàr an taclow a vab den, kyns ès wàr an taclow a Dhuw."

³⁴Ev a elwys an bobel ha'y dhys-cyplys warbarth, ha leverel dhedhans, "Mars eus den vëth whensys dhe vos ow dyscypyl, res yw dhodho naha y honen, derevel y grows ha'm sewya vy. ³⁵Rag seul a vo ow tesîrya dhe sawya y vêwnans, ev a wra y gelly, ha'n re-na a wrella kelly aga bêwnans rag ow herensa vy ha rag kerensa an awayl, y a wra y selwel. ³⁶Pana brow a vëdh dhe dhen vëth, mar teu va ha gwainya oll an bës, saw kelly y vêwnans? ³⁷Ea, pandra vydn ev ry yn chyffar rag y vêwnans? ³⁸Pynag oll a wrella kemeres meth ahanaf vy hag a'm geryow vy i'n heneth dysonest ha camhensek-ma, in kepar maner Mab an Den a vydn kemeres meth anodho ev, pàn dheffa va gans an eleth sans in glory y Das."

9 Hag ev a leverys dhedhans, "In gwir me a lever dhywgh, ny wra radn a'n re-na, usy ow sevel obma perthy mernans, erna wellons gwlas-cor Duw ow tos gans nerth."

²Whegh jorna wosa hedna Jesu a gemeras Peder, Jamys, ha Jowan, ha'ga hùmbronk in bàn bys in meneth uhel aga honen oll. Ha'y dremyn a veu chaunjys dhyragthans, ³ha'y dhyllas êth maga whydn avell an ergh, in maner na alsa troghyor vëth i'n bës aga gwydnhe. ⁴Elias gans Moyses a dhysqwedhas dhedhans hag y ow kestalkya gans Jesu.

⁵Nena Peder a leverys dhe Jesu, "Raby, dâ yw genen bos obma. Gesowgh ny dhe wul teyr scovva, onen ragos jy, hag onen rag Moyses ha'y ben rag Elias." ⁶Ny wodhya pandra dalvia dhodho leverel, rag own brâs a's teva.

⁷Nena cloud a dheuth ha tôwlel skeus warnodhans. Ha lev a dheuth mes a'n cloud ow leverel, "Hèm yw ow Mab meurgerys. Goslowowgh orto."

⁸Dhesempys, pàn wrussons y meras ader dro, ny welsons den vëth ena marnas Jesu y honen.

⁹Ha pàn esens ow tos dhe'n dor dhywar an meneth, ev a erhys dhedhans, na wrellens derivas dhe dhen vëth an pëth a welsons, erna ve Mab an Den dasserhys a'n re marow. ¹⁰Rag hedna y a wethas an lavar-na i'ga holon, hag y a wovydnas an eyl orth y gela, pëth o an styr a dhas-serghyans an re marow.

¹¹Y a wovydnas orto ha leverel, "Prag yma an scrîbys ow teclarya bos res dhe Elias dos kyns oll?"

¹²Ev a worthebys, "Yn certan yma Elias ow tos rag restorya pùptra. Pandr'yw styr an pëth yw screfys ytho, bos res dhe Vab an Den godhaf lies tra ha bos despîtys? ¹³Me a lever dhywgh, Elias dhe vos devedhys, hag y dhe wul dhodho warlergh aga bolùnjeth, poran kepar dell veu screfys anodho."

¹⁴Ha pàn dheuth ev dh'y dhys-cyplys, ev a welas rûth vrâs adro dhedhans, ha'n scrîbys owth argya gansans. ¹⁵Pàn wrug an bobel y weles, y a's teva marth brâs, ha ponya dhodho rag y dhynerhy.

¹⁶Ev a wovydnas orth an scrîbys, "Pëth esowgh why ow tyspûtya gansans?"

¹⁷Onen i'n rûth a worthebys, "Descador, me a dhros dhis ow mab, rag ev a'n jeves spyrys omlavar, ¹⁸ha ple pynag y whrella y sêsya, yma va orth y dôwlel dhe'n dor, ha'm mab a wra ewony ha scrynkya ha serthy y

gorf. Me a besys dha dhyscyplys a'y dôwlel in mes, saw ny wodhyens poynt."

[19]Jesu a worthebys ha leverel, "A heneth dyslel, pana bellder whath a res dhybm agas perthy? Drewgh e dhybm."

[20]Hag y a dhros an maw dhodho. Pàn wrug an spyrys y weles, whare ev a wrug dhe'n maw deglena, hag ev a godhas dhe'n dor ha rolya adro owth ewony.

[21]Jesu a wovydnas orth y das, "Pana bellder ywa abàn dheuth hebma dhodho?"

Ev a worthebys, "Dhia bàn veu va flogh. [22]An spyrys re wrug y dôwlel i'n tan yn fenowgh hag i'n dowr rag y dhyswul. Saw mar kylta jy gul tra vëth, kebmer pyteth ahanan, ha'gan gweres."

[23]Jesu a leverys dhodho "Mar callaf! Y hyll pùptra bos gwrës rag hedna a'n jeffa crejyans."

[24]Dystowgh tas an maw a grias, "Me a grës! Gwra gweres ow dyscrejyans!"

[25]Pàn welas Jesu bos bùsh brâs a dus ow tos warbarth yn uskys, ev a rebûkyas an tebel-spyrys ha leverel dhodho, "Te spyrys omlavar ha bodhar, me a gomond dhis! Deus mes anodho ha na wra entra ino na moy!"

[26]Wosa uja ha shakya an maw yn uthyk, an spyrys a dheuth mes anodho. Y feu an maw kepar ha corf marow, ha'n radn vrâssa anodhans a leverys, "Marow ywa." [27]Saw Jesu a'n kemeras er an dorn ha'y dherevel in bàn, ha'n maw a allas sevel.

[28]Pàn wrug Jesu entra i'n chy, y dhyscyplys a wovydnas orto yn pryva, "Prag na yllyn ny poynt y dôwlel in mes?"

[29]Ev a worthebys, "Cabmen ny yll an sort-na bos gorrys in mes, marnas dre bejadow."

[30]Y êth alena ha passya der Alyle. Saw ny vydna Jesu den vëth dhe wodhvos hedna, [31]rag yth esa va ow tesky y dhyscyplys hag ow leverel dhedhans, "Y fëdh Mab an Den delyvrys inter dewla tus, hag y a wra y ladha. Mès try dëdh wosa y vernans, dasserhy ev a wra." [32]Saw ny wrussons convedhes an pëth esa va ow leverel, ha ny vydnens govyn orto, dre rêson y dhe gemeres own.

[33]Nena y a dheuth dhe Capernaùm. Pàn esa va i'n chy, ev a wovydnas ortans, "Pëth esewgh ow tyspûtya intredhowgh i'n fordh?" [34]Saw tewel a wrussons, rag i'n fordh yth esens owth ow tyspûtya pyw anodhans a vedha an moyha.

[35]Jesu a esedhas ha gelwel an dewdhek dhodho ha leverel, "Seul a vydna bos an kensa, res yw dhodho bos an dewetha oll, ha servont dhe genyver onen."

[36]Nena ev a gemeras flogh ha'y settya i'ga mesk. Wosa ev dh'y gemeres inter y dhywvregh, ev a leverys dhedhans, [37]"Pynag oll a wrella recêva onen a'n flehes-ma i'm hanow vy, yma va orth ow recêva vy, ha neb a wrella ow recêva, a wra recêva hedna a'm danvonas."

[38]Ha Jowan a'n gorthebys ha leverel, "Descador, ny a welas onen ow tôwlel in mes tebel-spyrysyon i'th hanow jy, saw abàn nag usy va orth agan sewya ny, ny a wrug y dhyfen."

[39]Saw Jesu a leverys, "Na wrewgh y dhyfen badna. Mar teu den vëth ha gul merclys i'm hanow vy, ny ylla pols wosa hedna leverel drog ahanaf. [40]Seul na vo wàr agan pydn ny, ragon

ny yth yw. ⁴¹In gwir me a lever dhywgh hebma: seul a wrella ry dewas a dhowr dhywgh dhe eva i'm hanow vy, drefen why dhe berthy hanow Crist, bëth ny wra va kelly y wober.

⁴²"Pynag oll a wrella cabm warbydn onen an flehes-ma, usy ow cresy inof vy, gwell via dhodho men melyn dhe vos cregys adro dh'y godna, hag ev tôwlys i'n mor. ⁴³Mar teu dha dhorn ha gul dhis trebuchya, trogh ev dhyworthys. Gwell vëdh dhis entra i'n bêwnans, ha te mans, ages mos dhe'n iffarn ha dewla genes, bys i'n tan dyvarow—⁴⁴le na wra merwel an prëv lenky, ha na vëdh nefra dyfudhys an tan. ⁴⁵Mar teu dha droos ha gul dhis trebuchya, trogh ev dhyworthys. Gwell vëdh dhis dos dhe'n bêwnans yn evredhek, ages bos tôwlys, ha'th tewdros genes, aberth in iffarn, ⁴⁶le na wra merwel nefra an prëv lenky, ha na vëdh nefra dyfudhys an tan. ⁴⁷Ha mar teu dha lagas ha gul dhis trebuchya, tedn ev in mes. Gwell vëdh dhis entra i'n gwlascor Duw unlagajek, ages bos tôwlys, ha'th dewlagas i'th pedn, aberth in tan iffarn, ⁴⁸le

"'na wra merwel nefra an prëv
    lenky
ha na vëdh nefra dyfudhys an tan.'

⁴⁹In gwir pùbonen a vëdh sellys gans tan.

⁵⁰"Holan yw dâ; saw mar teu an holan ha kelly y sawour, fatell ylla bos saworys? Bedhens holan inowgh why, ha bedhens cres intredhowgh, an eyl gans y gela."

10 Jesu a voydyas alena, ha mos bys in côstys Jûdy wàr an tenewen aral a dhowr Jordan. An bobel a gùntellas adro dhodho arta, hag yth esa orth aga desky, kepar dell o y ûsadow.

²An Farysys a dheuth dhodho ha govyn rag y demptya, "Ywa lafyl dhe dhen gorra y wreg dhyworto?"

³Ev a's gorthebys ha leverel, "Pandra wrug Moyses comondya dhywgh?"

⁴Y a leverys, "Moyses a alowas dhe dhen screfa lyther dydhemedhyans ha gorra y wreg dhyworto."

⁵Jesu a leverys dhedhans, "Dre rêson bos cales agas colon, Moyses a screfas ragowgh an arhadow-na. ⁶Saw dhyworth dallath an creacyon 'gorow ha benow ev a's gwrug'. ⁷Ytho den a vydn gasa y das ha'y vabm, ha glena orth y wreg, ⁸hag y a vëdh udn kig an eyl ha'y gela. Indelma nyns yns dew na fella mès udn kig. ⁹Rag hedna, an pëth a jùnyas Duw, na wrêns den vëth dyberth."

¹⁰Pàn esens i'n chy, y dhyscyplys a wovydnas orto arta ow tùchya an mater-ma. ¹¹Ev a leverys, "Pynag oll a wrella gorra y wreg dhyworto, ha demedhy benyn aral, a wra avoutry wàr hy fydn. ¹²Ha mar teu gwreg ha gasa hy gour, ha demedhy gour aral, avoutry a wra hy."

¹³Tus a dhros dhodho flehes yonk, may whrella ev settya y dhewla warnodhans, saw y dhyscyplys a's rebûkyas. ¹⁴Saw Jesu, pàn welas hedna, ev a sorras ha leverel dhedhans, "Gesowgh an flehes vian dhe dhos dhybmo vy, ha na wrewgh aga lettya. Rag yma gwlascor Duw ow longya dhe'n re-na yw kepar ha'n flehes-ma. ¹⁵In gwir me a lever

dhywgh, pynag oll na wrella recêva gwlascor Duw avell flogh bian, na yll nefra entra inhy." ¹⁶Hag ev a's kemeras in bàn in y dhywvregh ha settya y dhewla warnodhans ha'ga benega.

¹⁷Pàn esa Jesu ow tallath wàr y fordh, den a dheuth dhodho in udn bonya. Ev a godhas wàr bedn y dhewlin dhyragtho ha govyn orto, "Descador dâ, pandra dal dhybm gul rag eryta an bêwnans heb dyweth?"

¹⁸Jesu a leverys dhodho, "Prag yth esta orth ow gelwel dâ? Nyns yw dâ saw unsel Duw. ¹⁹Te a wor an comondmentys: 'Na wra ladha, na wra avoutry, na wra ladra, na wra don dùstuny cabm, na wra tùlla, onor dha das ha'th vabm.'"

²⁰Ev a worthebys, "Descador, oll an re-na me re wethas dhia bàn veuma maw."

²¹Nena Jesu a veras orto ha'y gara ha leverel, "Te a'th eus othem a udn dra whath. Kê, gwerth pynag oll tra a vo genes, ha roy e dhe'n vohosogyon, ha te a gav tresour i'n nev. Nena deus ha gwra ow sewya vy."

²²Pàn wrug ev clôwes hedna, ev a gemeras anken hag a voydyas grêvys brâs. Rag ev o pòr rych.

²³Ha Jesu a veras ader dro ha leverel dh'y dhyscyplys, "Assa vëdh cales dhe'n dus rych entra in gwlascor Duw!"

²⁴Marth a's teva y dhyscyplys a'n geryow-ma, saw Jesu a leverys dhedhans arta, "A flehes, an dus rych usy ow trestya i'ga sùbstans, cales yw dhedhans bos selwys. ²⁵Êsya vëdh dhe gawrvargh passya dre grow nasweth, ès dhe dhen rych entra in gwlascor Duw."

²⁶Y a's teva marth ha leverel an eyl dh'y gela, "Pyw ytho a yll bos selwys?"

²⁷Jesu a veras ortans ha leverel, "Ùnpossybyl yw hedna dhe vab den, saw nyns ywa ùnpossybyl dhe Dhuw. Rag Duw a yll gul pùptra oll."

²⁸Nena Peder a dhalathas leverel dhodho, "Otta ny, ny re forsâkyas pùptra rag dha sewya jy."

²⁹Jesu a leverys, "In gwir me a lever dhywgh, nag eus den vëth re wrug forsâkya chy, na breder, na wheryth, na tas, na mabm, na gwreg, na flehes, na tiryow rag ow herensa vy hag awos an awayl, ³⁰na'n jevyth canqweyth moy i'n tor'-ma treven, breder, wheryth, mabmow, flehes ha tiryow ha tormens warbarth gansans—hag i'n bës a dheu bêwnans heb dyweth. ³¹Saw lies huny i'n kensa le a vëdh dewetha, ha'n re dewetha i'n kensa le."

³²Yth esens wàr an fordh ow mos bys in Jerùsalem, hag yth esa Jesu ow mos dhyragthans ha marth a's teva. Ha'n re-na esa orth aga sewya a's teva own. Ev a gemeras an dewdhek adenewen arta ha dalathas derivas dhedhans an taclow a vydna wharvos dhodho. ³³Ev a leverys, "Merowgh, yth eson ny ow mos in bàn dhe Jerùsalem, ha Mab an Den a vëdh dhelyvrys dhe'n uhel prontyryon ha dhe'n scrîbys. Y a wra y dhampnya dhe'n mernans. Nena y a vydn y ry dhe'n Jentylys. ³⁴Gul ges anodho a wrowns, ha trewa warnodho, ha'y scorjya, ha'y ladha. Ha wosa try dëdh ev a wra dasserhy."

³⁵Jamys ha Jowan, mebyon Zebedy, a dheuth in rag dhodho ha leverel dhodho, "Descador, dâ via

genen te dhe wul ragon pynag oll tra a wrellen ny govyn."

³⁶Ev a leverys dhedhans, "Pandra vydnowgh why me dhe wul ragowgh?"

³⁷Y a leverys dhodho, "Graunt dhyn ny dhe esedha rybos in glory an wlascor, onen adhyhow dhis ha'y gela agledh."

³⁸Saw Jesu a leverys dhedhans, "Ny wodhowgh pëth esowgh why ow covyn. A yllowgh whywhy eva a'n hanaf a wrama eva anodho, pò bos besydhys gans an besydhyans may fedhaf vy besydhys?"

³⁹Y a leverys, "Gyllyn."

Nena Jesu a leverys dhedhans, "An hanaf a wrama eva anodho, why a wra eva anodho. Ha'n besydhyans a vedhaf vy besydhys ganso, why a vëdh besydhys ganso. ⁴⁰Saw esedha rybof adhyhow hag agledh, hèn yw neppyth na sev y'm gallos dh'y ry. Hèn yw rag an re-na may feu va parys ragthans."

⁴¹Pàn glôwas an deg dyscypyl aral an dra-na, y a dhalathas serry orth Jamys hag orth Jowan. ⁴²Saw Jesu a's gelwys dhodho hag a leverys dhedhans, "Why a wor in mesk an Jentylys, an re-na yw aswonys avell rewlysy, dhe lordya warnodhans ha bos aga brâsyon, turons a-ughtans. ⁴³Ny vëdh indella intredhowgh whywhy. Saw seul ahanowgh a vo whensys dhe vos brâs i'gas mesk, res yw dhodho bos agas servont. ⁴⁴Neb a vydna bos an kensa intredhowgh, ev a dal bos kethwas dhywgh why oll. ⁴⁵Rag ny dheuth Mab an Den dhe gafos servys, saw dhe servya, ha dhe ry y vêwnans in raunson rag lies huny."

⁴⁶Y a dheuth dhe Jeryco. Pàn esa Jesu ha'y dhyscyplys ha rûth vras ow tyberth dhia Jeryco, yth esa Bartymeùs dall, mab Tymeùs, esedhys ryb an fordh ow pesy alusenow. ⁴⁷Pàn glôwas ev Jesu a Nazare dhe vos i'n tyller, ev a dhalathas cria ha leverel, "Jesu, Mab Davyth, kebmer pyteth ahanaf!"

⁴⁸Lies huny a'n rebûkyas ha comondya dhodho tewel, saw ev a grias dhe voy uhel, "Te Vab Davyth, kebmer pyteth ahanaf!"

⁴⁹Jesu a savas in nes ha leverel, "Gelwowgh e bys dhybm obma."

Y a elwys an dall ha leverel dhodho, "Kebmer colon. Sa'bàn. Yma va orth dha elwel." ⁵⁰Hag ev a dowlas y vantel dhyworto ha sevel ha dos dhe Jesu.

⁵¹Nena Jesu a leverys dhodho, "Pandra vynta jy me dhe wul ragos?"

An dall a worthebys, "Descador, gas vy dhe weles arta."

⁵²Jesu a leverys dhodho, "Kê, dha fëdh re wrug dha sawya." Dystowgh ev a dhascafas y wolok, ha sewya Jesu wàr an fordh.

11 Pàn esens y ow tos nes dhe Jerùsalem in Bethfage ha Bethany ogas dhe Veneth Olyvet, ev a dhanvonas dew a'y dhyscyplys ²ha leverel dhedhans, "Kewgh aberth i'n dre dhyragowgh. Pàn wrellowgh why entra inhy, dystowgh why a gav ena ebol, na wrug den bythqweth marhogeth warnodho. Gwrewgh y dhygelmy ha drewgh e dhybm. ³Mar teu den vëth ha leverel dhywgh, 'Prag yth esowgh why ow cul hebma?' leverowgh bos othem dhe'n Arlùth anodho, ha dhesempys ev a wra y dhanvon obma."

⁴Y êth in kerdh ha cafos an ebol yn kelmys orth an daras wàr ves, in tyller mayth esa fordh dybarth. Pàn esens y orth y dhygelmy, ⁵radn a'n dus esa a'ga sav in nes a leverys dhedhans, "Prag yth esowgh why ow tygelmy an ebol?" ⁶Y a worthebys, kepar dell wrug Jesu comondya, ha'n dus a ros cubmyas dhedhans. ⁷Nena an dyscyplys a dhros an ebol dhe Jesu ha tôwlel aga dyllas warnodho. Ev a esedhas wàr an ebol. ⁸Meur a dus a lêsas aga dyllas wàr an fordh, ha re erel a dorras branchys, ha delyow warnodhans, dhywar wëdh an gwelyow ha'ga lêsa wàr an fordh. ⁹I'n tor'-na an re-na esa ow mos dhyragtho ha'n re-na esa orth y sewya, yth esens y oll ow cria,

"Hosana!"

"Benegys yw ev usy ow tos in hanow an Arlùth intredhon!"

¹⁰"Benegys yw gwlascor agan tas Davyth, usy ow tos."

"Hosana i'n nev uhella!"

¹¹Nena Jesu a dheuth dhe Jerùsalem hag entra i'n templa. Wosa ev dhe veras ader dro orth pùptra, ha'n gordhuwher lebmyn devedhys, ev êth in mes dhe Bethany gans an dewdhek.

¹²Ha ternos pàn esens y ow tos dhia Bethany, ev o gwag. ¹³Ev a welas gwedhen fyges pols dhyworto ha hy in dan dhelyow. Ev êth dhe weles esa frût vëth warnedhy. Pàn dheuth Jesu dy, ny gafas tra vëth saw only del, rag nyns o an prës-na sêson an fyges. ¹⁴Jesu a leverys dhedhy, "Bydner re

wrella den vëth debry frût dhywarnas alebma rag." Ha'y dhyscyplys a'n clôwas.

¹⁵Whare y a dheuth dhe Jerùsalem, ha Jesu a entras i'n templa, ha dallath tôwlel in mes an re-na esa ow qwertha hag ow prena i'n templa, hag ev a dhysevys tablys an arhansoryon ha chairys an re na esa ow qwertha kelemy. ¹⁶Ny vydna ev alowa dhe dhen vëth dry tra vëth der an templa. ¹⁷Yth esa va ow tesky hag ow leverel, "A nyns yw screfys,

'Ow chy a vëdh gelwys chy a bejadow rag oll an nacyons'?

Saw why re wrug anodho fow dhe ladron."

¹⁸Pàn glôwas an scrîbys ha'n uhel prontyryon hedna, y a whelas prèst fordh rag y dhyswul. Rag y a's teva own anodho, drefen oll an bobel dhe vos in dadn hus y dhyscans. ¹⁹Pàn dheuth an gordhuwher, Jesu ha'y dhyscyplys êth mes a'n cyta.

²⁰Ternos vyttyn pàn esens ow mos wàr aga fordh, y a welas an fygwedhen ha hy desehys dhyworth an gwredhyow. ²¹Nena Peder a rembras an dra, ha leverel dhe Jesu, "Raby, mir, an fygwedhen a wrusta melega. Desehys in tien yw hy." ²²Jesu a worthebys, "Re'gas bo fëdh in Duw. ²³In gwir me a lever dhywgh hebma: pynag oll a wrella leverel dhe'n meneth-ma, 'Bëdh removys ha bëdh tôwlys i'n mor,' ha na wrella dowtya in y golon, saw cresy an dra a leverys dhe wharvos, y whyrvyth dhodho in gwiryoneth. ²⁴Rag hedna me a lever dhywgh: pynag oll dra a wrellowgh why govyn i'gas pejadow, cresowgh why dh'y recêva ha why a'n

recef. ²⁵Peskytter may whrellowgh why sevel dhe besy, pardonowgh, mara's bëdh tra vëth wàr bydn den vëth, may whrella agas Tas usy i'n nev gava agas pehosow why. ²⁶Saw mar ny wrewgh why gava, naneyl ny wra agas Tas usy i'n nev gava dhywgh why agas pehosow."

²⁷Y a dheuth arta dhe Jerùsalem. Pàn esa Jesu ow kerdhes i'n templa, an uhel prontyryon ha'n scrîbys a dheuth dhodho ²⁸ha govyn orto, "Pëth yw an auctoryta esta ow cul an taclow-ma dredho? Pyw a ros dhis an auctoryta a'ga gul?"

²⁹Jesu a worthebys dhedhans, "Me inwedh a vydn govyn orthowgh qwestyon. Gorthebowgh ha me a vydn leverel dhywgh pana auctoryta esof vy ow cul an taclow-ma dredho. ³⁰Besydhyans Jowan—o va a'n nev pò a vab den? Gorthebowgh dhybmo."

³¹Y a omgùssulyas an eyl gans y gela ha leverel intredhans, "Mar teun ny ha leverel 'A'n nev,' ev a vydn govyn prag na wrussyn ny cresy dhodho. ³²Saw mar teun ny ha leverel, 'A vab den,'"—yth esens ow perthy own a'n rûth, rag oll an bobel a sensy Jowan dhe vos profet in very gwiryoneth.

³³Rag hedna y a worthebys, "Ny wodhon ny."

Ha Jesu a leverys dhedhans, "Naneyl ny vanaf vy leverel dhywgh dre bana auctoryta esof vy ow cul an taclow-ma."

12 Nena ev a dhalathas côwsel ortans dre barablys ha leverel, "Den a wrug plansa vynyard ha gorra kê adro dhodho, ha palas pyt rag gwask an gwin, ha derevel tour ino, ha'y settya dhe wonesyjy, ha mos dhe bow esa pell alena. ²Pàn dheuth an sêson, ev a dhanvonas kethwas dhe'n wonesyjy, may halla va recêva dhywortans a frût an vynyard. ³Saw y a'n sêsyas ha'y gronkya, ha'y dhanvon in kerdh gwag y dhewla. ⁴Hag arta ev a wrug danvon dhedhans kethwas aral, hag y a dowlas meyn orto ha'y wolia i'n pedn, ha'y dhanvon in kerdh tebel-dhyghtys. ⁵Unweyth arta ev a dhanvonas den aral, saw hedna y a ladhas. Indella y feu gans kethwesyon lowr erel. Radn y a gronkyas, ha radn y a ladhas.

⁶"Saw ev a'n jeva den aral whath, y unvab meurgerys. Wàr an dyweth ev a wrug y dhanvon dhedhans ow leverel, 'Heb dowt y a vydn dysqwedhes revrons dhe'm mab.'

⁷"Saw an wonesyjy a omgùssulyas ha leverel, 'Hèm yw an er. Deun, gesowgh ny dh'y ladha ev ha'n erytans ny a'n cav.' ⁸Rag hedna y a'n sêsyas, ha'y ladha, ha'y dôwlel mes a'n vynyard.

⁹"Pandra vydn Arlùth an vynyard gul ytho? Ev a vydn dos ha dystrêwy an wonesyjy, ha ry an vynyard dhe gen re. ¹⁰A ny wrussowgh why redya an scryptour:

'An men hag a veu sconys gans an weythoryon re beu gwrës pedn an gornel.
¹¹Ober an Arlùth yw hebma, ha tra varthys i'gan golok ny'?"

¹²Pàn wrussons y convedhes ev dhe dherivas an parabyl-ma wàr aga fydn aga honen, y o whensys dh'y sêsya, saw own a's teva a'n bobel. Rag hedna y a'n gasas ha voydya alena.

¹³Termyn cot wosa hedna y a dhanvonas dhodho re a'n Farysys hag

a'n Erodyans, may hallens y vagledna in y lavarow. [14]Y a dheuth ha leverel dhodho, "Descador, ny a wor dha vosta gwiryon, ha nag esta ow favera den vëth moy es y gela. Ny a wor na vern dhis degrê na roweth, saw te dhe dhesky fordh Duw yn ewn ha gans gwiryoneth. Ywa lafyl ry trubyt dhe Cesar pò nag ywa? [15]A dal dhyn pe an trubyt pò sevel orth y be?"

Saw ev a wodhya aga fekyl cher ha leverel dhedhans, "Prag yth esowgh why orth ow frevy? Drewgh dhybm deneren may hallen hy gweles." [16]Hag y a's dros dhodho. Ev a leverys dhedhans, "Pyw yw hebma usy y bedn ha'y dîtel warnedhy?"

Y a worthebys, "Cesar."

[17]Jesu a leverys dhedhans, "Rewgh dhe Cesar ytho a vo dhe Cesar, ha dhe Dhuw a vo dhe Dhuw."

Ha marth brâs a's teva a'y worthyp. [18]Re a'n Sadûkys a dheuth dhodho. Ymowns y ow cresy nag eus dasserghyans vëth. Y a wovydnas qwestyon orto ha leverel, [19]"Descador, Moyses a screfas ragon, mar teu den ha merwel ha gasa y wreg heb flehes, y coodh dh'y vroder hy hemeres yn gwreg ha derevel issyw dh'y vroder. [20]Yth esa seyth broder. An kensa anodhans a dhemedhas gwreg, ha pàn wrug ev merwel, ny asas flogh vëth wàr y lergh. [21]An secùnd a's kemeras ha merwel heb issyw magata. [22]Ha'n tressa broder in kepar maner, hag oll an seyth anodhans a's kemeras yn gwreg heb cafos flogh vëth oll. Wàr an dyweth an venyn hy honen a verwys. [23]I'n dasserghyans dhe byw a vëdh hy yn gwreg—rag oll an seyth broder a's kemeras yn gwreg?"

[24]Jesu a leverys dhedhans, "A nyns yw hebma an rêson, why dhe vos myskemerys, drefen na wodhowgh why naneyl an scryptours na gallos Duw? [25]Rag pàn wrellons y dasserhy, ny vedhons y ow temedhy, rag y fedhons kepar ha'n eleth usy in nev. [26]Hag ow tùchya dasserghyans an re marow, a ny wrussowgh why redya in Lyver Moyses, fatell gowsas Duw orth Moyses mès a'n bùsh ha leverel, 'Me yw Duw dha dasow, Abraham, Isak ha Jacob kefrës'? [27]Nyns ywa Duw an re marow, mès Duw an re bew. Ass owgh why myskemerys!"

[28]Onen a'n scrîbys a dheuth nes. Ev a woslowas ortans ow tyspûtya warbarth, ha gweles fatell wrug Jesu aga gortheby yn tâ. Rag hedna ev a wovydnas orto, "Pyneyl yw an kensa gorhebmyn oll?"

[29]Jesu a'n gorthebys ha leverel, "An kensa comondment yw, 'Clêw, a Israel, an Arlùth agan Duw, an Arlùth yw Onen. [30]Te a wra cara dha Arlùth Duw gans oll dha golon, gans oll dha enef ha gans oll dha nerth.' [31]An secùnd yw haval dhe hebma: 'Te a dal cara dha gentrevak kepar ha te dha honen.' Nyns eus gorhebmyn vëth brâssa es an re-ma."

[32]An scrîba a leverys dhodho, "Yn tâ, Descador, te re gowsas an gwiryoneth fatell ywa onen ha nag eus Duw aral marnas ev y honen. [33]Y gara ev 'gans oll dha golon, gans oll dha vrës ha gans oll dha nerth,' ha dhe 'gara dha gentrevak kepar ha te dha honen'—moy yw bry an re-ma es losk-offrydnow ha sacryfïcys."

[34]Pàn welas Jesu ev dhe wortheby yn fur, ev a leverys dhodho, "Nyns esta pell dhyworth gwlascor Duw." Wosa hedna nyns esa den vëth ow lavasos govyn qwestyon vëth orto.

³⁵Pàn esa Jesu ow tesky i'n templa, ev a leverys, "Fatell yll an scrîbys leverel an Crist dhe vos mab Davyth? ³⁶Davyth y honen der an Spyrys Sans a dheclaryas,

"'An Arlùth a leverys dhe'm Arlùth vy,
"Eseth a'n barth dyhow dhybm, erna wryllyf gorra dha eskerens in dadn dha dreys.'"

³⁷Rag hedna yma Davyth orth y elwel Arlùth. Fatell ylla ytho bos y vab ev?"

Yth esa rûth vras ow coslowes orto hag y pòr lowen.

³⁸Pàn esa va ow tesky, ev a levery, "Bedhowgh war a'n scrîbys, neb a gar kerdhes adro in dyllas hir ha bos dynerhys i'n marhasow, ³⁹ha cafos an esedhow gwella i'n synagys ha'n plassyow a onour i'n bankettys! ⁴⁰Ymowns y ow lenky treven gwedh-wesow hag a lever lies pejadow hir, may halla bos gwelys aga sansoleth. Y a gav dhe voy dampnacyon."

⁴¹Yth esa Jesu a'y eseth adâl tresourva an templa hag ow meras orth an dus ow tôwlel mona i'n argh. Lies den rych a dheuth ha tôwlel mona brâs aberveth. ⁴²Gwedhowes vohosak a dheuth ha tôwlel dew vyta i'n argh (an re-na a dal deneren). ⁴³Jesu a elwys dhodho y dhyscyplys ha leverel dhedhans, "In gwir me a lever dhywgh fatell worras an wedhowes vohosak-ma moy aberveth ages oll an re-na, esa ow tôwlel aga royow i'n argh. ⁴⁴Rag kenyver onen anodhans re ros a'y lanwes. Mès hy a'y bohosogneth re worras ino oll a's teva, oll hy fegans kyn fe!"

13 Pàn esa va ow tos mes a'n templa, onen a'y dhyscyplys a leverys dhodho, "Mir, Descador, pana veyn ha pana dreven eus obma!"

²Jesu a worthebys, "Gweles a wrêta an treven brâs-ma? Ny vëdh gesys men wàr ven obma na vëdh dysevys."

³Ha pàn esa a'y eseth in Meneth Olyvet adâl an templa, Peder, Jamys, Jowan, hag Androw a wovydnas orto yn pryva ha leverel, ⁴"Lavar dhyn, pana dermyn a vëdh an taclow-ma? Ha pandra vëdh an sin pàn vowns y ow tegensewa?"

⁵Jesu a dhalathas leverel dhedhans, "Gwaityowgh na wrella den vëth agas tùlla. ⁶Rag lowr a dus a dheu i'm hanow vy ha leverel, 'Me yw an Crist,' ha tùlla lies huny. ⁷Pàn glôwowgh a werryans, na berthowgh awher. Hedna a res bos, saw ny vëdh an dyweth whath. ⁸Rag nacyon a vydn sordya warbydn nacyon, ha gwlascor sevel warbydn gwlascor, hag y fëdh dorgis in lies tyller; y fëdh dyvotter hag anken—dallath an galarow a vëdh an re-na.

⁹"Saw bedhowgh avîsys ahanowgh agas honen. Rag y a wra agas delyvra dhe gonsels, hag i'n synagys why a vëdh cronkys, hag y a vydn agas don dhyrag rewlysy ha myterneth rag ow herensa vy yn dùstuny wàr aga fydn. ¹⁰Rag kyns dos an dyweth, res yw progeth an awayl in mesk oll an poblow. ¹¹Pàn wrellons agas dry ha'gas delyvra, na ombrederowgh kyns a'n pëth a dalvyth dhywgh leverel, saw pynag oll dra a vo rës dhywgh i'n termyn-na, hedna lever-owgh, rag ny vedhowgh whywhy ow côwsel, mès an Spyrys Sans. ¹²"An broder a wra delyvra y vroder dhe'n mernans, ha'n tas y vab,

ha flehes a wra omsevel warbydn tas ha mabm, ha gul dhedhans bos ledhys. ¹³Ha why a vëdh hâtys gans pùbonen rag kerensa ow hanow vy. Saw neb a wrella godhaf bys i'n dyweth, ev a vëdh selwys.

¹⁴"Saw pàn wellowgh why an 'Sacrylych a Wastyans' a'y sav i'n tyller na dhegoth dhodho, nena gwrêns an re-na a vo in Jûdy fia dhe'n menydhyow. ¹⁵Kenyver onen a vo wàr bedn an chy, na wrella skydnya hag entra ino rag kemeres tra vëth mes a'y jy. ¹⁶Pynag oll a vo i'n gwel, na dhewhelens arta dhe gemeres in bàn y bows. ¹⁷Saw goy an benenes gans flogh i'n dedhyow-na, ha goy an mamethow! ¹⁸Pesowgh na vo i'n gwâv. ¹⁹Rag i'n dedhyow-na y fëdh anken, kepar na veu bythqweth dhia bàn wrug Duw an nev ha'n nor. Nâ, ny vëdh anken a'n par-na nefra arta. ²⁰Na ve an Arlùth dhe wul cot an dedhyow-na, ny via den vëth i'n bës selwys. Saw rag kerensa an re-na re wrug ev dêwys, ev re wrug cot an dedhyow-na. ²¹Mar teu den vëth ha leverel dhywgh i'n termyn-na, 'Merowgh! Ot obma an Crist!' bo 'Merowgh! Otta va ena!'—na wrewgh y gresy màn. ²²Fâls Cristow ha profettys gow a vydn apperya, ha gul merclys ha sînys, rag sowthanas an re dêwysys, mar pëdh possybyl. ²³Bedhowgh war. Me re dherivas pùptra dhywgh dhyrag dorn.

²⁴"Saw i'n dedhyow neb a vydn dos wosa an anken-na,

"'an howl a vëdh tewlhës
ha ny wra an loor ry hy golow,
²⁵ha'n ster a wra codha mes a'n nev
ha'n nerthow usy i'n nev a vëdh
shakys.'

²⁶"Ha nena y a welvyth Mab an Den ow tos i'n cloudys gans gallos brâs ha glory. ²⁷I'n termyn-na ev a wra danvon in mes y eleth, hag y a gùntell warbarth oll y re dêwysys dhyworth an peswar gwyns, dhyworth pednow pella an norvës bys in pednow pella an nev.

²⁸"Lebmyn descowgh parabyl dhyworth an fygwedhen. Kettel vo hy branchys medhel hag ow tallath delya, why a wor bos ogas an hâv. ²⁹Indella kefrës, pàn wellowgh why an taclow-ma ow wharvos, why a wodhvyth an dra dhe vos ogas, dhyrag an daras. ³⁰In gwir me a lever dhywgh, na wra an heneth-ma tremena, erna vo wharvedhys oll an taclow-ma. ³¹An nev ha'n nor a wra tremena dhe ves, saw ow geryow vy a wra durya bys venary.

³²"Saw ow tùchya an jëdh-na ha'n eur-na, ny wor den vëth, naneyl an eleth usy i'n nev, na'n Mab, saw an Tas in udnyk. ³³"Bedhowgh war, golyowgh ha pesowgh. Rag ny wodhowgh pana dermyn a dheu an jëdh. ³⁴An dra a vëdh kepar ha den ow mos wàr viaj hir. Ev a asas y jy hag a ros charj dh'y servysy, ha dhe genyver onen anodhans ev a ros y whel y honen. Ev a gomondyas an porthor dhe gemeres with.

³⁵"Bedhowgh dyfun, rag ny wodhowgh màn pana dermyn a vydn mêster an chy dos tre, gordhuwher pò hanternos, pò orth terry an jëdh pò myttyn. ³⁶Bedhowgh dyfun rag own ev dhe dhos dhesempys ha'gas cafos why in cùsk. ³⁷An pëth esof vy ow leverel dhywgh why, me a'n lever dhe genyver onen: bedhowgh dyfun."

14 Yth esa gool an Pask ha'n Bara heb Gwel ow tos kyns pedn dew jorna. Yth esa an uhel prontyryon ha'n scrîbys ow whelas fordh dhe sêsya Jesu in dadn gel ha'y ladha, ²rag y a levery, "Ny yllyn y sêsya in termyn an degol, rag dowt an bobel dhe wul deray."

³Pàn esa Jesu in Bethany in chy Sîmon leper, hag ev a'y eseth orth an bord, benyn a entras neb a's teva lester alabauster a spîknard precyùs. Hy a dorras an lester hag ùntya y bedn ganso.

⁴Yth esa certan re i'n tyller, hag y a veu serrys orty ha leverel, "Prag y feu an onyment indelma gesys dhe goll? ⁵Rag an onyment-ma a alsa bos gwerthys a dryhans dynar pò moy, ha'n mona rës dhe'n vohosogyon." Hag y a's cablas.

⁶Saw Jesu a leverys, "Gesowgh dhedhy cres. Prag yth esowgh why orth hy throbla? Hy re wrug ragof servys vas. ⁷Rag why a gav an vohosogyon genowgh pùb eur oll. Pynag oll termyn a vydnowgh why, why a yll dysqwedhes cheryta dhedhans. Saw me ny vedhaf genowgh rag nefra. ⁸Hy re wrug warlergh oll hy gallos dhybm. Hy re ùntyas ow horf dhyrag dorn rag y encledhyas. ⁹In gwir me a lever dhywgh, ple pynag a vo pregowthys an awayl in oll an norvës, an pëth a wrug hy, a vëdh derivys in cov anedhy."

¹⁰Jûdas Scaryot, onen a'n dewdhek, êth dhe'n uhel prontyryon may halla va dyskevra Jesu dhedhans. ¹¹Pàn wrussons y glôwes, y a veu fèst plêsys ha promyssyas ry mona dhodho. Rag hedna ev a whelas chauns dh'y draita.

¹²An kensa jorna a'n Bara heb Gwel, pàn vo ôn Pask offrydnys, dyscyplys Jesu a leverys dhodho, "Ple fynta jy ny dhe vos rag parusy soper an Pask dhis?"

¹³Rag hedna Jesu a dhanvonas dew anodhans ow leverel, "Ewgh ajy dhe'n cyta, hag ena den a vydn dos wàr agas pydn ha pycher dowr wàr y scoodh. Holyowgh ev. ¹⁴Hag i'n le may whra va entra ino, leverowgh dhe vêster an chy, 'Yma an Descador ow covyn: Ple ma ow gwestva, may hallaf vy debry an Pask gans ow dyscyplys?' ¹⁵Ev a vydn dysqwedhes dhywgh skyber efan avàn ha hy dyghtys ha parys. Ena darbarowgh ragon."

¹⁶Y dhyscyplys êth in rag hag entra i'n cyta, ha cafos kenyver tra, poran kepar dell wrug Jesu leverel dhedhans. Hag y a breparyas soper an Pask.

¹⁷Gordhuwher ev a dheuth gans an dyscyplys. ¹⁸Pàn wrussons y esedha, hag y ow tebry, Jesu a leverys dhedhans, "In gwir me a lever dhywgh, fatell wra onen ahanowgh ow thraita, onen usy ow tebry genef."

¹⁹Grêvys vowns pàn glôwsons hedna, ha leverel dhodho an eyl wosa y gela, "In gwir nyns oma hedna."

²⁰Jesu a worthebys, "Onen a'n dewdhek yw, onen eus ow troghya bara i'n scudel genef. ²¹Rag yma Mab an Den ow mos, poran kepar dell yw screfys anodho, saw hedna may fëdh Mab an Den traitys dredho, goev! Goev bëth pàn veu va genys!"

²²Pàn esens y ow tebry, Jesu a gemeras bara, ha wosa y venega, ev a'n torras ha'y ry dh'y dhyscyplys ow leverel, "Kemerowgh, debrowgh. Hèm yw ow horf vy, a vëdh rës ragowgh why."

²³Nena ev a gemeras an hanaf, ha wosa ry grassow, ev a'n ros dhedhans ha pùbonen a'n dyscyplys a evas anodho.

²⁴Jesu a leverys dhedhans, "Hèm yw ow goos vy, goos an kevambos, neb yw scùllys rag lies huny. ²⁵In gwir me a lever dhywgh, na vanaf vy na fella eva a frût a'n wedhen grappys bys i'n jorna may whrama y eva in gwlascor nowyth Duw."

²⁶Wosa cana hympna, y êth in mes bys in Meneth Olyvet.

²⁷Jesu a leverys dhedhans, "Why oll a wra ow forsâkya, rag yma screfys,

"'Pàn vo gweskys an bugel, an
      deves a wra fia abell
   hag oll an flock a dhybarth.'

²⁸Saw me, warlergh dasserhy, me a vydn agas metya why oll in Galyle."

²⁹Peder a leverys dhodho, "Kyn fowns y oll sclandrys, nefra ny wrama dha dhyvlasa."

³⁰Jesu a leverys dhodho, "In gwir me a lever dhis hebma: hedhyw, an very nos-ma, kyns es an culyak dhe gana dywweyth, te a wra ow denaha tergweyth." ³¹Saw ev a leverys in freth, "Kyn fena ledhys marow, ny'th tenahaf benary." Kenyver onen anodhans a leverys an keth tra.

³²Ha mos a wrussons bys i'n tyller henwys Gethsemane; hag ev a leverys dh'y dhyscyplys, "Esedhowgh obma hadre ven ow pesy." ³³Ev a gemeras ganso Peder, Jamys ha Jowan, ha dallath bos anês ha grêvys brâs. ³⁴Ev a leverys dhedhans, "Grêvys brâs ov, ea, bys in ancow. Remainyowgh obma ha gortowgh in tyfun."

³⁵Ev êth pols bian in rag, ha codha wàr an dor ha pesy, mar pe va possybyl, an prës-na dhe vos dhyworto. ³⁶Ev a leverys, "Abba, a Das, possybyl yth yw pùptra dhis. Mar kylla bos, gas an hanaf-ma a vernans dhe bassya dhyworthyf vy. Bytegyns re bo gwrës dha volùnjeth jy, adar ow bolùnjeth vy."

³⁷Pàn dheuth ev, ev a's cafas in cùsk hag a leverys dhe Beder, "Sîmon, esta ow cùsca? Dar, a ny wodhyes udn pols golyas genef? ³⁸Golyowgh ha pesowgh, na vedhowgh temptys dygnas. Parys fèst yw an spyrys, mès gwadn yw an kig."

³⁹Hag arta ev êth in kerdh dhe besy, ha leverel an keth geryow. ⁴⁰Pàn wrug ev dewheles dhedhans arta, ev a's cafas arta in cùsk, rag poos o aga lagasow, ha ny wodhyens y wortheby ev.

⁴¹Ev a dheuth dhedhans an tressa treveth ha leverel dhedhans, "Esowgh why whath ow cùsca hag ow powes? Lowr! Re dheuva an prës. Otta Mab an Den delyvrys inter dewla pehadoryon! ⁴²Sevowgh in bàn ha deun alebma. Merowgh, ogas yw hedna usy orth ow thraita."

⁴³Kettoth ha'n ger Jûdas, onen an dewdhek, a dheuth dy ha ganso bagas gwethysy, gans cledhydhyow ha fustow, dhyworth an uhel prontyryon, an scrîbys ha'n dus hen.

⁴⁴An traitour a ros dhedhans tôkyn dhyrag dorn ha leverel, "Ev neb a wrellen abma dhodho, hedna yw ev. Sêsyowgh ev ha'y dhon in kerdh in dadn with." ⁴⁵Kettel dheuth ev, Jûdas êth dhe Jesu ha leverel, "Lowena dhis, a Raby," hag abma dhodho. ⁴⁶Gans hedna y a settyas aga dewla warnodho ha'y sensy. ⁴⁷Nebonen,

neb esa a'y sav in nes, a dednas cledha ha gweskel servont a'n uhel pronter hag a drohas y scovarn dhywar y bedn.

⁴⁸Jesu a leverys dhedhans, "A wrussowgh why dos wàr ow fydn, kepar ha pàn vena lader, gans fustow ha cledhydhyow rag ow sêsya. ⁴⁹Y fedhen pùb jorna oll yn apert genowgh ow tesky i'n templa, ha ny wrussowgh why ow sensy. Saw res yw dhe'n scryptours bos collenwys." ⁵⁰Oll y dhyscyplys a'n forsâkyas ha fia dhe'n fo.

⁵¹Yth esa den yonk orth y sewya, nag esa tra vëth adro dhodho marnas ledn in udnyk. Y a'n sêsyas, ⁵²saw ev a asas an lien wàr y lergh, ha fia yn noth dhywortans.

⁵³Hag y a dhros Jesu in kerdh bys i'n uhel pronter, ha ganso yth o cùntellys warbarth oll an uhel prontyryon, ha'n dus hen, ha'n scrîbys. ⁵⁴Peder a'n sewyas abell bys in cort an uhel pronter, hag yth esa va a'y eseth gans an wethysy ow tobma y honen orth an tan.

⁵⁵An uhel prontyryon hag oll an conslers a whelas dùstuny warbydn Jesu rag y ladha, saw ny gafsons tra vëth. ⁵⁶Rag lies huny a dhug dùstuny cabm wàr y bydn, saw nyns o unver aga dùstuny.

⁵⁷Radn a savas in bàn ha desta fâlslych wàr y bydn ow leverel, ⁵⁸"Ny a'n clôwas ow leverel fatell vydna dyswul an templa gwrës gans dewla tus, ha kyns pedn try dëdh derevel templa aral, na vo gwrës gans dewla." ⁵⁹Saw ow tùchya hedna kyn fe nyns esa aga dùstuny owth agria.

⁶⁰Nena an uhel pronter a savas in bàn i'ga mesk ha govyn orth Jesu, "A nyns eus gorthyp vëth genes? Pëth yw an taclow-ma usons y ow testa wàr dha bydn?" ⁶¹Saw tewel a wrug.

Arta an uhel pronter a wovydnas orto, "Osta an Crist, Mab an Duw Benegys?"

⁶²Jesu a worthebys, "Ov. Ha why a welvyth Mab Den a'y eseth adhyhow dhe'n Power, hag ow tos gans cloudys an nev."

⁶³Nena an uhel pronter a sqwardyas y dhyllas ha leverel, "Pëth yw an othem dhyn a voy dùstuniow? ⁶⁴Why re'n clôwas ev dhe gably Duw. Pandr'yw ervirys genowgh?"

Ha pùbonen a'n dampnyas avell den wordhy a vernans. ⁶⁵Ha radn anodhans a dhalathas trewa warnodho. Cudha y dhewlagas y a wrug, ha ry dhodho whaffys ha leverel, "Gwra profusa!" An soudoryon inwedh a'n kemeras ha'y weskel.

⁶⁶Pàn esa Peder awoles i'n lës, onen a veghtythyon an uhel pronter a dheuth. ⁶⁷Pàn welas hy Peder ow tobma y honen, hy a veras orto ha leverel, "Te inwedh, yth eses gans Jesu a Nazare."

⁶⁸Saw ev a'n nahas ha leverel, "Naneyl ny wòn na ny gonvedhaf an pëth esta ow leverel." Ev êth in mes bys i'n portal. Nena an culyak a ganas.

⁶⁹An vowes a'n gwelas arta ha dallath leverel dhe'n re-na esa a'ga sav in nes, "An den-ma yw onen anodhans." ⁷⁰Saw arta ev a'n nahas.

Pols wosa hedna an dus esa i'n tyller a leverys dhe Peder, "Heb dowt vëth te yw onen anodhans rag Galylean osta."

⁷¹Saw ev a dhalathas cùssya ha leverel, "Ny aswonaf màn an den-ma, esowgh why ow côwsel anodho."

72Dhesempys an culyak a ganas an secùnd treveth, ha Peder a borthas cov a'n ger a leverys Jesu dhodho, "Kyns ès an culyak dhe gana dywweyth, te a wra ow naha tergweyth." Hag y golon a godhas, hag ola a wrug ev.

15 Ha ternos avarr an uhel prontyryon a omgùssulyas gans an dus hen, gans an scrîbys, ha gans oll an consel. Y a golmas Jesu ha'y lêdya in kerdh ha'y dhelyvra dhe Pylat.

2Pylat a gowsas dhe blebmyk ha govyn, "Osta Mytern an Yêdhewon?"

Ev a worthebys, "Te a'n lever."

3Ha'n uhel prontyryon a'n acûsas a lies tra, saw ev ny worthebys tra vëth. 4Pylat a wovydnas orto arta ha leverel, "A ny wrêta gortheby tra vëth? Mir, pana lies tra usons y owth inia warnas."

5Saw Jesu ny worthebys tra vëth, ha Pylat a'n jeva marth brâs anodho.

6Orth an gool-na y ûsadow o delyvra dhedhans neb prysner, pynag oll a vedhens y ow tesîrya. 7Hag yth esa den, Barabas y hanow, in pryson warbarth gans an omsevysy a wrug moldra i'n rebellyans. 8Ha'n rûth a dheuth ha dallath pesy Pylat, may whrella ragthans warlergh y ûsadow.

9Nena ev a's gorthebys ha leverel, "A vydnowgh why me dhe fria Mytern an Yêdhewon?" 10Rag ev a wodhya, fatell wrug an uhel prontyryon delyvra Jesu dhodho rag ewn avy. 11Saw an uhel prontyryon a sordyas an bobel dhe besy, may fe Barabas delyvrys dhedhans in le Jesu.

12Gans hedna Pylat a leverys arta dhedhans, "Pandra vydnowgh ytho

me dhe wul dhe hedna yw gelwys Mytern an Yêdhewon?"

13Y a grias, "Bedhens ev crowsys!"

14Pylat a wovydnas ortans, "Pana dhrog yw gwrës ganso?"

Saw y a grias dhe voy uhel, "Bedhens ev crowsys!"

15Rag hedna Pylat, dre rêson ev dhe vos whensys dhe gontentya an bobel, a frias Barabas dhedhans. Saw Jesu ev a scorjyas ha'y dhelyvra dhe'n soudoryon dhe vos crowsys.

16An soudoryon a'n lêdyas in kerdh bys in hel an palys (hèn yw caslës an governour). Y a elwys warbarth oll an company a soudoryon. 17Y a'n gwyscas in pùrpur rych, ha wosa gruthyl garlont spern, y a'n settyas wàr y bedn. 18Nena y a dhalathas y salujy, "Mytern Yêdhewon, hayl dhis!" 19Y a wrug cronkya y bedn gans gwelen, ha trewa warnodho ha mos wàr bedn dewlin dhyragtho ha'y wordhya. 20Wosa gul ges anodho, y a dhystryppyas dhyworto an pùrpur, ha gorra y dhyllas y honen adro dhodho arta. Nena y a'n hùmbroncas in mes rag y growsya.

21Yth esa den ow tos dhyworth an gwelyow hag ev ow tremena der an tyller, hag y a'n constrînas dhe dhon crows Jesu. Sîmon dhia Cyrene o va, tas Alexander ha Rûfùs. 22Nena y a dhros Jesu bys i'n tyller henwys Golgotha (hèn yw dhe styrya Tyller an Grogen Pedn). 23Hag y a offras dhodho dhe eva gwin ha myrr kemyskys, saw ny wrug Jesu aga hemeres. 24Ha wosa y dh'y growsya, y a radnas intredhans y dhyllas, ow tôwlel predn dhe dhetermya pandra vydna cafos pùbonen anodhans.

25Yth o an tressa eur pàn wrussons y growsya. 26An lîbel a-ugh y ben o

hebma: MYTERN AN YÊDHEWON.
²⁷Ha ganso y a growsyas dew rafnor,
an eyl adhyhow dhodho ha'y gela
agledh. ²⁸Hag y feu collenwys in y
gever an scryptour a lever, "Ev a veu
nyverys in mesk an re dylaha." ²⁹Ha'n
dus esa ow passya, y a wre ges ano-
dho, ow shakya aga fedn hag ow
leverel, "Ea, te neb a vynsa dystrêwy
an templa ha'y dherevel arta kyns
pedn try dëdh, ³⁰gwra sawya dha
honen. Deus dhe'n dor dhywar an
grows!"

³¹In kepar maner yth esa an uhel
prontyryon ha'n scrîbys ow cul ges
anodho intredhans, hag ow leverel,
"Ev a sawyas y hynsa, saw ny yll ev
sawya y honen. ³²Deuns an Crist,
mytern Israel, heb let dhe'n dor
dhywar an grows, may hallen ny
gweles ha cresy." An re-na hag a veu
crowsys ganso, yth esens y inwedh
orth y scornya.

³³Pàn dheuth an wheffes eur, y feu
tewolgow dres oll an tir bys i'n
nawves eur. ³⁴Hag i'n nawves eur
Jesu a grias uhel y lev, "*Eloy, Eloy,
lama sabacthani?*" Hèn yw dhe styrya,
"Ow Duw, ow Duw, prag y whrusta
ow forsâkya?"

³⁵Pàn glôwas radn a'n dus esa i'n
tyller an lavar-na, y a leverys, "Gos-
lowowgh, yma va ow cria wàr Elias."

³⁶Ha den a bonyas, hag a lenwys
spong a aysel, y settya wàr welen ha'y
offra dhodho dhe eva ha leverel,
"Gortowgh, merowgh mar teu Elias
ha derevel dh'y dhelyvra."

³⁷Nena Jesu a grias, uhel y lev, ha
dascor y enef.

³⁸Ha veyl an templa a veu sqwardys
inter dyw radn dhia an top dhe'n
goles. ³⁹Pàn welas an centùry, esa a'y
sav adâl dhodho Jesu dhe gria yn uhel

ha dascor y enef, ev a leverys, "In
gwiryoneth an den-ma o Mab Duw."

⁴⁰Yth esa kefrës benenes ow meras
orto abell. Yth esa i'ga mesk Maria
Maudlen, ha Maria mabm Jamys an
Le ha Jose, ha Salome. ⁴¹Yth esa an
re-ma orth y sewya ha'y servya, pàn
esa va in Galyle. Hag yth esa ena
inwedh lies benyn aral, neb a dheuth
in bàn dhe Jerùsalem ganso.

⁴²Pàn dheuth an gordhuwher, dre
rêson an jorna dhe vos Preparacyon
an Degol (hèn yw an jorna kyns an
sabot), ⁴³Josef Baramathia, esel
wordhy a'n consel, neb esa y honen
ow qwetyas gans govenek gwlascor
Duw, êth in colodnek dhe Pylat ha
pesy corf Jesu dhyworto. ⁴⁴Yth esa
Pylat owth omwovyn mars o Jesu
marow in gwiryoneth. Ev a somonas
dhodho an centùry ha govyn orto o
va marow nans o pols. ⁴⁵Pàn glôwas
Pylat gans an centùry Jesu dhe vos
marow, grauntya a wrug an corf dhe
Josef. ⁴⁶Nena Josef a dhros sendal
teg, ha kemeres an corf dhywar an
growspredn, ha'y vailya i'n sendal ha
settya in bedh re bia trehys mes a'n
garrek. Nena ev a rolyas men brâs
warbydn daras an bedh. ⁴⁷Maria
Maudlen ha Maria mabm Jose a
welas ple feu settys corf Jesu.

16

Ha pàn o passys jorna an
sabot, Maria Maudlen, ha
Maria mabm Jamys, ha Salome, a
brenas spîcys wheg, may hallens mos
ha'y ùntya. ²Ha pòr avarr myttyn an
kensa jorna an seythen y êth dhe'n
bedh ha'n howl ow terevel. ³Yth
esens y ow covyn an eyl orth y ben,
"Pyw a wra trailya ragon ny an men
adenewen dhyworth daras an bedh?"

⁴Pàn wrussons y meras, y a welas fatell o an men rolys solabrës wàr dhelergh, kynth o va pòr vras. ⁵Y a entras i'n bedh ha gweles den yonk a'y eseth a'n barth dyhow, hag ev gwyskys in pows wydn. Marth a's teva.

⁶Saw ev a leverys dhedhans, "Na berthowgh own. Yth esowgh why ow whelas Jesu a Nazare, neb a veu crowsys. Nyns usy Jesu obma, rag sevys yw. Merowgh, hèm yw an tyller may whrussons y settya. ⁷Saw ewgh in rag ha derivowgh dh'y dhyscyplys ha dhe Peder ev dhe vos dhyragowgh dhe Alyle. Ena why a'n gwelvyth, poran kepar dell leverys ev dhywgh."

⁸Gans hedna y êth in mes yn uskys ha fia dhyworth an bedh, rag sowthan ha scruth a's sêsyas. Ny wrussons y leverel badna dhe dhen vëth, drefen y dhe gemeres own.

⁹Pàn wrug Jesu dasserhy avarr an kensa jorna a'n seythen, ev a apperyas kensa dhe Maria Maudlen, hodna a wrug ev tôwlel seyth tebel-spyrys mes anedhy. ¹⁰Hy êth ha'y dherivas dhe an re-na re bia ganso, rag yth esens ow mùrnya hag owth ola. ¹¹Saw pàn glôwsons ev dhe vos yn few ha hy dh'y weles, ny wodhyens cresy an mater.

¹²Wosa hedna ev a omdhysqwedh-as in ken tyller dhe dhew anodhans, pàn esens y ow kerdhes i'n pow. ¹³Y êth ha'y dherivas dhe'n re erel, mès bëth moy ny vynsens y gresy.

¹⁴Wosa hedna ev a omdhysqwedh-as dhe'n udnek hag y a'ga eseth orth an bord rag debry. Ev a's rebûkyas awos aga dyscrejyans ha gorthter, dre rêson na wrussons y cresy dhe'n re-na, a wrug y weles wosa ev dhe dhasserhy.

¹⁵Hag ev a leverys dhedhans, "Ewgh ha pregowthowgh an awayl dhe oll mebyon tus dres oll an bës. ¹⁶Pynag oll a wrella cresy hag a vo besydhys a vëdh selwys. Saw seul na wrella cresy, dampnys a vëdh. ¹⁷Ha'n sînys-ma a wra sewya kenyver onen a gressa: i'm hanow vy y a wra tôwlel in mes tebel-spyrysyon. Y a wra côwsel in tavosow nowyth. ¹⁸Y a vydn kemeres in bàn nedras i'ga dewla, ha mar towns y hag eva tra vëth venymys, ny wra hedna aga shyndya màn. Settya a wrowns aga dewla wàr an glevyon hag indella aga sawya."

¹⁹Indelma an Arlùth Jesu wosa ev dhe gôwsel ortans, a veu degemerys in bàn i'n nev hag esedha a'n barth dyhow dhe Dhuw. ²⁰Hag y êth in mes ha progeth an nowodhow dâ in pùb tyller. Yth esa an Arlùth ow kesobery gansans, hag a wrug fastya an ger der an merclys esens y ow cul. Amen.

An Awayl warlergh Lûk

1 Abàn wrug lies huny whelas dhe ry acownt a'n taclow a veu cowlwrës i'gan mesk ny, ²poran kepar dell vowns y delyvrys dhyn dhyworth an dallath gans an re-na, a welas pùptra gans aga lagasow aga honen, hag o menysters a'n ger, ³me ow honen kefrës a gonsydras y vos dâ, Theofilùs, ow arlùth uhella, settya in mes derivadow compes ragos, awos me dhe whythra an maters-ma yn tywysyk termyn hir, ⁴may halles godhvos an gwiryoneth ow tùchya an taclow, a wrussys desky adro dhedhans.

⁵In dedhyow Erod, mytern Jûdy, yth esa pronter henwys Zacarias, a veyny Abija; hag ev a'n jeva gwreg a vyrhas Aron, hag Elisabet o hy hanow hy. ⁶Tus wiryon êns y aga dew dhyrag Duw, hag y a sewya heb nàm comondmentys ha gormynadow an Arlùth. ⁷Saw ny's teva flogh vëth, rag Elisabet o anvab, hag avauncys i'ga oos êns y aga dew.

⁸Pàn esa Zacarias ow servya avell pronter dhyrag Duw warlergh devar y goscar, ⁹kepar dell o gis an brontyryon, an predn a godhas warnodho dhe entra in templa an Arlùth ha lesky incens; ¹⁰hag yth esa rûth oll an bobel wàr ves, hag y ow pesy Duw in termyn an incens.

¹¹El an Arlùth a dhysqwedhas dhodho hag ev a'y sav a'n barth dhyhow a alter an incens. ¹²Pàn wrug Zacarias y weles, ev a veu troblys brâs hag own a godhas warnodho. ¹³An el a gowsas orto ha leverel, "Na gebmer own, a Zacarias, rag dha bejadow re beu clôwys, ha'th wreg a wra omdhon ha denethy mab dhis, ha te a'n gelow Jowan, ¹⁴ha te a gav lowena ha joy, ha lies huny a vydn rejoycya orth y enesygeth, ¹⁵rag ev a vëdh brâs dhyrag an Arlùth; nefra ny wra va eva naneyl gwin na dewas crev hag y fëdh ev lenwys a'n Spyrys Sans dhyworth an very brës a'y vabm. ¹⁶Ev a wra trailya meur a vebyon Israel tro ha'n Arlùth, aga Duw, ¹⁷ha mos dhyragtho in spyrys hag in gallos Esay, rag trailya colon an tasow tro ha'n flehes, ha'n dus dhywostyth dhe skians an re jùst, rag darbary dhe'n Arlùth pobel ewn barys."

¹⁸Ha Zacarias a leverys dhe'n el, "Fatl'allaf vy godhvos hebma? Rag me yw coth ha'm gwreg avauncys in hy dedhyow."

¹⁹An el a'n gorthebys ha leverel, "Me yw Gabriel, ha me a vëdh a'm sav dhyrag Duw, hag y feuma danvenys rag derivas an nowodhow dâ-ma dhis. ²⁰Ha mir, te a vëdh omlavar, ha ny vedhys abyl dhe gôwsel bys i'n jorna, may whra an taclow-ma hapnya, dre rêson na wrusta cresy dhe'm geryow—mès y a vëdh collenwys i'ga thermyn ewn."

²¹Hag yth esa an bobel ow cortos Zacarias, ha marth a's teva fatell wre va dylâtya i'n templa. ²²Pàn dheuth ev in mes, ny ylly côwsel, hag y a gonvedhas ev dhe weles vesyon i'n templa; hag ev a wre sînys dhedhans ha gortos omlavar.

²³Hag y wharva, pàn veu collenwys dedhyow y servys, ev dhe dhewheles dh'y jy. ²⁴Wosa an dedhyow-na y wreg Elisabet a omdhuk in hy brës, ha cudha hy honen pymp mis ow leverel, ²⁵"Indelma re wrug an Arlùth

genef, pàn wrug ev ow gweles, rag kemeres in kerdh dhyworthyf ow meth dhyrag an dus."

26I'n wheffes mis y feu Gabriel el danvenys dhyworth Duw dhe cyta a Alyle henwys Nazare, 27dhe vaghteth o ambosys dhe wour henwys Josef, a jy Davyth, ha Maria o hanow an vaghteth. 28Hag ev a entras bys dhedhy ha leverel, "Hayl dhis, te voren faverys brâs! Yma an Arlùth genes."

29Hy a veu amays fèst orth an geryow-ma, ha govyn orty hy honen pana vaner a vedneth a veu hedna. 30Saw an el a leverys dhedhy, "Na gebmer own, Maria, rag te re gafas favour in golok Duw. 31Hag awot, omdhon a wreth i'th vrës ha denethy mab ha'y elwel Jesu. 32Den brâs a vëdh, ha Mab an Duw Uhella a'n gelwyr, ha'n Arlùth Duw a vydn ry dhodho tron y das Davyth. 33Ev a vëdh rainys in chy Jacob bys vycken, ha'y wlascor a wra durya rag nefra heb dyweth."

34Saw Maria a leverys dhe'n el, "Fatell yll hedna bos, abàn oma gwerhes?"

35An el a worthebys ha leverel dhedhy, "An Spyrys Sans a wra skydnya warnas, hag y fëdh gallos an Duw Uhella yn goskes a-uhos; rag hedna, an flogh a wrêta denethy a vëdh henwys sans ha'n Mab a Dhuw. 36Mir, Elisabet, neb yw nessevyn dhis, hy re omdhuk mab in hy henys ha hebma yw an wheffes mis dhe'n venyn a veu gelwys anvab, 37rag ùnpossybyl nyns yw tra vëth dhe Dhuw."

38Maria a leverys, "Awotta vy, kethes an Arlùth. Re bo an dra genef warlergh dha eryow." Ha'n el a dhybarthas dhyworty.

39I'n dedhyow-na Maria a savas in bàn ha mos gans toth brâs dhe bow an brynyow, dhe cyta a Jûdy, 40hag entra in chy Zacarias, ha dynerhy Elisabet. 41Pàn glôwas Elisabet dynargh Maria, an flogh a labmas in hy brës; hag Elisabet a veu lenwys a'n Spyrys Sans 42ha garma yn uhel, "Benegys osta jy inter benenes ha benegys yw frût dha vrës! 43Prag yma hebma grauntys dhybm, mabm ow Arlùth dhe dhos dhybm? 44Mir, pàn dheuth lev dha dhynargh bys i'm scovornow, an flogh i'm brës a labmas rag ewn lowena. 45Benegys yw hodna a gresys, y fedha collenwys an taclow re bia promyssys dhedhy gans an Arlùth."

46Ha Maria a leverys,

"Yma ow enef ow moghhe an
    Arlùth,
47ha'm spyrys re rejoycyas in Duw
    ow Savyour,
48drefen ev dhe veras orth uvelder
    y vowes.
Rag mir, alebma rag pùb heneth
    a'm gelow benegys,
49rag an Galosek re wrug ow
    moghhe
ha sans yw y hanow ev.
50Ha'y dregereth a vëdh wàr an re-
    na usy ow kemeres own anodho
dhia heneth dhe heneth.
51Ev re dhysqwedhas gallos der y
    vregh,
ha scùllya alês an dus prowt in
    desmyk aga holon.
52Ev re iselhas an vrâsyon dhywar
    aga se
hag exaltya an re uvel ha clor.
53Ev re lenwys an nownegyon a
    daclow dâ

78

ha'n dus rych ev a's danvonas gwag
in kerdh.
⁵⁴Ev a remembras y vercy
ha socra Israel y servont,
⁵⁵kepar dell bromyssyas dh'agan
hendasow,
dhe Abraham ha dh'y issyw bys
vycken."

⁵⁶Ha Maria a dregas gensy neb try
mis, ha dewheles arta tre.
⁵⁷Y teuth an prës may codhvia dhe
Elisabet denethy ha hy a dhug mab.
⁵⁸Ha'n gentrevogyon ha'n nessevyn a
glôwas fatell wrug an Arlùth dys-
qwedhes mercy dhedhy, ha lowen
vowns gensy.
⁵⁹Hag yth hapnyas, i'n jëdh may
talvia dhe'n maw bos cyrcùmcîsys, y
dhe ervira y elwel Zacarias, warlergh
hanow y das. ⁶⁰Saw y vabm a's
gorthebys ha leverel, "Nâ, nâ, Jowan
a vëdh y hanow."
⁶¹Saw y a leverys dhedhy nag esa
den vëth a'y herens ha'n hanow-na
dhodho. ⁶²Y a wrug sînys dh'y das,
dhe wodhvos pana hanow a vydna va
ry dhe'n maw. ⁶³Ev a dhemondyas
lehen ha screfa warnedhy, "Jowan yw
y hanow ev." Ha marth a'n jeva pùb-
onen anodhans. ⁶⁴Dystowgh ganow
Zacarias a veu egerys ha'y davas
lowsys, hag ev a gowsas in udn
braisya Duw. ⁶⁵Hag own a skydnyas
wàr oll aga hentrevogyon. Ha'n
taclow-ma a veu debâtys dres oll
tireth uhel Jûdy; ⁶⁶ha pynag oll a's
clôwas, a wrug aga sensy in y golon
ha leverel, "Dar, pana vaner a flogh a
vëdh an maw-ma?" Rag yth esa leuv
an Arlùth warnodho.
⁶⁷Ha'y das Zacarias a veu lenwys
a'n Spyrys Sans ha profusa ow
leverel,

⁶⁸"Benegys re bo Arlùth Duw
Israel,
rag ev re vysytyas y bobel ha'ga
dasprena;
⁶⁹hag ev re dherevys ragon sylwans
brâs
in chy y servont Davyth.
⁷⁰Ev a dhedhewys i'n dedhyow
coth wàr anow y brofusy sans,
⁷¹y whre va agan selwel dhyworth
agan envy,
ha mes a dhewla oll agan eskerens.
⁷²Ev a bromyssyas fatell wre va
kemeres trueth wàr agan tasow,
ha remembra y ambos sans;
⁷³hèm o an ty a dos ev dhe Abra-
ham agan tas:
⁷⁴y fydna agan delyvra mes a
dhewla agan eskerens
may fen ny frank dh'y wordhya heb
own
⁷⁵in ewnder hag in sansoleth oll
dedhyow agan bêwnans.
⁷⁶Ha te, ow flogh, a vëdh gelwys
profet an Duw Uhella,
drefen te dhe gerdhes dhyragtho
ha parusy y fordh,
⁷⁷may halles ry dh'y bobel godhvos
a salvacyon rag gyvyans oll aga
fehosow;
⁷⁸in tregereth clor agan Duw terry
an jëdh a vydn dos warnan
dhyworth nev awartha,
⁷⁹may halla golowy an re-na, esa
tregys in tewolgow hag i'n skeus
a vernans,
ha gedya agan treys i'n fordhow a
gosoleth."

⁸⁰Ha'n flogh a devys ha creffhe i'n
spyrys, hag i'n gwylfos yth esa, erna
wrug ev omdhysqwedhes dhe bobel
Israel.

2 Y wharva i'n dedhyow-na, ordenans dhe dhos adro dhyworth Cesar Augùstùs, y talvia dhe oll an bës bos reknys. ²Cyrenyùs o governour Syry pàn wharva an kensa reknans-ma. ³Ha pùb huny i'n bës a dravalyas dhe vos nyverys, kenyver onen dh'y dre y honen.

⁴Ha Josef êth in bàn inwedh dhia Alyle dhyworth Nazare bys in Jûdy, ha dhe cyta Davyth, o gelwys Bethlem, awos ev dhe vos a deylu hag a lynaja Davyth, ⁵may halla va bos nyverys gans Maria y wreg ambosys, ha gans flogh o hy. ⁶Y wharva pàn esens y i'n tyller-na, may teuth prës hy golovas. ⁷Hy a wrug denethy hy kensa mab, ha hy a'n mailyas in lystednow hag a'n settyas in presep in stabel, dre rêson nag esa tyller ragthans i'n gwesty.

⁸Yth esa bugeleth i'n keth pow-na hag y i'n gwel ow qwetha aga flockys i'n nos. ⁹El an Arlùth a dhysqwedhas dhedhans ha glory an Arlùth a wrug dywy oll adro, hag own brâs a's teva. ¹⁰Ha'n el a leverys dhedhans, "Na berthowgh own; rag merowgh, yth esof ow try dhywgh messach a lowena vrâs rag oll an bobel; ¹¹rag hedhyw re beu genys dhywgh in cyta Davyth Sylwyas, hèn yw an Arlùth Crist. ¹²Ha helma a vëdh sin ragowgh: why a gav an flogh bian mailys fast gans lysten, hag ev a'y wroweth in presep." ¹³Ha dystowgh y feu gwelys warbarth gans an el nyver brâs a lu nev ow praisya Duw, hag ow leverel,

¹⁴"Glory dhe Dhuw avàn, ha wàr
an norvës cres dhe'n re-na usy
orth y blêsya!"

¹⁵Pàn wrug an eleth dyberth dhywortans bys in nev, an vugeleth a leverys an eyl dh'y gela, "Deun ny bys in Bethlem, may hallen gweles an wharvedhyans-ma, re wrug an Arlùth declarya dhyn."

¹⁶Y êth dy gans toth brâs, ha cafos Maria ha Josef ha'n flogh a'y wroweth i'n presep. ¹⁷Pàn welsons an flogh, y a dherivas an dra o côwsys ortans adro dhodho. ¹⁸Kettel glôwas pùbonen hedna, y a gemeras marth brâs a whedhel an vugeleth. ¹⁹Saw Maria a sensys an taclow-ma yn town in hy holon, hag ombredery anodhans. ²⁰Nena an vugeleth a dewhelas tre arta, hag y ow praisya Duw, hag orth y wordhya, awos oll an maters a wrussons clôwes ha gweles, poran kepar dell vowns y derivys arag dorn dhedhans.

²¹Y teuth an êthves jorna may talvia an flogh bos cyrcùmcîsys hag ev a veu henwys Jesu, hanow o rës dhodho gans an el, kyns ès dh'y vabm y omdhon in hy brës.

²²Pàn veu collenwys an dedhyow rag glanhe mabm ha flogh warlergh laha Moyses, y a'n dros bys in Jerùsalem rag y bresentya dhe'n Arlùth, ²³(kepar dell yw screfys in laha an Arlùth: "Pùb gorow usy owth egery an brës, a vëdh gelwys sans dhe'n Arlùth"), ²⁴ha rag gul an sacryfîs warlergh geryow laha an Arlùth, hèn yw dhe styrya, dyw dùren pò dyw golom yonk.

²⁵Ha mir, yth esa den in Jerùsalem gelwys Symeon, ha gwiryon hag ewngryjyk o va, hag ev ow qwetyas salvacyon Israel, rag yth esa an Spyrys Sans warnodho. ²⁶Re bia dysqwedhys dhodho gans an Spyrys Sans, na wre va merwel, erna wella an Arlùth

Crist. ²⁷Ev a entras i'n templa dre iny an Spyrys, ha pàn dhros y das ha'y vabm an flogh ajy rag gul dhodho warlergh ordenans an laha in y gever, ²⁸Symeon a'n kemeras in y dhewla ha gormel Duw ha leverel,

²⁹"Lebmyn, a Arlùth, yth esos ow
  tanvon dha servont in kerdh
in cosoleth, warlergh dha lavar.
³⁰Rag ow dewlagas vy re welas dha
  sylwans
³¹a wrussys parusy dhyrag fâss oll
  an poblow;
³²may halla va bos golow dhe
  wolowy an Jentylys,
ha glory dhe'th pobel Israel."

³³Saw y das ha'y vabm a veu amays awos an taclow a veu leverys adro dhodho. ³⁴Ha Symeon a wrug aga fraisya ha leverel dhe Varia y vabm, "Mir, yma an flogh-ma destnys rag codha ha rag derevel lies huny in Israel, ha rag bos sin a dhyspûtyans ³⁵(ha cledha a wra dewana dha enef jy kefrës) may fo egerys preder lies colon."

³⁶Hag yth esa ena Ana profuses, myrgh Fanùel, a deylu Asher ha pòr goth o hy. Hy a gesvewas seyth bledhen gans hy gour wosa demedhy ³⁷hag yth o hy gwedhowes warlergh hedna, ha hy i'n termyn-na peswar ha peswar ugans bloodh; ny wre hy gasa an templa saw gordhya Duw gans penys ha pejadow dëdh ha nos. ³⁸An very termyn-na, hy a dheuth in bàn ow praisya Duw, ha côwsel a wrug hy a'n flogh orth pùb huny esa ow qwetyas sylwans Jerùsalem.

³⁹Pàn wrussons y collenwel pùptra warlergh laha an Arlùth, y a dhewhelys dhe Alyle, dhe Nazare, aga thre aga honen. ⁴⁰Yth esa an maw ow tevy hag ow crefhe, hag ev leun a skentoleth, hag yth esa grâss Duw warnodho.

⁴¹Y das ha'y vabm a wre travalya pùb bledhen dhe Jerùsalem rag degol an Pask. ⁴²Pàn o va dewdhek bloodh, y êth in bàn rag an degol warlergh aga ûsadow. ⁴³Wosa spêna dedhyow an degol ena, y a drailyas tre, saw an maw Jesu a wortas in Jerùsalem, ha'y das ha'y vabm, ny wodhyens badna. ⁴⁴Yth esens ow cresy ev dhe vos i'n company, hag y a dravalyas dres an jorna ha nena y whelas in mesk aga nessevyn ha cothmans. ⁴⁵Abàn na wrussons y gafos, y a dheuth arta dhe Jerùsalem ha'y whelas. ⁴⁶Hag y wharva wosa try jorna y dh'y gafos i'n templa, hag ev esedhys i'n cres an dhescadoryon ow coslowes wortans hag ow covyn qwestyonow. ⁴⁷Pynag oll a'n clôwas y'n jeva marth brâs a'y worthebow fur. ⁴⁸Amays veu y das ha'y vabm pàn wrussons y weles, ha'y vabm a leverys, "A vab, prag y whrusta hebma dhyn? Lo, yth eson ny, me ha'th tas, orth dha whelas ha ny troblys brâs."

⁴⁹Saw ev a worthebys, "Prag y whrussowgh why ow whelas? A ny wodhyowgh why, y resa dhybm bos in chy ow Thas?" ⁵⁰Saw ny wrussons y convedhes an pëth a leverys ev dhedhans.

⁵¹Hag ev êth gansans dhe Nazare, ha bos sojeta dhedhans. Ha'y vabm a sensys oll an taclow-ma in hy holon. ⁵²Hag yth esa Jesu owth encressya in furneth ha brâster, hag in grâss dhyrag Duw ha den.

3 I'n pymthegves bledhen a rain Tyber Cesar, pàn o Pontyùs Pylat governour a Jûdy, pàn o Erod mytern a Alyle ha'y vroder Felyp mytern a bow Itùrea ha Tracony, ha pàn esa Lysanyas ow rewlya in Abilene, ²in termyn an uhel prontyryon Anas ha Cayfas, y teuth ger Duw dhe Jowan mab Zacarias i'n gwylfos. ³Y whre Jowan mos der oll tireth dowr Jordan ow progeth besyth edrek rag remyssyon pehosow, ⁴kepar dell yw screfys in lyver geryow an profet Esay:

"Lev onen ow cria i'n gwylfos,
'Parusowgh fordh an Arlùth,
   êwnowgh y fordhow!'
⁵'Pùb nans a vëdh lenwys
ha pùb bryn ha pùb meneth a vëdh
   iselhës;
an cabm a vëdh composys,
an fordhow garow a vëdh gwrës
   smoth,
⁶ha pùb kig oll a welvyth sylwans
   Duw."

⁷Jowan a leverys ytho dhe'n rûthow esa ow tos in mes dhodho may fowns besydhys ganso, "Why broud a nedras! Pyw a wrug agas gwarnya dhe fia dhyworth an sorr usy ow tos? ⁸Drewgh in rag frûtys gwyw a edrek, ha na wrewgh leverel dhywgh why agas honen, 'Ny a'gan beus Abraham avell agan tas ny,' rag me a lever dhywgh, fatell alsa Duw derevel in bàn mes a'n very meyn-ma flehes rag Abraham. ⁹Ea, solabrës an vool re beu settys dhe wredhen an gwëdh; rag hedna kenyver gwedhen na dhocka frût dâ, a vëdh trehys dhe'n dor ha tôwlys i'n tan."

¹⁰Ha'n rûth a wovydnas orto, "Pandra dal dhyn gul ytho?"

¹¹Ev a's gorthebys ha leverel, "Seul a'n jeffa dew gôta, gwrêns ev radna ganso ev na'n jeves saw onen; pynag oll a'n jeffa sosten, gwrêns ev an keth tra."

¹²Y teuth dhodho toloryon kefrës, may halla va aga besydhya hag y a leverys dhodho, "Descador, pëth yw res dhyn ny y wul?"

¹³Ev a leverys dhedhans, "Na wrewgh cùntell moy ès dell yw erhys dhywgh."

¹⁴Ha soudoryon a wovydnas orto ha leverel, "Ha nyny, pandra res dhyn ny gul?"

Y leverys dhedhans, "Na gemerowgh mona dre nerth na dre fâls cùhudhans dhyworth den vëth, saw bedhowgh pës dâ a'gas gober."

¹⁵Abàn esa an bobel ow qwetyas hag ow tyspûtya i'ga holon ow tùchya Jowan, o va martesen an Crist pò nag o va, ¹⁶Jowan y honen a leverys dhedhans oll, "Mir, yth esof vy orth agas besydhya dre dhowr; saw yma ow tos wàr ow lergh onen creffa agesof, nag oma wordhy dhe vocla y eskyjyow ev, hag ev a wra agas besydhya gans an Spyrys Sans ha dre dan. ¹⁷Yma y wynsel in y dhorn, hag ev a vydn glanhe y leur drùshya, ha cruny an gwaneth in y ÿsla; saw an usyon, ev a wra aga lesky gans tan na vëdh dyfudhys." ¹⁸Indelma ytho ha gans lies ger erel, ev a dheclaryas an nowodhow dâ dhe'n bobel.

¹⁹Saw an mytern Erod re bia rebûkys gans Jowan awos Erodyas, gwreg y vroder, hag awos oll an gwadn-oberow o gwrës ganso. ²⁰Ev a wrug trespas moy whath, ha tôwlel Jowan dhe bryson.

²¹Ha pàn o oll an bobel besydhys, ha Jesu inwedh o besydhys, hag yth esa va ow pesy, an nev a egoras, ²²an Spyrys Sans a skydnyas warnodho in form hewel kepar ha colom, hag y feu clôwys voys mes a'n nev, "Te yw ow mab meurgerys, ha pës dâ oma genes."

²³Jesu o adro dhe dheg bloodh warn ugans pàn dhalathas y oberow, ha mab Josef mab Hely o va, warlergh tybyans an bobel.

²⁴Hely o mab Mathat, mab Levy,
mab Melhy, mab Janay,
mab Josef, ²⁵mab Matathias, mab
  Amos, mab Nahùm,
mab Esly, mab Naggay,
²⁶mab Maath, mab Matathias,
mab Semein, mab Josek,
mab Jôda,
²⁷mab Joanan, mab Resa,
mab Zerùbbabel, mab Shealtiel,
  mab Nery, ²⁸mab Melhy,
mab Addy, mab Cosam,
mab Elmadam, mab Er,
²⁹mab Josùe, mab Eliezer,
mab Jorym, mab Mathat,
mab Levy, ³⁰mab Symeon,
mab Jûda, mab Josef,
mab Jonam, mab Eliakim,
³¹mab Melea, mab Mena,
mab Matatha, mab Nathan,
mab Davyth, ³²mab Jesse,
mab Obed, mab Boaz, mab Sala,
  mab Nahshon,
³³mab Amynadab, mab Admyn,
  mab Arny, mab Hezron,
mab Perez, mab Jûda,
³⁴mab Jacob, mab Isak,
mab Abraham, mab Tera,
mab Nahor, ³⁵mab Serùg,
mab Rew, mab Peleg,
mab Eber, mab Shela,

³⁶mab Caynan, mab Arfaxad,
mab Sèm, mab Noy,
mab Lamec, ³⁷mab Mantùsale,
  mab Enok, mab Jared,
mab Mahalalel, mab Caynan,
³⁸mab Enosh, mab Seth,
mab Adam, mab Duw.

4 Jesu, leun a'n Spyrys Sans, a drailyas dhyworth dowr Jordan hag y feu hùmbrynkys gans an Spyrys bys i'n gwylfos, ²le may feu va temptys gans an tebel-el dew ugans jorna. Ny dhebras tra vëth i'n dedhyow-na, ha pàn vowns y passys, ev o gwag.

³An tebel-el a leverys dhodho, "Mars osta mab Duw, argh dhe'n men-ma bos bara."

⁴Jesu a'n gorthebys, "Screfys yw, 'Heb ken ès bara ny'n jeves mab den y vêwnans.'"

⁵Wosa y lêdya in bàn, an tebel-el a dhysqwedhas dhodho in udn prÿj-weyth oll gwlascorow an norvës, ⁶ha leverel dhodho, "Dhyso jy me a vydn ry oll an gallos-ma ha'n glory anodhans, rag pùptra re beu delyvrys dhybm, ha me a's re dhe bynag oll a vydnyf. ⁷Rag hedna, mar teuta ha plegya dhyragof, te a bewvyth oll an re-ma." ⁸Saw Jesu a'n gorthebys ha leverel, "Yth yw screfys, 'Te a wra gordhya dha Arlùth Duw hag ev y honen ty a wra servya.'"

⁹An tebel-el a'n dros bys in Jerùsalem, ha'y settya wàr bynakyl an templa, ha leverel dhodho, "Mars osta mab Duw, towl dha honen dhe'n dor, ¹⁰rag yth yw screfys,

"'Ev a vydn erhy dh'y eleth dha wetha, ¹¹hag y a wra dha dherevel in bàn i'ga dewla rag own dha droos dhe bystyga worth men.'"

¹²Saw Jesu a'n gorthebys, "Re beu leverys 'Dha Dhuw ny dal dhis temptya.'"

¹³Ha pàn wrug an tebel-el gorfedna oll y demptacyon, dyberth a wrug dhyworto bys i'n prës ewn.

¹⁴Ha Jesu in gallos an Spyrys Sans a dheuth arta bys in Galyle, ha'y hanow êth in mes der oll an pow adro. ¹⁵Yth esa ow tesky i'ga synagys ha pùbonen a wre y braisya.

¹⁶Jesu êth bys in Nazare, le may feu va megys, hag entra i'n synaga jorna an sabot, kepar dell o y ûsadow, ha sevel in bàn rag redya. ¹⁷Lyver an profet Esay a veu rës dhodho, hag ev a'n egoras ha cafos an tyller mayth esa an geryow-ma:

¹⁸"Warnaf vy yma Spyrys an Arlùth,

rag hedna ev re wrug ow ùntya
dhe brogeth dhe'n vohosogyon;
ev a'm danvonas dhe dherivas
lyfrêson dhe'n prysners,
dhe restorya aga golok dhe'n dhellyon,
dhe dhelyvra an dus compressys
¹⁹ha dhe dherivas an nowodhow a
vledhen blegadow dhe'n Arlùth."

²⁰Jesu a rolyas an lyver in bàn, y ry dhe was an synaga hag esedha. Yth esa pùb lagas i'n tyller ow meras orto. ²¹Ev a dhalathas côwsel ortans indelma, "Collenwys yw an scryptour-ma hedhyw i'gas scovornow why."

²²Pùb huny a'n praisyas hag y a's teva marth a'n geryow grassyùs esa ow tos mes a'y anow. "A nyns yw hebma mab Josef?" yn medhons y.

²³Ev a leverys dhédhans, "Heb mar why a wra alejya dhybm an lavar coth 'Te vedhek, saw dha honen.' Ha why a vydn leverel 'Gwra obma i'th pow genesyk dha honen oll an taclow a wrussys in Capernaùm.'"

²⁴Hag ev a addyas, "In gwir me a lever dhywgh, na gav profet vëth wolcùm in y bow genesyk y honen. ²⁵Ea, yth esa lies gwedhowes in Israel in dedhyow an profet Elias, pàn veu an nev degës teyr bledhen ha hanter, hag yth esa nown brâs in oll an pow, ²⁶saw ny veu Elias danvenys dhe onen vëth a'n re-na, marnas dhe Zarefath, gwedhowes a Sîdon. ²⁷Yth esa lies leper yn Israel in termyn an profet Eliseùs, mès den vëth anodhans ny veu sawys marnas Naaman Syryan."

²⁸Pùbonen i'n synaga a sorras brâs orth y glôwes, ²⁹hag y a savas in bàn ha'y herdhya mes a'n dre, ha'y lêdya bys in top an bryn, esa aga thre a'y sav warnedhy, may hallens y dôwlel dhe'n dor dhywar an cleger, ³⁰saw ev êth dredhans ha mos wàr y fordh.

³¹Ev êth wàr nans bys in Caper-naùm, cyta a Alyle, hag yth esa orth aga desky dëdh an sabot. ³²Marth brâs a's teva an dus a'y dhyscans, rag yth esa va ow côwsel gans auctoryta.

³³Yth esa den i'n synaga ha tebel-spyrys ino. Ev a grias gans garm vrâs, ³⁴"A, gas cres dhyn, te Jesu a Nazare. Devedhys os obma rag agan dys-trêwy. Me a wor pyw osta, Dremas Sans Duw."

³⁵Jesu a'n rebûkyas ow leverel, "Taw tavas, ha deus mes anodho!" Wosa y dôwlel aberth i'ga mesk, an tebel-spyrys a dheuth mes anodho heb y shyndya màn.

³⁶Marth a's teva pùbonen ano-dhans, ha kenyver onen a levery an

eyl dh'y gela, "Pana lavar yw hebma? Rag gans auctoryta ha gallos ev a gomond an spyrysyon avlan, hag y a dheu in mes." ³⁷Hag yth esa ger anodho ow mos bys in pùb tyller i'n pow adro.

³⁸Jesu a wrug gasa an synaga hag entra in chy Sîmon. Dama dhâ Sîmon o grêvys dre fevyr brâs, hag y a wovydnas orto adro dhedhy. ³⁹Jesu a savas a-uhy ha rebûkya an cleves, ha'n fevyr a's gasas. Dystowgh hy a savas in bàn, hag yth esa hy orth aga servya.

⁴⁰Pàn sedhas an howl, kenyver onen hag a'n jeva clevyon a glevejow dyvers a's dros dhodho, may halla va settya y dhewla warnodhans ha'ga sawya. ⁴¹Y teuth dewolow mes a lies huny anodhans kefrës, hag y owth uja, "Te yw Mab Duw!" Saw Jesu a's rebûkyas, ha ny sùffras dhedhans côwsel, dre rêson y dhe aswon y vosa an Crist.

⁴²Pàn dorras an jëdh, Jesu a dhybarthas hag omdedna bys in tyller dianeth. Saw yth esa an rûthow orth y whelas, hag y a'n cafas ha'y sensy, ma na wrella omdedna dhywortans. ⁴³Ev a leverys dhedhans, "Me a res mos dhe'n cytas erel inwedh rag progeth dhedhans nowodhow dâ gwlascor Duw. Rag an porpos-ma me a veu danvenys." ⁴⁴Indelma ev a bêsyas ha progeth y vessach in synagys Jûdy.

5 Yth esa Jesu a'y sav udn jorna ryb logh Genesaret hag yth esa an rûth ow herdhya wàr y bydn, hag y whensys dhe glôwes ger Duw. ²Jesu a welas dew gôk orth an ladn ha'n bùscadoryon gyllys mes anodhans, rag yth esens ow colhy aga rosow. ³Jesu a entras in onen a'n cûcow (Sîmon o y berhen), ha govyn orth Sîmon y worra nebes dhia an ladn. Nena esedha a wrug ev ha desky an rûth dhyworth an côk.

⁴Pàn o gorfednys y eryow, ev a leverys dhe Sîmon, "Gorrowgh an côk in mes bys i'n downder, ha settyowgh agas rosow i'n dowr rag cachya pùscas."

⁵Sîmon a'n gorthebys, "A vêster, yth esen ny ow lavurya dres nos, saw ny wrussyn ny cachya pysk vëth! Saw mar teuta ha'y leverel, me a vydn tôwlel ow rosow."

⁶Pàn wrussons y gul indella, y a gachyas kebmys pùscas, mayth esa an rosow ow terry. ⁷Rag hedna y a ros sînys dh'aga howetha i'n côk aral dhe dhos ha'ga gweres. Y a dheuth ha lenwel an dhew gôk, ha'n cûcow a dhalathas budhy.

⁸Pàn welas Sîmon Peder hedna, ev a godhas wàr y dhewlin dhyrag Jesu ha leverel, "Voyd dhyworthyf, Arlùth, rag me yw pehador!" ⁹Rag amays veu oll y gowetha gans nùmber an pùscas o kechys gansans. ¹⁰Y feu amays Jamys ha Jowan, mebyon Zebedy, ha cowetha a Sîmon êns y aga dew.

Nena Jesu a leverys dhe Sîmon, "Na borth own; alebma rag te a vëdh ow cachya tus." ¹¹Pàn wrussons y dry aga hûcow bys i'n tir, y a forsâkyas pùptra ha sewya Jesu.

¹²Yth esa va treveth aral in onen a'n trevow ha mir, yth esa leper i'n tyller. Pàn welas ev Jesu, ev a godhas wàr y fâss dhyragtho ha'y besy, "Arlùth, mar mynta, te a yll ow glanhe."

¹³Nena Jesu a istynas in mes y dhorn ha'y dùchya ha leverel, "Indelma me a vydn. Bëdh glân!" Ha

dystowgh an lovryjyon êth qwit dhe
ves.

¹⁴Ha Jesu a gomondyas dhodho na
wrella y dherivas dhe dhen vëth.
"Kê," yn medh ev, "ha dysqwa dha
honen dhe'n pronter, ha gwra offryn
rag dha vos sawys, kepar dell wrug
Moyses comondya yn dùstuny dhe-
dhans."

¹⁵Saw an nowodhow a Jesu a lêsa
dhe voy oll adro, hag yth esa rûthow
brâs ow cùntell rag y glôwes, ha may
halla va sawya aga clevejow. ¹⁶Saw
omdedna a wre dhe'n tyleryow
dianeth rag pesy.

¹⁷Treveth aral pàn esa Jesu ow
tesky, yth esa Farysys ha descadoryon
a'n laha a'ga eseth in y ogas (yth êns
y devedhys dy mes a bùb cyta a Alyle
hag a Jûdy ha dhyworth Jerùsalem);
hag yth esa gallos an Arlùth ganso rag
sawya clevejow. ¹⁸I'n very termyn-na
y teuth tus ow ton grava, esa paljy a'y
wroweth warnodho. Y a vydnas y
dhry aberth i'n chy ha'y settya dhyrag
Jesu. ¹⁹Saw ny yllens y entra awos an
rûth. Rag hedna, y a ascendyas dhe'n
to, ha gasa an paljy dhe'n dor der an
lehednow bys in cres an rûth dhyrag
Jesu.

²⁰Pàn welas ev aga crejyans, ev a
leverys, "A dhen, pardonys yw dha
behosow."

²¹Nena an scrîbys ha'n Farysys a
dhalathas govyn, "Pyw yw hebma,
usy ow sclandra Duw? A yll den vëth
gava pehosow saw unsel Duw?"

²²Saw Jesu a gonvedhas aga brës ha
gortheby, "Prag yth esowgh why ow
covyn taclow a'n par-na i'gas colon?
²³Pyneyl yw an dra moy êsy: boken
leverel 'Gyvys yw dha behosow,' pò
leverel 'Sa'bàn ha kerdh!'? ²⁴Saw may
hallowgh why convedhes fatell y'n

jeves Mab an Den auctoryta dhe
bardona pegh"—ev a leverys dhe'n
paljy, "Me a lever dhis: sa'bàn,
kebmer dha wely ha mos tre."
²⁵Adhesempys ev a savas in bàn
dhyragthans, kemeres an grava esa
a'y wroweth warnodho, ha mos tre
ow praisya Duw. ²⁶Marth brâs a
godhas wàr genyver onen anodhans,
hag y fowns lenwys a own brâs.
Gormel Duw a wrêns, ow leverel,
"Taclow barthusek a welsyn ny
hedhyw."

²⁷Wosa hedna ev êth in mes, ha
gweles tollor esedhys orth an dollva,
ha Levy o y hanow ev. Jesu a leverys
dhodho, "Gwra ow sewya vy!" ²⁸Ev a
savas in bàn, gasa pùptra, ha sewya
Jesu.

²⁹Levy a wrug banket brâs rag Jesu
in y jy hag yth esa bùsh brâs a
doloryon hag a dus erel esedhys
warbarth ganso i'n tyller. ³⁰An
Farysys ha'n scrîbys a groffolas dhe
dhyscyplys Jesu ha leverel, "Prag yth
esowgh why ow tebry hag owth eva
warbarth gans toloryon ha pehador-
yon?"

³¹Jesu a's gorthebys, "Ny's teves an
re yagh othem vëth a vedhek, mès an
glevyon. ³²Ny wrug avy dos dhe elwel
an dus ewn dhe edrek, mès an
behadoryon."

³³Y a leverys dhodho, "Dyscyplys
Jowan a wra penys yn fenowgh, hag
ymowns y pùpprës owth offrydna
pejadow, mes otta dha dhyscyplys jy
ow tebry hag owth eva."

³⁴Jesu a's gorthebys, "Ny yllowgh
why constrîna mebyon an gour prias
dhe wul penys, hadre vo an gour prias
gansans. ³⁵An jorna a dheu, may fëdh
an gour prias kemerys in kerdh dhy-

wortans. Penys a wrowns y i'n dedhyow-na."

36Hag ev a dherivas dhedhans an lavar-ma, "Nyns eus den vëth ow trehy clowt mes a gweth nowyth, rag y wrias wàr glowt coth. Poken an gweth hy honen a wra sqwardya, ha ny wra an clowt nowyth servya an gweth goth. 37Ha ny vydn den vëth na whath gorra gwin nowyth in crehyn coth; poken an gwin nowyth a wra tardha an crehyn coth, an gwin a vëdh scùllys ha'n crehyn dystrêwys. 38Gwin nowyth a res bos gorrys in crehyn nowyth. 39Wosa eva gwin coth, ny vydn den vëth eva gwin nowyth, nâ, saw ev a lever 'Dâ yw an dra goth.'"

6 Udn sabot pàn esa Jesu ow mos der an ÿsegow, terry a wrug y dhyscyplys an pednow ÿs ha'ga rùttya i'ga dewla ha debry an greun. 2Radn a'n Farysys a leverys, "Prag yth esowgh why ow cul pëth nag yw lafyl dëdh an sabot?"

3Jesu a worthebys, "A ny wruss-owgh why redya an dra a wrug Davyth, pàn o va gwag, ev ha'y gowetha? 4Ev a entras in chy Duw, ha kemeres ha debry Bara an Presens, an pëth nag yw lafyl dhe dhebry, saw unsel dhe'n brontyryon, ha Davyth a'n ros magata dhe'n re-na esa ganso?" 5Nena ev a leverys dhedhans, "Mab an Den yw Arlùth an sabot."

6Sabot aral Jesu a entras i'n synaga ha desky, hag yth esa den i'n tyller, ha'y leuv dhyhow gwedhrys. 7Yth esa an scrîbys ha'n Farysys orth y whythra glew, dhe weles a wre va sawya jorna an sabot pò na wre, rag dâ via gansans cafos ken wàr y bydn. 8Jesu a wodhya yn tâ pandr'esens y

ow tyby; ev a leverys bytegyns dhe'n den a'n jeva an leuv wedhrys, "Deus ha sav obma." An den a savas in bàn, ha dos dhe Jesu.

9Nena Jesu a leverys dhedhans, "Me a vydn govyn orthowgh, pyneyl ywa lafyl dhe wul dâ dëdh an sabot pò dhe wul drog, dhe sawya bêwnans pò y dhystrêwy?"

10Wosa meras orth kenyver onen anodhans, ev a leverys dhe'n den, "Doroy in mes dha leuv." Ev a wrug indella, ha'y leuv a veu sawys stag ena. 11Saw y a sorras brâs ha dyspûtya an eyl gans y gela pandra alsens y gul gans Jesu.

12Treveth aral ev êth in mes bys i'n meneth rag gul pejadow, hag yth esa va ow pesy dhe Dhuw dres nos. 13Ternos vyttyn ev a elwys dhodho y dhyscyplys, ha dêwys dewdhek anodhans, ha'n re-na ev a henwys abosteleth: 14Sîmon, may ros Jesu an hanow Peder dhodho, hag Androw y vroder, ha Jamys ha Jowan ha Felyp ha Bertyl, 15ha Mathew ha Tobmas ha Jamys mab Alfeùs, ha Sîmon les'henwys Zelotes, 16ha Jûdas mab Jamys, ha Jûdas Scaryot (ev a veu traitour).

17Jesu a dheuth dhe'n dor gansans, ha sevel in tyller leven. Yth esa ganso bùsh brâs a'y dhyscyplys, ha rûth vrâs dhyworth oll pow Jûdy, Jerùsalem ha cóstys Tir ha Sîdon. 18Devedhys êns rag y glôwes, ha rag may halla va sawya aga dysêsys; ha'n re-na o troblys gans spyrysyon avlan a veu sawys. 19Hag yth esa pùbonen i'n rûth ow whelas y dùchya, rag yth esa nerth ow tos mes anodho hag ow sawya kenyver onen anodhans.

20Nena ev a veras orth y dhyscyplys ha leverel:

"Benegys owgh why, why bohosogyon, rag dhywgh why yma gwlascor Duw.

21Benegys owgh why, why neb yw gwag i'n tor'-ma, rag lenwys vedhowgh.

Benegys owgh why, why neb usy owth ola lebmyn, rag wherthyn why a wra.

22Benegys owgh why, pàn wra an dus agas hâtya ha'gas degea in mes, agas despîtya, ha'gas sclandra awos Mab an Den.

23"Gwrewgh rejoycya i'n jorna-na ha lebmel rag ewn lowena, rag brâs yn certan a vêdh agas weryson in nev; rag indella y whre aga hendasow gans an profettys.

24"Saw gowhy, why tus rych, rag why re gafas agas solas solabrës.

25Gowhy, why usy leun i'n tor'-ma, rag why a vêdh gwag.

Gowhy, mars esowgh ow wherthyn i'n tor'-ma, rag why a wra ola ha mùrnya.

26Gowhy pàn usy pùb huny orth agas praisya, rag indella y whre aga hendasow gans an fâls profettys.

27"Saw me a lever dhe bùbonen ahanowgh, usy ow coslowes orthyf, Gwrewgh cara agas eskerens, gwrewgh dâ dhe'n re-na usy orth agas hâtya why, 28côwsowgh dâ a'n re-na a wra agas molethy, pesowgh rag an re-na usy orth agas abûsya.

29Mar qwra nebonen dha weskel wàr dha vogh, gwra offra dhodho an vogh aral kefrës; ha mar teu nebonen ha kemeres dhyworthys dha vantel, bëth na sens dhyworto dha gris. 30Ro dhe

bynag oll a wrella govyn orthys, ha na wra demondya tra vëth arta dhyworth an den a'n kemerra dhyworthys. 31Gwrewgh dh'agas hynsa, poran kepar dell vynsowgh ynsy dhe wul dhywgh why.

32"Mar tewgh why ha cara an re usy orth agas cara why, pana reward a vedhowgh why? Rag yma an behadoryon ow cara an re-na usy orth aga hara y. 33Ha mar tewgh why ha gul dâ dhe'n re-na usy ow cul dâ dhywgh why, pana reward a vedhowgh why? Rag an behadoryon a wra indelma. 34Ha mar tewgh why ha lendya dhe'n re-na esowgh why ow qwetyas recêva dhywortans, pana reward a vedhowgh why? Yma an behadoryon ow lendya, rag may whrellens dascafos kebmys arta. 35Nâ, gwrewgh cara agas eskerens, ha gwrewgh dâ ha lendya dhedhans heb gwetyas cafos tra vëth arta; weryson brâs why a's bëdh, ha why a vëdh flehes a'n Duw Uhella, rag ev yw cuv dhe'n dus ùnkynda ha dhe'n debel-wesyon. 36Bedhowgh mercyabyl, kepar dell yw mercyabyl an Tas dhywgh why.

37"Na wrewgh brusy, ha ny vedhowgh why brusys. Na wrewgh dampnya, ha ny vedhowgh whywhy dampnys. Pardonowgh ha why a vëdh pardonys. 38Rewgh hag y fëdh rës dhywgh—why a gav i'gas ascra musur dâ crunys, shakys dhe'n dor ha gorlenwys. Rag an musur a wrellowgh why musura in mes, hèn yw an musur a vëdh rës dhywgh arta."

39Ev a dherivas ortans an parabyl ma, "A yll an dall gedya an dall? A ny wrowns y aga dew codha aberth i'n pyt? 40Nyns usy an dyscypyl a-ugh y dhescador. Saw pynag oll a vo leundheskys, ev a vëdh haval dhe'n descador.

⁴¹"Prag yth esta owth attendya an motta usy in lagas dha vroder, pàn na vynta gweles an jist usy i'th lagas dha honen? ⁴²Fatell ylta jy leverel dhe'th vroder, 'A vroder, gas vy dhe dedna in mes an motta usy i'th lagas jy,' pàn nag esta ow qweles an jist i'th lagas dha honen? Faintys! Kyns oll tedn mes a'th lagas jy dha honen an jist usy ino. Nena te a yll kemeres an motta mes a lagas dha vroder.

⁴³"Rag naneyl ny wra gwedhen dhâ dry in rag frût pedrys, na ny wra gwedhen bedrys dry in rag frût dâ. ⁴⁴Y fëdh pùb gwedhen aswonys dre hy frût hy honen. Rag ny wra tus cùntell fyges wàr dhreyn, naneyl ny wrowns cruny grappys dhyworth spern. ⁴⁵Mes a dresourva dhâ y golon yma an dremas ow try in mes an dâ, ha mes a'y debel-golon yma an drogwas ow provia drog. Rag warlergh gorlanwes y golon yma y anow ow côwsel.

⁴⁶"Prag yth esowgh why orth ow gelwel 'Arlùth, arlùth,' pàn nag esowgh why ow cul an pëth a lavaraf? ⁴⁷Pynag oll a dheffa dhybm ha cola orth ow geryow rag aga gul, me a vydn dysqwedhes dhywgh pana sort den ywa: ⁴⁸haval yw ev dhe nebonen esa ow terevel chy. Ev a wrug palas ha mos down i'n dor ha settya y fùndacyon wàr an garrek. An liv a dheuth ha'n dowrow a wrug gweskel warbydn an chy-na, saw ny yllens y shakya, dre rêson y vosa byldys mar fast. ⁴⁹Saw an den usy ow coslowes orthyf heb obeya dhe'm geryow, ev yw haval dhe'n den a dherevys y jy heb fùndacyon vëth. An ryver a wrug gweskel warbydn y jy, hag adhe-

sempys an chy a godhas dhe'n dor, ha brâs veu an dystrùcsyon anodho."

7 Wosa ev dhe gowlwul oll an geryow-ma in clôwans an bobel, ev a entras in Capernaùm. ²Yth esa centùry i'n tyller a'n jeva kethwas meurgerys hag ev o clâv hag in newores. ³Pàn glôwas an centùry adro dhe Jesu, ev a dhanvonas dhodho tus hen an Yêdhewon orth y besy dhe dhos ha sawya an gwas. ⁴Y a vetyas orth Jesu ha'y gonjorya yn tywysyk ha leverel, "Wordhy yw an den a wrêta grauntya an dra-ma dhodho, ⁵rag yma va ow cara agan nacyon hag ev a dherevys synaga ragon." ⁶Jesu êth gansans, saw pàn nag esa ma's pols bian dhyworth an chy, an centùry a dhanvonas cothmans dhe Jesu ow leverel, "Arlùth, na wra trobla dha honen, rag nyns oma wordhy te dhe dhos in dadn ow tho vy. ⁷Rag hedna ny wrug avy lavasos dhe dhos ha metya orthys. Saw lavar an ger ha'm kethwas a vëdh sawys. ⁸Me ow honen yw den a'n jeves auctoryta hag yma soudoryon in dadnof. Me a lever dhe'n den-ma, 'Kê!' hag ev â, ha dhe dhen aral me a lever 'Deus!' hag ev a dheu; ha me a lever dhe'm kethwas 'Gwra hedna' hag otta va orth y wul."

⁹Pàn glôwas Jesu oll an geryow-na, ev a'n jeva marth brâs ha trailya dhe'n rûth esa orth y sewya ha leverel, "Me a lever dhywgh, na wrug avy byth-qweth cafos kebmys crejyans in oll Israel." ¹⁰Pàn wrug an messejers dewheles dhe'n chy, y a gafas an kethwas in yêhes dâ.

¹¹Ternos yth esa Jesu ow kerdhes bys in cyta henwys Naym, ha'y dhys-cyplys ha rûth vrâs ow kerdhes

warbarth ganso. ¹²Pàn dheuth Jesu ogas dhe yet an cyta, yth esens ow try den marow mes anodho. Unvab y vabm o an den tremenys. Gwedhowes o an venyn, hag yth esa gensy bùsh brâs a dus a'n cyta. ¹³Pàn welas an Arlùth an venyn, ev a gemeras pyteth anedhy ha leverel, "Na wra ola."

¹⁴Ev a dheuth nes ha tùchya an eler. Powes a wrug an dhegoryon. Ev a leverys, "Sa'bàn dhybm, te dhen yonk!" ¹⁵An den yonk a esedhas in bàn ha dallath côwsel, ha Jesu a'n delyvras dh'y vabm.

¹⁶Own a godhas wàr bùbonen anodhans hag y a wordhyas Duw ha leverel "Yma profet brâs derevys i'gan mesk!" ha "Duw re veras gans favour orth y bobel!" ¹⁷Ha'n son anodho êth bys in oll Jûdy hag i'n pow ader dro.

¹⁸Dyscyplys Jowan a dherivas dhodho oll an maters-ma. Rag hedna Jowan a elwys dhodho dew a'y dhyscyplys, ¹⁹ha'ga danvon dhe'n Arlùth dhe leverel, "Osta jy an den usy ow tos, pò a res dhyn gwetyas ken onen?"

²⁰Pàn wrug an dhew dhen dos dhodho, y a wovydnas orto ow leverel, "Jowan Baptyst re'gan danvonas obma dhe wovyn, 'Osta jy ev usy ow tos, pò a res dhyn gwetyas nebonen aral?'"

²¹Termyn cot kyns ès hedna Jesu a sawyas lies huny a'ga clevejow, a blagys hag a debel-spyrysyon, ha restorya aga golok dhe lies den dall. ²²Ev a worthebys dhedhans ha leverel, "Kewgh ha derivowgh dhe Jowan an taclow re wrussowgh gweles ha clôwes: yma an dhellyon ow recêva aga golok, an re mans ow

kerdhes, y fêdh an lepers glanhës, an re bodhar a yll clôwes, y fêdh derevys an re marow ha'n vohosogyon a glôw an nowodhow dâ pregowthys dhedhans. ²³Benegys yw pynag oll na vo sclandrys dredhof vy."

²⁴Pàn esa an messejers dhia Jowan ow tyberth, Jesu a dhalathas côwsel orth an rûth ow tùchya Jowan, "Pandra vydnowgh why gweles pàn êthowgh why i'n mes bys in gwylfos? Brodnen shakys gans an gwyns? ²⁵Pandr'ewgh why whensys dhe weles? Den ha dyllas medhel adro dhodho? Merowgh, tus gwyskys in dyllas gloryùs, plesont hag êsy aga bêwnans—i'n palycys why a gav an re-na. ²⁶Saw pëth esewgh why ow qwetyas gweles? Profet? Ea, me a lever dhywgh why, ha den moy ès profet. ²⁷Jowan yw ev may feu screfys anodho:

"'Mir, yth esof vy ow tanvon ow
   messejer dhyragos,
hag ev a wra darbary dha fordh
   dhyrag dha fâss.'

²⁸Me a lever dhywgh, nag eus i'n mesk pùbonen genys a venyn den vëth yw brâssa ès Jowan. Saw an den a'n vry lyha oll in gwlascor Duw yw brâssa agesso ev."

²⁹(Ha pùb huny neb a glôwas hedna, an doloryon kefrës, a aswonas jùstys Duw, dre rêson y dhe vos besydhys gans besydhyans Jowan. ³⁰Saw an Farysys ha descadoryon an laha, drefen y dhe sconya besydhyans Jowan, y a sconyas kefrës porpos Duw ragthans aga honen.)

³¹"Pandra allaf vy comparya tus an heneth-ma dhodho ha pana sort yns y? ³²Haval yns y dhe flehes a'ga eseth

i'n varhasva hag y ow kelwel an eyl dh'y gela,

"'Ny a wrug piba ragowgh, saw ny
    wrussowgh why dauncya;
kynvan a wrussyn ny,
saw ny olas den vëth ahanowgh.'

33"Rag y teuth Jowan Baptyst heb debry bara ha heb eva gwin, hag otta why ow leverel, 'Drog-spyrys a'n jeves.' 34Devedhys yw Mab an Den ow tebry hag owth eva, ha why a lever, 'Gargasen ywa, ha pedn medhow, ha cothman dhe doloryon ha dhe behadoryon!' 35Saw skentoleth re beu prevys gwir gans oll hy flehes."

36Onen a'n Farysys a wrug y besy dhe dhebry ganso, ha Jesu a entras in y jy hag esedha. 37Hag yth esa benyn i'n cyta-na o pehadores, ha pàn wrug hy godhvos bos Jesu esedhys orth an bord in chy an Farysy, hy a dhros box alabauster a onyment wheg, 38ha mos ha sevel adrëv dhodho orth y dreys owth ola. Dallath a wrug hy golhy y dreys gans hy dagrow, ha'ga deseha gans hy blew. Wosa hedna yth esa hy owth abma dh'y dreys hag orth aga ùntya gans an onyment.

39Pàn welas hedna an Farysy hag a wrug gelwel Jesu dh'y jy, ev a leverys dhodho y honen, "Profet a pe va, ev a wodhya pyw yw hobma, ha pana venyn usy orth y dùchya—hy bos hy pehadores."

40Jesu a gowsas orto gans an geryow ma: "Sîmon, me a'm beus neppyth dhe leverel dhis."

"Descador," yn medh ev, "lavar e!"

41"Yth esa dew gendonor dhe udn dettor. An eyl a della pymp cans dynar dhodho, ha hanter-cans y gela.

42Rag ny's teva màn dh'y be, an dettor a's gavas dhedhans kefrës. Lavar dhybmo, pyneyl o moyha sensys dhe gara an keth den-ma?"

43Sîmon a worthebys, "An den a veu an gendon vrâssa gyvys dhodho, dell gresaf."

Jesu a leverys dhodho, "Te re jùjyas yn ewn."

44Nena ev a drailyas tro ha'n venyn ha côwsel orth Sîmon indelma, "Te a wel an venyn-ma? Whath abàn dheutha i'th chy, golhy ow threys ny erghsys, mès hobma gans dagrow re's golhas, ha gans hy blew re's sehas. 45Bythqweth ny ryssys bay dhybm, mes hobma, abàn dheutha i'n chy dhis, bëth ny cessyas abma dhe'm treys. 46Ny wrusta ùntya ow fedn gans oyl, mes hobma re ùntyas ow threys gans onyment. 47Rag hedna yn certan oll hy fehas a vëdh gyvys glân dhedhy, kyn fe mar vrâs aga nyver—rag kebmys hy dhe gara. Saw seul na veu nameur gyvys dhodho, ny vëdh meur y gerensa."

48Nena Jesu a leverys dhe'n venyn, "Pardonys yw oll dha behosow."

49Saw an re-na o esedhys ganso orth an bord a dhalathas leverel an eyl dh'y gela, "Pyw yw hebma hag a wra gava pehosow kyn fe?"

50Ha Jesu a leverys dhe'n venyn, "Dha fay re wrug dha sawya. Kê in cres."

8 Whare wosa hedna ev êth der an cytas ha'n trevow ow progeth hag ow teclarya gwlascor Duw. Warbarth ganso yth esa an dewdhek, 2ha certan benenes neb re bia sawys a debel-spyrysyon ha clevejow: Maria, les'henwys Maudlen, may teuth seyth spyrys mes anedhy, 3ha Jowana,

gwreg Couza, styward Erod, ha
Sùsana, ha lies huny aral; hag yth
esens ow provia rag an dyscyplys mes
a'ga sùbstans aga honen.

⁴Pàn wrug rûth vrâs cùntell, ha pàn
dheuth tus mes a lies tre dhodho, ev
a gowsas ortans dre barabyl: ⁵"An
gonador êth in mes rag gonys has.
Kepar dell wre va gonys, radn ano-
dho a godhas wàr an fordh; y feu va
trettys in dadn dreys hag ÿdhyn an air
a dheuth ha'y dhebry. ⁶Radn aral a
godhas wàr an garrek ha tevy in bàn,
saw gwedhra a wrug rag fowt glebor.
⁷Radn aral a godhas in mesk an
dreyn, ha pàn devys an dreyn, an has
a veu tegys. ⁸Saw radn moy a godhas
wàr an dor dâ, ha tevy a wrug ha don
frût cansplek."

Pàn leverys Jesu hedna, ev a grias,
"Seul a'n jeves scovornow rag clôwes,
gwrêns ev goslowes!"

⁹Saw y dhyscyplys a wovydnas orto
pëth o styr an parabyl. ¹⁰Ev a leverys,
"Dhywgh why re beu grauntys dhe
wodhvos mysterys gwlascor Duw.
Saw orth an re erel me a gows in
parablys,

"'ma na wrellens y percêvya, kyn
fowns ow meras,
ha ma na wrellens y convedhes,
kyns fowns ow coslowes.'

¹¹"An parabyl yw kepar dell sew:
ger Duw yw an has. ¹²An re-na usy
wàr an fordh, an dus yns y re glôwas
an ger. Nena y teu an tebel-el ha
kemeres an ger mes a'ga holon, ma
na wrellens cresy ha bos selwys. ¹³An
re-na wàr an garrek yw an dus usy ow
recêva an ger gans lowena. Dre rêson
na's teves gwredhyow, ymowns y ow
cresy rag pols, saw in prës an

temptacyon y a wra codha dhe ves.
¹⁴Ow tùchya an re-na usy ow codha
in mesk an dreyn, y yw an re-na a
glôw an ger, mes kepar dell usons y
ow mos i'ga fordh, y a vëdh tegys
gans prederow, gans rychys ha fancys
an bêwnans, ha ny wrowns don frût
dâ vëth. ¹⁵Saw an has usy ow codha
i'n dor dâ, yth yw hedna an re-na usy
ow clôwes an ger hag orth y sensy fèst
i'ga holon lel ha dâ. Y a dheg frût dâ
gans perthyans stedfast.

¹⁶"Nyns usy den vëth a wrella
anowy lantern orth y gudha gans
canstel, naneyl orth y worra in dadn
an gwely. Nâ, yma va orth y settya
wàr goltrebyn rag may halla pùbonen
usy owth entra gweles an golow.
¹⁷Rag nyns eus tra vëth kelys na vëdh
dyscudhys, naneyl sêcret na wra dos
dhe'n golow ha bos dyskevrys.
¹⁸Waryowgh ytho fatell wrewgh why
goslowes. Rag seul a'n jeffa, dhodho
y fëdh rës. Saw seul na'n jeves, y fëdh
kemerys dhyworto an pëth a hevel
bos dhodho."

¹⁹Y teuth dhodho y vabm ha'y
vreder, saw ny yllens y dos nes dre
rêson a'n rûth. ²⁰Y feu derivys dho-
dho, fatell esa y vabm ha'y vreder a'ga
sav war ves, hag y whensys dh'y
weles.

²¹Saw Jesu a leverys, "Ow mabm
ha'm breder yw an re-na a wra clôwes
ger Duw ha'y berformya."

²²Treveth aral Jesu a entras in côk
gans y dhyscyplys ha leverel dhe-
dhans, "Gesowgh ny dhe vos dres an
mor dhe'n tenewen aral." Dyberth a
wrussons. ²³Pàn esens y ow colya,
cùsk a godhas warnodho. Y teuth
hager-awel ha gwyns dres an logh.
Hag yth esa an côk ow lenwel a
dhowr, hag yth esens y in peryl brâs.

²⁴Y a dheuth nes dhodho ha'y dhyfuna ow leverel, "A vêster, a vêster, kellys on!"

Dyfuna a wrug ha rebûkya an gwyns ha'n todnow esa ow terevel fol. An hager-awel a cessyas, hag y feu calmynsy. ²⁵Jesu a leverys dhedhans. "Ple ma agas crejyans?"

Own ha marth a's teva hag y a leverys an eyl dh'y gela, "Pyw yw hebma ytho, usy owth erhy dhe'n gwyns ha dhe'n dowr kyn fe, hag obeya a wrowns?"

²⁶Y a wolyas i'n côk bys in pow an Gadarenas usy adâl Galyle. ²⁷Pàn esa Jesu ow tira, y teuth wàr y bydn den a'n cyta hag a'n jeva dewolow. Ny wre va gwysca dyllas vëth nans o termyn hir, ha nyns o va tregys in chy naneyl, mes i'n ancladhva. ²⁸Pàn welas ev Jesu, ev a godhas wàr an dor dhyragtho ha garma yn uhel, "Prag yth esta orth ow throbla, a Jesu, Mab an Duw Awartha? Na wra ow thormentya, me a'th pës." ²⁹Rag Jesu a erhys solabrës dhe'n spyrys avlanyth dos mes anodho. (An spyrys a'n sêsya yn fenowgh; ev a vedha gwethys ha kelmys gans chainys ha carharow, mès y whre va terry an colmow, ha'n tebel-el a'n lêdya bys i'n gwylfos.)

³⁰Nena Jesu a wovydnas orto, "Pëth yw dha hanow?"

"Lyjyon," yn medh ev, rag ev a'n jeva lies tebel-spyrys, ³¹hag y a'n pesys na wrella aga erhy dhe vos in kerdh bys i'n islonk.

³²Yth esa gre vrâs a vogh ow pory wàr an bryn; ha'n dhewolow a besys Jesu may whrella alowa dhedhans entra i'n mogh; hag ev a ros cubmyas dhedhans. ³³Pàn dheuth an dhewolow mes a'n den, y a entras i'n mogh, ha'n bagas anodhans a wrug fysky an lêder wàr nans bys i'n mor ha budhy.

³⁴Pàn welas bugeleth an mogh an pëth a wharva, y a wrug fysky in kerdh, ha derivas an dra i'n cyta hag i'n pow adro. ³⁵Nena an bobel a dheuth in mes rag gweles an câss. Pàn dheuthons dhe Jesu, y a gafas an den may teuth an dhebel-spyrysyon mes anodho, y dhyllas adro dhodho hag ev in y ewn-skians. Y a gemeras own. ³⁶An re-na a welas an pëth a wharva, a dherivàs ortans fatell veu sawys an sagh dyowl. ³⁷Nena oll an dus a bow an Gadarenas a besys Jesu dhe dhyberth dhywortans; rag own brâs a godhas warnodhans. Ev a entras ytho i'n scath ha dewheles.

³⁸An den a veu an spyrysyon tôwlys mes anodho, yth esa va ow pesy Jesu ma halla va bos ganso. Jesu a'n danvonas in kerdh ha leverel, ³⁹"Kê dhe'th tre arta, ha derif pygebmys re wrug Duw ragos." Gans hedna ev a dhybarthas ow teclarya der oll an cyta pyseul a wrug Jesu ragtho.

⁴⁰Pàn dheuth Jesu arta, an rûth a'n wolcùbmas, dre rêson y dhe vos orth y wetyas. ⁴¹Ha mir, y teuth dhodho i'n eur-na den henwys Jayrùs, hùmbrynkyas a'n synaga. Ev a godhas dhe'n dor orth treys Jesu ha'y besy may whrella entra in y jy, ⁴²drefen y udn vyrgh, ha hy neb dewdhek bloodh, dhe vos in newores.

Pàn esa Jesu ow kerdhes bys in chy Jáyrùs, an rûth a'n gwasca a bùb tu. ⁴³Yth esa benyn i'n tyller-na ha hy clâv a issyw a woos nans o dewdhek bledhen; kyn whrug hy spêna wàr vedhygyon oll hy fëth, ny ylly den vëth hy sawya. ⁴⁴Hy a dheuth ogas adrëv dhe Jesu ha tùchya lysten y bows, ha strait an issyw a woos a cessyas.

⁴⁵Nena Jesu a wovydnas, "Pyw a'm tùchyas?"

Pàn wrug kenyver onen y naha, Peder a leverys, "Mêster, yma an rûth oll adro dhis hag y orth dha wasca a bùb tu."

⁴⁶Mès Jesu a leverys, "Nebonen a wrug ow thùchya; rag me a verkyas bos an vertu gyllys mes ahanaf."

⁴⁷Pàn welas an venyn na ylly hy gortos in dadn gel na fella, hy a dheuth in rag ow trembla ha codha wàr bedn dewlin dhyragtho. Hy a dherivas in golok oll an bobel prag y whrug hy y dùchya, ha fatell veu hy strait sawys. ⁴⁸Ev a leverys dhedhy, "Myrgh, dha grejyans re'th sawyas. Kê wàr dha fordh in cres."

⁴⁹Pàn esa va whath ow côwsel, y teuth nebonen dhia jy hùmbrynkyas an synaga ha leverel, "Tremenys yw dha vyrgh. Na wra trobla an descador na fella."

⁵⁰Pàn glôwas Jesu hedna, ev a leverys, "Na borth awher. Na wra mès cresy ha hy a vêdh sawys."

⁵¹Pàn dheuth ev bys i'n chy, ny alowas ev dhe nagonen entra ganso marnas Peder, Jowan, Jamys, ha tas ha mabm an vowes. ⁵²Yth esens y oll orth hy mùrnya hag owth ola, saw ev a leverys dhedhans, "Na wrewgh ola, rag marow nyns yw hy màn. In cùsk yma hy."

⁵³Ges a wrussons anodho, drefen y dhe wodhvos hy bos marow. ⁵⁴Jesu a's kemeras er an leuv ha garma, "Flogh, sa'bàn!" ⁵⁵Hy anal a dhewhelys dhedhy, ha strait hy a savas in bàn. Nena ev a's comondyas dhe ry dhedhy nebes sosten. ⁵⁶Amays veu hy thas ha'y mabm, saw ev a erhys

dhedhans na wrellens campolla an mater dhe dhen vëth.

9 Jesu a elwys dhodho an dewdhek, ha ry dhedhans gallos hag auctoryta wàr oll an dhewolow, ha rag sawya clevejow. ²Hag ev a's danvonas in mes dhe brogeth gwlascor Duw ha dhe sawya an glevyon. ³Ev a leverys dhedhans, "Na dhrewgh tra vëth genowgh rag an fordh, naneyl lorgh, na pors, na bara, na mona—naneyl na dhrewgh genowgh moy ès udn bows. ⁴An chy a wrellowgh why entra ino, ena tregowgh bys pàn vewgh why ow voydya. ⁵Pynag oll na wrella agas wolcùbma, pàn vewgh why ow tyberth dhia an dre-na, shakyowgh an doust dhywar agas treys yn dùstuny wàr aga fydn." ⁶An dyscyplys êth in kerdh ha mos adro i'n trevow ow progeth an nowodhow dâ, hag ow sawya clevejow in kenyver plâss.

⁷Saw Erod mytern a glôwas pùptra a wharva, ha troblys brâs veu, rag yth esa tus ow leverel bos Jowan dasserhys mes a'n bedh. ⁸Y levery radn aral fatell o Elias, neb a omdhysqwedhas. Ken re whath a levery onen a'n profettys coth dhe vos sevys a'n re marow. ⁹Erod a leverys, "Me a dhybednas Jowan. Pyw ytho yw hebma, esof vy ow clôwes kebmys adro dhodho?" Whensys o va a'y weles.

¹⁰Pàn wrug an dyscyplys dewheles, y a dherivas orto kenyver tra a wrussons gul. Jesu a gemeras y dhyscyplys ganso hag omdedna yn pryva bys in tre henwys Besseda. ¹¹Pàn wrug an rûth godhvos hedna, y a'n sewyas. Jesu a's wolcùbmas ha côwsel ortans ow tùchya gwlascor

Duw, hag ev a sawyas pynag oll anodhans a'n jeva othem a ely.

¹²Pàn esa dyweth an jorna ow tos, an dewdhek a dheuth dhodho ha leverel, "Danvon an bobel in kerdh bys i'n trevow ha bys i'n pow ader dro, may hallens ostya ena ha cafos sosten, rag yth eson ny obma in tyller dianeth."

¹³Ev a leverys "Rewgh agas honen sosten dhedhans dhe dhebry."

Y a worthebys, "Ny ny'gan beus saw pymp torth a vara ha dew bysk— marnas ny a wra mos dhe brena sosten rag oll an dus-ma." ¹⁴Rag yth esa ogas dhe bymp mil dhen i'n tyller-na.

Jesu a leverys dh'y dhyscyplys, "Gwrewgh dhedhans esedha in cowethasow, hag adro dhe hanter-cans den in kenyver bagas." ¹⁵Y a wrug indella, ha pùbonen a esedhas. ¹⁶Jesu a gemeras in y dhewla an pymp torth ha'n dew bysk. Wosa derevel y lagasow, ev a's benegas ha'ga therry, ha'ga ry dh'y dhyscyplys dhe radna inter an bobel. ¹⁷Pùbonen a dhebras ha cafos lowr, hag y feu cùntellys dewdhek canstel a'n brewyon gesys.

¹⁸Pàn esa Jesu udn jorna ow pesy, ha nag esa ganso mès y dhyscyplys, ev a wovydnas ortans, "Pyw a lever an bobel ow bosa vy?"

¹⁹"Jowan Baptyst," y a worthebys, "pò Elias warlergh radn erel—mes radn erel arta a lever bos dasvewys onen a brofettys an dedhyow coth."

²⁰Ev a leverys dhedhans, "Saw pyw a lever whywhy y bosama?"

Peder a worthebys, "An Crist a Dhuw."

²¹Ev a wrug comondya hag erhy straitly dhedhans, na wrellens derivas an dra-ma dhe dhen vëth, ²²rag ev a leverys, "Res yw dhe Vab an Den sùffra lies tra, ha bos sconys gans tus hen an Yêdhewon, gans an chif prontyryon ha'n scrîbys, ha bos ledhys ha dassevel an tressa jorna."

²³Jesu a leverys dhedhans, "Mar mydn nebonen ow sewya, gwrêns ev kenyver jorna derevel y grows, naha y honen ha dos wàr ow lergh. ²⁴Rag neb a vydna selwel y vêwnans, a wra y gelly, saw neb a wrella kelly y vêwnans rag ow herensa vy, ev a wra y selwel. ²⁵Py prow a'n jevyth neb-onen, mar teu va ha gwainya oll an bës, mès kelly pò hepcor y honen? ²⁶Rag pynag oll a gemerra meth ahanaf hag a'm geryow vy, Mab an Den a vydn perthy meth anodho ev, pàn dheffa gans glory ha gans gordhyans an Tas ha'n eleth sans. ²⁷In gwir me a lever dhywgh, fatell usy re a'ga sav obma na wra tastya mernans, erna wrellens gweles gwlascor Duw ow tos."

²⁸Adro dhe eth jorna wosa an geryow-ma Jesu a gemeras ganso Peder, Jowan ha Jamys hag ascendya i'n meneth, may halla va ena pesy. ²⁹Pàn esa va ow cul pejadow, y feu chaunjys semlant y fâss hag yth esa y dhyllas ow spladna pòr wydn. ³⁰Dystowgh y a welas dew dhen ow kestalkya gans Jesu. Moyses hag Elias êns y. ³¹Y a omdhysqwedhas in glory ha côwsel orto adro dh'y dhybarth, a resa Jesu collenwel yn scon in Jerùsalem. ³²Yth esa cùsk poos wàr Peder ha wàr y gowetha; saw dre rêson y dhe vos dyfun, y a welas y glory ha'n dhew dhen ow sevel warbarth ganso. ³³Pàn esens y ow tyberth dhywortans, Peder a leverys dhe Jesu, "A vêster, dâ yw genen bos

obma. Gesowgh ny dhe wul teyr scovva, onen ragos jy, onen rag Moyses hag onen rag Elias." Rag ny wodhya pëth esa va ow leverel. ³⁴I'n prës-na hag ev whath ow côwsel, y teuth cloud ha'ga hudha. Ha pàn esens owth entra i'n cloud, y a gemeras own brâs. ³⁵Hag y teuth lev mes a'n cloud ow leverel, "Hèm yw ow Mab, re beu dêwysys genef. Goslowowgh orto!" ³⁶Pàn dewys an lev, y a gafas Jesu a'y honen oll. Ha ny wrussons derivas an taclow a welsons dhe dhen vëth, saw tewel yn tien adro dhedhans.

³⁷Ternos, pàn wrussons skydnya dhywar an meneth, rûth vrâs a dheuth wàr y bydn. ³⁸Ha mir, den i'n rûth a grias warnodho ow leverel, "Descador, me a'th pës a veras orth ow mab—ow unvab ywa. ³⁹Y fëdh spyrys orth y sêsya dhesempys, ha dystowgh uja a wra. An spyrys a wra y shakya erna dheffa ewon mes a'y anow. Y debel-dhyghtya a wra, ha scant ny vydn ev y asa in cres. ⁴⁰Me a besys dha dhyscyplys a'y dôwlel in mes, saw ny yllens poynt."

⁴¹Jesu a'n gorthebys ha leverel, "A heneth treus ha heb crejyans vëth, pana bellder a res dhybm bos genowgh ha'gas perthy? Dro dha vab obma."

⁴²Pàn esa an mab ow tos dhodho, an tebel-spyrys a wrug y dhehesy dhe'n dor ha'y shakya yn freth. Saw Jesu a rebûkyas an spyrys avlan, hag a sawyas an maw ha'y ry arta dh'y das. ⁴³Pùbonen a'n jeva marth a vrâster Duw.

Marth a'n jeva pùb huny a oll an taclow esa Jesu ow cul, hag ev a leverys dh'y dhyscyplys, ⁴⁴"Deuns an geryow-ma bys i'gas scovornow.

Traitys vëdh Mab an Den inter dewla tus." ⁴⁵Saw ny wrussons y convedhes an lavar-ma; kelys veu y styr dhywortans, ma na yllens y bercêvya. Hag y a veu own a wovyn orto tra vëth adro dhe'n lavar.

⁴⁶Strif a sordyas i'ga mesk pyneyl anodhans a vedha an brâssa. ⁴⁷Pàn wrug ev convedhes preder aga brës, Jesu a gemeras flogh ha'y settya dhyragtho. ⁴⁸Ev a leverys dhedha, "Pynag oll a wrella recêva an flogh ma i'm hanow vy, yma va orth ow recêva vy. Ha pynag oll a wrella ow recêva vy, yma va ow recêva hedna a wrug ow danvon. Rag an lyha oll ahanowgh a vëdh an brâssa."

⁴⁹Jowan a worthebys, "Mêster, ny a welas nebonen ow tôwlel in mes dewolow i'th hanow jy, ha ny a whelas y lettya, dre rêson nag usy va orth agan sewya."

⁵⁰Saw Jesu a leverys dhodho, "Na wrewgh y lettya nes. Pynag oll na vo wàr agas pydn, ragowgh why yth yw."

⁵¹Pàn dheuth nessa an dedhyow, may fedha derevys in bàn, ev a settyas y fâss yn colodnek dhe dravalya bys in Jerùsalem. ⁵²Ha danvon a wrug messejers dhyragtho. Wàr aga fordh y a entras in tre a'n Samarytans, may hallens y parusy taclow ragtho. ⁵³Saw ny wrussons aga wolcùbma, dre rêson y fâss dhe vos settys tro ha Jerùsalem. ⁵⁴Pàn welas y dhyscyplys, Jamys ha Jowan, hedna, y a leverys, "Arlùth, a vynta jy ny dhe erhy tan dhe skydnya mes a'n nev dhe'n dor ha'ga lesky?" ⁵⁵Saw ev a drailyas ha'ga rebûkya. ⁵⁶Nena y êth dhe gen tre.

⁵⁷Pàn esens ow kerdhes i'n fordh, nebonen a leverys dhodho, "Me a vydn dha sewya pynag oll fordh may whrelles mos."

⁵⁸Jesu a leverys dhodho, "An lewern a's teves tell, ha'n ÿdhyn aga neythow—mes ny'n jeves Mab an Den tyller vëth dhe bowes y bedn."

⁵⁹Dhe dhen aral Jesu a leverys, "Gwra ow sewya vy." Saw ev a leverys, "Arlùth, gas vy kyns dhe vos hag encledhyas ow thas."

⁶⁰Saw Jesu a leverys "Gesowgh an re marow dhe encledhyas an re marow; saw te, kê ha progeth gwlascor Duw."

⁶¹Nebonen aral a leverys, "Dha sewya me a vydn, saw gas vy kyns dhe vos ha gasa farwèl gans ow meyny."

⁶²Saw ev a leverys dhodho, "Den vëth a wrella settya y dhorn wàr an ardar ha meras wàr dhelergh, wordhy nyns ywa màn a wlascor Duw."

10 Wosa an taclow-ma an Arlùth a appoyntyas deg ha try ugans, ha'ga danvon dew ha dew dhyragtho bys in kenyver tre ha tyller mayth o va ervirys mos y honen. ²Ev a leverys dhedhans, "Brâs yw an drevas, mès tanow yw an vejoryon. Rag hedna pesowgh Arlùth an drevas dhe dhanvon gonesyjy in mes dhe vejy. ³Kewgh wàr agas fordh. Merowgh, yth esof orth agas danvon in mes kepar hag ên in mesk bleydhas. ⁴Na dhegowgh genowgh naneyl pors, na sagh, na sandalys. Na wrewgh dynerhy den vëth i'n fordh.

⁵"Pynag oll chy a wrellowgh entra ino, kyns oll leverowgh, 'Cres Duw aberth i'n chy-ma!' ⁶Mar pëdh den a gres i'n plâss-na, agas cres a wra remainya ganso. Mar ny vëdh, dewheles a wra agas cres dhywgh. ⁷Tregowgh i'n keth chy, ha debrowgh hag evowgh a wrellens ry dhywgh, rag wordhy yw an gonesyas a'y wober. Na wrewgh chaunjya dhia jy dhe jy.

⁸"Pàn wrellowgh why entra in tre ha'n dregoryon dh'agas wolcùbma, debrowgh a vo settys dhyragowgh. ⁹Sawyowgh an glevyon usy i'n tyller, ha leverowgh dhedhans, 'Re dheuth gwlascor Duw ogas dhywgh.' ¹⁰Saw bëth pàn wrellowgh why entra in chy, ha na wra an dus agas wolcùbma, kewgh in mes i'n strêtys ha leverowgh, ¹¹'An very doust a'n dre-ma usy ow clena orth agan treys, yth eson ny orth y shakya dhywarnan yn dùstuny wàr agas pydn. Saw godhvedhowgh hebma: ogas yw gwlascor Duw.' ¹²Me a lever dhywgh: i'n jorna-na y fëdh moy plesont dhe Sodom kyn fe ès dhe'n keth tyller-na.

¹³"Gojy, Corosaym! Gojy, Besseda! Oll an oberow galosek gwrës inowgh, a pêns y gwrës in Tir ha Sîdon, aga thregoryon a wrussa kemeres edrek termyn pell alebma, hag esedhys viens lebmyn in iscar ha lusow. ¹⁴Êsya vëdh dëdh breus rag Tir ha Sîdon ès ragowgh why. ¹⁵Ha te, Capernaùm, a vedhys jy exaltys bys in nev? Na vedhys, te a vëdh drës dhe'n dor bys in pyt iffarn.

¹⁶"Neb a wrella agas clôwes why, ev a'm clôw vy, ha neb a wrella agas despîsya why, yma orth ow despîsya vy, ha neb a wrella ow despîsya vy, yma ow tespîsya hedna a wrug ow danvon vy."

¹⁷An deg ha try ugans a dhewhelys dhodho gans joy ha leverel, "Arlùth, i'th hanow jy yma an dhewolow aga honen gostyth dhyn ny!"

¹⁸Ev a leverys dhedhans, "Me a welas Satnas ow codha mes a'n nev kepar ha luhesen. ¹⁹Merowgh, me re ros dhywgh auctoryta dhe drettya

wàr nedras ha scorpyons, ha wàr oll gallos agas eskerens; ha ny wra tra vëth oll agas shyndya. ²⁰Bytegyns na gemerowgh joy dre rêson an dhewolow dhe obeya dhywgh, mes rejoycyowgh kyns drefen bos agas henwyn screfys in nev."

²¹I'n keth prës-na Jesu a rejoycyas i'n Spyrys Sans ha leverel, "A Das, Arlùth an nev ha'n bës, me a aswon grâss dhis awos te dhe gudha an taclow-ma dhyworth an re skentyl ha'n dus fur, ha'ga dysqwedhes dhe'n re munys. Ea, a Das, rag indella y feu dha volùnjeth leun a râss.

²²"Yma pùptra grauntys dhybm gans ow Thas; ha ny wor nagonen saw an Tas pyw yw an Mab; naneyl ny wor den vëth pyw yw an Tas, saw an Mab, ha neb a vydna an Mab y dhysclôsya dhodho."

²³Nena Jesu a drailyas dhe'n dyscyplys ha leverel, "Benegys yw an lagasow usy ow qweles pùptra a welowgh why! ²⁴Me a lever dhywgh, fatell esa lies profet ha lies mytern ow tesîrya gweles a welsowgh why, mes y ny'n gwelsons poynt, ha whensys êns dhe glôwes a wrussowgh whywhy clôwes, mès ny wrussons bythqweth y glôwes."

²⁵Mir, den a'n laha a savas in bàn may halla va prevy Jesu. "Descador," yn medh ev, "pëth a res dhybm gul rag eryta an bêwnans nefra a bys."

²⁶Ev a leverys dhodho, "Pandr'yw screfys i'n laha? Pëth esta ow redya ino?"

²⁷Ev a worthebys, "'Te a dal cara an Arlùth dha Dhuw gans oll dha golon, ha gans oll dha enef, ha gans oll dha nerth, ha gans oll dha vrës'; ha 'Te a dal cara dha gentrevak kepar ha te dha honen.'"

²⁸Ev a leverys dhodho, "Te re worthebys yn ewn. Gwra indella ha bewa te a wra."

²⁹Saw ev a vydnas jùstyfia y honen, ha rag hedna ev a wovydnas orth Jesu, "Pyw yw ow hentrevak?"

³⁰Jesu a worthebys, "Yth esa den ow mos dhyworth Jerùsalem wàr nans dhe Jeryco ha ladron a lenas orto. Y a'n stryppyas yn noth, y a'n cronkyas ha scant ny wrussons gasa dhodho y vêwnans, kyns ès voydya alena. ³¹Dre hap yth esa pronter ow skydnya i'n fordh-na, ha pàn wrug ev y weles wàr an fordh, ev a bassyas dresto wàr an tenewen pell. ³²Indelma inwedh y teuth Levîta dhe'n tyller, ha pàn welas ev an den, ev kefrës a dremenas dresto wàr an tu aral. ³³Saw Samarytan a dheuth ogas dhodho hag ev ow travalya; ha pàn wrug y welas, ev a gemeras pyteth anodho. ³⁴Dos nes a wruga, ha devera oyl ha gwin wàr y woliow ha'ga helmy in bàn. Nena ev a'n settyas wàr y asen y honen, y dhry dhe ostel ha kemeres with anodho. ³⁵Ternos ev a gemeras in mes dyw dheneren, ha'ga ry dhe ost an chy, ha leverel, 'Kebmer with a'n den-ma, ha pàn dheffen ha dewheles, pynag oll dra moy a wrelles spêna worto, me a be an scot.'

³⁶"Pyneyl a'n try na esta ow tyby dhe vos kentrevak dhe'n den a godhas inter dewla an ladron?"

³⁷Ev a leverys, "Hedna neb a wrug dysqwedhes tregereth dhodho." Jesu a leverys dhodho, "Kê ha gwra indella."

³⁸Pàn esens y ow mos wàr aga fordh, ev a entras in certan tre, le may whrug benyn henwys Martha y wolcùbma aberth in hy chy. ³⁹Whor a's teva henwys Maria, a wre esedha

orth treys an Arlùth rag clôwes y eryow. ⁴⁰Saw Martha o ancombrynsys gans hy lies dûta, ha dos dhe Jesu ha leverel, "Arlùth, a nyns yw bern dhis ow whor dhe'm gasa dhe wul oll an ober ow honen oll? Lavar dhedhy ow gweres!"

⁴¹Saw an Arlùth a's gorthebys, "Martha, Martha, te yw prederys a lies tra, ⁴²mes nyns eus res saw unsel udn dra. ⁴³Maria re wrug dêwys an radn wella, na vëdh nefra kemerys dhyworty."

11 Yth esa va ow pesy in certan tyller, ha wosa ev dhe dhewedha, onen a'y dhyscyplys a leverys dhodho, "Arlùth, dysk dhyn pesy, kepar dell wrug Jowan desky pejadow dh'y dhyscyplys."

²Ev a leverys dhedhans, "Pàn vewgh why ow pesy, leverowgh,

"'A Das, re bo benegys dha hanow.
Re dheffa dha wlascor.
³Ro dhyn hedhyw agan bara a bùb dëdh oll.
⁴Ha gav dhyn agan pehosow, kepar dell eson ny ow pardona an re-na usy in kendon dhyn.
Ha na wra agan dry bys in termyn an prevyans.'"

⁵Ev a leverys dhedhans, "Pyw ahanowgh a vynsa mos i'n nos dhe onen a'y gothmans ha leverel, 'A vroder, gwra prestya dhybm teyr thorth a vara, ⁶rag coweth re dheuva dhybm dhyworth an fordh, ha ny'm beus tra vëth dhe settya dhyragtho'?

⁷"Nena an den i'n chy a vydn gortheby ha leverel, 'Na wra ow throbla. Yma an daras degës solabrës ha'm flehes genef vy i'n gwely. Ny

allama sevel ha ry dhis.' ⁸Me a lever dhywgh, kyn na vynsa sevel ha ry dhodho tra vëth, dre rêson y vos y gothman, dhe'n lyha ev a vynsa sevel in bàn ha ry dhodho pynag oll tra a wrella desîrya awos y dhuryans hir.

⁹"Me a lever dhywgh: govydnowgh, hag y fëdh rës dhywgh; whelowgh, ha why a gav; knoukyowgh, hag y fëdh egerys dhywgh. ¹⁰Rag pynag oll a wrella govyn, a wra recêva; pynag oll a vo ow whelas, a wra cafos, ha pynag oll a wrella knoukya, dhodho y fëdh egerys.

¹¹"Eus den vëth ahanowgh, pàn wrella y vab erhy pysk dhyworto, a vynsa ry serpont dhodho? ¹²Pò a rosa scorpyon dhodho in le oy? ¹³Mar kyllowgh whywhy ry royow dâ dh'agas flehes, kynth owgh why ùnperfeth, pygebmys dhe voy a vydn agas Tas in nev ry an Spyrys Sans dhe'n re-na usy orth y whelas?"

¹⁴Yth esa Jesu ow tôwlel in mes tebel-spyrys omlavar. Pàn wrug y dôwlel in mes, an den omlavar a gowsas, hag amays veu an rûth. ¹⁵Saw yth esa radn anodhans ow leverel, "Dre Belsebùk, rewler an dhewolow, yma va ow tôwlel in mes dewolow." ¹⁶Re erel, rag y brevy, a dhemondyas dhyworto sin mes a nev.

¹⁷Saw ev a wodhya aga brës ha leverel dhedhans, "Pùb gwlascor, neb a vo rydnys wàr hy fydn hy honen, a vëdh wastys, ha kenyver chy inhy a wra codha wàr jy aral. ¹⁸Mar pëdh Satnas rydnys wàr y bydn y honen, fatell yll y wlascor sevel? Rag why a lever, me dhe dôwlel dewolow in mes in hanow Belsebùk. ¹⁹Mar teuma ha tôwlel tebel-spyrysyon in mes in hanow Belsebùk, in hanow pywa usy agas mebyon why orth aga thôwlel in

mes? Y a vëdh agas brusysy ytho.
²⁰Saw mar teuma ha'ga thôwlel in
mes der an bës a Dhuw, nena gwlas-
cor Duw re dheuth dhywgh solabrës.

²¹"Pàn vo den crev cowl-ervys ow
qwetha y gastel y honen, diogel yw y
bosessyon. ²²Saw mar teu nebonen
creffa agesso ha'y assaultya ha'y gon-
qwerrya, an den-na a gebmer qwit
dhe ves y arvow, esa va ow trestya
inhans, ha radna y bray.

²³"Pynag oll na vo genama, yma va
wàr ow fydn, ha neb na vo ow cùntell
genef, scùllya a wra.

²⁴"Pàn vo an tebel-spyrys gyllys
mes a'n den, mos a wra adro i'n
tyleryow sëgh ow whelas powesva,
mes ny's cav màn. Nena an spyrys a
lever, 'Me a vydn dewheles dhe'm
chy, a wrug avy dos mes anodho.'
²⁵Pàn dheffa va tre, ev a gav an chy
scubys ha restrys. ²⁶An spyrys a wra
dyberth i'n tor'-na, ha dry ganso
seyth spyrys erel, hag y lacka agesso
y honen, hag y oll a wra entra i'n
plâss ha bewa ino; ha plît dewetha an
den yw gweth ès i'n dallath."

²⁷Pàn esa va ow côwsel indelma,
benyn i'n rûth a dherevys hy lev ha
leverel, "Benegys yw an brës a wrug
dha dhon, ha benegys an dhywvron a
wrug dha vaga!"

²⁸Saw ev a leverys dhedhy, "Nâ,
benegys yw an re-na a wrella clôwes
geryow Duw ha gul wàr aga lergh!"

²⁹Pàn esa rûth an dus owth en-
cressya, ev a dhalathas leverel, "Drog
yw an heneth-ma, rag ymowns y ow
whelas sin, saw onen vëth ny vëdh rës
dhedhans, marnas sin Jônas. ³⁰Rag
kepar dell veu Jônas sin dhe
dregoryon Nyneve, in kepar maner
Mab an Den a vëdh yn sin dhe'n
heneth-ma. ³¹Myternes an Soth a wra

sevel dëdh breus warbarth gans an
heneth-ma, ha hy a wra aga dampnya,
rag hy a dheuth dhyworth pednow an
bës rag goslowes orth furneth
Salamon, hag ot obma neppyth
brâssa ès Salamon. ³²Tus Nyneve a
wra sevel dëdh breus warbarth gans
an heneth-ma, hag y a wra aga
dampnya, dre rêson tus Nyneve dhe
godha in edrek pàn glôwsons progeth
Jônas. Hag awot neppyth brâssa ès
Jônas.

³³"Ny wra den vëth anowy lantern
ha'y worra in tyller cudh, nag in dadn
vùshel, mès yma va orth y settya wàr
goltrebyn, may halla seul a wrella
entra gweles an golow. ³⁴Dha lagas
yw lantern dha gorf. Pàn yw dha lagas
salow, golowys vëdh oll dha gorf. Saw
mar pëdh an lagas anyagh, dha gorf a
vëdh leun a dewolgow. ³⁵Rag hedna
gwra consydra mars yw tewl an
golow usy inos, pò nag ywa. ³⁶Mars
yw dha gorf glân ilyn in pùb poynt, y
fëdh ev mar spladn avell lantern usy
ow tewynya warnas gans oll y
wolowyjyon."

³⁷Pàn esa va whath ow côwsel,
Farysy a dheuth ha'y elwel dhe gona
ganso. Rag hedna ev a entras in y jy
ha kemeres y dyller orth an bord.
³⁸Marth a'n jeva an Farysy pàn welas,
na wrug Jesu golhy y honen kyns ès
debry.

³⁹Nena an Arlùth a leverys dhodho,
"Yth esowgh, why Farysys, ow pùrjya
an tu avês a'n hanaf hag a'n scudel,
saw leun owgh wàr jy a goveytys hag
a dhrog. ⁴⁰Why fôlys! Ev neb a wrug
an tu avês, a ny wrug ev an tu wàr jy
kefrës? ⁴¹Rag hedna rewgh yn alusen-
ow an taclow-na usy wàr jy, ha
merowgh, pùptra a vëdh glân
ragowgh.

42"Saw gowhy, why Farysys! Rag yth esowgh why ow tegevy menta, rûta, ha pùb losowen aral, mes yth esowgh ow tysprêsya jùstys ha kerensa Duw. An re ma a dalvia bos practycys genowgh, heb dysprêsya an taclow erel.

43"Gowhy, why Farysys! Rag dâ yw genowgh esedha in esedhva a onour i'n synagys, ha bos dynerhys gans revrons brâs i'n marhasow.

44"Gowhy! Rag yth owgh why kepar ha bedhow diarweth—hag y fëdh an dus ow kerdhes warnodhans heb y wodhvos."

45Onen a dus an laha a'n gorthebys ha leverel, "Descador, pàn wrêta leverel an taclow ma, yth esta orth agan dysprêsya ny kefrës."

46Jesu a leverys, "Gowhy kefrës, why dus an laha, rag yth esowgh why ow corra beghyow cales ha poos wàr an bobel, ha ny wrewgh why unweyth derevel bës rag aga scaffe.

47"Gowhy, rag byldya a wrewgh why meyn bedhow an profettys, kyn fowns y ledhys gans agas hendasow. 48Dùstuny owgh why ytho, ha why acordys gans obereth agas hendasow. Rag y a wrug ladha an profettys, hag yth esowgh whywhy ow pyldya aga meyn bedhow. 49Rag hedna Skians Duw a leverys, 'Me a vydn danvon dhedhans profettys hag abosteleth, hag y a wra ladha ha tormentya radn anodhans,' 50rag may fo an henethma cablus a woos pùb profet dhia fùndacyon an bës, 51dhia bàn ledhys Abel, bys in goos Zacarias, hag a veu moldrys inter an alter ha'n sentry. Ea, an taclow-na oll a vëdh i'n lîbel warbydn heneth an dedhyow-ma.

52"Gowhy, why dus an laha, rag why re gemeras dhe ves alwheth an skentoleth. Ny wrussowgh why agas honen mos ajy, mes why a lettyas an re-na esa owth entra."

53Pàn êth ev in mes a'n chy, an scrîbys ha'n Farysys o serrys brâs wàr y bydn, hag y a wrug y whythra glew ow tùchya lies tra, 54ha'y aspia hardlych, may hallens y vlâmya awos neppyth a wrella va leverel.

12 Pàn wrug an rûthow cùntell i'ga milyow, mayth esens ow trettya an eyl wàr y gela, Jesu a dhalathas côwsel orth y dhyscyplys, "Bedhowgh war a wel an Farysys, hèn yw, a'ga fekyl cher. 2Nyns eus tra vëth kelys na vëdh dyscudhys, naneyl tra vëth sêcret na vëdh dysclôsys. 3Rag hedna pynag oll dra a vo côwsys genowgh in dadn gel, an keth a vëdh clôwys orth golow dëdh. Kenyver tra a wrussowgh whystra yn pryveth, a vëdh declarys dhywar dohow an treven.

4"Me a lever dhywgh, ow hothmans, na dal dhywgh kemeres own a'n re-na a ladh an corf. Rag wosa hedna ny yllons y gul namoy. 5Me a lever dhywgh pyw a dal dhywgh bos war anodho. Kemerowgh with a'n re-na a's teves power, wosa ladha den, dh'y dôwlel dhe'n dor bys in iffarn. Ea, perthowgh own a'n re-na! 6A ny wrowns y gwertha pymp golvan a dhyw dheneren? Bytegyns ny wra Duw aga ankevy màn. 7Reknys yw oll blew agas pedn! Na berthowgh awher. Why a dal moy ès lies golvan.

8"Me a lever dhywgh: kenyver onen a wrella ow avowa dhyrag tus, Mab an Den a vydn y aswon dhyrag eleth Duw. 9Saw pynag oll a wrella ow denaha dhyrag tus, ev a vëdh denahys yn golok eleth Duw. 10Pynag oll a lavarra ger warbydn Mab an Den, pardonys vëdh dhodho; mès pynag oll a wrella cably an Spyrys Sans, ny gav ev gyvyans benytha. ¹¹"Pàn wrellons y agas dry dhyrag an synagys, an rewlysy ha'n auctorytas, na vedhowgh prederys, naneyl fatell wrellowgh why defendya agas honen na pandra gotha dhywgh leverel. ¹²Rag an Spyrys Sans a wra agas desky an geryow compes dhywgh i'n very termyn-na."

¹³Nebonen i'n rûth a leverys dhodho, "Descador, comond dhe'm broder radna erytans agan meyny intredhon agan dew."

¹⁴Saw ev a leverys dhodho, "A gothman, pyw a'm settyas vy yn jùj pò yn brusyas a-uhowgh?" ¹⁵Hag ev a leverys dhedhans, "Bedhowgh war! Kemerowgh with a bùb sort coveytys, rag moy yw bêwnans nebonen ès posessyon ha rychys."

¹⁶Nena ev a dherivas dhedhans an whedhel ma: "Den rych a'n jeva bargen tir ha meur a drevas ino. ¹⁷Ev a leverys dhodho y honen, 'Pandra dal dhybm gul, rag ny'm beus tyller vëth rag gwetha oll an drevas?' ¹⁸"Nena ev a leverys, 'Ot an dra a wrama: me a vydn dysevel oll ow skyberyow ha byldya moy, hag y a vëdh brâssa agessans. Hag inhans y me a vydn gorra oll ow threvas ha'm pëth. ¹⁹Ha me a vydn leverel dhe'm ena, Ena, yma genes i'th withva lowr ha plenty bys pedn lies bledhen. Te a yll omjersya lebmyn; gwra debry tabm, eva badna ha bëdh mery.' ²⁰"Saw an keth nos na Duw a leverys dhodho, 'Te bedn cog! An very nos-ma y fëdh dha vêwnans reqwîrys dhyworthys. Oll an taclow

neb a veu parys genes, pyw a's pewvyth i'n tor'-ma?'

²¹"Indelma y fëdh an câss gans an re-na, usy ow cùntell hag ow qwetha rychys ragthans aga honen, mès nag yw rych tro ha Duw."

²²Ev a leverys dh'y dhyscyplys, "Rag hedna me a lever dhywgh: na berthowgh preder a'gas bêwnans, pandra wrewgh why debry pò ow tùchya agas corf ha pëth a wrewgh gwysca. ²³Moy yw an bêwnans ès sosten, ha ha moy a vry yw an corf ès an dyllas adro dhodho. ²⁴Merowgh orth an bryny: ny wrowns y naneyl hasa na mejy. Ny's teves creunjy na skyber, mès yma Duw orth aga maga. Pyseul dhe voy yw agas bry why ès valew an ÿdhyn! ²⁵A yll den vëth ahanowgh der y brederow addya our kyn fe dhe dhedhyow y oos? ²⁶Rag hedna, mar ny yllowgh why gul unweyth tra vunys kepar ha hedna, prag yth esowgh why prederus adro dhe'n taclow erel?

²⁷"Merowgh orth lyly an pras, fatell usons ow tevy. Ny wrowns y naneyl lavurya na nedha. Me a lever dhywgh bytegyns, nag o Salamon in oll y splander bythqweth mar brecyùs gwyskys avellons y. ²⁸Saw mar teu Duw ha gwysca gwels an pras, yw yn few hedhyw, mès a vëdh tôwlys avorow aberth i'n tan, pyseul dhe voy a wra va agas gwysca why—why dus bohes agas crejyans. ²⁹Na vedhowgh pùpprës ow strîvya adro dhe sosten ha dewas, ha sevowgh orth codha in prederow. ³⁰Rag yma nacyons an bës ow strîvya awos oll an taclow-na, saw agas Tas a wor yn tâ bos othem dhywgh anodhans. ³¹In le an re-ma, gwrewgh strîvya rag gwlascor Duw,

ha'n taclow-ma a vëdh rës dhywgh kefrës.

³²"Na berthowgh own, a flock bian, rag yth yw plesour dâ agas Tas ry dhywgh why y wlascor. ³³Gwerthowgh agas pëth ha rewgh alusyon. Gwrewgh porsys dhywgh why agas honen na wra nefra fyllel, tresour bys venary in nev, le na wra lader dos nes ha na wra gowdhan dystrêwy. ³⁴Rag le may fo agas tresour, ena y fëdh agas colon kefrës.

³⁵"Bedhowgh grugysys rag lavurya, ha bedhens anowys agas lùgern. ³⁶Bedhowgh kepar ha'n re-na, usy ow cortos aga mêster dhe dhewheles tre dhyworth banket an demedhyans, may hallons egery an daras dhodho, pàn whrella va knoukya. ³⁷Benegys yw an gethwesyon-na a vëdh kefys yn tyfun gans aga mêster, pàn wrella va dos. In gwiryoneth me a lever dhywgh hebma: ev a wra grugysa y honen ha gul dhedhans esedha rag debry, ha dos ha'ga servya. ³⁸Mar teu va orth golow nos pò orth terry an jëdh ha'ga hafos i'n stât-na, benegys vëdh an wesyon-na. ³⁹Saw godhvedhowgh hebma: mar qwrussa mêster an chy godhvos pana dermyn a vydna dos an lader, ny vynsa gasa dhodho terry aberth in y jy. ⁴⁰Why kefrës a res bos parys, rag yma Mab an Den ow tos, pàn na vewgh why orth y wetyas."

⁴¹Peder a leverys, "Arlùth, ywa ragon ny te dhe dherivas an parabyl-ma pò rag kenyver onen?"

⁴²An Arlùth a worthebys, "Pyw yw ytho an styward lel ha fur, a vydn y vêster y settya a-ugh oll y gethwesyon, may halla va radna intredhans aga sosten i'n prës ewn? ⁴³Benegys yw an kethwas a vëdh ow lavurya, pàn dheffa y vêster tre. ⁴⁴In gwiryoneth me a lever dhywgh, dhe hedna ev a wra ry an charj a oll y bosessyon. ⁴⁵Saw mar teu an gwas-na ha leverel dhodho y honen, 'Lettys re beu ow mêster hag ev ow tos,' ha mar teu va ha dallath cronkya an gethyon erel, gwesyon ha mowysy, ha mar teu va ha debry hag eva ha medhowy, ⁴⁶mêster an kethwas-na a wra dos jorna, na wor ev màn, hag ev a vydn y bùnyshya, ha'y worra warbarth gans an re dyslel.

⁴⁷"An kethwas neb a wodhya pandra vydna y vêster, saw na wrug parusy y honen, naneyl gul an pëth esa othem anodho, ev a gav stewan. ⁴⁸Saw an den na wodhya badna, ha na wrug an dra esa othem anodho, ny vëdh ev cronkys mès yn scav. Seul a vo meur rës dhodho, y fëdh meur reqwîrys dhyworto; ha pynag oll a veu meur trestys dhodho, y fëdh demondys dhyworto moy whath.

⁴⁹"Me re dheuth rag dry tan dhe'n norvës, hag assa via dâ genef an tan dhe vos anowys solabrës! ⁵⁰Me a'm beus besydhyans dhe vos besydhys ganso. Ass yw chêson a fienasow dhybm, erna vo va collenwys! ⁵¹Esowgh why ow tyby ow bosaf ow try cosoleth dhe'n bës? Nag esof in gwiryoneth, mès strif! ⁵²Alebma rag y fëdh rydnys pymp den in udn meyny, dew dhen warbydn try dhen, ha try dhen warbydn dew. ⁵³Y a vëdh owth omlath, tas warbydn mab, ha mab warbydn tas, mabm warbydn myrgh ha myrgh warbydn mabm, dama dha warbydn hy gùhyth ha gùhyth warbydn hy dama dhâ."

⁵⁴Ev a leverys kefrës dhe'n rûthow, "Pàn esowgh why ow qweles cloud ow sevel i'n west, dystowgh why a lever, 'Yma glaw ow tos.' Hag

indelma y fëdh. ⁵⁵Ha pàn welowgh why gwyns soth ow whetha, why a lever, 'Y fëdh potvan i'n pow.' Hag indelma y fëdh. ⁵⁶Ass yw fekyl agas fara! Why a wor yn tâ fatell styrya semlant an dor ha'n ebron. Prag na wodhowgh why styrya an present termyn?

⁵⁷"Ha prag nag esowgh why ow jùjya ragowgh agas honen an pëth a vo ewn? ⁵⁸Indelma pàn esta ow mos gans dha gùhudhor dhyrag an jùstys, whela yn fen dhe vos assoylys ganso i'n fordh. Boken martesen te a vëdh tednys dhyrag an brusyas, ha'n brusyas a vydn dha worra in dewla an offycer, hag ev a vydn dha dôwlel dhe bryson. ⁵⁹Me a lever dhis, na wrêta nefra dos mes a'n tyller-na, erna wrelles tylly dha dheneren dhe-wetha."

13 Yth esa ena i'n tor'-na bùsh a dus a dherivas orth Jesu adro dhe'n Galyleans, fatell wrug Pylat kemysky aga goos gans an sacryfîcys esens y ow cul. ²Jesu a worthebys dhedhans, "Esowgh why ow soposya, dre rêson y dhe vos ledhys indella, yth êns pehadoryon lacka ès oll an Galyleans erel? ³Nâ, nâ! Me a lever hebma dhywgh: mar ny wrewgh why trailya dhyworth agas pehosow, why oll a verow kepar dell wrussons y. ⁴An êtek den-na neb a veu ledhys pàn godhas warnodhans tour Siloam—esowgh why ow predery y dhe vos pehadoryon lacka ès kenyver onen aral esa tregys in Jerùsalem? ⁵Nag êns. Saw me a lever dhywgh: marnas why a goodh in edrek, why a wra merwel kepar ha'n re-na."

⁶Nena ev a dherivas ortans an parabyl-ma: "Yth esa den hag ev a'n jeva fygwedhen in y vynyard, hag ev a dheuth rag cafos frût dhyworty. Saw ny gafas frût vëth. ⁷Rag hedna ev a leverys dhe'n lowarthor, 'Mir, yth esof vy ow tos obma nans yw teyr bledhen rag cafos frût dhyworth an fygwedhen-ma, saw ny wrug avy cafos tra vëth whath. Trogh hy dhe'n dor! Prag y fëdh an wedhen ow wastya an dor?'

⁸"An lowarthor a worthebys, 'Syra, gwra hy sparya bys pedn bledhen moy, erna wryllyf palas adro dhedhy ha'y theyla. ⁹Mar teu hy ha don frût an vledhen a dheu, dâ lowr—saw mar ny dheg hy frût vëth, te a yll hy threhy dhe'n dor.'"

¹⁰Yth esa Jesu ow tesky in onen a'n synagys jorna an sabot. ¹¹Ha mir, benyn a omdhysqwedhas neb a's teva spyrys mans, ha hy re bia evredhek nans o êtek bledhen. Cabmys dobyl o hy, ma na ylly sevel serth in bàn. ¹²Pàn wrug Jesu hy gweles, ev a's gelwys dhodho ha leverel, "A venyn, delyvrys os a'th tysês." ¹³Hag ev a settyas y dhewla warnedhy, ha heb let hy a savas serth in bàn ha dallath praisya Duw.

¹⁴Saw rewler an synaga a sorras, drefen Jesu dhe sawya jorna an sabot, hag yth esa va ow leverel dhe'n rûth, "Yma whegh dëdh i'n seythen, pàn godhvia bos lavur gwrës. Dewgh obma onen an dedhyow-na kyns ès dëdh an sabot."

¹⁵Saw an Arlùth a'n gorthebys, "Ass yw fekyl agas gnas! A nyns usy kenyver onen ahanowgh ow lowsya y ojyon pò y asen jorna an sabot dhyworth an presep, may halla va y lêdya in kerdh ha ry dowr dhodho?

¹⁶A ny godhvia an venyn-ma, myrgh dhe Abraham, a ny godhvia hy bos fries jorna an sabot a'n wasonieth-ma, esa hy strothys inhy gans Satnas nans yw êtek bledhen?"

¹⁷Pàn wrug ev leverel hedna, oll y eskerens a veu shâmys; saw yth esa oll an rûth ow rejoycya orth an taclow marthys a wre ev.

¹⁸Rag hedna ev a leverys, "Pana dra yw gwlascor Duw, ha pëth a allama hy homparya dhodho? ¹⁹Kepar ha hasen gedhow yth yw. Nebonen a's kemeras ha'y gorra in dor an lowarth. Tevy a wrug an kedhow hag ÿdhyn an air a dheuth ha gul aga neythow in y varrow."

²⁰Ev a leverys arta, "Pëth a wrama comparya gwlascor Duw dhodho? ²¹Kepar ha gwel yw, a gemeras benyn ha kemysky gans try musur a vleus gwaneth, erna veu an toos derevys ahës."

²²Jesu êth der an cytas ha'n trevow ow tesky hag ev ow travalya bys in Jerùsalem. ²³Nebonen a wovydnas orto, "Arlùth, yns y nebes an re-na a vëdh sawys?"

Ev a leverys dhedhans, ²⁴"Strîv-yowgh dhe entra der an daras strait, rag me a lever dhywgh hebma: lies huny a wra whelas entra, mès ny vedhons abyl. ²⁵Wosa den an chy dhe sevel in bàn ha degea an daras, ha why dhe vos a'gas sav orth an daras ow knoukya hag ow kelwel, 'Arlùth, egor an daras dhyn,' ev a vydn agas gortheby ha leverel, 'Ny wòn poynt a bleth esowgh why ow tos.' ²⁶"Nena why a wra dallath cria, 'Ny a wrug debry hag eva warbarth genes, hag yth eses ow tesky i'gan strêtys ny.'

²⁷"Saw ev a lever, 'Ny wòn an tyller esowgh why ow tos anodho. Voyd-yowgh dhyworthyf, oll why drog-oberoryon!'

²⁸"In eur-na y fëdh olva ha scrynva dens, pàn wrellowgh why gweles Abraham hag Isak ha Jacob hag oll an profettys in gwlascor Duw, ha why agas honen a vëdh tôwlys in mes. ²⁹I'n termyn-na y teu an bobel dhyworth an ÿst ha'n west, dhyworth an north ha'n soth, hag y a wra debry in gwlascor Duw. ³⁰Hag awot, yma re i'n tyller dewetha neb a vëdh kensa, ha'n re kensa a vëdh dewetha."

³¹I'n very termyn na y teuth dhodho certan a'n Farysys ha leverel dhodho, "Voyd alebma, rag yma Erod ow whelas dha ladha."

³²Ev a leverys dhedhans, "Kewgh ha leverowgh ragof vy dhe'n lowarn-na, 'Mir, yth esof vy ow tôwlel in mes tebel-spyrysyon hedhyw hag avorow, hag ow sawya clevejow an dus, ha'n tressa dëdh me a wra gorfedna ow lavur. ³³Saw hedhyw, avorow ha trenja me a res mos wàr ow fordh, rag ny yll profet vëth bos gorrys dhe'n mernans marnas in Jerùsalem.'

³⁴"Jerùsalem, Jerùsalem, an cyta usy ow ladha an profettys hag ow labedha an re-na a vëdh danvenys dhedhy! Pana lowr torn a wrug avy desîrya cùntell warbarth dha flehes, kepar dell usy yar ow cruny hy mebyon yar in dadn hy askelly, saw nyns eses orth y dhesîrya màn! ³⁵Mir, agas chy re beu gesys dhywgh. Ha me a lever dhywgh, na vydnowgh why ow gweles, erna wrellowgh why leverel, 'Benegys yw hedna usy ow tos in hanow an Arlùth.'"

14 Yth hapnyas dhe Jesu entra in chy onen a rewlysy an Farysys jorna an sabot rag debry prës, hag yth esens y orth y aspias glew. ²Ha mir, yth esa dhyragtho den clâv a'n cleves dowr. ³Jesu a wovydnas orth tus an laha ha'n Farysys, "Ywa lafyl pò nag ywa sawya tus jorna an sabot?" ⁴Saw y a dewys. Rag hedna Jesu a'n kemeras ha'y sawya ha'y dhanvon in kerdh.

⁵Nena ev a leverys dhedhans, "Mar pëdh flogh pò ojyon dhe nebonen ahanowgh hag ev codhys aberth in pith dowr, a ny wrewgh why strait y dedna in mes jorna an sabot kyn fe?" ⁶Saw ny alsens y wortheby.

⁷Pàn verkyas Jesu fatell wre an ôstysy dêwys an tyleryow a onour, ev a dherivas dhedhans an parabyl ma: ⁸"Pàn wrêta cafos galow dhe vanket demedhyans, na wra esedha in plâss a onour, rag dowt nebonen moy wordhy agesos dhe vos gelwys dy gans dha ost. ⁹Nena an ost, hag a elwys an dhew ahanowgh, a vydn dos dhis gans an geryow ma, 'Ro dha blâss dhe'n den-ma.' Nena te a vëdh shâmys ha dallath esedha i'n plâss isella oll. ¹⁰Nâ, pàn vesta gelwys, kê ha sedha i'n se isella, rag may halla dha ost leverel dhis pàn dheffa, 'Cothman, kê in bàn dhe se uhella ès hebma.' Nena onour a'th fëdh in golok oll an re-na eus esedhys genes. ¹¹Rag an re-na, usy owth exaltya aga honen, a vëdh drës dhe'n dor, ha'n re-na, usy owth hùmblya aga honen, exaltys y a vëdh."

¹²Jesu a leverys dhe'n den a wrug y elwel, "Pàn dheffesta ha ry con pò soper, na wra gelwel dha gothmans, dha vreder, dha nessevyn pò dha gentrevogyon rych, rag dowt y dhe'th elwel jy arta ha te dhe vos rewardys. ¹³Pàn dheffes ha ry banket, galow dhis an vohosogyon, an evredhygyon, an re mans ha'n dhellyon. ¹⁴Benegys vedhys rag ny yllons y dha rewardya—mès te a gav dha weryson orth dasserghyans an re gwiryon."

¹⁵Pàn glôwas onen a'n ôstysy an ger-na, ev a leverys, "Benegys yw hedna a wrella debry bara in gwlascor Duw!"

¹⁶Nena Jesu a leverys dhodho, "Yth esa den neb a ros con vrâs ha gelwel lies huny dhedhy. ¹⁷Pàn dheuth termyn an gon, ev a dhanvonas y was dhe leverel dhe'n re-na o gelwys, 'Dewgh i'n tor'-ma, rag yma pùptra parys.'

¹⁸"Saw pùbonen anodhans a dhalathas ascûsya aga honen. An kensa a leverys dhodho, 'Me re brenas bargen tir, ha res yw dhybm mos ha'y weles. Praydha, gav dhybm na allama dos.' ¹⁹Den aral a leverys, 'Me re brenas pymp yew a ohen, ha me a vydn mos dh'aga assaya. Gav dhybm na allama bos ena.' ²⁰Den aral a leverys, 'Me a dhemedhas agensow. Rag hedna ny allaf dos.'

²¹An gwas a dhewhelys ytho ha derivas pùptra dh'y vêster. Den an chy a sorras, ha leverel dh'y gethwas, 'Kê in mes bys in strêtys hag in scochfordhow an dre, ha droy obma an vohosogyon, an evredhygyon, an dhellyon ha'n re mans.'

²²"Ha'n gwas a leverys, 'Syra, gwrës yw an pëth a wrussys comond-ya, hag yma whath spâss i'th chy.'

²³"Nena an mêster a gomondyas dh'y servont ha leverel, 'Kê in mes bys i'n fordhow hag i'n bownderyow,

ha gwra constrîna an bobel dhe entra, may halla ow chy bos lenwys. ²⁴Rag yth esof ow teclarya dhis, na wra tastya ow boos den vëth a'n re-na a veu gelwys.'"

²⁵Yth esa bùsh pòr vrâs a dus ow travalya ganso. Jesu a drailyas ha leverel dhedhans, ²⁶"Pynag oll a dheffa dhybm, saw na wrella hâtya tas ha mabm, gwreg ha flehes, breder ha wheryth, ea, ha'n bêwnans y honen, ny yll ev bos ow dyscypyl vy. ²⁷Seul na wrella don y grows ha'm sewya vy, ny yll ev bos ow dyscypyl.

²⁸"Pyw ahanowgh why, pàn vo va porposys dhe dherevel tour, na vynsa kyns oll esedha rag acowntya an cost, may halla va gweles eus dhodho mona lùk rag y gollenwel? ²⁹Poken, pàn vo an fundacyon settys ganso, hag ev heb an pegans dh'y gowlwul, pynag oll a'n gwella, a vydn gul ges anodho. ³⁰Leverel a wra pùbonen, 'An pollat-ma a dhalathas byldya, saw ny ylly collenwel an ober!'

³¹"Pana vytern hag ev ow whelas mos ha gwerrya warbydn mytern aral, na wra kyns esedha ha consydra, a yll ev y honen, gans y dheg mil, mos in mes warbydn escar a'n jeves ugans mil? ³²Mar ny yll ev assaultya y escar, yma va ow tanvon messejers dhodho, hag ev whath pell dhyworto, rag govyn ambosow cres. ³³Rag hedna, ny yll den vëth ahanowgh why bos ow dyscypyl erna wrella hepcor oll y bosessyon.

³⁴"Dâ yw holan—mes mar teu va ha kelly y sawour, fatell yll an sawour bos restorys? ³⁵Gwyw nyns ywa naneyl dhe'n dor na dhe'n deylek. Tus a wra y dôwlel dhe ves.

"Seul a'n jeffa scovornow rag clôwes, gwrêns ev goslowes orthyf!"

15 Now, yth esa oll an doloryon ha'n behadoryon ow tos bys dhodho rag y glôwes. ²Hag yth esa an Farysys ha'n scrîbys ow croffolas hag ow leverel, "Yma an pollat-ma ow wolcùbma pehadoryon hag ow tebry gansans."

³Rag hedna Jesu a dherivas dhedhans an parabyl ma, ⁴"Pyw ahanowgh, neb a'n jeves cans davas, na wra gasa an nawnjek ha peswar ugans i'n gwylfos, ha mos warlergh an dhavas yw kellys, erna wrella hy hafos? ⁵Kettel y's cav, ev a's set wàr y dhywscoth ha rejoycya. ⁶Ha pàn dheu va tre, gelwel a wra y gentrevogyon ha'y gothmans ha leverel dhedhans, 'Rejoycyowgh genama, rag me re gafas ow davas o kellys.' ⁷In kepar maner, me a'n lever dhywgh, y fëdh moy joy in nev adro dhe udn pehador repentys, ès adro dhe'n nawnjek ha peswar ugans na's teves othem vëth a edrek.

⁸"Pò pana venyn, neb a's teves deg deneren a arhans, mar teu hy ha kelly onen anodhans, na vydn anowy lantern, scubya an chy ha whelas glew erna wrella hy hy hafos? ⁹Pàn wra hy hy hafos, yma hy ow kelwel warbarth hy hothmans ha'y hentrevogyon ow leverel, 'Gwrewgh lowenhe genef vy, dre rêson me dhe gafos an dheneren o kellys.' ¹⁰Me a lever dhywgh: in keth maner y fëdh lowena vrâs in mesk eleth Duw adro dhe udn pehador usy ow kemeres edrek."

¹¹Nena Jesu a leverys, "Yth esa den ha dhodho dew vab. ¹²An mab yonca a leverys dh'y das, 'A das, ro dhybm an radn a'n erytans a vydn codha dhybm.' Y das ytho a wrug radna intredhans y bëth.

13"Nebes dedhyow awosa an mab yonca a gùntellas warbarth myns a'n jeva, ha viajya bys in pow abell—hag ena ev a wastyas oll y vona gans harlotry. 14Pàn wrug ev spêna oll y sùbstans, nown brâs a godhas wàr an pow-na, hag ev a dhalathas bos in esow. 15Gans hedna ev êth ha whelas servys gans onen a cytysans an pow, ha'n den a'n danvonas in mes dh'y vargen tir dhe gemeres with a'y borhelly. 16Whensys o va dhe lenwel y bengasen a'n cûthow a dhebry an mogh, saw ny wre den vëth aga ry dhodho.

17"Pàn dheuth ev dh'y skians, ev a brederys, 'Pana lies servont in chy ow thas a's teves bara lowr ha plenty, hag otta vy obma ow merwel rag ewn nown! 18Me a vydn sevel in bàn, ha mos dhe'm tas ha leverel dhodho, "A das, me a behas warbydn gwlas nev ha wàr tha bydn jy. 19Rag hedna me nyns ov wordhy dhe vos gelwys dha vab. Gwra ow dyghtya kepar hag onen a'th servysy gober."' 20Rag hedna ev a dhalathas wàr y fordh ow mos dh'y das.

"Pàn esa va whath pell dhyworto, y das a'n gwelas ha kemeres pyteth anodho. Ev a bonyas dhodho, gorra y dhywvregh adro dhe godna y vab hag abma dhodho.

21"Nena y vab a leverys dhodho, 'A das, me re behas warbydn gwlas nev ha dhyragos jy. Rag hedna nyns oma wordhy dhe vos consydrys dha vab.'

22"Saw y das a leverys dhe'n servysy, 'Qwyk! Drewgh mantel—an onen gwella oll—ha'y wysca inhy. Settyowgh besow wàr y dhorn, ha sandalys adro dh'y dreys. 23Kemerowgh an leugh peskys ha'y ladha, may hallen ny debry ha rejoycya! 24Rag ow mab obma o marow, hag otta va lebmyn yn few. Kellys o, mes ev re beu kefys.' Hag y a dhalathas rejoycya.

25"Yth esa an mab cotha war ves i'n gwel. Pàn dheuth ev ogas dhe'n chy, ev a glôwas menestrouthy ha tus ow tauncya. 26Gelwel a wrug ev dhodho onen a'n servysy, ha govyn orto pandr'esa ow wharvos. 27An gwas a'n gorthebys, 'Agas broder re dheuth tre ha'gas tas re ladhas an leugh peskys, dre rêson ev dh'y gafos arta saw.'

28"Serrys veu an mab cotha i'n tor'-na hag ev a sconyas entra i'n chy. Y das a dheuth in mes dhodho ha dallath plêdya ganso. 29Saw ev a worthebys, 'Goslow orthyf! Yth esof vy ow lavurya ragos kepar ha keth dres lies bledhen. Ny wrug avy dha dhysobeya udn treveth kyn fe. Ha ny wrusta unweyth ry dhybm myn, may hallen omjersya gans ow howetha. 30Saw pàn dhewhelys tre dha vab jy, wosa spendya oll dha rychys wàr hôrys—te a ladhas ragtho an leugh peskys!'

31"Nena y das a leverys dhodho, 'Nâ, nâ, a vab—yth esta jy pùpprës genef, hag a vo dhybm, dhis yma. 32Saw yma rêson dhyn ny dhe vos lowen awos dha vroder. Marow o va hag yma va lebmyn yn few. Kellys o ha ny re'n cafas arta.'"

16 Jesu a gowsas indella orth y dhyscyplys: "Yth esa den rych neb a'n jeva styward. Y feu dyskevrys dhodho y styward dhe wastya posessyon y vêster. 2Rag hedna ev a'n somonas dhodho ha leverel, 'Pandr'yw hebma esof vy ow clôwes adro dhis? Ro dhybm acownt

a'th offys, rag ny ylta jy pêsya i'm servys.'

³"Nena an styward a leverys dhodho y honen, 'Pëth a wrama lebmyn, pàn vydn ow mêster ow removya dhyworth ow offys? Nyns oma crev lowr dhe balas, ha meth a'm bia mos dhe vegya. ⁴Me a wor pëth a wrama, ma'm boma wolcùm in treven tus ha me heb soodh.'

⁵"An styward a elwys dhodho oll kendonoryon y vêster an eyl wosa y gela. Dhe'n kensa ev a leverys, 'Pygebmys yw dha gendon dhe'm mêster?'

⁶"Ev a worthebys dhodho, 'Cans pycher oyl.'

"An styward a leverys, 'Tan dhis dha recken. Eseth qwyk ha scrif hantercans in le cans.'

⁷"Nena ev a wovydnas orth kendonor aral, 'Pygebmys esta in kendon?'

"'Cans bùshel gwaneth,' yn medh ev.

"An styward a leverys, 'Ot obma dhis dha recken. Scrif yn uskys peswar ugans.'

⁸"An mêster a gomendyas an styward dyslel dre rêson ev dhe wul furneth—rag yma flehes an oos ma furra ès flehes an golow in negys gans aga fobel aga honen. ⁹Me a lever dhywgh: gwrewgh cothmans a'n dus rych, pàn wrella mona fyllel, may whrellens agas wolcùbma ajy i'n treven nefra a bës.

¹⁰"Neb yw lel ow tùchya nebes, ev a vêdh lel adro dhe lowr, ha neb yw dyslel ow tùchya nebes, ev a vêdh dyslel adro dhe lowr. ¹¹Mar ny vewgh why lel ow tùchya rychys an bës, pyw a vydn trestya dhywgh an rychys gwir? ¹²Mar ny vewgh why lel gans pëth agas hynsa, pyw a vydn ry dhywgh agas posessyon agas honen?

¹³"Ny yll gwas vëth servya dew vêster. Rag ev a wra casa an eyl, ha cara y gela. Poken ev a vydn ry worshyp dhe'n eyl, ha dysprêsya y gela. Ny yllowgh why servya Duw ha mona."

¹⁴Yth esa an Farysys ow coslowes orto ha brâs o aga hoveytys. Gul ges anodho a wrêns y. ¹⁵In medh Jesu dhedhans, "Why yw an re-na usy ow jùstyfia aga honen in golok an dus. Saw Duw a wor agas colon—rag an dra acowntys a valew brâs in mesk mab den, casadow ywa in golok Duw.

¹⁶"Yth esa an laha ha'n profettys gerys dâ bys i'n termyn may teuth Jowan. Dhia an termyn-na yma gwlascor Duw pregowthys hag yma kenyver onen exortys dhe entra inhy. ¹⁷Saw êsya via dhe'n nev ha dhe'n norvës mos qwit in kerdh, ès dhe udn jet kyn fe dhe vos kellys dhyworth an laha.

¹⁸"Seul a wrella dydhemedhy y wreg ha demedhy benyn aral, yma va ow cul avowtry wàr hy fydn, ha mar teu an venyn dhydhemedhys ha demedhy gour aral, hy yw gwadnwre'ty magata.

¹⁹"Yth esa den rych gwyskys in pùrpur hag in sendal, ha golya a wre hag omjersya pùb jorna oll. ²⁰Yth esa den bohosak orth yet y jy. Ev o henwys Lasser, ha podrethek o y grohen. ²¹Y fedha Lasser prèst whensys dhe lenwel y bengasen a'n tybmyn a godha dhywar vord an den rych; saw yth esa an keun ow tos rag lyckya y bodrethes.

²²"An den bohosak a verwys, hag y feu degys in kerdh gans an eleth hag Abraham a'n recêvas in y ascra. An

109

den rych a verwys kefrës hag a veu encledhys. 23Pàn esa va in iffarn in tormens glew, ev a veras in bàn ha gweles Abraham abell ha Lasser in y ascra. 24'A Abraham, a das,' ev a grias, 'Kebmer trueth warnaf vy! Danvon dhybm Lasser, may halla va troghya bleyn y vës in dowr ha yeynhe ow thavas, rag tormentys tydn ov i'n tan ma!'

25"Saw Abraham a leverys dhodho, 'Porth cov, ow flogh, pàn es yn few, te dhe recêva oll dha daclow dâ, hag in kepar maner na wrug Lasser cafos tra vëth mès drog. Saw i'n tor'-ma confortys yw Lasser, ha te a'th eus painys sherp. 26Ha pella, yma islonk brâs settys intredhos jy ha ny, ma na alsa passya alebma dhis den vëth, kyn fia dâ dhodho. Naneyl ny yll nagonen dos dhyn ny dhyworth dha denewen jy.'

27"Ev a leverys, 'Rag hedna, a das, me a'th pës a'y dhanvon dhe jy ow thas avy—28rag me a'm beus pymp broder—may halla va aga gwarnya, rag dowt ynsy kefrës dhe dhos dhe'n tyller-ma, yw leun a dormens.'

29"Abraham a leverys dhodho, 'Y a's teves Moyses ha'n profettys. Y tal dhedhans goslowes ortans y.'

30"Ev a leverys, 'Nâ, a Abraham, a das, saw mar teu nebonen ha dos dhedhans dhyworth an re marow, y a vydn repentya.'

31"In medh Abram dhodho, 'Mar ny wrowns y goslowes orth Moyses ha'n profettys, ny vynsens cresy, kyn whrella nebonen dasserhy mes a'n bedh.'"

17 Jesu a leverys dh'y dhyscyplys, "Ùnpossybyl ywa omwetha rag ocasyons a begh, mès goev a wrellens y dos dredho. 2Gwell via dhodho ev, a pe men melyn cregys adro dh'y godna, hag ev tôwlys in cres an mor, ès ev dhe vos chêson a onen a'n flehes-ma dhe drebuchya. 3Bedhowgh war!

"Mar qwra dha vroder peha, gwra y rebûkya. Ha mar qwra va codha in edrek, gav dhodho. 4Mar teu va ha peha seyth treveth i'n jorna, ha trailya dhis seyth treveth ha leverel, 'Drog yw genef,' gwra y bardona."

5Ha'y dhyscyplys a leverys dhe'n Arlùth, "Ro dhyn crejyans."

6An Arlùth a leverys, "A pe crejyans dhywgh why, why a vynsa leverel dhe'n vorwedhen-ma, 'Bëdh dywredhys ha plynsys in cres an mor', ha'n wedhen a wrussa obeya dhywgh.

7"Pyw ahanowgh why a vynsa leverel dh'y gethwas, pàn dheffa y was tre wosa aras pò bugelya i'n gwel, 'Deus nes whare ha kebmer dha dyller orth an bord'? 8A ny vynsowgh why kyns leverel dhodho, 'Gwra parusy ow soper dhybm! Gwysk dha apern adro dhis, ha gwra ow servya, may hallen debry hag eva; wosa hedna te a yll debry hag eva dha honen'? 9Esowgh why ow ry grassow dhe'n gwas rag ev dhe wul an pëth a veu comondys dhodho? 10Whywhy kefrës, pàn wrellowgh why pùptra a veu erhys dhywgh why, why a lever, 'Ny yw kethwesyon dhybrîs. Ny wrussyn ny mès an pëth a godhvia dhyn y wul.'"

11Wàr y fordh bys in Jerùsalem yth esa Jesu ow mos der an pow inter Samarya ha Galyle. 12Pàn wrug ev entra in tre vian, deg leper a vetyas orto hag y ow sevel pols dhyworto. 13Y a grias warnodho, "A Jesu, a vêster, kebmer trueth warnan!"

¹⁴Pàn wrug ev aga gweles, ev a leverys dhedhans, "Ewgh ha dysqwedhowgh agas honen dhe'n brontyryon." Kettel wrussons y dyberth dhyworto, y a veu glanhës.

¹⁵Nena onen anodhans, pàn welas y vos yaghhës, a drailyas arta ow praisya Duw a lev uhel. ¹⁶Ev a dowlas y honen wàr an dor orth treys Jesu, ha ry grassow dhodho. Samarytan o va.

¹⁷Jesu a wovydnas, "A ny veu deg den sawys? Saw an naw erel, ple mowns y? ¹⁸A ny veu den vëth anodhans kefys dhe dhewheles dhe braisya Duw mès an alyon ma?"

¹⁹Nena Jesu a leverys dhodho, "Sa'bàn ha kê wàr dha fordh. Dha grejyans re wrug dha sawya."

²⁰Unweyth y feu govydnys orth Jesu gans an Farysys pana dermyn a vydna gwlascor Duw dos, hag ev a worthebys, "Nyns usy gwlascor Duw ow tos gans taclow a alsa bos gwelys. ²¹Na ny vydnons y leverel, 'Ot obma hy,' naneyl 'Yma hy ena,' rag in gwiryoneth yma gwlascor Duw i'gas mesk."

²²Nena ev a leverys dh'y dhyscyplys, "Yma an dedhyow ow tos may fedhowgh why whensys dhe weles onen a dhedhyow Mab an Den, saw ny wrewgh why y weles. ²³Y a vydn leverel dhywgh why, 'Merowgh ena,' bo 'Merowgh obma.' Na wrewgh dyberth naneyl dallath wàr agas fordh rag whelas. ²⁴Kepar dell usy an luhesen ow terlentry hag ow colowy an ebron dhia denewen dhe denewen, in kepar maner y fëdh Mab an Den in y jorna. ²⁵Saw kensa, res yw dhodho godhaf lowr, ha bos sconys gans an heneth-ma.

²⁶"Poran kepar dell o in dedhyow Noy, indella kefrës y fëdh in dedhyow Mab an Den. ²⁷Yth esens y ow tebry, owth eva, hag ow temedhy, bys i'n jorna may whrug Noy entra i'n lester. An liv a dheuth ha dystrêwy pùbonen anodhans.

²⁸"In kepar maner, poran kepar dell o va in dedhyow Lot, yth esens y ow tebry hag owth eva, ow prena hag ow qwertha, ow plansa hag ow terevel, ²⁹saw an jorna may whrug Lot forsâkya Sodom, y codhas glaw a dan hag a loskven mes a'n ebron, ha ladha pùbonen anodhans.

³⁰"Y fëdh kepar ha hedna pàn vo Mab an Den dyscudhys. ³¹I'n jornana, mar pëdh nebonen wàr an to hag aparell dhodho i'n chy, na wrêns ev skydnya rag y gemeres in kerdh ganso. Hag in kepar maner, seul a vo i'n gwel, ny dhal dhodho trailya wàr dhelergh. ³²Remembrowgh gwreg Lot. ³³An re-na usy ow whelas selwel aga bêwnans, a vydn y gelly. Ha'n re-na a vydn kelly aga bêwnans, a wra y wetha. ³⁴Me a lever dhywgh: i'n nosna y fëdh dew dhen i'n gwely. Onen anodhans a vëdh kemerys, ha'y gela gesys. ³⁵Y fëdh dyw venyn ow melyas bleus warbarth. Onen anodhans a vëdh kemerys ha'y ben gesys. ³⁶Y fëdh dew dhen i'n gwel. Onen anodhans a vëdh kemerys, ha gesys y gela."

³⁷Nena y a wovydnas orto, "Pana dyller, Arlùth?"

Ev a leverys, "Le may fo an corf marow, ena y fëdh cùntellys an bryny kig."

18 Jesu a dherivas dhedhans parabyl, fatell resa dhedhans pesy pùpprës ha sevel orth kelly colon: ²"Yth esa brusyas in certan cyta, na'n jeva own vëth a Dhuw nag a dhen. ³I'n keth cyta na yth esa gwedhowes, ha hy pùpprës ow tos dhodho ow leverel, 'Graunt dhybm jùstys warbydn ow escar.'

⁴"Rag pols hy sconya a wre, saw wàr an dyweth ev a leverys dhodho y honen, 'Kyn nag eus own vëth oll dhybm naneyl a Dhuw nag a dhen vëth, ⁵bytegyns, drefen an wedhowes dhe vos pùpprës orth ow ania, me a vydn grauntya dhedhy jùstys, ma na wrella hy ow sqwitha, ha hy pùb jorna ow tos dhybm.'"

⁶An Arlùth a leverys "Goslowowgh orth an pëth a leverys an jùj anewn. ⁷A ny vydn Duw grauntya jùstys dh'y re dêwysys, usy ow cria warnodho dëdh ha nos? A vydn ev dylâtya pell kyns ès aga gweres? ⁸Me a lever dhywgh, fatell wra va grauntya jùstys strait dhedhans. Bytegyns, pàn dheffa Mab an Den, a vydn ev cafos crejyans i'n norvës?"

⁹Ev a dheclaryas kefrës an parabylma dhe certan tus, esa ow trestya inhans aga honen, fatell êns y ewnhensek hag y ow meras orth aga hynsa gans dysprêsyans. ¹⁰"Yth êth dew dhen in bàn dhe'n templa rag pesy. An eyl o Farysy, ha tollor y gela. ¹¹Yth esa an Farysy a'y sav ganso y honen hag ev a besys indelma, 'A Dhuw, yth esof ow ry dhis meur ras nag oma kepar ha tus erel: ladron, atlion, avoutrers, pò kepar ha'n tollor-ma kyn fe. ¹²Penys a wrav dywweyth kenyver seythen; yth esof ow ry dega a'm pegans oll.'

¹³"Saw yth esa an tollor a'y sav abell, ha ny vydna unweyth meras in bàn orth nev, mes yth esa ow qweskel y vrest ow leverel, 'A Dhuw, kebmer trueth warnaf, pehador!'

¹⁴"Me a lever dhywgh, fatell êth hedna wàr nans dh'y jy jùstyfies, kyns ès an den aral. Rag kenyver onen usy owth exaltya y honen a vëdh hùmblys, saw seul a wrella hùmblya y honen, a vëdh exaltys."

¹⁵Yth esa tus ow try dhodho aga flehes vian may halla va aga thùchya. Pàn welas y dhyscyplys hedna, y erhys strait na wrellens indella. ¹⁶Saw Jesu a's gelwys ha leverel, "Gesowgh an flehes dhe dhos dhybmo vy, ha na wrewgh aga lettya. Rag seul a vo haval dhe'n re-na, ev a bewvyth gwlascor Duw. ¹⁷In gwiryoneth me a lever dhywgh: seul na wrella recêva gwlascor Duw kepar ha flogh bian, ny yll nefra entra inhy."

¹⁸Yth esa certan rewler hag ev a wovydnas orth Jesu, "Descador dâ, pandra dal dhybm gul rag eryta an bêwnans nefra a bës?"

¹⁹"Jesu a leverys dhodho, "Prag yth esta orth ow henwel vy 'dâ'? Nyns yw den vëth dâ, mès Duw only. ²⁰Te a wor oll an comondmentys: 'Ny dal dhis gul avoutry, ny dal dhis moldra, ny dal dhis ladra, ny dal dhis ry fâls dùstuny, gwra onora dha das ha'th vabm.'"

²¹Ev a worthebys, "Oll an re-na me re sensys, dhia bàn veuma maw."

²²Pàn glôwas Jesu hedna, ev a leverys dhodho, "Yma othem whath a udn dra. Gwerth a vo dhis, ha roy an mona dhe'n vohosogyon, ha te a'fëdh tresour i'n nev. Nena deus, gwra ow sewya."

²³Saw pàn glôwas ev hedna, ev a skydnyas in tristans, rag pòr rych o va. ²⁴Jesu a veras orto ha leverel, "Ass yw cales dhe'n dus rych entra in

gwlascor Duw! ²⁵Ea, moy êsy vëdh dhe gawrvargh mos dre grow nasweth ès dhe nebonen rych entra in gwlascor Duw."

²⁶An re-na a'n clôwas a leverys, "Pyw ytho a yll bos selwys?"

²⁷Ev a worthebys, "An pëth a vo ùnpossybyl dhe vab den, possybyl ywa dhe Dhuw."

²⁸Nena Peder a leverys, "Mir, ny re wrug forsâkya agan treven rag dha sewya jy."

²⁹Ha Jesu a leverys dhedhans, "In gwir me a lever dhywgh, nag eus den vëth, a wrug forsâkya chy, gwreg, breder, kerens pò flehes awos gwlascor Duw, ³⁰na wra dascafos arta lies gweyth moy i'n oos-ma, hag i'n oos dhe dhos an bêwnans nefra a bës."

³¹Nena Jesu a gemeras an dewdhek adenewen ha leverel dhedhans, "Merowgh, yth eson ny ow mos in bàn dhe Jerùsalem, ha pùptra screfys gans an profettys ow tùchya Mab an Den a vëdh collenwys. ³²Rag ev a vëdh delyvrys inter dewla an Jentylys. Scornys vëdh ha despîtys, hag y a wra trewa warnodho. ³³Wosa y dh'y scorjya, y ladha a wrowns, ha'n tressa jorna ev a wra dasserhy."

³⁴Saw ny wrug y dhyscyplys convedhes tra vëth adro dhe oll an taclow-na. In gwiryoneth, kelys veu dhywortans an pëth a leverys dhedhans, ha ny wodhyens ùnderstondya y eryow.

³⁵Pàn wrug Jesu dos nes dhe Jeryco, yth esa den dall esedhys ryb an fordh ow pesy alusyon. ³⁶Pàn glôwas ev an rûth ow mos dresto, ev a wovydnas pandr'esa ow wharvos. ³⁷Y a dherivas dhodho Jesu a Nazare dhe vos ow passya.

³⁸Nena ev a grias, "Jesu, Mab Davyth, kebmer trueth warnaf!"

³⁹An re-na esa in voward an rûth a erhys strait dhodho tewel. Saw ev a grias dhe voy uhel, "A Vab Davyth, kebmer trueth warnaf!"

⁴⁰Jesu a savas, ha comondya dhedhans y dhry dhodho. Pàn dheuth ev nes, Jesu a wovydnas orto, ⁴¹"Pandra vynta me dhe wul ragos?"

Ev a leverys, "Arlùth, te dhe vydnas gul dhybm gweles."

⁴²Jesu a leverys dhodho, "Recef dha wolok. Dha grejyans re'th sawyas." ⁴³Whare ev allas gweles, ha sewya Jesu a wrug ow praisya Duw. Hag oll an bobel, pàn welsons an dra, gordhya Duw a wrussons.

19 Jesu a entras in Jeryco, hag yth esa ow kerdhes der an cyta. ²Yth esa den i'n tyller-na henwys Zakeùs. Chif tollor o va ha pòr rych. ³Yth esa ow whelas gweles pleth esa Jesu, mès ny ylly màn der an bùsh brâs a dus, rag den bian o va. ⁴Ev a bonyas arag ha crambla in bàn wàr wedhen wydhyol, may halla va y weles, rag apert o Jesu dhe dhos an fordh-na.

⁵Pàn dheuth Jesu dhe'n tyller, ev a veras in bàn ha leverel dhodho, "Zakeùs, deus dhe'n dor whare, rag me a res trega i'th chy jy hedhyw." ⁶Rag hedna ev a wrug fysky dhe'n dor, hag a'n jeva meur joy orth y wolcùbma.

⁷Kenyver onen, neb a welas hedna, a dhalathas croffolas ow leverel, "Ev res êth dhe ostya in chy pehador."

⁸Zakeùs a savas i'n tyller ha leverel dhe Jesu, "Lo, Arlùth, hanter ow fosessyon me a vydn radna inter an vohosogyon, ha mar qwruga kemeres

tra vëth dhyworth nebonen dre dholos, me a wra y aqwytya peder gweyth."

⁹Nena Jesu a leverys dhodho, "Re dheuva sylwans dhe'n chy ma hedhyw, rag ev kefrës yw mab a Abraham. ¹⁰Rag Mab an Den a dheuth dhe whelas ha dhe selwel an re kellys."

¹¹Pàn esens ow coslowes orth hebma, Jesu a bêsyas gans parabyl, dre rêson ev dhe vos ogas dhe Jerùsalem, hag y dhe soposya fatell o gwlascor Duw parys dhe omdhysqwedhes yn scon. ¹²Ev a leverys dhedhans ytho: "Yth esa den nobyl hag ev êth dhe bow abell, dhe gafos gwlascor ragtho y honen ha dewheles tre. ¹³Ev a somonas dhodho deg a'y servysy, ha ry dhedhans deg besont, udn besont an den. Ev a leverys dhedhans, 'Gwrewgh negys gans an mona-ma, erna dhyffyf tre.'

¹⁴"Saw yth esa cytysans y bow orth y hâtya, hag y a dhanvonas canasow wàr y lergh dhe leverel, 'Nyns eson ny ow tesîrya an den-ma dhe rewlya warnan.'

¹⁵"Pàn wrug ev dewheles, wosa degemeres gallos mytern, ev a elwys dhodho an servysy a gafas an mona dhyworto, may halla va godhvos pana jyffar a wrussons ganso.

¹⁶"An kensa a dheuth in rag ha leverel, 'Arlùth, agas besont re wainyas deg besont moy.'

¹⁷"Ev a leverys dhodho, 'Gwrës dâ, te servont vas. Dre rêson te dhe vos lel in tra vunys, kebmer power lebmyn wàr dheg cyta.'

¹⁸"Nena an secùnd servont a dheuth ha leverel, 'Arlùth, agas besont re wainyas pymp besont.'

¹⁹"Ev a leverys dhodho, 'Te, te a wra governa pymp cyta.'

²⁰"Nena y teuth servont aral ha leverel dhodho, 'Arlùth, ot obma dhywgh agas besont. Me a'n mailyas in lien, ²¹rag me a'm beu own ahanowgh, drefen why dhe vos den asper. Why a gebmer an pëth na wrussowgh gorra in arhow, ha mejy le na wrussowgh gonys.'

²²"Ev a leverys dhodho, 'Me a wra dha jùjya warlergh dha eryow dha honen, te debel-servont! Te a wodhya ow bosaf asper, ha me dhe gemeres heb gorra in arhow, ha dhe vejy heb gonys. ²³Prag ytho na wrusta gorra ow mona aberth i'n arhanty? Nena, pàn wrussen dewheles, me a alsa y dhaskemeres gans oker?'

²⁴"An mêster a leverys dhe'n re-na esa ow sevel ryptho, 'Kemerowgh dhyworto an besont, ha'y ry dhe hedna a'n jeves deg besont.'

²⁵"Y a leverys dhodho, 'Saw, Arlùth, deg besont a'n jeves solabrës.'

²⁶"Me a lever dhywgh: dhe hedna a'n jeves tra, y fëdh rës moy, saw dhyworth an re-na na's teves tra vëth, y fëdh kemerys dhe ves dhywortans myns a vo dhedhans. ²⁷Saw an eskerens-na dhybm, nag esa whensys me dhe vos mytern warnodhans—drewgh y obma, may hallowgh why aga ladha dhyrag ow lagasow.'"

²⁸Wosa Jesu dhe leverel an geryow ma, ev êth wàr y fordh ow mos in bàn bys in Jerùsalem. ²⁹Pàn dheuth ev ogas dhe Bethfage ha dhe Bethany, yth esa i'n tyller henwys Meneth Olyvet. Nena ev a dhanvonas dew a'y dhyscyplys dhyragtho ³⁰ow leverel, "Entrowgh i'n dre usy dhyragowgh, ha pàn vedhowgh why entrys inhy, why a gav ena ebol, na wrug marhak

bythqweth esedha warnodho. Gwrewgh y dhygelmy ha'y dhry obma. ³¹Mar teu den vëth ha govyn, 'Prag yth esowgh why orth y dhygelmy?' ny res dhywgh mès leverel, 'Dhe'n Arlùth yma othem dhe wruthyl ganso.'"

³²Gans hedna an re-na, re bia danvenys, a dhybarthas ha cafos an ebol, kepar dell wrug Jesu declarya dhedhans. ³³Pàn esens y orth y dhygelmy, an berhenogyon a wovydnas ortans, "Prag yth esowgh why ow tygelmy an ebol?"

³⁴An dyscyplys a worthebys, "An Arlùth a'n jeves othem anodho."

³⁵Nena y a'n dros dhe Jesu. Wosa tôwlel aga mentylly wàr an ebol, y a settyas Jesu wàr y geyn. ³⁶Ha pàn esa Jesu ow marhogeth in rag, an bobel a lêsas aga mentylly dhyragtho wàr an fordh.

³⁷Pàn esa va ow tos nes dhe'n fordh, usy ow skydnya dhywar Veneth Olyvet, rûth vrâs a'n dyscyplys a dhalathas praisya Duw yn lowenek, uhel aga voys, drefen Duw dhe wul an oberow galosek, a wrussons y gweles. An bobel a grias,

³⁸"Benegys yw an mytern in hanow an Arlùth devedhys!"

"Cres i'n nev ha glory i'n nevow uhella!"

³⁹Certan a'n Farysys i'n rûth a leverys dhodho, "Descador, argh dhe'th tyscyplys cessya."

⁴⁰Jesu a worthebys dhedhans, "Mar teffa an re-ma ha tewel, an veyn aga honen a vynsa cria in mes."

⁴¹Pàn dheuth ev ogas dhe'n cyta, ev a olas rygthy, ⁴²ha leverel, "Soweth,

na wrusta jy dha honen aswon an taclow usy owth avauncya cres! Saw kelys yns dhyworth dha dhewlagas. ⁴³Ea, an dedhyow a vydn dos, may whra dha eskerens derevel fosow i'th kerhyn, hag omsettya adro dhis ha dha gompressa a bùb tu. ⁴⁴Y a vydn dha sqwattya dhe'n dor, te ha'th flehes aberth inos. Ny wrowns y gasa inos men kyn fe a'y wroweth wàr y gela—dre rêson na wrusta aswon termyn Duw, pàn esa va ow tos."

⁴⁵Nena ev a entras i'n templa ha dallath tôwlel in mes an re-na esa ow qwertha taclow ino. ⁴⁶Ev a leverys dhedhans, "Screfys yw 'Ow chy a vëdh chy a bejadow,' mès 'fow ladron' re wrussowgh anodho."

⁴⁷Yth esa va pùb jorna ow tesky i'n templa. An chif prontyryon, an scrîbys ha rewlysy an bobel a vydna cafos fordh rag y ladha, ⁴⁸saw ny yllens y gul tra vëth wàr y bydn, dre rêson an comen tus dhe gemeres delît in y eryow ev.

20 Udn jorna yth esa Jesu ow tesky an bobel i'n templa hag ow progeth an nowodhow dâ. An chif prontyryon ha'n scrîbys a dheuth dhodho warbarth gans tus hen an Yêdhewon. ²Y a leverys dhodho, "Derif orthyn ny, gans pana auctoryta esta ow cul an taclow-ma? Pyw a ros an auctoryta dhis?"

³Ev a worthebys dhedhans, "Me kefrës a vydn govyn qwestyon orthowgh why. Leverowgh dhybm hebma: ⁴besydhyans Jowan—o va dhyworth nev pò dhyworth mab den?"

⁵Y a dhyspûtyas an eyl gans y gela ow leverel, "Mar teun ny ha leverel 'Dhyworth nev,' ev a vydn govyn

prag na wrussyn ny cresy ino. ⁶Saw mar teun ha leverel 'Dhyworth mab den,' oll an bobel a wra agan labedha, rag ymowns y ow cresy fèst, yth o Jowan profet."

⁷Rag hedna y a worthebys Jesu, na wodhyens màn a bleth esa besydhyans Jowan.

⁸Nena Jesu a leverys dhedhans, "Naneyl ny vanaf vy leverel dhywgh, gans pana auctoryta esof vy ow cul an taclow-ma."

⁹Nena Jesu a dhalathas derivas parabyl dhedhans: "Yth esa den hag ev a blansas vynyard, ha'y settya gans kemeroryon ha mos dhe gen pow, ha trega ena termyn hir. ¹⁰Pàn dheuth an kydnyaf, ev a dhanvonas servont bys i'n gemeroryon, may hallens ry dhodho y radn a'n drevas. Saw an gemeroryon a gronkyas an servont, ha'y dhanvon in kerdh, gwag y dhewla. ¹¹Nessa, ev a dhanvonas servont aral. Y a'n cronkyas ev inwedh, ha'y dhespîtya ha'y dhanvon dhywortans gwag. ¹²Danvon a wrug an tressa servont whath, saw y a'n cronkyas ha'y bystyga, ha'y dôwlel in mes.

¹³"Nena perhednak an vynyard a leverys, 'Pandra wrama? Me a vydn danvon dhedhans ow mab meurgerys. Martesen y a vydn dysqwedhes revrons dhodho ev.'

¹⁴"Saw pàn wrug an gemeroryon y weles, y a dhyspûtyas an eyl gans y gela ha leverel, 'An er yw hebma. Gesowgh ny dh'y ladha, may fo an erytans dhyn ny.' ¹⁵Rag hedna y a'n towlas in mes a'n vynyard, ha'y ladha.

"Rag hedna pandra wra perhednak an vynyard gansans? ¹⁶Ev a vydn dos ha dystrêwy an gemeroryon-na, ha ry an vynyard dhe gen re."

Pàn wrussons y clôwes hedna, "Duw dyfen!" yn medhons y.

¹⁷Saw Jesu a veras ortans ha leverel, pëth yw ytho styr an desten ma:

"'An men hag a veu sconys gans an weythoryon chy,
re beu gwrës men an gornel'?

¹⁸Kenyver onen a wrella codha wàr an men-na a vëdh terrys dhe dybmyn; ha mar teu an men ha codha wàr nebonen, ev a vëdh brêwys dredho."

¹⁹Pàn wrug an scrîbys ha'n chif prontyryon convedhes ev dhe dherivas an parabyl wàr aga fydn y, y a dhesîryas settya dalhen ino stag ena, mes own a's teva a'n bobel.

²⁰Rag hedna yth esens orth y whythra glew. Y a dhanvonas aspioryon, fekyl aga cher, rag y vagledna der y eryow y honen, may hallens y dhelyvra dhe auctoryta ha dhe bower an governour. ²¹Rag hedna y a leverys dhodho, "Descador, ny a wor fatell osta compes i'th lavarow hag i'th tyscans, ha na wrêta plegya dhe dhen vëth. Ny a wor te dhe dhesky fordhow Duw warlergh an gwiryoneth. ²²Ywa lafyl dhyn pò nag ywa pe trubyt dhe Cesar?"

²³Saw ev a bercêvyas aga sleyneth, ha leverel dhedhans, ²⁴"Dysqwedhowgh deneren dhybm. Dhe bywa usy an pedn ha'n tîtel warnedhy?"

²⁵"Dhe Cesar," yn medhons y.

Ev a leverys, "Rendrowgh ytho dhe Cesar taclow Cesar, ha dhe Dhuw taclow Duw."

²⁶Ny yllens y vagledna der y eryow y honen in golok oll an bobel, saw ancombrys vowns gans y worthyp ha tewel a wrussons.

27Y teuth dhodho certan a'n Sadûkys, usy ow tenaha dasserghyans an re marow. 28Y a wovydnas orto qwestyon: "Descador, Moyses a screfas dhyn laha, mar teffa broder nebonen ha tremena ha gasa wàr y lergh gwedhowes heb flogh, y codhvia dhe'n broder demedhy gwedhowes y vroder, ha derevel in bàn issyw dhodho. 29Yth esa seyth broder. An kensa anodhans a dhemedhas benyn ha merwel heb flogh. 30Nena an secùnd 31ha'n tressa a wrug hy demedhy, hag indelma in rag, erna wrug pùbonen a'n seyth hy demedhy ha merwel heb issyw. 32Wàr an dyweth an venyn hy honen a verwys. 33I'n dasserghyans an re marow, dhe bywa a vëdh hy yn gwreg? Rag hy a veu demedhys dhe genyver onen anodhans."

34Jesu a leverys dhedhans, "An rena usy ow longya dhe'n oos ma, y a wra demedhy. 35Saw an re-na a vo consydrys wordhy a dyller i'n oos-na, hag in dasserghyans an re marow, ny wrowns y demedhy màn. 36In gwir ny yllons y namoy merwel, dre rêson y dhe vos haval dhe eleth Duw. Flehes Duw yns, ha flehes an dasserghyans. 37Moyses y honen a dheclaryas an re marow dhe dhasserhy in whedhel an bùsh gans tan, le may ma va ow côwsel a Dhuw avell Duw Abraham, Duw Isak ha Duw Jacob. 38Duw an re bew ywa, adar Duw an re marow, rag yma pùb huny anodhans yn few dhodho."

39Nena y leverys radn anodhans, "Descador, te re worthebys pòr dhâ." 40Rag own a's teva govyn moy qwestyonow orto.

41Nena ev a leverys dhedhans, "Fatell yllons y leverel bos an Crist mab Davyth? 42Rag yma Davyth y honen i'n Salter ow leverel,

"'An Arlùth a leverys dhe'm Arlùth vy,
"Eseth a'm barth dyhow
43erna wryllyf scavel dros a'th eskerens.'"

44Davyth a'n gelow Arlùth. Fatell ylla ytho bos y vab?"

45In clôwans oll an bobel Jesu a leverys dh'y dhyscyplys, 46"Bedhowgh war a'n scrîbys. Dâ yw gansans kerdhes adro ha powsyow hir adro dhedhans. Mal yw gansans bos dynerhys gans revrons i'n marhasow, hag esedha i'n tyleryow gwella i'n synagys, hag i'n plassyow a onour in bankettys. 47Ymowns y ow tevorya treven gwedhwesow, ha gans faintys y a wra paderewa termyn hir. Dhe voy y fedhons y dampnys."

21 Jesu a veras in bàn ha gweles an dus rych ow tôwlel aga royow aberth i'n dresourva. 2Ev a welas gwedhowes vohosak kefrës, ha hy owth offrydna dew dhebma. 3Ev a leverys, "In gwir me a lever dhywgh, an wedhowes vohosak-ma dhe ry moy ages pùbonen aral, 4rag in mes a'ga lanwes y re ros aga royow, saw in mes a'y bohosogneth hy re worras aberveth oll hy fegans."

5Pàn esa radn anodhans ow côwsel adro dhe'n templa, fatell o va afînys gans meyn deg, ha gans royow sacrys dhe Dhuw, Jesu a leverys, 6"Ow tùchya oll an taclow-ma esowgh why ow meras ortans—yma an dedhyow ow tos, pàn na vëdh men vëth gesys wàr y gela. Y fëdh kenyver onen anodhans tôwlys dhe'n dor."

⁷Y a wovydnas orto, "Descador, pana dermyn a vëdh hedna? Pandra vydn leverel bos an taclow-ma parys dhe wharvos?"

⁸In medh ev dhedhans, "Bedhowgh war na vewgh why lêdys wàr stray. Y teu lies huny i'm hanow vy ha leverel, 'Me yw ev,' hag 'Ogas yw an termyn.' Na wrewgh aga sewya. ⁹Pàn wrellowgh clôwes a vatalyow hag a sordyansow, na gemerowgh scruth, rag res yw an taclow-ma dhe wharvos. Saw ny dheu an dyweth heb let."

¹⁰Nena ev a leverys dhedhans, "Nacyon a wra sevel warbydn nacyon ha gwlascor warbydn gwlascor. ¹¹Y fëdh dorgisyow brâs, nown brâs ha plagys in tyleryow dyvers, hag y fëdh gwelys ragarwedhyow ha tôknys uthyk mes a'n nev.

¹²"Saw kyns ès dhe'n taclow-na hapnya, y a wra agas sêsya ha'gas tormentya. Delyvrys vedhowgh dhe'n synagys, ha tôwlys dhe bryson. Why a vëdh drës dhyrag myterneth ha governours awos ow hanow vy. ¹³Hedna a re dhywgh chauns dhe desta. ¹⁴Rag hedna, na wrewgh parusy agas defens dhyrag dorn, ¹⁵rag me a vydn ry dhywgh geryow ha skians, na yll nagonen a'gas contrarys naneyl denaha na conclûdya. ¹⁶Why a vëdh traitys gans kerens, gans breder, gans nessevyn ha gans cothmans. Ledhys vëdh radn ahanowgh. ¹⁷Pùbonen a wra agas casa awos ow hanow vy. ¹⁸Saw ny wra mos dhe goll blewen kyn fe a'gas pedn. ¹⁹Der agas duryans y fydnowgh why gwainya agas enevow.

²⁰"Pàn wrellowgh why gweles Jerùsalem omsettys adro gans ôstys brâs, why a wodhvyth i'n eur-na bos ogas hy desolacyon. ²¹Seul a vo in Jûdy i'n tor'-na, res vëdh dhodho fia bys i'n menydhyow, ha'n re-na a vo i'n cyta, res vëdh dhedhans hy forsâkya. An re-na a vo i'n pow, res vëdh dhedhans omwetha dhyworth entra i'n cyta. ²²Rag an dedhyow-ma yw dedhyow a venjons, hag y teu keweras a bùb scryptour inhans. ²³Goy, an re-na a vo gans flogh, pò a vo mamethow i'n dedhyow-na! Rag y fëdh grêf brâs wàr an norvës, ha sorr warbydn an bobel. ²⁴Tus a vydn codha gans an cledha, pò y a vëdh drës in kerdh avell kethyon in mesk oll an nacyons. Jerùsalem a vëdh trettys in dadn dreys gans an Jentylys, erna vo termyn an Jentylys collenwys.

²⁵"Y fëdh gwelys sînys i'n howl, i'n loor hag i'n ster, ha grêf in mesk an nacyons, hag y muskegys gans uja an mor ha'n todnow. ²⁶Tus a wra clamdera rag ewn dowt, ha rag own a'n pëth usy ow tos wàr an norvës, rag shakys vëdh powers an nev. ²⁷I'n tor'-na y a welvyth Mab an Den ow tos in cloud gans gallos ha glory brâs. ²⁸Pàn wrella an taclow-ma dallath, derevowgh agas pedn, drefen bos agas redempcyon ow tos nes."

²⁹Nena ev a dheclaryas parabyl dhedhans, "Merowgh orth an fygwedhen, hag orth oll an gwëdh. ³⁰Kettel wrêns y delya, why a yll gweles ragowgh agas honen, hag apert yw, bos ogas an hâv. ³¹Indelma kefrës, pàn wellowgh an taclow-ma ow wharvos, why a wodhvyth bos ogas gwlascor Duw.

³²"In gwir me a lever dhywgh, na wra an heneth-ma tremena, erna vo an taclow-ma wharvedhys. ³³Y whra an nev ha'n norvës tremena, mes ow geryow vy a wra durya rag nefra.

34"Bedhowgh war, na vo agas colon grêvys naneyl gans harlotry ha medhêwnep, na gans fienasow an bêwnans. Waryowgh na wrella an jorna-na agas contraweytya 35kepar ha maglen. Rag an jëdh-na a vydn dos wàr genyver onen, usy ow pewa wàr fâss an norvës ahës. 36Bedhowgh dyfun pùpprës, ha pesowgh ma'gas bo nerth dhe scappya dhyworth oll an taclow a whyrvyth, ha dhe sevel dhyrag Mab an Den."

37Yth esa Jesu ow tesky i'n templa kenyver jorna, hag orth golow nos yth esa va ow mos in mes rag spêna an nos in Meneth Olyvet (kepar dell o an tyller henwys). 38Hag oll an bobel a sevy pùb myttyn avarr rag goslowes orto i'n templa.

22 Ogas o gool an Bara heb Gwel (hèn yw dhe styrya an Pask). 2Whensys o an chif prontyryon ha'n scrîbys dhe gafos fordh rag gorra Jesu dhe'n mernans, saw own a's teva a'n bobel. 3Satnas a entras in Jûdas, henwys Scaryot, onen a'n dewdhek. 4Ev a dhybarthas hag omgùssulya gans an chif prontyryon, ha gans an offycers a wethysy an templa, fatell ylly traita Jesu dhedhans. 5Hedna a's plêsyas, hag acordys veu intredhans ry mona dhodho. 6Ev a agrias, ha dallath whelas ocasyon rag traita Jesu dhedhans, pàn na vedha bùsh brâs a dus i'n tyller.

7Nena y teuth jorna an Bara heb Gwel, may feu res offrydna an Ôn Pascal. 8Rag hedna Jesu a dhanvonas Peder ha Jowan ow leverel, "Kewgh ha parusowgh soper an Pask dhyn, may hallen ny y dhebry."

9Y a wovydnas, "Ple fynta ny dhe barusy an soper?"

10In medh ev dhedhans, "Goslowowgh, pàn vewgh ajy dhe'n cyta, why a dhyerbyn whare den ow ton pycher dowr. Pypynag oll mayth ella, i'n keth chy-na ewgh ganso, 11ha leverowgh dhe wour an chy agas mêster dhe wovyn py plâss yth hylla debry an Pask, ev hag oll y dhyscyplys. 12Ev a dhysqwa dhywgh why udn rom efan avàn. Gwaityowgh dyghtya bos ino lowr dh'agan soper ragon."

13Gans hedna y êth, ha cafos pùptra poran kepar dell leverys ev dhedhans. Hag y a wrug parusy soper an Pask.

14Pàn dheuth an prës, Jesu a gemeras y dyller orth an bord, ha'n abosteleth ganso. 15Ev a leverys dhedhans, "Me re dhesîryas fêst meur debry genowgh why boos Pask, kyns ow bos tormentys. 16Rag yth esof ow leverel dhywgh, na wrama y dhebry erna vo collenwys in gwlascor Duw."

17Nena ev a gemeras hanaf ha wosa ry grassow, ev a leverys, "Tanowgh hebma, ha gwrewgh y radna intredhowgh agas honen. 18Rag me a lever dhywgh: alebma rag ny wrama eva frût a'n wedhen grappys bys mayth yllyf in ow gwlas."

19Nena ev a gemeras torth a vara, ha pàn wrug ev ry grassow, ev a's torras, ha'y ry dhedhans ow leverel, "Hòm yw ow horf vy, yw rës ragowgh why. Gwrewgh hebma in remembrans ahanaf."

20Hag ev a wrug an keth tra gans an hanaf wosa soper, ow leverel, "An hanaf-ma, neb yw scùllys in mes ragowgh, yw an kevambos nowyth i'm goos vy. 21Saw gwelowgh, yma genef obma hedna a wra ow thraita, hag yma y dhorn wàr an bord. 22Rag yma Mab an Den ow mos poran kepar dell veu determys, mès hedna

may fëdh ev traitys dredho, goev!"
²³Nena y a dhalathas govyn an eyl orth y gela, pyw anodhans a ylly bos an den a wrella an dra.

²⁴Argùment a sordyas i'ga mesk kefrës: pyw anodhans a'n jevia an roweth brâssa. ²⁵Saw Jesu a leverys dhedhans, "Y fëdh myterneth an Jentylys ow lordya warnodhans; ha seul a vo in auctoryta intredhans, y a'n gelow masoberor. ²⁶Bëth nyns owgh why indella. Ahanowgh neb yw moyha ha'n brâssa gallos dhodho, bedhens kepar ha'n lyha, ha neb a dheppro kensa, kepar ha neb a servyo. ²⁷Pyw yw brâssa, ev usy a'y eseth orth an bord, pò hedna usy ow servya? A nyns ywa an den orth an bord? Saw me, yth esof vy i'gas mesk kepar hag onen usy ow servya. ²⁸Yth owgh why an re-na, re beu stedfast genef i'm prevyans, ²⁹hag yth esof vy ow ry dhywgh gwlascor, kepar dell ros ow thas gwlascor dhybmo vy, ³⁰may hallowgh why debry hag eva orth ow bord i'm gwlascor; ha why a vëdh esedhys wàr drônys, ha jùjya an dewdhek trib a Israel.

³¹"Sîmon, Sîmon, goslow orthyf! Satnas yw ervirys dh'agas crodra avell ÿs in nothlednow, ³²saw me re besys, na wrella fyllel dha fëdh jy. Ha te, pàn wrelles trailya arta, crefha dha vreder."

³³Peder a leverys dhodho, "Arlùth cuv, me yw parys godhaf genes bos gorrys fast in pryson ha bos ledhys!"

³⁴Jesu a leverys dhis, "Peder, me a lever dhis, kyns ès bos culyak kenys an nosma, tergweyth y whreth ow naha."

³⁵Ev a leverys dhedhans, "Pàn wrug avy agas danvon in mes heb pors, sagh, na sandalys, esa othem dhywgh a dra vëth?"

Y a worthebys, "Nag esa a dra vëth."

³⁶Ev a leverys dhedhans, "Lebmyn res yw dhe hedna a'n jeves pors, y gemeres ganso, ha sagh inwedh. A'n jeffa mantel, a's gwerthens, ha prenens cledha dhodho y honen. ³⁷Rag me a lever dhywgh: an scryptour-ma a dal bos collenwys inof vy: 'Hag in mesk an dus dylaha ev a veu nyverys.' Ea, an pëth re beu screfys i'm kever, yma hedna collenwys lebmyn."

³⁸Y a leverys, 'Arlùth, yma obma dew gledha.'

Ev a leverys, 'Lowr yw an re-na.'

³⁹Ev a dheuth in mes ha kerdhes, kepar dell o y ûsadow, dhe Veneth Olyvet, ha'y dhyscyplys a'n sewyas. ⁴⁰Pàn wrug ev drehedhes an tyller, ev a leverys dhedhans, "Pesowgh na vewgh why drës dhe dermyn an prevyans." ⁴¹Nena omdedna a wrug ev, ogas dhe dowl men dhywortans. Ev eth wàr bedn dewlin ha pesy indelma, ⁴²"A Das, mar kylla bos possybly, gas an hanaf-ma a vernans dhe vos dhyworthyf vy, ha mar ny yll bos nahen, dha volùnjeth jy re bo gwrës, ha not ow bodh vy." ⁴³Gans hedna, y feu danvenys dhodho el a'n nev dh'y gonfortya. ⁴⁴In y anken ev a besys dhe voy freth, hag ev a whesa dowr ha goos yn kemyskys, ow codha dhe'n dor in dagrow brâs.

⁴⁵Pàn savas Jesu in bàn wosa y bejadow, ev a dheuth bys in y dhyscyplys, ha'ga hafos in cùsk awos aga grêf. ⁴⁶Ev a leverys dhedhans, "Prag yth esowgh why ow cùsca? Sevowgh in bàn, ha pesowgh na vewgh why drës dhe dermyn an prevyans."

⁴⁷Hag ev whath ow côwsel, y teuth dhesempys bùsh a dus, ha'n den henwys Jûdas, onen a'n dewdhek, orth aga hùmbronk. Ev a dheuth nes dhe Jesu rag abma dhodho, ⁴⁸saw Jesu a leverys, "Jûdas, ywa gans abm a vynta traita Mab an Den?"

⁴⁹Pàn welas an re-na esa ganso, an pëth esa ow wharvos, y a wovydnas orto, "Arlùth, lavar mars yw dha vodh ny dh'y weskel gans cledha." ⁵⁰Nena onen anodhans a weskys servont a'n uhel pronter, ha trehy dhe ves y scovarn dhyhow.

⁵¹Saw Jesu a leverys, "Cessyowgh hedna!" Hag ev a dùchyas y scovarn ha'y sawya.

⁵²Nena Jesu a leverys dhe'n uhel prontyryon, dhe'n offycers a wethysy an templa ha dhe'n dus hen, a dheuth rag y sêsya, "Owgh why devedhys in mes gans cledhydhyow ha battys, kepar ha pàn ven lader? ⁵³Pàn esen kenyver jorna i'n templa genowgh why, ny wrussowgh why settya dewla warnaf. Saw hèm yw agas prës why, ha gallos an tewolgow!"

⁵⁴Nena y a settyas dalhen ino ha'y lêdya in kerdh, ha'y dhry bys in chy an uhel pronter. Saw yth esa Peder orth y sewya pols wàr dhelergh. ⁵⁵Pàn wrussons y anowy tan in cres cort an chy, hag esedha adro dhodho warbarth, Peder a esedhas gansans. ⁵⁶Nena maghteth, pàn wrug hy y weles orth golow an tan, hy a veras glew orto ha leverel, "Yth esa an den-ma ganso kefrës."

⁵⁷Saw ev a wrug y naha ha leverel, "A venyn, nyns esof orth y aswon."

⁵⁸Prës wosa hedna nebonen aral a leverys, "Te kefrës, yth osta onen anodhans."

Saw Peder a leverys, "A dhen, nag ov!"

⁵⁹Nena, ogas dhe our awosa, nebonen aral a leverys, "Certan yw fatell esa hebma ganso, rag den a Alyle ywa."

⁶⁰Saw Peder a leverys, "A dhen, ny wòn màn pëth esta ow côwsel adro dhodho!" An very prës-na, ha Peder ow côwsel, an culyak a ganas. ⁶¹An Arlùth a drailyas ha meras orth Peder. Nena Peder a borthas cov a er an Arlùth, pàn leverys dhodho, "Kyns ès bos culyak kenys an nos-ma, tergweyth y whreth ow naha." ⁶²Hag ev êth in mes ha scùllya dagrow duwhan.

⁶³Ha'n dus esa ow sensy Jesu, a dhalathas gul ges anodho ha'y gronkya. ⁶⁴Y a gudhas y dhewlagas kefrës, ha govyn orto lies gweyth, "Gwra profusa! Pyw a wrug dha weskel?" ⁶⁵Y a sewyas orth y dhespît-ya in lies maner aral kefrës.

⁶⁶Pàn dorras an jëdh, cùntelles tus hen an bobel, an dhew uhel pronter ha'n scrîbys a dheuth warbarth, hag y a dhros Jesu dh'aga honsel. ⁶⁷Y a leverys, "Mars osta an Crist, lavar dhyn."

Ev a worthebys, "Mar teuma ha leverel dhywgh, ny vydnowgh why cresy. ⁶⁸Ha mar qwrama govyn qwestyonow orthowgh, ny vydnowgh why gortheby. ⁶⁹Saw alebma rag y fëdh Mab an Den esedhys abarth dyhow a bower Duw."

⁷⁰Pùbonen anodhans a wovydnas, "Osta jy ytho Mab Duw?"

Ev a leverys dhedhans, "Why a lever ow bosaf."

⁷¹Nena y a leverys, "Pana dhùstuny pella eus othem dhyn anodho? Ny

agan honen re'n clôwas dhyworth y wessyow y honen."

23 Kenyver onen i'n gùntelles a savas in bàn warbarth, ha dry Jesu dhyrag Pylat. ²Y a dhalathas y gùhudha ow leverel, "Ny re gafas hebma ow trailya agan nacyon, orth agan dyfen na wrellen pe trubyt dhe Cesar, hag ow leverel y honen dhe vos Crist Mytern."

³Nena Pylat a wovydnas orto, "Osta mytern an Yêdhewon?"

Ev a worthebys, "Te a'n lever."

⁴Nena Pylat a leverys dhe'n chif prontyryon ha dhe'n rûth a dus, "Ny gafaf chêson vëth may fe an den-ma cùhudhys."

⁵Saw y a levery heb hedhy, "Yma va ow sordya an bobel gans y dhyscas dres oll Jûdy dhyworth Galyle, le may whrug ev dallath, bys i'n tyller-ma."

⁶Pàn glôwas Pylat hedna, ev a wovydnas mars o Jesu Galylean. ⁷Pàn wrug ev convedhes Jesu dhe vos in dadn arlottes Erod, ev a'n danvonas strait dhe Erod, rag yth esa Erod y honen in Jerùsalem i'n termyn-na.

⁸Pàn welas Erod Jesu, ev a rejoyc-yas, rag yth esa ow tesîrya y weles nans o termyn hir. Ev a glôwas adro dhodho, ha govenek a'n jeva, y whre Jesu neb sin ragtho. ⁹Ev a wrug y examnya pols dâ, saw ny wrug Jesu gortheby dhodho. ¹⁰Yth esa an chif prontyryon ha'n scrîbys ow sevel ryptho, hag y orth y gùhudha yn freth. ¹¹Erod y honen ha'y soudoryon a dhespîtyas Jesu ha gul ges anodho. Nena Erod a settyas pows afînys adro dhodho ha'y dhanvon arta dhe Pylat. ¹²An keth jorna-na y feu Erod ha

Pylat cothmans. Kyns ena eskerens êns, an eyl dh'y gela.

¹³I'n eur na Pylat a elwys warbarth an chif prontyryon, an rewlysy, ha'n bobel ¹⁴ha leverel dhedhans, "Why a dhros dhybm hebma avell onen esa ow sordya an dus. Obma me re wrug y examnya i'gas golok why, ha ny'n kefys ev cablus a radn vëth kyn fe a'gas acûsacyon. ¹⁵Ny'n cafas Erod dhe vlâmya naneyl, rag ev re dhan-vonas Jesu wàr dhelergh dhyn. In gwir ny wrug an den-ma tra vëth a vynsa dendyl mernans. ¹⁶Me a vydn gul dhodho ytho bos scorjys ha'y asa dhe vos." ¹⁷Res o dhodho delyvra nebonen dhedhans orth an degol.

¹⁸Nena y oll a grias warbarth, "In kerdh ganso! Relêssyowgh Barabas ragon! Relêssyowgh Barabas ragon!" ¹⁹(Barabas o den re bia tôwlys dhe bryson awos sordyans ha denlath).

²⁰Whensys o Pylat dhe fria Jesu. Rag hedna ev a gowsas ortans arta. ²¹Saw yth esens y pùpprës ow cria, "Crowsyowgh ev! Crowsyowgh ev!"

²²Ev a gowsas ortans an tressa treveth ha leverel, "Praga? Pana dhrog re wrug ev? Me ny allaf cafos rêson ino prag y res dhodho merwel. Me a wra y scorjya ytho ha nena y relêssya."

²³Saw y a bêsyas gans lev uhel ha demondya yn freth may fe va crowsys. Aga lev a brevailyas. ²⁴Rag hedna Pylat a ros y vreus y fedha grauntys aga whans. ²⁵Pylat a relêssyas an den aral warlergh aga bodh—hedna re bia prysonys awos gul sordyans ha denlath—ha Pylat a dhelyvras Jesu dhedhans dhe wul dhodho kepar dell vydnens.

²⁶Pàn esens y ow lêdya Jesu in kerdh, y a settyas dalhen in den,

Sîmon dhia Cyrene y hanow, esa ow tos dhyworth an pow, hag y a worras an growspredn warnodho ha gul dhodho y don warlergh Jesu. 27Yth esa bùsh brâs a dus orth y sewya, hag i'ga mesk benenes esa ow qweskel aga brest hag owth ola warnodho. 28Saw Jesu a drailyas tro hag y ha leverel, "Myrhas a Jerùsalem, na olowgh warnaf vy, saw warnowgh agas honen ha wàr agas flehes. 29Rag certan y teu dedhyow, may fenegowgh an re anvab, ow leverel 'Gwydn aga bës an torrow na's teva bythqweth flehes, ha kekefrës an brodnow na dhenas flehesygow.' 30I'n eur na y a wra pejadow may cotha an menydhyow warnodhans, hag y a bës an brynyow dh'aga gorhery. 31Mars usons y ow cul hebma ha'n predn gwer, pandra wrowns y pàn vo va sëgh?"

32Y feu dew dhen erel, drog-oberoryon, lêdys in kerdh gans Jesu, dhe vos gorrys dhe'n mernans warbarth ganso. 33Pàn dheuthons bys i'n plâss henwys Tyller an Grogen Pedn, ena y a growsyas Jesu warbarth gans an dhrog-oberoryon, an eyl a'y barth dyhow ha'y gela a'n barth cledh. 34Yth esa Jesu ow leverel, "A Das, gav dhedhans, rag ny wodhons y màn pandr'usons ow cul." Ha tôwlel predn a wrussons rag radna y dhyllas.

35Yth esa an bobel ow sevel in y ogas ow meras orto. Saw an rewlysy a wre ges anodho ha leverel, "Sawya y hynsa a wrug ev. Gwrêns ev sawya y honen, mars ywa an Crist, den dêwysys Duw!"

36An soudoryon kefrës a wre ges anodho. Y a dheuth dhodho hag offra in bàn aysel dhodho, 37ha leverel, "Mars osta Mytern an Yêdhewon, saw dha honen!"

38Yth esa lîbel a-ugh y bedn in Latyn, Grêk, hag Ebrow, "Hèm yw Mytern an Yêdhewon."

39Onen a'n dhrog-oberoryon, esa in crog ganso, a wrug y dhespîtya: "A nyns osta an Crist? Omsaw dha honen ha saw ny genes inwedh!"

40Saw y gela a'n rebûkyas ow leverel, "A nyns usy own Duw dhis, abàn osta in dadn an keth breus a vernans? 41Ny re beu jùjys dre wirvreus ha gallas agan ewn-wober genen, mès ny wrug an den-ma drockoleth vëth i'n bës."

42Nena ev a leverys, "Jesu, gwra predery ahanaf, pàn dhyffy dhe'th pow."

43Jesu a leverys dhodho, "Pòr wir a lavaraf dhis: te a vëdh genef hedhyw in Paradîs."

44Yth o lebmyn ogas dhe hanter-dëdh, hag y teuth tewolgow wàr oll an pow bys in teyr eur dohajëdh. 45Fyllel a wrug golow an howl. Veyl an templa a sqwardyas intra dew. 46Nena Jesu a grias, uhel y lev, "A Das, intra dha dhewla gwrav kemyna ow spyrys." Wosa leverel an geryowna, ev a dremenas.

47Pàn welas an centùry an pëth o wharvedhys, ev a braisyas Duw ha leverel, "Heb cabm o an den-ma yn tefry!" 48Yth esa rûth vrâs i'n tyllerna, a dheuth rag gweles pùptra a vydna wharvos, mès pàn welsons oll an câss, y a dhewhelys tre ow qweskel aga brest. 49Saw yth esa y gowetha ha'n benenes, a dheuth ganso dhyworth Galyle, yth esens oll ow sevel pols alena, hag y ow meras orth an taclow-ma.

50Yth esa den ewnhensek gwiryon ena, Josef y hanow, ha kynth o va esel a gùntelles an Yêdhewon, 51ny wruga assentya poynt naneyl dh'aga thowl na dh'aga oberow. Dhyworth tre a Jûdy henwys Baramathia o va, hag yth esa va gans govenek ow cortos gwlascor Duw. ⁵²Josef êth dhe Pylat ha govyn corf Jesu orto. ⁵³Ev a gemeras an corf dhe'n dor dhywar an growspredn, y vailya in lien, ha'y settya in bedh men, na veu den vëth gorrys ino bys i'n eur-na. ⁵⁴Dëdh an Preparacyon o, hag yth esa an sabot ow tallath.

⁵⁵An benenes neb o devedhys ganso dhyworth Galyle a'n sewyas. Y a welas an bedh men, ha fatell veu corf Jesu gorrys ino. ⁵⁶Nena y a dhewhelys ha parusy spîcys hag onymens. Jorna an sabot y a bowesas warlergh an comondment.

24 Kensa jorna an seythen, pòr avarr orth terry an jëdh, y a dheuth dhe'n bedh ow try gansans an spîcys a wrussons parusy. ²Y a gafas an men rolys dhe ves dhyworth an bedh, ³saw pàn wrussons entra, ny gafsons an corf. ⁴Amays vowns awos hebma, saw whare dew dhen in dyllas ilyn a dheuth ha sevel rypthans. ⁵An benenes a gemeras uth, ha plegya aga fassow dhe'n dor. Saw an dus a leverys dhedhans, "Prag yth esowgh why ow whelas an den bew in mesk an re marow? Obma nyns usy ev, rag sevys yw. ⁶Perthowgh cov ev dhe dherivas dhywgh, pàn esa whath in Galyle, ⁷y talvia dhe Vab an Den bos delyvrys dhe behadoryon ha gorrys i'n growspredn, mès y whre va dasserhy an tressa dëdh."

⁸Nena y a remembras y eryow, ⁹ha wosa dewheles dhyworth an bedh, y a dherivas oll an mater-ma dhe'n dewdhek, ha dhe'n remnant. ¹⁰Y feu

Maria Maudlen, Jowana, Maria mabm Jamys ha'n benenes erel, neb a dheclaryas hebma dhe'n abosteleth. ¹¹Saw aga geryow a hevelly dhedhans bos whedhel uver, ha ny wodhyens cresy dhedhans. ¹²Saw Peder a savas in bàn, ha ponya bys i'n bedh. Ev a blegyas, ha meras ajy ha gweles an lienyow aga honen. Nena ev êth tre hag ev amays der an pëth a wharva.

¹³An keth jorna-na yth esa dew anodhans ow travalya dhe dre vian henwys Emaùs, neb seyth mildir dhyworth Jerùsalem. ¹⁴Yth esens y ow kescôwsel, an eyl gans y gela, adro dhe oll an taclow-ma o wharvedhys. ¹⁵Pàn esens ow côwsel hag ow tyspûtya, Jesu y honen a dheuth nes dhedhans, ha kerdhes warbarth gansans, ¹⁶saw lettys veu aga lagasow, ma na wrellens y aswon.

¹⁷Hag ev a leverys dhedhans, "Pandr'esowgh why ow tyspûtya intredhowgh ha why ow kerdhes warbarth?"

Y a savas stag ena, trist aga semlant. ¹⁸Nena onen anodhans, henwys Cleopas, a worthebys, "Osta den astranj in Jerùsalem, ma na wodhes ow tùchya an taclow, re wharva ena agensow?"

¹⁹"Pana daclow?" yn medh ev dhedhans.

Y a worthebys, "An maters ow tùchya Jesu a Nazare. Ev o profet, galosek y obereth ha'y eryow dhyrag Duw, ha dhyrag oll an bobel. ²⁰Agan chif prontyryon ha rewlysy a'n delyvras dhe vos dampnys dhe'n mernans, ha crowsys veu. ²¹Saw govenek a'gan beu y fedha va hedna a wre dasprena Israel. Ea, ha moy ès hebma oll, nans yw try dëdh abàn wharva an taclow-ma. ²²Ha whath nebes benenes ahanan re worras marth inon. Y fowns y orth an bedh hedhyw myttyn avarr, ²³ha pàn na wrussons y cafos y gorf ena, y a dhewhelys ha leverel dhyn, fatell wrussons y gweles vesyon a eleth, a dheclaryas dhedhans ev dhe vos yn few. ²⁴Radn a'n re-na esa genen, êth dhe'n bedh ha cafos an mater poran kepar dell leverys an benenes, saw ny wrussons y weles ev."

²⁵Nena ev a leverys dhedhans, "Ass owgh gocky ha tewl i'gas colon, rag fowt cresy oll an taclow re beu declarys gans an profettys! ²⁶A ny resa dhe'n Crist godhaf oll an taclow-ma kyns ès entra in y glory?" ²⁷Nena, ow tallath gans Moyses hag oll an profettys, ev a styryas dhedhans pùptra i'n scryptours adro dhodho y honen.

²⁸Pàn esens y ow tos nes dhe'n dre, esens y ow mos dhedhy, ev a gerdhas arag, kepar dell ve va whensys dhe dravalya pella. ²⁹Saw y a wrug y inia crev ha leverel, "Trig genen ny, rag re dheuth an gordhuwher ha namnag yw passys an jëdh." Rag hedna ev a dregas gansans.

³⁰Pàn esa va orth an bord gansans, ev a gemeras bara, y venega ha'y derry ha'y ry dhedhans. ³¹Nena aga lagasow a veu egerys, hag y a'n aswonas, hag ev êth qwit in kerdh mes a'ga golok. ³²Y a leverys an eyl dh'y gela, "A nyns esa agan colon ow lesky inon, hag ev ow côwsel orthyn i'n fordh hag owth egery dhyn an scryptours?"

³³An very prës-na y a savas in bàn, ha dewheles dhe Jerùsalem, hag y a gafas an udnek ha'ga howetha cùntellys warbarth. ³⁴Y a levery, "Dasserhys in gwir yw an Arlùth, hag

ev re omdhysqwedhas dhe Sîmon!" ³⁵Nena y a dheclaryas an pëth a wharva i'n fordh ha kepar dell veu va aswonys dhedhans dre derry bara.

³⁶Pàn esens y whath ow côwsel adro dhe'n mater-ma, Jesu y honen a dheuth ha sevel i'ga mesk ha leverel dhedhans, "Cres dhywgh why!"

³⁷Y a veu amays hag a gemeras uth, ow cresy y dhe weles spyrys. ³⁸Jesu a leverys dhedhans, "Prag yth esowgh why ow perthy own, ha prag yma dowt ow sordya i'gas colon? ³⁹Merowgh orth ow dewla ha'm treys. Gwelowgh, me ywa. Tùchyowgh vy ha merowgh, rag ny'n jeves spyrys kig hag eskern kepar ha me."

⁴⁰Pàn wrug ev leverel hedna, ev a dhysqwedhas dhedhans y dhewla ha'y dreys. ⁴¹Pàn êns y whath dowtys hag ancombrys der aga joy brâs, ev a leverys dhedhans, "Eus tra vëth dhe dhebry genowgh obma?" ⁴²Y a ros dhodho tabm a bysk dyghtys. ⁴³Ev a'n kemeras ha'y dhebry i'ga golok.

⁴⁴Nena ev a leverys dhedhans, "An re-ma yw ow geryow a wrug avy côwsel orthowgh, ha me whath gen-owgh—fatell resa bos collenwys pùp-tra screfys adro dhybm in laha Moyses, i'n profettys hag i'n salmow."

⁴⁵Nena ev a egoras aga brës dhe gonvedhes an scryptours, ⁴⁶ha leverel dhedhans, "Indella yth yw screfys, y res dhe'n Crist sùffra ha dasserhy an tressa dëdh dhyworth an re marow, ⁴⁷hag yth yw res progeth edrek ha gyvyans pehosow in y hanow ev dhe oll an nacyons, ow tallath in Jerù-salem. ⁴⁸Why yw dùstuniow a'n taclow ma. ⁴⁹Ha merowgh, yth esof vy ow tanvon warnowgh hedna re beu promyssys gans ow Thas. Tregowgh

obma ytho i'n cyta, erna vewgh why gwyskys in power dhyworth nev avàn."

[50]Nena ev a's lêdyas in mes bys in Bethany, hag ow terevel y dhewla, ev a's benegas. [51]Pàn esa va orth aga benega, ev a omdednas dhywortans hag y feu degys in bàn in nev. [52]Y a wrug y wordhya, ha dewheles dhe Jerùsalem gans lowena vrâs. [53]Hag yth esens i'n templa pùb jorna oll ow praisya Duw.

An Awayl warlergh Jowan

1 I'n dalathfos yth esa an Ger, hag yth esa an Ger gans Duw ha Duw o an Ger. [2]Yth esa an keth i'n dalathfos gans Duw.

[3]Dredho y feu formys pùptra; ha heptho ny veu formys tra vëth a vyns a veu gwrës. [4]Ino ev yth esa an bêwnans ha'n bêwnans o golow an dus. [5]Hag yma an golow ow tewynya i'n tewolgow, saw ny wodhya an tewolgow y dhyfudhy màn.

[6]Y feu den danvenys gans Duw ha Jowan o y hanow. [7]Ev a dheuth in dùstuny rag dùstunia a'n golow, may halla pùbonen cresy dredho ev. [8]Nyns o va an golow na, mès y feu va danvenys rag dùstunia anodho. [9]Hèn o an golow gwir usy ow tewynya wàr bùbonen a dheffa aberth i'n bës.

[10]I'n bës yth esa ev ha ganso an bës o creatys, saw ny wrug an bës y aswon. [11]Ev a dheuth dh'y dus y honen, saw ny wrussons y recêva màn. [12]Saw dhe bùbonen a wrug y recêva, ev a ros gallos dhe vos mebyon Duw, dhe neb a wrella cresy in y hanow ev, [13]dhe'n dus na veu genys naneyl dre woos na dre volùnjeth an kig na dre volùnjeth den, mès dre Dhuw.

[14]An ger a veu gwrës kig hag ev a dregas i'gan mesk ny, ha ny a welas y wordhyans, glory Unvab an Tas, leun a râss hag a wiryoneth.

[15](Jowan a ros dùstuny anodho hag a grias, "Hèm yw an den-na hag a leverys vy adro dhodho: 'Ev, usy ow tos wàr ow lergh, a wra mos dhyragof, rag ev dhe vos kyns ès me.'")

[16]Hag a'y lanwes ev ny oll re recêvas grâss wàr râss. [17]Rag an laha a veu rës dre Moyses, mès grâss ha gwiryoneth a dheu dre Jesu Crist. [18]Ny wrug den vëth bythqweth gweles Duw. Saw an Unvab, usy in ascra an Tas, ev re wrug y dheclarya.

[19]Hèm yw dùstuny Jowan, pàn wrug an Yêdhewon danvon prontyryon ha Levîtys dhia Jerùsalem rag govyn orto, "Pyw osta?" [20]Ev a'n avowas ha ny wrug y naha saw y avowa, "Nyns oma an Crist."

[21]Hag y a wovydnas arta, "Pyw osta ytho? Osta Elias?"

Ev a leverys, "Nag ov."

"Osta an profet-na?"

Hag ev a worthebys, "Nag ov."

[22]Nena y a leverys, "Pyw osta? May hallen ny ry gorthyp dhe'n re-na a wrug agan danvon. Pandr'esta ow leverel ahanas dha honen?"

[23]Ev a leverys, "Me yw lev onen eus ow carma i'n gwylfos, 'Gwrewgh compes fordhow an Arlùth,' dell leverys Esay an profet."

[24]Ha'n re-na, neb re bia danvenys gans an Farysys, [25]y a wovydnas orto ow leverel, "Prag y whrêta besydhya, mar nyns osta an Crist, nag Elias na'n profet-na?"

[26]Jowan a worthebys dhedhans ha leverel, "Me a wra besydhya gans dowr, saw yma onen a'y sav i'gas mesk nag yw aswonys dhywgh. [27]Ev yw neb usy ow tos wàr ow lergh, ha nyns oma wordhy dhe dhygelmy cronow y eskys."

[28]An taclow-ma a wharva in Bethany in hans dhe dhowr Jordan, an tyller mayth esa Jowan ow pesydhya.

[29]Ternos Jowan a welas Jesu ow tos wàr y bydn hag ev a leverys,

"Awot On Duw usy ow kemeres in kerdh pehosow an bës. ³⁰Hèm yw hedna, neb a leverys vy anodho, bos nebonen ow tos wàr ow lergh hag ev uhella agesof, awos y vos kyns ès me. ³¹Ny wrug avy y aswon ev. Saw me a dheuth ow pesydhya gans dowr, rag may fe va dyscudhys dhe Israel."

³²Ha Jowan a ros dùstuny ha leverel, "Me a welas an Spyrys ow skydnya mes a'n nev in form a golom hag ow remainya warnodho. ³³Me ow honen ny wrug y aswon, mès hedna neb a'm danvonas dhe vesydhya gans dowr a leverys dhybm, 'Neb a welles an Spyrys Sans ow skydnya warnodho hag ow remainya warnodho, ev yw hedna a wra besydhya gans an Spyrys Sans.' ³⁴Ha me ow honen re'n gwelas, hag yth esof ow testa bos hebma Mab Duw."

³⁵Ternos arta yth esa Jowan a'y sav gans dew a'y dhyscyplys. ³⁶Pàn welas ev Jesu ow passya, ev a leverys, "Awot Ôn Duw!"

³⁷Ha'n dhew dhyscypyl a'n clôwas ha sewya Jesu. ³⁸Nena Jesu a drailyas ha'ga gweles orth y sewya ha leverel dhedhans, "Pandr'esowgh why ow whelas?"

Y a leverys dhodho, "Raby" (hèn yw dhe styrya Descador), "pleth esta tregys?"

³⁹Ev a worthebys, "Dewgh ha gweles."

Y êth ha gweles an tyller mayth esa va tregys, hag y a remainyas ganso an jëdh-na. Yth o ogas dhe beder eur dohajëdh.

⁴⁰Onen a'n dhew, neb a glôwas lavar Jowan ha sewya Jesu, o Androw, broder Sîmon Peder. ⁴¹Kyns oll ev êth ha cafos y vroder ha leverel

dhodho, "Ny re gafas an Messias" (hèn yw dhe styrya an Crist).

⁴²Hag ev a dhros Sîmon dhe Jesu. Jesu a veras orth Sîmon ha leverel, "Te yw Sîmon mab Jowan. Te a vëdh henwys Cefas." (Hèn yw dhe styrya Peder.)

⁴³Ternos Jesu a erviras mos in rag dhe Alyle, hag ev a gafas Felyp ha leverel dhodho, "Gwra ow sewya vy."

⁴⁴Ha Felyp a dheuth dhia Besseda, tre Androw ha Peder. ⁴⁵Felyp a gafas Nathanael ha leverel dhodho, "Ny re gafas hedna may feu screfys anodho gans Moyses i'n laha ha gans an profettys—Jesu a Nazare, mab Josef."

⁴⁶Ha Nathanael a leverys, "A yll tra vëth vas dos mes a Nazare?"

Felyp a leverys dhodho, "Deus ha gweles."

⁴⁷Jesu a welas Nathanael ow tos ha leverel, "Otta Israelyas in gwir nag eus drockoleth vëth ino."

⁴⁸Nathanael a leverys dhodho, "Fatell esta orth ow aswon?"

Jesu a worthebys dhodho ha leverel, "Me a'th welas in dadn an fygwedhen kyns ès Felyp dhe'th elwel."

⁴⁹Nathanael a worthebys dhodho, "Raby, te yw Mab Duw. Te yw mytern Israel."

⁵⁰Jesu a worthebys ha leverel, "Drefen me dhe leverel dhis fatell wruga dha weles in dadn an fyg-wedhen, dre hedna esta ow cresy? Te a welvyth taclow brâssa es hedna." ⁵¹Hag ev a leverys dhodho, "In gwir hag in gwiryoneth me a lever dhis, fatell wrêta gweles an nev opyn hag eleth Duw owth ascendya hag ow skydnya wàr Vab an Den."

2 Dhe bedn try dëdh y feu demedhyans in Cana a Alyle, hag yth esa mabm Jesu ena. [2]Ha Jesu ha'y dhyscyplys a veu gelwys dhe'n maryach kefrës. [3]Pàn fyllys an gwin, mabm Jesu a leverys dhodho, "Nyns eus gwin vëth dhedhans."

[4]Jesu a worthebys, "A venyn, fatell yw hedna bern dhyso pò dhybmo? Nyns yw devedhys ow thermyn vy whath."

[5]Y vabm a leverys dhe'n servysy, "Pypynag a wrella va leverel dhywgh, gwrewgh e."

[6]Yth esa i'n tyller whegh dowrlester rag gis pùrgacyon an Yêdhewon, ha dew pò try fyrkyn in kenyver onen anodhans.

[7]Jesu a leverys dhedhans, "Gwrewgh lenwel an lestry a dhowr." Ha'ga lenwel a wrussons bys i'n min.

[8]Jesu a gomondyas dhedhans, "Lebmyn deverowgh e, ha'y dhry dhe'n pedn-styward."

Y a'n dros dhodho. [9]Pàn wrug an pedn-styward tastya an gwin re bia gwrës a'n dowr, ny wodhya ev a ble dheuth ev (mès an servysy neb a dhros an gwin dhodho a wodhya yn tâ), hag ev a elwys dhodho an gour prias [10]ha leverel dhodho, "I'n dallath yma pùbonen ow ry in mes gwin dâ, ha warlergh an dus dhe eva yn town, nena ev a re an gwin a vo gweth. Saw te re wethas an gwin dâ bys i'n eurma."

[11]Jesu a wrug hebma, an kensa oll a'y sînys, in Cana a Alyle, hag indella ev a dhyscudhas y wordhyans. Ha'y dhyscyplys a gresys ino.

[12]Wosa hedna Jesu êth wàr nans dhe Capernaùm gans y vabm, y vreder ha'y dhyscyplys, hag y a remainyas i'n tyller-na nebes dedhyow.

[13]Yth o ogas Pask an Yêdhewon ha Jesu êth in bàn dhe Jerùsalem. [14]Ev a gafas i'n templa tus esa ow qwertha gwarthek, deves ha kelemy, ha tus ow chaunjya mona hag y a'ga eseth orth aga thablys. [15]Ev a wrug whyppa a gerdyn bian ha helghya mes a'n templa an deves ha'n gwarthek, ha scùllya mona an arhansoryon hag omwheles aga mosow. [16]Hag ev a leverys dhe'n re-na esa ow qwertha kelemy, "Kemerowgh an taclow-ma mes alebma ha na wrewgh marhasva a jy ow Thas!"

[17]Y dhyscyplys a remembras an pëth o screfys, "Dywysycter rag dha jy a wra ow honsûmya."

[18]Nena an Yêdhewon a worthebys dhodho ha leverel, "Pana sin a ylta dysqwedhes dhyn avell dha auctoryta dhe wul an taclow-ma?"

[19]Jesu a worthebys ha leverel, "Dyswrewgh an templa-ma ha kyns pedn try dëdh me a vydn y dherevel arta."

[20]Nena in medh an Yêdhewon, "Whegh bledhen ha dew ugans ymowns y ow terevel an templa-ma hag a ylta jy y vyldya in try dëdh?" [21]Adro dh'y vody y honen yth esa va ow côwsel. [22]Wosa ev dhe dhasserhy a'n re marow, y dhyscyplys a remembras ev dhe gôwsel indella ortans, hag y a gresys i'n scryptour hag in geryow Jesu.

[23]Pàn esa va in Jerùsalem orth prës an Pask, dëdh an gool, lies huny a gresys in y hanow, pàn welsons an merclys a wre va. [24]Saw ny vydna Jesu trestya dhedhans, awos ev dhe aswon pùbonen, [25]ha ny'n jeva othem vëth a dhùstuny ow tùchya den vëth—rag ev y honen a wodhya an pëth esa in kenyver den.

3 Yth o onen a'n Farysys, Nyco-dêmùs y hanow, hag o hùmbrynkyas a'n Yêdhewon. ²Ev a dheuth dhe Jesu orth golow nos ha leverel dhodho, "Raby, me a wor te dhe vos descador a dheuth dhyworth Duw, rag ny alsa den vëth gul an merclys esta ow cul marnas Duw a vo ganso."

³Jesu a worthebys ha leverel dhodho, "In gwir hag in gwiryoneth me a lever dhis, marnas den a vo genys arta, na ylla gweles gwlascor Duw."

⁴Nycodêmùs a wovydnas, "Fatell yll den bos genys arta hag ev tevys? A yll ev arta entra in torr y dhama ha bos daskenys?"

⁵Jesu a worthebys, "In gwir me a lever dhis, marnas den a vo genys dre dhowr ha der an Spyrys, na ylla entra in gwlascor Duw. ⁶Ev neb a vo genys der an kig, kig ywa, saw ev a vo genys der an Spyrys, ev yw spyrys. ⁷Na gebmer marth me dhe leverel dhis fatell yw res bos genys arta. ⁸Yma an gwyns ow whetha le may fydna, ha te a glôw an son anodho, saw ny wodhesta a ble ma va ow tos na ple ma va ow mos. Indelma yw kenyver onen a vo genys der an Spyrys."

⁹Nycodêmùs a worthebys ha leverel, "Fatell yll an taclow-ma bos?"

¹⁰Jesu a worthebys dhodho, "Osta hùmbrynkyas in Israel ha ny wodhesta an taclow-ma? ¹¹In gwir hag in gwiryoneth me a lever dhis hebma: yth eson ny ow côwsel ow tùchya an pëth a wodhon, hag ow testa adro dhe'n pëth a wrussyn ny gweles. Saw nyns esowgh why ow recêva agan dùstuny ny. ¹²Mar qwrug avy côwsel orthowgh a daclow a'n bës-ma heb why dhe gresy, fatell yllowgh why cresy, mar teuma ha côwsel a daclow i'n nev? ¹³Ny wrug den vëth bythqweth ascendya dhe'n nev, saw hedna neb a skydnyas mes a'n nev, hèn yw Mab an Den. ¹⁴Kepar dell wrug Moyses derevel an serpont i'n gwylfos, indella kefrës Mab an Den a res bos derevys in bàn, ¹⁵ma halla kenyver onen a gressa ino cafos an bêwnans heb dyweth.

¹⁶"Yth esa Duw kebmys ow cara an bës, may ros ev y Unvab, ma na wrella mos dhe goll den vëth a gressa ino, mès cafos an bêwnans heb dyweth. ¹⁷Ea, ny wrug Duw danvon y Vab aberth i'n bës rag dampnya an bës, saw may halla an bës bos selwys dredho ev. ¹⁸Ny vêdh dampnys an re-na usy ow cresy ino, saw an re-na nag usy ow cresy ino, y re beu dampnys solabrës, dre rêson na wrussons y cresy in hanow Unvab an Tas. ¹⁹Hèm yw an brusyans wàr aga fydn: an golow dhe entra i'n bës, saw an dus dhe gara an tewolgow moy ès an golow, drefen aga oberow dhe vos mar dhrog. ²⁰Rag seul a wrella drog, cas yw an golow dhodho, ha ny vydn ev dos dhe'n golow, ma na vo rebûkys y oberow. ²¹Mès seul a wrella an pëth a vo dâ, yma va ow tos bys i'n golow, may halla bos apert y oberow dhe vos gwrës in Duw."

²²Wosa hedna Jesu ha'y dhyscyplys êth dhe bow Jûdy. Ena ev a dregas nebes dedhyow gansans ha besydhya a wre. ²³Yth esa Jowan inwedh ow pesydhya in Aenon ogas dhe Salym, awos bos meur a dhowr i'n tyller-na. Yth esa lowr a dus ow tos dhodho dhe vos besydhys—²⁴rag i'n eur na ny veu Jowan whath tôwlys dhe bryson. ²⁵Nena y feu dyspûtyans ow tùchya pùrgacyon inter udn Yêdhow ha radn a dhyscyplys Jowan. ²⁶Y a dheuth dhe

Jowan ha leverel dhodho, "Raby, ev neb esa genes jy in hans dhe dhowr Jordan, may whrusta desta adro dhodho, awotta va obma ow pesydhya, hag yma pùb huny ow mos dhodho."

²⁷Jowan a worthebys ha leverel, "Ny yll den recêva tra vëth, mar ny vëdh an dra rës dhodho dhyworth nev. ²⁸Why agas honen yw ow dùstuny, me dhe avowa nag oma an Crist, saw me dhe vos danvenys dhyragtho. ²⁹Ev neb a'n jeves an venyn brias yw an gour prias. Cothman an gour prias usy a'y sav hag ow coslowes orto, yma va ow rejoycya pàn glôwa lev an gour prias. Rag an rêson-ma collenwys yw oll ow joy. ³⁰Ev a dal encressya ha me a dal lehe.

³¹"Ev usy ow tos dhyworth an le avàn, yma va dres pùptra. Ev neb yw a'n nor, yth ywa kepar ha'n nor, hag a daclow an nor y fëdh ev ow côwsel. Neb a dheu dhyworth nev, yma va a-ugh pùptra. ³²Yma ev ow testa adro dhe bùptra a wruga gweles ha clôwes, saw ny vydn den vëth recêva y dhùstuny. ³³Kenyver onen hag a recêvas y dhùstuny, yma va ow testa fatell yw Duw gwir. ³⁴Ev neb re beu danvenys gans Duw a gôws an geryow a Dhuw, rag yma va ow ry an Spyrys heb musur. ³⁵Yma an Tas ow cara an Mab hag ev re ros pùptra inter y dhewla ev. ³⁶Seul a gressa i'n Mab, ev a'n jeves an bêwnans heb dyweth. Seul na wrella obeya dhe'n Mab, ny wra va gweles bêwnans, saw ev a res godhaf sorr Duw."

4 Pàn wrug an Arlùth godhvos fatell glôwas an Farysys Jesu dhe vos ow pesydhya moy dyscyplys ès Jowan ²(kyn na wre Jesu besydhya y honen mès y dhyscyplys), ³Jesu a asas Jûdy ha dewheles dhe Alyle.

⁴Saw res o dhodho passya dre Samarya. ⁵Ena ev a dheuth dhe cyta Samarytan henwys Sycar, ogas dhe'n tireth re bia rës gans Jacob dh'y vab Josef. ⁶Yth esa pith Jacob i'n tyllerna. Jesu o sqwith dhyworth an viaj hag esedha wàr vin an pith. Yth o an termyn adro dhe'n wheffes our.

⁷Benyn Samarytan a dheuth dy rag tedna dowr ha Jesu a leverys dhedhy, "Ro dhybm dha eva." ⁸(Rag gyllys o y dhyscyplys bys i'n cyta rag prena boos.)

⁹Nena an Samarytanes a leverys dhodho, "Fatell wher hebma, ha te Yêdhow, dhe besy dowr dhyworthyf vy, Samarytanes?" (Nyns usy an Yêdhewon ow radna taclow gans an Samarytans.)

¹⁰Jesu a leverys dhedhy, "Mar teffes ha godhvos ro Duw ha pyw ywa usy orth dha besy dhe ry dewas dowr dhodho, te a vynsa govyn orto hag ev a vynsa ry dowr bew dhis."

¹¹An Samarytanes a worthebys, "Syra, nyns eus kelorn genes ha pòr dhown yw an pith-ma. Pleth esta ow cafos an dowr-na? ¹²Osta brâssa ages agan tas ny Jacob, a ros an pith-ma dhyn, rag ev, y vebyon ha'y flockys a wre eva anodho?"

¹³Jesu a worthebys ha leverel dhedhy, "Neb a wrella eva a'n pith-ma, ev a'n jevyth sehes arta, ¹⁴mès pynag oll a wrella eva a'n dowr esof vy ow ry dhodho, ny vëdh sehes dhodho nefra namoy. An dowr, neb a wrama ry dhodho, a vydn gul ino fenten ow tardha rag bêwnans a bës nefra."

¹⁵An venyn a leverys dhodho, "Syra, ro dhybm a'n dowr-na, ma na

vo sehes dhybm namoy, naneyl na vo res dhybm dos arta in fenowgh rag tedna dowr."

¹⁶Jesu a leverys dhedhy, "Kê ha galow dha wour ha deus obma arta."

¹⁷An venyn a worthebys ha leverel, "Me ny'm beus gour vëth."

Jesu a leverys dhedhy, "Te a gowsas an gwiryoneth, pàn leversys nag eus gour dhis. ¹⁸Rag te re'th feu pymp gour ha hedna usy genes i'n tor'-ma, dha wour jy nyns ywa màn. Te re leverys an gwiryoneth."

¹⁹An venyn a leverys dhodho, "Syra, yth esof vy ow percêvya te dhe vos profet. ²⁰Agan tasow a wordhya Duw i'n meneth-ma, mès yth esowgh whywhy ow leverel fatell yw res y wordhya in Jerùsalem."

²¹Jesu a leverys dhedhy, "A venyn, crës dhybm bos an termyn ow tos na wrewgh why gordhya an Tas naneyl i'n meneth-ma nag in Jerùsalem. ²²Yth esowgh why ow cordhya an pëth na wodhowgh, mès yth eson nyny orth y wordhya ev eus aswonys dhyn, rag dhia an Yêdhewon y teu salvacyon. ²³Saw yma an prës ow tos, ea, re dheuva an prës solabrës, may whra an wir-wordhyoryon gordhya an Tas in spyrys hag in gwiryoneth. Rag yma an Tas ow whelas tus kepar ha'n re-na rag y wordhya. ²⁴Duw yw spyrys ha pynag oll a vydna y wordhya, res yw dhodho y wordhya in spyrys hag in gwiryoneth."

²⁵An venyn a leverys, "Me a wor bos an Messias ow tos." (Hèn yw an Crist). "Pàn wrella va dos, ev a vydn declarya pùptra oll dhyn."

²⁶Jesu a leverys dhedhy, "An den usy ow côwsel orthys, me yw ev."

²⁷Nena y dhyscyplys a dheuth ha marth brâs a's teva ev dhe gôwsel orth an venyn, saw den vëth ny leverys "Pandr'esta ow whelas?" pò "Prag yth esta ow côwsel orth hodna?"

²⁸Nena an venyn a asas hy fycher ha mos bys i'n cyta ha leverel dhe'n dus, "Dewgh ha gweles den a dherivas orthyf kenyver tra re wrug avy bythqweth! A nyns yw ev an Crist?" ³⁰Nena y êth mes a'n cyta ha dos dhodho.

³¹I'n kettermyn yth esa y dhyscyplys orth y besy ow leverel, "Raby, deber tabm."

³²Mès ev a leverys dhedhans, "Me a'm beus boos dhe dhebry, na wodhowgh why anodho."

³³Rag hedna an dyscyplys a leverys an eyl dh'y gela, "A wrug den vëth dry dhodho neppyth dhe dhebry?"

³⁴Jesu a leverys dhedhans, "Ow boos yw dhe wul an bolùnjeth a hedna re wrug ow danvon, ha dhe gowlwul y ober ev. ³⁵A ny leverowgh why, 'Yma whath peswar mis kyns dos an drevas'? Ot, me a lever dhywgh hebma: derevowgh agas lagasow ha merowgh orth an ÿsegow. Rag gwydn yns y solabrës rag an drevas. ³⁶Seul a wrella mejy, ev a gav wajys hag a gùntell frût rag an bêwnans heb dyweth—may halla hedna usy ow conys has ha hedna usy ow mejy rejoycya warbarth. ³⁷Indelma gwir yw an lavar coth: 'Yma an eyl ow conys has ha'y gela ow mejy.' ³⁸Me a wrug agas danvon dhe vejy an dra na wrussowgh why spêna lavur warnodho. Ken re a lavuryas ha why a entras i'ga lavur ynsy."

³⁹Ha lies Samarytan i'n cyta-na a gresys ino awos geryow an venyn, neb a leverys, "Ev a dherivas orthyf kenyver tra a wrug avy bythqweth gul." ⁴⁰Rag hedna pàn dheuth an

Samarytans bys dhodho, y a'n pesys may whrella va trega i'ga mesk, hag ev a remainyas dew jorna ena. ⁴¹Ha meur moy anodhans a gresys awos y eryow y honen, ⁴²ha leverel dhe'n venyn, "Yth eson ny ow cresy i'n tor' ma awos an taclow a glôwsyn agan honen, kyns ès awos dha lavarow jy. Ha ny a wor bos hedna an Crist, Savyour oll an bës."

⁴³Wosa dew jorna ev a dhybarthas ha mos dhe Alyle. ⁴⁴Ha Jesu y honen a destas na'n jeva profet onour in y bow y honen. ⁴⁵Pàn wrug ev dos dhe Alyle, an Galyleans a'n recêvas, drefen y dhe weles oll an taclow a wrug ev orth an degol in Jerùsalem. Rag y êth dy kefrës.

⁴⁶Gans hedna Jesu a dheuth arta bys in Cana in Galyle, le may whrug ev gwin a'n dowr. Hag yth esa den nobyl i'n tyller-na ha'y vab o clâv in Capernaùm. ⁴⁷Pàn glôwas ev Jesu dhe dhos mes a Jûdy dhe Alyle, ev êth dhodho ha'y besy may whrella va skydnya ha sawya y vab, rag yth esa va in newores.

⁴⁸Nena Jesu a leverys dhodho, "Marnas why a wel sînys ha tôknys, ny vydnowgh why cresy."

⁴⁹An den nobyl a leverys dhodho, "Syra, deus wàr nans kyns ès ow flogh dhe verwel."

⁵⁰Jesu a leverys dhodho, "Kê wàr dha fordh. Yma dha flogh yn few."

Ha'n den a gresys an ger re bia côwsys orto gans Jesu hag ev a dhybarthas. ⁵¹Pàn esa va ow skydnya wosa hedna, y servysy a vetyas orto ha leverel dhodho, "Yma dha vab yn few." ⁵²Nena ev a wovydnas ortans ow tùchya an prës may whrug y vab dallath amendya, hag y a leverys

dhodho, "De dhe'n seythves our an fevyr a'n gasas."

⁵³Rag hedna an tas a wrug convedhes fatell veu hedna an keth prës may leverys Jesu dhodho, "Yma dha flogh yn few." Hag ev y honen a wrug cresy hag oll y veyny.

⁵⁴Hebma arta yw an secùnd marthus a wrug Jesu pàn dheuth ev mes a Jûdy bys in Galyle.

5 Wosa hedna y feu degol an Yêdhewon, ha Jesu êth in bàn dhe Jerùsalem. ²Hag yma poll in Jerùsalem in marhas an deves, henwys i'n yêth Ebrow Bethesda, neb a'n jeves pymp colovenva. ³Yth esa a'ga groweth i'n tyller-na bùsh brâs a dus dyspusant—dellyon, evredhygyon ha paljion hag y ow cortos gwayans an dowr. ⁴Rag el an Arlùth a skydnya warlergh an termyn dhe'n poll dhe drobla an dowr. Seul a wrella entra ino kensa, warlergh an dowr dhe vos troblys, y fedha hedna sawys a'y dhysês, pynag oll a ve. ⁵Hag yth esa ena udn den i'n tyller-na hag a'n jeva dysês êtek bledhen warn ugans. ⁶Pàn wrug Jesu y weles a'y wroweth ena ha godhvos fatell esa va termyn hir i'n plît-na, ev a leverys dhodho, "A vynta jy bos sawys?"

⁷An den dyspusant a worthebys dhodho, "Syra, ny'm beus den vëth rag ow settya i'n dowr pàn vo va troblys. Mès pàn vedhaf ow tos, den aral a wra mos dhyragof."

⁸Jesu a leverys dhodho, "Sa'bàn, kebmer in bàn dha wely ha kerdh!" ⁹Ha strait an den a veu yaghhës, ha kemeres in bàn y wely ha kerdhes.

Ha'n jëdh-na o an sabot. ¹⁰Rag hedna an Yêdhewon a leverys dhe'n

den o yaghhës, "An sabot yw. Nyns
yw lafyl dhis don dha wely."

¹¹Ev a worthebys ha leverel dhe-
dhans, "Ev neb a'm sawyas a leverys
dhybm, 'Kebmer in bàn dha wely ha
kerdh.'"

¹²Rag hedna y a wovydnas orto,
"Pyw yw an den-na a leverys dhis,
'Kebmer in bàn dha wely ha kerdh'?"

¹³Saw ny wodhya an den o sawys
pyw o va, rag Jesu a voydyas alena,
drefen bos bùsh brâs a dus i'n tyller.

¹⁴Wosa hedna Jesu a'n cafas i'n
templa ha leverel dhodho, "Awotta jy
sawys. Na wra namoy peha, rag dowt
lacka tra dhe dhos warnas." ¹⁵An den
a dhybarthas ha declarya dhe'n
Yêdhewon Jesu dh'y sawya.

¹⁶Rag hedna an Yêdhewon a wre
helghya Jesu ha whelas y dhystrêwy,
drefen ev dhe wul an taclow-ma jorna
an sabot. ¹⁷Mès Jesu a wrug aga
gortheby ha leverel dhedhans, "Yma
ow Thas ow lavurya bys lebmyn, hag
yth esof vy ow lavurya kefrës." ¹⁸Rag
hedna, yth o an Yêdhewon dhe voy
whensys dh'y ladha, dre rêson ev dhe
derry dëdh an sabot, ha lacka whath,
dre rêson ev dhe leverel Duw dhe vos
y Das, ha dhe wul y honen eqwal dhe
Dhuw.

¹⁹Nena Jesu a worthebys ha leverel
dhedhans, "In gwir hag in gwiryoneth
me a lever dhywgh, na yll an Mab gul
tra vëth anodho y honen, marnas ev a
wel an Tas orth y wul. Rag pynag oll
tra a wrella an Tas, an mab a'n gwra
kefrës. ²⁰Rag yma an Tas ow cara an
Mab hag ev a dhysqwa dhodho oll an
taclow usy ev ow cul. Hag ev a vydn
dysclôsya dhodho oberow brâssa es
an re-ma, ma'gas bo marth. ²¹Rag
kepar dell wra an Tas derevel an re
marow ha'ga bewhe, indelma an Mab

a wra bewhe pynag oll a vydna. ²²Rag
nyns usy an Tas ow jùjya den vëth,
mès ev re gomyttyas pùb jùjment oll
dhe'n Mab, ²³may whrella kenyver
onen onora an Mab, kepar dell usons
y owth onora an Tas. An re-na nag
usy owth onora an Mab, ny wrowns y
naneyl onora an Tas, neb a wrug y
dhanvon.

²⁴"In gwir hag in gwiryoneth me a
lever dhywgh hebma: seul a wrella
clôwes ow geryow ha cresy in hedna
a wrug ow danvon, bêwnans heb
dyweth a'n jevyth ev. Rag ny wra ev
dos in dadn jùjment, saw ev re bassyas
solabrës dhia vernans dhe vêwnans.
²⁵In gwir hag in gwiryoneth me a
lever dhywgh bos an prës ow nessa,
ea ha'y vos obma solabrës, may whra
an re marow clôwes lev Mab Duw, ha
pynag oll a glôwa, a wra bewa. ²⁶Rag
kepar dell eus bêwnans i'n Tas y
honen, in kepar maner ev re wraunt-
yas bêwnans ino y honen dhe'n Mab.
²⁷Ha'n Tas re ros dhodho auctoryta
dhe gollenwel brusyans, drefen ev
dhe vos Mab an Den.

²⁸"Na gemerowgh marth a hedna,
rag yma an prës ow tos may clôwvyth
y voys oll an re-na usy i'n bedh, ²⁹hag
y a wra dos in mes—an re-na neb a
wrug dader bys i'n dasserghyans dhe
vêwnans, ha'n re-na a wrug drog bys
i'n dasserghyans dhe dhampnacyon.
³⁰Tra vëth ny allaf vy ahanaf ow
honen. Kepar dell esof vy ow clôwes,
indelma me a vydn brusy, hag ewn yw
ow brusyans vy. Ny whelaf vy gul ow
bolùnjeth ow honen, saw an bolùn-
jeth a hedna a wrug ow danvon.

³¹"Mar qwrama desta ahanaf ow
honen, nyns yw gwir ow dùstuny.
³²Yma onen aral usy ow testa ahanaf,

ha me a wor bos gwir an dùstuny usy va ow ry adro dhybm.

³³"Why a wrug danvon messejers dhe Jowan hag ev a dhestas a'n gwiryoneth. ³⁴Saw nyns esof vy ow tegemeres dùstuny mab den; nâ, me a lever an taclow-ma dhywgh, may hallowgh why bos selwys. ³⁵Ev o kepar lantern spladn ow lesky, ha pës dâ vowgh dhe rejoycya pols in y wolow ev.

³⁶"Saw me a'm beus dùstuny brâssa es dùstuny Jowan. An oberow neb a ros an Tas dhybm dhe wul, an very oberow esof vy orth aga gul, ymowns y ow testa ragof, fatell wrug an Tas ow danvon. ³⁷Ha'n Tas y honen neb a'm danvonas, ev a ros dùstuny abarth dhybm. Ny wrussowgh why bythqweth naneyl clôwes y lev na gweles y shâp, ³⁸ha nyns usy y lavar tregys inowgh, rag nyns esowgh why ow cresy ino ev a wrug ev danvon. ³⁹Yth esowgh why ow sarchya an scryptours, rag why dhe gresy fatell yllowgh why dredhans y obtainya an bêwnans heb dyweth. Hag y yw an taclow usy ow testa ahanaf vy. ⁴⁰Saw yth esowgh ow sconya dhe dhos dhybmo vy ha cafos bêwnans.

⁴¹"Ny vanaf vy recêva gordhyans dhyworth mab den. ⁴²Saw me a wor nag usy kerensa Duw inowgh why. ⁴³Me re dheuth in hanow ow Thas, ha nyns esowgh why orth ow recêva vy. Mar teu den aral in y hanow y honen, why a vydn y recêva ev. ⁴⁴Fatell yllowgh why cresy, whywhy usy ow recêva glory an eyl dhyworth y gela, pàn na vydnowgh why recêva an glory usy ow tos dhyworth an udn Duw y honen?

⁴⁵"Na brederowgh fatell vanaf vy agas acûsya why dhyrag an Tas. Moyses yw neb a wra agas acûsya, kynth ywa ev mayth esowgh why ow trestya ino. ⁴⁶Mar teffowgh why ha cresy dhe Moyses, why a vynsa cresy dhybmo vy kefrës, rag Moyses a screfas adro dhybm. ⁴⁷Mès mar nyns esowgh why ow cresy dhe'n pëth a screfas ev, fatell yllowgh why cresy dhe'm lavarow vy?"

6 Wosa an taclow-ma Jesu a bassyas dhe'n tenewen aral a Vor Galyle, hèn yw Mor Tyberyas. ²Rûth vrâs a'n folyas awos y dhe weles an merclys a wrug ev dhe'n glevyon. ³Ha Jesu a ascendyas dhe'n meneth hag esedha i'n tyller-na gans y dhyscyplys. ⁴Ogas o an Pask, degol an Yêdhewon.

⁵Pàn dherevys Jesu y lagasow ha gweles rûth vrâs ow tos dhodho, ev a leverys dhe Felyp, "Ple hyllyn ny prena sosten, may halla oll an re-ma debry?" ⁶Jesu a gowsas indelma rag y brevy, rag ev y honen a wodhya yn tâ pandra vydna va gul.

⁷Felyp a worthebys ha leverel, "Bara a valew dew cans dynar kyn fe, ny via lowr may halla pùbonen ano-dhans cafos nebes."

⁸Androw, broder Sîmon Peder, onen a'y dhyscyplys a leverys, ⁹"Yma maw obma hag ev a'n jeves pymp torth a vara barlys ha dew bysk bian—mès pandra via an re-na inter kebmys tus?"

¹⁰Jesu a leverys, "Comondyowgh dhe'n dus esedha wàr an grownd." Yth esa i'n tyller-na meur a wels hag y oll a esedhas warnodho, adro dhe bymp mil yn tien. ¹¹Nena Jesu a gemeras an torthow, ha wosa ry grassow, ev a's radnas inter an re-na esa a'ga eseth. In kepar maner ev a

radnas an pùscas, mer veur dell esens y ow tesîrya.

¹²Wosa kenyver onen dhe dhebry lùk, Jesu a leverys dh'y dhyscyplys, "Cùntellowgh warbarth an brewyon re beu gesys, ma na vo kellys tra vëth." ¹³Gans hedna y a wrug aga hùntell ha lenwel dewdhek canstel a vrewyon an torthow barlys gesys wosa pùbonen dhe dhebry.

¹⁴Pàn welas an bobel an merkyl re bia gwrës, y a leverys, "Hèm yw in gwiryoneth an profet usy ow tos aberth i'n bës." ¹⁵Pàn wrug Jesu convedhes fatell esa an dus ow tos rag y gemères dre nerth ha gul mytern anodho, ev a voydyas alena hag ascendya i'n meneth y honen oll.

¹⁶Pàn dheuth an gordhuwher, y dhyscyplys a skydnyas dhe'n mor ¹⁷hag entra in scath ha dallath golya dres an mor dhe Capernaùm. Yth o tewl i'n tor'-na ha nyns o Jesu devedhys dhedhans whath. ¹⁸An mor êth garow, drefen gwyns crev dhe vos ow whetha. ¹⁹Warlergh y dhe rêvya neb teyr pò peder mildir, y a welas Jesu ow kerdhes wàr an dowr hag ev ow tos nes dhe'n scath. Y a gemeras own brâs, ²⁰Mès ev a leverys dhedhans, "Me ywa. Na berthowgh own." ²¹Nena y a dhesîryas y gemeres aberth i'n scath, ha strait an scath a dhrehedhas an tir esens y ow golya tro hag ev.

²²An rûth a remainyas wàr an tu aral, ha ternos vyttyn y a welas nag esa i'n tyller-na saw unsel udn scath. Y a welas kefrës fatell entras Jesu i'n scath gans y dhyscyplys, saw an dyscyplys dhe dhyberth aga honen oll. ²³Nena nebes scathow dhia Tyberyas a dheuth nes dhe'n tyller, may whrussons y debry an bara, wosa an

Arlùth dhe ry grassow. ²⁴Rag hedna, pàn welas an rûth nag esa naneyl Jesu nag y dhyscyplys ena, y aga honen a entras i'ga scathow ha mos dhe Capernaùm ow whelas Jesu.

²⁵Pàn wrussons y gafos, y a wovydnas orto, "Raby, pana dermyn a wrusta dos obma?"

²⁶Jesu a worthebys ha leverel, "In gwir hag in gwiryoneth me a lever dhywgh hebma: yth esewgh why orth ow whelas awos why dhe dhebry gwalgh, kyns ès dre rêson why dhe weles merclys. ²⁷Na wrewgh lavurya rag an sosten a yll pedry, saw rag an sosten usy ow turya bys i'n bêwnans heb dyweth—ha hedna Mab an Den a vydn ry dhywgh. Rag warnodho ev Duw an Tas re settyas y sel."

²⁸Nena y a leverys dhodho, "Pandra dal dhyn gul may hallen performya oberow Duw?"

²⁹Jesu a worthebys ha leverel, "Hèm yw ober Duw: why dhe gresy ino ev neb a wrug Duw y dhanvon."

³⁰Rag hedna y a leverys dhodho, "Pana sin a wrêta dysqwedhes dhyn, may hallen ny gweles ha cresy inos? Pana weyth esta ow cul? ³¹Agan hendasow a dhebras mana i'n gwylfos, kepar dell yw screfys, 'Ev a ros dhedhans dhe dhebry bara dhia nev.'"

³²Nena Jesu a leverys dhedhans, "In gwir hag in gwiryoneth me a lever dhywgh hebma: ny ros Moyses an bara dhia nev dhywgh, saw yma ow Thas vy ow ry dhywgh an gwir vara dhia nev. ³³Rag yma bara Duw ow skydnya dhia nev, hag yma va ow ry bêwnans dhe'n bës."

³⁴Nena y a leverys dhodho, "Arlùth, ro dhyn an bara na bys vycken ha bys venary."

³⁵Ha Jesu a leverys dhedhans, "Me yw an bara a vêwnans. Seul a dheffa dhybm, ny vêdh gwag nefra namoy, ha seul a gressa inof vy, ny'n jevyth nefra namoy sehes. ³⁶Saw me a leverys dhywgh fatell wrussowgh why ow gweles heb cresy inof. ³⁷An Tas a vydn ry dhybm pùptra oll ha pùptra a wra dos dhybm, ha mar teu den vêth dhybm, ny vanaf vy nefra y herdhya in mes. ³⁸Rag me re dheuth dhe'n dor dhia nev rag gul an bolùnjeth a hedna re wrug ow danvon, kyns ès ow bolùnjeth ow honen. ³⁹Ha hèm yw an bolùnjeth a hedna re'm danvonas: na wrellen kelly nebonen vêth a'n re-na a ros ev dhybm. Nâ, mès aga derevel in bàn i'n jëdh fin. ⁴⁰In gwir hèm yw bolùnjeth ow Thas: kenyver onen a wella an Mab hag a gressa ino, dhe gafos an bêwnans heb dyweth. Ha me a vydn y dherevel in bàn i'n jëdh fin."

⁴¹Nena an Yêdhewon a wrug croffolas awos ev dhe leverel, "Me yw an bara a skydnyas dhia nev." ⁴²Yth esens y ow leverel, "A nyns yw hebma Jesu mab Josef? A nyns yw y vabm ha'y vreder aswonys dhyn? Fatell ylla leverel ev dhe skydnya dhia nev?"

⁴³Jesu a worthebys ha leverel dhedhans, "Na wrewgh croffolas intredhowgh agas honen. ⁴⁴Den vêth oll ny yll dos dhybm mar ny wra an Tas, neb a'm danvonas, y dedna ev. Ha me a vydn y dherevel in bàn i'n jëdh fin. ⁴⁵Screfys yw i'n profettys, 'Hag y oll a vêdh deskys gans Duw.' Yma ow tos dhybm kenyver onen a wrug clôwes ha desky gans an Tas. ⁴⁶Mès ny welas den vêth an Tas bythqweth, saw unsel hedna usy ow tos dhyworth Duw. Ev re welas an Tas. ⁴⁷In gwir hag in gwiryoneth me a lever dhywgh hebma: ev neb a gressa, a wra cafos bêwnans heb dyweth. ⁴⁸Me yw an bara a vêwnans. ⁴⁹Agas hendasow a dhebras mana i'n gwylfos ha merwel. ⁵⁰Hèm yw an bara usy ow skydnya dhia nev, may halla nebonen debry anodho heb merwel benytha. ⁵¹Me yw an bara bew a wrug skydnya dhia nev. Seul a wrella debry an bara-ma, ev a wra bewa bys vycken. Ha'n bara, neb a vanaf vy ry rag bêwnans an bës, yw ow hig ow honen."

⁵²Rag hedna an Yêdhewon a dhyspûtyas an eyl gans y gela ow leverel, "Fatell yll an den-ma ry dhyn y gig dhe dhebry?"

⁵³Jesu a leverys dhedhans, "In gwir hag in gwiryoneth me a lever dhywgh hebma: marnas why a dheber kig Mab an Den hag eva y woos, ny vêdh bêwnans vêth inowgh. ⁵⁴An re-na a wrella debry ow hig hag eva ow goos, y a's tevyth an bêwnans heb dyweth, ha me a vydn aga derevel in bàn i'n jëdh fin. ⁵⁵Rag ow hig yw veryly bos hag ow goos yw veryly dewas. ⁵⁶Neb a dheffa debry ow hig hag eva ow goos, yma ev ow trega inof vy ha me ino ev. ⁵⁷Drefen an Tas bew dhe'm danvon vy ha drefen me dhe vewa dre wrians an Tas, seul a wrella ow debry a gav bêwnans dredhof vy. ⁵⁸Hèm yw an bara a skydnyas dhia nev—saw nyns ywa kepar ha'n bara-na a dhebras agas hendasow—rag y a verwys wosa hedna. Saw seul a wrella debry an kig ma, a wra bewa bys vycken." ⁵⁹Ev a leverys an taclow-ma, pàn esa va ow tesky i'n synaga in Capernaùm.

⁶⁰Pàn wrug lies huny a'y dhyscyplys clôwes hedna, y a leverys, "Cales yw an lavar-ma. Pyw a yll y recêva?"

⁶¹Pàn wrug Jesu percêvya fatell esa y dhyscyplys ow croffolas adro dhe'n dyscans, ev a leverys dhedhans, "Owgh why offendys dre hebma? ⁶²Fatell via ytho, mar teffowgh why gweles Mab an Den owth ascendya dhe'n le may feu va kyns? ⁶³Yma an spyrys ow pewhe, mès tra vëth ny amownt an kig. Spyrys ha bêwnans yw an geryow a lavaraf dhywgh. ⁶⁴Saw yma re i'gas mesk nag eus ow cresy badna." Rag Jesu a wodhya i'n dallath pyw o an re-na na wre cresy, saw a wre y draita. ⁶⁵Hag ev a leverys, "Rag an rêson me re leverys dhywgh na yll den vëth dos dhybm, mar ny vëdh hedna grauntys dhodho gans an Tas."

⁶⁶Alena rag lies huny a'y dhyscyplys a drailyas wàr dhelergh, ha ny wrêns y namoy kerdhes warbarth ganso.

⁶⁷Rag hedna Jesu a wovydnas orth an dewdhek, "Owgh whywhy kefrës whensys dhe voydya dhyworthyf?"

⁶⁸Sîmon Peder a worthebys, "Arlùth, pëth av vy dhyworthys? Yma genes jy geryow bêwnans heb dyweth. ⁶⁹Ny re gresys ha ny a wor fatell osta Den Sans Duw."

⁷⁰Jesu a leverys, "A ny wrug avy agas dêwys why? Mès dyowl yw onen ahanowgh." ⁷¹Yth esa va ow côwsel a Jûdas Scaryot, mab Sîmon. Kynth o hedna onen a'n dewdhek, ervirys o y draita.

7 Wosa hedna Jesu a wre trega in Galyle. Ny vydna mos adro in Jûdy awos an Yêdhewon dhe whelas chauns dh'y ladha. ²Ow nessa yth esa degol Tyldys an Yêdhewon. ³Rag hedna y vreder a leverys dhodho, "Voyd alebma ha kê dhe Jûdy, may halla dha dhyscyplys inwedh gweles an oberow esta ow cul. ⁴Rag ny wra den vëth obery in dadn gel, mar myn ev bos aswonys alês. Mar qwrêta an taclow-ma, dysqwa dha honen dhe'n bës." ⁵Rag ny wrug y vreder kyn fe cresy ino.

⁶Nena Jesu a leverys dhedhans, "Nyns yw ow thermyn vy devedhys whath, saw y fëdh agas termyn why obma pùpprës. ⁷Ny yll an bës agas hâtya why, mès yma va orth ow hâtya vy, awos me dhe desta wàr y bydn, fatell yw drog y oberow. ⁸Kewgh agas honen dhe'n gool ma, rag ny dheuth whath ow thermyn vy. Ny vanaf vy mos dhe'n gool-ma." ⁹Wosa leverel an taclow-ma ev a remainyas in Galyle.

¹⁰Saw pàn êth y vreder dhe'n gool, ev êth dy kefrës. Ny êth in golok an dus, mès yn pryva. ¹¹Nena an Yêdhewon a'n whelas orth an gool ha leverel, "Ple ma va?"

¹²Hag y feu meur a groffal adro dhodho in mesk an dus, rag radn anodhans a levery ev dhe vos dremas, ha radn a levery ev dhe dhysseytya an bobel. ¹³Bytegyns ny vydna den vëth côwsel yn egerys anodho rag own a'n Yêdhewon.

¹⁴Pàn o an gool hanter passys, Jesu êth in bàn dhe'n templa rag desky. ¹⁵Ha marth a's teva an Yêdhewon hag y a leverys, "Fatell yll an den-ma bos lettrys, pàn na wruga bythqweth studhya?"

¹⁶Jesu a worthebys dhedhans ha leverel, "Dhyworthyf vy ny dheu ow dyscans, saw dhyworto ev neb a'm danvonas. ¹⁷Mars yw den vëth whensys dhè wul bolùnjeth Duw, ev a vydn godhvos usy an dyscans dhia Dhuw, hag inwedh esof vy ow côwsel an gwiryoneth, pò nag esof. ¹⁸Seul a

wrella côwsel anodho y honen, yma va ow whelas y glory y honen. Saw neb a whella an glory anodho ev a wrug y dhanvon, gwir ywa. Ha nyns eus tra vëth fâls ino. [19]A ny ros Moyses an laha dhywgh? Saw nyns usy den vëth ahanowgh ow qwetha an laha. Prag yth esowgh why ow whelas chauns dhe'm ladha vy?"

[20]An rûth a worthebys, "Te a'th eus tebel-spyrys! Pyw usy ow whelas dha ladha jy?"

[21]Jesu a worthebys ha leverel dhedhans, "Me a berformyas udn ober brâs ha why oll a'gas beus marth. [22]Moyses a ros an cyrcùmcisyon dhywgh (ny wrug Moyses y ry, mès agas hendasow) ha why a wra cyrcùmcîsya flogh jorna an sabot. [23]Mars eus den ow recêva cyrcùmcisyon jorna an sabot, ma na vo terrys laha Moyses, owgh why serrys orthyf, drefen me dhe sawya pùb part a gorf nebonen jorna an sabot? [24]Na jùjyowgh warlergh an wolok, mès gwrewgh brusyans gwir."

[25]I'n tor'-na yth esa radn a dregoryon Jerùsalem ow leverel, "A nyns yw hebma an den usons ow whelas y dhystrêwy? [26]Hag awotta va obma ow côwsel yn opyn, saw nyns usons y ow leverel tra vëth dhodho. Ywa possybyl an rewlysy dhe wodhvos ev dhe vos an Crist in gwiryoneth? [27]Bytegyns ny a wor yn tâ a ble ma va ow tos. Saw pàn dheffa an Crist, ny wodhvyth den vëth i'n bës a ble fëdh ev ow tos."

[28]Nena Jesu a grias i'n templa hag ev ow tesky, "Yth esowgh why orth ow aswon vy ha why a wor a ble whrug avy dos. Nyns ov vy devedhys ow honen oll. Saw ev neb a'm danvonas, ev yw gwiryon, mès why ny'n

aswonowgh màn. [29]Yth esof vy orth y aswon, drefen me dhe dhos dhyworto, ha dre rêson ev dhe'm danvon."

[30]Nena y a assayas y sêsya, saw ny wrug den vëth settya dalhen ino, dre rêson nag o y dermyn devedhys whath. [31]Saw lies huny i'n rûth a gresys dhodho ha leverel, "Pàn dheffa an Crist, a alsa ev gul moy merclys ages an den-ma?"

[32]An Farysys a glôwas bos an bobel ow croffolas hag ow leverel anodho taclow a'n par-na. An uhel prontyryon ha'n Farysys a dhanvonas offycers rag y sêsya.

[33]Nena Jesu a leverys dhedhans, "Pols bian whath me a vëdh genowgh why, ha nena me a vydn mos dhe hedna a'm danvonas. [34]Why a wra ow whelas, saw ny wrewgh why ow hafos, ha'n tyller may fedhaf ow mos, ny yllowgh why ow sewya dy."

[35]Nena an Yêdhewon a leverys an eyl dh'y gela, "Ple ma va ow mos, ma na yllyn y gafos? Ywa porposys dhe vos dhe'n Yêdhewon usy scùllys alês in mesk an Grêkys? A vydn ev desky an Grêkys? [36]Pandr'usy va ow styrya pàn lever ev 'Why a wra ow whelas, saw ny wrewgh ow hafos,' hag 'An tyller may fedhaf ow mos, ny yllowgh why ow sewya dy'?"

[37]An jorna dewetha a'n gool, an jorna brâs, Jesu a savas in bàn ha cria, "Kenyver onen a vo sehes dhodho, deuns ev dhybmo vy, [38]ha neb a gressa inof vy, gwrêns ev eva. Kepar dell lever an scryptour, 'An den a gressa, ryvers a dhowr bew a wra resek mes anodho.'" [39]Hedna ev a leverys ow tùchya an Spyrys, a wre recêva oll an re-na a wrella cresy ino ev. Rag i'n tor'-na nyns esa Spyrys

vëth i'n bës, dre rêson na veu Jesu gloryfies whath.

⁴⁰Pàn glôwas radn a'n bobel an taclow-ma, y a leverys, "In gwir hèm yw an profet-na."

⁴¹Radn aral a leverys, "Hèm yw an Crist."

Saw radn aral whath a leverys, "A gotha dhe'n Crist dos dhyworth Galyle?" ⁴²A ny lever an scryptour fatell dheu an Crist a has Davyth ha dhia Bethlem, an dre may feu Davyth tregys?" ⁴³Indelma argùment a sordyas in mesk an bobel adro dhodho. ⁴⁴Radn anodhans a vydna y sêsya, saw ny wrug den vëth settya y dhewla warnodho.

⁴⁵Nena an offycers a dhewhelys dhe'n uhel prontyryon ha'n Farysys. An Farysys a wovydnas ortans, "Prag na wrussowgh why y sêsya?"

⁴⁶An offycers a worthebys, "Bythqweth ny wrug den vëth oll côwsel kepar ha hebma!"

⁴⁷Nena an Farysys a worthebys, "A vewgh why dysseytys ganso magata? ⁴⁸A wrug den vëth a'n rewlysy pò a'n Farysys cresy ino? ⁴⁹Saw ny wor an bobel-ma an laha ha melegys yns y."

⁵⁰Nycodêmùs, neb êth dhe Jesu orth golow nos hag o onen anodhans, a wovydnas, ⁵¹"Dar, a wra agan laha ny dampnya den vëth kyns y assaya ha godhvos pandr'usy ow cul?"

⁵²Y a worthebys dhodho, "Osta jy dhyworth Galyle? Gwra sarchya an scryptours ha te a welvyth na wra profet vëth dos mes a Alyle."

⁵³Y a dhybarthas alena, kenyver onen anodhans dh'y jy y honen.

8 Saw Jesu êth dhe Veneth Olyvet. ²Myttyn avarr ev a dheuth arta dhe'n templa. Oll an bobel a dheuth dhodho, hag ev a esedhas ha'ga desky. ³Ha'n scrîbys ha'n Farysys a dhros dhodho benyn re bia kechys in avoutry ha'y settya dhyragtho ⁴ha leverel dhodho, "Descador, an venyn-ma a veu kechys i'n very gwythres a avoutry. ⁵I'n laha Moyses a gomondyas benenes a'n par-ma dhe vos labedhys. Saw pandr'esta ow leverel dha honen?" ⁶Y a gowsas indelma rag y demptya, may hallens y gùhudha.

Saw Jesu a inclînyas, hag yth esa ow screfa wàr an dor gans y vës, kepar ha pàn na's clôwas. ⁷Mès y a dhuryas ha govyn orto arta. Nena ev a savas in bàn ha leverel, "Mars yw den vëth ahanowgh why heb pegh, gwrêns ev tôwlel an kensa men." ⁸Arta ev a inclînyas ha screfa wàr an dor.

⁹Pàn wrussons y clôwes hedna, y a omdednas an eyl wosa y gela, ow tallath gans an dus hen. Ha Jesu a veu gesys y honen oll gans an venyn. ¹⁰Pàn wrug Jesu sevel a'y sav, ny welas den vëth mès an venyn only. Ev a leverys dhedhy, "A venyn, py ma neb a vydn dha gùhudha? A ny wrug den vëth dha gùhudha?"

¹¹"Den vëth nyns eus, Arlùth," yn medh hy.

Jesu a gowsas arta, "Me ny'th tampnyaf iredy. Kê wàr dha fordh ha na wra namoy peha."

¹²Nena Jesu a gowsas ortans arta ha leverel, "Me yw golow an bës. Seul a wrella ow sewya, ny vydn ev nefra kerdhes i'n tewolgow, mès ev a gav an bêwnans heb dyweth."

¹³Nena an Farysys a leverys dhodho, "Yth esta ow testa ahanas dha honen ha nyns yw vas dha dhùstuny."

¹⁴Jesu a worthebys ha leverel dhedhans, "Kyn whrellen desta ahanaf ow honen, ow dùstuny yw gwir, rag me a wor a bleth esof ow tos ha pleth esof ow mos. Saw ny wodhowgh why a bleth esof ow tos na pleth ama. ¹⁵Yth esowgh why ow jùjya warlergh brusyans mab den. Ny wrama jùjya den vëth. ¹⁶Ha kyn whrellen jùjya, ow brusyans yw gwir, dre rêson na wrama breus ow honen oll, saw me a wra jùjya warbarth gans an Tas neb re'm danvonas. ¹⁷Screfys yw i'gas laha bos vas an destans a dhew dhùstuny. ¹⁸Yth esof ow testa ahanaf ow honen hag yma an Tas neb a'm danvonas ow testa adro dhybm kefrës."

¹⁹Nena y a leverys dhodho, "Ple ma dha Das?"

Jesu a worthebys, "Nyns yw onen vëth ahanan aswonys dhywgh, naneyl me nag ow Thas. Mar teffowgh why ha'm aswon vy, why a wrussa aswon an Tas kefrës." ²⁰Ev a leverys an geryow-ma pàn esa va ow tesky in tresourva an templa, saw ny wrug den vëth y sêsya, dre rêson nag o devedhys y dermyn.

²¹Nena Jesu a leverys arta dhedhans, "Yth esof ow tyberth alebma, ha why a vydn ow whelas, saw why a verow i'gas pehosow. An le mayth esof ow mos, ny yllowgh why dos."

²²Nena an Yêdhewon a leverys, "Ywa porposys dhe ladha y honen? Yw hedna an pëth usy ev ow styrya, pàn lever na yllyn ny y sewya dhe'n le mayth usy ev ow mos?"

²³Ev a leverys dhedhans, "Yth esowgh why ow tos dhyworth an barth awoles. Mès me, yth esof vy ow tos dhyworth an barth avàn. Nyns ov vy dhia an bës-ma. ²⁴Me a leverys fatell wrewgh why merwel i'gas pehosow. Ea, why a wra merwel i'gas pegh, marnas why a grës me dhe vos an den-na."

²⁵Y a leverys dhodho, "Pyw osta?"

Jesu a leverys dhedhans, "Prag y whrama unweyth côwsel orthowgh? ²⁶Me a'm beus lowr dhe leverel adro dhywgh, ha lowr dhe dhampnya, mès gwir yw ev neb a'm danvonas."

²⁷Ny wrussons y convedhes ev dhe gôwsel ortans ow tùchya an Tas. ²⁸Rag hedna Jesu a leverys, "Pàn vo Mab an Den derevys in bàn genowgh, nena why a wra convedhes ow bos avy ev, ha nag esof vy ow cul tra vëth ahanaf ow honen, saw me dhe leverel an taclow-ma kepar dell usy an Tas ow comondya dhybm. ²⁹Hag ev neb a'm danvonas, yma va genama. Ny wruga ow gasa ow honen oll, rag yth esof vy ow cul pùpprës an dra a vo dâ in y wolok ev." ³⁰Kepar dell esa va ow leverel an taclow-ma, lies huny a gresys ino.

³¹Nena Jesu a leverys dhe'n Yêdhewon a gresys ino, "Mar qwrewgh pêsya i'm geryow vy, nena why yw ow dyscyplys in gwir, ³²ha why a wodhvyth an gwiryoneth ha'n gwiryoneth a wra agas fria."

³³Y a worthebys dhodho, "Ny yw issyw a Abraham ha ny veun ny bythqweth kethyon dhe dhen vëth. Pëth esta ow styrya pàn leverta, 'Why a vëdh fries'?"

³⁴Jesu a worthebys, "In gwir hag in gwiryoneth me a lever dhywgh hebma: pynag oll a wrella pegh, yw keth dhe begh. ³⁵Ny'n jeves an kethwas tyller fast i'n meyny. An mab a'n jeves plâss ino bys vycken. ³⁶Rag hedna mars usy an Mab orth agas fria, why a vëdh frank in very

gwiryoneth. ³⁷Me a wor yn tâ why dhe vos issyw a Abraham, saw yth esowgh why ow whelas chauns dhe'm ladha vy, rag nyns eus tyller vëth inowgh why rag ow geryow vy. ³⁸Yth esof vy ow teclarya an taclow-ma in golok an Tas. Saw why, y talvia dhywgh gul an pëth a wrussowgh why clôwes dhyworth an Tas."

³⁹Y a worthebys ha leverel dhodho, "Abraham yw agan tas ny."

Jesu a leverys dhedhans, "A pewgh why mebyon Abraham, why a wrussa an pëth a wrug Abraham, ⁴⁰saw lebmyn yth esowgh why ow whelas ow ladha vy, ha den ov a wrug derivas dhywgh an taclow a glôwys vy dhyworth Duw. Nyns yw hedna an pëth a wrug Abraham. ⁴¹An taclow a wrug agas tasow, yth esowgh why ow cul an re-na."

Y a leverys dhodho, "Flehes bastard nyns on ny màn. Ny a'gan beus udn Tas, hèn yw Duw y honen."

⁴²Jesu a leverys dhedhans, "A pe Duw agas Tas why, why a vynsa ow hara vy, awos me dhe dhos dhyworth Duw, hag awotta vy obma. Ny wrug avy dos ahanaf ow honen, saw ev a'm danvonas. ⁴³Prag na yllowgh why convedhes an pëth a lavaraf? Rag ny yllowgh why recêva ow geryow vy. ⁴⁴Yth esowgh why ow tos dhyworth agas tas why, an tebel-el, ha dâ yw genowgh why bolùnjeth agas tas why. Ev o moldror dhia an dallath, ha nyns usy ev ow sevel i'n gwiryoneth, dre rêson nag eus gwiryoneth vëth ino. Pàn lever ev cow, yma va ow côwsel warlergh y natur y honen, rag ev yw mingow ha tas pùb gow. ⁴⁵Saw awos me dhe leverel an gwiryoneth dhywgh, ny wrewgh why ow cresy. ⁴⁶Pyw eus ahanowgh why a yll ow

reprôvya vy rag pegh? Mars esof vy ow leverel an gwiryoneth, prag na vydnowgh why cresy inof? ⁴⁷Seul a dheffa dhyworth Duw, a vydn clôwes geryow Duw. Prag nag esowgh why ow coslowes ortans? Dre rêson nag owgh why dhia Dhuw."

⁴⁸An Yêdhewon a wrug y wortheby ha leverel, "A nyns usy an gwir genen, pàn leveryn te dhe vos Samarytan ha tebel-spyrys inos?"

⁴⁹Jesu a worthebys, "Me ny'm beus tebel-spyrys, saw yth esof vy owth onora ow Thas, saw why a wra ow dysonora. ⁵⁰Saw ny vanaf vy whelas ow glory ow honen. Yma onen orth y whelas hag ev yw an brusyas. ⁵¹In gwir hag in gwiryoneth me a lever dhywgh hebma: seul a wrella gwetha ow geryow vy, ny vydn ev nefra tastya mernans."

⁵²Nena an Yêdhewon a leverys, "Lebmyn ny a wor bos tebel-spyrys inos. Abraham a verwys ha'n pro-fettys kefrës ha te a lever, 'Seul a wrella gwetha ow geryow, ny vydn ev nefra tastya mernans.' ⁵³Osta jy brâssa es agan tas ny, Abraham, neb yw marow? An profettys a verwys magata. Pyw esta ow leverel te dhe vos?"

⁵⁴Jesu a worthebys, "Mar qwrama gloryfia ow honen, nyns yw tra vëth ow glory vy. Ow Thas a wra ow gloryfia. Ev yw hedna esowgh why ow leverel anodho, 'Ev yw agan Duw ny,' ⁵⁵kyn nag esowgh why orth y aswon. Mar teffen ha leverel nag esof orth y aswon, me a via gowek kepar ha why. Mès aswonys ywa dhybm, hag yth esof ow qwetha y eryow ev. ⁵⁶Agas hendas Abraham a rejoycyas ev dhe weles ow jorna vy. Ev a'n gwelas ha joy brâs a'n jeva."

⁵⁷Nena an Yêdhewon a leverys dhodho, "Nyns osta hanter-cans bloodh whath; a wrusta gweles Abraham?"

⁵⁸Jesu a leverys, "In gwir hag in gwiryoneth me a lever dhywgh hebma: kyns ès Abraham dhe vos, yth ov vy." ⁵⁹Rag hedna y a dherevys meyn may hallens y labedha, mès Jesu a wrug keles y honen ha mos mes a'n templa.

9 Pàn esa Jesu ow kerdhes, ev a welas den o dall dhyworth torr y dhama. ²Y dhyscyplys a wovydnas orto, "Raby, pyw a behas, an den-ma pò y gerens, may feu va genys dall?"

³Jesu a worthebys, "Ny behas naneyl an den-ma nag y gerens. Ev a veu genys dall, may halla oberow Duw bos dysclôsys ino. ⁴Res yw dhybm gul an bolùnjeth a hedna neb a'm danvonas, hadre vo dëdh. Yma an nos ow tos na yll den vëth lavurya inhy. ⁵Hadre ven i'n bës, me yw golow an bës."

⁶Pàn wrug ev leverel hedna, ev a drewas wàr an dor, gul lis gans y drew, ha'y lêsa wàr dhewlagas an den. ⁷Ev a leverys dhodho, "Kê ha golgh dha honen in poll Siloam" (hèn yw dhe styrya Danvenys). Nena an den êth ha golhy y honen ha dewheles, hag ev abyl dhe weles.

⁸Y gentrevogyon ha'n re-na neb a'n gwely kyns hedna avell begyer desedhys, y a leverys, "A nyns yw hebma an den esa a'y eseth ow pesy alusyon?"

⁹Yth esa radn ow leverel, "Ea, yth yw ev."

Saw re erel a leverys, "Nag yw, mès nebonen pur haval dhodho."

Ev y honen a leverys, "Me yw an den."

¹⁰Saw y a wovydnas orto, "Fatell wrusta cafos dha wolok?"

¹¹Ev a worthebys ha leverel, "An den henwys Jesu a wrug lis, ha'y lêsa wàr ow lagasow, ha leverel dhybm, 'Kê dhe Siloam ha golgh dha honen.' Nena me êth dy ha golhy ow honen ha recêva ow golok."

¹²Y a leverys dhodho, "Py ma va?"

Ev a worthebys, "Ny wòn màn."

¹³Y a dhros an den re bia dall dhe'n Farysys. ¹⁴Dëdh sabot o pàn wrug Jesu lis hag egery y lagasow. ¹⁵Nena an Farysys a dhalathas govyn orto in pana vaner a wrug ev recêva y wolok. Ev a leverys dhedhans, "Ev a worras pry wàr ow lagasow. Nena me a wolhas ow honen ha lebmyn me a wel yn tâ."

¹⁶Rag hedna re a'n Farysys a leverys, "Nyns usy an den-ma dhyworth Duw, rag nyns usy ev ow qwetha an sabot."

Mès re erel a leverys, "Fatell alsa pehador gul sînys a'n par-na?" Hag y feu strif intredhans.

¹⁷Rag hedna y a leverys arta dhe'n den dall, "Pëth esta dha honen ow leverel adro dhodho? Dha lagasow jy a veu egerys."

Ev a leverys, "Profet ywa."

¹⁸Saw ny wrug an Yêdhewon cresy ev dhe vos dall ha dhe recêva y wolok, erna wrussons y gelwel tas ha mabm an den-na a wrug recêva y wolok, ¹⁹ha govyn ortans ow leverel, "Yw hebma agas mab why, a leverowgh why anodho fatell veu va genys dall? Fatell wher ytho ev dhe weles lebmyn?"

²⁰Y das ha'y vabm a worthebys ha leverel, "Ny a wor bos hebma agan

mab ny, hag ev a veu genys dall. ²¹Saw ny wodhon màn fatell wharva ev dhe weles lebmyn, naneyl ny wodhon ny pyw a egoras y lagasow. Govydnowgh orto ev y honen. Ev yw coth lowr rag hedna." ²²Y das ha'y vabm a gowsas indella dre rêson y dhe berthy own a'n Yêdhewon, rag an Yêdhewon o acordys solabrës y fedha nebonen gorrys mes a'n synaga, mar teffa va hag avowa Jesu dhe vos an Crist. ²³Rag hedna y das ha'y vabm a leverys adro dhodho, "Ev yw coth lowr. Govydnowgh orto ev y honen."

²⁴Nena y a elwys dhedhans an secùnd treveth an den re bia genys dall ha leverel dhodho, "Ro glory dhe Dhuw! Ny a wor bos an den-ma pehador."

²⁵Ev a worthebys ha leverel, "Ny wòn vy ywa pehador pò nag ywa. Udn dra me a wor yn tâ: kynth en dall, me a wel lebmyn."

²⁶Y a leverys dhodho, "Pandra wrug ev dhis? Fatell wrug ev egery dha lagasow?"

²⁷Ev a worthebys dhedhans, "Me re leverys dhywgh solabrës, saw ny vydnowgh why goslowes. Prag yth esowgh why ow wheles y glôwes arta? Owgh why whensys dhe vos y dhyscyplys ev?"

²⁸Nena y a'n rebûkyas ha leverel, "Te yw y dhyscypyl, mès ny yw dyscyplys a Moyses. ²⁹Ny a wor fatell gowsas Duw orth Moyses, saw hebma—ny wodhon poynt a ble ma va."

³⁰An den a worthebys, "Ass yw marthys an dra-ma! Ny wodhowgh why a ble ma va, saw ev a egoras ow lagasow. ³¹Ny a wor na vêdh Duw ow coslowes orth pehadoryon, saw yma va ow coslowes orth an re-na a wra y

wordhya hag obeya y volùnjeth. ³²Ny veu bythqweth clôwys, dhia bàn veu formys an bës, den vëth dhe egery lagasow nebonen a veu genys dall. ³³Na ve an den-ma dhyworth Duw, ny alsa ev gul tra vëth."

³⁴Y a worthebys, "Te a veu genys in pegh yn tien hag esta ow whelas agan desky ny?" Y a'n herdhyas in mes.

³⁵Jesu a glôwas y dh'y herdhya in mes, ha pàn wruga y gafos, ev a leverys dhodho, "Esta ow cresy in Mab an Den?"

³⁶Ev a worthebys ha leverel, "Pyw yw hedna, Arlùth? Lavar dhybm may hallen cresy ino."

³⁷Jesu a leverys dhodho, "Te re'n gwelas, ha'n den usy ow côwsel orthys yw ev."

³⁸Ev a leverys, "Arlùth, me a grës." Hag ev a'n gordhyas.

³⁹Jesu a leverys, "Me a dheuth aberth i'n bës-ma rag y jùjya, may halla gweles an dhellyon, ha ma whrella dellny dos wàr an re-na a's teves aga golok."

⁴⁰Re a'n Farysys esa in nes a glôwas hebma ha leverel dhodho, "Esta ow leverel ny dhe vos dall kefrës?"

⁴¹Jesu a leverys dhedhans, "A pewgh why dall, ny'gas bia pegh. Saw abàn esowgh why ow leverel why dhe weles, yma agas pegh ow trega genowgh.

10 "In gwir hag in gwiryoneth me a lever hebma dhywgh: seul na wrella entra i'n gorlan der an daras, mès crambla aberth neb fordh aral, ev yw lader ha robber. ²Hedna neb usy owth entra der an yet, ev yw bugel an deves. ³Yma an porthor owth egery an yet dhyragtho, ha'n deves a wra aswon y lev ev. Yma va ow kelwel y dheves y honen er aga henwyn, hag ev a wra aga hùmbronk in mes. ⁴Pàn wra va hùmbronk in mes oll y dheves y honen, ev â dhyragthans, ha'n deves a vydn y sewya, dre rêson y lev dhe vos aswonys dhedhans. ⁵Ny vydnons sewya den stranj, saw y a wra ponya dhyworto, rag nyns usons y owth aswon an dus stranj." ⁶Jesu a ûsyas an parabyl ma gansans, saw ny wrussons convedhes pandra leverys dhedhans.

⁷Jesu a leverys dhedhans arta, "In gwir hag in gwiryoneth me a lever hebma dhywgh: me yw an yet rag an deves. ⁸Oll an re-na a dheffa dhyragof yw robbers ha ladron. Saw ny wra an deves goslowes ortans. ⁹Me yw an yet. Seul a wrella entra dredhof, a vêdh sawys hag a vydn entra, ha mos in mes, ha cafos porva. ¹⁰Ny dheu an lader marnas rag ladra ha ladha ha dystrêwy. Me a dheu may hallens cafos bêwnans, ea, ha'y gafos lowr plenty.

¹¹"Me yw an bugel vas. An bugel vas a vydn dascor y vêwnans rag y dheves. ¹²Nyns yw an gwas gober an bugel ha ny bew ev an deves. Pàn wra va gweles an bleydh ow tos, ev a wra scappya alena. Nena an bleydh a wra sêsya an deves ha'ga scùllya alês. ¹³An gwas gober a wra ponya in kerdh, drefen ev dhe vos gwas gober, ha nyns yw bern dhodho an deves.

¹⁴"Me yw an bugel vas. Aswonys dhybm yw ow deves vy ha me yw aswonys dhedhans, ¹⁵poran kepar dell ov vy aswonys dhe'n Tas ha'n Tas yw aswonys dhybm. Ha me a wra dascor ow bêwnans rag an deves. ¹⁶Me a'm beus deves erel nag eus i'n gorlan-ma, ha res yw dhybm aga dry y

aberveth kefrës, hag y a wra goslowes orth ow lev vy. Indelma y fëdh udn flock hag udn bugel. ¹⁷Rag an rêson ma yma an Tas orth ow hara vy, drefen me dhe dhascor ow bêwnans, may hallen y gemeres in bàn arta. ¹⁸Ny wra den vëth y gemeres dhyworthyf, saw me a vydn y dhascor oll a'm bodh ow honen. Me a'm beus an gallos dh'y dhascor ha dh'y gemeres in bàn arta. An gorhebmyn-ma me re recêvas dhyworth ow Thas."

¹⁹Hag arta y feu strif inter an Yêdhewon awos an geryow-ma. ²⁰Yth esa lies huny anodhans ow leverel, "Ev a'n jeves tebel-spyrys hag yma va mes a'y rewl. Prag y whrewgh why goslowes orto?"

²¹Re erel a leverys, "Nyns yw an re-ma an geryow a sagh dyowl. A yll tebel-spyrys vëth egery lagasow an dhellyon?"

²²I'n tor' na yth esa degol an Sacrans ow kemeres le in Jerùsalem. ²³Gwâv o hag yth esa Jesu ow kerdhes i'n templa in Porth Salamon. ²⁴Rag hedna an Yêdhewon a gùntellas adro dhodho ha leverel, "Pana bellder a vynta jy gwetha agan brës in dowt? Mars osta an Crist, lavar hedna yn tyblans."

²⁵Jesu a worthebys, "Me re'n derivas dhywgh ha ny gresowgh why màn. An oberow esof vy ow cul in hanow ow Thas, ymowns y ow testa ahanaf. ²⁶Saw why ny gresowgh inof, rag nyns owgh why a'm deves vy. ²⁷Ow deves vy a glôw ow voys. Me a's aswon hag y a wra ow sewya vy. ²⁸Me a re dhedhans an bêwnans heb dyweth ha ny wrowns nefra mos dhe goll. Ny yll den vëth aga sêsya mes a'm dewla vy. ²⁹An pëth re beu rës dhybm gans ow Thas yw brâssa es

pùptra aral, ha ny yll den vëth y gybya mes a leuv an Tas. ³⁰Me ha'n Tas, onen yth on ny."

³¹Nena an Yêdhewon arta a gemeras in bàn meyn, may hallens y labedha. ³²Jesu a worthebys, "Me re dhysqwedhas dhywgh meur a oberow dâ an Tas. Prag y fydnowgh why ow labedha?"

³³An Yêdhewon a worthebys, "Ny vydnyn ny dha labedha awos ober dâ, mès awos blasfemy. Kyn nag osta mès mab den, yth esta ow cul dha honen haval dhe Dhuw."

³⁴Jesu a worthebys, "A nyns yw screfys i'gas laha why, 'Me a lever why dhe vos duwow'? ³⁵Mar peu an re-na gelwys 'duwow' may teuth ger Duw dhedhans—ha ny yll an scryptour bos defendys dhe ves—³⁶a leverowgh why dhe hedna neb a veu sacrys gans an Tas ha danvenys ganso dhe'n bës, 'Yth esta ow cably Duw,' drefen me dhe leverel, 'Mab Duw oma'? ³⁷Mar nyns esof vy ow cul oberow an Tas, na wrewgh cresy inof. ³⁸Saw mar teuma ha'ga gul, nena kyn na wrewgh why ow cresy, cresowgh an oberow, may hallowgh why godhvos ha convedhes bos an Tas inof vy ha me dhe vos i'n Tas." ³⁹Nena y a whelas y sêsya arta, mès ev a wrug scappya mes a'ga dewla.

⁴⁰Jesu êth alena arta ha mos dres dowr Jordan dhe'n tyller may fedha Jowan ow pesydhya i'n dedhyow kyns, ha Jesu a dregas ena. ⁴¹Lies huny a dheuth dhodho hag yth esens ow leverel, "Ny wrug Jowan gul marthus vëth oll, saw pùptra a leverys Jowan ow tùchya an den-ma yw gwir." ⁴²Ha lies huny a gresys ino i'n tyller-na.

11 Yth o certan den clâv, Lasser y hanow, a Bethany, tre Martha ha Maria hy whor. ²Maria o hodna a ùntyas an Arlùth gans onyment ha seha y dreys gans hy blew. Hy broder Lasser o clâv. ³Rag hedna an wheryth a dhanvonas messach dhe Jesu, "Arlùth, clâv yw neb esta ow cara."

⁴Mès pàn glôwas Jesu hedna, ev a leverys, "Nyns yw marwyl an clevesma. Nâ, rag glory Duw yth ywa, may halla Mab Duw bos gloryfies dredho." ⁵Ytho, kyn whre Jesu cara Martha ha'y whor ha Lasser, ⁶ev a dregas dew jorna pella i'n tyller mayth esa, wosa clôwes fatell o Lasser clâv.

⁷Wosa hedna ev a leverys dh'y dhyscyplys, "Deun ny dhe Jûdy arta."

⁸An dyscyplys a leverys dhodho, "Raby, yth esa an Yêdhewon ow whelas agensow dha labedha, hag a vynta arta mos dy?"

⁹Jesu a worthebys, "A nyns eus dewdhek our i'n jëdh? An re-na usy ow kerdhes pàn vo golow an jëdh, ny wrowns y trebuchya, drefen y dhe weles golow an bës-ma. ¹⁰Saw an re-na usy ow kerdhes orth golow nos, trebuchya a wrowns, dre rêson nag usy an golow inhans."

¹¹Wosa côwsel an geryow na, ev a leverys dhedhans, "Yma agan cothman Lasser in cùsk, saw me a dhodho rag y dhyfuna."

¹²An dyscyplys a leverys dhodho, "Arlùth, mars usy in cùsk, ev a vëdh dâ lowr." ¹³Saw Jesu a gowsas a'y vernans, mès y a gresys ev dhe vos ow côwsel adro dh'y gùsk.

¹⁴Nena Jesu a gowsas dhe blebmyk, "Marow yw Lasser. ¹⁵Rag kerensa ahanowgh lowen ov na veuma ena,

may hallowgh why cresy. Saw deun bys dhodho."

¹⁶Tobmas, neb o henwys Dydymùs, a leverys dh'y gescowetha, "Deun ny kefrës, may hallen ny merwel ganso ev."

¹⁷Pàn dheuth Jesu dhe'n tyller, ev a gafas Lasser a'y wroweth i'n bedh nans o peswar jorna. ¹⁸Bethany o neb dyw vildir dhyworth Jerùsalem, ¹⁹ha meur a'n Yêdhewon a dheuth dhe Martha ha dhe Maria rag aga honfortya awos aga broder. ²⁰Pàn glôwas Martha Jesu dhe vos ow tos, hy êth in mes dhe vetya orto ha Maria a remainyas in tre.

²¹Nena Martha a leverys dhe Jesu, "Arlùth, a pesta obma, ny wrussa ow broder merwel. ²²Saw me a wor lebmyn kefrës, fatell vydn Duw ry dhis pynag oll tra a wrelles govyn orto."

²³Jesu a leverys dhedhy, "Dha vroder a wra dasserhy."

²⁴Martha a worthebys, "Me a wor fatell wra va dasserhy orth an dasserghyans dëdh breus."

²⁵Jesu a leverys dhedhy, "Me yw an dasserghyans ha'n bêwnans. Kenyver onen a gressa inof, kyn fo marow, bewa a wra, ²⁶ha kenyver onen a wrella bewa ha cresy inof vy, ny wra va tastya mernans. Esta ow cresy hedna?"

²⁷Hy a leverys dhodho, "Ea, Arlùth, me a grës te dhe vos an Crist, Mab Duw, hedna usy ow tos aberth i'n bës."

²⁸Wosa hy dhe leverel an geryowma, hy a dhewhelys ha gelwel hy whor Maria ha leverel dhedhy in pryva, "Yma an Descador obma hag ev orth dha elwel." ²⁹Kettel wrug Maria clôwes hedna, hy a savas in bàn

yn uskys ha mos dhodho. ³⁰Ny wrug Jesu dos dhe'n dre, mès yth esa va whath i'n tyller may whrug Martha metya ganso. ³¹An Yêdhewon, esa gensy i'n chy orth hy honfortya, y a's gweles ow sevel in bàn yn uskys hag ow mos in mes. Y a's sewyas, dre rêson y dhe bredery fatell esa hy ow mos dhe'n bedh, may halla hy ena ola.

³²Pàn dheuth Maria dhe'n tyller mayth esa Jesu, hy a'n gwelas ha codha orth y dreys ha leverel dhodho, "Arlùth, a pes jy obma, ny wrussa ow broder merwel."

³³Pàn welas Jesu hy dhe ola ha'n Yêdhewon o devedhys gensy dhe ola kefrës, ev a veu troblys brâs in y spyrys ha movys yn town. ³⁴Ev a leverys, "Ple whrussowgh why y settya?"

Y a leverys, "Deus, Arlùth, rag gweles."

³⁵Jesu a olas.

³⁶Rag hedna an Yêdhewon a leverys, "Otta, ass o brâs y gerensa ragtho!"

³⁷Re anodhans a leverys, "An denma neb a egoras lagasow an dall, a ny ylly ev gwetha hebma rag merwel?"

³⁸Nena Jesu a entras i'n bedh hag ev owth ola y honen. Cav o an bedh hag yth esa men a'y wroweth wàr y bydn. ³⁹Jesu a leverys, "Kemerowgh an men dhe ves."

Martha, whor an den marow, a leverys, "Arlùth, yma sawour poos ganso solabrës, rag ev a verwys peswar jorna alebma."

⁴⁰Jesu a leverys dhedhy, "A ny wrug avy leverel dhis te dhe weles glory Duw, mar teffes ha cresy?"

⁴¹Nena y a gemeras an men dhe ves. Ha Jesu a veras in bàn ha leverel,

"A Das, me a aswon ras dhis dre rêson te dhe woslowes orthyf. ⁴²Me a wor te dhe'm clôwes pùpprës, saw me re leverys hebma abarth an bobel usy a'ga sav obma in nes, may hallens ow clôwes ha cresy te dhe'm danvon."

⁴³Pàn wrug ev leverel hedna, ev a grias, uhel y lev, "Lasser, deus in mes!" ⁴⁴An den marow a dheuth in mes, hag ev mailys leuv ha troos gans lienyow, hag yth esa qweth wàr y fàss. Jesu a leverys dhedhans, "Gwrewgh y dhygelmy ha'y dhelyvra dhe wary."

⁴⁵Meur a'n Yêdhewon o devedhys gans Maria, ha pàn wrussons y gweles an pëth re bia gwrës gans Jesu, y a gresys ino. ⁴⁶Mès radn anodhans êth wàr aga fordh dhe'n Farysys ha derivas ortans an taclow a wrug Jesu. ⁴⁷Nena an uhel prontyryon ha'n Farysys a gùntellas in consel ha leverel an eyl dh'y gela, "Pandra dal dhyn ny gul? Yma an den-ma ow performya meur a verclys. ⁴⁸Mar teun ny ha gasa dhodho pêsya indelma, pùbonen a vydn cresy ino, ha'n Romans a dheu ha dystrêwy agan tyller sans ha'gan nacyon kefrës."

⁴⁹Onen anodhans henwys Cayfas, uhel pronter an vledhen-na, a leverys dhedhans, "Ny wodhowgh why tra vëth oll! ⁵⁰Nyns esowgh why ow convedhes fatell res dhe udn den merwel, rag dowt oll an nacyon dhe vos dystrêwys."

⁵¹Ny leverys ev hebma a'y honen, saw awos ev dhe vos uhel pronter an vledhen-na. Ev a brofusas fatell wre Jesu merwel rag les oll an nacyon, ⁵²ha na wre va merwel rag an nacyon yn udnyk, mès may fe cùntellys warbarth flehes Duw re bia scùllys alês dres oll an bës. ⁵³Alena rag yth

esens y prèst ow cùssulya fatell yllens y worra dhe'n mernans.

⁵⁴Rag hedna, ny wre Jesu kerdhes in mesk an Yêdhewon na fella, saw ev êth alena dhe'n tireth ogas dhe'n gwylfos, dhe dre henwys Efrayim, hag ena ev a dregas gans y dhyscyplys.

⁵⁵Hag yth esa Pask an Yêdhewon ow tos nes ha lies huny êth in bàn dhia an pow dhe Jerùsalem dhyrag an Pask rag pùrjya aga honen. ⁵⁶Yth esens ow whelas Jesu hag ow covyn an eyl orth y gela hag y a'ga sav i'n templa, "Pëth esowgh why ow predery? Sur ny dheu va dhe'n gool." ⁵⁷An uhel prontyryon ha'n Farysys a gomondyas kenyver onen a wodhya pleth esa Jesu, dh'y dheclarya dhedhans, rag y o whensys dh'y sêsya.

12 Whegh jorna kyns an Pask Jesu a dheuth dhe Bethany, tre Lasser neb o derevys dhyworth an re marow ganso. ²Ena y a wrug parusy con ragtho, ha Martha a servyas. Yth esa Lasser in mesk an dus esa esedhys orth an bord. ³Maria a gemeras pens a spîknard precyùs hag ùntya treys Jesu ganso ha'ga seha gans hy blew. An chy a veu lenwys a sawour an onyment.

⁴Saw Jûdas mab Sîmon, onen a'y dhyscyplys ha'n den a wre y draita, a leverys, ⁵"Prag na veu an onyment ma gwerthys a dry hans dynar, ha'n mona rës dhe'n vohosogyon?" ⁶Ny wrug ev leverel hedna awos ev dhe gara an vohosogyon, mès drefen y vos lader. Yth esa va ow sensy an pors kebmyn, hag a wre ladra mes anodho an pëth a vedha gorrys ino.

⁷Jesu a leverys, "Gesowgh cres dhedhy. Hy a'n prenas, may halla hy y wetha bys in jorna ow encledhyas.

8Why a'gas beus an vohosogyon genowgh why pùpprës, mès ny vedhaf vy genowgh why bys vycken."

9Pàn glôwas rûth vrâs an Yêdhewon Jesu dhe vos ena, y a dheuth bys dy may hallens gweles Jesu ha Lasser kekefrës—hedna re bia derevys gans Jesu dhyworth an re marow. 10Rag hedna ervirys o an uhel prontyryon ladha Lasser inwedh, 11dre rêson bos meur a'n Yêdhewon orth aga forsâkya hag ow cresy in Jesu.

12Ternos vyttyn an rûth vrâs, neb o devedhys dhe'n gool, a glôwas fatell esa Jesu ow tos dhe Jerùsalem. 13Rag hedna y a gemeras palmys ha mos in mes dhe vetya ganso hag y ow cria,

"Hosana!"

"Benegys yw ev neb a dheu in hanow an Arlùth!"

"Benegys yw Mytern Israel!"

14Jesu a gafas asen yonk hag esedha warnodho; kepar dell yw screfys,

15"Na borth awher, a vyrgh Sion. Awot dha vytern ow tos dhis a'y eseth wàr ebol asen!"

16Ny wrug y dhyscyplys convedhes an taclow-ma i'n dallath, mès pàn veu Jesu gloryfies, nena y a remembras oll an taclow-ma o screfys adro dhodho hag o gwrës dhodho.

17Gans hedna an rûth esa ganso, pàn wrug ev gelwel Lasser mes a'n bedh, ha'y dherevel dhyworth an re marow, y a bêsyas ow testa adro dhodho. 18An rûth êth in mes dh'y weles inwedh, drefen y dhe glôwes fatell wrug ev an merkyl brâs-na. 19An

Farysys a levery an eyl dh'y gela, "Awot! Ny yllyn ny gul tra vëth. Merowgh, yma oll an bës orth y folya ev!"

20In mesk an re-na neb o devedhys in bàn dhe wordhya i'n gool yth esa certan Grêkys. 21Y a dheuth nes dhe Felyp (neb a dheuth dhia Besseda) ha'y besy ow leverel, "Syra, dâ via genen ny gweles Jesu." 22Felyp êth ha'y dheclarya dhe Androw, hag arta Androw ha Felyp a'n declaryas dhe Jesu.

23Ha Jesu a worthebys ha leverel, "Re dheuva an prës may fëdh res dhe Vab an Den bos gloryfies. 24In gwir hag in gwiryoneth me a lever dhywgh hebma: marnas hasen ÿs a wra codha dhe'n dor ha merwel, ny vëdh hy mès hasen. Saw mar qwra hy merwel, hy a dheg meur a frût. 25Seul a wrella cara y vêwnans, a wra y gelly, saw kenyver onen a wrella hâtya y vêwnans i'n bës-ma, a wra y sensy i'n bës usy ow tos. 26Mars eus den orth ow servya, res vëdh dhodho ow sewya ha'n le may fedhaf vy, i'n tyller-na an servont a dal bos kefrës. Seul a wrella ow servya vy, an Tas a wra y onora ev.

27"Troblys brâs yw ow enef i'n tor' ma. Pandra allaf vy leverel?—'A Das, gwith vy rag an termyn-ma'? Nâ, nâ! Rag an termyn-ma me re dheuth. 28A Das, gwra gloryfia dha hanow jy."

Nena lev a dheuth mes a'n nev, "Ow hanow re beu gloryfies genef, ha gloryfies vëdh genef arta." 29An rûth esa a'ga sav in nes a'n clôwas ha leverel fatell veu taran. Re erel a leverys, "El re gowsas orto."

30Jesu a worthebys, "Rag agas kerensa why re dheuva an lev-ma. Ny dheuth rag ow herensa vy. 31Lebmyn y fëdh jùjyans an bës-ma; lebmyn y fëdh herdhys in mes rewler an bës-ma. ³²Mar pedhaf vy lyftys in bàn dhyworth an nor, me a vydn tedna pùptra oll dhybmo vy ow honen." ³³Dre hebma ev a wrug sygnyfia pana sort a vernans a wre va godhaf.

³⁴An rûth a worthebys dhodho, "Ny re glôwas i'n laha fatell wra an Crist remainya bys vycken ha rag nefra. Fatell ylta jy leverel y res dhe Vab an Den bos derevys in bàn? Pyw yw Mab an Den esta ow côwsel adro dhodho?"

³⁵Jesu a leverys dhedhans, "Y fëdh an golow genowgh pols bian whath. Kerdhowgh hadre vo an golow genowgh, rag dowt an tewolgow dh'agas budhy. Mars esowgh why ow kerdhes i'n tewolgow, ny wodhowgh why pleth esowgh why ow mos. ³⁶Hadre vo an golow genowgh, cresowgh i'n golow, may hallowgh why bos flehes a'n golow." Warlergh Jesu dhe leverel an geryow-ma, ev a voydyas alena ha cudha y honen dhywortans.

³⁷Kyn whrug ev performya meur a sînys i'ga golok, ny wrussons y cresy ino. ³⁸Y feu hedna may halla bos collenwys an lavar côwsys gans an profet Esay:

"Arlùth, pyw re gresys agan messach, ha dhe byw re beu dyscudhys bregh an Arlùth?"

³⁹Rag hedna ny yllens y cresy, rag Esay dhe leverel inwedh:

⁴⁰"Ev re wrug dallhe aga dewlagas ha cales'he aga holon, ma na wrellens meras gans aga lagasow, na convedhes gans aga holon ha trailya—ha me a vynsa aga sawya."

⁴¹Esay a leverys hebma rag ev dhe weles y glory ha côwsel anodho.

⁴²Bytegyns meur a'n rewlysy a gresys ino. Saw ny wrussons y avowa dre rêson a'n Farysys, rag dowt y dhe vos herdhys mes a'n synagys. ⁴³Rag moy yth esens ow cara glory mab den ès an glory usy ow tos dhyworth Duw.

⁴⁴Nena Jesu a grias in uhel, "Neb a gressa inof vy, nyns usy ev ow cresy inof vy, mès ino ev a'm danvonas. ⁴⁵Neb a wrella ow gweles vy, yma va ow qweles hedna re wrug ow danvon. ⁴⁶Me re dheuth avell golow aberth i'n bës, ma na wrella kenyver onen a gressa inof gortos i'n tewolgow.

⁴⁷"Ny wrama jùjya den vëth usy ow clôwes ow geryow vy heb aga sensy, rag ny wruga dos aberth i'n bës rag jùjya an bës, mès may hallen y selwel. ⁴⁸Seul a wrella ow sconya vy ha na wrella recêva ow geryow, ev a'n jeves brusyas. An ger re wrug avy côwsel a vydn servya avell jùj i'n jëdh fin, ⁴⁹rag ny wrug avy côwsel ahanaf ow honen, saw an Tas neb a wrug ow danvon, ev y honen re ros dhybm comondment adro dhe'n taclow a resa dhybm leverel ha côwsel. ⁵⁰Ha me a wor bos an comondment-na an bêwnans heb dyweth. Pùptra a wrellen côwsel ytho, me a'n lever poran kepar dell erhys an Tas dhybm."

13 Kyns degol an Pask Jesu a wodhya fatell o devedhys an prës may talvia dhodho dyberth mes a'n bës-ma, ha mos dhe'n Tas. Ev a garas y dus y honen hag ev a's caras bys i'n dyweth.

²An tebel-el solabrës a worras in colon Jûdas Scaryot mab Sîmon dhe draita Jesu. ³Jesu a wodhya fatell vedha pùptra delyvrys gans an Tas inter y dhewla hag ev y honen dhe dhos dhyworth Duw, ha dhe vos ow tewheles dhe Dhuw, hag in termyn an soper ⁴ev a savas in bàn dhyworth an bord, disky y bows ha kelmy towal in y gerhyn. ⁵Nena ev a dheveras dowr in bason ha dallath golhy treys y dhyscyplys, ha'ga seha gans an towal esa adro dhodho.

⁶Ev a dheuth dhe Sîmon Peder hag ev a leverys dhodho, "Arlùth, a vynta golhy ow threys vy?"

⁷Jesu a worthebys ha leverel, "Ny wodhes whath pandra wrav, saw te a'n godhvyth i'n dyweth, wosa ow mos ahanan."

⁸Peder a leverys dhodho, "Arlùth, ny wrêta golhy ow threys nefra."

Jesu a worthebys, "Mar ny wrama dha wolhy jy, ny vedhys kevrednek genama."

⁹Sîmon Peder a leverys dhodho, "Arlùth, dhybmo vy moy ès ow threys, na as pedn na leuv na vo golhys."

¹⁰Jesu a leverys dhodho, "Neb a vo y gorf golhys, ny'n jeves othem golhy saw y dreys, rag glân ywa yn tien. A bùb plos yth owgh why glanhës—mès oll nyns owgh why glân." ¹¹Rag ev a wodhya pyw a wre y draita. Rag hedna ev a leverys, "Oll nyns owgh why glân."

¹²Wosa ev dhe wolhy aga threys ha gorra y bows adro dhodho arta, ev a dhewhelys dhe'n bord ha leverel dhedhans, "A wodhowgh why pëth a wrug avy dhywgh? ¹³Y'm gelwyr 'Mêster' genowgh hag 'Arlùth'—ha hèn yw gwir, rag hedna me yw.

¹⁴Ytho mar qwruga golhy agas treys, ha me agas Arlùth ha'gas Mêster, golhens pùb ahanowgh treys y gela kepar ha me. ¹⁵Me re ros ensampel dhywgh, may whrellowgh why kepar dell wrug avy dhywgh. ¹⁶In gwir hag in gwiryoneth me a lever hebma dhywgh: nyns yw an servont brâssa ès y vêster, naneyl nyns yw canasow brâssa es an re-na a wrug aga danvon. ¹⁷Mar codhowgh why an taclow-ma, bedneth a'gas bëdh pàn wrellowgh why aga gul.

¹⁸"Nyns esof ow côwsel adro dhywgh yn kettep pedn. Me a wor pyw re wrug avy dêwys. Saw yth yw hebma rag collenwel an scryptour, 'Neb a gevradnas ow bara, ev re dherevys y wewen wàr ow fydn.'

¹⁹"Me a lever hebma dhywgh lebmyn, kyns ès y wharvos, may hallowgh why cresy me dhe vos ev, pàn whrella an dra wharvos. ²⁰In gwir me a lever dhywgh why: neb a wrella recêva hedna a wrellen vy danvon, yma orth ow recêva vy, ha neb a wrella ow recêva vy, ev a vëdh ow recêva neb a wrug ow danvon vy."

²¹Wosa ev dhe leverel an taclow-ma, Jesu a veu troblys brâs in y spyrys ha declarya, "In gwir hag in gwiryoneth me a lever dhywgh fatell wra onen ahanowgh ow thraita."

²²An dyscyplys a veras an eyl orth y gela, rag ny wodhyens pyw esa va ow styrya. ²³Yth esa onen a'y dhyscyplys—ev neb o meurgerys dhe Jesu—a'y wroweth orth an bord ogas dhe Jesu. ²⁴Rag hedna Sîmon Peder a wrug sin tro hag ev may wrella va govyn orth Jesu pyw esa va ow styrya.

²⁵Gans hedna an dyscypyl a wovydnas, hag ev a'y wroweth orth

an bord ogas dhodho, "Arlùth, pyw a yll hedna bos?"

²⁶Jesu a worthebys, "Yth yw ev neb a vanaf vy ry an sûben-ma dhodho wosa me dh'y throghya i'n scudel." Ha wosa troghya an sûben, ev a's ros dhe Jûdas Scaryot mab Sîmon. ²⁷Wosa Jûdas dhe recêva an sûben dhyworto, Satnas a entras ino.

Jesu a leverys dhodho, "A vo dhis dhe wul, gwra e yn uskys." ²⁸Ny wodhya den vëth orth an bord prag y whrug ev leverel hedna. ²⁹Yth esa radn anodhans ow cresy fatell esa Jesu orth y gomondya dhe brena taclow rag an degol, rag yth esa Jûdas ow sensy an comen pors, pò dhe ry neppyth dhe'n vohosogyon. ³⁰Wosa recêva an sûben, Jûdas êth in mes heb let hag yth o nos.

³¹Wosa Jûdas dhe vos in mes, Jesu a leverys, "Lebmyn yma Mab an Den gloryfies, hag yma Duw gloryfies ino ev. ³²Mar pëdh Duw gloryfies ino ev, Duw inwedh a vydn y gloryfia ino y honen, hag ev a vydn ry an glory dhodho heb let.

³³"A flehes vian, pols bian whath me a vëdh i'gas mesk. Why a vydn ow whelas. Ha kepar dell wrug avy leverel dhe'n Yêdhewon, me a lever dhywgh why i'n tor'-ma, 'An le mayth esof vy ow mos, ny yllowgh why ow sewya.'

³⁴"Yth esof ow ry dhywgh comondment nowyth—why dhe gara an eyl y gela. Kepar dell wrug avy agas cara why, indella y tal dhywgh cara an eyl y gela. ³⁵Dre hedna pùbonen a wodhvyth why dhe vos ow dyscyplys, mar qwrewgh why cara an eyl y gela."

³⁶Sîmon Peder a leverys dhodho, "Arlùth, pleth esta ow mos?"

Jesu a worthebys dhodho, "Ny ylta jy ow sewya i'n tor'-ma dhe'n tyller mayth esof vy ow mos. Saw te a wra ow sewya wosa hebma."

³⁷Peder a leverys dhodho, "Prag na allaf vy lebmyn dha sewya? Me a vydn dascor ow very bêwnans ragos."

³⁸Jesu a worthebys, "A vynta jy dascor dha vêwnans ragof? In gwir hag in gwiryoneth me a lever dhis, kyns ès bos culyak kenys tergweyth, y whreth ow naha!

14 "Na vedhens agas colon why troblys. Why a grës in Duw. Cresowgh inof vy kefrës. ²Yma lies mansyon in chy ow Thas. Na ve an dra indella, me a vynsa y dheclarya dhywgh. Yth esof ow mos dhe barusy tyller ragowgh. ³Ha mar teuma ha parusy tyller ragowgh, me a vydn dos arta ha'gas recêva why dhybmo—may hallowgh why bos le may fedhaf vy ow honen. ⁴Why a wor pleth av, ha'n fordh yw aswonys dhywgh."

⁵Tobmas a leverys dhodho, "Arlùth, ny wodhon ny màn pleth esta ow mos. Fatell yllyn godhvos an fordh?"

⁶Jesu a leverys, "Me yw an fordh ha'n gwiryoneth ha'n bêwnans. Ny dheu den vëth dhe'n Tas saw unsel dredhof vy. ⁷Mar teffowgh why ha'm aswon vy, why a vynsa aswon an Tas kefrës. Alebma rag why a'n aswon ha why re wrug y weles."

⁸Felyp a leverys dhodho, "Arlùth, dysqwa dhyn an Tas ha lowr vëdh hedna dhyn."

⁹Jesu a leverys dhodho, "Esof vy kebmys termyn genowgh, ha ny wrusta ow aswon vy, a Felyp? Hedna neb re'm gwelas vy, ev re welas an Tas. Fatell ylta jy leverel ytho,

'Dysqwa dhyn an Tas'? ¹⁰A nyns esta ow cresy me dhe vos i'n Tas ha'n Tas inof vy? An geryow esof vy ow leverel, ny wrama aga leverel ahanaf ow honen. Saw an Tas, usy tregys inof, ev a wra an oberow. ¹¹Cresowgh dhybm, fatell esof vy i'n Tas ha'n Tas inof vy. Poken cresowgh inof awos an oberow. ¹²In gwir hag in gwiryoneth me a lever dhywgh hebma: neb a gressa inof vy, a vydn gul ow oberow vy—ea, hag oberow brâssa es an rema ev a wra, rag me dhe dhewheles dhe'm Tas. ¹³Pynag oll tra a wrellowgh why govyn i'm hanow vy, hedna me a vydn gul, may fo ow Thas gloryfies i'n Mab. ¹⁴Mar tewgh why ha govyn tra vëth i'm hanow vy, me a vydn y wul.

¹⁵"Mars esowgh why orth ow hara vy, gwethowgh ow homondmentys. ¹⁶Me a vydn govyn orth ow Thas, hag ev a re dhywgh why Confortyor aral, may halla ev gortos genowgh why rag nefra, ¹⁷hèn yw an Spyrys a wiryoneth, na yll an bës recêva màn, dre rêson nag usy an bës orth y weles nag orth y aswon. Why a'n aswon, drefen ev dhe vos tregys inowgh, hag ev a vëdh genowgh why. ¹⁸Ny vanaf vy agas gasa heb confort. Me a vydn dos dhywgh. ¹⁹Wosa termyn ny wra an bës ow gweles na fella, mès why a'm gwelvyth. Awos me dhe vewa, why a wra bewa inwedh. ²⁰An jëdhna why a wodhvyth y bosama i'm Tas ha fatell esowgh why inof vy ha me inowgh why. ²¹Neb a'n jeffa ow homondmentys hag a wrella aga sensy, ev yw hedna usy orth ow hara vy. An re-na usy orth ow hara vy, ow Thas a vydn aga hara ynsy kefrës. Ha me inwedh a vydn aga hara ha dysclôsya ow honen dhedhans."

²²Jûdas (nag o Jûdas Scaryot) a leverys dhodho, "Arlùth, in pana vaner a vynta jy dysclôsya dha honen dhyn ny heb omdhysqwedhes dhe'n bës?"

²³Jesu a worthebys dhodho, "An re-na usy orth ow hara vy, y a vydn sensy ow geryow, ha'm Tas vy a wra aga hara y, ha ny a wra dos dhedhans ha gortos gansans. ²⁴Neb na wrella ow hara vy, ny wra va sensy ow geryow vy. An geryow esowgh why ow clôwes, nyns usons y ow tos dhyworthyf vy, mès dhyworth an Tas a wrug ow danvon.

²⁵"Me re leverys an taclow-ma dhywgh ha me whath i'gas mesk. ²⁶Saw an Confortyor, an Spyrys Sans, neb a vëdh danvenys dhywgh gans an Tas, ev a vydn desky dhywgh pùptra, hag ev a wra dhywgh remembra kenyver tra re wrug avy derivas dhywgh. ²⁷Ow cres genowgh gasaf. Me a re dhywgh ow cres vy. Ny wrama ry dhywgh kepar dell usy an bës ow ry. Na vedhens troblys agas colon ha na berthowgh own vëth.

²⁸"Why re glôwas me dhe leverel, 'Yth esof vy ow tyberth dhyworthowgh ha me a vydn dos dhywgh.' Mar teffowgh why ha'm cara vy, why a wrussa rejoycya awos me dhe leverel y bosama ow mos dhe'n Tas, drefen an Tas dhe vos brâssa agesof ow honen. ²⁹Ha lebmyn, me re wrug declarya dhywgh oll an taclow-ma dhyrag dorn, may hallowgh why cresy pàn wrellens wharvos. ³⁰Ny wrama côwsel nameur orthowgh i'n tor'-ma, rag yma rewler an bës-ma ow tos. Ev ny'n jeves gallos vëth warnaf. ³¹Saw me a wra poran kepar dell wrug an Tas erhy dhybm, may

halla an bës godhvos me dhe gara an Tas.

"In sol! Deun ny alebma.

15 "Me yw an wedhen grappys hag ow Thas yw an trevesyk. [2]Ev a dregh dhe ves pùb scoren oll na wrella don frût dâ. Saw pùb scoren a wrella don frût dâ, ev a wra hy dyvarra, may halla hy don dhe voy frût. [3]Why re beu dyvarrys solabrës der an ger, a wrug avy côwsel orthowgh. [4]Tregowgh inof vy, kepar dell ov vy tregys inowgh why. Ny yll an branch don frût vëth marnas ev a vo tregys i'n wedhen grappys, naneyl ny yllowgh whywhy, marnas why a vo tregys inof vy.

[5]"Me yw an wedhen grappys ha why yw an branchys. An re-na usy tregys inof vy ha me tregys inhans y, y fedhons y ow ton meur a frût, rag ny yllowgh why gul tra vëth hebof vy. [6]Neb na vo tregys inof, ev a vëdh tôwlys dhe ves kepar ha branch, ha gwedhra ev a wra. Y fëdh branchys a'n par-na cùntellys warbarth, tôwlys i'n tan ha leskys. [7]Mar qwrewgh why trega inof vy, ha mar qwra ow geryow vy trega inowgh why, govydnowgh pynag oll tra a vydnowgh, ha'n dra a vëdh gwrës ragowgh. [8]Ow thas yw gloryfies dre hebma—why dhe dhon meur a frût, hag indelma dhe dhysqwedhes agas bos ow dyscyplys.

[9]"Kepar dell wrug an Tas ow hara vy, indelma me re wrug agas cara why. Tregowgh i'm kerensa. [10]Mar qwrewgh why sensy ow homondmentys, why a wra trega i'm kerensa vy, kepar dell wrug avy sensy comondmentys ow Thas ha me tregys in y gerensa ev. [11]Me re wrug côwsel an taclow-ma orthowgh, may fo ow

joy vy inowgh why, ha may fo collenwys agas joy why. [12]Hèm yw ow arhadow: why dhe gara an eyl y gela, poran kepar dell wrug avy agas cara why. [13]Moy kerensa ny'n jeves den vëth ages ev dhe dhascor y vêwnans rag kerensa y gothmans. [14]Why yw ow hothmans, mar qwrewgh why an pëth a wrama erhy dhywgh. [15]Nyns esof vy na fella orth agas gelwel servysy, rag ny wor an servont an pëth a wra an mêster. Lebmyn ny vanaf vy namoy agas gelwel why servysy, mès cothmans, rag pùptra a wrug vy clôwes dhyworth ow Thas, me a wrug y dheclarya dhywgh why. [16]Ny wrussowgh why ow dêwys vy, saw me a wrug agas dêwys why. Ha me a wrug agas appoyntya dhe vos in rag ha don frût, frût neb a wra durya, may halla an Tas ry dhywgh pynag oll tra a wrellowgh why govyn i'm hanow vy. [17]Yth esof ow ry an comondmentys-ma dhywgh, may whrellowgh why cara an eyl y gela.

[18]"Mar pëdh an bës orth agas hâtya why, why a wor an bës dhe'm hâtya vy kyns ès agas hâtya why. [19]Mar teffowgh why ha longya dhe'n bësma, an bës a vynsa agas cara why, kepar ha'y bëth y honen. Dre rêson nag esowgh why ow longya dhe'n bës-ma, saw me dh'agas dêwys mes a'n bës—rag hedna yma an bës orth agas hâtya why. [20]Perthowgh cov a'n lavar a wrug avy leverel dhywgh, 'Nyns yw an servont brâssa ès y vêster.' Mar qwrussons y ow thormentya vy, y a wra agas tormentya why magata. Mar qwrussons y gwetha ow geryow vy, y a vydn gwetha agas geryow why kefrës. [21]Saw y a vydn gul oll an taclow-ma dhywgh awos

ow hanow vy, rag nyns usons y owth aswon hedna a wrug ow danvon. ²²Na ve me dhe dhos ha côwsel ortans, ny viens y cablus a begh vëth. Saw lebmyn y ny's teves ascûs vëth rag aga fegh. ²³Neb a wrella ow hasa vy, yma va ow casa ow Thas vy kefrës. ²⁴Na ve me dhe berformya i'ga mesk an oberow-na, na wrug den vëth ken, ny viens y in pegh. Mès i'n tor'-ma y re'm gwelas ha'm casa vy, ha gweles ha casa ow Thas kefrës. ²⁵Hedna a veu rag may fe collenwys an lavar yw screfys i'ga laha y, 'Y a'm casas heb chêson vëth.'

²⁶"Pàn dheffa an Confortyor, a wrama danvon dhywgh why dhyworth an Tas, an Spyrys a wiryoneth usy ow tos dhyworth an Tas, ev a vydn desta ahanaf. ²⁷Why kefrës a wra desta ahanaf, drefen why dhe vos genama dhia an dallath.

16 "Me re leverys an taclow-ma dhywgh rag dowt why dhe drebuchya. ²Y a vydn agas gorra mes a'n synaga. Ea, yma ow nessa an prës, may whra tus predery, pàn wrellons y agas ladha why, y dhe offrydna gordhyans dhe Dhuw. ³Y a vydn gul an taclow-ma, drefen na wrussons y naneyl aswon an Tas nag ow aswon vy. ⁴Saw me re leverys an lavarow-ma, may hallowgh why perthy cov me dhe gôwsel anodhans, pàn wrellons y wharvos. Ny wrug avy leverel an taclow-ma dhywgh i'n dallath, dre rêson me dhe vos genowgh.

⁵"Saw lebmyn yth esof ow mos dhodho ev a wrug ow danvon. Ny wra den vëth ahanowgh govyn orthyf, 'Pleth esta ow mos?' ⁶Saw awos me dhe leverel an taclow-ma

dhywgh, tristans re lenwys agas colon. ⁷Me a lever an gwiryoneth dhywgh: yth yw rag agas les why me dhe dhyberth alebma, rag mar ny wrama dyberth, ny wra an Confortyor dos dhywgh. Ha mar teuma hag omdedna dhyworthowgh, me a vydn y dhanvon dhywgh. ⁸Pàn dheffa va, ev a vydn prevy an bës dhe vos camdybys ow tùchya pegh, ewnder ha brusyans—⁹ow tùchya pegh, drefen na gresons y inof vy; ¹⁰ow tùchya ewnder, drefen me dhe vos dhe'n Tas ha na wrewgh why ow gweles na fella; ¹¹ow tùchya brusyans, awos rewler an bës dhe vos dampnys.

¹²"Me a'm beus lies tra whath dhe leverel dhywgh, mès ny yllowgh why aga ferthy i'n tor'-ma. ¹³Pàn dheffa an Spyrys a wiryoneth, ev a dhesk dhywgh oll gwiryoneth, rag ny vydn ev côwsel anodho y honen, saw ev a lever pùptra a glôwa ha derivas dhywgh myns a wrella wharvos. ¹⁴Ow gloryfia vy a wra va, drefen ev dhe gemeres an pëth usy dhybm ha'y dheclarya dhywgh why. ¹⁵Pùptra a vo dhe'n Tas, dhybm yma. Rag an rêson-ma, me a leverys fatell wre va kemeres a vo dhybm ha'y dheclarya dhywgh why.

¹⁶"Termyn cot whath ha ny wrewgh why ow gweles na fella. Termyn cot arta ha why a'm gwelvyth."

¹⁷Nena radn a'y dhyscyplys a leverys an eyl dh'y gela, "Pandr'usy va ow styrya, pàn lever ev dhyn, 'Termyn cot whath ha ny wrewgh ow gweles na fella, ha whath termyn cot ha why a vydn ow gweles' ha 'Drefen me dhe vos dhe'n Tas'?" ¹⁸Y a leverys, "Pandr'usy ev ow styrya gans an geryow-ma, 'Termyn cot whath'?

Ny wodhon poynt pëth usy ev ow côwsel adro dhodho."

¹⁹Jesu a wodhya aga bos whensys dhe wovyn orto, hag ev a leverys dhedhans, "Esowgh why ow tyspûtya intredhowgh pandr'esen ow styrya pàn leverys, 'Termyn cot whath ha ny wrewgh na fella ow gweles, ha termyn cot arta ha why a'm gwelvyth'? ²⁰In gwir hag in gwiryoneth me a lever dhywgh hebma: why a wra ola ha mùrnya, mès an bës a wra rejoycya. Why a'gas bëdh painys, saw agas painys a wra trailya dhe joy. ²¹Pàn vo benyn in golovas, hy a's teves pain, drefen bos devedhys hy thermyn. Saw pàn vo genys hy flogh, ny wra hy namoy perthy cov a'n angus, drefen hy dhe rejoycya awos den nowyth dhe vos genys i'n bës. ²²Indelma why a'gan beus painys lebmyn, saw me a vydn agas gweles arta ha'gas colon a wra rejoycya, ha ny wra den vëth kemeres agas joy in kerdh dhyworthowgh. ²³I'n jorna-na ny wrewgh why govyn tra vëth oll orthyf. In gwir me a lever dhywgh hebma: mar tewgh why ha govyn tra vëth orth an Tas i'm hanow vy, ev a'n re dhywgh. ²⁴Ny wrussowgh why govyn tra vëth i'm hanow vy bys i'n termyn-ma. Govydnowgh ha why a wra recêva, may fo leun agas joy why.

²⁵"Me re leverys oll an taclow-ma in parablys dhywgh. Ow nessa yma an prës ma na wrama namoy côwsel in parablys, saw me a vydn côwsel yn apert adro dhe'n Tas. ²⁶An jorna-na why a wra govyn i'm hanow vy. Ny lavaraf dhywgh me dhe besy an Tas ragowgh why, ²⁷rag an Tas y honen a'gas car why, drefen why dhe'm cara vy, ha why a grës fatell wrug avy dos dhyworth Duw. ²⁸Me re dheuth

dhyworth an Tas, ha me re entras i'n bës. Awotta vy arta ow voydya mes a'n bës hag ow mos dhe'n Tas."

²⁹Y dhyscyplys a leverys, "Ea, yth esta lebmyn ow côwsel yn apert adar dre barablys. ³⁰Ny a wor i'n tor'-ma te dhe wodhvos pùptra, ha nag eus othem dhis a dhen vëth dhe wovyn orthys. Dre hebma ny a grës fatell wrusta dos dhyworth Duw."

³¹Jesu a worthebys, "A gresowgh why lebmyn? ³²Ow nessa yma an prës, ea, re dheuva an prës, may fedhowgh why scùllys alês, kenyver onen ahanowgh dh'y dre y honen, ha why a wra ow forsâkya. Saw nyns ov vy ow honen oll, drefen an Tas dhe vos genama.

³³"Me re leverys hebma dhywgh, ma'gas bo cres inof vy. Why a gav tormens i'n bës. Saw bedhowgh a gonfort dâ. Me re fethas an bës!"

17 Wosa Jesu dhe leverel an taclow-ma, ev a veras in bàn dhe'n nev ha leverel,

"A Das, re dheuva an prës. Gwra gloryfia dha Vab, may whrella dha Vab gul dhyso bos gloryfies, ²abàn ressys dhodho auctoryta wàr oll pobel an bës, dhe ry an bêwnans heb dyweth dhe genyver onen a ressys dhodho. ³Ha hèm yw an bêwnans heb dyweth, may hallens y dha aswon jy, an udn Duw gwir, ha Jesu Crist neb a veu danvenys genes. ⁴Me a ros dhis glory wàr an norvës dre gowlwrians an lavur a ressys dhybm dhe wul. ⁵Rag hedna, a Das, gwra ow gloryfia i'th presens gans an glory a'm beu dhia bàn veu formys an bës.

⁶"Me re dheclaryas dha hanow dhe'n re-na a wrusta ry dhybm mes a'n bës. Y o dha dus jy, ha te a's ros

dhybm, hag y re wrug gwetha dha eryow. ⁷I'n tor'-ma y a wor pùptra re ressys dhybm dhe dhos dhyworthys. ⁸Rag an geryow a wrusta ry dhybm, me re's ros dhedhans y, hag y re's recêvas hag yn certan y a wor fatell wrug avy dos dhyworthys. Hag y re gresys te dhe'm danvon. ⁹Yth esof vy ow pesy ragthans, kyns ès rag kerensa an bës. Me a bës rag an re-na a ressys dhybm, awos y dhe vos dha bobel jy. ¹⁰A vo dhybm te a's pew, ha me a'm beus a vo dhis. Hag inhans y me re beu gloryfies. ¹¹Ha lebmyn nyns esof vy na fella i'n bës, saw ymowns y i'n bës, hag awotta vy ow tos dhis. A Das Sans, gwith y i'th hanow jy, may hallens y bos onen, kepar dell on ny onen. ¹²I'ga mesk pàn esen, me a wre gwetha i'th hanow jy an re-na a ressys dhybm. Me a wrug aga gwetha, ha ny veu unweyth kellys onen anodhans saw unsel hedna neb a veu destnys dhe vos kellys. Kellys veu may halla an scryptour bos collenwys.

¹³"Mès lebmyn yth esof vy ow tos dhis hag yth esof vy ow leverel an taclow-ma i'n bës, may fo cowlwrës inhans y ow joy vy. ¹⁴Me re ros dhedhans dha er jy, ha'n bës re wrug aga hâtya, drefen nag usons y ow longya dhe'n bës kepar ha me, rag nyns esof ow longya dhe'n bës na hen. ¹⁵Nyns esof orth dha besy may whrelles aga hemeres mes a'n bës, saw me a wovyn orthys aga gwetha y rag an tebel-el. ¹⁶Nyns usons y ow longya dhe'n bës, pàn nag esof vy naneyl ow longya dhodho. ¹⁷Gwra aga sacra i'n gwiryoneth. Dha er jy yw an gwiryoneth. ¹⁸Kepar dell wrusta ow danvon aberth i'n bës, in kepar maner me re wrug aga danvon y aberth i'n bës. ¹⁹Hag yth esof vy ow sacra ow honen

ragthans y, may fowns y inwedh sacrys i'n gwiryoneth.

²⁰"Nyns esof vy ow covyn hebma ragthans y yn udnyk, saw rag an re-na a wra cresy inof vy der aga geryow y—²¹may hallens y bos onen yn kettep pedn, kepar dell esta inof vy, a Das, ha me inos jy. Indelma re bowns y inon ny, may halla an bës cresy te dhe'm danvon. ²²An glory neb a ressys dhybm, me re'n ros dhedhans y kefrës, may fowns y an onen, poran kepar dell on ny onen, ²³me inhans y ha te inof vy, may fowns y an onen yn parfyt, may halla an bës godhvos te dhe'm danvon vy ha dh'aga hara y, kepar dell wrusta ow hara vy.

²⁴"A Das, te re ros an re-ma dhybm, hag yth ov whensys y dhe vos genef le may fyma, may hallens y gweles ow glory, an glory neb a ressys dhybm, awos te dhe'm cara vy dhyrag fùndacyon an bës.

²⁵"A Das ewnhensek, nyns usy an bës orth dha aswon jy, mès me a'th aswon. Ha'n re-ma a wor te dhe'm danvon. ²⁶Yth esof vy ow tysclôsya dha hanow dhedhans, ha me a wra y dhysclôsya, may fo inhans y an gerensa may whrusta ow hara gensy, ha may fen vy ow honen inhans y."

18 Warlergh Jesu dhe leverel an geryow-ma, ev êth in mes gans y dhyscyplys dres dowr Cedron, dhe dyller mayth esa lowarth, hag ev ha'y dhyscyplys a entras ino.

²Now Jûdas, neb a wre y draita, a wodhya an tyller kefrës, drefen Jesu dhe vetya in fenowgh gans y dhyscyplys ena. ³Gans hedna, Jûdas a dhros bagas a soudoryon hag a wethysy dhia an uhel prontyryon ha'n Farysys, hag y a dheuth dhe'n

tyller-na hag y ow ton lanterns, faclow hag arvow.

⁴Pàn wruga godhvos pùptra a vydna wharvos, Jesu a dheuth in rag ha govyn ortans, "Pyw yw neb a whelowgh why?"

⁵Y a worthebys, "Jesu a Nazare."

Jesu a worthebys, "Me yw ev." (Yth esa Jûdas an traitour ow sevel in nes gansans.) ⁶Pàn wrug Jesu leverel dhedhans, "Me yw ev," y a gemeras stap wàr dhelergh ha codha dhe'n dor.

⁷Arta ev a wovydnas ortans, "Pyw yw neb a whelowgh why?"

"Jesu a Nazare," an re-na a worthebys.

⁸Jesu a worthebys, "Me a leverys y bosama ev. Mar qwrewgh ow whelas vy, gesowgh an dus usy genef dhe dremena qwit dhe ves." ⁹Y feu hebma may fe collenwys an lavar re bia leverys ganso, "Ny wrug avy unweyth kelly onen a'n re-na a ressys dhybm."

¹⁰Nena Sîmon Peder, neb a'n jeva cledha, a'n tednas ha gweskel servont an uhel pronter dredho ha trehy y scovarn dhyhow dhe ves. Malhùs o hanow an servont.

¹¹Jesu a leverys dhe Beder, "Gorr dha gledha i'n woon arta. A ny res dhybm eva a'n hanaf a ros dhybm ow Thas?"

¹²Nena an soudoryon, aga offycers ha gwethysy an templa a sêsyas Jesu ha'y gelmy. ¹³Kyns oll y a'n lêdyas dhe Anas, syra dâ Cayfas, rag ev o an uhel pronter an vledhen-na. ¹⁴Cayfas a veu ev neb a gùssulyas, y fedha res dhe onen merwel rag pobel an wlas.

¹⁵Sîmon Peder ha dyscypyl aral a folyas Jesu. Drefen an dyscypyl-na dhe vos aswonys dhe'n uhel pronter, ev êth gans Jesu aberth in lës an uhel

pronter, ¹⁶mès yth esa Peder a'y sav orth an daras wàr ves. Rag hedna an dyscypyl aral, neb o aswonys dhe'n uhel pronter, êth in mes ha côwsel orth an venyn esa ow qwetha an yet ha dry Peder ajy.

¹⁷An venyn a leverys dhe Beder, "A nyns osta jy onen a dhyscyplys an den-ma kefrës?"

Ev a leverys, "Nag ov."

¹⁸Now an servysy ha'n wethysy a wrug tan glow, awos an awel dhe vos yeyn, hag yth esens y a'ga sav in nes ow tobma aga honen. Yth esa Peder magata ow sevel gansans ogas dhe'n tan.

¹⁹Nena an uhel prontyryon a wovydnas qwestyonow orth Jesu ow tùchya y dhyscyplys ha'y dhyscans.

²⁰Jesu a worthebys, "Me a gowsas in apert dhe'n bës. Me a wrug desky i'n synagys hag i'n templa, le may whre oll an Yêdhewon cùntell. Tra vëth ny leverys vy in dadn gel. ²¹Prag yth esowgh why ow covyn orthyf lebmyn? Govydnowgh orth an re-na a glôwas, rag y a wor kebmys a gôwsys dhedhans."

²²Pàn wrug Jesu leverel hedna, onen a'n wethysy esa a'y sav in nes, a weskys Jesu dres y fâss ha leverel, "A wrêta côwsel orth an uhel pronter indella?"

²³Jesu a worthebys, "Mar qwrug avy côwsel yn treus, gwra desta anodho. Mès mara côwsys yn lel, prag y whreth ow boxesy?" ²⁴Nena Anas a'n danvonas in colmow dhe Cayfas, an uhel pronter.

²⁵Yth esa Sîmon Peder a'y sav ow tobma y honen ryb an tan. Y a wovydnas orto, "A nyns osta jy kefrës onen a'y dhyscyplys?"

Ev a'n denahas ha leverel, "Nag ov yn tefry."

²⁶Onen a servysy an uhel pronter, car dhe hedna a veu y scovarn trehys dhe ves gans Peder, a wovydnas, "A ny wrug avy dha weles jy i'n lowarth ganso?" ²⁷Arta Peder a'n denahas, hag i'n very prës-na an culyak a ganas.

²⁸Nena y a lêdyas Jesu dhyworth chy Cayfas bys in caslës Pylat. Yth o avarr i'n myttyn. Ny wrussons y aga honen entra i'n gaslës. Mar teffens hag entra, mostys viens, ha ny alsens debry an Pask. ²⁹Rag hedna, Pylat êth in mes dhedhans ha leverel, "Pahan chêson a'gas beus why warbydn an den-ma?"

³⁰Y a worthebys, "Mar ny ve ev tebel-den, ny ny'n drosen dhyso jy."

³¹Pylat a leverys, "Ytho, why, kemerowgh e ha gwrewgh y jùjya herwyth agas laha."

An Yêdhewon a worthebys, "Ny'gan beus lecyans dhe worra den vëth dhe'n mernans." ³²(Hebma a wharva, may fe collenwys profecys Jesu pàn wrug ev côwsel a'n sort a vernans a wre va godhaf.)

³³Nena Pylat a entras arta i'n hel breus ha gelwel Jesu dhodho ha leverel, "Osta mytern an Yêdhewon?"

³⁴Jesu a worthebys, "Esta ow covyn hedna ahanas dha honen pò a wrug tus erel côwsel orthys ahanaf?"

³⁵Pylat a worthebys, "Oma Yêdhow? Dha nacyon dha honen ha'n uhel prontyryon re wrug dha dhelyvra dhybm. Pandra wrusta gul?"

³⁶Jesu a worthebys, "Nyns yw ow gwlascor a'n bës-ma. A pe hy a'n bës-ma, ow gwesyon a vynsa omlath, may hallens y ow gwetha rag bos delyvrys

dhe'n Yêdhewon. Saw nyns yw ow gwlascor vy a'n bës-ma."

³⁷Pylat a leverys dhodho, "Te yw mytern ytho?" Jesu a worthebys, "Te a lever y bosama mytern. Rag hedna me a veu genys. Rag hedna y teuth vy dhe'n bës, rag don dùstuny dhe'n gwiryoneth. An den a vo ow longya dhe'n gwiryoneth, yma va ow coslowes orth ow lev."

³⁸Pylat a wovydnas orto, "Pandr'yw gwiryoneth?" Wosa ev dhe leverel hebma, ev êth in mes dhe'n Yêdhewon ha meneges dhedhans, "Ny allaf vy cafos chêson vëth wàr y bydn ev. ³⁹Bythqweth re beu ûs genowgh me dhe dhelyvra wàr Bask dhywgh udn prysner. A vydnowgh oll assentya me dhe dhelyvra rag Pask dhywgh Mytern Yêdhewon?"

⁴⁰Y oll a grias a voys uhel, "Ny vydnyn ny an den-ma mès Barabas!" Lader o Barabas.

19 Nena Pylat a gemeras Jesu ha'y scorjya. ²Ha'n soudoryon a blethas cùrun a spern ha'y settya wàr y bedn, hag y a worras pall pùrpur in y gerhyn. ³Yth esens ow tos in bàn dhodho ow leverel, "Mytern Yêdhewon, hayl dhis!" hag y a wre y weskel wàr an fâss. ⁴Pylat êth in mes arta ha leverel dhedhans, "Otta va genef, may whothfowgh na gafaf vy ken na blam ino dhe vones ledhys." ⁵Indelma Jesu a dheuth in mes, an gùrun spern wàr y bedn ha'n pall pùrpur adro dhodho. Pylat a leverys dhedhans, "Ot obma an den!"

⁶Pàn wrug an uhel prontyryon ha'n wethysy y weles, y a grias, "Crowsyowgh e! Crowsyowgh e!"

Pylat a leverys dhedhans, "Kemerowgh e ha crowsyowgh e agas honen.

Me ny gafaf ken vëth i'n bës dh'y ladha."

⁷An Yêdhewon a worthebys, "Ny a'gan beus laha, ha warlergh an lahana y res dhodho merwel, awos ev dhe omwul Mab Duw."

⁸Pàn glôwas Pylat hedna, ev a'n jeva dhe voy own. ⁹Ev a entras in y gaslës arta ha govyn orth Jesu, "A by le osta?" Saw ny wrug Jesu gortheby. ¹⁰Rag hedna Pylat a leverys dhodho, "Esta ow sconya côwsel orthyf? A ny wodhesta bos gallos dhybm grauntys dhe'th crowsya pò dhe'th relêssya?"

¹¹Jesu a leverys, "Ny'fia gallos warnaf, na ve y vos grauntys dhis dhyworth uhella Arlùth. Rag hedna dhe voy yw pegh an re-na a wrug ow delyvra inter dha dhewla."

¹²Dhia an termyn na ytho yth esa Pylat owth assaya y relêssya, saw an Yêdhewon a grias in mes, "Mar teuta ha relêssya an den-ma, nyns osta cothman dhe Cesar. Kenyver onen a omwrella mytern, yma va ow settya y honen warbydn Cesar."

¹³Pàn glôwas Pylat an geryow-ma, ev a dhros Jesu in mes hag esedha wàr jair an brusyans i'n tyller henwys an Cauns Meyn, pò i'n tavas Ebrow, Gabbatha. ¹⁴Yth o jorna an Preparacyon rag an Pask hag ogas dhe hanter-dëdh.

Pylat a leverys dhe'n Yêdhewon, "Ot obma agas Mytern!"

¹⁵Y a grias, "In kerdh ganso! In kerdh ganso! Crows e!"

Pylat a wovydnas ortans, "A wrama crowsya agas Mytern?"

An uhel prontyryon a worthebys, "Ny'gan beus mytern vëth saw Cesar yn udnyk."

¹⁶Nena Pylat a'n delyvras dhedhans dhe vos crowsys.

Gans hedna y a gemeras Jesu. ¹⁷Ev êth in mes ow ton y grows y honen ha dos dhe'n plâss henwys Tyller an Grogen Pedn, pò i'n tavas Ebrow, Golgotha. ¹⁸Ena y a'n crowsyas gans dew erel, onen a bùb tu dhodho, ha Jesu i'n cres anodhans.

¹⁹Pylat inwedh a gomondyas may fe lîbel screfys ha settys wàr an grows. Yth esa an geryow-ma warnodho, "Jesu Nazare Mytern an Yêdhewon." ²⁰Meur a'n Yêdhewon a redyas an lîbel-ma, awos bos an tyller may feu va crowsys ogas dhe'n cyta. Hag y feu va screfys i'n tavas Ebrow, in Latyn hag in Grêk. ²¹Nena uhel prontyryon an Yêdhewon a leverys dhe Pylat, "Na scrif 'Mytern an Yêdhewon', saw scrif ino an den-ma dhe leverel 'y vos ev mytern Yêdhewon."

²²Pylat a worthebys, "An pëth a screfys, screfys."

²³Pàn wrug an soudoryon crowsya Jesu, y a gemeras y dhyllas ha'ga radna inter peder radn, radn rag kenyver soudor. Y a gemeras inwedh y bows. An bows na o heb gwry ha hy gwies in udn darn dhia an gwartha.

²⁴Rag hedna y a leverys an eyl dh'y gela, "Dieth meur yw y sqwardya. Gesowgh ny dhe dôwlel predn warnedhy, dhe weles pyw a's cav."

Y feu hedna may halla bos collenwys an scryptour, a lever,

"Y a radnas ow gwysk intredhans, hag y a dowlas predn wàr ow dyllas."

Ha'n soudoryon a wrug indella. ²⁵I'n kettermyn yth esa ow sevel ogas dhe grows Jesu y vabm, whor y vabm, Maria gwreg Clopas, ha Maria Maudlen. ²⁶Pàn welas Jesu y vabm ha'n dyscypyl a gara ow sevel rypthy, ev a leverys dh'y vabm, "A venyn, otta dha vab." ²⁷Nena ev a leverys dhe'n dyscypyl, "Otta dha vabm." Hag alena rag an dyscypyl a's kemeras bys in y jy y honen.

²⁸Wosa hedna, pàn wrug Jesu godhvos fatell o pùptra gorfednys, may fe an scryptour collenwys, ev a leverys, "Sehes dhybm yma." ²⁹Yth esa seth leun a aysel ow sevel i'n tyller. Gans hedna y a worras spong leun a'n aysel wàr scoren a issop ha'y sensy in bàn dh'y anow. ³⁰Wosa Jesu dhe recêva an aysel, ev a leverys, "Gorfednys yw." Nena ev a dhroppyas y bedn ha dascor y enef.

³¹Abàn o va dëdh an Preparacyon, ny vydna an Yêdhewon may fe gesys an corfow i'n grows jorna an sabot, spessly drefen an keth sabot na dhe vos jorna a solempnyta brâs. Rag hedna y a besys Pylat, may fe terrys garrow an dus crowsys ha'n corfow drës in kerdh. ³²Nena an soudoryon a dheuth ha terry garrow an eyl den ha garrow y gela, hèn yw an dhew dhen o crowsys warbarth gans Jesu. ³³Mès pàn dheuthons dhe Jesu ha gweles fatell o va marow solabrës, ny wrussons y terry y arrow ev. ³⁴Yn le hedna, onen a'n soudoryon a wanas y denewen gans guw, ha strait goos ha dowr a dheuth in mes ³⁵(Ev neb a welas hebma re wrug desta a'n mater, may hallowgh why inwedh cresy. Gwir yw y dhùstuny, hag ev a wor ev dhe gôwsel an gwiryoneth.) ³⁶An taclow-ma a wharva, may halla an scryptour bos collenwys, "Ny vëdh terrys onen vëth oll a'y eskern." ³⁷Hag yma tyller aral a'n scryptour ow leverel, "Y a wra meras orth an den a wrussons gwana."

³⁸Wosa hebma Josef Baramathia, hag o dyscypyl a Jesu, a dheuth,—mès in dadn gel, awos ev dhe dhowtya an Yêdhewon—ha pesy Pylat may rolla dhodho cubmyas a gemeres corf Jesu. Pylat a ros an cubmyas dhodho. Gans hedna, ev a dheuth ha don an corf in kerdh. ³⁹Nycodêmùs, neb a dheuth dhe Jesu i'n dallath orth golow nos, ev a dheuth kefrës ha gansans kemysk a vyrr hag a aloes—adro dhe gans pens in poster. ⁴⁰Y a gemeras corf Jesu ha'y vailya warbarth gans an spîcys in lienyow warlergh ûsadow encledhyas an Yêdhewòn. ⁴¹Yth esa lowarth i'n tyller may feu va crowsys, hag i'n lowarth bedh nowyth, na veu den vëth bythqweth settys ino. ⁴²Ha gans hedna, awos y vos jorna Preparacyon an Yêdhewon ha'n bedh dhe vos ogas, y a worras Jesu a'y wroweth ena.

20 An kensa jorna a'n seythen, pàn o hy whath tewl, Maria Maudlen a dheuth dhe'n bedh ha gweles fatell veu kemerys dhe ves an men dhyworth an bedh. ²Rag hedna hy a bonyas ha dos dhe Sîmon Peder ha dhe'n dyscypyl o meurgerys gans Jesu. Hy a leverys dhedhans, "Y re gemeras an Arlùth mes a'n bedh, ha ny wodhon ny ple whrussons y settya."

³Nena Peder ha'n dyscyplyl aral a dhalathas wàr aga fordh tro ha'n bedh. ⁴Yth esens y aga dew ow ponya warbarth, saw an dyscypyl aral a bonyas scaffa ès Peder, ha drehedhes an bedh dhyragtho. ⁵Ev a blegyas rag meras ajy ha gweles an lienyow a'ga groweth ena, saw ny entras ino màn. ⁶Nena Sîmon Peder a dheuth dy wàr

y lergh. Ev a entras i'n bedh ha gweles an lienyow a'ga groweth, [7]ha'n padn re bia wàr bedn Jesu a'y wroweth rolys in bàn adenewen, rag nyns esa gans an lienyow erel. [8]Nena an dyscypyl aral (ev neb a dhrehedhas an bedh kensa) a entras inwedh ha gweles ha cresy, [9]rag ny wrussons y convedhes an scryptour whath, fatell dalvia dhodho dasserhy dhyworth an re marow.

[10]Nena an dyscyplys a dhewhelys tre. [11]Saw yth esa Maria a'y sav avês ha hy ow tevera dagrow. Kepar dell wre hy ola, hy a blegyas ha meras aberth i'n bedh. [12]Hy a welas dew el gwyskys in dyllas gwydn esedhys le may fia corf Jesu, onen orth an pedn ha'y gela orth an treys.

[13]Y a leverys dhedhy, "A venyn, prag yth esta owth ola?"

Hy a leverys dhedhans, "Y re gemeras ow Arlùth in kerdh, ha ny wòn ple whrussons y settya." [14]Pàn leverys hy hedna, hy a drailyas ha gweles Jesu a'y sav ena, saw hy ny'n aswonas.

[15]Jesu a leverys dhedhy, "A venyn, prag yth esta owth ola? Pyw esta ow whelas?"

Yth esa Maria ow tyby fatell o va an lowarthor, ha hy a leverys dhodho, "Syra, mar qwrusta y gemeres, lavar dhybm ple whrussys y settya ha me a vydn y dhon in kerdh."

[16]Jesu a leverys dhedhy, "Maria!"

Hy a drailyas ha leverel dhodho i'n tavas Ebrow, "Rabony!" (hèn yw dhe styrya Descador).

[17]Jesu a leverys dhedhy, "Na dùch vy nes, ernag yllyf dhe'n nev dhe'm Tas. Saw kê dhe'm breder ha lavar dhedhans, 'Yth esof vy ow mos in bàn dhe'm Tas vy ha dh'agas Tas why, dhe'm Duw vy ha dh'agas Duw why.'"

[18]Maria Maudlen êth in mes ha leverel dhe'n dyscyplys, "Me re welas an Arlùth," ha hy a dheclaryas dhedhans fatell leverys ev an taclow-ma dhedhy.

[19]Pàn dheuth gordhuwher an jorna-na, an kensa dëdh a'n seythen, degës clos o darasow an chy, mayth esa an dyscyplys cùntellys warbarth rag own a'n Yêdhewon. Jesu a dheuth ha sevel i'ga mesk ha leverel, "Cres dhywgh!" [20]Wosa ev dhe leverel hedna, ev a dhysqwedhas dhedhans y dhewla ha'y denewen. An dyscyplys a rejoycyas pàn welsons an Arlùth.

[21]Jesu a leverys dhedhans arta, "Cres dhywgh! Kepar dell wrug an Tas ow danvon vy, indelma yth esof vy orth agas danvon why." [22]Wosa leverel hedna, ev a anellas warno-dhans ha leverel, "Kemerowgh an Spyrys Sans. [23]An pehosow a wrewgh why remyttya, y a vëdh gyvys. Ha'n pegh a wrellowgh why retainya, y a vëdh retainys."

[24]Saw nyns esa Tobmas (henwys an Gevel), onen a'n dewdhek, gansans pàn dheuth Jesu. [25]Rag hedna an dys-cyplys erel a leverys dhodho, "Ny re welas an Arlùth." Saw ev a leverys dhedhans, "Marnas me a wel in y dhewla pryk an kentrow, ha settya ow bës in pryk an kentrow, ha gorra ow leuv in y denewen, nefra ny vanaf cresy."

[26]Seythen wosa hedna yth esa an dyscyplys arta i'n chy ha Tobmas gansans. Kynth o degës an darasow, Jesu a dheuth ha sevel i'ga mesk ha leverel, "Cres dhywgh." [27]Nena ev a leverys dhe Tobmas, "Set dha vës obma ha mir orth ow dewla. Doro

dha leuv i'n goly, may feuma gwenys der an golon. Na dhowt poynt i'n câss, saw crës."

²⁸Tobmas a worthebys dhodho ha leverel, "Ow Arlùth ha'm Duw!"

²⁹Jesu a leverys dhodho, "Esta ow cresy drefen te dhe'm gweles? Benegys yw kekebmys na'm gwella hag a'n cressa yn perfeth."

³⁰Jesu a wrug lies sin aral in golok y dhyscyplys, nag yw screfys i'n lyver ma. ³¹Saw yma an re-ma screfys, may hallowgh why cresy bos Jesu an Crist, Mab Duw, ha may hallowgh why cafos bêwnans in y hanow ev dre grejyans ino.

21 Wosa an taclow-ma Jesu a omdhysqwedhas arta dhe'n dyscyplys orth Mor Tyberyas. Hag indelma omdhysqwedhes a wruga. ²Yth o cùntellys warbarth i'n tyllerna Sîmon Peder ha Tobmas henwys an Gevel, ha Nathanael a Cana in Galyle, ha mebyon Zebedy ha dew erel a'y dhyscyplys. ³Sîmon Peder a leverys, "Me a vydn mos dhe. byskessa."

Y a leverys dhodho, "Ny a dheu genes." Y êth in mes hag entra i'n scath, mès an nos-na ny wrussons cachya tra vëth.

⁴Termyn cot wosa terry an jëdh, Jesu a savas wàr an treth, saw ny wodhya an dyscyplys fatell o va Jesu. ⁵Jesu a leverys dhedhans, "A flehes, eus pysk vëth genowgh?"

Y a worthebys ha leverel, "Nag eus."

⁶Ev a leverys dhedhans, "Tôwlowgh an roos adhyhow dhe'n scath ha why a gav pùscas." Gans hedna y a dowlas an ros in mes, ha nena ny

yllens hy thedna aberveth, awos bos kebmys pùscas inhy.

⁷An dyscypyl hag o meurgerys dhe Jesu a leverys dhe Peder, "An Arlùth ywa!" Pàn glôwas Peder hedna, ev a wyscas dyllas in y gerhyn, rag noth o va, ha lebmel in mes i'n mor. ⁸Saw an dyscyplys erel a dheuth dhe'n tir i'n scath hag y ow traylya an roos ha hy leun a bùscas, rag nyns esens y pell dhyworth an tir—dew cans kevelyn martesen. ⁹Kettel wrussons y tira, y a welas tan glow ha pùscas warnodho, ha bara.

¹⁰Jesu a leverys dhedhans, "Drewgh radn a'n pùscas re wrussowgh why cachya."

¹¹Gans hedna Sîmon Peder êth i'n scath ha tedna an roos dhe'n tir. Leun o hy a bùscas brâs, neb seyth ugans ha tredhek anodhans. Ha kynth esa lowr inhy, ny veu an roos sqwardys poynt. ¹²Jesu a leverys dhedhans, "Dewgh ha tanowgh haunsel." Saw ny vedhas onen vëth a'n dyscyplys govyn orto, "Pyw osta?" drefen y dhe wodhvos ev dhe vos an Arlùth. ¹³Jesu a dheuth ha kemeres an bara ha'y ry dhedhans, ha gul an keth tra gans an pùscas. ¹⁴Hebma o an tressa treveth may whrug Jesu omdhysqwedhes dh'y dhyscyplys wosa ev dhe dhasserhy a'n re marow.

¹⁵Pàn wrussons refreshya aga honen, Jesu a leverys dhe Sîmon Peder, "Sîmon mab Jônas, esta jy orth ow hara vy moy es an re-ma?"

Ev a leverys, "Ea, Arlùth, te a wor hedna, fatell caraf vy jy."

Ev a leverys, "Gwra maga ow ên vy."

16Nena ev a gowsas dhodho arta hag a leverys, "Sîmon mab Jônas, esta orth ow hara vy?"

Peder a worthebys, "Ea, Arlùth, te a wor fatell wrav vy dha gara jy."

Jesu a leverys dhodho, "Gwra maga ow deves vy."

17Nena ev a gowsas dhodho an tressa treveth, "Sîmon mab Jônas, esta orth ow hara vy?"

Peder a gemeras duwhan, rag Jesu dhe leverel dhodho ev try thorn, "Esta orth ow hara vy?" Peder whath a'n gorthebys hag a leverys, "Arlùth, te a wor pùptra, ha te a wor fatell wrav vy dha gara."

Jesu a leverys dhe Peder, "Gwra maga ow deves. 18In gwir, me a lever dhis hebma: pàn esta yonk, te a ûsyas kelmy dha wrugys ha mos pyle pynag oll may fydnes. Mès pàn vy coth, te a wra dry in mes dha dhewla ha nebonen aral a wra kelmy grugys adro dhis, ha'th kemeres dhe'n tyller, na vedhys whensys dhe vos." 19Ev a leverys hedna rag dysqwedhes pana vernans a wre va godhaf rag gloryfia Duw. Wosa hebma Jesu a leverys, "Gwra ow sewya vy."

20Nena Peder a drailyas ha gweles an dyscypyl o meurgerys gans Jesu orth aga sewya. Ev a vedha inclînys ryb Jesu orth an soper hag ev a wovydnas orth Jesu, "Arlùth, pyw a wra dha draita?" 21Pàn wrug Peder y weles, ev a leverys dhe Jesu, "Pëth a whyrvyth dhe hedna?"

22Jesu a worthebys, "Mars yw ow bodh vy ev dhe remainya erna wrellen dos, fatl'yw bern dhis hedna? Gwra ow sewya vy!" 23Indelma an whedhel a dhalathas mos adro in mesk an dyscyplys, na wre an dyscypyl tastya mernans. Saw ny wrug Jesu leverel na wre va merwel, mès "Mars yw ow bodh vy ev dhe remainya erna dheffen, fatl'yw bern dhis hedna?"

24Hèm yw an dyscypyl usy ow testa adro dhe'n taclow-ma hag ev re's screfas, ha ny a wor bos y dhùstuny gwir.

25Saw yma lies tra aral a wrug Jesu gul. Saw a pêns y oll screfys, yth esof ow tyby na alsa an bës ahës sensy oll an lyvrow a via screfys.

Actys
an Abosteleth

1 Me a screfas an kensa lyver, a Theofilùs, ow tùchya kenyver tra a dhalathas Jesu gul ha desky, ²bys i'n jorna may feu kemerys in bàn, wosa ev dhe ry comondmentys der an Spyrys Sans dhe'n abosteleth a wrug ev dêwys. ³Ev a omdhysqwedhas dhedhans yn few wosa y bassyon gans lies prof diogel, hag apperya dhyragthans dres dew ugans dëdh ha côwsel ortans adro dhe wlascor Duw. ⁴Pàn esa i'ga mesk, ev a erhys dhedhans na wrellens gasa Jerùsalem, mès gortos promys an Tas. "Hèm yw," yn medh ev dhedhans, "an pëth a wrussowgh why clôwes anodho dhyworthyf. ⁵Rag gans dowr Jowan a wre besydhya, mès kyns pedn nebes dedhyow why a vëdh besydhys gans an Spyrys Sans."

⁶Pàn dheuthons y warbarth ytho, y a wovydnas orto, "Arlùth, yw hebma an termyn may whrêta restorya gwlascor Israel?"

⁷Ev a worthebys, "I'gas gallos ny sev godhvos an termynyow na'n dedhyow re beu determys gans an Tas der y auctoryta y honen. ⁸Saw pàn dheffa an Spyrys Sans warnowgh, why a gav gallos hag a vëdh dùstuniow ragof in Jerùsalem, in oll Jûdy, in Samarya ha bys in pednow an bës."

⁹Warlergh ev dhe leverel an geryow-ma, y a veras hag ev a veu lyftys in bàn, ha cloud a'n kemeras mes a'ga golok.

¹⁰Pàn esa va ow tyberth hag y ow meras tro ha nev, dew dhen a savas dhesempys rypthans ha leverel, ¹¹"Galyleans, prag yth esowgh why ow sevel ow meras tro ha'n nev? An den-ma, Jesu, a wrussowgh why gweles ow mos in bàn dhyworthowgh, ev a dheu arta poran kepar dell y'n gwelsowgh ow mos bys in nev."

¹²Nena dewheles a wrussons dhe Jerùsalem dhyworth an meneth gelwys Meneth Olyvet, usy adro dhe bellder viaj sabot dhia Jerùsalem. ¹³Pàn wrussons y entra i'n cyta, yth êthons dhe'n rom avàn esens y ow cortos ino: Peder ha Jowan, Jamys hag Androw, Felyp ha Tobmas, Bertyl ha Mathew, Jamys mab Alfeùs, Sîmon Zelotes ha Jûdas mab Jamys. ¹⁴Yth esa oll an re-ma ow cul pejadow heb hedhy warbarth gans certan benenes, gans Maria y vabm ha'y vreder.

¹⁵I'n dedhyow-na Peder a savas in bàn in mesk an bredereth (yth esa neb whegh ugans person i'n tyller) ha leverel, ¹⁶"Cothmans, y resa bos collenwys an scryptour côwsys dhyrag dorn gans Davyth der an Spyrys Sans ow tùchya Jûdas, a veu gedyor dhe'n re-na a sêsyas Jesu, ¹⁷rag ev o onen a'gan nùmber ny, hag ev a gafas y radn a'n menystry."

¹⁸(Jûdas a brenas pastel dir gans weryson y dhrockoleth, hag ev a godhas alês ha cres y gorf a sqwattyas ha'y golonyow a dardhas mes anodho. ¹⁹An dra a veu aswonys dhe oll tregoryon Jerùsalem, may feu an bastel dir-na henwys Hakeldama i'ga yêth y, hèn yw dhe styrya Park an Goos.)

²⁰"Rag yma screfys i'n Salter,

"'Re bo dianeth y dre,
  bydner re bo nebonen tregys inhy'
ha

"'Gwrêns nebonen aral kemeres y
  le avell hùmbrynkyas.'

21Rag hedna, onen an dus neb a
veu genen dres oll an termyn, mayth
esa Jesu agan Arlùth owth entra hag
ow mos in mes i'gan mesk, 22ow
tallath gans besydhyans Jowan, bys
i'n jorna may feu va kemerys in bàn
dhyworthyn—onen an re-ma a dal
bos dùstuny warbarth genen ny a'y
dhasserghyans."

23Y a worras henwyn dew dhen in
rag ytho, Josef henwys Barsabas (ha
Jùstùs o y hanow kefrës), ha Mathias.
24Nena pesy a wrussons ha leverel,
"Arlùth, te a wor colon pùbonen.
Dysqwa dhyn pyw re beu dêwysys
genes 25rag kemeres rom i'n menys-
try-ma hag in mesk an abosteleth, a
wrug Jûdas sconya pàn êth dh'y
dyller y honen." 26Nena y a dowlas
predn, ha'n predn a godhas wàr
Mathias, hag ev a veu addys dhe'n
nùmber a'n udnek abostel.

2   Wàr du Fencost yth esens y oll
    warbarth in udn tyller. 2Dys-
towgh y teuth son mes a'n nev kepar
ha wheth gwyns uthyk brâs, ha
lenwel oll an chy mayth esens y
esedhys. 3Tavosow rydnys kepar ha
tan a apperyas, hag esedha wàr
bùbonen anodhans. 4Lenwys veu
kenyver onen a'n Spyrys Sans, hag y
a dhalathas côwsel in yêthow astranj,
kepar dell esa an Spyrys ow ry an
gallos dhedhans.

5Yth esa tregys in Jerùsalem i'n
tor'-na Yêdhewon gryjyk dhyworth
kenyver nacyon in dadn howl. 6Pàn
veu clôwys an noys-ma, tus a gùn-
tellas hag amays vowns, awos pùb-
onen anodhans dhe glôwes an abos-
teleth ow côwsel in y vabmyêth y
honen. 7Y a veu ancombrys brâs, ha
kemeres marth ha govyn, "Oll an re-
ma usy ow côwsel, a nyns yns y
Galyleans? 8Fatell usy kenyver onen
ahanan orth aga clôwes ow côwsel
i'gan yêth deythyak? 9Parthyans,
Mêdys, Elamysy, tregoryon in
Mesopotamya, Jûdy ha Cappadocya,
Pontùs hag Asya, 10Fryjy ha Pam-
fylya, Ejyp ha'n parthow a Lyby adro
dhe Cyrene, omweloryon dhyworth
Rom, kefrës Yêdhewon ha proselîtys,
11Crêtans ha Arabs—i'gan yêth
agan honen yth eson ny orth aga
clôwes, hag y ow côwsel a wrians
Duw ha'y bower." 12Amays veu pùb-
onen anodhans, ha kemeres marth,
ha leverel an eyl dh'y gela, "Pëth a
vydn hebma styrya?"

13Saw yth esa re erel ow cul ges
anodhans ow leverel, "Leun yw aga
thos a byment."

14Saw Peder, hag ev a'y sav gans an
udnek, a dherevys y lev ha côwsel
ortans, "A dus Jûdy, ha why oll usy
tregys in Jerùsalem, godhvedhowgh
hebma, ha goslowowgh orth an pëth
a lavaraf. 15Medhow nyns yw an re-
ma in gwir, dell esowgh why ow
soposya, drefen nag yw marnas naw
eur myttyn. 16Nâ, an câss-ma yw an
pëth a veu côwsys anodho dre anow
an profet Joel:

17'Y   whyrvyth   i'n   dedhyow
    dewetha,' dell usy Duw ow
    teclarya,

'me dhe dhevera in mes ow Spyrys
  wàr oll kig.
Profusa a wra agas mebyon ha'gas
  myrhas;
agas tus yonk a welvyth vesyons,
ha'gas tus coth a wra hunrosa
  hunrosow.
18Wàr ow hethyon kyn fe, gwesyon
  ha mowysy,
me a vydn devera in mes ow Spyrys
  i'n jorna-na
ha profusa a wrowns.
19Me a vydn dysqwedhes tôknys i'n
  nev awartha,
ha sînys wàr an norvës awoles,
goos, tan ha mog nywlek.
20Trailys vëdh an howl dhe
  dewolgow,
ha dhe woos an loor,
kyns ès dos jorna brâs ha gloryùs an
  Arlùth.
21I'n tor'-na seul a wrello gelwel
  wàr hanow an Arlùth, a vëdh
  selwys.'

22"A Israelysy, goslowowgh orth
ow geryow. Jesu a Nazare, den
attestys dhywgh why gans Duw der y
oberow galosek, y verclys ha'y sînys,
neb a wrug Duw dredho ev i'gas
mesk why, kepar dell wodhowgh why
agas honen—23an den-ma a veu
delyvrys dhywgh why warlergh towl
ha ragavîs Duw, ha why a'n crowsyas
ha'y ladha dre dhewla an re-na usy
avês dhe'n laha. 24Mès Duw a'n
derevys in bàn wosa y fria a'n mer-
nans, dre rêson na ylly ev bos sojeta
ancow. 25Rag yma Davyth ow leverel
adro dhodho,

"'Me a welas an Arlùth dhyragof
  pùpprës,

rag yma va adhyhow dhybm, ma na
  vyma shakys.
26Rag hedna ow holon a lowenhas
  ha'm tavas a rejoycyas.
Ha pella, ow hig a wra bewa in
  govenek,
27rag ny vynta jy gasa ow enef dhe
  Anown,
naneyl ny vydnyth dha Dhen Sans
  dhe weles podrethes.
28Te re dheclaryas dhybm fordhow
  an bêwnans,
te a vydn ow gul lowenek dre dha
  bresens.'

29"A dus, a vreder, me a yll leverel
dhywgh yn certan adro dh'agan
hendas Davyth, fatell verwys, ha fatell
veu va encledhys, hag yma y vedh ev
genen bys i'n jëdh hedhyw. 30Dre
rêson ev dhe vos profet, ev a wodhya
yn tâ Duw dhe dia dhodho, fatell wre
va gorra onen a'y lynyeth wàr y dron.
31Davyth a welas hedna dhyrag dorn,
hag ev a gowsas a dhasserghyans an
Crist pàn leverys, 'Ny veu va gesys
dhe Anown, naneyl ny wrug y gig ev
godhaf podrethes.' 32Duw a dherevys
in bàn an keth Jesu ma, ha hedna
pùbonen ahanan a yll desta. 33Wosa
bos exaltys ytho adhyhow dhe Dhuw,
ha wosa recêva dhyworth an Tas
dedhewadow an Spyrys Sans, ev re'n
deveras in mes, dell yllowgh why
gweles ha clôwes. 34Rag ny wrug
Davyth ascendya i'n nev, mès yma va
ow leverel y honen,

"'An Arlùth a leverys dhe'm Arlùth
  vy,
'Eseth adhyhow dhybm
35erna wrellen dhis scavel droos
  a'th eskerens.'"

³⁶"Rag hedna gwrêns oll chy Israel godhvos heb dowt vëth Duw dh'y wul ev Arlùth ha Crist inwedh, an keth Jesu, re wrussowgh why crowsya."

³⁷Pàn wrussons y clôwes hedna, gwenys vowns bys i'n golon, hag y a leverys dhe Peder ha'n dhe'n abosteleth erel, "A vreder, pandra dal dhyn gul?"

³⁸Peder a leverys dhedhans, "Repentyowgh ha bedhowgh besydhys, kenyver onen ahanowgh in hanow Jesu Crist, may halla agas pehosow bos gyvys, ha may whrellowgh why recêva ro an Spyrys Sans. ³⁹Rag yma an promys ragowgh why, rag agas flehes, ha rag kenyver onen eus abell, pùbonen a wrella an Arlùth Duw gelwel dhodho."

⁴⁰Ha desta a wrug gans lies argùment aral ha'ga inia ow leverel, "Gwrewgh omwetha dhyworth an heneth pedrys-ma." ⁴¹Gans hedna an re-na, neb a dhegemeras y brogeth, y oll a veu besydhys, hag y feu addys dhedhans an jorna-na neb teyr mil.

⁴²Yth esens y owth omry aga honen dhe dhyscans an abosteleth, ha dh'aga howethas, dhe dorrva an bara ha dhe bejadow. ⁴³Uth a's teva pùbonen anodhans, drefen lies sin ha marthus dhe vos gwrës gans an abosteleth. ⁴⁴Yth esa oll an gryjygyon warbarth, hag y a's teva oll aga fëth in kebmyn. ⁴⁵Y a wertha aga fosessyon ha'ga fëth, ha radna an mona dhe genyver onen, kepar dell y'n jeva den vëth othem. ⁴⁶Pùb jorna oll y a spêna meur a dermyn warbarth i'n templa. Y a wre terry bara warbarth i'ga threven, ha debry aga boos gans joy ha helder colon. ⁴⁷Praisya Duw a wrêns, hag yth esa bolùnjeth dâ an

bobel gansans. Pùb dëdh oll an Arlùth a addyas dhe nùmber an re-na o sawys.

3 Udn jorna yth esa Peder ha Jowan ow mos in bàn dhe'n templa in termyn an pejadow, try our dohajëdh. ²I'n tor'-na y feu degys aberth i'n templa den re bia evredhek dhia y enesygeth. Y fedha va settys dhe'n dor kenyver jorna orth yet an templa henwys an Porth Teg, may halla govyn alusyon orth an re-na esa owth entra dredho. ³Pàn wrug ev gweles Peder ha Jowan ow tos, ev a wovydnas alusyon. ⁴Peder ha Jowan a'n whythras fèst ha leverel, "Mir orthyn ny." ⁵Ev a veras glew ortans ow qwetyas neppyth.

⁶Peder a leverys dhodho, "Me ny'm beus naneyl owr nag arhans, mès seul a vo dhybm, me a'n re dhis. In hanow Jesu Crist a Nazare, sa'bàn ha kerdh!" ⁷Hag ev a'n kemeras er an leuv dhyhow, ha'y dherevel, ha strait y dreys ha'y dhewufern a grefhas. ⁸An den a labmas in bàn ha sevel, ha dallath kerdhes. Ev a entras i'n templa gansans, ow kerdhes, ow lebmel hag ow praisya Duw. ⁹Pùbonen a'n gwelas ow kerdhes hag ow lebmel ¹⁰hag y a aswonas fatell o va hedna re bia esedhys ow covyn alusyon ryb Porth Teg an templa. Y fowns amays, ha marth a's teva awos a'n dra-na.

¹¹Yth esa ev ow clena orth Peder ha Jowan, hag oll an bobel a bonyas ha cùntell adro dhedhans i'n golovenva henwys Colovenva Salamon, hag yth o marth brâs dhedhans. ¹²Pàn welas Peder hedna, ev a gowsas orth an dus, "A Israelysy, prag yth esowgh why ow kemeres marth a'n dra-ma, pò

prag yth esowgh why ow meras orthyn obma, kepar ha pàn wrussyn dhodho kerdhes der agan gallos nyny? ¹³Duw Abraham, Isak ha Jacob, ha Duw agan hendasow, re wrug gloryfia y servont Jesu, a wrussowgh why delyvra ha sconya in golok Pylat, kynth o ervirys ganso y relêssya. ¹⁴Saw why a sconyas an Den Sans hag Ewnhensek, ha govyn may fe delyvrys denledhyas dhywgh in y le. ¹⁵Why a ladhas Auctor an bêwnans, a wrug Duw derevel in bàn mes a'n bedh. Ny yw dùstuniow a hedna. ¹⁶Hanow Jesu, dre fydhyans in y hanow ev, a sawyas an den-ma, esowgh why ow qweles hag owth aswon, ha fêdh in Jesu a'n restoryas dhe yêhes perfeth dhyragowgh why oll.

¹⁷"Lebmyn, ow hothmans, me a wor why dhe obery der ewn anwodhvos, kepar dell wrug agas rewlysy. ¹⁸Indelma Duw a gollenwys pùptra a wrug ev leverel dhyrag dorn der oll an profettys, hèn yw, y Grist ev dhe sùffra. ¹⁹Bedhowgh repentys ytho, ha trailyowgh dhe Dhuw, may halla agas pehosow bos defendys qwit dhe ves, ²⁰may teffa termyn a refreshyans dhywgh dhyworth presens an Arlùth, ha may halla va danvon an Crist appoyntys ragowgh, hèn yw Jesu. ²¹Ev a dal gortos in nev bys in prës an restoracyon kebmyn, a wrug Duw derivas termyn hir alebma der y brofettys sans. ²²Moyses a leverys, 'An Arlùth a vydn derevel in bàn ragowgh dhia agas pobel agas honen profet kepar ha me. Why a dal goslowes orth pynag oll dra a lavarra ev dhywgh. ²³Ha pynag oll na wrella goslowes orto, a vêdh dywredhys yn tien mes a'n bobel.'

²⁴"Oll an profettys, kebmys anodhans hag a wrug côwsel, dhia Samùel ha wàr y lergh, kenyver onen a dharganas an dedhyow-ma kefrës. ²⁵Why yw an lynyeth a'n profettys hag a'n kevambos, a wrug Duw gans agas hendasow, ow leverel dhe Abraham, 'I'th lynyeth jy y fêdh benegys pùb teylu oll i'n bës.' ²⁶Pàn wrug Duw derevel in bàn y servont, ev a'n danvonas kyns oll dhywgh why, rag agas benega why, orth agas trailya dhyworth an fordhow a sherewynsy."

4 Ha pàn esa Peder ha Jowan whath ow côwsel orth an bobel, y teuth dhedhans an brontyryon, capten an templa ha'n Sadûkys. ²Y o serrys drefen an abosteleth dhe vos ow tesky an dus, hag ow teclarya dasserghyans an re marow dre Jesu. ³Rag hedna y a settyas dalhen inhans, ha'ga gorra in dadn with dres nos, rag devedhys o an androw solabrës. ⁴Mès lies onen a gresys a'n re-na a glôwas an ger. Ha'ga nùmber o neb pymp mil.

⁵Ternos y teuth aga rewlysy warbarth in Jerùsalem, tus hen ha scrîbys ⁶warbarth gans Anas an uhel pronter, Cayfas, Jowan hag Alexander, ha pùbonen a deylu an uhel prontyryon. ⁷Y a settyas an prysners i'ga mesk ha govyn, "Dre bana nerth pò gans pana auctoryta a wrussowgh why hebma?"

⁸Nena Peder, leun a'n Spyrys Sans, a leverys dhedhans, "A rewlysy an bobel, hag a dus hen, ⁹mars esowgh why orth agan whythra hedhyw, awos cufter tro ha den evredhek, ha mars esowgh why ow covyn in pàn vaner a veu va sawys, ¹⁰godhvedhowgh, why hag oll pobel Israel, an den-ma usy

ow sevel dhyragowgh dhe vos in yêhes dâ dre hanow Jesu Crist a Nazare, a wrussowgh why crowsya—saw Duw a'n derevys in bàn dhyworth an re marow. [11]Hèm yw

"'an men neb a veu sconys genowgh   why, an weythoryon chy, saw ev a veu gwrës
pedn an gornel.'

[12]Naneyl nyns eus salvacyon dre hanow vëth aral; rag nyns yw hanow vëth aral grauntys in mesk tus may hallen ny bos selwys dredho."

[13]Pàn welsons colonecter Peder ha Jowan ha convedhes y dhe vos tus heb lien na dyscans, y a gemeras marth hag aswonas y dhe vos cowetha Jesu. [14]Pàn welsons an den re bia yaghhës ow sevel gans an abosteleth, ny yllens y ry gorthyp vëth. [15]Rag hedna y a's comondyas dhe asa an gùntellva, ha wosa hedna y a omgùssulyas warbarth [16]ha leverel, "Pandra yllyn ny gul gans an dusma? Rag apert yw dhe bùbonen, usy tregys in Jerùsalem, fatell veu sin barthusek gwrës dredhans, ha hedna ny yllyn ny denaha. [17]Saw rag dowt an dra dhe lêsa dhe voy in mesk an bobel, gesowgh ny dh'aga gwarnya, na wrellens naneyl côwsel na desky i'n hanow-ma."

[18]Gans hedna y a's somonas, ha'ga homondya na wrellens namoy côwsel na desky in hanow Jesu. [19]Saw Peder ha Jowan a's gorthebys, "Res yw dhywgh why determya mars yw moy ewn in golok Duw goslowes orthowgh why pò orth Duw, [20]rag res porres yw dhyn côwsel adro dhe

bùptra, a wrussyn ny gweles ha clôwes."

[21]Wosa aga bragya arta, y a's gasas dhe vos, drefen na gafsons fordh vëth a'ga fùnyshya awos an dus, rag yth esa oll an bobel ow praisya Duw awos an pëth a wharva. [22]Moy ès dew ugans bloodh o hedna, may feu an sin a sawment gwrës dhodho.

[23]Wosa an abosteleth dhe vos delyvrys dhe wary, y êth dh'aga hothmans ha declarya dhedhans an pëth re bia leverys gans an chif prontyryon ha'n dus hen. [24]Pàn wrussons y glôwes, y a dherevys aga lev warbarth dhe Dhuw ha leverel, "Arlùth Duw, formyor an nev, an norvës, an mor ha kenyver tra usy inhans, [25]te a leverys der an Spyrys Sans gans ganow agan hendas, dha servont Davyth,

'Prag yma an Jentylys ow conery, ha'n poblow ow tesmygy taclow uver?
[26]'Myterneth an bës re savas fast, ha'n rewlysy re gùntellas warbarth warbydn an Arlùth ha warbydn y Grist.'

[27]Rag in gwir i'n cyta-ma Erod ha Pontyùs Pylat kefrës, gans an Jentylys ha poblow Israel a omunyas warbydn dha servont sans, Jesu, a wrussys anoyntya, [28]dhe wul pynag oll dra re bia porposys dhyrag dorn gans dha dhorn ha dha dowl. [29]Lebmyn, Arlùth, mir orth aga bragyans, ha graunt dhe'th servysy progeth dha er jy gans colon stowt. [30]Yma merclys ha sînys gwrës dre hanow dha servont sans, Jesu, ha te ow istyna in mes dha dhorn dhe sawya."

[31]Wosa y dhe wul pejadow, an tyller mayth êns cùntellys a veu

shakys. Y oll a veu lenwys a'n Spyrys Sans ha côwsel ger Duw yn colodnek.

³²Acordys an eyl orth y gela ha kescolon o cùntelles oll an gryjygyon, ha nyns esa den vëth anodhans ow lavasos cafos posessyon pryva a'y bëth, saw pùptra oll neb a's teva, dâ kebmyn o va intredhans. ³³An abosteleth a wre dùstuny a'n dasserghyans gans power brâs, hag yth esa meur a râss warnodhans. ³⁴Nyns esa othomak vëth i'ga mesk, rag kebmys anodhans hag a's teva tir pò treven, y a wrug aga gwertha ha dry dhedhans mona an werth. ³⁵Y a settyas an mona orth treys an abosteleth, ha rydnys veu poran kepar dell esa othem dhe dhen vëth anodho.

³⁶Yth esa Levîta, Cypryot a'y enesygeth, Josef, may ros an abosteleth dhodho an hanow Barnabas (hèn yw dhe styrya "Mab an Confort"). ³⁷Ev a werthas gwel a'n jeva ha dry an mona ha'y settya dhyrag an abosteleth.

5 Saw den henwys Ananias, gans agrians y wreg Safira, a werthas neb posessyon. ²Gans leun-wodhvos y wreg ev a wrug sensy dhodho y honen radn a'n valew, ha dry radn anedhy yn udnyk bys dy ha'y settya dhyrag an abosteleth. ³"Ananias," yn medh Peder, "Prag y lenwys Satnas dha golon mayth esta ow leverel gow dhe'n Spyrys Sans hag ow qwetha dhis dha honen radn a werth an bargen tir? ⁴Pàn o an tir heb gwertha, a nyns esa va i'th posessyon jy? Pàn veu va gwerthys, a ny wrusta cafos oll an valew? Fatell hapnyas dhis ytho desmygy an oberma i'th colon? Ny leversys gow dhyn ny, adar dhe Dhuw." ⁵Pàn wrug Ananias clôwes an geryow-ma, ev a godhas wàr an dor ha merwel stag ena. Own brâs a sêsyas pùbonen a glôwas an mater. ⁶An dus yonk a dheuth ha mailya y gorf in lien ha'y dhon in mes rag y encledhyas.

⁷Wosa spâss neb try our y wreg a entras, saw ny wodhya pandr'o wharvedhys. ⁸Peder a leverys dhedhy, "Lavar dhybm, mar qwrussowgh why gwertha an bargen tir a gebmys mona."

Hy a leverys dhodho, "Ea, ea, hòn o an werth."

⁹Nena Peder a leverys dhedhy, "Fatell wher dhywgh omgùssulya warbarth dhe brevy Spyrys an Arlùth? Mir, treys an re-na re wrug encledhyas dha wour, orth an daras ymowns, hag y a wra dha dhon jy in mes kefrës."

¹⁰Strait hy a godhas dhe'n leur orth y dreys ha merwel. Pàn dheuth an dus yonk ajy, y a's cafas marow. Rag hedna y a's kemeras hy in mes ha'y encledhyas ryb hy gour. ¹¹Hag own brâs a skydnyas wàr oll an eglos, ha wàr genyver onen a glôwas an dra.

¹²Now lies sin ha marthus a veu gwrës in mesk an bobel der an abosteleth. Hag yth esens oll warbarth in Colovenva Salomon. ¹³Nyns esa den vëth a'n remnant ow lavasos omjùnya dhedhans, mès yth esa an bobel dre vrâs ow cul revrons dhedhans. ¹⁴Bytegyns y feu moy a gryjygyon addys dhe'n Arlùth, nùmber brâs a dus hag a venenes kefrës, ¹⁵may whrêns don in mes aga clevyon dhe'n strêtys kyn fe, ha'ga settya a'ga groweth wàr weliow ha straylyow may halla skeus Peder codha warnodhans. ¹⁶Rûth vrâs

inwedh a dregoryon an trevow adro dhe Jerùsalem a wre cùntell, ow try gansans an glevyon, ha'n re-na o tormentys gans spyrysyon avlan— hag y oll a vedha sawys.

¹⁷Nena an uhel pronter ha'y gowetha, party an Sadûkys, a veu kentrynys der envy pur dhe wul neppyth. ¹⁸Y a sêsyas an abosteleth ha'ga gorra in dadn with an offycers. ¹⁹Saw orth golow nos el an Arlùth a egoras darasow an pryson, aga dry in mes ha leverel dhedhans, ²⁰"Kewgh, sevowgh i'n templa ha declaryowgh dhe'n bobel pùptra oll ow tùchya an bêwnans ma."

²¹Pàn wrussons clôwes hedna, y a entras i'n templa orth terry an jëdh ha pêsya gans aga dyscans.

Y teuth an uhel pronter ha'y gowetha dhe'n tyller, ha gelwel warbarth an consel hag oll tus hen Israel yn kettep pedn, ha danvon dhe'n pryson may halla an abosteleth bos drës dhedhans. ²²Saw pàn êth gwethysy an templa dhe'n pryson, ny gafsons prysner vëth. Rag hedna y a dhewhelys ha derivas an câss, ²³"Ny a gafas darasow an pryson in dadn naw alwheth ha'n wethysy a'ga sav rypthans, mès pàn wrussyn entra, ny gefsyn den vëth ena." ²⁴Pàn glôwas capten an templa ha'n chif prontyryon an geryow-ma, y fowns amays hag omwovyn pandr'esa ow wharvos.

²⁵Strait y teuth nebonen dhe'n tyller ha leverel, "Awot an dus a wrussowgh why prysonya! Ymowns y ow sevel i'n templa hag ow tesky an dus!" ²⁶Nena an capten ha'n wethysy êth warbarth rag aga dry dhe'n tyller, saw heb nerth vëth oll, rag dowt y aga honen dhe vos labedhys gans an bobel.

²⁷Pàn wrussons aga dry dhe'n plâss, y a's settyas a'ga sav dhyrag an consel. An uhel pronter a's apposyas ²⁸ha leverel, "Ny a'gas comondyas yn fen na wrellowgh desky i'n hanow-ma, mès otta why ow lenwel Jerùsalem a'gas dyscans, hag ervirys fèst owgh agan cùhudha a vernans an den-na."

²⁹Peder ha'n abosteleth a worthebys, "Ny a dal obeya dhe Dhuw, kyns ès dhe auctoryta vëth a vab den. ³⁰Duw agan hendasow a dherevys Jesu, a wrussowgh why ladha orth y gregy i'n growspredn. ³¹Duw a'n exaltyas dh'y barth dhyhow yn Hùmbrynkyas ha Savyour, may halla va ry dhe Israel edrek ha gyvyans aga fehosow. ³²Ny ha'n Spyrys Sans warbarth genen yw dùstuniow a'n taclow-ma—an Spyrys neb re ros Duw dhe'n re-na yw gostyth dhodho."

³³Pàn wrussons y clôwes hedna, y a sorras yn frâs, ha whans a's teva a'ga ladha. ³⁴Saw Farysy a'n consel henwys Gamaliel, descador a'n laha, ha den a'n jeva revrons an bobel, a savas in bàn ha comondya may fêns y gorrys mes a'n consel rag spâss. ³⁵Nena Gemaliel a leverys dhedhans, "A Israelysy, a gowetha, prederowgh yn tâ pandr'owgh why porposys dhe wul gans an re-ma. ³⁶Thewdas a savas in bàn termyn cot alebma, hag erya y vos nebonen wordhy. Nùmber a dus—nebes peswar cans—a omjùnyas ganso, mès ev a veu ledhys hag oll y holyoryon a wrug kescar ha mos a wel. ³⁷Wosa hedna orth prës an nyverans, Jûdas a Alyle a sordyas ha gul dhe'n dus y sewya, mès ev a verwys inwedh ha'n re-na esa orth y

sewya a veu scùllys. ³⁸I'n present câss-ma ytho an gùssul wella yw sevel orth mellya gans an re-na, saw gasa cres dhedhans. Mars usy an dra-ma ow tos dhia vab den, fyllel a wra. ³⁹Saw mars usy va ow tos dhyworth Duw, ny yllowgh why y fetha—ea, martesen why a vëdh ow strîvya warbydn Duw y honen!"

⁴⁰Unver ganso o an consel, ha wosa somona an abosteleth, y a erhys may fêns scorjys. Nena y a gomondyas na wrellens côwsel in hanow Jesu, ha'ga gasa dhe vos.

⁴¹Pàn esens an abosteleth ow voydya dhyworth an consel, y a rejoycyas drefen y dhe vos consydrys wordhy dhe wodhaf bysmêr awos an hanow. ⁴²Pùb jorna oll i'n templa hag in tre ny wrêns bythqweth cessya desky ha declarya Jesu dhe vos an Crist.

6 I'n dedhyow-na pàn esa nyver an abosteleth prèst owth encressya, yth esa fowt acord inter an re-na a gôwsy Grêk ha cowsoryon yêth an Yêdhewon. Yth esa an Grêkys ow croffolas aga gwedhwesow dhe vos dysprêsys pùb jorna pàn vedha rydnys an sosten. ²An dewdhek ytho a elwys warbarth oll cùntellva an dyscyplys, ha leverel dhedhans, "Tra ewn nyns yw ny dhe asa dhe goll ger Duw, rag may hallen ny servya orth an bordys. ³Rag hedna, a vreder, dêwysowgh mes a'gas nyver seyth den wordhy, fur ha leun a'n Spyrys, may hallen ny aga appoyntya dhe gollenwel an ober-ma. ⁴Ha ny agan honen a wra omry agan honen dhe bejadow, ha dhe venystry an ger."

⁵An lavar ma a blêsyas pùbonen ha dêwys a wrussons an re-ma: Stefan, den cryjyk ha leun a'n Spyrys Sans, Felyp, Procorùs, Nicanor, Tîmon, Parmenas, ha Nycolas, proselîta dhia Antiokia. ⁶Y a worras an re-ma dhyragthans ha pesy, ha settya aga dewla warnodhans.

⁷Yth esa ger Duw owth omlêsa dhe voy in Jerùsalem, ha lies onen in mesk an brontyryon a veu gostyth dhe'n grejyans.

⁸Stefan o leun a râss ha gallos, hag ev a wrug merclys brâs ha sînys in mesk an bobel. ⁹Nena radn a esely Synaga an Re Frank (kepar dell o va henwys) a savas in bàn ha dyspûtya ganso—Cyrenyans ha tus a Alexandrya êns y, warbarth gans radn aral dhia Cylycy hag Asya. ¹⁰Ny yllens conclûdya naneyl an furneth, na'n Spyrys dredho mayth esa va ow côwsel.

¹¹Nena y a inias nebes tus dhe leverel, "Ny re'n clôwas ow côwsel geryow ùngrassyùs warbydn Moyses ha warbydn Duw."

¹²Y a sordyas an bobel warbarth gans an dus hen ha'n scrîbys. Y a settyas dalhen ino adhesempys ha'y dhry dhyrag an consel. ¹³Y a wrug darbary fâls-dùstuniow a levery, "Y fêdh an den-ma ow côwsel heb hedhy warbydn an tyller sans-ma ha warbydn an laha, ¹⁴rag ny re'n clôwas ow leverel fatell wre Jesu a Nazare dos ha dystrêwy an plâss-ma, ha chaunjya oll an gîsyow a ros Moyses dhyn."

¹⁵Hag oll esely an consel a'n whythras glew, ha gweles bos y fâss ev kepar ha bejeth el.

7 Nena an uhel pronter a wovyd-nas orto, "Yw an taclow-ma gwir?"

²Stefan a worthebys, "A vreder hag a dasow, goslowowgh orthyf. An Duw a glory a omdhysqwedhas dh'agan hendas Abraham, pàn esa va in Mesopotamya, kyns ès ev dhe drega in Haran, ³hag ev a leverys dhodho, 'Gas dha bow ha'th nessevyn ha kê bys i'n pow a vanaf dysqwedhes dhis.'

⁴"Nena Abraham a forsâkyas pow an Caldeans, ha mos ha trega in Haran. Wosa mernans y das, Duw a wrug dhodho dyberth alena ha dos bys i'n pow, mayth esowgh why tregys hedhyw. ⁵Ny ros Duw yn erytans dhe Abraham radn vëth anodho—tros'hës kyn fe, mès ev a bromyssyas dhodho y whre y ry dhodho yn posessyon ha dh'y lynyeth wàr y lergh, kyn na'n jeva flogh vëth i'n termyn-na. ⁶Ha Duw a leverys y fedha y lynyeth kepar hag alyons in pow astranj, hag y whre tregoryon an pow-na gul kethyon anodhans ha'ga hompressa peswar cans bledhen. ⁷'Me a vydn jùjya an nacyon a wrowns y servya,' yn medh Duw, 'ha wosa hedna y a dheu mes a'n pow-na, ha'm gordhya vy i'n tyller-ma.' ⁸Nena ev a ros dhodho ambos an cyrcùmcisyon, hag Abraham a gafas Isak yn mab, ha'y cyrcùmcîsya an êthves jorna. Isak a veu tas Jacob ha Jacob a veu an tas dhe'n dewdhek patryark.

⁹"An patryarkys, rag ewn envy, a werthas Josef yn keth aberth in Ejyp, saw yth esa Duw ganso, ¹⁰ha'y dhelyvra mes a'y droblys, ha ry dhodho gallos dhe dhysqwedhes furneth ha favour, pàn esa va a'y sav dhyrag Faro, mytern Ejyp. Ev a'n appoyntyas rewler wàr Ejyp ha wàr oll y jy.

¹¹"Y feu nown brâs in Ejyp, hag in Canaan ha govyjyon brâs, rag ny ylly agan hendasow provia sosten. ¹²Saw pàn glôwas Jacob bos ÿs in Ejyp, ev a dhanvonas agan hendasow wàr aga kensa viaj dy. ¹³Pàn esens y wàr aga secùnd viaj bys i'n Ejyp, Josef a dheclaryas y honen dh'y vreder, ha'y veyny a veu aswonys gans Faro. ¹⁴Nena Josef a dhanvonas dh'y das ha'y nessevyn, ha'ga gelwel dhodho in Ejyp, pymthek ha try ugans anodhans warbarth. ¹⁵Rag hedna Jacob êth wàr nans dhe Ejyp. Ev a verwys ena ha'gan hendasow kefrës, ¹⁶saw aga horfow a veu drës arta mes a Ejyp bys in Shehem, hag a veu gorrys i'n bedh re bia prenys a sùm a arhans gans Abraham dhyworth mebyon Hamor in Shehem.

¹⁷"Kepar dell esa an termyn ow tos, may codhvia bos collenwys an promys a wrug Duw dhe Abraham, yth esa agan nacyon owth encressya hag ow lies'he in Ejyp, ¹⁸erna dheuth ha rewlya in Ejyp mytern aral, na wrug bythqweth aswon Josef. ¹⁹Pòr wyly o va gans agan nacyon, hag ev a wrug dh'agan hendasow gasa aga flehes vian in mes, may whrella merwel kenyver onen anodhans.

²⁰"Y feu Moyses genys i'n dedhyow-ma, ha sêmly o va in golok Duw. Ev a veu megys try mis in chy y das, ²¹ha pàn veu va forsâkys, myrgh Faro a'n kemeras dhedhy hy honen, ha'y vaga kepar ha'y mab hy honen. ²²Indella Moyses a veu deskys in oll skentoleth an Ejyptyons, ha galosek o va in ger hag ober.

²³"Hag ev nebes dew ugans bloodh, whensys o va dhe vos ha gweles fatell o y bobel y honen, an Israelysy. ²⁴Pàn welas ev onen anodhans tebel-dhyghtys, ev a vydnas selwel an den compressys ha'y venjya, ha gweskel an Ejyptyon dhe'n dor. ²⁵Yth esa Moyses ow cresy y whre y nacyon y honen convedhes Duw dhe vos orth aga gweres dredho, saw ny wrussons convedhes badna. ²⁶Ternos ev a dheuth dhe vùsh anodhans, hag y ow tyspûtya an eyl gans y gela. Ev a whelas gul acord intredhans ha leverel, 'A dus, breder owgh why, prag yth esowgh why ow cul trespas an eyl warbydn y gela?'

²⁷"Saw an den neb esa ow cul trespas warbydn y gentrevak a herdhyas Moyses adenewen ha leverel, 'Pyw a'th wrug jy rewler ha brusyas warnan? ²⁸A vynta jy ow ladha vy kepar ha de, pàn lethsys an Ejyptyon?' ²⁹Pàn glôwas Moyses hedna, ev a fias dhe'n fo ha trega avell alyon in pow Mydyan. I'n tyller-na y feu genys dhodho dew vab.

³⁰"Pàn dremenas dew ugans bledhen, el a apperyas dhodho in gwylfos Meneth Sinay in flàm an bos tan. ³¹Y feu Moyses amays orth y weles, ha kepar dell dheuth nes dy dhe veras, y teuth dhodho voys an Arlùth, ³²'Me yw Duw dha dasow, Abraham, Isak, ha Jacob kefrës.' Moyses a dhalathas crena heb lavasos derevel y dhewlagas.

³³"Nena an Arlùth a leverys dhodho, 'Disk dha skyjyow qwyk dhe ves, rag sevel a wreth wàr dir benegys. ³⁴In gwir me re welas tebel-dhyghtyans ow fobel in Ejyp ha clôwes aga cry, ha me re dheuth dhe'n dor rag aga gweres. Deus

lebmyn, me a wra dha dhanvon wàr nans bys in Ejyp.'

³⁵"Y a sconyas an den-ma Moyses, ow leverel, 'Pyw a'th wrug jy rewler ha brusyas?' Saw Duw a'n danvonas i'n tor'-na avell rewler ha selwador der y el, neb a dhysqwedhas dhodho i'n bùsh. ³⁶Moyses a's lêdyas in mes, wosa performya sînys ha merclys in Ejyp, orth an Mor Rudh hag i'n gwylfos dew ugans bledhen. ³⁷Y feu an den-ma Moyses neb a leverys dhe'n Israelysy, 'Duw a vydn derevel profus in bàn dhywgh mes a'gas pobel why, kepar dell wrug ev ow derevel vy.' ³⁸Ev a veu hedna esa i'n gùntellva i'n gwylfos gans an el a gowsas orto in Meneth Sinay, ha gans agan hendasow, hag ev a recêvas lavarow bew Duw, may halla va aga ry dhyn ny.

³⁹"Poos o gans an hendasow y obeya. In stèd a hedna y a'n herdhyas adenewen ha dewheles i'ga holon bys in Ejyp, ⁴⁰ow leverel dhe Aron, 'Gwra dhyn ny duwow, a vydn agan hùmbronk i'n fordh. Mès ow tùchya Moyses, neb a wrug agan lêdya mes a bow Ejyp, ny wodhon ny poynt pandr'yw wharvedhys dhodho.' ⁴¹I'n tor'-na y a shâpyas leugh, offrydna sacryfîs dhe'n imach ha lowenhe in ober aga dewla. ⁴²Mès Duw a drailyas dhywortans, ha'ga delyvra dhe wordhya ost an nev, kepar dell yw screfys in lyver an profettys:

"'A wrussowgh why offrydna
  dhybm vyctyms ha sacryfîcys
dew ugans bledhen i'n gwylfos, a jy
  Israel?
⁴³Na wrussowgh! Why a dhros
  genowgh scovva Molok
ha steren agas dew Refan,

an imajys a wrussowgh rag aga gordhya.

Rag hedna me a vydn agas removya pella ès Babylon.'

⁴⁴"Agan hendasow a's teva scovva an dùstuny i'n gwylfos, poran kepar dell wrug Duw ordna dhedhans, pàn gowsas orth Moyses hag erhy dhodho y wul warlergh an scantlyn a welas. ⁴⁵Agan hendasow wàr aga thorn a's dros aberveth i'n pow gans Josùe, pàn wrussons sêsya posessyon an nacyons, a herdhyas Duw in mes dhyragthans. Yth esa hy i'n tyller-na bys in termyn Davyth. ⁴⁶Davyth a gavas favour gans Duw ha govyn cubmyas a wul trigva rag Duw Jacob. ⁴⁷Saw Salamon a dherevys chy ragtho.

⁴⁸Mès nyns usy an Duw Uhella tregys in treven gwrës gans dewla mebyon tus, kepar dell usy an profet ow leverel,

⁴⁹"'An nev yw ow thron
ha'n dor ow scavel droos.
Pana jy a vynta byldya dhybm,
yn medh an Arlùth,
pò pëth yw tyller ow fowesva?
⁵⁰A ny wrug ow dorn vy gul oll an taclow-ma?'

⁵¹"Why pobel pedn cales ha heb cyrcùmcisyon i'gas colon ha'gas scovornow, y fedhowgh why pùpprës ow settya orth an Spyrys Sans, kepar dell wre agas hendasow. ⁵²Pyw a'n profettys na veu compressys gans agas hendasow? Y a ladhas an re-na a brofusas a dhevedhyans an Den Ewnhensek, ha lebmyn why re wrug y draita ha'y ladha. ⁵³Why yw an re-na a recêvas an laha, kepar dell veu va ordnys gans eleth, mès ny wrussowgh why y wetha."

⁵⁴Pàn wrussons y clôwes an taclow-ma, y a sorras fèst brâs ha scrynkya aga dens orth Stefan. ⁵⁵Saw Stefan, leun a'n Spyrys Sans, a dherevys y lagasow dhe'n nev ha gweles glory Duw ha Jesu a'y sav adhyhow dhe Dhuw. ⁵⁶"Merowgh!" yn medh ev, "me a wel an nevow egerys, ha Mab an Den a'y sav a dhyhow dhe Dhuw!"

⁵⁷Saw y a gudhas aga scovornow, ha stevya oll warbarth wàr y bydn gans cry brâs. ⁵⁸Nena y a'n tednas mes a'n cyta, ha dallath y labedha. Ha'n dhùstuniow a settyas aga mentylly orth treys den yonk henwys Sawl.

⁵⁹Pàn esens y ow knoukya Stefan gans meyn, ev a besy, "Arlùth Jesu, recef ow enef." ⁶⁰Nena ev êth wàr bedn dewlin ha cria gans lev uhel, "Arlùth, na sens an pegh ma wàr aga fydn." Wosa leverel an geryow-na, ev a dremenas.

8 Dâ veu gans Sawl y dh'y ladha. An jorna-na y talathas compressans cales warbydn an eglos in Jerùsalem, hag y feu kenyver onen, marnas an abosteleth aga honen, scùllys alês dre bow Jûdy ha Samarya. ²Y teuth tus meur aga crejyans, hag encledhyas Stefan, ha lamentya yn uhel a-ugh y gorf. ³Saw yth esa Sawl ow rafsya an eglos, owth entra i'n treven an eyl wàr y gela, ow ton in kerdh kefrës gwesyon ha benenes rag aga thôwlel dhe bryson.

⁴Yth esa an re-na o scattrys, ow mos adro dhia dyller dhe dyller ow progeth an ger. ⁵Felyp êth wàr nans bys in cyta a Samarya ha declarya an Crist dhedhans. ⁶An bobel a

woslowas kescolon orth geryow Felyp yn freth, hag y ow qweles hag ow clôwes an sînys a wre va, [7]rag y teuth spyrysyon avlan gans ujow brâs mes a lies sagh dyowl, hag y feu sawys lies onen aral o paljies pò mans. [8]Rag hedna y feu joy brâs i'n cyta-na.

[9]Now yth esa certan den henwys Sîmon, hag ev re bia ow cul pystry kyns hedna i'n cyta hag ev a wrug ancombra pobel Samarya, ow leverel ev dhe vos nebonen wordhy. [10]Yth esa kenyver onen ow coslowes orto gans mal, dhia an lyha dhe'n brâssa, hag y a levery, "Hebma yw gallos Duw ha brâs yw y hanow ev." [11]Hag y a wre goslowes orto gans whans dres termyn hir, dhia bàn dhalathas ev aga amaya der y bystry. [12]Saw pàn wrùssons cresy dhe Felyp, esa ow progeth an nowodhow dâ ow tùchya gwlascor Duw, ha hanow Jesu, y a veu besydhys, kefrës gwer ha benenes. [13]Sîmon y honen a gresys hag y feu besydhys. Wosa hedna ev a dregas heb hedhy gans Felyp, hag ev a'n jeva marth pàn welas ev an sînys ha merclys brâs a wre va.

[14]Pàn glôwas an abosteleth in Jerùsalem fatell dhegemeras Samarya ger Duw, y a dhanvonas Peder ha Jowan dhedhans. [15]Y êth wàr nans dy ha pesy ragthans may whrellens recêva an Spyrys Sans. [16](Rag ny wrug an Spyrys Sans dos wàr dhen vëth anodhans whath—ny vowns mès besydhys in hanow Jesu an Arlùth). [17]Nena Peder ha Jowan a settyas aga dewla warnodhans, hag y a gemeras an Spyrys Sans.

[18]Pàn welas Sîmon fatell veu an Spyrys Sans rës dhe genyver onen re bia settys warnodho dewla an abosteleth, ev a offras mona dhedhans

[19]ha leverel, "Rewgh dhybm inwedh an gallos-ma, may halla kemeres an Spyrys Sans oll an re-na a wrellen vy settya ow dewla warnodhans."

[20]Saw Peder a leverys dhodho, "Re wrella dha vona peryshya warbarth genes jy dha honen, dre rêson te dhe gresy fatell ylta prena ro Duw gans mona! [21]Te ny'th eus radn na part vëth a hedna, rag nyns yw dha golon compes in golok Duw. [22]Gwra repentya ytho a'n sherewynsy-ma ha pesy an Arlùth may fo entent dha golon gyvys dhis, mar kyll hedna bos. [23]Rag yth esof ow qweles te dhe vos i'n vystel a wherôwder, hag in chainys an dewlujy."

[24]Sîmon a worthebys, "Pës ragof dhe'n Arlùth, na wrella wharvos dhybm tra vëth a'n taclow re leversys."

[25]Wosa Peder ha Jowan dhe ry dùstuny ha côwsel ger an Arlùth, y a dhewhelys dhe Jerùsalem ow progeth an nowodhow dâ in lies tre a'n Samarytans.

[26]Nena el an Arlùth a leverys dhe Felyp, "Sa'bàn ha kê tro ha'n soth, dhe'n fordh usy ow mos wàr nans dhia Jerùsalem dhe Gaza." (Fordh gwylfos yw hodna.) [27]Rag hedna ev a savas in bàn, ha mos wàr y fordh. Yth o spadhesyk Ethyopyan, offycer a gort Candacê, myternes an Ethyopyans, esa oll hy thresorva in dadn y jarj. Ev o devedhys dhe Jerùsalem rag gordhya Duw, [28]hag yth esa i'n tor'-na ow tewheles tre. Yth esa va a'y eseth in y jaret ow redya an profet Esay. [29]Nena an Spyrys a leverys dhe Felyp, "Kê dres an fordh bys i'n charet ha jùnya orto."

[30]Rag hedna Felyp a bonyas dy, ha clôwes an spadhesyk ow redya an

profet Esay. Ev a wovydnas, "A wodhes convedhes an pëth eses ow redya?"

³¹Ev a worthebys, "Fatell allaf vy convedhes marnas nebonen a wra y styrya dhybm?" Hag ev a elwys Felyp dhe entra i'n charet hag esedha ryptho.

³²Now an devyn a scryptour esa va ow redya o hebma:

"Kepar ha davas ev a veu lêdys dhe'n ladhva,

ha kepar hag ôn tawesek dhyrag an knyvyor,

ny wrug ev egery y anow.

³³Jùstys a veu nehys dhodho in y sham.

Pyw a yll ry acownt a'y heneth,

rag ev re beu kemerys in kerdh dhyworth an nor?"

³⁴An spadhesyk a leverys, "Me a vynsa godhvos dhyworthys pyw usy an profet ow leverel hebma ano-dho—adro dhodho y honen pò adro dhe nebonen aral?" ³⁵Nena Felyp a dhalathas côwsel, ha dhyworth an devyn-ma ev a dheclaryas dhodho an nowodhow dâ ow tùchya Jesu.

³⁶Ha pàn esens y ow mos i'n fordh, y teuthons dhe dhowr. An spadhesyk a leverys, "Ot obma dowr! Prag na allama bos besydhys?" ³⁷Felyp a leverys, "Mars esta ow cresy gans oll dha golon, te a yll bos besydhys." An spadhesyk a worthebys, "Me a grës bos Jesu Crist Mab Duw!" ³⁸Ev a gomondyas dhe hedhy an charet hag y aga dew êth wàr nans i'n dowr, ha Felyp a'n besydhyas. ³⁹Pàn dheuth-ons in bàn mes a'n dowr, Spyrys an Arlùth a gybyas Felyp in kerdh, ha ny ylly an spadhesyk namoy y weles, mès

mos wàr y fordh ow rejoycya. ⁴⁰Saw Felyp a gavas y honen in Azôtùs, ha kepar dell esa va ow mos dres an pow, y whre ev progeth an nowodhow dâ, erna dheuth ev dhe Cesaria.

9 I'n kettermyn Sawl, hag ev whath owth anella godros ha mùrder warbydn dyscyplys an Arlùth, êth dhe'n uhel pronter ²ha govyn lytherow orto dhe synagys Damask, may halla va, mar teffa ha cafos den vëth pò benyn esa ow longya dhe'n Fordh, aga dry kelmys dhe Jerùsalem. ³Pàn esa va ow mos wàr y fordh, hag ow tos nes dhe Dhamask, adhesem-pys golow dhia nev a spladnas adro dhodho. ⁴Ev a godhas dhe'n dor, ha clôwes lev ow leverel dhodho, "A Sawl, a Sawl, prag yth esta orth ow thormentya?"

⁵Ev a wovydnas, "Pyw osta, Ar-lùth?"

Ev a worthebys, "Me yw Jesu, esta orth y dormentya. ⁶Saw sa'bàn hag entra i'n cyta, hag y fëdh leverys dhis an taclow a res dhis gul."

⁷Yth esa an re-na esa ow travalya ganso a'ga sav in nes yn tawesek, dre rêson y dhe glôwes an lev heb gweles den vëth. ⁸Sawl a savas in bàn, ha kynth o egerys y lagasow, ny ylly gweles tra vëth. Rag hedna y a'n lêdyas er an dorn, ha'y dhry bys in Damask. ⁹Try jorna ha teyr nos ev o heb gweles, ha ny wrug ev naneyl debry nag eva.

¹⁰Yth esa dyscypyl in Damask henwys Ananias. An Arlùth a leverys in vesyon dhodho, "A Ananias."

"Awotta vy, Arlùth," yn medh ev.

¹¹An Arlùth a leverys dhodho, "Sa'bàn ha kê bys i'n strêt gelwys an Strêt Ewn, ha whela in chy Jûdas den

a Tharsys henwys Sawl. Yma va ow pesy i'n tor'-ma, 12hag ev re welas in vesyon den henwys Ananias owth entra hag ow settya y dhewla warnodho, may halla va dascafos y wolok."

13Saw Ananias a worthebys, "Arlùth, me re glôwas dhyworth lies onen adro dhe'n den-ma, ha pàn vaner a dhrog re wruga dhe'th sens in Jerùsalem; 14ha power a'n jeves dhyworth an chif prontyryon dhe gelmy obma seul a wrella gelwel wàr dha hanow jy."

15Saw an Arlùth a leverys dhodho, "Kê, rag main ywa, re beu dêwysys genef rag dry ow hanow dhyrag an Jentylys, dhyrag an vyterneth, ha dhyrag pobel Israel. 16Me ow honen a vydn dysqwedhes dhodho kenyver tra a res dhodho godhaf rag kerensa ow hanow vy."

17Gans hedna Ananias êth hag entra i'n chy. Ev a settyas y dhewla wàr Sawl ha leverel, "A Sawl, a vroder, an Arlùth Jesu, neb a dhysqwedhas y honen dhis wàr dha fordh obma, ev re'm danvonas dhis, may halles dascafos dha wolok, ha may fy lenwys a'n Spyrys Sans." 18Strait y codhas dhywar y lagasow neppyth kepar ha kenednow, ha restorys veu y wolok. Nena ev a savas hag a veu besydhys, 19ha wosa kemeres nebes sosten, ev a gafas y nerth arta.

Sawl a dregas nebes dedhyow gans an dyscyplys in Damask. 20Whare ev a dhalathas progeth Jesu i'n synagys ow leverel, "Mab Duw ywa." 21Seul a'n clôwas a veu amays ha leverel, "A nyns yw hebma neb a wre dystrêwy in Jerùsalem an re-na esa ow kelwel wàr an hanow-ma? A nyns ywa devedhys obma rag aga dry i'n colmow bys i'n chif prontyryon?"

22Sawl a veu dhe voy galosek, hag yth esa va ow conclûdya an Yêdhewon tregys in Damask hag ow prevy Jesu dhe vos an Crist.

23Wosa termyn an Yêdhewon a gùssulyas dh'y ladha, 24saw aga hùssul a veu aswonys gans Sawl. Yth esens y ow whythra yettys an cyta dëdh ha nos, may hallens y ladha, 25saw y dhyscyplys a'n kemeras orth golow nos ha'y iselhe dre doll i'n fos, ha'y settya dhe'n dor in cowel.

26Pàn dheuth Sawl dhe Jerùsalem, ev a assayas jùnya orth an dyscyplys, saw y a's teva own anodho, rag nyns esens y ow cresy ev dhe vos dyscypyl. 27Saw Barnabas a'n kemeras, y dhry dhe'n abosteleth ha declarya dhedhans fatell welas Sawl an Arlùth i'n fordh, ha'n Arlùth dhe gôwsel orto, ha fatell wrug Sawl côwsel yn colodnek in Damask in hanow Jesu. 28Rag hedna, yth esa Sawl ow mos adro i'ga mesk in Jerùsalem, hag ev ow côwsel yn freth in hanow an Arlùth. 29Y whre Sawl kestalkya ha dyspûtya gans an Yêdhewon, Grêk aga yêth, saw y a whela y ladha. 30Pàn wrug an gryjygyon clôwes an câss, y a'n dros wàr nans dhe Cesaria ha'y dhanvon dhe Tharsys.

31I'n kettermyn an eglos dres oll Jûdy, Galyle ha Samarya a's teva cosoleth hag y feu edyfies. Yth esa hy ow pewa in own an Arlùth hag in confort an Spyrys Sans, ha nùmber an esely a encressyas.

32Pàn esa Peder ow mos obma hag ena in mesk an gryjygyon, ev a skydnyas dhe'n sens, esa tregys in Lydda. 33Ev a gavas ena den henwys Eneas, neb esa a'y wroweth wàr wely nans o eth bledhen, rag paljies o va. 34Peder a leverys dhodho, "Eneas, yma Jesu Crist orth dha sawya. Sa'bàn hag aray dha wely!" Strait ev a savas in bàn. ³⁵Oll tregoryon Lydda ha Sharon a'n gwelas, ha trailya dhe'n Arlùth.

³⁶Yth esa dyscypyl in Joppa, ha Tabytha o hy hanow (hèn yw Dorcas in Grêk). Dywysyk o hy ow cul oberow dâ ha cheryta. ³⁷I'n termynna hy a godhas clâv ha merwel. Pàn wrussons hy golhy, y a's settyas in rom avàn. ³⁸Dre rêson Joppa dhe vos ogas dhe Lydda, an dyscyplys, pàn glôwsons bos Peder ena, a dhanvonas dew dhen dhodho rag govyn orto, "Na wra strechya, saw mar pedhys plêsys, deus dhyn heb let."

³⁹Gans hedna Peder a savas ha dos gansans. Pàn dheuthons dy, y a'n dros bys i'n rom avàn. Yth esa oll an gwedhwesow a'ga sav in nes owth ola, hag y ow tysqwedhes dhodho powsyow ha dyllas erel re bia gwrës gans Tabytha, pàn esa hy gansans. ⁴⁰Peder a's gorras in mes kettep onen. Nena ev êth wàr bedn dewlin ha pesy. Ev a drailyas dhe'n corf ha leverel, "Tabytha, sa'bàn." Hy a egoras hy dewlagas. Pàn welas hy Peder, hy a savas in bàn. ⁴¹Ev a ros dhedhy y leuv ha'y gweres dhe sevel. Nena ev a somonas oll an sens, ha'n gwedhwesow, ha dysqwedhes dhedhans hy dhe vos yn few. ⁴²Hebma a veu aswonys in Joppa, ha lies onen a gresys i'n Arlùth. ⁴³I'n kettermyn Peder a dregas pols dâ gans den henwys Sîmon hag ev o kefeythyer crehyn.

10 Yth esa in Cesaria den henwys Cornelyùs, hag ev o centùry a gompany soudoryon gelwys an Cohort Italek. ²Den dywysyk o hag own a'n jeva a Dhuw, ev hag oll y veyny. Ev a re alusyon yn hel dhe'n bobel ha pesy dhe Dhuw pùb dëdh. ³Udn dohajëdh adro dhe deyr eur ev a welas vesyon dyblans—el Duw owth entra in y rom hag ow leverel dhodho, "A Cornelyùs!"

⁴Ev a veras stag orto gans uth ha leverel, "Pandra vynta, Arlùth?"

Ev a worthebys, "Dha bejadow ha dha alusyon re ascendyas i'n nev, ha Duw re's merkyas. ⁵Danvon lebmyn tus dhe Joppa warlergh Sîmon henwys Peder. ⁶Yma va tregys gans kefeythyer crehyn, usy y jy ev ryb an mor."

⁷Pàn o gyllys in kerdh an el, neb a gowsas orto, ev a elwys dew a'y gethyon, ha soudor dywysyk mes a'n re-na esa orth y servya, ⁸ha wosa derivas kenyver tra dhedhans, ev a's danvonas dhe Joppa.

⁹Ternos adro dhe hanter-dëdh, pàn esens y wàr aga fordh, hag ow tos nes dhe'n cyta, Peder êth in bàn dhe'n to dhe besy. ¹⁰Ev o gwag, ha mal ganso cafos neppyth dhe dhebry. Kyns ès an boos dhe vos parys, Peder a godhas in tranjyak. ¹¹Ev a welas an nev egerys ha neppyth kepar ha lien ow skydnya, ha'n dra iselhës er y beder cornel. ¹²Yth esa i'n lien pùb sort a vestas peswartrosek, scantegyon hag ÿdhyn an air. ¹³Nena ev a glôwas lev ow leverel, "Sa'bàn, Peder, ladh ha deber!"

¹⁴Mès Peder a leverys, "Na wrav màn, Arlùth, rag ny wrug avy bythqweth debry tra vëth ansans nag avlan."

¹⁵An lev a leverys dhodho an secùnd treveth, "An pëth a wrug Duw yn lân, ny dal dhis y elwel avlan."

16Hebma a happyas tergweyth, ha nena an lien a veu kemerys dhesempys bys i'n nev.

17Y feu Peder amays ha ny wodhya pandr'o styr an vesyon a welas. Nena whare an dus re bia danvenys gans Cornelyùs a apperyas. Yth esens y ow covyn pleth esa chy Sîmon, hag y a'ga sav orth an yet. 18Y a armas dhe wodhvos esa Sîmon henwys Peder tregys i'n tyller-na.

19Pàn esa Peder whath ow consydra styr an vesyon, an Spyrys a leverys dhodho, "Ot, yma try den orth dha whelas. 20Sa'bàn, gwra skydnya dhe'n dor, ha kê wàr dha fordh gansans, rag me re's danvonas."

21Gans hedna Peder a skydnyas dhe'n dus ha leverel dhedhans, "Me yw neb a whelowgh why. Prag y whrussowgh why dos obma?"

22Y a worthebys, "Cornelyùs, centùry, den ewnhensek hag a'n jeves own a Dhuw, den gerys dâ gans oll nacyon an Yêdhewon, ev a veu comondys gans el sans dhe dhanvon dhis may whrelles dos dh'y jy, rag dâ via ganso dha glôwes." 23Peder ytho a's pesys dhe entra in y jy, hag ev a ros dhedhans ôstyans.

Ternos vyttyn Peder a savas ha mos gansans, ha radn a gryjygyon Joppa êth warbarth ganso. 24An nessa jorna y a dheuth dhe Cesaria. Yth esa Cornelyùs orth aga gortos, hag ev a elwys warbarth y gerens ha'y gothmans. 25Pàn dheuth Peder dhe'n tyller, Cornelyùs a vetyas orto ha codha orth y dreys ha'y wordhya. 26Mès Peder a wrug dhodho sevel in bàn ow leverel, "Sa'bàn. Nyns oma mès den mortal."

27Yth esa Peder whath ow kescôwsel ganso, pàn entras i'n chy ha cafos lies onen cùntellys ena. 28Ev a leverys dhedhans, "Why agas honen a wor nag yw lafyl rag Yêdhow cowethya gans Jentyl; mès Duw re dhysqwedhas dhybm na dalvia dhybm gelwel den vëth ansans nag avlan. 29Rag hedna, pàn veuma somonys, me a dheuth heb danjer. Dâ via genama lebmyn godhvos prag y whrussowgh why ow gelwel."

30Cornelyùs a worthebys, "Yth esen ow pesy i'm chy an very termyn-ma peswar jorna alebma, pàn dhisqwedhas dhyragof den gwyskys in dyllas ilyn. 31Ev a leverys, 'A Cornelyùs, clôwys re beu dha bejadow, ha remembrys dha alusyon dhyrag Duw. 32Rag hedna, danvon dhe Joppa ha whelas Sîmon henwys Peder. Yma va owth ôstya ryb an mor in chy Sîmon, kefeythyer crehyn.' 33Me a dhanvonas tus dhis heb let ytho, ha te a'th cufter a dheuth obma. Ha lebmyn yth on ny cùntellys oll warbarth in golok Duw dhe glôwes kenyver tra a erhys an Arlùth dhis leverel."

34Nena Peder a dhalathas côwsel ortans, "Me a wor yn tâ na wra Duw dysqwedhes faverans dhe dhen vëth, 35mès plegadow dhodho yw kenyver onen in pùb nacyon, a'n jeffa own anodho, hag a wrella an pëth ewn. 36Why a wor an messach a dhanvonas ev dhe bobel Israel, ow progeth cres dre Jesu Crist—ev yw Arlùth oll an bës. 37An messach-na a lêsas der oll pow Jûdy, ow tallath in Galyle, wosa an besydhyans a veu declarys gans Jowan, 38fatell wrug Duw ùntya Jesu a Nazare gans an Spyrys Sans ha gans power. Jesu i'n pow adro mayth ê, ev a wre dâ, hag a sawya an re-na oll o compressys gans an tebel-el, rag yth esa Duw ganso.

³⁹"Ny yw dùstuniow a genyver tra a wrug ev kefrës in Jûdy hag in Jerùsalem. Y a'n ladhas, orth y gregy wàr bredn. ⁴⁰Saw Duw a'n derevys in bàn an tressa jorna ha'y alowa dhe dhysqwedhes, ⁴¹saw ny wrug ev apperya dhe oll an dus, mès dhyn ny neb o dêwysys gans Duw avell dùstuniow, ha ny a wrug debry hag eva ganso wosa y dhasserghyans. ⁴²Ev a'gan comondyas dhe brogeth dhe oll an bobel, ha dhe dhesta bos Jesu ordnys gans Duw avell jùj a'n re bew hag a'n re marow. ⁴³Yma pùb profet ow testyfia anodho, pynag oll a gressa in y hanow ev, dhe recêva pardon a'y behosow."

⁴⁴Ha pàn esa Peder whath ow côwsel, an Spyrys Sans a skydnyas wàr bùbonen esa ow clôwes an ger. ⁴⁵Amays veu an gryjygyon cyrcùmcîsys, neb a dheuth gans Peder, an Spyrys Sans dhe vos deverys in mes wàr Jentylys kyn fe, ⁴⁶rag y a's clôwas ow côwsel gans tavosow hag ow praisya Duw.

Nena Peder a leverys, ⁴⁷"A alsa den vëth naha an dowr a vesydhyans dhe'n re-ma neb a recêvas an Spyrys Sans, kepar dell wrussyn ny y recêva?" ⁴⁸Rag hedna, ev a's comondyas dhe vos besydhys in hanow Jesu Crist. Nena y a'n gelwys dhe drega gansans nebes dedhyow.

11 An abosteleth ha'n gryjygyon esa in Jûdy a glôwas fatell wrug an Jentylys inwedh degemères ger Duw. ²Pàn ascendyas Peder dhe Jerùsalem, an gryjygyon cyrcùmcîsys a'n blâmyas ³ow leverel,

"Prag y whrusta mos dhe dus nag o cyrcùmcîsys ha debry gansans?"

⁴Nena Peder a dhalathas styrya an câss in ordyr dhedhans, ha leverel, ⁵"Yth esen i'n cyta a Joppa ow pesy, ha me a godhas in tranjyak ha gweles vesyon. Yth esa neppyth kepar ha lien ow skydnya mes a'n nev, hag ev iselhës er y beder cornel. An dra a dheuth nes dhybm. ⁶Pàn esen ow meras glew orto, me a welas ino bestas peswartrosek, bestas pray, scantegyon hag ÿdhyn a'n air. ⁷Me a glôwas lev kefrës a leverys dhybm, 'Sa'bàn, Peder; ladh ha deber.'

⁸"Saw me a worthebys, 'Na wrama nes, Arlùth, dre rêson na wrug tra vëth ansans nag avlan bythqweth entra i'm ganow.'

⁹"Saw an lev a'm gorthebys an secùnd treveth dhyworth nev, 'An pëth neb a wrug Duw yn lân, ny dal dhis y elwel ansans.' ¹⁰An dra-ma a wharva try treveth. Nena y feu pùptra tednys in kerdh aberth i'n nev.

¹¹"An very prës-na try den, danvenys dhybm dhia Cesaria, a dheuth dhe'n chy mayth esen ny tregys. ¹²An Spyrys a erhys dhybm mos gansans, heb gul dyffrans intredhon ny hag y. An whegh broder inwedh a dheuth genama, ha ny a entras in chy an den. ¹³Ev a leverys dhyn fatell welas ev el a'y sav in y jy ow leverel, 'Danvon dhe Joppa ha droy obma Sîmon, henwys Peder. ¹⁴Ev a vydn ry dhis messach, may fedhys jy selwys dredho warbarth gans oll dha veyny.'

¹⁵"Pàn dhalathys côwsel, an Spyrys Sans a godhas wàr bùbonen anodhans, kepar dell wrug ev skydnya warnan ny wostalleth. ¹⁶Ha me a remembras geryow an Arlùth, fatell leverys dhyn, 'Gans dowr a wre

Jowan besydhya, mès gans an Spyrys Sans why a vëdh besydhys.' ¹⁷Mar qwrug Duw ry an keth ro dhedhans y a ros ev dhyn ny, pàn wrussyn ny cresy i'n Arlùth Jesu Crist, pyw en vy ytho, may hallen lettya Duw?"

¹⁸Pàn glôwsons y hedna, y a veu conclûdys, hag a braisyas Duw ha leverel, "Duw re ros dhe'n Jentylys kyn fe an edrek usy ow lêdya dhe vêwnans."

¹⁹Now an re-na, neb a veu scùllys alês awos an tormentyans adro dhe Stefan, y êth bys in Fenycya, Cyprùs hag Antiokia, ha ny wrussons côwsel an ger dhe dhen vëth mès dhe'n Yêdhewon only. ²⁰Mès yth esa i'ga mesk nebes Cypryots ha tus dhyworth Cyrene. Pàn dheuth an re-na dhe Antiokia, y a gowsas orth an Yêdhewon, esa ow clappya Grêk inwedh, ha declarya dhedhans an Arlùth Jesu. ²¹Yth esa leuv an Arlùth gansans, hag y teuth nùmber brâs anodhans dhe'n grejyans, ha trailya dhe'n Arlùth.

²²Nowodhow a'n mater a dheuth dhe scovornow an eglos in Jerùsalem, hag y a dhanvonas Barnabas dhe Antiokia. ²³Pàn dheuth ev bys i'n tyller, ha gweles grâss Duw, ev a rejoycyas ha'ga inia kettep onen dhe remainya lel dhe'n Arlùth gans lendury fèst dywysyk; ²⁴rag ev o marthys densa, leun a'n Spyrys Sans hag a fëdh. Y feu lies onen drës dhe'n Arlùth.

²⁵Nena Barnabas a viajyas dhe Tharsys rag whelas Sawl, ²⁶ha pàn wrug y gafos, ev a'n dros dhe Antiokia. Indella yth hapnyas dhedhans ôstya gans an eglos dres bledhen ahës, ha desky meur a dus. In Antiokia kyns oll an dhyscyplys a veu gelwys "Cristonyon."

²⁷I'n termyn-na y teuth profettys wàr nans dhia Jerùsalem dhe Antiokia. ²⁸Onen anodhans, henwys Agabùs, a savas in bàn ha profusa der an Spyrys Sans dyvotter brâs dhe dhos wàr oll an norvës. Hedna a wharva pàn o Claudyùs rainys. ²⁹An dhyscyplys a erviras y whre pùbonen warlergh y allos danvon socour dhe'n bredereth tregys in pow Jûdy. ³⁰Hedna y a wrug, ow tanvon an gweres gans Barnabas ha Sawl.

12 Adro dhe'n termyn-na Mytern Erod a settyas dewla gans nerth wàr radn a esely an eglos. ²Ev a erhys may fe Jamys, broder Jowan, ledhys der an cledha. ³Pàn welas ev an dra-na dhe blêsya an Yêdhewon, ev êth in rag ha sêsya Peder inwedh. (Hedna a hapnyas orth gool an Bara heb Gwel.) ⁴Pàn wrug ev y sêsya, ev a'n towlas dhe bryson ha'y ry dhe beswar bagas a soudoryon dh'y wetha, hag ev porposys dh'y dhry in mes dhe'n bobel wosa an Pask.

⁵Pàn esa Peder i'n pryson, yth esa an eglos ow pesy Duw in tywysyk ragtho.

⁶An very nos-na, kyns ès Erod dh'y dhry in mes, yth esa Peder kelmys gans chainys hag in cùsk inter dew soudor i'n pryson, hag yth esa wardens ow colyas dhyrag an daras. ⁷Strait el an Arlùth a apperyas, hag y feu golow i'n gell. An el a weskys Peder yn scav wàr y denewen rag y dhyfuna ha leverel, "Sa'bàn yn uskys." An chainys a godhas dhywar y dhewla.

8An el a leverys dhodho, "Gorr dha wrugys adro dhis, ha'th sandalys adro dhe'th treys." Ev a wrug indella. Nena ev a leverys dhodho, "Gwysk dha vantel adro dhis, ha gwra ow sewya vy." 9Peder êth in mes ha'y sewya. Ny wodhya bos gwir an pëth esa ow wharvos dre weres an el. Yth esa Peder ow predery ev dhe weles vesyon. 10Wosa y dhe bassya dres an kensa gwethysy ha'n secùnd gwethysy, y a dheuth warbydn yet horn, esa owth egery wàr an cyta. An yet a egoras dhedhans a'y vodh y honen, hag y êth in mes, ha kerdhes dre scochfordh ahës. Dhesempys an el a voydyas dhyworto.

11Nena Peder a dheuth dhodho y honen ha predery, "Lebmyn sur ov an Arlùth dhe dhanvon y el ha'm delyvra dhyworth Erod, ha dhyworth pùptra esa pobel an Yêdhewon ow qwetyas."

12Kettel wrug Peder convedhes hedna, ev êth dhe jy Maria, mabm Jowan henwys Mark, le mayth esa lies onen cùntellys hag y oll ow pesy. 13Pàn wrug ev knoukya wàr an daras, y teuth maghteth gelwys Rhôda dhe'n daras rag y egery. 14Pàn wrug hy aswon voys Peder, kebmys joy a's teva, ma na wrug hy egery an yet, mès ponya ajy ha declarya fatell esa Peder a'y sav orth an yet.

15Y a leverys dhedhy, "Varyes osta!" Mès hy a inias y bosa dell leverys. Y a leverys, "Y el ev yw."

16I'n kettermyn Peder a bêsyas ow knoukya. Pàn wrussons y egery an yet, y a'n gwelas hag a veu amays. 17Ev a wrug sînys dhedhans may whrellens tewel, hag ev a dheclaryas in pana vaner a wrug an Arlùth y dhry mes a'n pryson. Hag ev a addyas,

"Rewgh acownt a hebma dhe Jamys ha dhe'n gryjygyon." Nena ev a voydyas ha mos dhe gen tyller.

18Pàn dheuth an myttyn, y feu tervans brâs in mesk an soudoryon awos an pëth a wharva dhe Beder. 19Erod a wrug y whelas, ha pàn na'n cafas, ev a examnyas an wardens ha comondya aga bos gorrys dhe'n mernans. Nena ev a skydnyas dhia Jûdy bys in Cesaria ha trega ena.

20Erod a sorras orth tregoryon Tir ha Sîdon. Rag hedna, y oll a dheuth dhodho warbarth, ha wosa gwainya Blastùs, chamberlyn an mytern dh'aga farty, y a besys acord gans an mytern, dre rêson aga fow dhe scodhya wàr bow an mytern rag aga sosten.

21An jorna appoyntys Erod a wyscas y dhyllas rial adro dhodho, esedha wàr an arethva ha ry areth dhe oll an bobel. 22Yth esa an dus pùpprës ow cria, "Lev duw yw hedna kyns ès lev den!" 23Strait, drefen na ros ev an glory dhe Dhuw, el an Arlùth a'n gweskys, hag ev a veu debrys gans preves ha godhaf mernans.

24Saw yth esa ger Duw ow tevy hag owth encressya.

25Wosa collenwel aga hanaseth, Barnabas ha Sawl a dhewhelys dhe Jerùsalem, hag y ow try gansans Jowan henwys Mark.

13 Yth esa profettys ha descadoryon in eglos Antiokia: Barnabas; Symeon henwys Niger; Lûcy dhia Cyrene; Manaen, esel a gort an tetrark Erod; ha Sawl. 2Pàn esens y ow cordhya an Arlùth hag ow cul penys, an Spyrys Sans a leverys, "Settyowgh adenewen dhybm Barnabas ha Sawl rag an lavur, a wrug avy aga dêwys dhodho." ³Wosa gul penys ha pejadow, y a settyas aga dewla warnodhans, ha'ga danvon in kerdh.

⁴Gans hedna, pàn vowns y danvenys in mes gans an Spyrys Sans, y a skydnyas bys in Selewcya. Alena y a wolyas dhe Cyprùs. ⁵Pàn dheuthons dhe Salamys, y a dheclaryas ger Duw in synagys an Yêdhewon. Hag yth esa Jowan gansans rag aga gweres.

⁶Wosa y dhe dravalya dres oll an enys bys in Pafos, y a vetyas orth pystrior, fâls profet a'n Yêdhewon ha Bar Jesu o y hanow ev. ⁷Yth esa va warbarth gans an proconsùl, Serjyùs Pawlùs, den skiansek, neb a somonas Barnabas ha Sawl, rag whensys o va dhe glôwes ger Duw. ⁸Saw an pystrior Elymas (hèn yw trailyans y hanow) a sordyas wàr aga fydn ha whelas trailya an proconsùl dhyworth an fëdh. ⁹Saw Sawl (o henwys Pawl kefrës), leun a'n Spyrys Sans, a veras glew orto ¹⁰ha leverel, "Te vab an pla, te escar a bùb gwiryoneth, leun os a dhysseyt hag a sherewynsy.

A ny vynta jy cessya cabma fordhow ewn an Arlùth? ¹¹Goslow orthyf lebmyn—yma dorn an Arlùth wàr dha bydn, ha te a vëdh dall rag pols, heb gallos gweles an howl." Whare nywl ha tewolgow a dheuth warnodho, hag yth esa ow mos adro in udn dava, rag cafos nebonen dh'y lêdya er an dorn. ¹²Pàn welas an proconsùl an pëth a wharva, ev a gresys, rag marth a'n jeva a'n dyscans ow tùchya an Arlùth.

¹³Nena Pawl ha'y gowetha a voras dhyworth Pafos, ha dos bys in Perga in Pamfylya. Saw Jowan a voydyas dhywortans, ha dewheles dhe Jerùsalem. ¹⁴Mès y êth pella ès Perga, ha

dos dhe Antiokia in Pysydya. Jorna an sabot y entras i'n synaga hag esedha. ¹⁵Pàn veu devyn redys mes a'n laha hag a'n profettys, offycers an synaga a dhanvonas messach dhedhans ow leverel, "A vreder, mars eus ger a iniadow genowgh rag an bobel, rewgh e dhyn."

¹⁶Rag hedna Pawl a savas in bàn, ha wosa gul sin gans y dhorn, ev a dhalathas côwsel, "A Israelysy, ha why tus erel usy ow perthy own a Dhuw, goslowowgh orthyf. ¹⁷An Duw a'n bobel-ma a wrug dêwys agan hendasow hag encressya an bobel pàn esens y tregys in pow Ejyp, hag ev a dherevys y vregh ha'ga lêdya mes alena. ¹⁸Dew ugans bledhen ev a's sùffras i'n gwylfos. ¹⁹Warlergh ev dhe dhyswul seyth nacyon in pow Canaan, ev a ros aga fow dh'agan hendasow dhe vos erytans dhedhans ²⁰neb peswar cans bledhen.

"Wosa hedna ev a ros jùjys dhedhans bys in termyn an profet Samùel. ²¹Nena y a wovydnas mytern orto, hag ev a ros dhedhans Sawl mab Kish, den a'n trib a Benjamyn. Sawl a veu mytern warnodhans dew ugans bledhen. ²²Wosa Duw dh'y removya, ev a wrug mytern a Davyth mab Jesse. In y dhùstuny adro dhodho, ev a leverys, 'Me re gafas Davyth mab Jesse dhe vos den warlergh ow holon vy, hag ev a wra collenwel bodh ow brës.'

²³"Saw a lynyeth an den-ma Duw re dhros dhe Israel Savyour, Jesu—poran kepar dell wrug ev dedhewy. ²⁴Kyns ès ev dhe dhos, Jowan solabrës a dheclaryas an besydhyans a edrek dhe oll pobel Israel. ²⁵Pàn esa Jowan ow collenwel y lavur, ev a leverys, 'Pyw esowgh why ow

soposya ow bos avy? Nyns oma an den-na. Nâ, saw yma nebonen ow tos wàr ow lergh, nag oma wordhy dhe lowsya cronow an sandalys adro dh'y dreys.'

²⁶"A vreder, why issyw a deylu Abraham, ha why erel usy ow perthy own a Dhuw, dhyn ny re beu danvenys an messach a'n salvacyon-ma. ²⁷Dre rêson na wrug tregoryon Jerùsalem na'y rewlysy y aswon, naneyl convedhes geryow an profet hag a vëdh redys pùb sabot, y a gollenwys an keth geryow-na ha'y dhampnya. ²⁸Kyn na yllens y cafos chêson vëth oll ino a vreus ancow, bytegyns y a besys Pylat dh'y ladha. ²⁹Wosa gul pùptra re bia screfys adro dhodho, y a'n kemeres dhe'n dor dhywar an growspredn ha'y settya a'y wroweth in bedh men. ³⁰Saw Duw a'n derevys in bàn dhyworth an re marow. ³¹Dres lies jorna yth esa va owth apperya dhe'n re-na a dheuth in bàn ganso dhia Alyle dhe Jerùsalem, ha lebmyn y yw y dhùstuniow dhyrag an bobel.

³²"Yth eson ny ow try dhywgh nowodhow dâ: an pëth a wrug Duw promyssya dh'agan hendasow, ³³ev re gollenwys ragon ny, aga flehes, ow terevel Jesu in bàn, kepar dell yw screfys i'n secùnd salm,

"'Te yw ow Mab; hedhyw me re wrug dha dhenethy.'

³⁴Ow tùchya y dhasserghyans dhyworth an re marow heb dewheles nefra dhe bodrethes, ev re gowsas indelma,

"'Me a vydn ry dhis an promyssyow sans a veu rës dhe Davyth.'

³⁵Rag hedna ev a leverys in salm aral,

"'Ny vynta gasa dhe'th Den Sans godhevel podrethes.'

³⁶"Rag wosa ev dhe servya towlow Duw in y heneth y honen, Davyth a verwys, hag a veu encledhys ryb y hendasow ha godhevel podrethes. ³⁷Mès hedna hag a veu derevys in bàn, ny welas ev podrethes vëth.

³⁸Godhvedhowgh ytho, a vreder, bos gyvyans pehosow pregowthys dhywgh der an den-ma. ³⁹Dre hebma pùbonen ahanowgh a gressa ino a vëdh delyvrys dhyworth kenyver pegh, na alsa bos gyvys dre vain laha Moyses. ⁴⁰Kemerowgh with ytho, na wrella wharvos dhywgh why an pëth a veu côwsys der an profettys:

⁴¹"'Merowgh, why gêsyoryon!
    Kemerowgh marth ha kewgh
       dhe goll,
    rag yth esof vy ow cul ober i'gas
       dedhyow why,
    ober na vynsowgh why cresy, kyn
       whrella nebonen y dheclarya
       dhywgh.'"

⁴²Pàn esa Pawl ha Barnabas ow mos in mes, an bobel a's inias dhe gôwsel arta ow tùchya an taclow-ma an sabot nessa. ⁴³Pàn wrug tus an synaga dyberth, lies onen a'n Yêdhewon hag a'n proselîtys dywysyk a sewyas Pawl ha Barnabas, ha'ga inia dhe bêsya in grâss Duw.

⁴⁴An nessa sabot oll an cyta pò ogasty a gùntellas rag clôwes ger Duw. ⁴⁵Saw pàn welas an Yêdhewon an rûth vrâs, lenwys vowns a envy— hag y a gontradias lavarow Pawl gans blasfemys.

⁴⁶Nena kefrës Pawl ha Barnabas a gowsas yn hardh ha leverel, "Ger Duw a resa bos côwsys orthowgh why kyns oll. Abàn esowgh why orth y sconya, hag ow jùjya nag owgh agas honen wordhy a'n bêwnans heb dyweth, yth eson ny ow trailya lebmyn dhe'n Jentylys. ⁴⁷Rag indelma an Arlùth a'gan comondyas, ow leverel,

"'Me re'th settyas jy avell golow dhe'n Jentylys,
may halles dry salvacyon bys in pednow pella an bës.'"

⁴⁸Pàn wrug an Jentylys clôwes hedna, y a rejoycyas ha praisya ger an Arlùth; hag y cresys kebmys anodhans hag o destnys dhe'n bêwnans heb dyweth.

⁴⁹Indelma ger an Arlùth a lêsas der oll an côstys-na. ⁵⁰Saw an Yêdhewon a gentrynas an benenes wordhy ha dywysyk i'n cyta, ha'n dus a'n roweth brâssa, ha gul noys warbydn Pawl ha Barnabas, ha'ga gorra mes a'n powna. ⁵¹Rag hedna, y a shakyas an doust dhywar aga threys yn croffal warnodhans, ha mos dhe Iconyùm. ⁵²Ha lenwys veu an dyscyplys a lowender hag a'n Spyrys Sans.

14 An keth tra a wharva in Iconyùm, le mayth entras Pawl ha Barnabas in synaga an Yêdhewon, ha côwsel mar dhâ, may whrug nùmber brâs a Yêdhewon hag a Grêkys kefrës recêva an fëdh. ²Saw an Yêdhewon, na wrug cresy, a sordyas an Jentylys, ha posnya aga brës warbydn an vreder. ³Y a dregas pols dâ ena ow côwsel yn hardh abarth an Arlùth, hag ev a dhestas

dhe'n ger a'y râss, rag ev a wrug grauntya dhe vos gwrës dredhans sînys ha merclys. ⁴Saw rydnys veu tregoryon an cyta; radn anodhans a scodhyas an Yêdhewon, ha radn an abosteleth. ⁵Pàn o porposys an Jentylys ha'n Yêdhewon, warbarth gans aga rewlysy, dhe dhrog-handla an abosteleth ha'ga labedha, ⁶an abosteleth a glôwas adro dhe'n mater, ha diank dhe Lystra ha dhe Derbe, cytas in Lycaonya, ha dhe'n pow ader dro. ⁷Ena y a bêsyas ow progeth an nowodhow dâ.

⁸In Lystra yth esa den a'y eseth, na ylly ûsya y dreys, ha na wrug bythqweth kerdhes, rag y feu va genys mans. ⁹Yth esa va ow coslowes orth geryow Pawl. Ha Pawl a veras glew orto hag aswon bos y grejyans lowr rag y sawya. ¹⁰Rag hedna Pawl a leverys dhodho, uhel y lev, "Sa'bàn yn serth wàr dha dreys." An den a labmas in bàn ha dallath kerdhes.

¹¹Pàn welas an bobel an pëth re bia gwrës gans Pawl, cria a wrussons in yêth an Lycaonyans, "An dhuwow re skydnyas dhyn in semlant a vebyon tus!" ¹²Y a elwys Barnabas Jùbyter ha Pawl Merher, drefen ev dhe vos an chif arethyor. ¹³Pronter Jùbyter, esa y dempla pols bian avês dhe'n yettys, a dhros dhe'n yettys ohen ha garlons. Ev ha'n bobel o whensys dhe offrydna sacryfîs.

¹⁴Pàn glôwas an abosteleth, Pawl ha Barnabas, an dra-ma, y a sqwardyas aga dyllas ha stevya in mes in mesk an rûth ow carma, ¹⁵"Cothmans, prag yth esowgh why ow cul hebma? A gynda mab den on ny, poran kepar ha whywhy. Yth eson ny ow try dhywgh nowodhow dâ: y tal dhywgh trailya dhyworth an taclow-

ma heb bry, tro ha'n Duw a vêwnans, a wrug an norvës ha'n mor, ha pùptra usy inhans. ¹⁶In pùb heneth yw passys ev a alowas oll an nacyons dhe sewya aga fordhow aga honen. ¹⁷Bytegyns ev ny asas y honen heb dùstuny a'y oberow dâ, rag yma va ow tanvon dhywgh glaw dhia nev, ha sêsons rych gans frûtys, hag ev a'gas lenow a sosten, ha'gas colonow a lowender." ¹⁸Scant ny veu lowr an geryow-ma dh'aga lettya a offrydna dhedhans sacryfîs.

¹⁹Saw y teuth Yêdhewon dhia Iconyùm ha dynya an bobel. Nena y a labedhas Pawl, ha'y dedna mes a'n cyta, ow predery ev dhe vos marow. ²⁰Saw pàn dheuth an dyscyplys ha sevel oll adro dhodho, ev a savas in bàn hag entra i'n cyta. Ternos Pawl êth in rag bys in Derbe, ha Barnabas ganso.

²¹Wosa y dhe dheclarya an nowodhow dâ dhe'n cyta ha gul lies dyscypyl, y a dhewhelys dhe Lystra, ha wosa hedna dhe Iconyùm ha dhe Antiokia. ²²I'n tyller-na y a gonfortyas enef an dyscyplys, ha'ga henertha dhe bêsya i'n fêdh, ow leverel, "Dre lies torment y res dhyn entra in gwlascor Duw." ²³Wosa y dhe appoyntya tus hen ragthans in kenyver eglos, gans pejadow ha penys, y a's comendyas dhe'n Arlùth esens ow cresy ino. ²⁴Nena y a bassyas dre Pysýdya ha dos dhe Pamfylya. ²⁵Pàn wrussons y côwsel an ger in Perga, y a skydnyas bys in Attalya.

²⁶Alena golya a wrussons arta dhe Antiokia, le may fiens comendys dhe râss Duw, awos an lavur a wrussons collenwel. ²⁷Pàn dheuthons y dhe'n cyta, y a somonas warbarth an eglos, ha declarya kebmys a wrug Duw dredhans, ha fatell wrug ev egery an daras a fêdh dhe'n Jentylys. ²⁸Y a dregas ena pols dâ gans an dyscyplys.

15

Nena certan re a skydnyas dhia Jûdy, ha desky an bredereth indelma, "Marnas why a vo cyrcùmcîsys warlergh gis Moyses, ny yllowgh why bos selwys." ²Wosa Pawl ha Barnabas dhe dhyspûtya yn freth gansans, y feu dêwysys Pawl ha Barnabas, ha tus, dhe dravalya in bàn dhe Jerùsalem, may hallens omgùssulya adro dhe'n mater gans an abosteleth ha gans an dus hen. ³Whare y fowns danvenys gans an eglos wàr aga fordh, ha pàn esens ow mos dre Fenycya ha Samarya, y a dherivas trailyans an Jentylys, ha lowenhe oll an re-na esa ow cresy. ⁴Pàn wrussons dos dhe Jerùsalem, y fowns wolcùbmys gans an eglos, an abosteleth ha'n dus hen. Hag y a dheclaryas kenyver tra a wrug Duw dredhans.

⁵Mès radn a'n gryjygyon, esa ow longya dhe barty an Farysys, a savas in bàn ha leverel, "Res yw dhedhans bos cyrcùmcîsys, ha comondys dhe wetha laha Moyses."

⁶An abosteleth ha'n dus hen a gùntellas rag consydra an mater. ⁷Wosa meur a dhyspûtyans, Peder a savas in bàn ha leverel dhedhans, "A vreder, why a wor i'n dedhyow avarr, fatell wrug Duw ow dêwys vy mes a'gas nùmber, dhe vones hedna dredho may whrella an Jentylys clôwes messach an nowodhow dâ ha cresy. ⁸Ha Duw, hag yw colon mab den aswonys dhodho, a dhysqwedhas y vos pës dâ gansans, pàn ros ev an Spyrys Sans dhedhans, poran kepar

dell wrug ev y ry dhyn ny. ⁹Pàn wrug Duw glanhe aga holon dre fëdh, ny wrug ev dyberthva vëth intredhans ha ny. ¹⁰Prag yth esowgh why ytho i'n tor'-ma ow prevy Duw, hag ow settya wàr godna an dyscyplys yew na alsa agan hendasow unweyth hy ferthy, ha na alsen nyny hy ferthy nahen? ¹¹I'n contrary part, ny a grës y fedhyn ny selwys dre râss an Arlùth Jesu, kepar dell vëdh an re-ma inwedh."

¹²Tewel a wrug oll an gùntellva, ha goslowes orth Barnabas ha Pawl, hag y ow teclarya dhedhans pùb sin ha marthus a wrug Duw dredhans in mesk an Jentylys. ¹³Wosa y dhe fynyshya aga lavarow, Jamys a worthebys, "A vreder, goslowowgh orthyf vy lebmyn. ¹⁴Symeon re dheclaryas fatell veras Duw kensa gans favour orth an Jentylys, rag kemeres mes anodhans pobel rag y hanow ev. ¹⁵Yma hebma owth acordya gans geryow an profettys, kepar dell yw screfys,

¹⁶"'Wosa an taclow-ma, me a vydn dewheles
ha dasterevel trigva Davyth yw codhys dhe'n dor.
Y fanaf mes a'y magoryow
hy byldya arta ha'y dasterevel,
¹⁷may halla pùb pobel aral whelas an Arlùth,
ea, an Jentylys may feu ow hanow gelwys a-ugh aga fedn.
¹⁸Indelma y lever an Arlùth, hag yma va ow teclarya an taclow-ma dhia dermyn an dedhyow coth.'

¹⁹"Rag hedna ow thowl yw sevel orth trobla an Jentylys-na usy ow trailya dhe Dhuw. ²⁰Ny res dhyn mès screfa ha comendya dhedhans omwetha dhyworth an re-ma: taclow mostys gans idolys, harlotry, pypynag oll a vo lindegys ha goos. ²¹I'n pùb cyta dres pùb heneth, nans yw termyn pell, Moyses a'n jeves an re-na re bia orth y brogeth, dre rêson ev dhe vos redys a lev uhel pùb sabot oll i'n synagys."

²²Nena an abosteleth ha'n dus hen, gans acord oll an eglos, a erviras dêwys tus mes a'ga esely, ha'ga danvon dhe Antiokia gans Pawl ha Barnabas. Y a dhanvonas Jûdas, henwys Barsabas, ha Sîlas, lêders in mesk an bredereth, ²³hag y a dhros an lyther-ma gansans,

An bredereth, kefrës abosteleth ha tus hen, dhe'n gryjygyon a gynda an Jentylys in Antiokia, in Syry hag in Cylycy: lowena dhywgh why oll!

²⁴Abàn wrussyn ny clôwes certan re, neb êth mes alebma (kynth o heb agan cubmyas ny) dhe leverel dhywgh taclow re wrug agas trobla ha dysêsya agas brës, ²⁵ny oll kescolon re erviras dêwys canasow ha'ga danvon dhywgh warbarth gans Pawl ha Barnabas, tus veurgerys. ²⁶Y aga dew re beryllyas aga bêwnans rag kerensa agan Arlùth Jesu Crist. ²⁷Rag hedna, ny re dhanvonas Jûdas ha Sîlas, hag y a vydn leverel an keth taclow wàr anow dhywgh. ²⁸Yth hevel dâ dhe'n Spyrys Sans ha dhyn ny, sevel orth agas beghya moy ès dell yw res. ²⁹Why a dal ytho omwetha dhyworth tra vëth a vo offrydnys dhe idolys, dhyworth goos, dhyworth kenyver tra lindegys

ha dhyworth harlotry. Mar qwrewgh why unweyth sconya oll an re-ma, why a vydn gul yn tâ.

Farwèl dhywgh!

30Gans hedna y a veu danvenys wàr aga fordh ha skydnya dhe Antiokia. Pàn wrussons y gelwel warbarth an gùntellva, y a dhelyvras an lyther i'ga dewla. 31Pàn wrussons y redya kenyver tra esa i'n lyther, y a rejoycyas orth an iniadow. 32Jûdas ha Sîlas a leverys lowr rag confortya ha crefhe an gryjygyon, rag profettys êns aga dew. 33Wosa y dhe vos ena pols dâ, y a veu danvenys gans an vreder in cres arta dhe'n re-na a wrug aga gorra dy. 34Mès yth hevelly dâ dhe Sîlas gortos ena. 35Pawl ha Barnabas a dregas in Antiokia, hag ena, warbarth gans lies onen aral, yth esens ow tesky hag ow progeth ger an Arlùth.

36Wosa nebes dedhyow Pawl a leverys dhe Barnabas, "Deun, gesowgh ny dhe dhewheles ha vysytya an gryjygyon in pùb cyta, may whrussyn ny declarya ger an Arlùth kyns, may hallen gweles in pana vaner usons y ow fara." 37Dâ via gans Barnabas dry gansans Jowan henwys Mark. 38Saw Pawl a erviras heb dry gansans hedna a wrug aga forsâkya in Pamfylya, ha na wrug kesobery gansans i'ga lavur. 38Y feu an strif mar sherp, may whrussons y dyberth an eyl dhyworth y gela. Barnabas a dhros Mark ganso ha golya in kerdh dhe Cyprùs. 40Saw Pawl a dhêwysas Sîlas, ha wosa an gryjygyon dh'aga homendya dhe râss Duw, y a dhalathas wàr aga fordh. 41Ev êth dre Syry ha dre Cylycy ow confortya an eglosyow.

16 Pawl êth pella, ha dos dhe Derbe ha dhe Lystra, le mayth esa dyscypyl henwys Tymothy. Mab Yêdhowes cryjyk o Tymothy, saw Grêk o y das. 2Gerys dâ o Tymothy gans an gryjygyon in Lystra hag in Iconyùm. 3Abàn o dâ gans Pawl Tymothy dhe viajya ganso, ev a'n kemeras ha gul dhodho bos cyrcùmcîsys, awos an Yêdhewon esa i'n côstys-na, rag y oll a wodhya fatell o Grêk y das. 4Y a dhelyvras dhedhans, hag y ow mos dhia dre dhe dre, pùb brusyans o determys gans an abosteleth ha gans an dus hen in Jerùsalem, may hallens y gul wàr aga lergh. 5Indelma y feu an eglosyow confortys i'n fëdh, ha'n nùmber an gryjygyon inhans a encressyas kenyver jorna.

6Y êth der an powyow a Fryjy ha Galathya, wosa an Spyrys Sans dh'aga dyfen, na wrellens progeth an ger in Asya. 7Pàn dheuthons adâl Mysya, y a assayas entra in Bytyny, mès ny ros Spyrys Jesu dhedhans cubmyas. 8Rag hedna y a bassyas ryb Mysya ha skydnya bys in Troas. 9Pawl a welas vesyon i'n nos: yth esa Macedonyan a'y sav in nes hag ev ow plêdya ganso ow leverel, "Deus dres an mor obma bys in Macedonya rag gul dhyn gweres." 10Wosa ev dhe weles an vesyon, ny a whelas strait tremena bys in Macedonya, rag ny o sur y whrug Duw agan gelwel dhe brogeth an nowodhow dâ dhedhans.

11Ny a voras dhia Troas ha golya in strait dhe Samothras, ternos dhe Neapolys, 12hag alena dhe Fylyppy, tyller hag yw chif cyta a bow Macedonya, ha gwlasva Roman. Ny a dregas i'n cyta-na nebes dedhyow.

¹³Jorna an sabot ny êth avês dhe'n yet ryb an ryver, rag yth esen ow soposya bos plâss pejadow i'n tyllerna. Ny a esedhas, ha côwsel orth an benenes o cùntellys ena. ¹⁴Yth esa benyn henwys Lydya, gordhyores a Dhuw, ow coslowes orthyn. Yth o hy devedhys dhia an cyta Thiatîra, ha gwycores padnow pùrpur o hy. An Arlùth a egoras hy holon dhe woslowes gans mal orth geryow Pawl. ¹⁵Wosa hy ha'y meyny dhe vos besydhys, hy a'gan inias ow leverel, "Mars esowgh ow jùjya y bosama lel dhe'n Arlùth, dewgh ha tregowgh i'm chy." Ha hy a brevailyas warnan.

¹⁶Udn jorna, pàn esen ny ow kerdhes dhe dyller an pejadow, ny a vetyas orth kethes hag a's teva spyrys a dhewynieth. Yth esa hy ow tendyl meur a vona rag hy ferhenogyon dre hy dewynyans. ¹⁷Hy a sewya Pawl warbarth genen ny, ha hy ow carma yn uhel, "Kethyon an Duw Uhella yw an re-ma, hag ymowns y ow progeth dhywgh fordh a salvacyon." ¹⁸Hy a bêsyas indelma lies jorna. Saw Pawl, serrys brâs, a drailyas ha leverel dhe'n spyrys, "Me a'th comond in hanow Jesu Crist dhe dhos mes anedhy." Ha'n spyrys a dheuth in mes an very prës-na.

¹⁹Pàn welas hy ferhenogyon bos kellys aga govenek a wainya mona, y a settyas dalhen in Pawl ha Sîlas, ha'ga thedna bys i'n varhasva dhyrag an rewlysy. ²⁰Wosa aga dry dhyrag an jùstyssyow, y a leverys, "Yma an dusma ow trobla agan cyta. Yêdhewon yns ²¹hag ymowns y ow comendya gîsyow nag yw lafyl dhyn ny, Romans, naneyl dhe dhegemeres na dhe bractycya."

²²An rûth a's gweresas owth assaultya an abosteleth. An jùstyssyow a gomondyas aga dystryppya ha'ga scorjya gans gwelyny. ²³Wosa aga stewany yn tydn, y a's towlas dhe bryson, hag erhy dhe'n jailer aga sensy in dadn naw alwheth. ²⁴Ev a obeyas dhe'n gorhebmyn-ma, aga gorra i'n gell awoles ha fastya aga threys i'n carharow.

²⁵Ogas dhe hanter-nos, yth esa Pawl ha Sîlas ow pesy hag ow cana hympnys dhe Dhuw, ha'n prysners ow coslowes ortans. ²⁶Dewhans y feu dorgis mar grev, may whrug crena grownd an pryson. Y feu egerys whare pùb daras ha dygelmys chainys kenyver prysner. ²⁷Pàn dhyfunas an jailer ha gweles darasow an pryson egerys alês, ev a dednas y gledha hag a vynsa ladha y honen, rag ev a gresys an prysners dhe vos dienkys. ²⁸Saw Pawl a grias a voys uhel, "Na wra pystyga dha honen, rag yth eson ny obma yn kettep pedn!"

²⁹Wosa somona lanterns, an jailer a entras yn uskys. Ev a godhas in udn grena orth treys Pawl ha Sîlas. ³⁰Nena ev a's dros in mes ha leverel, "Syrys, pandra res dhybm gul rag bos selwys?"

³¹Y a leverys, "Gwra cresy i'n Arlùth Jesu ha te ha'th veyny a vêdh sawys." ³²Y a leverys ger an Arlùth dhodho ha dhe oll y veyny. ³³An keth prës a'n nos ev a's kemeras ha golhy aga goliow. Ev hag oll y veyny a veu besydhys whare. ³⁴Ev a's dros in bàn, ha settya sosten dhyragthans. Ev ha'y veyny oll a rejoycyas ev dhe gresy in Duw.

³⁵Pàn dheuth an myttyn, an jùstyssyow a dhanvonas an greswesyon ha leverel, "Delyvrowgh an re-

191

ma dhe wary." ³⁶Ha'n jailer a dherivas an nowodhow dhe Bawl ha leverel, "An jùstyssyow re dhanvonas ger dhybm why dhe vos fries dhe vos wàr agas fordh in cres."

³⁷Saw Pawl a worthebys, "Y re'gan scorjyas dhyrag an dus heb agan brusy, kynth on ny cytysans Roman, ha'gan tôwlel dhe bryson. Yns y ervirys i'n tor'-ma agan delyvra dhe wary in dadn gel? Duw dyfen! Deuns y obma ha'gan dry in mes aga honen."

³⁸An greswesyon a dheclaryas an geryow-ma dhe'n jùstyssyow, ha pàn glôwsons y dhe vos cytysans Roman, own a's teva. ³⁹Rag hedna y a dheuth dhedhans ha dyharas. Nena y a's dros in mes ha'ga fesy dhe asa an cyta. ⁴⁰Wosa gasa an pryson, y êth dhe jy Lydya. Y a welas an vreder ha'n wheryth ena ha'ga honfortya. Nena y a dhybarthas.

17 Wosa passya dre Amfypolys hag Apollonya, y teuth Pawl ha Sîlas dhe Thessalonyca, le mayth esa synaga a'n Yêdhewon. ²Ha Pawl a entras, kepar dell o y ûsadow, ha try jorna sabot wosa y gela, ev a dhyspûtyas gansans mes a'n scryptours, ³ow styrya hag ow prevy fatell o res dhe'n Crist godhaf ha sevel arta dhyworth an re marow. Ha Pawl a levery, "Hèm yw an Crist, Jesu esof vy orth y brogeth dhywgh." ⁴Y feu radn anodhans perswadys, hag y a jùnyas dhe Pawl ha Sîlas, kepar dell wrug lies onen a'n Grêkys dywysyk, ha nùmber brâs a'n benenes wordhy.

⁵Saw an Yêdhewon a borthas envy, ha gans gweres tus vylen i'n varhasva, y a formyas rûth wyls ha sordya tervans i'n cyta. Pàn esens ow whelas Pawl ha Sîlas rag aga dry in mes dhe'n bobel, y a assaultyas chy Jason. ⁶Dre rêson na yllens aga hafos ena, y a dednas Jason ha radn a'n gryjygyon dhyrag consel an cyta ow carma, "An dus-ma re settyas an norvës awartha dhe woles, ha lebmyn re dheuthons obma kefrës, ⁷ha Jason re's wolcùbmas aberth in y jy. Ymowns y ow fara warbydn ordenansow an emperour, hag ow leverel bos mytern ken ès Cesar, hèn yw Jesu." ⁸Troblys veu an bobel hag offycers an cyta, pàn glôwsons hebma, ⁹ha wosa y dhe gemeres gajys dhyworth Jason ha'n re erel, y a's relêssyas.

¹⁰An very nos na an gryjygyon a dhanvonas Pawl ha Sîlas in kerdh bys in Berea, ha pàn dheuthons dhe'n dre, y a entras in synaga an Yêdhewon. ¹¹Moy nobyl i'ga brës o an Yêdhewon-ma ès an re-na in Thessalonyca, rag y a wolcùbmas an messach yn lowen ha whythra an scryptours pùb jorna, may hallens gweles o an câss gwir pò nag o.

¹²Rag hedna lies onen anodhans a gresys, ha benenes ha tus Grêk meur aga bry warbarth gansans. ¹³Saw pàn glôwas Yêdhewon Thessalonyca ger Duw dhe vos pregowthys gans Pawl in Berea magata, y a dheuth in bàn dy rag sordya hag inia an bobel. ¹⁴Heb let vêth an gryjygyon a dhanvonas Pawl dhe'n cost, mès Sîlas ha Tymothy a dregas ena wàr y lergh. ¹⁵An re-na neb o gedyoryon Pawl a'n dros bys in Athens, ha wosa cafos comondment dhyworto, may whrellens gul dhe Sîlas ha Tymothy jùnya dhodho kettel ylly bos, y a's gasas.

¹⁶Pàn esa Pawl orth aga gortos in Athens, ev a veu grêvys brâs ow qweles bos an cyta leun a imajys.

¹⁷Rag hedna, ev a argyas i'n synaga gans an Yêdhewon, ha gans an dus dywysyk, hag i'n varhasva kenyver jorna gans an re-na a vedha ena dre jauns. ¹⁸Certan fylosofers Epycùrean ha Stoik a dhyspûtyas ganso inwedh. Radn a levery, "Pandr'usy an tavasak ma ow styrya?" Radn erel a levery, "Yth hevel ev dhe vos pregowthor a dhuwow stranj." (Hèn o drefen ev dhe dheclarya an nowodhow dâ adro dhe Jesu ha'y dhasserghyans.) ¹⁹Rag hedna y a'n kemeras, ha'y dhry dhe'n Areopagùs ha govyn orto, "A yllyn ny godhvos pëth yw an dyscans nowyth-ma, esta ow teclarya?" ²⁰Yth eses ow try taclow marthys dh'agan scovorn-ow, ha dâ via genen godhvos pandr'usons ow styrya." ²¹Ny wre oll an Athenyans, ha'n alyons tregys i'n cyta, tra vëth ken ès spêna aga thermyn ow ry acownt a neppyth nowyth pò ow coslowes orto.

²²Pawl a savas dhyrag an Areo-pagùs ha leverel, "Athenyans, me a wel why dhe vos pòr dhywysyk ow tùchya pùptra usy ow longya dhe'n dhuwow, ²³rag pàn esen vy ow mos dres an cyta, hag ow meras glew orth an taclow yw gordhys genowgh, me a welas i'ga mesk alter, ha'n geryow-ma screfys warnedhy: dhe dhuw ùncoth. Rag hedna an pëth esowgh why orth y wordhya heb y aswon, yth esof vy lebmyn ow teclarya dhywgh why.

²⁴"An Duw, neb a formyas an bës ha kenyver tra ino, ev yw Arlùth an nev ha'n nor, mès nyns ywa tregys in scrinyon gwrës gans dewla mab den, ²⁵naneyl ny wra dewla mab den y servya, kepar ha pàn ve othem dhodho a dra vëth, rag yma va y honen ow ry bêwnans dhe bùbonen

hag anal dhe genyver tra. ²⁶Ev a formyas pùb nacyon a'n udn hendas, may hallens bewa wàr fâss oll an norvës. Ev a radnas dhedhans ter-mynyow aga bêwnans, hag oryon an powyow a vedhens y tregys inhans, ²⁷may whrellens whelas Duw, ha martesen palvala tro hag ev ha'y gafos—kyn nag usy va in gwir pell dhyworth den vëth ahanan. ²⁸Rag 'ino ev yth eson ny ow trega, ow qwaya hag ow cafos agan bêwnans'—dell leverys radn a'gas prydydhyon why, 'Rag ny inwedh yw y issyw ev.'

²⁹"Abàn on ny issyw Duw, ny dal dhyn predery bos an duwsys kepar hag owr, arhans pò men—imach shâpys dre greft ha dre injyn mab den. ³⁰An osow may feu mebyon tus in anwodhvos—Duw re ascûsyas oll an re-na. Saw lebmyn, yma va ow comondya an dus in pùb tyller oll dhe godha in edrek, ³¹rag ev re settyas jorna may whre va brusy an bës in ewnder, dre vain den re beu appoyntys ganso—ha dhe bùbonen ev a ros dùstuny a hebma, pàn wrug ev y dherevel dhyworth an re marow."

³²Pàn wrussons y clôwes a dhas-serghyans an re marow, nebes ano-dhans a wrug ges anodho, saw re erel a leverys, "Ny a vydn clôwes moy dhyworthys adro dhe'n mater ma." ³³Nena Pawl a's gasas. ³⁴Mès radn anodhans a jùnyas ganso ha cresy. Inter an re-na y feu Dionysyùs Areo-pagyas, ha benyn henwys Damarys, ha ken re gansans.

18 Wosa hedna, Pawl a asas Athens ha mos dhe Corynth. ²Ena ev a gafas Yêdhow henwys Aqwyla, hag a veu genys in Pontùs.

Ev o devedhys agensow dy dhyworth Italy gans y wreg Pryscylla, awos Claudyùs dhe ordna may whrella oll an Yêdhewon gasa Rom. Pawl êth dh'aga gweles, ³ha dre rêson y dhe vos a'n udn greft, ev a dregas gansans, hag y a lavuryas an eyl ryb y gela—gwrioryon tyldys êns y. ⁴Pùb jorna sabot y whre Pawl dyspûtya i'n synaga, ha whelas gul dhe'n Yêdhewon cresy, ha dhe'n Jentylys kekefrës.

⁵Pàn dheuth Sîlas ha Tymothy dhia Macedonya, yth esa Pawl bysy ow teclarya an ger, hag ow testa dhe'n Yêdhewon bos Jesu an Crist. ⁶Pàn wrussons y sevel wàr y bydn ha'y dhysprêsya, ev a shakyas an doust in croffal mes a'y dhyllas ha leverel dhedhans, "Re bo agas goos wàr agas pedn agas honen! Gwiryon oma. Alebma rag me a vydn mos dhe'n Jentylys."

⁷Nena ev a asas an synaga, ha mos dhe jy den henwys Tîtùs Jùstùs, gordhyor a Dhuw. Ryb an synaga yth esa y jy. ⁸Cryspùs, offycer an synaga, a veu cryjyk, warbarth gans oll y veyny. Ha lies onen a'n Corynthyans a glôwas Pawl hag y a veu cryjygyon, hag y fowns besydhys.

⁹An Arlùth a gowsas dhe Pawl orth golow nos in vesyon ow leverel, "Na borth own, mès cows ha na wra tewel, ¹⁰dre rêson me dhe vos genes, ha ny wra den vëth naneyl settya dorn warnas na dha shyndya, rag yma lies onen i'n cyta-ma, ha'm pobel yns y." ¹¹Ev a dregas i'n tyller-na bledhen ha hanter, ow tesky ger Duw i'ga mesk.

¹²Pàn o Gallyo proconsùl in Acaya, oll an Yêdhewon a sordyas kescolon warbydn Pawl, ha'y dhry dhyrag an gort. ¹³Y a leverys, "Yma hebma owth exortya tus dhe wordhya Duw in fordhow nag yw warlergh an laha."

¹⁴Yth esa Pawl parys dhe gôwsel, saw Gallyo a leverys dhe'n Yêdhewon, "A pe hebma mater a drespas poos pò a vylyny brâs, me a'm bia caus dhe dhegemeres agas plainta why, a Yêdhewon. ¹⁵Mès abàn nag yw mès chêson a gwestyonow ow tùchya geryow ha henwyn, ha'gas laha why, assoylyowgh an mater intredhowgh agas honen. Ny vanaf vy bos jùj a'n mater-ma." ¹⁶Hag ev a's danvonas in kerdh mes a'n gort. ¹⁷Nena oll an Grêkys a sêsyas Sosthenes, offycer an synaga, ha'y gronkya dhyrag an gort. Mès ny wrug Gallyo vry a dra vëth a'n taclow-ma.

¹⁸Wosa trega pols dâ i'n tyller-na, Pawl a asas farwèl gans an gryjygyon ha golya dhe Syry, hag Aqwyla ha Pryscylla êth ganso. In Cencrys ev a ordnas y vlew dhe vos trehys, rag in dadn ambos yth esa. ¹⁹Pàn dheuthons bys in Efesùs, ev a's gasas ena, saw kyns ès hedna ev entras i'n synaga ha dyspûtya gans an Yêdhewon. ²⁰Y a'n pesys dhe drega pella, saw ev ny vynsa. ²¹Pàn wrug ev dyberth dhywortans, ev a leverys, "Me a vydn dewheles dhywgh, mar mydn Duw." Nena ev a voras dhia Efesùs. ²²Wosa tira in Cesaria, Pawl êth in bàn dhe Jerùsalem, ha dynerhy an eglos ena, ha skydnya wosa hedna dhe Antiokia.

²³Ev a spênas pols i'n tyller-na, ha wosa hedna ev a dhybarthas, ha mos dhia dyller dhe dyller der oll pow Galathya ha Fryjy ow crefhe an dyscyplys.

²⁴Y teuth dhe Efesùs Yêdhow henwys Apollos, hag a veu genys in Alexandrya. Den helavar o va ha skentyl adro dhe'n scryptours. ²⁵Ev

re bia deskys in Fordh an Arlùth, hag a gôwsy yn fen hag in ewn, hag yth esa va ow tesky yn compes an taclow ow tùchya Jesu, kyn na wodhya mès an besydhyans a Jowan. ²⁶Ev a dhalathas côwsel yn hardh i'n synaga, saw pàn y'n clôwas Pryscylla hag Aqwyla, y a'n kemeras adenewen ha clerhe dhe voy compes Fordh Duw dhodho.

²⁷Pàn o Apollos whensys dhe dremena bys in Acaya, an gryjygyon a'n inias ha screfa dhe'n dyscyplys i'n tyller-na, may whrellens y wolcùbma. Pàn dheuth ev dy, ev a weresas yn frâs an re-na o devedhys dhe'n grejyans dre râss Duw, ²⁸rag ev yn fen a gonclûdyas an Yêdhewon dhyrag an dus, ha dysqwedhes der an scryptours Jesu dhe vos an Crist.

19 Pàn esa Apollos in Corynth, Pawl a dremenas der oll an côstys in cres Asya, ha dos dhe Efesùs, may cafas certan dyscyplys. ²Ev a leverys dhedhans, "A wrussowgh why recêva an Spyrys Sans pàn dheuthowgh why dhe'n fëdh?"

Y a'n gorthebys, "Na wrussyn, ny wrussyn ny unweyth clôwes adro dhe'n Spyrys Sans."

³Nena ev a leverys, "In pana dra a vewgh why besydhys?"

Y a worthebys, "Besydhyans Jowan."

⁴Pawl a leverys, "Jowan a wre besydhya gans besydhyans edrek, hag ev a erhy dhe'n bobel cresy i'n den a dheffa wàr y lergh, hèn yw Jesu."

⁵Pàn wrussons y clôwes hedna, y fowns y besydhys in hanow an Arlùth Jesu. ⁶Wosa Pawl dhe settya warnodhans y dhewla, an Spyrys Sans a dheuth warnodhans, hag y a gowsas in tavosow ha profusa—⁷yth esa neb dewdhek anodhans i'n tyller-na.

⁸Pawl a entras i'n synaga, ha dres nebes mîsyow yth esa va ow côwsel yn hardh, hag owth argya yn perswadus adro dhe wlascor Duw. ⁹Pàn dhenahas radn anodhans an fëdh yn stordy, ha côwsel drog a'n Fordh dhyrag an gùntellva, ev a's forsâkyas ha kemeres ganso an dyscyplys, ha dyspûtya pùb jorna in arethlës Tyranùs dhia udnek eur myttyn dhe beder eur dohajëdh. ¹⁰An practys-ma ev a sewyas dyw vledhen, may whrug oll tregoryon Asya, Yêdhewon ha Grêkys kefrës, clôwes ger an Arlùth.

¹¹Duw a berformyas sînys barthusek dre Pawl: ¹²pàn o coverchîvys pò aprodnyow hag a dùchyas y grohen, pàn vowns y drës dhe'n dus clâv, aga clevejow a wre mos qwit dhywortans, hag yth esa an debel-spyrysyon ow tos mes anodhans.

¹³Yth esa dyhudoryon Ebrow ow mos ader dro, hag y a whela banyshya tebel-spyrysyon in hanow an Arlùth, ow leverel a-ugh an sagh dyowl, "Me a'th conjor re Jesu usy Pawl ow teclarya." ¹⁴Yth esa an seyth mab a'n uhel pronter henwys Sceva ow cul hebma. ¹⁵Saw an debel-spyrysyon a levery dhedhans ha gortheby, "Jesu, me a'n aswon; Pawl, me a'n aswon, mès te—pyw osta jy?" ¹⁶Nena an sagh dyowl a labmas warnodhans ha'ga overcùmya kettep onen, ha gul mêstry warnodhans, may whrussons y fia mes a'n chy yn noth ha brêwys.

¹⁷Pàn veu hedna godhvedhys dhe oll tregoryon Efesùs, Yêdhewon ha Grêkys kefrës, pùbonen a gemeras uth ha praisya hanow an Arlùth Jesu. ¹⁸Lies onen a'n re-na neb a dheuth

dhe'n fëdh, a wrug meneges ha dys-clôsya aga gwadn-ûsadow aga honen. [19]Radn a'n bystrioryon i'ga mesk a gùntellas aga lyvrow, ha'ga lesky in golok an dus. Pàn veu valew an lyvrow ma reknys, y feu va kefys dhe vos hanter-cans mil a vathow arhans. [20]Indelma ger an Arlùth a encressyas gans gallos ha cruny nerth.

[21]Pàn veu oll an taclow-ma cowl-wrës, Pawl a erviras i'n Spyrys mos dre Macedonya hag Acaya, ha wosa hedna dhe Jerùsalem. Ev a leverys, "Wosa me dhe vos dy, res vëdh dhybm gweles Rom." [22]Rag hedna ev a dhanvonas dhe Macedonya dew a'y weresoryon, Tymothy hag Erastùs, saw ev y honen a dregas pols pella in Asya.

[23]Adro dhe'n termyn-ma, y wharva tervans brâs ow tùchya an Fordh. [24]Den henwys Demetryùs, gweythor arhans, a wre scrinyon arhans rag Artemys, hag indella yth esa va ow provia negys lowr dhe'n greftoryon. [25]Ev a gùntellas warbarth an re-na, ha re erel a'n udn greft ha leverel, "A dus, why a wor yn tâ agan bos ny ow cafos agan mona dhia an negys-ma, [26]ha why a wel hag a glôw inwedh in Efesùs, hag in oll Asya ogasty kefrës, Pawl dhe dedna in kerdh nùmber brâs a dus, ow leverel nag yw duw in gwiryoneth duw vëth, o formys gans dewla mab den. [27]Yma an peryl-ma orth agan godros may fëdh despîsys agan negys martesen, ha moy ès hedna, templa an dhuwes vrâs Artemys dhe vos dysprêsys. Martesen hy a wra kelly oll hy roweth, usy ow try tus obma rag hy gordhya, dhia oll Asya ha dhia genyver tyller i'n norvës."

[28]Pàn wrussons y clôwes hedna, conar a's sêsyas, hag y a grias, "Brâs yw Artemys an Efesyans!" [29]An cyta a veu lenwys a gedryn, ha'n bobel a stevyas warbarth bys i'n waryva, ow tedna gansans Gayùs hag Arystarcùs (Macedonyans o an re-na, ha cowetha dhe Pawl wàr y viajys). [30]Whensys o Pawl mos bys i'n rûth, saw an dyscyplys a'n lettyas. [31]Radn a rewlysy Asya o cothmans dhe Pawl, hag y a dhanvonas dhodho ger, ow comendya dhodho na wrella mos bys i'n waryva.

[32]I'n kettermyn, yth esa radn ow cria an eyl dra, ha radn erel y gela, rag yth esa oll an gùntellva in deray, ha ny wodhya an radn vrâssa anodhans prag yth êns y oll devedhys warbarth. [33]Radn a'n bobel a erhys neppyth dhe Alexander, re bia herdhys in rag gans an Yêdhewon. Alexander a wrug sin gans y dhorn dhedhans dhe dewel, hag assaya gul defens dhyrag an bobel. [34]Saw pàn wrussons y aswon y vos Yêdhow, y oll warbarth a armas unver gans voys uhel moy ès dew our, "Brâs yw Artemys an Efesyans!"

[35]Pàn wrug scryvynyas an cyta coselhe an bobel nebes, ev a leverys dhedhans, "Cytysans, Efesyans, pyw usy i'n bës na wor bos cyta an Efesyans warden a dempla Artemys Vrâs hag a'n imach a godhas mes a'n nev? [36]Abàn na yll an taclow-ma bos nehys, y tal dhywgh bos cosel, heb gul tra vëth dybreder. [37]Why re dhros obma an dus-ma, saw ny wrussons y naneyl robbya an templa na cably agan duwes. [38]Rag hedna, Demetryùs, ha'n weythoryon usy ganso, mara's teves plainta warbydn den vëth, egerys yw an breuslësyow, hag yma dhyn proconsùlys. Gwrêns

y cùhudha an eyl y gela dhyrag an re-na. ³⁹Mars esowgh why ow tesîrya godhvos tra vëth pella, res yw assoylya an câss i'n gùntelles kebmyn. ⁴⁰Yth eson ny in peryl brâs a vos cùhudhys a dervans hedhyw rag nyns eus ascûs vëth rag an deray ma." ⁴¹Wosa leverel an geryow-na, ev a dhanvonas an bobel in kerdh.

20 Pàn cessyas an hùbbadùllya, Pawl a dhanvonas dhe gerhes an dyscyplys. Wosa aga honfortya ha gasa farwèl, ev a dhybarthas ha mos wàr y fordh dhe Macedonya. ²Ev a dremenas der an côstys-na, ow kenertha an gryjygyon yn frâs. Nena ev a dheuth dhe Grêss, ³ha trega try mis ena. Parys o va dhe vora bys in Syry, mès an Yêdhewon a wrug plottya wàr y bydn. Rag hedna, ev a erviras dewheles dre Macedonya. ⁴An re-ma o y gowetha i'n fordh: Sopater mab Pyrrhùs dhia Berea, Arystarcùs, Secùndùs dhia Thessalonyca, Gayùs dhia Derbe ha Tymothy warbarth gans Tykycùs ha Trofymùs dhia Asya. ⁵Y êth dhyragtho, hag yth esens orth y wortos in Troas. ⁶Saw ny a wolyas dhyworth Fylyppy wosa dedhyow an Bara heb Gwel. Wosa pymp jorna ny a vetyas gansans in Troas, ha trega i'n tyller-na seyth jorna.

⁷An kensa jorna a'n seythen, pàn wrussyn ny dos warbarth dhe derry bara, yth esa Pawl ow tyspûtya gansans, rag porposys o va dhe voydya an nessa jorna. Ev a bêsyas gans y gows bys hanter-nos. ⁸Yth esa meur a lùgern i'n rom avàn, mayth en ny cùntellys ino. ⁹Yth esa den yonk, Ewtycùs y hanow, esedhys wàr legh an fenester, hag ev a dhalathas

skydnya in cùsk poos, ha Pawl ow côwsel yn hir. Fethys gans hun Ewtycùs a godhas try leur dhe'n dor, hag y feu kefys marow. ¹⁰Mès Pawl a skydnyas, plegya a-ughto ha'y gemeres in y dhywvregh ha leverel, "Na berthowgh awher, rag yma y vêwnans ino." ¹¹Nena Pawl êth in bàn, ha wosa terry bara ha debry tabm, ev a bêsyas y gescows gansans bys tardh an jëdh. Nena ev a dhybarthas. ¹²I'n kettermyn y a dhros an maw yn few dhe ves, ha nyns o bohes aga solas.

¹³Ny êth dhyragtho bys i'n gorhal, ha golya tro hag Assos, rag ny o porposys dhe dhegemeres Pawl i'n gorhal i'n tyller-na. Ev a wrug restry taclow indelma, hag ev ervirys y honen travalya wàr dir sëgh. ¹⁴Ev a vetyas genen in Assos, ha ny a'n recêvas i'n gorhal ha mos dhe Mytylene. ¹⁵Ny a wolyas alena ter-nos, ha'n jëdh wosa hedna ny a dheuth adâl Kios. An nessa jorna ny a dùchyas orth Samos, ha'n jëdh awosa ny a dheuth dhe Myletùs. ¹⁶Ervirys o Pawl golya dres Efesùs, ma na ve res dhodho spêna termyn in Asya. Dâ via ganso bones in Jerù-salem du Fencost, a pe hedna possybyl.

¹⁷Dhia Myletùs Pawl a dhanvonas messach dhe Efesùs, ow covyn orth tus hen an eglos dhe vetya ganso. ¹⁸Pàn dheuthons y dhodho, ev a leverys dhedhans, "Why agas honen a wor fatell wrug avy trega i'gas mesk, dhia bàn wruga kensa settya troos in Asya, ¹⁹ha me ow servya an Arlùth in oll uvelder ha gans dagrow, ow sùffra an troblys a'm bedha awos plottyans an Yêdhewon. ²⁰Ny wrug avy byth-qweth sconya gul tra vëth a weres, ha

me ow progeth an messach dhywgh, hag orth agas desky in golok an dus, ha dhia jy dhe jy inwedh. ²¹Me a wre testa dhe'n Yêdhewon ha dhe'n Grêkys kefrës ow tùchya edrek tro ha Duw, ha fëdh tro ha'gan Arlùth Jesu.

²²"Lebmyn me yw kethwas a'n Spyrys, hag otta vy ow mos dhe Jerùsalem heb godhvos pandra whyrvyth dhybm ena, ²³mès yma an Spyrys ow testa dhybm prysonyans ha tormens dhe'm gortos in kenyver cyta. ²⁴Saw a'm bêwnans ow honen ny settyaf oy, mar callaf unweyth collenwel ow resegva ha'n menystry, a dhegemerys dhyworth an Arlùth Jesu, dhe dhùstunia a'n nowodhow dâ a râss Duw.

²⁵"Me a wor yn tâ i'n tor'-ma na wra den vëth ahanowgh, ha me ûsys dhe vos ader dro i'gas mesk, na wra den vëth ahanowgh gweles ow fâss nefra arta. ²⁶Rag hedna, yth esof ow teclarya dhywgh hedhyw, me dhe vos inocent a woos den vëth ahanowgh, ²⁷rag ny wruga vy sconya progeth dhywgh oll porposys Duw. ²⁸Kemerowgh with a'gas honen hag a oll agas flock, may whrug an Spyrys Sans chif wardens ahanowgh warnodhans, rag bugelya eglos Duw—an eglos a wrug ev gwainya dre woos y Vab y honen. ²⁹Wosa me dhe dhyberth dhyworthowgh, me a wor y teu i'gas mesk rampyng bleydhas, ha na vydnons sparya an flock. ³⁰Radn ahanowgh why a vydn dos ha cabma an gwiryoneth ha dynya an dyscyplys dh'agas sewya. ³¹Rag hedna na vedhowgh dyswar, ha remembrowgh na wrug avy cessya, naneyl dëdh na nos, dres teyr bledhen a warnya pùbonen gans dagrow.

³²"Mès lebmyn, me a'gas comend dhe Dhuw ha dhe vessach y râss, messach a yll agas byldya in bàn, ha ry dhywgh an erytans in mesk oll an re-na a veu benegys. ³³Ny wrug avy covetya naneyl owr, nag arhans, na dyllas den vëth. ³⁴Why a wor agas honen me dhe lavurya gans ow dewla vy rag scodhya ow honen ha'm cowetha. ³⁵In oll an taclow-ma me re dhysqwedhas dhywgh bos res a lavur a'n par-na dhe ventena an dus wadn, rag yth eson ny ow perthy cov a lavar an Arlùth Jesu y honen, a leverys, 'Moy benegys yw ry ès recêva.'"

³⁶Pàn wrug Pawl gorfedna y gows, ev êth wàr bedn dewlin gansans ha pesy. ³⁷Y feu meur a olva i'ga mesk oll. Y a gemeras Pawl inter aga dywvregh hag abma dhodho, ³⁸ha tristans a's teva, spessly drefen ev dhe leverel na wrêns y weles nefra arta. Nena y a'n dros bys i'n gorhal.

21 Pàn wrussyn ny dyberth dhywortans, ny a voras ha golya strait bys in Cos, ha ternos dhe Rodos, hag alena dhe Patara. ²Wosa cafos gorhal, esa ow mos dhe Fenycya, ny a entras aberth ino ha mora. ³Ny a dheuth in golok Cyprùs, ha wosa y asa a'gan parth cledh, ny wolyas dhe Syry, ha tira in Tir, awos bos res dhe'n gorhal dyscarga i'n tyller-na. ⁴Ny a whelas an dyscyplys i'n côstys-na, ha trega gansans seyth jorna. Der an Spyrys Sans y a leverys dhe Pawl, na wrella mos in rag dhe Jerùsalem. ⁵Pàn veu agan dedhyow gorfednys ena, ny a dhybarthas ha mos wàr agan fordh; hag y oll ha'ga gwrageth ha'ga flehes a dheuth genen mes a'n cyta. ⁶Ny êth wàr bedn dewlin wàr an treth ha pesy ha gasa farwèl an eyl gans y gela. Nena ny a entras i'n gorhal, hag y a dhewhelys tre.

7Pàn veu gorfednys agan viaj dhyworth Tir, ny a dheuth dhe Ptolemais, ha ny a dhynerhys an gryjygyon ha trega gansans udn jorna. 8Ternos ny a dhybarthas ha dos dhe Cesaria, hag entra in chy Felyp awaylor, onen a'n seyth, ha gortos in y jy. 9Ev a'n jeva peder myrgh wergh hag a's teva an ro a brofusans.

10Pan esen ny ena, profet henwys Agabùs a skydnyas dhia Jûdy. 11Ev a dheuth dhyn, kemeres grugys Pawl ha kelmy y dhewla ha'y dreys y honen ow leverel, "Indelma y lever an Spyrys Sans, 'Hèm yw fatell wra Yêdhewon Jerùsalem kelmy an den a vêdh an grugys-ma adro dhodho, hag y a vydn y dhelyvra dhe'n Jentylys.'"

12Pàn wrussyn ny clôwes hedna, ny ha'n bobel ena, a'n inias dhe sevel orth mos in bàn dhe Jerùsalem. 13Nena Pawl a worthebys, "Pandr'esowgh why ow cul, ha why owth ola hag ow terry ow holon? Rag me yw parys dhe vos kelmys, ha dhe vos ledhys in Jerùsalem kyn fe, awos hanow an Arlùth Jesu." 14Abàn nag o whensys a vos gostyth dhyn, ny a dewys, kyn whrussyn leverel, "Re bo gwrës bolùnjeth an Arlùth."

15Wosa an dedhyow-ma, ny a fyttyas dhe dhyberth, ha mos wàr agan fordh dhe Jerùsalem. 16Radn a'n dyscyplys dhyworth Cesaria a dheuth genen inwedh, ha'gan dry bys in chy Mnason, an Cypryot, onen a'n dyscyplys avarr, rag ervirys en ny ôstya in y jy ev.

17Pàn dheuthon ny dhe Jerùsalem, an vreder a'gan wolcùbmas yn colodnek. 18Ternos Pawl êth genen ny dhe vysytya Jamys, hag y feu oll an dus hen i'n tyller. 19Wosa aga dynerhy, Pawl a dheclaryas dhedhans in udn rew oll an taclow a wrug Duw in mesk an Jentylys der y venystry ev. 20Pàn wrussons y glôwes, y a braisyas Duw. Nena y a leverys dhodho, "Te a wel, a vroder, pyseul mil a gryjygyon eus in mesk an Yêdhewon, hag ymowns y oll dywysyk abarth an laha. 21Re beu derivys dhedhans adro dhis, fatell esta ow tesky oll an Yêdhewon yw tregys in mesk an Jentylys dhe forsâkya Moyses, ha fatell eses orth aga dyfen, na wrellens naneyl cyrcùmcîsya aga flehes na gwetha an gîsyow. 22Pandra dal bos gwrës ytho? Yn certan y a glôwvyth te dhe dhos. 23Rag hedna gwra a wrellen ny leverel dhis. Ny a'gan beus peswar den usy in dadn ambos. 24Gwra jùnya gansans ha performya warbarth gansans an solempnyta a bùrgacyon, ha spêna dha vona may halla aga fednow bos pylys. Indella pùbonen a wra convedhes nag eus gwiryoneth vêth i'n whedhlow derivys adro dhis, mès i'n contrary part te dhe sensy ha dhe gemeres with a'n laha. 25Mès ow tùchya an Jentylys re dheuth dhe'n fêdh, ny re dhanvonas lyther dhedhans ha leverel ino agan breus, hèn yw bos res dhedhans sconya an rema: pùptra a vo offrydnys dhe idolys, goos, pynag oll dra a vo lindegys ha harlotry."

26Nena Pawl a gemeras an dus ha ternos wosa purhe y honen, ev a entras i'n templa gansans, ha pùblyshya an cowlwrians a'n dedhyow a bùrgacyon, may fedha gwrës

an sacryfîs rag kenyver onen ano-
dhans.

²⁷Pàn veu an seyth jorna ogas
collenwys, an Yêdhewon dhia Asya,
neb a wrug y weles i'n templa, a
sordyas oll an bobel wàr y bydn. Y a
settyas dalhen ino, ²⁸ow carma, "A
vreder, a Israelysy, gweresowgh ny!
Hèm yw an den usy ow tesky
pùbonen in pùb tyller warbydn agan
nacyon ny, warbydn agan laha, ha
warbydn an plâss-ma. Lacka ès
hedna, ev re dhros Grêkys kyn fe
aberth i'n templa ha defolya an tyller
sans." ²⁹Rag y a welas an Efesyan
Trofymùs, gans Pawl i'n cyta, hag yth
esens ow soposya Pawl dh'y dhry
aberth i'n templa.

³⁰Nena oll an cyta a veu sordys,
ha'n bobel a stevyas warbarth. Y a
sêsyas Pawl, ha'y dedna mes a'n
templa, ha whare y feu degës an
darasow. ³¹Pàn esens y ow whelas y
ladha, y feu declarys dhe gapten an
cohort bos oll Jerùsalem in deray.
³²Ev a gemeras an soudoryon ha'n
centurys, ha fysky wàr nans bys dy.
Kettel welsons y an capten ha'n
soudoryon, ny wrussons cronkya
Pawl na fella.

³³Nena an capten a dheuth, ha'y
sêsya, ha'y gomondya dhe vos kelmys
gans dew jain. Ev a wovydnas pyw o
va ha pandra wrug ev. ³⁴Radn an
bobel a grias an eyl tra, ha radn y
gela, ha dre rêson na ylly va godhvos
an gwiryoneth, ev a erhys may fe va
drës bys i'n gaslës. ³⁵Pàn dheuth Pawl
dhe'n stairys, y feu garowder an
bobel mar vrâs mayth o res dhe'n
soudoryon y dhon i'ga dywvregh.
³⁶An bobel a's sewyas in udn uja, "In
kerdh ganso!"

³⁷Pàn esens y parys dhe dhry Pawl
dhe'n gaslës, ev a leverys dhe'n
capten, "A allama leverel neppyth
dhis?"

An capten a worthebys, "Esta jy ow
clappya Grêk? ³⁸Nyns osta ytho an
Ejyptyon-na, a sordyas gùstel
agensow ha lêdya an peder mil atla in
mes bys i'n gwylfos."

³⁹Pawl a worthebys, "Yêdhow oma
dhia Tharsys in Cylycy, ha cytysan a
cyta wordhy. Me a'th pës a asa
dhybm côwsel orth an bobel."

⁴⁰Ev a ros dhodho cubmyas, ha
Pawl a savas wàr an stairys ha gul sin
dhe'n bobel dhe dewel. Pàn dheuth
taw warnodhans, ev a gowsas ortans
i'n yêth Ebrow kepar dell sew:

22 "A vreder, a dasow, goslow-
owgh orth an defens esof vy
ow cul dhyragowgh." ²Pàn wrussons
y glôwes ow côwsel ortans in Ebrow,
y a godhas cosel.

Nena ev a leverys, ³"Yêdhow oma,
genys veuma in Tharsys in Cylycy,
mès me a veu megys i'n cyta-ma, orth
treys Gamaliel, ha me a veu deskys yn
stroth warlergh laha agan hendasow,
ha dywysyk en rag Duw, kepar dell
owgh why oll i'n jëdh hedhyw. ⁴Yth
esen ow tormentya an Fordh-ma bys
in mernans, ow kelmy kefrës tus ha
benenes, hag orth aga thôwlel dhe
bryson, ⁵kepar dell yll desta ahanaf an
chif prontyron hag oll consel an dus
hen. Dhywortans y inwedh me a
recêvas lytherow dhe'n vreder in
Damask, ha me êth dy, may hallen
kelmy an re-na esa i'n cyta-na, ha'ga
dry arta dhe Jerùsalem dhe vos
pùnyshys.

⁶"Pàn esen wàr ow fordh hag ow
tos nes dhe Dhamask, adhesempys

adro dhe hanter-dëdh golow brâs dhyworth nev a spladnas adro dhybm. [7]Me a godhas dhe'n dor, ha clôwes lev ow leverel dhybm, 'Sawl, Sawl, prag yth esta orth ow thormentya?'

[8]"Me a worthebys, 'Pyw osta, Arlùth?'

"Nena ev a leverys dhybm, 'Me yw Jesu a Nazare, esta orth y dormentya.' [9]Now, an re-na esa genama, a welas an golow, saw ny glôwsons an lev a hedna esa ow côwsel orthyf.

[10]"Me a wovydnas, 'Pandra dal dhybm gul, Arlùth?'

"An Arlùth a leverys dhybm, 'Sa'n bàn ha kê dhe Dhamask. Y fëdh declarys dhis ena kenyver tra, a vo ordnys dhis y wul.' [11]Abàn na yllyn gweles tra vëth, awos splander an golow, an re-na esa genama, a'm kemeras er an dorn ha'm lêdya dhe Dhamask.

[12]"Certan den henwys Ananias, neb o dywysyk warlergh an laha, ha gerys dâ gans oll an Yêdhewon tregys i'n tyller, [13]a dheuth dhybm hag ow sevel in nes a leverys, 'A Sawl, a vroder, cav dha wolok arta!' I'n very tor'-na me a recêvas ow golok ha strait me a'n gwelas.

[14]"Nena ev a leverys, 'Duw agan hendasow re wrug dha dhêwys jy dhe wodhvos y volùnjeth, dhe weles y Dhen Sans, ha dhe glôwes y voys ev, [15]rag te a vëdh y dhùstuny dhe oll an bës, ow tùchya an pëth re wrussys gweles ha clôwes. [16]Lebmyn, prag yth esta ow strechya? Sa'bàn, bëdh besydhys, ha bedhens dha behosow golhys dhe ves, ha te ow kelwel wàr y hanow ev.'

[17]"Wosa me dhe dhewheles dhe Jerùsalem, ha pàn esen i'n templa ow pesy, me a godhas in tranjyak [18]ha gweles Jesu ow leverel dhybm, 'Yn uskys gas Jerùsalem wàr hast, rag ny vydnons y degemeres dha dhùstuny adro dhybm.'

[19]"Me a leverys, 'Arlùth, y a wor aga honen in pùb synaga, fatell wrug avy prysonya ha cronkya an re-na a gresy inos. [20]Pàn veu scùllys goos dha vartyr Stefan, yth esen vy ow sevel in nes, acordys gansans hag ow sensy mentylly a'n re-na neb a'n ladhas.'

[21]"Nena ev a leverys dhybm, 'Dybarth, rag me a vydn dha dhanvon pell alebma dhe'n Jentylys.'"

[22]Bys i'n pryck-na y re bia ow coslowes orto yn cosel, mès i'n tor'-na y a grias, "In kerdh dhywar fâss an norvës gans pollat a'n par-na! Rag ny dal alowa dhodho bewa."

[23]Ha pàn esens y ow carma, ow tisky dhe ves aga mentylly hag ow tôwlel doust i'n air, [24]an chif-capten a gomondyas y dhry bys i'n gaslës, ha'y vos examnys dre scorjyans rag dyscudha prag y feu an tervans-ma wàr y bydn. [25]Wosa y dh'y gelmy gans cronow, Pawl a leverys dhe'n centùry, esa ow sevel in nes, "Ywa lafyl dhywgh scorjya cytysan Roman heb y dhampnya?"

[26]Pàn glôwas an centùry hedna, ev êth dhe'n capten ha leverel dhodho, "Pandr'osta porposys dhe wul? Cytysan Roman yw an den-ma."

[27]An capten a dheuth ha govyn orth Pawl, "Praydha, osta cytysan Roman?"

Ev a leverys, "Ov."

[28]An capten a leverys, "Y costyas showr a vona dhybm bos gwrës cytysan."

Saw Pawl a leverys, "Me a veu genys cytysan."

²⁹Whare an re-na hag o porposys dh'y examnya a omdednas dhyworto, ha'n capten kefrës a'n jeva own, rag ev a gonvedhas fatell o Pawl cytysan Roman ha fatell wrug ev y honen y gelmy.

³⁰Abàn o va whensys dhe wodhvos prag yth esa an Yêdhewon orth y acûsya, ev a'n relêssyas ternos ha comondya an chif prontyryon hag oll an consel dhe dhos warbarth. Ev a dhros Pawl wàr nans dhe vetya gansans, ha gul dhodho sevel ena dhyragthans.

23 Pawl a veras glew orth an consel hag a gowsas indelma: "A vreder, bys i'n jëdh hedhyw me re vewas ow bêwnans gans conscyans glân dhyrag Duw." ²Nena an uhel pronter a erhys may whrella an re-na, esa ow sevel ryptho, y weskel wàr an ganow. ³Gans hedna Pawl a leverys dhodho, "Duw a vydn dha weskel jy, te fos wydngalhys! Esta a'th eseth ena rag ow brusy warlergh an laha, ha te dhe gomondya ow bosa gweskys warbydn an laha?"

⁴An re-na esa ow sevel in nes a leverys, "A vynta lavasos dhe dhespîtya uhel pronter Duw?"

⁵Pawl a leverys, "Ny wodhyen, a vreder, fatell o va uhel pronter, rag yma screfys, 'Ny dal dhis cably rewler dha bobel.'"

⁶Pàn wrug Pawl merkya fatell o radn anodhans Sadûkys, ha radn aral Farysys, ev a grias in mes in mesk an gùntellva, "A vreder, Farysy oma, ha mab Farysys. Ymowns y orth ow assaya awos govenek a dhasserghyans an re marow." ⁷Pàn leverys hebma, y feu strîvyans inter an Farysys ha'n Sadûkys ha'n gùntellva a veu rydnys.

⁸(Yma an Sadûkys ow leverel nag usy naneyl dasserghyans, nag el, na spyrys; mès yma an Farysys owth alowa oll an try anodhans.)

⁹Nena cry brâs a sordyas, ha certan scrîbys a barty an Farysys a savas in bàn hag argya indelma, "Ny yllyn ny cafos tra vëth cabm i'n den-ma. Fatla via mar qwrug spyrys pò el côwsel orto?" ¹⁰An dyspûtyans a veu garow, hag own a'n jeva an capten y dhe sqwardya Pawl dhe dybmyn. Rag hedna ev a gomondyas an soudoryon dhe skydnya, y gemeres dre nerth, ha'y dhry aberth i'n gaslës.

¹¹An nos-na an Arlùth a savas ryptho ha leverel, "Bëth na borth awher! Rag kepar dell wrusta desta dhybm in Jerùsalem, in kepar maner y res dhis dùstunia in Rom kefrës."

¹²Ternos vyttyn an Yêdhewon a gùntellas warbarth, ha kelmy aga honen dre ly na wrellens naneyl debry nag eva, erna ve Pawl ledhys gansans. ¹³Moy ès dew ugans o an esely a'n bras ma. ¹⁴Y êth dhe'n chif prontyryon ha dhe'n dus hen ha leverel, "Ny re golmas agan honen in stroth dre ly, na wrellen tastya boos vëth, erna wrellen ladha Pawl. ¹⁵Rag hedna, why ha'n consel a res avîsya an capten dh'y dhry wàr nans dhywgh, wàr skeus why dhe vydnas examnya y gâss ev dhe voy down. Parys on ny y dhystrêwy kyns ès ev dhe dhos obma."

¹⁶Now mab whor Pawl a glôwas a'n contraweytyans. Gans hedna ev êth ha cafos fordh aberth i'n gaslës, ha'y dheclarya dhe Pawl.

¹⁷Pawl a elwys dhodho onen a'n centurys ha leverel, "Kebmer genes an den yonk-ma dhe'n capten, rag

yma ganso neppyth a vry dhe dherivas dhodho."

¹⁸Rag hedna ev a'n kemeras ha'y dhry dhe'n capten ha leverel, "Pawl, agan prysner, a'm gelwys ha'm pesy dhe dhry an den yonk-ma dhis. Yma ganso neppyth dhe leverel dhis."

¹⁹An capten a'n kemeras er an dorn, y dedna adenewen ha govyn, "Pandra'th eus dhe leverel dhybm?"

²⁰Ev a worthebys, "An Yêdhewon re omgùssulyas dhe'th pesy dhe dhon Pawl wàr nans dhe'n consel avorow, wàr skeus y dhe examnya y gâss ev dhe voy down. ²¹Saw na vêdh perswadys gansans, rag yma moy ès dew ugans anodhans ervirys y gontraweytya. Y re golmas aga honen dre ly, na wrellens naneyl debry nag eva, erna ve va ledhys gansans. Ymowns y parys solabrës, hag ymowns y ow cortos dha gonsent jy."

²²Gans hedna an capten a dhanvonas an den yonk in kerdh ha'y gomondya, "Gwait na wrelles leverel dhe dhen vëth te dhe dheclarya an mater-ma dhybm."

²³Nena ev a somonas dew a'n centurys ha leverel, "Bedhowgh parys dhe voydya warbydn naw our haneth dhe nos, ha dhe vos ganso dhe Cesaria warbarth gans dew cans soudor, deg ha try ugans marhak ha dew cans den spera. ²⁴Darbarowgh mergh kefrës rag Pawl, ha dro va yn saw dhe'n governour Fêlyx."

²⁵Ev a screfas lyther ha'n taclow-ma ino,

²⁶Claudyùs Lysyas dh'y Roweth an governour, Fêlyx, hayl ha lowena dhis!

²⁷Y feu hebma sêsys gans an Yêdhewon, hag y a vynsa y dhystrêwy, saw pàn wrug avy clôwes ev dhe vos cytysan Roman, me a dheuth gans an wethysy ha'y sawya. ²⁸Dre rêson ow bosa whensys dhe wodhvos prag yth esens y orth y gùhudha, me a wrug dhodho bos drës dhyrag aga honsel. ²⁹Me a gonvedhas ev dhe vos cùhudhys a vaters ow longya dh'aga laha y, mès ny veu va cùhudhys a dra vëth a wrussa dendyl mernans pò prysonyans. ³⁰Pàn veu derivys dhybm ytho bos bras parys wàr y bydn, me a'n danvonas dhis heb let, ha me a gomondyas y gùhudhoryon dhe dherivas dhyragos pana jêson a's teves wàr y bydn.

³¹Rag hedna an soudoryon warlergh aga arhadow a gemeras Pawl, ha'y dhry orth golow nos dhe Antypatrys. ³²Ternos y a asas an varhogyon dhe vos in rag ganso, hag y aga honen a dhewhelys dhe'n gaslës. ³³Pàn dheuthons dhe Cesaria, ha delyvra an lyther dhe'n governour, y a settyas Pawl dhyragtho magata. ³⁴Wosa ev dhe redya an lyther, ev a wovydnas a bana brovyns o va. Pàn glôwas an governour ev dhe dhos dhia Cylycy, ³⁵ev a leverys, "Me a vydn goslowes orthys, pàn dheffa dha gùhudhoryon." Nena ev a gomondyas may fe va sensys in dadn with in pednplâss Erod.

24 Pymp jorna wosa hedna an uhel pronter Ananias a skydnyas, ha nebes a'n dus hen ganso, ha laghyas henwys Tertùllùs. Y a dherivas dhe'n governour an ken a's teva warbydn Pawl. ²Wosa Pawl dhe vos somonys, Tertùllùs a dhalathas y gùhudha ow leverel, "Dha Roweth, awos dha rewl jy yth eson in cosoleth nans yw termyn hir, ha dre dha furneth jy lies tra re beu amendys rag les oll an bobel. ³Ass yw dâ genen hedna in pùb fordh hag in pùb tyller, hag yth eson ny owth aswon grâss dhis! ⁴Rag dowt dha lettya na fella, me a'th pës dhe woslowes orthyn gans dha gufter ûsys.

⁵"In gwir ny re gavas an den-ma dhe vos gwas lows, sordyor in mesk an Yêdhewon dres oll an bës, ha pednstrifer a barty an Nazarêns. ⁶Ev a whelas defolya an templa kyn fe, ha rag hedna ny a'n sêsyas, ha ny a vynsa y vrusy warlergh agan laha ny. ⁷Mès an chif capten Lysyas a dheuth, ha'y gemeres dhyworthyn gans garowder brâs, ⁸hag ev a gomondyas cùhudhoryon an den-ma dhe dhos dhyragos. Mar qwrêta y examnya dha honen, te a yll godhvos dhyworto ow tùchya kenyver tra eson ny orth y gùhudha adro dhodho."

⁹An Yêdhewon kefrës a assentyas dhe'n charj, ha leverel bos pùptra gwir i'n câss.

¹⁰Pàn ros an governour sin dhe Pawl dhe gôwsel, ev a worthebys, "Gans lowender brâs yth esof vy ow cul ow defens, rag me a wor te dhe vos jùj wàr an nacyon-ma. ¹¹Kepar dell wodhes, nyns yw moy ès dewdhek jorna abàn yth vy in bàn dhe Jerùsalem dhe wordhya. ¹²Ny wrussons y ow hafos naneyl owth argya gans den vëth i'n templa, nag ow sordya rûthow i'n synagys pò i'n cyta kyn fe. ¹³Naneyl ny yllons y prevy dhis an acûsacyon usons y lebmyn ow try wàr ow fydn. ¹⁴Saw me a avow hebma dhis: ow bosa vy ow cordhya Duw agan hendasow warlergh an Fordh (neb usons y ow gelwel eresy), ha me dhe gresy pùptra settys wàr nans warlergh an laha pò screfys i'n profettys. ¹⁵Govenek in Duw a'm beus—govenek usons y ow tegemeres aga honen—y fëdh dasserghyans kefrës a'n re ewn ha'n re anewn. ¹⁶Rag hedna yth esof vy ow cul oll ow ehen, may fo cler ow honscyans pùpprës tro ha Duw ha tro ha pùb den.

¹⁷"Wosa nebes bledhydnyow me a dheuth dhe dhry alusyon dhe'm nacyon, ha dhe offrydna sacryfîcys. ¹⁸Pàn esen vy ow cul hedna, y a'm cafas i'n templa ow collenwel solempnyta an pùrgacyon heb rûth na tervans vëth. ¹⁹Saw yth esa i'n tyller certan re a Yêdhewon Asya—y talvia dhedhans bos obma rag ow hùhudha dhyragos, mara's teves chêson vëth wàr ow fydn. ²⁰Poken gesowgh an re-ma obma dhe dherivas dhis pana drespas a gafsons, pàn sevys vy dhyrag an consel, ²¹marnas an udn lavar-ma a wrug avy cria in mes, pàn esen ow sevel dhyragthans: 'Yth yw adro dhe'n dasserghyans usons y orth ow assaya dhyragowgh hedhyw.'"

²²Saw Fêlyx, neb a wodhya lowr ow tùchya an Fordh, a wrug astel an sessyon bys termyn aral ow leverel, "Me a vydn ervira dha gâss jy, pàn wrella Lysyas dos in nans obma." ²³Nena ev a gomondyas an centùry dhe sensy Pawl in dadn with, saw dhe alowa nebes franchys dhodho, ha heb lettya dhe dhen vëth a'y gothmans y servya ha'y jersya.

²⁴Nebes dedhyow wosa hedna, pàn dheuth Fêlyx gans y wreg Drùsylla, neb o Yêdhowes, ev a somonas Pawl

ha goslowes orto ow côwsel adro dhe fëdh in Crist Jésu. 25Pàn esa va ow tyspûtya adro dhe jùstys, omgontrollyans ha'n brusyans dhe dhos, Fêlyx a gemeras own ha leverel, "Voyd alebma rag pols. Pàn vo chauns dhybm, me a vydn dha somona." 26Bytegyns yth esa va ow qwetyas Pawl dhe ry mona dhodho, ha rag hedna ev a wre danvon wàr y lergh yn fenowgh ha kestalkya ganso. 27Wosa dyw vledhen y teuth Porcyùs Festùs in le Fêlyx. Abàn o Fêlyx whensys dhe dhysqwedhes favour dhe'n Yêdhewon, ev a asas Pawl in pryson.

25 Try jorna warlergh Festùs dhe dhos dhe'n provyns, ev êth in bàn dhia Cesaria bys in Jerùsalem, 2le may resa dhe'n chif prontyryon ha rewlysy an Yêdhewon ry dhodho avîsment a'n câss warbydn Pawl. Y a wrug appêl dhodho 3ha'y besy a removya Pawl dhia Cesaria dhe Jerùsalem avell favour dhedhans. In gwiryoneth yth esens owth omgùssulya dhe gontraweytya Pawl i'n fordh. 4Festùs a worthebys y fedha Pawl in dadn with in Cesaria, hag ev y honen dhe settya y golon wàr vos dy in scon. 5"Indella," yn medh ev, "gwrêns an radn ahanowgh a's teves auctoryta dos wàr nans genama, ha mar pëdh tra vëth cabm, y a gav chauns dh'y acûsya."

6Wosa Festùs dhe drega gansans nebes êth bo deg jorna, ev a skydnyas dhe Cesaria. Ternos vyttyn ev a gemeras y se wàr an sedhek, ha comondya Pawl dhe vos kerhys. 7Pàn dheuth Pawl dy, an Yêdhewon, hag o devedhys wàr nans dhia Jerùsalem,

a'n cùhudhas a lies trespas poos, na yllens prevy màn.

8Pawl a leverys in y dhefens y honen, "Ny wrug avy gul trespas vëth oll, naneyl warbydn laha an Yêdhewon na warbydn Cesar."

9Saw Festùs, abàn o va whensys dhe favera an Yêdhewon, a wovydnas orth Pawl, "A vynta jy mos in bàn dhe Jerùsalem dhe vos assayes dhyragof ena adro dhe'n acûsacyon ma?"

10Pawl a leverys, "Yth esof vy ow cul appêl dhe sedhek Cesar y honen; hèn yw an tyller may talvia dhybm bos assayes. Ny wrug avy gul cabm vëth warbydn an Yêdhewon, dell wodhes pòr dhâ. 11Now, mar qwrug avy trespas ha gul neppyth usy ow tendyl ancow, ny vanaf vy diank dhyworth mernans. Saw mar nyns eus tra vëth i'ga acûsacyon wàr ow fydn, ny yll den vëth ow delyvra i'ga dewla y. Yth esof vy ow cul appêl dhe Cesar."

12Nena Festùs, wosa omgùssulya gans an consel, a leverys, "Te re wrug appêl dhe Cesar. Dhe Cesar te a wra mos."

13Pàn veu nebes dedhyow passys, Agryppa an Mytern ha Bernice a dheuth dhe Cesaria rag wolcùbma Festùs. 14Abàn esens y ow trega ena pols dâ, Festùs a settyas câss Pawl dhyrag an mytern ha leverel, "Ot obma den, neb a veu gesys in pryson gans Fêlyx. 15Pàn esen in Jerùsalem, an chif prontyryon ha tus hen an Yêdhewon a dherivas dhybm adro dhodho, ha govyn breus wàr y bydn.

16"Me a leverys dhedhans, nag o gis an Romans dascor den vëth, kyns ès an den acûsys dhe gafos chauns dhe vetya gans y gùhudhoryon fâss orth fâss, ha gul defens warbydn an acûsacyon. ¹⁷Pàn wrussons y cùntell obma, ny esys termyn vëth dhe goll, mès kemeres ow flâss i'n sedhek, hag ordna an den dhe vos kerhys. ¹⁸Pàn savas in bàn y gùhudhoryon, ny wrussons y acûsya a onen vëth a'n trespassys esen vy ow cortos. ¹⁹In le a hedna y a's teva strif ganso ow tùchya certan poyntys a dhyssentyans i'ga crejyans, hag adro dhe nebonen henwys Jesu, neb o marow, mès a veu declarys gans Pawl dhe vos yn few. ²⁰Abàn na wodhyen màn fatla dalvia dhybm whythra an qwestyonow ma, me a wovydnas o va parys dhe vos dhe Jerùsalem, may halla va bos assayes ena. ²¹Saw pàn wrug Pawl appêl dhe vos sensys in dadn with rag brusyans an Emperour, me a gomondyas, y fedha gwethys erna hallen y dhanvon dhe Cesar."

²²Agryppa a leverys dhe Festùs, "Dâ via genef clôwes an den-ma ow honen."

"Avorow," yn medh ev, "te a'n clôw."

²³Ternos ytho Agryppa ha Bernice a dheuth dy gans meur a roweth, hag y a entras i'n woslowva gans captenow an lu, hag oll an dus a vry i'n cyta. Nena Festùs a ros an arhadow hag y feu Pawl drës ajy. ²⁴Festùs a leverys, "Agryppa, a Vytern ha why oll usy genen obma, ot obma an den-ma a wrug oll pobel an Yêdhewon plainta dhybm adro dhodho, in Jerùsalem hag obma inwedh, hag y a grias na dalvia y asa dhe vewa na fella. ²⁵Saw me, ny gefys ino tra vëth wordhy a vernans, ha pàn wrug ev appêl dhe Cesar, me a erviras y dhanvon dhodho. ²⁶Saw me ny'm beus tra vëth certan dhe screfa anodho dhe Cesar, agan Arlùth. Rag hedna me re'n dros

dhyragowgh why oll, hag yn arbednek dhyragos jy, Agryppa, a Vytern, may hallen cafos neppyth dhe screfa adro dhodho, wosa ny dh'y examnya—²⁷rag yth hevel dhybm warbydn rêson danvon prysner heb gul mencyon a'n charjys wàr y bydn."

26 Agryppa a leverys dhe Pawl, "Yma genes lecyans dhe gôwsel ragos dha honen."

Nena Pawl a istynas in mes y dhorn ha dallath gul y dhefens: ²"Yth esof vy owth omsensy fortydnys me dhe wul ow defens dhyragos jy, Agryppa, a Vytern, warbydn oll acûsacyons an Yêdhewon, ³drefen te dhe vos ûsys gans oll gîsyow ha contraversytas an Yêdhewon. Rag hedna, goslow orthyf gans perthyans, me a'th pës.

⁴"Oll an Yêdhewon a wor maner ow bêwnans abàn veuma yonk—bêwnans re beu spênys dhia an dallath in mesk ow fobel ow honen, hag in Jerùsalem. ⁵Y a wor, nans yw termyn hir, mar mydnons y desta, me dhe vos esel a'n party strotha a'gan crejyans, ha dhe vewa avell Farysy. ⁶Lebmyn yth esof vy ow sevel obma awos ow govenek i'n promys gwrës gans Duw dh'agan hendasow, ⁷promys a via dâ gans agan dewdhek trib y wainya, hag y ow cordhya Duw in tywysyk dëdh ha nos. Awos an govenek-ma, a Vytern, yma an Yêdhewon orth ow acûsya! ⁸Prag yth hevel tra aneth dhe dhen vëth ahanowgh Duw dhe dherevel a'n re marow?

⁹"In gwir yth en vy sur y talvia dhybm gul meur a daclow warbydn hanow Jesu a Nazare. ¹⁰Ha hèn yw an pëth a wruga in Jerùsalem, der an auctoryta a recêvys dhyworth an chif

prontyryon. Me a brysonyas lies onen a'n sens ha vôtya kefrës, pàn vedhens y dampnys, may fêns y gorrys dhe'n mernans. 11Aga fûnyshya a wren i'n synagys, may hallen aga honstrîna dhe gably Duw; hag abàn en vy serrys mar freth wàr aga fydn, me a wrug aga helghya dhe cytas stranj kyn fe.

12"Gans an towl-ma i'm brës yth esen ow travalya dhe Dhamask hag auctoryta ha comyssyon an chif prontyryon genama, 13pàn welys vy in prës hanter-dëdh i'n fordh, a Vytern, golow dhyworth nev, spladna ès an howl ow terlentry oll adro dhybm hag adro dhe'm cowetha. 14Wosa ny oll dhe godha dhe'n dor, me a glôwas lev ow côwsel orthyf i'n yêth Ebrow, 'Sawl, Sawl, prag yth esta orth ow thormentya? Cales yw dhis potya warbydn an pigow.'

15"Me a wovydnas, 'Pyw osta, Arlùth?'

"An Arlùth a worthebys, 'Me yw Jesu esta ow tormentya. 16Mès sa'bàn, rag me re apperyas dhis rag an porpos-ma, rag dha appoyntya dhe servya, ha dhe dhesta dhe'n taclow, re wrusta ow gweles vy inhans, ha'n taclow a wrama omdhysqwedhes dhis inhans. 17Me a vydn dha selwel dhyworth dha bobel ha dhyworth an Jentylys—esof why orth dha dhanvon dhedhans 18Me a vydn dha dhanvon rag egery aga lagasow, may whrellons trailya dhyworth tewolgow bys i'n golow, ha dhyworth gallos Satnas dhe Dhuw. Indelma y a yll recêva gyvyans pehosow ha plâss in mesk an re-na, yw sanctyfies dre fëdh inof vy.'

19"Wosa hedna, Agryppa, a Vytern, ny veuv dywostyth dhe'n vesyon a nev, 20saw me a dheclaryas kyns oll dhe'n re-na in Damask, nena

in Jerùsalem ha dres oll pow Jûdy, ha dhe'n Jentylys inwedh, y talvia dhedhans repentya ha trailya dhe Dhuw, ha gul oberow wordhy a edrek. 21Rag an chêson-ma an Yêdhewon a'm sêsyas i'n templa, hag ymowns y ow whelas ow ladha. 22Me re gafas gweres dhyworth Duw bys i'n jorna-ma, ha rag hedna otta vy ow sevel obma, ow teclarya dhe vrâs ha dhe vian, heb leverel tra vëth mès an pëth a leverys an profettys ha Moyses y fydna wharvos. 23Hèn yw dhe styrya: y resa dhe'n Crist godhevel, ha drefen ev dhe vos an kensa dhe dherevel dhyworth an re marow, ev dhe dheclarya golow kefrës dh'agan pobel ny, ha dhe'n Jentylys."

24Pàn esa Pawl whath ow cul y dhefens indelma, Festùs a grias, "Varys osta, Pawl! Yma re a dhyscans orth dha vuskegy!"

25Saw Pawl a leverys, "Nag oma varys màn, a Festùs pòr wordhy, saw yth esof ow leverel an very gwiryoneth. 26Ea, an mytern a wor adro dhe'n taclow-ma, ha me a vydn côwsel yn frank. Me yw certan na wrug onen vëth a'n taclow-ma scappya dhyworto, rag ny veu hedna gwrës in cornet. 27Agryppa, a Vytern, esta ow cresy dhe'n profettys? Me a wor te dhe gresy."

28Agryppa a leverys dhe Pawl, "Esta jy mar uskys orth ow ferswadya dhe vos Cristyon?"

29Pawl a worthebys, "Be va whare pò na ve, me a bës Duw may whrelles jy, ha seul a vo ow coslowes orthyf, may fowns kepar ha me—marnas an chainys-ma."

30Nena an mytern a savas in bàn ha ganso an governour, Bernice, ha'n re-na re bia esedhys in nes, 31ha kepar dell esens y ow voydya, y a levery an eyl dh'y gela, "Nyns usy an den-ma ow cul tra vëth wordhy a ancow nag a brysonyans."

³²Agryppa a leverys dhe Festùs, "Y halsa an den-ma bos fries, na ve ev dhe wul appêl dhe Cesar."

27 Pàn veu ervirys ny dhe wolya dhe Italy, y a dhelyvras Pawl ha nebes prysners erel dhe centùry a Gohort Augùstùs henwys Jûlyùs. ²Ny a entras in gorhal dhia Adramyttyùm, hag o porposys dhe vora ha mos dhe borthow oll ahës morrep Asya. Yth esa Arystarcùs, Macedonyan dhia Thessalonyca, warbarth genen.

³Ternos ny a dheuth dhe Sîdon, ha Jûlyùs a dhyghtyas Pawl gans cufter, hag alowa dhodho mos dh'y gothmans, may hallens y jersya. ⁴Ny a voras alena, ha golya in goskes Cyprùs, dre rêson an gwyns dhe vos wàr agan pydn. ⁵Wosa ny dhe wolya dres an mor usy ryb Cylycy ha Pamfylya, ny a dheuth dhe Myra in Lycya. ⁶I'n tyller-na an centùry a gafas gorhal dhia Alexandrya, esa ow mos dhe Italy, hag ev a'gan settyas warnodho. ⁷Ny a wolyas in lent dres nebes dedhyow, mès scantlowr y hyllyn dos bys in morrep Cnîdùs, ha dre rêson an gwyns dhe vos wàr agan pydn, ny a wolyas in dadn woskes Crêta, ogas dhe Salmone. ⁸Pòr gales o dhyn mos dresty, saw ny a dheuth dhe dyller henwys Porthow Teg, nag usy pell dhyworth an cyta a Lasea.

⁹Meur a dermyn re bia kellys genen, hag awos an mor dhe vos peryllys i'n sêson-na, rag passys o Dëdh an Penys, Pawl a gùssulyas dhedhans ¹⁰ow leverel, "Syrys, me a

wel y fëdh agan viaj leun a beryl, ha martesen ny a wra sùffra coll a'n gorhal gans y garg, hag a'gan bêwnans ny kyn fe." ¹¹Saw an centùry a attendyas an lewyth ha perhednak an gorhal moy ès cùssul dhâ Pawl. ¹²Drefen nag o an porth na vas rag spêna an gwâv ino, yth o dâ gans an radn vrâssa anodhans mora alena, rag y a dyby, fatell yllens wàr neb cor dos dhe Fênyx, ha passya an gwâv ena. Porth in Crêta o Fênyx, ha'y fâss dhe'n north-ÿst ha'n soth-ÿst.

¹³Pàn dhalathas gwyns clor whetha dhia an soth, y a gresys y hyllens collenwel aga thowl. Rag hedna y a dherevys ancar, ha dallath golya ryb Crêta ogas dhe'n morrep. ¹⁴Saw yn scon gwyns garow, henwys Hager-Awel an North-Ÿst a stevyas wàr nans orthyn dhyworth an tir. ¹⁵Y feu an gorhal kybys in kerdh, hag abàn na yllyn sensy y bedn arag dhe'n gwyns, res o dhyn omry dhodho, ha bos drîvys in rag. ¹⁶Pàn dheuthon ny in dadn woskes enesyk henwys Cauda, ny a ylly gans meur a ancombrynsy controllya scath an gorhal. ¹⁷An marners a's tednas in bàn, ha gul devnyth a lovonow rag crefhe torr an lester. Nena, drefen y dhe gemeres own a resek wàr vasdowr Syrtis, y a dednas an gool brâs dhe'n flûr, ha gasa an gorhal dhe vos gans an liv. ¹⁸Ternos, dre rêson an hager-awel dhe gronkya an lester mar arow, y a dhalathas tôwlel an carg in mes i'n mor. ¹⁹An tressa jorna an marners a dowlas aparell an gorhal dres an tenewen gans aga dewla aga honen. ²⁰Dres lies jorna ny dhysqwedhas naneyl howl na ster. Yth esa hager-awel uthyk ow conery ha ny a forsâkyas pùb govenek oll a sylwans.

²¹Abàn na wrussons debry tra vëth nans o termyn hir, Pawl a savas i'ga mesk ha leverel dhedhans, "A dus, y talvia dhywgh why goslowes orthyf ha sevel orth mora dhyworth Crêta, rag indella why a vynsa goheles oll an coll ha'n damach. ²²Yth esof vy lebmyn orth agas inia, na wrellowgh codha in dyspêr, rag ny wra den vëth ahanowgh kelly y vêwnans—ny vëdh kellys mès an gorhal in udnyk. ²³Newher y savas rybof el dhyworth an Duw, esof vy ow longya dhodho hag orth y wordhya, ²⁴hag ev a leverys dhybm, 'Na borth own, Pawl, res yw dhis sevel dhyrag Cesar, hag in gwir, Duw re wrauntyas sawment dhe oll an re-na usy ow viajya genes.' ²⁵Rag hedna gwellowgh agas cher, a dus, rag fydhyans a'm beus in Duw, fatell vëdh pùptra poran kepar dell veu declarys dhybm. ²⁶Bytegyns res vëdh dhyn bos tôwlys wàr neb enys."

²⁷Pàn dheuth an peswardhegves nos ha ny ow mos gans an dowr ha'n gwyns dres Mor Adryan, an marners a dybys adro dhe hanter-nos agan bos ow tos nes dhe'n tir. ²⁸Y a dhroppyas an plebmyk, ha cafos ugans gourhës a dhowr. Pols pella y a gafas pymthek gourhës. ²⁹Dowt a's teva an marners ny dhe vos herdhys wàr garrygy, rag hedna y a dhroppyas peswar ancar dhywar aros an gorhal, ha pesy terry an jëdh dhe dhos yn scon. ³⁰Saw pàn whelas an marners scappya dhia an gorhal, hag iselhe an scath i'n mor, wàr skeus tôwlel ancorow in mes dhywar an pedn arag, ³¹Pawl a leverys dhe'n centùry ha'n soudoryon, "Marnas an dus-ma a wra remainya wàr an gorhal, ny yllowgh why bos sawys." ³²Nena an soudor-yon a drehys dhe ves lovonow an scath ha'y gasa dhe vos gans an dowr.

³³Termyn cot kyns terry an jëdh, Pawl a inias pùbonen dhe dhebry neppyth, ow leverel, "Hedhyw why re beu dyw seythen heb sosten inter govenek ha dyspêr, rag ny wruss-owgh why debry tra vëth. ³⁴Me a'gas comend why ytho dhe gemeres nebes boos, rag hedna a wra agas gweres ow sawya agas bêwnans. Ny wra den vëth ahanowgh kelly blewen a'y bedn kyn fe." ³⁵Pàn leverys ev an geryow-ma, ev a gemeras bara ha wosa ry grassow dhe Dhuw dhyrag kenyver onen, ev a'n torras ha debry tabm. ³⁶Hedna a ros colon dhedhans oll, hag y a gemeras sosten ragthans aga honen. ³⁷(Oll warbarth ny o dew cans, try ugans ha whêtek den i'n gorhal.) ³⁸Wosa y dhe derry aga nown, y a dowlas an ÿs aberth i'n mor rag scafhe an lester.

³⁹Ternos vyttyn ny wrussons y aswon an tir, mès y a verkyas camas ha treth ino, hag ena y o porposys dhe herdhya an gorhal wàr dir, mar callens. ⁴⁰Rag hedna, y a relêssyas an ancorow ha'ga gasa i'n mor. I'n keth termyn y a lowsyas an lovonow adro dhe'n rêvow lewyas, derevel an gool arag dhe'n gwyns, ha golya tro ha'n treth. ⁴¹Saw y a gafas aga honen kechys inter dew fros treus, ha herdhys veu an gorhal wàr an tir, may whrug an pedn arag glena fast heb gwaya, mès yth esa an todnow ow qweskel an delergh hag orth y sqwattya dhe dybmyn gans aga nerth.

⁴²Porposys o an soudoryon dhe ladha an prysners, ma na wrella den vëth anodhans neyja dhe ves ha diank. ⁴³Saw an centùry, whensys dhe sawya Pawl, a's lettyas a gollenwel an

209

towl-na. Ev a gomondyas kyns oll an re-na a ylly neyja, dhe lebmel dres an tenewen ha mos tro ha'n tir; ⁴⁴ha'n remnant dh'aga sewya, radn wàr blankys ha radn wàr brednyer dhyworth an gorhal. Hag indella pùbonen a scappyas bys i'n tir.

28 Pàn wrussyn ny dos dhe'n tir yn saw, ny a glôwas Malta dhe vos hanow an enys. ²Y feu pobel an enys cuv dres ehen dhyn. Awos glaw dhe vos ow codha ha'n awel dhe vos yeyn, y a wrug anowy tansys ragon ha'gan wolcùbma kettep onen adro dhodho. ³Pawl a gùntellas fardel a gunys, hag yth esa orth hy dôwlel wàr an tan, saw nader, drîvys in mes der an wres, a fastyas hy honen orth y dhorn. ⁴Pàn wrug an enesygyon gweles an best cregys orth y dhorn, y a leverys an eyl dh'y gela, "Hebma a dal bos moldror. Kyn whrug ev scappya dhyworth an mor, ny alowas an destnans dhodho bewa." ⁵Saw Pawl a shakyas an nader dhywar y dhorn aberth i'n tan heb godhevel myshyf vëth. ⁶Yth esens y ow qwetyas y weles ow whethfy, boneyl ow codha marow dhe'n leur, mès wosa y dhe wortos pols dâ heb gweles tra vëth ùncoth dhe wharvos dhodho, y a jaunjyas aga breus adro dhodho, ha dallath leverel ev dhe vos duw.

⁷Yth esa i'n pow ogas dhe'n tyller-na trevow ow longya dhe hùmbrynkyas an enys henwys Pùblyùs. Ev a'gan wolcùbmas ha'gan intertainya yn larj try jorna. ⁸Dell wharva, yth esa tas Pùblyùs a'y wroweth in y wely, rag ev o grêvys gans an fevyr ha'n dysentry. Pawl êth dh'y weles. Ev a besys a-ughto, ha settya y dhewla warnodho ha'y sawya. ⁹Pàn hapnyas

hedna, remnant a bobel an enys hag a's teva clevejow, a dheuth dhodho inwedh, hag y fowns sawys. ¹⁰Y a dhysqwedhas meur revrons dhyn kefrës, ha pàn en ny parys dhe vora, y a worras i'n gorhal oll an provians a via othem dhyn anodho.

¹¹Try mis warlergh hedna ny a voras in gorhal re bia i'n enys dres an gwâv. Ev o devedhys dhia Alexandrya ha'n Evellas o sin y bedn arag. ¹²Ny a entras in porth Syracûs ha gortos ena try dëdh. ¹³Nena ny a wrug golya ha dos bys in Regyùm. Wosa ny dhe vos udn jorna i'n tyller-na, gwyns a sordyas dhia an soth-west, ha'n secùnd jorna ny êth dhe Pùteoly. ¹⁴Ena ny a gafas cryjygyon, hag y a'gan gelwys dhe drega seythen gansans. Hag indelma ny a dheuth dhe Rom. ¹⁵Pàn glôwas an gryjygyon alena adro dhyn, y a dheuth bys in Forùm Appyùs ha dhe'n Try Thavern rag metya genen. Pàn wrug Pawl aga gweles, ev a ros grassow dhe Dhuw hag omgonfortya. ¹⁶Pàn dheuthon dhe Rom, Pawl a gavas cubmyas a drega in y dyller y honen warbarth gans an soudor esa orth y wetha.

¹⁷Try jorna wosa hedna ev a somonas warbarth lêders an Yêdhewon i'n plâss-na. Pàn wrussons y cùntelles, ev a leverys dhedhans, "A vreder, kyn na wrug avy tra vëth, naneyl warbydn agan pobel na warbydn gîsyow agan hendasow, me a veu sêsys bytegyns in Jerùsalem ha delyvrys dhe'n Romans. ¹⁸Pàn wrussons y ow examnya, dâ o gans an Romans ow fria, drefen na veu tra vëth i'm câss vy a vynsa dendyl pain mernans. ¹⁹Saw an Yêdhewon a gontradias hedna, ha me a veu

constrînys ytho dhe wul appêl dhe Cesar—kyn na'm beu acûsacyon vëth warbydn ow nacyon. ²⁰Rag an rêson-ma ytho me a besys, may fe alowys dhybm agas gweles ha côwsel orthowgh, abàn yw awos govenek Israel me dhe vos kelmys gans an chain-ma."

²¹Y a worthebys, "Ny wrussyn ny recêva lyther vëth oll dhia Jûdy adro dhis, na ny wrug den vëth a'n vreder a dheuth obma bythqweth derivas na côwsel tra vëth a dhrog adro dhis. ²²Saw dâ via genen ny clôwes dhyworthys, pëth esta ow predery, rag ow tùchya an sect-ma, ny a wor y vos cablys in pùb tyller."

²³Wosa y dhe appoyntya dëdh dhe vetya ganso, nùmber brâs a dheuth dhodho in y ôstyans. Dhia'n myttyn bys i'n gordhuwher yth esa Pawl ow teclarya dhedhans an mater, ow testa adro dhe wlascor Duw, hag ow whelas gul dhedhans cresy in Jesu mes a laha Moyses hag a lyvrow an profettys. ²⁴Radn anodhans a veu perswadys gans y eryow, saw radn aral a sconyas cresy. ²⁵Indella yth esa fowt acord intredhans. Pàn esens y ow tyberth dhywortans, Pawl a leverys wàr an dyweth, "An gwir a gowsas an Spyrys Sans, pàn leverys dh'agas hendasow dre anow Esay an profet,

²⁶"'Kê bys i'n bobel ma ha lavar,
"Ea, why a wra goslowes heb convedhes bys nefra,
ha why a vydn meras heb gweles benary."
²⁷Colon an bobel-ma yw gyllys syger;
bodhar yw aga scovornow ha'ga lagasow y re dhegeas:
ma na wrellens naneyl meras gans aga lagasow,
na goslowes gans aga scovornow,
nag unweyth convedhes gans aga holon, ha trailya
ha me a vynsa aga sawya.'

²⁸"Godhvedhowgh ytho fatell veu an salvacyon-ma danvenys gans Duw dhe'n Jentylys. Y a wra goslowes." ²⁹Wosa ev dhe leverel an geryow-ma, an Yêdhewon a voydyas hag y ow tyspûtya yn freth an eyl gans y gela.

³⁰Pawl a dregas ena dyw vledhen yn tien orth y gòst y honen ha wolcùbma kenyver onen a dheffa dhodho, ³¹ow progeth gwlascor Duw, hag ow tesky adro dhe'n Arlùth Jesu Crist gans oll colonecter ha heb let vëth oll.

Pystyl Pawl dhe'n Romans

1 Dhyworth Pawl, servont a Jesu Crist, gelwys dhe vos abostel ha settys adenewen rag awayl Duw. [2]An awayl-ma Duw a dherivas arag dorn der y brofettys i'n scryptour sans. [3]Yma va ow côwsel adro dhe Vab Duw, sevys a lynyeth Davyth warlergh an kig. [4]Warlergh an Spyrys a sansoleth ev a veu declarys dhe vos Mab Duw gans power brâs pàn dhassorhas dhyworth an re marow. An awayl a gôws a'gan Arlùth, Jesu Crist, [5]dredho may whrussyn ny recêva an gwir specyal a vos abostel, may hallen rag kerensa y hanow ev lêdya tus mes a bùb nacyon oll dhe grejyans hag obedyens. [6]Yth esowgh why i'ga mesk, rag why a glôwas an galow dhe longya dhe Jesu Crist.

[7]Yth esof orth agas dynerhy why oll in Rom, why neb yw meurgerys dhe Dhuw hag a veu gelwys dhe vos y bobel sans.

Re bo grâss dhywgh ha cres dhyworth Duw agan Tas ha dhyworth Jesu Crist an Arlùth.

[8]Kyns oll yth esof vy ow ry grassow dhe'm Duw dre Jesu Crist ragowgh why oll, drefen bos agas fëdh declarys dres oll an bës. [9]An Duw, esof vy ow servya gans ow spyrys ha me ow progeth awayl y Vab, ev yw ow dùstuny me dhe berthy cov ahanowgh prèst heb hedhy i'm pejadow. [10]Me a bës may hallen, mar mydn Duw, spêdya wàr neb cor dhe dhos dhywgh.

[11]Me yw whensys brâs dh'agas gweles why, may hallen radna genowgh why neb ro spyrysek rag agas confortya, [12]boken kyns may hallen ny oll warbarth bos kenerthys an eyl gans fëdh y gela, ow fëdh vy ha'gas fëdh whywhy. [13]Dâ via genama, a vreder, why dhe wodhvos fatell wruga lies torn ervira dos dhywgh, saw me a veu lettys bys i'n eur-ma. Mar teffen dhywgh, me a alsa mejy neb trevas i'gas mesk, kepar dell wruga in mesk an Jentylys erel.

[14]Yth esof vy in kendon dhe'n Grêkys ha dhe dus an nacyons erel, dhe'n dus fur ha dhe'n pednow cog. [15]Rag hedna yth esof vy ow tesîrya dhe brogeth an awayl dhywgh why in Rom kefrës.

[16]Nyns oma methek a'n awayl. An gallos a Dhuw rag sylwans ywa dhe bynag oll a'n jeffa crejyans, kensa dhe'n Yêdhow ha dhe'n Grêk kefrës. [17]Rag ewnder Duw yw dyscudhys ino dre fëdh rag fëdh, kepar dell lever an scryptour, "Seul a vo ewnhensek a wra bewa dre fëdh."

[18]Rag yma sorr Duw dyscudhys mes a'n nev warbydn sherewynsy ha bylyny oll an re-na usy ow compressa an gwiryoneth der aga drockoleth. [19]An pëth neb a yll bos godhvedhys adro dhe Dhuw yw apert dh'aga lagasow, awos Duw dh'y dhysqwedhes dhedhans. [20]Kyn na yll naneyl gallos Duw na'y nas dyvarow bos gwelys, yma an dhew dra convedhys ha gwelys, dhia bàn veu creatys an bës, der an taclow re wrug ev formya. Rag hedna yth esens y heb ascûs. [21]Kyn whodhyens aswon Duw, ny wrêns y onora na'y wordhya kepar ha

212

Duw, na ny rêns grâss dhodho a'y royow ha'y dhader. Leun êns y a vanyta i'ga desmyk hag y feu tewlhës aga holon dyskians. ²²Yth esens owth omwul fur, saw y êth gocky. ²³Y a jaunjyas glory an Duw dyvarow rag imajys haval dhe dus pò dhe ÿdhyn, bestas peswartrosek pò scantegyon.

²⁴Duw ytho a's delyvras dre dhrogwhansow aga holon dhe avlanythter, ha dhe dhefolya aga horfow intredhans aga honen, ²⁵Y a jaunjyas an gwiryoneth a Dhuw rag gowegneth, ha servya an dra formys adar an formyor, neb yw benegys bys vycken ha bys venary! Amen.

²⁶Rag an rêson ma Duw a's delyvras dhe bassyons avlanyth. Aga benenes a sconyas coplans warlergh natur, ha gul paryans dynatur in y le. ²⁷In kepar maner yth esa aga gwer ow lesky gans whans rag gwer erel. Y whre gwer performya taclow dyveth an eyl gans y gela, ha recêva i'ga fersons an pain ewn rag aga errour. ²⁸Abàn nag êns y parys dhe aswon Duw, Duw a's delyvras dh'aga frederow mostys aga honen, ha dhe wrians na dalvia bythqweth bos gwrës. ²⁹Y fowns lenwys a sherewynsy a bùb sort, drockoleth, coveytys ha spît. Leun a envy, mùrder, kedryn, dysseyt, calder, yth yns y omrës dhe scavel an gow, ³⁰parys dhe gably, hâtyoryon Duw, taunt, hautyn, bôstoryon, devisours a dhrog, leun a rebellyans tro ha tas ha mabm, ³¹gocky, dyslel, heb colon hag avlythys. ³²Y a wor pëth a lever gorhebmyn Duw: y cotha kenyver onen a wrella taclow a'n par-na bos gorrys dhe'n mernans. Ymowns y bytegyns ow cul an taclow-ma, ha lacka whath,

ow praisya aga hynsa pàn usons orth aga gul kefrës.

2 Ny vern pyw os, a dhen, yth os heb ascûs vëth, pàn esta ow jùjya dha hynsa. Pàn wrêta kepar dell wrowns y, te a wra dampnya dha honen. ²Ny a wor bos gwiryon breus Duw tro ha'n re-na a wra taclow a'n par-ma. ³Kynth esta dha honen ow cul an taclow-ma, yth esos ow jùjya an re-na usy kefrës orth aga gul. Esta ow tyby, a dhen, te dhe scappya dhyworth jùjment Duw? ⁴Pò martesen yth esta ow tysprêsya rychys y berthyans, y gufter ha'y hirwodhevyans. Te ny wodhes martesen bos cufter Duw orth dha inia dhe godha in edrek.

⁵Dre rêson bos cales dha golon hag avlythys, yth esta ow cruny ragos sorr brâs i'n jorna a'n anger, pàn vo dysclôsys an vreus ewn a Dhuw. ⁶Ev a vydn aqwytya kenyver onen warlergh y oberow. ⁷Ev a vydn ry bêwnans heb dyweth dhe'n re-na usy gans perthyans ow cul an dâ hag ow whelas glory, onour hag anvarwoleth. ⁸Yma radn aral crefny hag y ow sconya an gwiryoneth, may hallens gul an pëth anewn. Duw a vydn devera wàr an re-na y sorr ha'y gonar. ⁹Pynag oll a wrella drog, ev a'n jevyth angus ha grêf, an Yêdhow kyns oll ha'n Grêk wosa hedna. ¹⁰Saw pùbonen a wrella dâ, a gav glory, onour ha cosoleth, an Yêdhow kyns oll ha'n Grêk kefrës. ¹¹Rag nyns usy Duw ow favera den vëth.

¹²Kenyver onen usy avês dhe'n laha hag a wrug pegh, avês dhe'n laha ev a wra merwel. Kenyver a behas in dadn an laha, an keth a vëdh jùjys warlergh an laha. ¹³Nyns yw ewnhensek dhyrag

Duw an re-na usy ow clôwes an laha. Saw an re-na usy ow cul an laha a vëdh jùstyfies. [14]Pàn usy an Jentylys, na's teves an laha, ow cul dre natur warlergh arhadow an laha, laha yns y dhedhans aga honen. [15]Ymowns y ow tysqwedhes bos arhadow an laha screfys i'ga holon, hag y fëdh aga honscyans ow teclarya hedna kefrës. Y fëdh aga freder y poken orth aga acûsya pò orth aga ascûsya [16]dëdh breus, pàn wra Duw brusy cowsesow mab den dre Jesu Crist. Hèn yw an messach a'm awayl vy.

[17]Te yw Yêdhow hag yth esos ow crowedha i'n laha hag yth esos owth omvôstya in Duw. [18]Te a wor y volùnjeth ha'y blesour hag yth os deskys i'n laha hag yth esos owth alowa an pëth yw dâ. [19]Yth esos ow trestya fatell osta gedyor dhe'n re yw dall ha golow dhe'n re-na usy in tewolgow, [20]ha descor dhe'n re nag yw fur ha mêster dhe'n sempel ha'n dydhysk. Te a wor der an laha an form a sciens ha gwiryoneth. [21]Saw whath, te neb usy ow tesky re erel, esos jy ow tesky dha honen? Te neb usy ow progeth warbydn ladrans, esta ow ladra? [22]Te neb usy ow progeth warbydn avoutry, osta avoutrer dha honen? Te neb usy ow tefia idolys, esta ow robbya templys? [23]Te neb usy ow rejoycya i'n laha, esta dre dorrva an laha ow tysonora Duw? [24]An scryptour a lever, "An hanow a Dhuw dredhowgh why yw mockys in mesk an Jentylys."

[25]An cyrcùmcisyon yw vas, mars esta ow cul warlergh an laha. Saw mars esta ow terry an laha, dha cyrcùmcisyon yw gwrës fowt cyrcùmcisyon. [26]Mars usy an re-na nag yw cyrcùmcîsys ow sensy arhadow an laha, a ny vëdh aga fowt cyrcùmcisyon kemerys rag cyrcùmcisyon? [27]Yma tus heb cyrcùmcisyon i'ga body ow sensy an laha. Te a bew an laha screfys ha'n cyrcùmcisyon. Pàn wrêta terry an laha, a ny vydn an dus heb cyrcùmcisyon dha vrusy jy? [28]Rag nyns yw den vëth Yêdhow wàr ves naneyl nyns yw an gwir-cyrcùmcisyon neppyth i'n kig-na wàr ves. [29]Nâ, an Yêdhow gwir yw Yêdhow wàr jy, ha'n cyrcùmcisyon gwir yw mater a'n golon, warlergh an spyrys, kyns ès warlergh an lyther. Den a'n par-na a gav prais dhyworth Duw kyns ès dhyworth y hynsa.

3 Pana brow ytho a'n jeves an Yêdhow? Pò pëth yw vertu an cyrcùmcisyon? [2]Brâs ywa in pùb fordh. I'n kensa le y feu geryow Duw trestys dhe'n Yêdhewon.

[3]Pandra wher ytho, mars o radn a'n Yêdhewon dyslel? A wra aga dyslelder dyswul lelder Duw? [4]Duw dyfen! Kynth yw pùbonen gowek, re bo Duw dysqwedhys gwiryon. Yma an scryptour ow leverel,

"May halles bos jùstyfies i'th eryow ha fetha pàn ves brusys."

[5]Saw mar qwra agan camhenseth declarya ewnder Duw, pandra dal dhyn leverel? Duw dhe vos anewn, mar qwra va serry wàr agan pydn? (Yth esof ow côwsel kepar ha mab den.) [6]Bydner re bo! Rag fatl'alsa Duw ytho brusy an bës? [7]Mars usy ow gowegneth vy ow tysqwedhes dhe glerra gwiryoneth Duw hag indelma ow moghhe y glory, prag yth oma whath dampnys avell pehador? [8]Prag na yllyn ny leverel (hag yma radn

orth agan cably pàn leverons ny dhe gôwsel indelma), "Gesowgh ny dhe wul drog may halla dâ dos anodho." Anjùstys ny via màn, a pe dampnys tus a'n par-na.

⁹Pandra yllyn ny leverel ytho? Yw agan plît ny avell Yêdhewon bëth dhe well? Nag yw nes, rag solabrës ny re acûsyas kenyver onen, an Yêdhow ha'n Jentyl kefrës, dhe vos in dadn arlottes an pegh. ¹⁰An scryptour a lever,

"Nyns eus onen gwiryon, na nag eus onen;
¹¹nyns eus onen a wra convedhes,
nyns eus onen ow sewya hag ow folya Duw.
¹²Yth yns oll gyllys mes a fordh, yth yns oll dylês;
nyns eus onen a wra dâ;
nag eus onen kyn fe."
¹³"Aga briansen yw sepùlcra, gans aga thavosow y a ûs gil ha dysseyt."
"An poyson a serpons yma in dadn aga gwessyow."
¹⁴"Aga ganowow yw leun a wherôwder ha parys dhe volethy ha ty."
¹⁵"Aga threys yw parys rag scùllya goos;
¹⁶yma dystrùcsyon hag anken i'ga fordhow,
¹⁷ha'n fordhow a gres y ny aswonas."
¹⁸"Nyns eus own a Dhuw dhyrag aga dewlagas."

¹⁹Yma geryow an laha ow côwsel, dell wodhon ny yn tâ, orth an re-na usy in dadn an laha, may fo pùb ganow conclûdys, ha may halla oll an norvës bos in dadn vreus Duw. ²⁰Rag "ny vëdh den vëth jùstyfies in y wolok ev" der oberow erhys gans an laha. Der an laha y teu aswonvos pehosow.

²¹Saw lebmyn ewnder Duw re beu dysclôsys avês dhe'n laha, hag yma an laha ha'n profettys ow tùstunia anodho. ²²An ewnder a Dhuw yw opyn dhe genyver onen a gressa in Jesu Crist. Nyns eus dyffrans vëth intredhon, ²³rag pùbonen re behas ha fyllel a glory Duw. ²⁴Jùstyfies yns lebmyn der y râss ev yn ro, der an redempcyon usy in Jesu Crist. ²⁵Duw a wrug y brofya avell offryn a amendys der y woos, usy owth obery dre fëdh. Ev a wrug hebma rag dysqwedhes y ewnder, rag in y berthyans avell Duw ev a ascûsyas an pehosow comyttys i'n dedhyow coth. ²⁶Hèn o rag prevy i'n present termyn-ma ev dhe vos ewnhensek, hag ev dhe jùstyfia pùbonen a'n jeffa fëdh in Jesu.

²⁷Ple ma bôstow ytho? Yth yns y degës in mes. Pana laha a wrug aga degea in mes? An laha a oberow? Nâ, mès an laha a fëdh. ²⁸Rag ny a dÿb bos den jùstyfies dre fëdh heb an oberow comondys i'n laha. ²⁹Pò yw Duw Duw an Yêdhewon yn udnyk? A nyns ywa an Duw a'n Jentylys magata? Ea, a'n Jentylys kefrës, ³⁰rag Duw yw onen. Ev a vydn jùstyfia an re cyrcùmcîsys der aga fëdh, ha'n re-na nag yw cyrcùmcîsys der an keth fëdh. ³¹Eson ny ytho ow tysevel an laha der an fëdh-ma? Nag eson màn! I'n contrary part, yth eson ny tysqwedhes power an laha.

4 Pandra vydnyn ny leverel dhe vos gwainys gans Abraham, agan hendas, warlergh an kig? ²Rag mara peu Abraham jùstyfies der y oberow, ev a'n jeva chêson rag omvôstya, kyn na'n jeva chêson dhyrag Duw. ³Pandr'a lever an scryptour? "Abraham a wrug cresy i'n Arlùth, hag y feu y grejyans reknys dhodho avell ewnder."

⁴Dhe hedna usy ow lavurya, nyns yw y wajys reknys avell ro, mès avell tra dhendylys. ⁵Saw rag kenyver a wrella trestya in Duw usy ow jùstyfia an dus dhydhuw, crejyans a'n par-na yw reknys avell ewnder. ⁶Davyth y honen a lever an geryow-ma adro dhe venejycter an re-na usy Duw ow rekna ewnder dhedhans heb oberow:

⁷"Benegys yw an re-na yw gyvys aga threspassys, ha'n den mayth yw y behosow pardonys dhodho. ⁸Benegys yw an den na wrella an Arlùth rekna pegh vëth dhodho."

⁹A vëdh an benejycter-ma declarys dhana rag an re cyrcùmcîsys yn udnyk, pò rag an re nag yw cyrcùmcîsys kefrës? Ny a lever, "Y feu crejyans reknys dhe Abraham avell ewnder." ¹⁰Fatell veu va reknys avell ewnder dhodho? A veu va kyns ès y dhe vos cyrcùmcîsys pò wosa hedna? Ny veu va wosa ev dhe vos cyrcùmcîsys, mès kyns. ¹¹Ev a recêvas sin an cyrcùmcisyon avell tôkyn a'n ewnder a'n jeva dre fëdh, pàn o va whath heb cyrcùmcisyon. An porpos o rag y wul hendas a oll an re-na a gressa heb bos cyrcùmcîsys hag a vo ewnder reknys dhedhans. ¹²Hag in kepar maner ev yw hendas a'n re cyrcùmcîsys, nag yw cyrcùmcîsys yn udnyk, mès usy ow sewya kefrës an ensampel a fëdh a'n jeva agan hendas Abraham kyns bos cyrcùmcîsys.

¹³An promys neb a levery y whre Abraham eryta an bës, ny dheuth an promys-na dhe Abraham na dh'y issyw der an laha, mès der ewnder awos fëdh. ¹⁴Mars yw res dhe'n re-na usy ow sensy an laha bos eryon Abraham, gwag yw fëdh ha'n promys yw heb bry. ¹⁵Rag yma an laha ow try sorr. An le na vo laha, ny vëdh naneyl torrva a'n laha.

¹⁶Rag hedna mater a fëdh yw, may halla an promys powes wàr an grâss, ha bos warrantys dhe oll y issyw, dhe'n re-na usy ow sensy an laha, ha dhe'n re-na yw kevrednek a fëdh Abraham kefrës. Rag Abraham yw tas dhyn ny oll, ¹⁷kepar dell lever an scryptour, "Me re wrug ahanas tas dhe boblow heb nyver." Indelma yth yw an promys a valew i'n golok a'n Duw a gresy Abraham ino, an Duw usy ow ry bêwnans dhe'n re marow, hag ow tenethy taclow na veu whath.

¹⁸Yth esa Abraham ow qwetyas warbydn govenek y dhe vos "tas dhe boblow heb nyver", warlergh an pëth a veu leverys dhodho, "Mar vrâs y fëdh nùmber dha issyw jy." ¹⁹Ny wrug fëdh Abraham fyllel, pàn gonsydras y gorf y honen neb o ogas marow solabrës, rag ev o neb cans bloodh. Naneyl ny wrug y fëdh fyllel pàn wrug ev predery a anvabeth Sara. ²⁰Ny wrug lack vëth a grejyans dhodho dowtya adro dhe dhedhewadow Duw. Nâ, ev o dhe voy stedfast in y fëdh, hag ev a re glory dhe Dhuw. ²¹Abraham a wodhya fèst, fatell ylly Duw collenwel y bromys. ²²Rag hedna "y grejyans a veu reknys avell ewnder dhodho." ²³Saw ny veu an geryow "y grejyans a veu reknys dhodho" screfys rag Abraham yn udnyk, ²⁴mès ragon ny kefrës. Hèn

yw dre rêson ny dhe gresy ino ev neb a dherevys Jesu, agan Arlùth, dhyworth an re marow. 25Jesu a veu delyvrys dhe ancow awos agan pehosow ny, hag ev a veu derevys rag agan jùstyfia.

5 Rag hedna, abàn veun ny jùstyfies dre fëdh, ny a'gan beus cres gans Duw der agan Arlùth Jesu Crist. 2Dredho ev ny a gafas fordh bys i'n grâss, eson ny a'gan sav ino, hag yth eson ny owth omvôstya i'gan govenek a vos kevrednek a'n glory a Dhuw. 3Nyns yw hedna pùptra na whath. Yth eson ny owth omvôstya i'gan painys kefrës, rag ny a wor painys dhe dhenethy perthyans, 4ha perthyans vertu, ha vertu govenek. 5Ny wra govenek agan tùlla, rag kerensa Duw re beu deverys i'gan colon der an Spyrys Sans, ha hedna yw ro Duw dhyn ny.

6Pàn en ny whath gwadn, Jesu i'n termyn ewn a dhug mernans rag an dus dhydhduw. 7Bohes venowgh in gwir y whra den vëth don mernans rag den ewnhensek. Nebonen martesen a vynsa merwel rag dremas. 8Saw yma Duw ow prevy y gerensa dhyn, abàn verwys Crist ragon ny, ha ny whath pehadoryon.

9Abàn veun ny jùstyfies der y woos, ny a yll bos dhe voy sur ev dh'agan gwetha ny dhyworth sorr Duw. 10Ny a veu reconcîlys dhe Dhuw dre woos y Vab pàn en ny whath y eskerens. Dhe voy sur ytho y fedhyn ny sawys der y vêwnans, ha ny reconcîlys dhodho. 11Moy ès hedna yth eson ny ow rejoycya awos an taclow a wrug Duw ragon der agan Arlùth Jesu Crist, dredho may whrussyn ny recêva gyvyans.

12An pegh a dheuth wàr oll an bobel der an gwythres a udn den, ha mernans a dheuth der y begh ev. Indelma an mernans a lêsas in mesk mebyon tus, dre rêson kenyver onen dhe beha. 13Yth esa pegh i'n bës kyns ès an laha, mès nyns yw pegh reknys pàn nag eus laha vëth. 14Yth esa mernans bytegyns ow cul mêstry, dhia Adam bys in Moyses, wàr an rena nag o aga fegh kepar ha trespas Adam. Adam o fygur a hedna a vynsa dos.

15Saw nyns yw an dhew dra haval an eyl dh'y gela. Nyns yw ro frank Duw kepar ha trespas Adam. Gwir yw lies huny dhe verwel dre rêson a'n pegh a udn den. Mès moy leun yw grâss Duw, ha'y ro frank a râss dhe lies onen der an udn den, Jesu Crist. 16Nyns yw an ro frank haval in poynt vëth dhe frûtys an pegh a udn den. Rag an vreus rës wosa an trespas a udn den a dhampnyas an lynyeth a vab den. Saw an ro frank wosa lies trespas a dheclaryas agan bos dybegh. 17Yth esa ancow ow cul mêstry awos trespas udn den. Pyseul dhe voy a vëdh frût an gwythres a udn den, Jesu Crist! Pùbonen neb a recêvas lanwes a râss ha'n ro frank a ewnder dre Grist, a wra rewlya ganso ev.

18Poran kepar dell lêdyas an trespas a udn den dhe dhampnacyon rag pùbonen, indella kefrës yma an gwythres ewnhensek a udn den ow lêdya dhe bardon ha dhe vêwnans rag pùbonen. 19Kepar dell veu lies onen gwrës pehadoryon dre dhysobedyens udn den, indelma y fëdh lies onen pardonys der obedyens udn den.

20An laha a veu provies dhe encressya trespas. In mar veur dell wrug an pegh moghhe, dhe voy grâss Duw a encressyas kefrës. ²¹Rag hedna, kepar dell esa an pegh ow rewlya dre vernans, indella yma grâss Duw ow rewlya dre bardon. Yma hedna orth agan lêdya bys i'n bêwnans heb dyweth dre Jesu Crist, agan Arlùth.

6 Pëth a dal dhyn leverel ytho? A dal dhyn pêsya gans pegh may fo abùndans a râss? ²Duw dyfen! Fatell yllyn ny, ha ny marow dhe begh, fatell yllyn ny pêsya gans pegh ha bewa ino? ³A ny wodhowgh why, ny oll neb a veu besydhys in Crist dhe vos besydhys in y vernans? ⁴Rag hedna ny re beu encledhys ganso dre vesydhyans bys i'n mernans. Hèn o may hallen ny kerdhes in bêwnans nowyth, poran kepar dell veu Jesu derevys dhyworth mernans dre wordhyans an Tas.

⁵Rag mara peun ny unys ganso in ancow haval dh'y vernans ev, yn certan y fedhyn ny jùnys ganso in dasserghyans kepar ha'y dhassergh-yans ev. ⁶Ny a wor y feu an den coth inon ny crowsys ganso ev, may halla corf an pegh bos dyswrës, ha ma na ven ny namoy in dadn arlottes an pegh. ⁷Rag pynag oll a vo marow, yw frank a begh.

⁸Rag mar qwrussyn ny merwel gans Crist, ny a grës fatell wren ny kefrës bewa ganso. ⁹Ny a wor na wra Crist merwel nefra arta warlergh y vos derevys in bàn dhyworth an re marow. Nyns yw ev namoy sojeta ancow. ¹⁰An mernans a wrug ev merwel, y feu mernans dhe begh unweyth rag nefra. Saw an bêwnans usy ev ow pewa, yma va yn few ino dhe Dhuw.

¹¹In kepar maner, res yw dhywgh why predery agas bos marow dhe begh, hag yn few dhe Dhuw dre Jesu Crist. ¹²Rag hedna, na wrêns an pegh lordya i'gas corf mortal, ha gul dhywgh obeya tebel-whansow an corf. ¹³Na wrewgh namoy profya agas esely dhe'n pegh avell daffar rag sherewynsy, saw profyowgh agas honen dhe Dhuw avell tus re beu drës dhia vernans dhe vêwnans, ha presentyowgh agas esely dhe Dhuw avell toulys a'n ewnder. ¹⁴Rag ny'n jevyth an pegh arlottes vëth war-nowgh, abàn nag esowgh why in dadn an laha, adar in dadn râss.

¹⁵Pandra ytho? A dalvia dhyn peha, dre rêson nag eson ny in dadn an laha, mès in dadn râss? Duw dyfen! ¹⁶A ny wodhowgh why hebma: mar tewgh why ha profya agas honen dhe dhen vëth avell keswesyon wostyth, why yw an wesyon a hedna esowgh why owth obeya dhodho—poken dhe begh, usy ow lêdya dhe'n mernans, pò dhe obedyens, usy ow lêdya dhe ewnder? ¹⁷Me a aswon meur râss dhe Dhuw why dhe vos gostyth i'gas colon dhe'n sort a dhyscans, may fewgh why trestys dhodho, kynth ewgh why kethwesyon kyns dhe begh. ¹⁸Delyvrys dhyworth pegh why re beu gwrës kethwesyon a'n ewnder.

¹⁹Yth esof vy ow côwsel in termow a vab den, awos gwander agas kig. Kyns lebmyn why a wre offra agas esely avell kethwesyon dhe vostethes, ha dhe voy ha dhe voy sherewynsy. Saw i'n tor'-ma yth esowgh why ow presentya agas esely avell kethwesyon a'n ewnder, may fowns y benegys. ²⁰Pàn esewgh why in dadn arlottes an pegh, why o frank ow tùchya ewnder. ²¹Rag hedna pana wain a wrussowgh why cafos der an taclow-na, esowgh why lebmyn ow kemeres meth

anodhans? An frût a'n taclow-na yw mernans. ²²Saw lebmyn ha why fries dhyworth pegh, hag yn kethwesyon dhe Dhuw, an prow usy ow tos dhywgh yw benejycter. An frût a hedna yw an bêwnans heb dyweth. ²³Rag ancow yw an wajys a begh, mès ro frank Duw yw bêwnans heb dyweth in Jesu Crist, agan Arlùth.

7 Why a wra convedhes ow geryow, a vreder, rag why a wor an laha. Nyns eus den vëth in dadn arlottes an laha, saw unsel hadre vo va yn few. ²Yma benyn dhemedhys, rag ensampel, kelmys der an laha dh'y gour hadre vo va yn few. Saw mar teu hy gour ha merwel, delyvrys yw hy a'n laha ow tùchya hy gour. ³Rag hedna, mar teu hy ha kesvewa gans gour aral hadre vo hy gour yn few, hy yw gelwys gwadn-wre'ty. Saw mar teu hy gour ha merwel, frank yw hy warlergh an laha. Nena mar teu hy ha demedhy gans den aral, gwadn-wre'ty nyns yw hy màn.

⁴In kepar maner, a vreder, why re verwys dhe'n laha, dre rêson why dhe vos radn a gorf Crist. Lebmyn yth esowgh why ow longya an eyl dh'y gela, dre hedna re beu derevys gans Duw dhyworth an re marow, may hallen ny bos a les dhe servys Duw. ⁵Pàn esen ny ow pewa warlergh an kig, yth o agan tebel-whansow sordys der an laha. Yth esa an whansow-na owth obery i'gan corf dhe dhon frût wordhy a vernans. ⁶Saw lebmyn, ny yw delyvrys dhyworth an laha, rag ny a verwys dhe'n pëth a wrug prysners ahanan. Rag hedna nyns eson ny ow servya na fella an laha screfys i'n fordh goth, mès ow servya in fordh nowyth der an Spyrys.

⁷Pandra dal dhyn leverel ytho? An laha dhe vos pegh? Duw dyfen! Saw na ve an laha, ny alsen vy godhvos pegh. Ny wodhvien pëth yw coveytys, na ve an laha dhe leverel, "Na wra whansa." ⁸Saw an pegh, ow sêsya chauns i'n gorhebmyn, a dhros mes ahanaf pùb sort coveytys. Marow yw pegh heb an laha. ⁹Me o yn few kyns lebmyn heb an laha. Saw pàn dheuth an gorhebmyn, pegh a dhassorhas ¹⁰ha me a verwys. An very gorhebmyn esa ow promyssya bêwnans dhybm, a veu gwrës mernans ragof. ¹¹Rag an pegh a sêsyas y jauns i'n gorhebmyn ha'm tùlla. Der an gorhebmyn pegh a'm ladhas. ¹²Rag hedna sans yw an laha, ha'n gorhebmyn yw sans hag ewn ha dâ.

¹³A wrug an pëth, hag o dâ, ytho dry dhybm mernans? Na wrug màn! Pegh a'm ladhas ha dysqwedhas y natur gwir. An pegh a ûsyas an dâ rag ow dystrêwy ha der an gorhebmyn an pegh a veu gwrës lacka ès bythqweth kyns.

¹⁴Rag ny a wor bos an laha spyrysek. Mès spyrysek nyns oma màn. Me yw kethwas a veu gwerthys in dadn begh. ¹⁵Ny wòn convedhes ow gwrians ow honen. Rag ny wrama an pëth yw dâ genef, mès me a wra an very pëth yw cas genef. ¹⁶Now, mar teuma ha gul an pëth nag yw mal genef, yth ov acordys bos an laha dâ. ¹⁷Saw in gwir nyns esof vy orth y wul, mès an pegh neb yw tregys inof. ¹⁸Rag me a wor nag eus tra vëth dâ tregys inof, hèn yw, i'm kig vy. Me a yll desîrya an dâ, mès y wul ny allaf. ¹⁹Rag ny wrama an dâ yw mal genef gul. Saw an drog nag ov whensys dhe wul, hedna a wrama. ²⁰Mar qwrav an pëth nag yw mal genef, nyns esof vy

na fella orth y wul, mès an pegh neb yw tregys inof.

²¹Me a gav an rewl-ma ytho: pàn yw mal genef gul an dâ, yma an drog ogas dhybm. ²²Kynth esof ow rejoycya in laha Duw in downder ow holon, ²³me a wel i'm esely laha aral ow qwerrya warbydn an laha i'm brës. Hag yma hedna orth ow gul keth dhe laha an pegh tregys i'm esely. ²⁴Govy! Govy! Pyw ytho a vydn ow selwel dhyworth an corf-ma a vernans? ²⁵Grassow re bo dhe Dhuw dre Jesu Crist agan Arlùth!

Rag hedna ytho me yw keth i'm brës dhe laha Duw, kynth oma keth i'm kig dhe laha an pegh.

8 Nyns eus dampnacyon vëth ytho rag an re-na usy in Jesu Crist. ²Rag in Jesu Crist an laha a Spyrys an bêwnans re wrug agas delyvra dhyworth laha an pegh ha'n mernans. ³An pëth na alsa an laha gul, drefen y vos gwadnhës der an kig, hedna re wrug Duw. Rag Duw a dhanvonas y Vab y honen i'n hevelep a'n kig leun a begh hag avell offryn rag pegh. Duw a dhampnas pegh i'n kig, ⁴may halla arhadow an laha bos collenwys inon ny, usy ow kerdhes warlergh an Spyrys kyns ès warlergh an kig.

⁵Rag an re-na usy ow kerdhes warlergh an kig, yma aga brës rewlys gans taclow an kig. Saw an re-na usy ow kerdhes warlergh an Spyrys, yma aga brës rewlys gans an pëth yw dâ gans an Spyrys. ⁶Yma rewl der an kig ow lêdya dhe'n mernans, saw rewl der an Spyrys yw bêwnans ha cosoleth. ⁷Rag hedna escar dhe Dhuw yw an brës neb yw rewlys der an kig. Nyns usy an brës-na owth

omry dhe laha Duw. In gwiryoneth ny ylla gul indella, ⁸naneyl ny yll an re-na usy i'n kig plêsya Duw.

⁹Saw whywhy, nyns esowgh why i'n kig. I'n Spyrys yth esowgh, drefen bos Spyrys Duw tregys inowgh. Pynag oll na'n jeffa Spyrys Crist, Cristyon nyns ywa màn. ¹⁰Mars yw Crist tregys inowgh why, kynth yw agas corf why marow awos why dhe beha, bêwnans ragowgh yw an Spyrys y honen, rag why re beu jùstyfies. ¹¹Mars yw tregys inowgh an Spyrys anodho ev, neb a dherevys Crist dhyworth an re marow, ev neb a dherevys Crist dhyworth mernans, a vydn ry bêwnans kefrës dh'agas corf mortal der y Spyrys tregys inowgh.

¹²Rag hedna, a vreder, kendonoryon on ny, mès nyns eson ny in kendon dhe'n kig, dhe vewa warlergh an kig. ¹³Mars esowgh why ow pewa warlergh an kig, why a verow. Saw mar tewgh why ha gorra dhe'n mernans oberow an corf der an Spyrys, bewa a wrewgh. ¹⁴Kenyver onen a vo lêdys gans Spyrys Duw yw flògh Duw. ¹⁵Rag ny wrussowgh why recêva spyrys a gethneth rag codha wàr dhelergh in own. Nâ, why re recêvas spyrys kepar ha mebyon. Pàn eson ny ow cria, "Abba! a Das!" ¹⁶yma an very Spyrys na ow jùnya dh'agan spyrys ny dhe dheclarya agan bos flehes Duw. ¹⁷Mars on ny flehes, nena eryon on ny kefrës, eryon a Dhuw ha keseryon gans Crist. Mar pedhyn ny kevrednek a'y bainys, nena ny a vëdh kevrednek a'y wordhyans magata.

¹⁸Yth hevel dhybm nag yw wordhy painys an present termyn-ma dhe vos comparys gans an glory a vëdh dyscudhys dhyn. ¹⁹Yma an creacyon

ow qwetyas gans yewnadow crev an dyscudhans a'n flehes a Dhuw. ²⁰Y feu an creacyon gorrys in dadn arlottes an uvereth. Ny veu hebma dre volùnjeth an creacyon, saw der an bolùnjeth anodho ev a'n gwrug sojeta uvereth. Ev a wrug hedna i'n govenek ²¹an creacyon dhe vos delyvrys dhyworth danjer an dyfygyans, ha cafos an franchys a'n glory a flehes Duw.

²²Ny a wor fatell veu an creacyon yn tien owth hanaja in y wolovas bys i'n termyn-ma. ²³Nyns esa an creacyon yn udnyk owth hanaja. Kynth usy bleynfrûtys an Spyrys genen, yth eson ny owth hanaja wàr jy, ha ny ow cortos dhe vos recêvys avell mebyon. Hèn yw dhe styrya, an redempcyon a'gan corf. ²⁴In govenek y feun ny selwys. Rag nyns ywa govenek, mar kyll an dra bos gwelys. Pyw usy ow qwetyas an pëth usy ev ow qweles? ²⁵Saw mars eson ny ow qwetyas an pëth na yllyn gweles, yth eson ny orth y wortas gans perthyans.

²⁶Indelma kefrës yma an Spyrys orth agan gweres i'gan gwanegreth. Ny wodhon ny in pana vaner a gotha dhyn gul agan pejadow, saw yma an Spyrys y honen ow pesy ragon dre vain a hanasow stlav. ²⁷Duw, usy ow whythra agan côwsys, a wor yn tâ pëth usy an Spyrys ow styrya, drefen an Spyrys dhe besy rag pobel Duw, warlergh bolùnjeth Duw y honen.

²⁸Ny a wor fatell usy pùptra ow kesobery rag an dâ dhe'n re-na a gar Duw, hag yw gelwys dh'y borpos ev. ²⁹An re-na a wrug ev aswon arag dorn, ev a's ragdhestnas dhe vos hevellys dhe imach y Vab, may fe y Vab an kensa mab in mesk lies broder. ³⁰An re-na a wrug ev rag-dhestna, ev a's gelwys kefrës. An re-na a wrug ev gelwel, ev a's jùstyfias, ha'n re-na a wrug ev jùstyfia, ev a ros dhedhans glory.

³¹Pandra wren ny leverel adro dhe'n taclow-ma? Mars yw Duw ragon ny, pyw a vëdh wàr agan pydn? ³²Yn certan ny vëdh Duw wàr agan pydn, rag ny wruga unweyth sensy y Udn Vab, mès ev a'n offrydnas ragon ny oll. A ny vydn ev ry pùptra oll dhyn kefrës? ³³Pyw a vydn acûsya tus dêwysys Duw? Yma Duw y honen orth aga declarya dybegh. ³⁴Pyw a vydn dampnya? Na vydn Jesu Crist. Ev a dhug mernans, pò kyns ev a veu derevys. Yma ev lebmyn dhe'n barth dyhow a Dhuw, hag yma ev ow pesy ragon. ³⁵Pandra vydn agan dyberth dhyworth kerensa Crist? A vydn anken pò grêf pò compressans pò dyvotter pò notha pò peryl pò cledha? ³⁶Kepar dell lever an scryptour,

> "Ragos jy yth eson ny ow pos
> ledhys dres oll an jëdh.
> Yth on ny reknys kepar ha deves
> ow mos dhe'n ladhva."

³⁷Nâ, in oll an taclow-ma yth on ny moy ès conqwerrours dredho ev neb a'gan caras. ³⁸Rag i'n purra gwiryoneth me a grës na yll naneyl mernans, na bêwnans, nag eleth, na rewlysy, na taclow present, na taclow dhe dhos, na potestas, ³⁹nag uhelder, na downder, na tra vëth ken in oll an creacyon agan dyberth ny dhyworth kerensa Duw usy in Jesu Crist, agan Arlùth.

9 Yth esof ow côwsel an gwiryoneth in Crist. Nyns esof vy ow leverel gow, hag ow honscyans a lever dhybm der an Spyrys Sans nag ywa gow. ²Yma i'm colon meur a dristans hag anken heb cessya. ³Assa via dâ genef bos melegys ha dyberthys dhyworth Crist rag kerensa ow fobel ow honen, ow nessevyn warlergh an kig! ⁴Israelysy yns y. Y a veu gwrës mebyon Duw. Y a bew an glory a bresens Duw. Dhedhans y yma an ambosow, an laha, golohas Duw i'n templa ha'n dedhewadow. ⁵Dhedhans y yma an patryarkys, ha dhywortans y, warlergh an kig, y teu an Crist, usy a-ugh kenyver tra. Re bo Duw benegys bys vycken ha bys venary. Amen.

⁶Ny yllyn ny leverel ger Duw dhe fyllel, rag nyns usy pùb Israelyas ow longya in gwir dhe Israel, ⁷naneyl nyns yw pùb flogh a Abraham y issyw gwir. Saw "der Isak dha lynyeth a vëdh henwys." ⁸Hèm yw dhe styrya, nag yw flehes Duw an flehes genys warlergh an kig, mès an flehes genys warlergh dedhewadow Duw a vëdh kemerys avell issyw gwir. ⁹An dedhewadow a leverys: "I'n prës ewn me a vydn dewheles dhis ha Sara a's tevyth mab."

¹⁰Nyns yw hedna pùptra. Duw vab Rebecka a's teva an udn tas, Isak agan hendas. ¹¹Kyns ès hy mebyon dhe vos genys ha kyns ès y dhe wul tra vëth dâ pò drog (may halla pêsya an porpos a Dhuw ow tùchya dêwysyans ¹²dredho ev usy ow kelwel, kyns ès der oberow mebyon tus), y feu leverys dhedhy, "An mab cotha a wra servya an mab yonca." ¹³Kepar dell lever an scryptour, "Me re garas Jacob, mès Esaw re beu cas dhybm."

¹⁴Pandra dal dhyn leverel? Duw dhe wul anjùstys? Bydner re bo! ¹⁵Rag ev a lever dhe Moyses,

"Me a vydn kemeres pyteth a hedna a wrama kemeres pyteth anodho;
ha me a vëdh mercyabyl dhe'n rena a vanaf vy dysqwedhes mercy dhedhans."

¹⁶Yma an mater ytho ow powes gans Duw ha'y dregereth, kyns ès gans bolùnjeth pò gwythres den. ¹⁷Rag an scryptour a lever dhe Faro, "Me a wrug mytern ahanas, may hallen dredhos jy dysqwedhes ow gallos, ha may fe ow hanow declarys in oll an bës." ¹⁸Indelma yma Duw ow kemeres pyteth a genyver onen a vydna, hag ow calesy colon kenyver onen a vydna.

¹⁹Te a vydn leverel dhybm ytho, "Mars yw taclow indelma, fatell yll Duw blâmya den vëth? Pyw a yll sevel orth y vodh?" ²⁰Pyw osta jy, te dhen, dhe argya gans Duw? A vydn an pot pry leverel dhe'n potor, "Prag y'm gwrussys indelma?" ²¹A ny'n jeves an gweythor an pry in y dhanjer? A ny'n jeves ev an gwir dhe wul dew seth mes a'n keth tabm a bry, onen rag ûsadow specyal ha'y gela rag pùb dëdh oll?

²²Indelma yma an câss ow tùchya gwythres Duw. Ev a dhesîryas dysqwedhes y sorr, ha derivas y allos. Saw ev a gemeras perthyans hir gans an vessyls a'y sorr hag y destnys dhe dhystrùcsyon. ²³Ev a dhesîryas kefrës dhe dhysqwedhes rychys y glory dhe'n re-na a vydna ev kemeres pyteth anodhans, an re-na a veu destnys dhyrag dorn rag y glory.

²⁴Yth eson ny in mesk an re-na, ha ny re beu gelwys mes a'n Yêdhewon hag a'n Jentylys kefrës. ²⁵Kepar dell lever Duw in lyver Osê,

"An re-na nag o ow fobel vy, me a
    vydn aga gelwel 'ow fobel vy',
ha hodna nag o meurgerys, me a
    vydn hy gelwel 'meurgerys'."

Ha,

²⁶"In very tyller may feu leverys
    dhedhans,
'Nyns owgh why ow fobel màn,'
ena y a vëdh gelwys 'flehes a'n Duw
    bew'."

²⁷Hag yma Esay ow carma adro dhe Israel,

"Kyn fe an nùmber a flehes Israel
    kepar ha tewas an mor,
ny vëdh sawys anodhans mès
    remnant,
²⁸rag an Arlùth a vydn collenwel y
    vreus yn scon ha dre nerth
    warbydn an bës."

²⁹Kepar dell lever an profet Esay,

"Na ve an Arlùth dhe alowa
    remnant ahanan dhe vewa,
ny a wrussa fara kepar ha Sodom,
    ha ny a via kepar ha Gomorre."

³⁰Pandra ytho a dal dhyn leverel? An Jentylys, na wrug strîvya dhe wainya ewnder, y re'n cafas. Hèn yw dhe styrya, ewnder dre fëdh. ³¹Pobel Israel a wrug strîvya dhe gafos ewnder growndys wàr an laha, saw ny wrussons spêdya dh'y gafos. ³²Prag nâ? Dre rêson na vowns y growndys wàr fëdh, mès wàr oberow, dell hevelly dhedhans. Y a omdhysevys wàr an men a drebuchyans ³³campollys i'n scryptour,

"Mir, yth esof vy ow settya men in
    Sion a vydn gul dhe'n dus
    trebuchya,
ha carrek a wra aga dysevel,
ha seul a wrella cresy ino ev, ny
    vëdh ev shâmys màn."

10 A vreder, assa via dâ genef ow fobel dhe vos selwys! Ass yw ernest ow fejadow dhe Dhuw ragthans! ²Me a yll desta dhywgh why a'ga dywysycter tro ha Duw, saw nyns yw an dywysycter na growndys wàr skentoleth ewn. ³Ny wodhons an ewnder a dheu dhyworth Duw. In le a hedna ymowns y ow whelas byldya fordh bys i'ga ewnder aga honen. Rag hedna ny wrowns y plegya dhe ewnder Duw. ⁴Crist yw dyweth an laha, hag ev a dhora ewnder dhe bynag oll a gressa ino.

⁵Ow tùchya an ewnder a dheu dhyworth obedyens dhe'n laha, Moyses a lever, "Pynag oll a wrella an taclow-ma, a vydn bewa dredhans." ⁶Saw yma an ewnder a dheu dhyworth fëdh ow leverel: "Na wra govyn, 'Pyw a vydn ascendya i'n nev?'" (hèn yw, rag dry Crist dhe'n dor) ⁷"naneyl na wra govyn, 'Pyw a vydn skydnya bys i'n islonk?'" (hèn yw, rag dry Crist in bàn dhyworth an re marow). ⁸Saw pandr'usy an ewnder ow leverel? "Ogas dhis yma an ger. Yma va wàr dha wessyow hag i'th colon." Hèn yw an messach a fëdh eson ny ow progeth. ⁹Mar qwrêta meneges gans dha wessyow Jesu dhe vos an Arlùth, ha cresy i'th colon Duw dh'y dherevel dhyworth an re marow, te a vëdh selwys. ¹⁰Mar

teu nebonen ha cresy in y golon, ev a vëdh jùstyfies. Mar teu va ha meneges gans y anow, ev a vëdh selwys. [11]An scryptour a lever, "Kenyver den a gressa ino ev, ny wra ev kemeres meth." [12]Kenyver den—rag nyns eus dyffrans vëth inter Yêdhow ha Grêk. An keth Arlùth yw Arlùth a bùbonen, hag ev yw larj lowr rag pùbonen a wrella gelwel warnodho. [13]Dell lever an scryptour arta, "Kenyver den a wrella gelwel wàr hanow an Arlùth a vëdh sawys." [14]Fatell yllons y gelwel warnodho ev na wrussons y cresy ino? In pàn vaner a yllons y cresy in hedna na wrussons bythqweth clôwes anodho? In pàn vaner a vydnons y clôwes heb den vëth dh'y brogeth dhedhans? [15]Fatell yllons y brogeth marnas y a vëdh danvenys? Dell lever an scryptour, "Ass yw teg treys an re-na usy ow try nowodhow dâ!"

[16]Saw ny wrug pùbonen obeya dhe'n nowodhow dâ, rag Esay a lever, "Arlùth, pyw re gresys agan messach?" [17]Rag hedna, fëdh a dheu dhyworth an messach, ha'n messach a dheu dhyworth an progeth a Grist. [18]Dar, ny wrussons y clôwes? Gwrussons heb mar, dell lever an scryptour,

"Gallas aga lev in mes bys in oll an nor,
ha'ga geryow dhe bednow an bës."

[19]Arta govyn a wrama: dar, a ny wrug Israel convedhes? I'n kensa le Moyses a lever,

"Me a vydn settya avy intredhowgh ha'n re-na nag yw nacyon.
Me a wra dhywgh serry orth pobel wocky."

[20]Yma Esay moy colodnek whath pàn lever ev,

"Me a veu kefys gans an re-na, na wrug ow whelas.
Me a omdhysqwedhas dhe'n re-na, na wrug govyn adro dhybm."

[21]Saw ow tùchya Israel ev a lever,

"Oll an jorna me a sensys in mes ow dewla tro ha pobel dreus ha dywostyth."

11

Govyn a wrav ytho: a wrug Duw sconya y bobel? Na wrug màn! Me ow honen yw Israelyas, issyw a Abraham, esel a'n trib a Benjamyn. [2]Ny wrug Duw sconya y bobel a wrug ev aswon dhyrag dorn. A ny wodhowgh pandra lever an scryptour adro dhe Elias, fatell wre va plêdya gans Duw rag Israel? [3]"Arlùth, y a ladhas dha brofettys ha dysevel dha alteryow. Nyns yw gesys mès me ow honen oll. Ymowns y ow whelas ow ladha." [4]Saw pëth a veu gorthyp Duw dhodho? "Me re sensys dhybm seyth mil na wrug bythqweth mos wàr bedn dewlin dhyrag Baal." [5]In kepar maner i'n present termyn yma nùmber bian a dus, hag y a veu dêwysys der y râss. [6]Growndys wàr y râss, yw y dhêwys ev, adar wàr aga oberow y. A pe y dhêwys growndys wàr oberow, ny via grâss grâss in gwiryoneth. [7]Pëth ytho? Ny spêdyas Israel ha cafos an pëth esa Israel ow whelas. Nebes tus dhêwysys a'n cafas. An dus erel a veu dallhës tro ha'n gwiryoneth, [8]poran kepar dell lever an scryptour,

"Duw a ros dhedhans spyrys syger,
lagasow na vydna gweles, ha
scovornow nag o whensys dhe
glôwes
bys i'n jëdh hedhyw."

⁹Ha Davyth a lever,

"Bedhens tabel aga bankettys kepar
ha maglen hag antel ragthans,
kepar ha men trebuchya ha venjans
diogel.
¹⁰Bedhens dallhës aga lagasow, rag
dowt y dhe weles.
Gwra beghya aga heyn der anken
pùpprës."

¹¹Govyn a wrama rag hedna: pàn
drebuchyas an Yêdhewon, a wrussons
y codha yn tien? Na wrussons màn!
Saw der aga threspas salvacyon a
dheuth dhe'n Jentylys. Ha hedna a
wra inia an Yêdhewon dhe strîvya
gansans. ¹²Trespas an Yêdhewon a
dhros rychys brâs dhe'n bës, ha'ga
mothow a dhug meur a wain dhe'n
Jentylys. Py seul dhe voy a vëdh an
prow, pàn vëdh an Yêdhewon
nyverys warbarth gansans!

¹³Lebmyn yth esof vy ow côwsel
orthowgh why, why Jentylys. In mar
veur dell oma abostel dhe'n Jentylys,
omvôstya a wrav i'm menystry. ¹⁴Yth
esof ow cul indelma, may hallen gul
dhe'm pobel vy perthy envy. I'n
vaner-ma martesen me a yll selwel
radn anodhans. ¹⁵Pàn wrussons y
sconya, an bës a gafas redempcyon.
Pandra whyrvyth, mar towns y ha
degemeres? Tra vëth ken ès das-
serghyans dhyworth an re marow!
¹⁶Mars yw sans tabm a'n toos a vëdh
offrydnys avell bleynfrût, nena sans

yw oll an bara. Mars yw sans gwredh-
yow an wedhen, nena sans yw an
branchys kefrës.

¹⁷Radn a'n branchys a veu terrys
dhe ves, ha te, scoren a olyf gwyls, a
veu graffys i'ga thyller dhe vos
kevrednek a wredhen rych an olyf-
wedhen. ¹⁸Rag hedna, na wra om-
vôstya orth an branchys. Mar teuta ha
bôstya, porth cov nag esta jy ow sensy
an wredhen, saw an wredhen dhe'th
sensy jy. ¹⁹Te a vydn leverel, "Y feu
branchys terrys dhe ves may hallen vy
bos graffys i'ga thyller." ²⁰Gwir yw
hedna. Y fowns y terrys dhe ves dre
rêson a'ga dyscrejyans, saw te, dre
fëdh yn udnyk yth esta ow sevel. Na
vëdh prowt ytho, mès kebmer own.
²¹Mar ny wrug Duw sparya an
branchys teythyak, martesen ny vydn
ev dha sparya jy.

²²Rag hedna mir orth cufter ha
sevureth Duw. Ev yw sevur tro ha'n
re-na a godhas, saw caradow yw Duw
tro ha te, mar teuta ha pêsya in y
gufter. Poken te a vëdh trehys dhe
ves. ²³Ha'n Israelysy, mar ny wrowns
y pêsya in dyscrejyans, y inwedh a
vëdh graffys aberth i'n wedhen. Rag
Duw a yll aga graffya aberth inhy arta.
²⁴Mar peusta trehys dhyworth olyf-
wedhen wyls warlergh natur ha graff-
ys aberth in olyfwedhen wonedhys
warbydn natur, pyseul dhe voy a vëdh
an branchys genesyk graffys arta
aberth i'ga gwedhen deythyak?

²⁵Dâ via genef why dhe gonvedhes
an mystery-ma, a vreder, rag dowt
why dhe facya agas bos furra ès dell
owgh why. Dellny a dheuth wàr radn
a'n Israelysy, bys may teffa ajy nùm-
ber leun a'n Jentylys. ²⁶Pàn vo hedna
wharvedhys, oll Israel a vëdh selwys,
kepar dell lever an scryptour,

"Y teu an Sylwyas mes a Sion.
Ev a wra banyshya sherewynsy mes
a Jacob."
27"Ha hebma yw ow ambos
gansans,
pàn wryllyf kemeres in kerdh oll
aga fehosow."

28Ow tùchya an awayl, eskerens
Duw yw an Yêdhewon rag agas
kerensa why. Saw ow tùchya dêwys-
yans, y yw meurgerys, awos aga
hendasow. 29Rag ny yll naneyl royow
na galow Duw bos defendys dhe ves.
30Why o dywostyth dhe Dhuw, saw
lebmyn why a recêvas mercy dre
rêson a'ga dysobedyens y. 31In kepar
maner y a veu dywostyth, may hallens
recêva tregereth der an dregereth
dysqwedhys lebmyn dhywgh why.
32Duw a wrappyas pùb nacyon in
dyscrejyans, may halla ev cafos mercy
wàr oll.

33Ass yw brâs rychys Duw! Ass yw
down y furneth ha'y skentoleth!
Pyw a yll whythra y vreus ev?
Pyw a yll convedhes y fordhow?
Kepar dell lever an scryptour,
34"Pyw a aswonas brës an Arlùth?
Pyw re beu consler dhodho?"
35"Pò pyw re ros dhodho ro, ha
recêva dhyworto present yn
weryson?"
36Dhyworto ev ha dredho ev ha
dhodho ev yma kenyver tra.
Dhodho ev re bo glory bys
vycken ha bys venary! Amen.

12 Yth esof vy ytho dre dreger-
eth Duw orth agas exortya,
a vreder, dhe brofya agas corfow avell
oblacyon bew, sans ha plegadow dhe
Dhuw. Hèn yw an golohas gwir a dal

dhywgh offra. 2Na vedhowgh kepar
ha'n bës-ma. Bedhens nowedhys agas
brës, rag indella agas natur a vëdh
chaunjys yn tien. Nena why a yll
aswon bodh Duw, ha convedhes pëth
yw dâ, plegadow ha perfëth.

3Der an grâss rës dhybmo, me a
lever hebma dhe bùbonen ahanowgh:
na wrêns den vëth predery moy
anodho ès dell goodh. Gwrewgh
predery kyns gans breus doth, pùb-
onen ahanowgh warlergh musur an
fëdh grauntys dhodho gans Duw.
4Ny a'gan beus i'gan corfow lies esel,
mès ny'n jeves kenyver esel an keth
offys. 5In kepar maner ny, hag yth on
ny lies onen, ny yw udn corf in Crist,
ha kenyver ahanan yw esel an eyl a'y
gela. 6Dyvers yw agan teythy war-
lergh an grâss grauntys dhyn. Mara'n
jeves den an ro a brofecy, gwrêns
profusa orth myns y fëdh. 7Mara'n
jeves an ro a venystry, gwrêns ev
menystra. Mara'n jeves an descador
ro, ev a dal y ûsya rag desky. 8Mara'n
jeves den an ro a exortacyon, res yw
dhodho gul devnyth anodho rag inia
tus, Mars esta ow ry larjes, roy in hel.
Mars os hùmbrynkyas, bëdh dywysyk
i'th offys. Mars esta ow confortya tus
in anken, bëdh lowenek orth y wul.

9Bedhens gwiryon agas kerensa.
Hâtyowgh an pëth a vo drog, mès
sensowgh in fast an pëth a vo dâ.
10Kerowgh an eyl y gela kepar ha kes-
Cristonyon gerensedhek. Strîvyowgh
intredhowgh dhe dhysqwedhes
onour. 11Lavuryowgh yn cales ha na
vedhowgh diek. Servyowgh an Arlùth
gans gwres i'gas colon. 12Gwrêns an
govenek agas lowenhe, godhevowgh
anken gans perthyans ha pesowgh
Duw pùb termyn oll. 13Kevradnowgh
agas pëth gans agas kes-Cristonyon

mar pedhons y in othem, hag egerowgh agas treven dhe alyons.

[14]Benegowgh an re-na usy orth agas tormentya. Ea, benegowgh ha na wrewgh molethy. [15]Bedhowgh lowen gans an re-na a vo lowen hag olowgh gans an re-na a vo owth ola. [16]Bewowgh kescolon an eyl gans y gela. Na vedhowgh prowt, mès bedhowgh caradow dhe'n re uvel. Na facyowgh bos furra ès dell owgh.

[17]Mar teu nebonen ha gul drog dhywgh, na wrewgh y aqwytya gans drog. Whelowgh dhe wul an pëth usy kenyver onen ow tyby y vos dâ. [18]Mar kylla bos, gwrewgh oll agas ehen dhe drega in cosoleth gans pùbonen. [19]A vreder veurgerys, na wrewgh nefra venjya agas honen wàr dhen vëth, mès gesowgh sorr Duw dh'y wul, kepar dell lever an scryptour, "Me a bew an venjans. Me a vydn aqwytya, yn medh an Arlùth." [20]Kepar dell lever an scryptour,

"Mar pëdh dha eskerens gwag,
ro dhedhans sosten.
Mar pëdh dhedhans sehes,
ro dhedhans dhe eva.
Indelma te a vydn berna regyth wàr
aga fedn."

[21]Na vedhowgh fethys der an drog, mès fethowgh an drog der an dâ.

13 Res yw dhe bùbonen obeya dhe rewlysy an wlas, rag nyns eus auctoryta vëth i'n bës heb cubmyas Duw. An auctorytas neb a's teves gallos, y a veu settys in bàn gans Duw. [2]Rag hedna kenyver a wrella resystens dhe'n auctorytas, yma va owth offendya an pëth re beu appoyntys gans Duw. An re-na a wrella offens, y a vëdh in danjer a vrusyans. [3]Nyns yw an rewlysy ordnys gans Duw dhe worra own i'n re-na a vo dâ, mès dhe bùnyshya an dhrog-pobel. Osta whensys dhe vos heb own a'n auctorytas? Nena gwra an pëth a vo dâ, ha te a vëdh servabyl dhedhans. [4]Rag y yw servysy Duw dhe wul dâ. Saw mar teuta ha gul an pëth a vo drog, y coodh dhis kemeres own. Cledha an governans yw neppyth wordhy, hag yma rêson dâ rag hedna! Servysy Duw yw an rewlysy rag venjya wàr an dhrog-pobel. [5]Yth yw res ytho dhe bùbonen obeya dhe'n rewlysy awos dowt bos pùnyshys, ha dre rêson a gonscyans kefrës.

[6]Rag an keth rêson, res yw dhywgh tylly tollow, abàn yw an rewlysy servysy Duw ha'n very tra-ma yw aga negys. [7]Tellowgh dhe bùbonen an tollow ha charjys a dal bos tyllys dhodho, ha dysqwedhowgh revrons ha worshyp dhe genyver onen magata.

[8]Na vedhowgh in kendon dhe dhen vëth. Nyns owgh why kelmys mès dhe gara an eyl y gela, rag pynag oll den a garra y goweth, ev a wrug collenwel an laha solabrës. [9]Why a wor an comondmentys, "Na wra avoutry, na wra ladha, na wra ladra, na wra whansa." An re-na oll ha pùb gorhebmyn aral yw reknys i'n udn comondment-ma: "Te a dal cara dha gentrevak kepar ha te dha honen." [10]Mars esta ow cara nebonen, ny wrêta cabm vëth dhodho. Rag hedna yth yw kerensa collenwel oll an laha.

[11]Moy ès hebma, why a wor pëth yw an eur. Why a wor bos res dhywgh dyfuna dhyworth agas cùsk. Moy ogas dhyn yw agan salvacyon ès dell o pàn wrussyn ny cresy i'n dallath. [12]Gyllys yw an radn vrâssa

227

a'n nos hag ogas dhyn yw terry an jëdh. Gesowgh ny ytho dhe settya adenewen oberow an tewolgow, hag omwysca in hernes an golow. [13]Gesowgh ny dhe vewa kepar dell goodh, yn onest hag in golow an jëdh. Na esowgh ny omry agan honen dhe onen vëth a'n re-ma: medhêwnep, mostethes, dhysonester, strif nag envy. [14]In le a hedna gorrowgh adro dhywgh an Arlùth Jesu Crist. Na wrewgh attendya agas natur leun a begh rag collenwel agas drog-whansow.

14 Rewgh wolcùm dhe'n den yw gwadn y grejyans, saw na wrewgh argya ganso ow tùchya contraversytas. [2]Rag ensampel, onen a'n jevyth lowr a grejyans dhe dhebry pùptra, saw ny vydn y gela, a vo gwadnha y fëdh, debry tra vëth mès losow. [3]Res yw dhe bynag oll a wrella debry pùb sort sosten sevel orth despîtya an re-na na dheppra. Ha'n re-na na dheppra, a dal sevel orth jùjya an dus erel, rag Duw a wrug aga wolcùbma. [4]Pyw osta jy may halles brusy servysy den aral? Ny amownt dhis màn usy ev ow sevel pò ow codha. Mater rag y Vêster yw hedna. An re-na a wra sevel a'ga sav, rag an Arlùth a vydn aga sensy in bàn.

[5]Yma radn ow tyby bos gwell an jorna-ma ès an jorna-na, pàn usy re erel ow jùjya oll an dedhyow dhe vos kehaval. Bedhens pùbonen sur in y vrës y honen. [6]An re-na usy owth attendya an jëdh, gwrêns y indella in onour dhe'n Arlùth. In kepar maner, an re-na usy ow tebry, y a'n gwra rag onour an Arlùth, rag y dhe ry grassow dhe Dhuw. Ha'n re-na na vydn debry, ymowns y ow sevel orth debry

rag onour an Arlùth. Indelma ymowns y ow ry grassow dhe Dhuw. [7]Nyns eson ny ow pewa dhyn agan honen, naneyl ny wren ny merwel dhyn agan honen. [8]Mars on ny yn few, ny yw yn few rag an Arlùth. Mar teun ny ha merwel, dhe'n Arlùth ny a verow. Rag hedna ny amownt màn eson ny ow pewa pò ow merwel, an Arlùth a'gan pew.

[9]Hedna a veu an porpos may whrug Crist sùffra mernans ha dasserhy, may fe ev an Arlùth kefrës a'n re marow hag a'n re bew. [10]Prag yth esta ow jùjya dha vroder? Pò prag yth esta orth y dhysprêsya? Yth eson ny oll a'gan sav dhyrag an sedhek a vreus Duw. [11]Dell lever an scryptour,

"'Kepar dell esoma ow pewa,' in
    medh an Arlùth, 'pùb glin oll a
    wra plegya dhyragof,
ha pùb tavas a vydn ry prais dhe
    Dhuw.'"

[12]Rag hedna y fëdh res dhe genyver onen ahanan gortheby dhyrag Duw.

[13]Na esyn ny ytho jùjya an eyl y gela. Gwren ny kyns porposya, na wrellen settya men a drebuchyans, pò ancombrynsy vëth, dhyrag agan hynsa. [14]Me a wor hag yth ov certan, nag yw tra vëth avlan a'y honen i'n Arlùth Jesu. Saw mars usy nebonen orth y gonsydra avlan, avlan yth yw. [15]Mars yw dha vroder pystygys der an pëth esta ow tebry, nyns esta na fella ow kerdhes in kerensa. Na wra alowa dhe'n pëth esta ow tebry shyndya nebonen a sùffras Jesu mernans ragtho. [16]Bydner re bo blamys an taclow yw dâ genowgh. [17]Nyns yw gwlascor Duw sosten ha dewas. Gwiryoneth yth yw hy ha cosoleth ha

lowena i'n Spyrys Sans. [18]Neb a wrella servya Crist indelma, servabyl ywa dhe Grist ha plegadow dhe vab den.

[19]Gesowgh ny dhe sewya oll an taclow usy ow provya cres hag yw vas rag byldya in bàn an eyl ha'y gela. [20]Na wra shyndya ober Duw awos sosten. Glân yw pùptra in gwir, saw cabm yw dhis gul dhe'th cowetha codha der an pëth a wrêta debry. [21]Dâ yw sevel orth debry kig pò eva gwin pò gul tra vëth aral, a wrella dhe'th vroder trebuchya.

[22]Mars esta ow cresy neppyth, bedhens hedna intredhos jy ha Duw. An den na wra dampnya y honen awos a vo dâ ganso, gwydn y vës. [23]Mar teu nebonen ha debry, kynth ywa leun a dhowt, dampnys ywa, drefen na wra indella awos fëdh. Pùptra oll na dheffa dhyworth fëdh, pegh yth yw.

15 Abàn on ny crev, y coodh dhyn perthy dyfygyow an dus wadn ha refrainya dhyworth plêsya agan honen. [2]Res yw dhe bùbonen ahanan plêsya y gentrevak rag y dherevel in bàn. [3]Rag ny wrug Crist plêsya y honen, mès, kepar dell lever an scryptour, "Y codhas warnaf vy oll an despît a'n re usy ow cul bysmêr dhis." [4]Rag pùptra neb a veu screfys i'n dedhyow coth rag agan desky ny, screfys veu may fen ny stedfast, ha may hallen perthy govenek dre gonfort an scryptours.

[5]Re wrauntya an Duw a lendury hag a gonfort dhywgh dhe vewa in acord an eyl gans y gela warlergh bolùnjeth Jesu Crist. [6]Nena why oll a vëdh kescolon hag a yll ry glory dhe Dhuw, an Tas a'gan Arlùth Jesu Crist.

[7]Rewgh wolcùm ytho an eyl dh'y gela, poran kepar dell wrug Crist agas wolcùbma why. Mar tewgh why ha gul hedna, Duw a gav an glory. [8]Me a lever Crist dhe vos gwrës an servont a'n re nag o cyrcùmcîsys rag kerensa an gwiryoneth a Dhuw. Ev a veu gwrës servont dhe gollenwel an promyssyow rës dh'agan hendasow [9]ha may halla an Jentylys praisya Duw awos y dregereth. Dell lever an scryptours,

"Rag hedna me a vydn dha avowa
   in mesk an Jentylys,
ha cana golohas dhe'th hanow."

[10]Hag arta an scryptours a lever,

"Bedhowgh lowen, why Jentylys,
   gans y bobel."

[11]Hag arta,

"Gormelowgh an Arlùth, oll why
   Jentylys,
ha gwrêns oll an poblow y braisya."

[12]Hag arta yma Esay ow leverel,

"Gwredhen Jesse a vydn dos,
ha hedna neb a vydn sordya rag
   rewlya an Jentylys.
Ino ev an Jentylys a's tevyth
   govenek."

[13]Re wrella an Duw a wovenek agas lenwel a bùb joy ha cosoleth in fëdh, may hallowgh why cafos govenek leun der allos an Spyrys Sans.

[14]Me yw vy certan, a vreder, why dhe vos leun a dhader hag a skentoleth hag abyl dhe dhesky an eyl y gela. [15]Saw me re screfas dhywgh yn

hardh in tyleryow rag gul dhywgh perthy cov, rag grâss Duw re'm ¹⁶gwrug an menyster a Jesu Crist dhe'n Jentylys. Ow servys avell pronter yw dhe brogeth awayl Duw, may fo an Jentylys offrys avell offryn servabyl ha sacrys der an Spyrys Sans.

¹⁷Me a'm beu caus ytho in Jesu Crist dhe omvôstya a'm lavur rag Duw. ¹⁸Ny vanaf vy lavasos dhe gôwsel a dra vëth mès a'n dra re beu cowlwrës gans Crist dredhof vy, dhe wainya obedyens an Jentylys. Dre er ha der ober, ¹⁹dre allos sînys ha tôknys, dre allos an Spyrys Sans me a bregowthas an lanwes a nowodhow dâ Crist dhia Jerùsalem ader dro bys in Illyrycùm. ²⁰Ass yw mal genef progeth an nowodhow dâ! Saw ny vanaf vy progeth i'n tyleryow-na may feu Crist pregowthys solabrës, rag ny vynsen byldya wàr fundacyon nebonen aral. ²¹Kepar dell lever an scryptour,

"An re-na na veu bythqweth
    declarys dhedhans, y a welvyth
ha'n re-na na glôwas bythqweth
    anodho, convedhes y a wra."

²²Hèm yw an rêson me dhe vos lettys mar lies torn a dhos dhywgh.

²³Saw lebmyn, abàn nag eus spâss vëth moy dhybm i'n côstys-ma, mal yw genef dos dhywgh nans yw lies bledhen. ²⁴Me a dheu dhywgh wàr ow viaj bys in Spain. In gwir govenek a'm beus agas gweles why wàr ow viaj. Why a yll ow danvon in rag wosa me dhe vos lowen i'gas cowethas termyn hir. ²⁵Saw i'n tor'-ma yth esof vy ow travalya dhe Jerùsalem avell menyster dhe bobel Duw. ²⁶Plêsys veu Macedonya hag Acaya dhe

gevradna aga fëth gans an vohosog-yon in mesk pobel Duw in Jerùsalem. ²⁷Dâ o gansans gul indelma hag in gwir y cotha dhedhans y wul. Mar teuth an Jentylys ha cafos radn a'ga benothow spyrysek, y tal dhedhans lebmyn gweres pobel Duw ow tùchya taclow an kig. ²⁸Rag hedna pàn vo an dra ma cowlwrës genama ha wosa me dhe dhelyvra dhe bobel Duw pùptra re beu cùntellys, me a vydn dallath wàr ow viaj dhe Spain. Me a dheu dhywgh wàr an fordh. ²⁹Godh-vedhowgh hebma: pàn dhyffyf dhywgh, me a dheu in abùndans a'n benothow a Grist hag a'y awayl.

³⁰Yth esof orth agas exortya why, a vreder, in hanow agan Arlùth Jesu Crist hag in kerensa an Spyrys, dhe omjùnya warbarth ha pesy Duw in tywysyk ragof. ³¹Pesowgh may fen delyvrys dhyworth an angryjygyon in Jûdy, ha may fe ow menystry in Jerùsalem servabyl dhe bobel Duw. ³²Pesowgh may hallen gans lowena dos dhywgh, mar mydn Duw, ha powes i'gas mesk. ³³Re bo an Duw a gosoleth genowgh why oll.

16 Me a gomend dhywgh agan whor ny Fêbê, diagones a'n eglos in Cencrys. ²Rewgh wolcùm i'n Arlùth dhedhy, kepar dell yw wordhy dhe bobel Duw. Gweresowgh hy in kenyver tra a vo hy ow reqwîrya dhyworthowgh, rag hy a wrug lowr a dhâ dhe lies onen ha dhybmo vy kefrës.

³Gwrewgh dynerhy Prysca hag Aqwyla, ow hesoberyon in Jesu Crist, ⁴rag y a wrug peryllya aga honen rag ow bêwnans vy. Me

hag oll eglosyow an Jentylys a dal aswon meur ras dhedhans.
⁵Dynerhowgh inwedh an eglos usy i'ga chy.

Dynerhowgh Epenetùs, ow hothman meurgerys, neb a veu an kensa trailys dhe Grist in Asya.
⁶Dynerhowgh Maria, re beu ow lavurya yn pur gales i'gas mesk.
⁷Dynerhowgh Andronycùs ha Jùnyas, ow goos vy. Y a veu genama in pryson. Y yw wordhy in mesk an abosteleth hag y fowns in Crist kyns ès me.
⁸Dynerhowgh Amplyanùs, ow hothman meurgerys i'n Arlùth.
⁹Dynerhowgh Ùrbanùs, agan kesoberor in Crist, ha Stakys, ow hothman meurgerys.
¹⁰Dynerhowgh Apelles hag a'n jeves worshyp in Crist.

Dynerhowgh an re-na yw esely a veyny Arystobùlùs.
¹¹Dynerhowgh ow nessevyn Erodyon.

Dynerhowgh an oberoryon i'n Arlùth usy ow longya dhe veyny Narcyssùs.
¹²Dynerhowgh an wonesyjy-na i'n Arlùth, Tryfaena ha Tryfosa. Dynerhowgh Persys meurgerys hag a lavuryas yn crev rag an Arlùth.
¹³Dynerhowgh Rûfùs, dêwysys i'n Arlùth; ha dynerhowgh y vabm ev. Mabm yw hy dhybmo vy kefrës.
¹⁴Dynerhowgh Asyncrytùs, Flegon, Hermes, Patrobas, Hermas ha'n bredereth usy gansans.
¹⁵Dynerhowgh Fylologùs, Jûlya, Nereùs ha'y whor, hag Olympas, hag oll pobel Duw gansans.

¹⁶Dynerhowgh an eyl y gela gans bay sans. Yma oll eglosyow Crist orth agas dynerhy.

¹⁷Yth esof vy orth agas inia why, a vreder: na vedhowgh dyswar a'n re-na usy ow sordya strif hag ow cul bysmêr dhe grejyans tus, warbydn an dyscans a wrussowgh why recêva. Na vellyowgh gansans. ¹⁸Rag nyns usy tus a'n par-na ow servya agan Arlùth Jesu Crist, adar aga whansow aga honen. Gans fekyl cher ha fuglavarow ymowns y ow tysseytya tus sempel. ¹⁹Agas obedyens yw aswonys dhe bùbonen, hag yth esof vy ow rejoycya adro dhywgh. Dâ via genama why dhe vos skentyl adro dhe'n pëth a vo dâ, mès heb gil vëth adro dhe'n pëth a vo drog.
²⁰Heb let an Duw a gosoleth a vydn trettya Satnas in dadn agas treys why.

Re bo grâss agan Arlùth Jesu Crist genowgh why.

²¹Yma Tymothy, ow hesoberor, orth agas dynerhy; ha Lûcy kefrës ha Jason ha Sosypater, ow har vy.
²²Yth esof vy, Tertyùs, scryvynyas an lyther-ma, orth agas dynerhy i'n Arlùth.
²³Yma Gayùs, ow ost vy hag ost oll an eglos, orth agas dynerhy.

Yma Erastùs, tresoror an cyta, ha'gan broder Qwartùs, orth agas dynerhy. ²⁴Re bo grâss agan Arlùth Jesu Crist genowgh why oll.

²⁵Gesowgh ny dhe ry glory dhe Dhuw! Ev a yll gul dhywgh sevel fast i'gas fëdh warlergh an awayl esof vy ow progeth adro dhe Jesu Crist ha warlergh an revelacyon a'n mystery a veu kelys dres osow hir. ²⁶Saw lebmyn an gwiryoneth a veu

dysclôsys dre scrîvow an profettys. Der arhadow a Dhuw nefra a bës an gwiryoneth a veu derivys dhe oll an nacyons, may halla pùbonen cresy hag obeya dhodho. [27]Dhe'n Duw udnyk fur, dre Jesu Crist, re bo an glory bys vycken ha bys venary! Amen.

232

Kensa Pystyl Pawl dhe'n Corynthyans

1 Dhyworth Pawl, gelwys dhe vos abostel a Jesu Crist dre volùnjeth Duw, ha dhyworth agan broder, Sosthenes,

2Dhe eglos Duw usy in Corynth, dhe'n re-na yw sacrys in Crist Jesu. Why a veu gelwys dhe vos pobel Duw, warbarth gans oll an re-na usy in pùb tyller ow kelwel wàr hanow Jesu Crist, aga Arlùth y, ha'gan Arlùth ny kefrës.

3Re bo grâss dhywgh why ha cres dhyworth Duw, agan Tas, ha dhyworth an Arlùth Jesu Crist.

4Yth esof ow ry grassow dhe'm Duw pùpprës ragowgh why, dre rêson a'n grâss a veu rës dhywgh in Jesu Crist. 5In pùb maner oll why re recêvas rychys dhyworto ow tùchya cows ha skentoleth a bùb sort, 6kepar dell veu dùstuny Crist fastys i'gas mesk why. 7Rag hedna nyns eus othem dhywgh a ro spyrysek vëth, ha why ow cortos agan Arlùth Jesu Crist dhe vos dysclôsys dhywgh. 8Ev a wra agas confortya bys i'n dyweth, may fewgh why heb blam in jorna agan Arlùth Jesu Crist. 9Lel yw Duw, dredho may fewgh why gelwys aberth i'n gowethas a'y Vab, Jesu Crist agan Arlùth.

10Lebmyn yth esof orth agas inia, a vreder, in hanow agan Arlùth, Jesu Crist, dhe vos unver an eyl gans y gela. Bydner re bo strif intredhowgh, mès bedhowgh oll kescolon hag acordys warbarth. 11Rag y feu derivys dhybm, a vreder, gans tus a veyny Cloe argùmentys dhe vos i'gas mesk. 12Hèm yw dhe styrya pùbonen ahanowgh dhe leverel, "Yth esof vy ow sensy a Pawl," pò "Yth esof vy ow sensy a Apollos," pò "Yth esof vy ow sensy a Cefas," pò "Yth esof vy ow sensy a Grist."

13Yw Crist rydnys? A veu Pawl crowsys ragowgh? A vewgh why besydhys in hanow Pawl? 14Gromercy dhe Dhuw, na wrug avy besydhya den vëth ahanowgh, mès Cryspùs ha Gayùs. 15Indella ny yll den vëth ahanowgh leverel ev dhe vos besydhys i'm hanow vy. 16(Me a vesydhyas meyny Stefan. Moy ès hedna, ny wòn a wrug avy besydhya den vëth aral pò na wruga.) 17Ny wrug Crist ow danvon dhe vesydhya, mès dhe brogeth an awayl, ha hedna heb skentoleth lavar, ma na wrella crows Crist kelly hy nerth.

18An messach adro dhe'n grows yw foly dhe'n re-na usy ow mos dhe goll. Saw dhyn ny, usy ow cafos sylwans, yth yw an gallos a Dhuw. 19Dell lever an scryptour,

"Me a vydn dystrêwy furneth an dus fur,
ha skians an re skentyl me a vydn lettya."

20Ple ma an den fur? Ple ma an scryvynyas? Ple ma arethyor an oosma? A ny wrug Duw foly a furneth an bës? 21Awos furneth Duw, ny wrug an bës aswon Duw dre furneth. Rag hedna Duw a erviras selwel an gryjygyon dre foly agan progeth ny.

233

22Y fëdh an Yêdhewon ow tervyn sînys, ha'n Grêkys ow tesîrya skentoleth. 23Yth eson ny ow progeth Crist crowsys. Hèn yw men a drebuchyans dhe'n Yêdhewon, ha dhe'n Grêkys foly. 24Saw dhe'n re-na yw gelwys, Yêdhewon ha Grêkys kefrës, Crist yw nerth Duw ha skentoleth Duw magata. 25Rag furra yw foly Duw ès furneth mab den, ha creffa yw gwander Duw ès nerth tus an bës-ma.

26Attendyowgh agas galow why, a vreder. Nyns o lies onen ahanowgh fur warlergh an kig, bohes ahanowgh o crev, bohes ahanowgh o sevys a woos uhel. 27Saw Duw a dhêwysas an pëth o gocky i'n bës rag shâmya an dus fur. Duw a dhêwysas an pëth o gwadn i'n bës rag ry meth dhe'n grevyon. 28Duw a dhêwysas an pëth isel ha dysprêsys i'n bës, taclow nag yw tra vëth, dhe dhyswul an pëth usy i'n bës. 29Ev a'n gwrug, ma na alla den vëth bôstya dhyrag Duw. 30Ev yw penfenten agas bêwnans in Jesu Crist. Crist a veu gwrës skentoleth dhyworth Duw ragon ny hag ewnder ha sansoleth ha redempcyon. 31Kepar dell lever an scryptour, "seul a wrella bôstya, gwrêns ev bôstya i'n Arlùth."

2 Pàn wrug avy dos dhywgh, a vreder, ny dheuth vy ow progeth mystery Duw dhywgh der eryow bryntyn ha dre skentoleth brâs. 2Me a erviras sevel orth godhvos tra vëth i'gas mesk saw unsel Jesu Crist, hag ev crowsys. 3Me a dheuth dhywgh in gwander, in own hag ow crena fèst. 4Nyns o ow lavarow ha'm cows gwyskys in geryow helavar na skentyl, saw me a gowsas orthowgh ow tysqwedhes an gallos a'n Spyrys a Dhuw. 5Me a wrug indella may fe fùndys agas fëdh wàr nerth Duw, kyns ès wàr skentoleth mab den.

6Ny a gôws furneth orth an dus athves, kyn nag ywa skentoleth a'n oos-ma naneyl an skentoleth a rewlysy an bës-ma, rag an re-na a wra mos dhe goll. 7Saw yth eson ny ow côwsel skentoleth kelys ha cudh Duw. An skentoleth-na a veu destnys gans Duw kyns oll an osow rag agan glory ny. 8Ny wrug rewler vëth a'n oos-ma convedhes hebma. Mar teffens unweyth ha'y gonvedhes, ny wrussens bythqweth crowsya an Arlùth a glory. 9Saw kepar dell lever an scryptour,

"An taclow na welas bythqweth
    lagas vëth,
naneyl na wrug colon mab den
    bythqweth desmygy,
y yw an taclow a wrug Duw parusy
    rag an re-na usy orth y gara."

10An taclow cudh-ma Duw a dhyscudhas dhyn der an Spyrys.
Yma an Spyrys ow whythra pùptra, ea, downder Duw kyn fe. 11Rag pyw a yll ùnderstondya an taclow a vab den, mès spyrys an den usy tregys ino? Indelma ny yll nagonen ùnderstondya an taclow a Dhuw, mès Spyrys Duw y honen. 12Ny wrussyn ny recêva spyrys an bës, mès an Spyrys a dheu dhia Dhuw y honen, may hallen ny convedhes an royow a wrug Duw grauntya yn larj dhyn. 13Hag yth eson ny ow côwsel a'n taclow-ma in geryow na veu deskys gans skentoleth mab den. Y a veu deskys dhyn gans an Spyrys, hag yth eson ny ow styrya dhe dus an Spyrys taclow an Spyrys. 14Nyns eus den heb an Spyrys ino ow recêva royow

Spyrys Duw, rag foly yns y dhodho, ha ny wor aga honvedhes, drefen y dhe vos convedhys der an Spyrys. ¹⁵Yma an den spyrysek ow jùjya an vertu a bùb tra, saw ny yll ken onen y jùjya ev.

¹⁶"Rag pyw re sarchyas brës an Arlùth
may halla va bos descador dhodho?"

Saw ny a'gan beus brës Crist.

3 Rag hedna ny yllyn côwsel orthowgh why, a vreder, kepar ha tus a'n Spyrys, mès kepar ha tus a'n kig ha flehes in Crist. ²Me a ros levryth dhywgh why, adar boos cales, rag i'n termyn-na nyns ewgh why parys rag boos a'n par-na. Naneyl nyns owgh why lebmyn parys ragtho, ³rag why yw carnal. Maga pell dell vo i'gas mesk why envy ha strif, a nyns owgh why carnal? A nyns esowgh why owth ûsya agas honen warlergh an examplys a dus? ⁴Pàn lever onen, "Yth esof vy ow sensy a Pawl," ha'y gela, "Yth esof vy ow sensy a Apollos," a nyns esowgh why ow longya dhe vebyon tus yn udnyk?

⁵Pandr'yw Apollos ytho? Pandr'yw Pawl? Servysy yns y, ha why a dheuth dhe'n fëdh dredhans, kepar dell wrug Duw grauntya dhe'n dhew anodhans. ⁶Me a blansas, Apollos a wrug dowrhe, saw Duw a wrug dhe'n plansow tevy. ⁷Nyns yw an den, usy ow plansa, na'n den usy ow towrhe, a brow vëth, mès hedna usy ow cul dhe devy. ⁸Kescolon i'ga forpos yw an den usy ow plansa ha hedna usy ow towrhe, ha pùbonen a'n dhew anodhans a recef gober warlergh y

lavur y honen. ⁹Ny yw kesoberoryon Duw, saw why yw bargen tir Duw ha'y dherevyans.

¹⁰Warlergh an grâss o rës dhybm me a worras an fùndacyon kepar ha penser skentyl. Yma nebonen aral ow terevel warnodho. Gwrêns kenyver onen avîsya in pàn vaner a wra va byldya. ¹¹Rag ny yll den vëth settya ken fùndacyon ès hedna a veu settys. An fùndacyon-na yw Jesu Crist. ¹²Mar teu den vëth ha byldya wàr an fùndacyon gans owr, arhans, jowals, predn, gora pò cala, ¹³whel pùb gweythor chy a vëdh apert. Rag jorna an Arlùth a wra y dhysclôsya. Dysclôsys vëdh dre dan, ha'n tan a wra prevy pana lavur a veu gwrës gans kenyver onen. ¹⁴Mar teu tra vëth ha gortos, hag a veu byldys wàr an fùndacyon, an gweythor chy a recef y wober. ¹⁵Mar pëdh an whel leskys, an gweythor chy a wra godhaf coll. An gweythor y honen a vëdh selwys, kepar ha pàn wrussa diank dre dan.

¹⁶A ny wodhowgh why agas bos templa Duw, ha Spyrys Duw dhe vos tregys inowgh? ¹⁷Mar teu den vëth ha dystrêwy templa Duw, Duw a vydn y dhystrêwy ev. Rag sans yw templa Duw, ha why yw hedna.

¹⁸Na wrêns den vëth tùlla y honen. Mars eus nebonen i'gas mesk ow tyby y vos fur warlergh sqwîrys an oos-ma, bedhens ev pedn cog, may halla bos fur in gwiryoneth. ¹⁹Rag furneth an bës-ma yw foly gans Duw. Dell lever an scryptour, "Otta va ow cachya an dus skentyl i'ga sleyneth," ²⁰hag arta, "An Arlùth a wor argùmentys an dus fur, ha cog yns y." ²¹Na wrêns den vëth bôstya ytho adro dhe allos mab den. Rag why a bew pùptra. ²²Poken

Pawl pò Apollos pò Cefas pò an bës
pò bêwnans pò mernans, pò an
present termyn pò an termyn a dheu,
why a'gas beus kenyver onen ano-
dhans. 23Ha Crist a'gas pew why, ha
Duw a bew Crist.

4 Gwrêns den ahanowgh agan
consydra avell servysy a Grist,
ha stywardys a vysterys Duw. 2Moy
ès hedna res yw dhe stywardys bos
lel. 3Ny vern mar pedhaf jùjys gen-
owgh why, pò gans cort vëth i'n bës-
ma. Ny wrav unweyth jùjya ow
honen. 4Ny wòn tra vëth a acûsacyon
wàr ow fydn, saw nyns oma awos
hedna frank a vreus. Yth yw an
Arlùth usy orth ow jùjya. 5Rag hedna,
na wrewgh ow brusy kyns an prës
ewn, kyns ès an Arlùth dhe dhos. Ev
a vydn ry dhe'n golow taclow cudhys
i'n tewolgow hag a wra dysclôsya
towlow an golon. Nena pùbonen a
gav dhyworth Duw an prais a vo
dendylys ganso.

6A vreder, me a wrug fygur ahanaf
hag a Apollos i'n mater-ma rag agas
kerensa why. Dâ via genef why dhe
dhesky dredhon ny styr an lavar coth,
"Gwethowgh hardlych an rewlys."
Na vedhens den vëth ahanowgh
prowt a'n eyl warbydn y gela. 7Pan-
dra'th wrug jy gwell pò uhella ès tus
erel? Eus tra vëth dhis, na wrusta
recêva yn ro? Mar qwrussys y recêva,
prag y whrêta bôstya adro dhodho,
kepar ha pàn ve ken ès ro?

8Why a gafas solabrës pùptra
esewgh why ow tesîrya! Why res êth
rych solabrës! Why yw myterneth
solabrës, kyn nag on ny myterneth
màn. Dâ via genama in gwir why dhe
vos myterneth, may hallen ny kefrës
bos myterneth genowgh. 9Rag yth

hevel dhybm Duw dh'agan dys-
qwedhes ny, an abosteleth, i'n tyller
dewetha oll kepar ha tus dampnys
dhe'n mernans i'n plain omlath,
gwary mir dhe vebyon tus ha dhe'n
eleth kefrës. 10Pednow cog on ny rag
Crist, saw in Crist why yw fur.
Gwadn on ny, mès why yw crev.
Why a'gas beus revrons, mès ny
gefyn nyny mès despît. 11Ny yw gwag
hag yma sehes dhyn bys i'n eur-ma.
Pyllenek yw agan dyllas. Ny yw
cronkys. Ny yw heb tre. 12Yth on ny
sqwithys dre lavur agan dewla. Pàn
on ny despîtys, ny a wra benega. Pàn
on ny tormentys, yth eson orth y
berthy. 13Pàn on ny cablys, ny a gôws
yn jentyl. Ny re beu gwrës scùllyon
an bës, an growjyon a bùb tra bys i'n
jëdh hedhyw.

14Nyns esof vy ow screfa hebma
rag agas shâmya, mès rag agas inia,
kepar ha flehes veurgerys. 15Why,
kyn fo dhywgh deg mil dhescador in
Crist, nyns eus lies tas dhywgh. In
gwir, me a veu agas tas in Crist der an
awayl. 16Yth esof vy orth agas
exortya, ytho, dhe vos kepar ha me.
17Rag hebma me a dhanvonas
dhywgh Tymothy, rag ev yw ow
flogh caradow ha lel i'n Arlùth. Ev a
wra dhywgh perthy cov a'm fordhow
in Jesu Crist, kepar dell esof orth aga
desky in pùb eglos oll.

18Saw radn ahanowgh yw gyllys
hautyn, ow soposya na vanaf vy dos
dhywgh. 19Saw me a vydn dos
dhywgh heb let dre volùnjeth an
Arlùth, ha me a vydn godhvos adro
dhe allos an dus prowt. Me ny settyaf
gwel gala a'ga geryow y, 20rag yma
gwlascor nev kefys in power kyns ès
in geryow. 21Pyneyl a via gwell
genowgh? Me dhe dhos dhywgh gans

bat i'm dorn, pò gans spyrys whar ha clor?

5 Yma tus ow leverel bos mostethes i'gas mesk, a'n sort nag yw kefys in mesk an paganys kyn fe. Yth yw leverys nebonen dhe dhemedhy gwreg y das. ²Ass owgh why gothys! A ny godhvia kyns dhywgh galary, may fe an den-ma removys mes ahanowgh? ³Kyn nag esof vy genowgh i'm body, yth esof i'gas mesk i'n spyrys. Kepar ha pàn ven present i'gas mesk solabrës, me re dheclaryas breus ⁴in hanow an Arlùth Jesu warbydn an den a wrug tra a'n par-ma. Pàn vewgh why cùntellys warbarth ha'm spyrys vy genowgh in gallos agan Arlùth Jesu, ⁵y coodh dhywgh delyvra an den-ma dhe Satnas rag dystrêwy y gig. Indella y fëdh sawys y spyrys i'n jorna an Arlùth.

⁶Nyns yw dâ agas bôstow. A ny wodhowgh why, fatell yll nebes gwel derevel oll an toos? ⁷Tôwlowgh in mes an gwel coth, may hallowgh why bos bara nowyth, rag in gwir yth owgh why heb gwel whath. Crist, agan ôn pascal, a veu offrydnys. ⁸Rag hedna gesowgh ny dhe sensy an degol, heb an gwel coth a spît hag a dhrog, saw gans an bara heb gwel, an bara a lelder ha gwiryoneth.

⁹Me a'gas comondyas i'm lyther na wrellowgh cowethya gans tus lewd. ¹⁰Nyns o hedna dhe styrya na gotha dhywgh cowethya gans oll an paganys avlan, na gans tus crefny na ladron, na'n re-na usy ow cordhya imajys. I'n câss-na res via dhywgh forsâkya an bës yn tien. ¹¹Saw lebmyn me a'gas comond, na wrellowgh why cowethya gans den vëth a'n jeffa hanow a

vroder genowgh, hag a vo avlan pò crefny, pò a vo ow cordhya idolys pò ow tespîtya, pò pedn medhow pò lader. Na wrewgh unweyth debry gans den a'n par-na.

¹²Fatell yw bern dhybm an re-na nag usy in mesk an bredereth? A nyns yw res dhywgh jùjya an re-na usy i'gas mesk? ¹³Duw a vydn brusy an dus-na usy avês dhe'n eglos. Kepar dell lever an scryptour, "Herdhyowgh mes ahanowgh an tebel-was."

6 Eus den vëth i'gas mesk, hag a'n jeffa ken warbydn y vroder, ow lavasos y dhry dhyrag cort an dus anewn, kyns ès assoylya an mater inter pobel Duw? ²Pobel Duw a wra jùjya an bës—a ny wodhowgh why hedna? Mar pëdh an bës brusys genowgh why, a ny yllowgh why agas honen assoylya câss bian intredhowgh? ³A ny wodhowgh why fatell vydnyn ny jùjya an eleth, heb côwsel a daclow an bës-ma? ⁴Mars eus câss kebmyn intredhowgh, esowgh why owth appoyntya rag y vrusy an re-na na's teves roweth vëth i'n eglos? ⁵Me a lever hebma rag agas shâmya. Ywa possybyl nag eus den vëth i'gas mesk skentyl lowr dhe dhetermya inter an eyl Cristyon ha'y gela? ⁶Nâ, yma Cristyon ow mos dhe'n gort warbydn Cristyon aral, ha cort a baganys yw hy!

⁷Dhe leverel an gwiryoneth, dyfygyans ywa solabrës pàn vo ken gans nebonen ahanowgh warbydn y vroder. A ny via gwell godhaf cabm? A ny via gwell godhaf tùll? ⁸Saw yth esowgh why agas honen ow cul cabm ha tùll, kynth owgh why Cristonyon!

⁹A ny wodhowgh why na wra drog-oberoryon eryta gwlascor Duw? Na

vedhowgh tùllys! Tus lewd, gordh-
yoryon imajys, avoutrers, hôrys
gorow, sodomydhyon, ¹⁰ladron, an
dus crefny, pednow medhow, despît-
yoryon, robbers—ny wra den vëth
a'n re-na eryta gwlascor Duw. ¹¹Ha
kyns lebmyn radn i'gas mesk why o
kepar ha'n re-na. Saw why a veu
golhys, sacrys ha sanctyfies in hanow
an Arlùth Jesu Crist hag in Spyrys
agan Duw.

¹²"Yma pùptra lafyl dhybm," saw
nyns yw pùptra a les. "Yma pùptra
lafyl dhybm," saw ny vëdh tra vëth
ow cul mêstry warnaf. ¹³"Sosten yw
destnys dhe'n bengasen, ha'n ben-
gasen dhe sosten." Ha Duw a vydn
dystrêwy an eyl ha'y gela. Ny veu an
corf destnys dhe lewdnes, mès dhe'n
Arlùth, ha'n Arlùth dhe'n corf.
¹⁴Duw a dherevys an Arlùth, hag ev a
vydn agan derevel ny der y allos
kefrës. ¹⁵A ny wodhowgh why bos
agas corfow esely a Grist? A gotha
dhybm ytho kemeres esely Crist ha
gul anodhans esely hôra? Bydner re
bo! ¹⁶Seul a wrella copla gans hôra, a
ny wodhowgh why ev dhe vos gwrës
udn kig gensy? Rag yma leverys, "An
dhew a vëdh udn kig." ¹⁷Saw seul a vo
unys gans an Arlùth, a vëdh udn
spyrys ganso.

¹⁸Gwethowgh agas honen ytho
dhyworth avlanythter! Pùb pegh oll
a wrella nebonen, avês dhe'n corf
yma—mès avlanythter yw pegh war-
bydn an corf y honen. ¹⁹A ny wodh-
owgh why bos agas corf an templa a'n
Spyrys Sans inowgh? Why a'n cafas
dhyworth Duw, ha nyns owgh why
agas possessyon agas honen. ²⁰Why a
veu dasprenys a bris. Rewgh glory
ytho dhe Dhuw der agas corf why.

7 Ow tùchya an taclow a wruss-
owgh why screfa adro
dhedhans: "Dâ yw dhe dhen bos heb
benyn." ²Saw rag avoydya avlanythter
res yw dhe genyver onen cafos y wreg
y honen, ha dhe genyver benyn cafos
hy gour hy honen. ³Y tal dhe dhen
gul y dhûta avell gour, hag y tal dhe
venyn gul hy dûta avell gwreg. Res
yw dhe'n eyl collenwel bodh y gela.
⁴Nyns yw an venyn mêstres a'y body
hy honen; hy gour a'n pew. In kepar
maner, nyns yw an gour an mêster a'y
gorf hy honen, mès y wreg a'n pew.
⁵Na wrewgh omwetha an eyl
dhyworth y gela, mès why dhe vos
acordys indella rag spêna agas termyn
ow pesy. Wosa hedna why a yll
cowethya arta, kepar dell owgh why
ûsys, rag dowt Satnas dh'agas
temptya ha why heb an gallos dhe
gontrollya agas honen. ⁶Me a lever
hebma dhywgh dhe alowa spâss
dhywgh. Gorhebmyn nyns ywa màn.
⁷Dâ via genama bos kenyver onen
kepar ha me. Saw pùbonen a'n jeves
y ro y honen dhyworth Duw, an eyl
an ro-ma ha'y gela ro aral.

⁸Ow tùchya an re-na usy heb prias
ha'n gwedhwesow, me a lever bos
gwell y dhe wortos heb demedhy
kepar ha me. ⁹Saw mar ny yllons y
controllya aga honen, gwrêns y
demedhy. Gwell yw demedhy ès bos
consûmys dre dhrog-whans.

¹⁰Dhe'n dus demedhys me a re an
comondment-ma—nâ, an Arlùth a'n
re—na wrêns an wreg dyberth
dhyworth hy gour, ha na wrêns an
gour gorra y wreg dhyworto. ¹¹Saw
mar teu hy ha dyberth dhyworto, ny
dhal dhedhy demedhy arta, pò
bedhens hy acordys arta gans hy
gour.

¹²Dhe'n remnant me a lever (me, adar an Arlùth): mara'n jeves Cristyon gwreg dhyscryjyk ha hy parys dhe gesvewa ganso, ny dal dhodho hy gorra dhyworto. ¹³Mara's teves benyn gour dyscryjyk, ha mars ywa parys dhe vewa warbarth gensy, ny dal dhedhy dyberth dhyworto. ¹⁴Rag an gour dyscryjyk yw sanctyfies der y wreg, ha'n venyn dhyscryjyk yw sanctyfies der hy gour. Poken paganys a via agas flehes, mès lebmyn y yw plegadow dhe Dhuw.

¹⁵Mar teu an kespar dyscryjyk ha dyberth dhyworth an kespar aral, indella re bo. I'n câss-na nyns yw an broder na'n whor kelmys. Duw a'gas gelwys in cosoleth. ¹⁶Pyw a wor, a wreg? Martesen te a wra selwel dha wour. Pyw a wor, a wour? Parhap dha wreg a vêdh sawys dredhos.

¹⁷Bytegyns gwrêns pùbonen ahanowgh lêdya an bêwnans ordnys gans an Arlùth, an bêwnans a wrug Duw agas gelwel dhodho. Hòm yw ow rewl vy in oll an eglosyow. ¹⁸O nebonen cyrcùmcîsys solabrës, pàn recêvas ev an galow dhe vos Cristyon? Na wrêns ev whelas dhe removya tôknys y cyrcùmcisyon. ¹⁹Nyns yw cyrcùmcisyon tra vêth, ha nyns yw tra vêth fowt cyrcùmcisyon. Obeya dhe gomondmentys Duw yw pùptra. ²⁰Gwrêns pùbonen ahanowgh remainya i'n stât a veu ev gelwys ino. ²¹Es jy kethwas pàn veus gelwys? Na vedhens hedna bern dhis. Mar kylta unweyth gwainya franchys, gwra ûsya dha stât present moy ès bythqweth. ²²Rag kenyver onen hag a veu gelwys dhe gresy in Crist pàn o va keth, den frank ywa i'n Arlùth. Kenyver hag a veu gelwys avell den frank dhe gresy i'n Arlùth, kethwas

ywa dhe Grist. ²³Why a veu prenys a bris. Na wrêns mebyon tus lordya warnowgh. ²⁴Pypynag oll a veu agas condycyon pàn vewgh why gelwys, tregowgh ino gans Duw.

²⁵Ow tùchya mowysy dydhemeth, ny'm beus gorhebmyn vëth dhyworth an Arlùth. Saw me a vydn ry dhywgh ow hùssul ow honen, kepar ha den lel dre vercy an Arlùth. ²⁶Me a dyb, awos an troblys usy ow tos, y fedha gwell dhywgh trega kepar dell owgh. ²⁷Osta kelmys dhe wreg? Na whela bos frank dhyworty. Osta frank a wreg? Na whela gwreg dhis. ²⁸Saw mar teuta ha demedhy, ny wrêta pegh vëth, ha mar teu gwerhes ha demedhy, ny wra hy pegh vëth. Saw an re-na a wra demedhy, y a's tevyth anken i'n bêwnans-ma, ha dâ via genef agas gwetha why dhyworth hedna.

²⁹Yth esof vy ow styrya, a vreder, an termyn appoyntys dhe vos gyllys cot. Alebma rag, an re-na a's teves gwrageth, gwrêns y omwul kepar ha'n re-na nag yw demedhys. ³⁰Bedhens an re-na usy ow mùrnya, kepar ha'n re-na nag usy ow mùrnya poynt. Bedhens an re-na usy ow rejoycya, kepar ha tus na's teves lowena vëth, ha'n re-na usy ow prena, kepar ha tus heb posessyon. ³¹Bedhens an re-na usy ow cowethya gans an bës-ma, kepar ha'n re-na nag yw bern dhedhans an bës. Rag ow tremena yma an form present a'n bës-ma.

³²Dâ via genama why oll dhe vos heb anken. Meur a les dhe'n den dydhemeth yw maters an Arlùth, in pana vaner a ylla plêsya an Arlùth. ³³An den demedhys yw prederys a daclow a'n bës-ma, in pàn vaner a yll

ev plêsya y wreg. ³⁴Rag hedna rydnys
yw y vrës. An venyn dhydhemeth
ha'n werhes, y yw prederys a vaters
an Arlùth, may hallens y bos sans in
corf hag in spyrys. Saw an venyn
dhemedhys yw prederys a vaters an
bës-ma, fatell yll hy plêsya hy gour.
³⁵Me a lever hebma rag agas les why,
kyns ès dh'agas lettya. Dâ via genama
avauncya ordyr dâ i'gas mesk why, ha
dywysycter pùpprës rag an Arlùth.

³⁶Mars eus den vëth ow tyby nag
usy ev ow fara yn ewn tro ha'y vowes
ambosys, mars yw crev y whansow,
ha mars yw res indelma, gwrêns ev
demedhy poran kepar dell vydna.
Pegh nyns yw hedna. Gwrêns y
demedhy. ³⁷Saw mars yw nebonen
certan in y vrës heb iniadow na vydn
ev demedhy an vowes hag ev abyl dhe
gontrollya y whansow, nena ev a wra
yn tâ. ³⁸Kenyver a wrella demedhy y
vowes ambosys, a vydn gul dâ. Y
whra gwell, kenyver a wrella refrain-
ya dhyworth hy demedhy.

³⁹Kelmys yw benyn dh'y gour
hadre vo va yn few. Saw mar teu hy
gour ha merwel, frank yw hy dhe
dhemedhy den vëth a vydna hy, saw
i'n Arlùth. ⁴⁰Yth esof ow jùjya hy bos
moy benegys, mar teu hy ha gortos
dydhemeth. Hag yth hevel dhybm
bos an Spyrys a Dhuw genama kefrës.

8 Lebmyn, ow tùchya boos a veu
offrydnys dhe imajys, ny a wor
bos "skians dhe bùbonen ahanan."
"Skians" a wra den gothys, mès yma
kerensa ow terevel in bàn. ²Mar teu
nebonen ha leverel ev dhe wodhvos
neppyth, ny wor ev tra vëth a'n skians
usy othem anodho. ³Saw seul a wrella
cara Duw, Duw a'n aswon.

⁴Rag hedna, ow tùchya sosten a veu
offrydnys dhe idolys, ny a wor nag
eus idol vëth i'n bës, ha nag eus duw
vëth mès an Duw gwir yn udnyk. ⁵Ea,
kyn fe duwow in nev pò i'n norvës—
kepar dell eus lies "duw" ha lies
"arlùth"—⁶ragon ny nyns eus mès
udn Duw, an Tas, usy pùptra ow tos
dhyworto; ha ragtho ev yth on ny yn
few. Ha nyns eus ma's udn Arlùth,
Jesu Crist, dredho may feu kenyver
tra gwrës, ha dredho mayth eson ny
ow pewa kefrës.

⁷Ny'n jeves pùbonen an skians-ma.
Abàn wre radn ahanowgh gordhya
idolys kyns lebmyn, yma an re-na
whath ow consydra an boos usons y
ow tebry dhe vos offrydnys dhe
idolys. Aga honscyans yw shyndys
drefen y vos gwadn. ⁸Ny yll sosten
agan dry ogas dhe Dhuw. Nyns on ny
bëth dhe well mar ny wren ny y
dhebry, naneyl nyns on ny bëth dhe
wel mar teun ny ha'y dhebry.

⁹Saw kemerowgh with, na wrella
agas franchys gul dhe'n dus wadn
trebuchya. ¹⁰Rag mar teu nebonen
aral ha'th weles ow tebry in templa an
idol, te neb a'th eus skians, a ny vëdh
ev martesen constrînys der y gon-
scyans gwadn dhe dhebry boos a veu
offrydnys dhe idolys? ¹¹Indelma y
fëdh dystrêwys dre dha skians jy an
broder gwadn a dhug Crist mernans
ragtho. ¹²Saw pàn esta ow peha
warbydn dha vreder hag ow pystyga
aga honscyans gwadn, yth esta ow
peha warbydn Crist. ¹³Rag hedna
mars yw sosten chêson a vyshyf
dhe'm broder, ny vanaf nefra debry
kig, ma na wrellen vy gul dhe'm
broder trebuchya.

9 A nyns oma frank? A nyns oma abostel? A ny wrug avy gweles Jesu agan Arlùth? A nyns owgh why ow ober vy i'n Arlùth? ²Mar nyns oma abostel dhe dus erel, dhe'n lyha abostel ov dhywgh why. Why yw an sel a'm offys avell abostel.

³Pàn usy an dus orth ow brusy, hòm yw ow fordh vy rag dyffres ow honen. ⁴A ny'm beus an gwir dhe gafos sosten ha dewas rag ow lavur? ⁵A ny'm beus an gwir dhe dhry gwreg Gristyon genama wàr ow viajys, kepar dell wra an abosteleth erel, breder an Arlùth ha Cefas? ⁶Poken on ny, me ha Barnabas, an re-na yn udnyk a res dhedhans lavurya rag aga bêwnans?

⁷Pana soudour i'n lu a res dhodho tylly y gostow y honen? Pyw a wra plansa vynyard heb cafos tra vëth a'y frût? Pyw usy ow pugelya deves heb cafos badna vëth a'n leth? ⁸Ny res dhybm lymytya ow honen dhe'n ensamplys kebmyn-ma, rag yma an laha ow leverel an keth tra. ⁹Screfys yw in laha Moyses, "Na wra gorra pednfron wàr an ojyon usy ow trettya ÿs." Yw ohen a vern dhe'n Arlùth? ¹⁰A nyns usy ev ow côwsel adro dhyn ny yn tyblans? Ahanan ny y feu hedna leverys, rag pynag oll a wrella aras, ha pynag oll a wrella fusta, y tal dhedhans aras ha fusta i'n govenek a gafos radn a'n drevas. ¹¹Mar qwrussyn ny gonys has spyrysek i'gas mesk why, ywa re veur mar qwren ny enjoya a'gas dâ warlergh an kig? ¹²Mars yw ken re kevrednek genowgh a'ga clem lafyl warnowgh, a nyns eus dhe voy gwir dhyn ny gul indella?

Saw ny wrussyn ny devnyth a'n gwir ma, rag yth on ny parys dhe

berthy tra vëth, kyns ès wàr neb cor lettya awayl Crist. ¹³A ny wodhowgh why an re-na, usy ow servya i'n templa, dhe gafos aga sosten dhyworth an templa? Ha'n re-na usy ow servya orth an alter dhe gafos radn a'n pëth a vo offrydnys ena? ¹⁴In kepar maner, an Arlùth a gomondyas an re-na a wre progeth an awayl, dhe gafos aga bêwnans dhyworth an awayl.

¹⁵Saw ny wrug avy devnyth a onen vëth a'n gwiryow-ma, naneyl nyns esof vy ow screfa hebma may fo gwir vëth grauntys dhybm. In gwir, gwell via genama merwel ès hedna. Ny wra den vëth kemeres dhyworthyf an grownd a'm bôstow! ¹⁶Mars esof vy ow progeth an awayl, nyns yw hedna rêson vëth rag bôstya, rag me a'm beus an dûta a wul indelma. Mar ny dheuma ha progeth an awayl, govy! ¹⁷Rag mara'n gwrav a'm bodh ow honen, me a gav weryson. Saw mara'n gwrav a'm anvoth, nena negys ywa, a veu trestys dhybm. ¹⁸Pëth yw ow weryson dhana? Tra vëth mès hebma: pàn wrama progeth an awayl, me dh'y brogeth heb còst, ma na wrellen prow a oll ow gwiryow i'n awayl.

¹⁹Rag kynth oma frank dhyrag pùbonen, me re wrug keth ahanaf ow honen dhe bùbonen, may hallen gwainya moy anodhans. ²⁰Dhe'n Yêdhewon me a veu Yêdhow, rag gwainya an Yêdhewon. Dhe'n re-na usy in dadn an laha, me a veu kepar ha den in dadn an laha (kyn nag esof in dadn an laha ow honen), may hallen gwainya an re-na usy in dadn an laha. ²¹Dhe'n re-na usy avês dhe'n laha, me a veu kepar ha nebonen avês dhe'n laha (kyn nag oma frank a laha Duw, mès yth esof in dadn laha

Crist), may hallen gwainya an re-na usy avês dhe'n laha. [22]Dhe'n dus wadn me a veu gwadn, rag gwainya an dus wadn. Me a veu pùptra dhe bùbonen, may hallen dre genyver main sawya radn anodhans. [23]Me a'n gwra oll awos an awayl; may hallen kemeres ow radn orth y brogeth.

[24]A ny wodhowgh why fatell wra oll an resoryon in resegva kesstrîvya, saw ny wra mès onen anodhans gwainya an gober? Ponyowgh indella may hallowgh why dendyl an gober. [25]Yma athlêtys ow controllya aga honen in pùptra. Y a'n gwra may hallens y dendyl garlont, a wra pedry. Saw yth eson ny ow ponya rag gwainya garlont na wra pedry bys vycken. [26]Indelma, nyns esof vy heb porpos ha me ow ponya. Naneyl ny wrama boxesy in udn gronkya an air. [27]Nâ, wosa progeth dhe dus erel, me a wra pùnyshya ow horf ha'y dempra rag dowt me dhe vos sconys.

10 Dâ via genef, a vreder, why dhe remembra an pëth a wharva dh'agan hendasow, esa ow folya Moyses. Yth esens y oll in dadn skeus an cloud, hag y oll a gerdhas yn saw dres an Mor Rudh. [2]I'n cloud hag i'n mor y fowns y oll besydhys avell holyoryon Moyses. [3]Y oll a dhebras an keth bara spyrysek [4]hag eva an keth dewas spyrysek. Y a evas mes a'n garrek spyrysek esa ow mos gansans, ha'ga harrek o Crist y honen. [5]Saw i'n tor'-na kyn fe, nyns o Duw pës dâ gans an radn vrâssa anodhans. Rag hedna y feu aga horfow scùllys alês wàr fâss an gwylfos.

[6]Hebma oll yw ensampel dhyn ny rag agan gwarnya, na wrellen desîrya

droktra, kepar dell wrêns y, [7]ha na wrellen gordhya idolys, kepar dell wre radn anodhans. Kepar dell lever an scryptour, "An dus a esedhas dhe dhebry ha dhe eva, saw y a savas in bàn rag gwary lewd." [8]Na esowgh ny dhe wul mostethes, kepar dell wrug radn anodhans—hag in udn jorna teyr mil warn ugans a godhas marow dhe'n dor. [9]Res yw dhyn sevel orth prevy Crist, kepar dell wrug radn anodhans, hag a veu ledhys gans nedras. [10]Na wrewgh croffolas, kepar dell wrug radn anodhans. Y a veu dystrêwys gans El an Ancow.

[11]Oll an taclow-ma a wharva dhedhans rag gwarnya tus erel. Y oll a veu screfys in gwarnyans ragon ny. Rag yth eson ny ow pewa orth prës ogas dhe dhyweth an osow. [12]Mars esowgh why ow tyby, why dhe vos fast a'gas sav, gwaityowgh na wrellowgh codha. [13]Ny dheuth prevyans vëth dhywgh why whath, nag yw kebmyn dhe bùbonen. Lel yw Duw, ha ny vydn ev alowa dhywgh bos prevys dres agas gallos. Saw warbarth gans an prevyans, ev a vydn provia dhywgh an main dh'y wodhaf kefrës.

[14]Rag hedna, a gothmans meurgerys, fiowgh dhyworth gordhyans idolys. [15]Yth esof ow côwsel orth an re fur. Jùjyowgh agas honen an pëth a lavaraf. [16]An hanaf a vedneth, neb a wren ny benega, a nyns ywa kevran a woos Crist? An bara eson ny ow terry, a nyns ywa an comûnycacyon a gorf Crist? [17]Dre rêson nag eus mès udn bara, kynth on ny lies onen, ny yw udn corf, rag ny oll dhe vos kevrednek a'n udn bara.

[18]Consydrowgh pobel Israel: an re-na usy ow tebry an sacryfïcys, a nyns

yns y kevrenogyon a'n alter? ¹⁹Pandr'esof vy ow leverel ytho—bos a valew an pëth yw offrydnys dhe'n idol, pò an idol y honen dhe vos a valew? ²⁰Nag yns màn! Saw me a lever hebma: kenyver tra a vo sacryfies wàr alteryow an paganys yw offrydnys dhe dhewolow. ²¹Ny yllowgh why eva mes a hanaf an Arlùth, ha mes a hanaf an dhewolow. Ny yllowgh why debry orth bord an Arlùth, hag orth bord an dhewolow kefrës. ²²Martesen y fia dâ genowgh gul dhe'n Arlùth kemeres envy. Esowgh why ow predery ny dhe vos creffa agesso ev?

²³Yma an poynt a skians ow leverel: "Lafyl yw pùptra," saw ny yll pùptra bos consydrys benefyt. "Lafyl yw pùptra," saw nyns yw pùptra a weres. ²⁴Ny goodh dhe dhen vëth meras orth y les y honen, mès orth les y vroder.

²⁵Deber a vo in marhas an kig, heb govyn qwestyon wàr an grownd a gonscyans, ²⁶rag "dhe'n Arlùth yma an norvës ha'y lanwes."

²⁷Mar teu pagan ha'th elwel dhe dhebry ganso in y jy, ha te yw pës dâ dhe dhos, deber a vo settys dhyragos heb govyn qwestyon wàr an grownd a gonscyans. ²⁸(Saw mar teu nebonen ha leverel dhis, "Hebma a veu offrydnys in sacryfis," nena na wra y dhebry awos hedna re wrug y dhysclôsya dhis, hag awos conscyans—²⁹hèn yw dhe styrya conscyans an den aral, kyns ès dha gonscyans jy.) Prag y fia ow franchys sojeta dhe gonscyans nebonen aral? ³⁰Mar teuma ha debry gans grassow, prag y fien cablys awos an pëth a wrama ry grassow ragtho?

³¹Pynag oll tra a vydnowgh debry pò eva, pynag oll tra a wrellowgh why gul, gwrewgh pùptra rag glory Duw. ³²Na rewgh offens dhe dhen vëth naneyl dhe'n Grêk na dhe'n Yêdhow, na dhe'th kes-Cristonyon, ³³poran kepar dell wrama ow honen whelas dhe blêsya pùbonen in pùptra. Ny whelaf ow les ow honen, mès an les a lies den, may fowns y oll selwys.

11 Gwrewgh wàr ow lergh vy, kepar dell wrama vy warlergh Crist.

²Yth esof vy orth agas comendya, drefen why dhe berthy cov ahanaf in pùptra, ha why dhe wetha an tradycyons, kepar dell wrug avy aga delyvra dhywgh why.

³Saw me a garsa why dhe gonvedhes bos Crist pedn pùb den ha'n gour dhe vos pedn y wreg, ha Duw dhe vos pedn Crist. ⁴Den vëth a wrella pesy pò profusa ha neppyth wàr y bedn, ev a re bysmêr dh'y bedn. ⁵Benyn vëth a wrella pesy pò profusa ha'y fedn yn noth, hy a re bysmêr dh'y fedn—hedna yw kepar ha pàn ve blogh hy fen. ⁶Mar ny vydn benyn cudha hy blew, nena y tal dhedhy y drehy in kerdh. Mars yw dyvlas benyn dhe drehy hy blew dhe ves pò dhe vos blogh, y tal dhedhy gwysca cudhlen. ⁷Ny dal dhe dhen bos gwyskys in cudhlen, rag ev yw imach ha hevelep Duw. Saw an venyn yw imach ha hevelep an den. ⁸(Hèn yw drefen na veu an den kemerys mes a'n venyn, mès an venyn mes a'n den. ⁹Naneyl ny veu an den formys rag an venyn, mès an venyn rag an den.) ¹⁰Rag hedna y goodh dhe'n venyn gwysca tôkyn a'n auctoryta wàr hy fedn awos an eleth.

¹¹(Saw i'n Arlùth nyns yw an venyn frank a'n den, na nyns yw an den

frank a'n venyn. ¹²Rag kepar dell dheuth an venyn a'n den, yma an den ow tos mès a'n venyn. Saw pùptra a dheu dhyworth Duw.) ¹³Jùjyowgh an mater ragowgh why agas honen; ywa sêmly an venyn dhe besy dhe Dhuw heb tra vëth wàr hy fedn? ¹⁴Yma an natur y honen ow tesky hebma. Mars yw hir blew an den, bysmêr ywa dhodho. ¹⁵Mars yw hir blew an venyn, hy glory ywa. Rag hy blew a veu rës dhedhy avell gorher. ¹⁶Bytegyns, mars owgh why whensys dhe argya adro dhe'n mater, res yw dhybm agas gwarnya nag eus ûsadow a'n par-na genen ny, nag in onen vëth oll a eglosyow Duw.

¹⁷I'n lavarow-ma a sew ny wrama agas comendya, rag yth esowgh why ow cul dhe lacka kyns ès dhe well, pàn esowgh why ow tos warbarth dhe wordhya Duw. ¹⁸Kyns oll me a glôw bos dybarth i'gas mesk, pàn esowgh why ow tos warbarth. Me a grës bos gwir hedna in part. ¹⁹Ea, res yw bos dyvers parcels i'gas mesk, rag indelma y fëdh apert pyw ahanowgh yw gwiryon. ²⁰Pàn dheffowgh why warbarth, nyns ywa rag debry soper an Arlùth. ²¹Pàn dheffa prës bos, pùbonen ahanowgh a dheber y soper y honen, an eyl ahanowgh yw gwag, ha medhowy a wra y gela. ²²Dar! A nyns eus treven dhywgh rag debry hag eva inhans? Pò esowgh why ow tespîtya eglos Duw, hag ow cul bysmêr dhe'n re-na na's teves tra vëth? Pandra goodh dhybm leverel dhywgh? A dal dhybm agas praisya? I'n mater-ma nyns esof vy orth agas comendya badna!

²³Rag me a recêvas dhyworth an Arlùth an pëth a wrug avy delyvra dhywgh why kefrës. I'n nos may feu va traitys, an Arlùth Jesu a gemeras bara ²⁴ha wosa ry grassow, ev a'n torras ha leverel, "Hèm yw ow horf vy, a vëdh terrys ragowgh. Gwrewgh hebma in remembrans ahanaf." ²⁵In kepar maner wosa an soper ev a gemeras an hanaf kefrës, ha leverel, "An hanaf-ma yw an testament nowyth i'm goos vy. Gwrewgh hebma, pesqweyth ma'n evowgh, in remembrans ahanaf." ²⁶Rag pesqweyth may whrellowgh debry an bara-ma, hag eva mès a'n hanaf-ma, yth esowgh ow teclarya mernans an Arlùth, erna dheffa ev arta.

²⁷Pynag oll a wrella debry a'n bara pò eva a'n hanaf ha na vo va wordhy, yma va cablus a dhefolya corf ha goos an Arlùth. ²⁸Gwrewgh examnya agas honen, ha na wrewgh na hens debry a'n bara nag eva a'n hanaf. ²⁹Rag pynag oll a wrella recêva anodho heb decernya an corf, ha na vo va wordhy, yma va ow tebry hag owth eva y dhampnacyon y honen. ³⁰Hèn yw an rêson bos lies onen ahanowgh gwadn ha clâv, ha radn ahanowgh dhe verwel. ³¹Saw mar teffen ny hag examnya agan honen, ny wrussen ny codha indelma in dadn vreus. ³²Pàn eson ny ow codha in dadn vreus an Arlùth, yma va orth agan kesky, ma na ven ny jùjys warbarth gans an bës.

³³Rag hedna, a vreder, pàn dheffowgh why warbarth dhe dhebry, gwrewgh gortos an eyl y gela. ³⁴Mar pëdh nebonen gwag, gwrêns ev debry in y jy y honen, ma na vo cabel dhodho, pàn dheffowgh why warbarth.

Ow tùchya an taclow erel, me a vydn ry ordenans pàn dhyffyf dhywgh.

12 Ow tùchya royow an Spyrys, a vreder, yma nebes taclow na vynsen why dhe vos heb aga godhvos. ²Why a wor, i'n dedhyow coth, pàn ewgh why whath paganys, y fedhowgh tùllys ha lêdys wàr stray gans idolys omlavar. ³Dâ via genama ytho why dhe gonvedhes na alsa den vëth leverel, "Re bo Jesu melegys!" hag ev ow côwsel der an Spyrys. Naneyl ny alsa den vëth leverel, "Jesu yw an Arlùth" mès der an Spyrys Sans.

⁴Yma dyvers royow, mès an keth Spyrys. ⁵Yma dyvers sortow a servys, mès an keth Arlùth. ⁶Yma dyvers sortow a ober, mès yma an keth Duw orth aga sordya in kenyver onen.

⁷An keth Spyrys a omdhysqweth dhe bùbonen rag an les kebmyn. ⁸Dhe'n eyl yma rës cows fur der an Spyrys, ha dh'y gela, warlergh an keth Spyrys, an gallos a gôwsel yn skentyl. ⁹An eyl a gav ro an fëdh der an keth Spyrys, ha dh'y gela yth yw rës an ro a sawment. ¹⁰An eyl a recef an ro a wul merclys, ha'y gela an ro a brofecy. Dhe onen aral whath y fëdh rës an gallos a dhecernya spyrysyon, dh'y gela tavosow dyvers, ha dhe'n tressa den an gallos a styrya yêthow. ¹¹Oll an royow ma yw sordys gans an keth Spyrys, usy ow ry yn larj dhe genyver onen, kepar dell vo y vodh.

¹²Onen yw an corf, kynth usy dhodho lies esel, hag esely oll an corf, kynth yns y lies, y yw udn corf. Indelma yw an câss gans Crist. ¹³Rag ny oll a veu besydhys i'n udn Spyrys aberth i'n udn corf, Yêdhewon ha Grêkys, tus frank ha kethyon. Dhyn ny oll y feu rës an keth Spyrys dhe eva.

¹⁴In gwir, nyns yw an corf ow consystya a udn esel mes a lies esel. ¹⁵Mar teffa an troos ha leverel, "Dre rêson nag oma dorn, nyns esof ow longya dhe'n corf," ny vynsa hedna styrya an troos dhe vos dhe le radn a'n corf. ¹⁶Ha mar teffa an scovarn ha leverel, "Dre rêson nag ov vy lagas, nyns oma radn a'n corf," ny wrussa hedna dhe'n scovarn bos le radn a'n corf. ¹⁷A pe lagas an corf in pùb poynt, ple fia an sens a glôwes? A pe scovarn an corf yn tien, ple fia an sens a sawory? ¹⁸Dell yw taclow lebmyn, Duw re wrug restry pùb esel a'n corf in y dyller teythyak, warlergh y vodh. ¹⁹A pe kenyver onen anodhans esel udnyk, ple fia an corf y honen? ²⁰Ny a wel ytho, bos lies esel saw udn corf yn udnyk.

²¹Ny yll an lagas leverel dhe'n dorn, "Ny'm beus othem vëth ahanas." Naneyl ny yll an pedn leverel dhe'n treys, "Nyns eus othem dhybm ahanowgh." ²²Dhe'n contrary part, esely an corf neb a hevel bos gwadnha ès re erel, ny yllyr gul hepthans. ²³Yma partys a'n corf eson ny predery dhe vos le aga bry, ha ny a re specyal worshyp dhedhans. Dhe'n partys a'gan corfow nag yw sêmly, ny a re dhe voy revrons. ²⁴Bytegyns, an esely a'gan corfow neb yw tecka, ny's teves othem a revrons a'n par-na. Saw Duw re arayas an corf indella, ha moy worshyp a vëdh rës dhe'n esely isella. ²⁵Hèm yw gwrës ma na vo dyssent vëth i'n body, saw may halla oll an esely chersya an eyl y gela. ²⁶Mar teu esel vëth ha godhaf, yma oll an esely ow codhaf ganso. Mar pëdh esel vëth onorys, yma pùb esel oll ow rejoycya ganso.

²⁷Now, why yw corf Crist, ha ken-yver onen ahanowgh yw esel anodho. ²⁸Ha Duw re wrug i'n eglos radn dhe vos abosteleth, radn profettys, radn descadoryon—ha wosa an re-ma, merclys, sawment pò an ro dhe weres aga hynsa, pò an gallos dhe lêdya, ha'n ro a dhyvers tavosow. ²⁹Yns y oll abosteleth? Yns y oll profettys? Yns y oll descadoryon? Usons y oll ow cul merclys? ³⁰A's teves y oll an ro a sawment? Usons y oll ow côwsel in tavosow? A yllons y oll aga styrya? ³¹Strîvyowgh rag an royow brâssa.

Ha lebmyn me a vydn dysqwedhes dhywgh an fordh wella oll.

13 Kyn whrellen côwsel gans yêthow tus hag eleth, saw heb bos dhybm kerensa, gyllys ov kepar ha brest ow seny, pò cymbal ow tynkyal. ²Ha kyn fe dhybm an ro a brofecy, kyn whrellen convedhes pùb mystery ha pùb skians, ha kyn fe dhybm cowlfydhyans, may hallen removya menydhyow, saw heb bos dhybm kerensa, nyns oma tra vëth. ³Ha kyn whrellen ry oll ow fosessyon rag maga an vohosogyon, ha kyn whrellen ry ow body dhe vos leskys, saw heb bos dhybm kerensa, ny drail hedna màn dhe'm les.

⁴Yma kerensa pell ow perthy, ha cuv yw hy. Ny berth kerensa avy. Nyns usy kerensa owth omvôstya. Ny vëdh hy hautyn. ⁵Nyns usy hy ow tebel-fara. Nyns usy hy ow whelas hy fëth hy honen. Nyns yw hy êsy dhe serry. Nyns usy hy ow tyby drog vëth oll. ⁶Nyns usy kerensa ow rejoycya in pegh, saw i'n gwiryoneth yma hy ow lowenhe. ⁷Yma hy ow perthy pùptra, ow cresy pùptra hag ow qwetyas pùptra.

⁸Bëth ny fyll kerensa. Saw mars eus profecys, y a dremen. Mars eus tavosow, y a wra cessya. Mars eus skentoleth, hedna a vydn mos dhe ves. ⁹Rag in part ny a wor, hag in part yth eson ow profusa. ¹⁰Saw pàn dheffa an dra yw dien, nena an pëth usy in part a vëdh gorrys dhe ves. ¹¹Pàn en vy flogh, yth esen ow côwsel avell flogh, avell flogh y whren convedhes, avell flogh yth esen ow predery. Saw pàn wrug avy dos dhe oos den, me a settyas adenewen an taclow a floholeth. ¹²Rag i'n tor'-ma ny a wel dre weder, yn tewl, saw ena fâss orth fâss. Yth esof i'n tor'-ma owth aswonvos in part. Saw ena me a wra aswon, poran kepar dell oma aswonys ow honen.

¹³Lebmyn ytho, yma prèst ow pêsya fëdh, govenek ha kerensa, an try-ma. Saw an brâssa anodhans yw kerensa.

14 Kerensa ytho yw an dra a dal dhywgh y sewya. Settyowgh agas colon wàr an royow spyrysek, hag yn arbednek an ro a brofecy. ²Neb a wra côwsel in tavosow stranj, ny gôws ev orth tus erel, saw orth Duw. Ny wor den vëth y gonvedhes pàn usy ev owth ùttra mysterys der an Spyrys. ³Saw neb a wra progeth messach Duw, ev a gôws dhe dus rag aga gweres ha'ga inia, ha dhe ry dhe-dhans confort. ⁴An den usy ow côwsel in tavosow, yma ev a brow dhodho y honen, mès an den usy ow profusa, ev yw a brow dhe oll an eglos. ⁵Dâ via genef why oll dhe gôwsel in tavosow, mès gwell yw genama why dhe brofusa. Brâssa yw neb a wra profusa ès hedna a gôws in tavosow, marnas nebonen aral a vydn styrya y lavarow, may halla an eglos bos creffhës.

⁶Lebmyn, a vreder, mar teuma dhywgh ow côwsel in tavosow, pana brow vëdh hedna dhywgh, marnas me a lever dhywgh neb revelacyon, skentoleth, profecy pò dyscas? ⁷Indelma kefrës yth yw an daffar mûsyk, usy ow seny, an whybonol pò an crowd, rag ensampel. Mar ny vëdh cler aga nôtys, fatell yll den vëth godhvos pana melody usy ow seny? ⁸Ha mar ny vëdh cân an bualgorn cler, pyw a vydn sordya rag an gas? ⁹Indella yth yw an mater genowgh why. Mar tewgh why hag ùttra cows na yll bos convedhys, fatell yll den vëth godhvos agas styr? Why a vëdh ow côwsel orth an air. ¹⁰Ea, yma lies yêth i'n bës, saw nyns eus onen vëth anodhans heb styr. ¹¹Mar ny wòn convedhes an yêth clappys gans an den aral, nena ev yw alyon dhybm, ha me yw alyon dhodho ev. ¹²Abàn owgh why whensys dhe gafos royow an Spyrys, kyns oll y res dhywgh gul moy devnyth a oll an royow-na usy ow mentêna an eglos.

¹³Rag hedna, seul a wrella côwsel in tavosow, y tal dhodho pesy dhe gafos an ro a styryans. ¹⁴Mars esof vy ow pesy in tavas, yma an Spyrys ow pesy inof, mès syger yw ow skians. ¹⁵Pandra goodh dhybm gul ytho? Me a vydn gul pejadow warlergh an Spyrys inof, saw gans ow skians inwedh. Me a vydn cana prais warlergh an Spyrys inof, saw me a vydn ûsya ow skians magata. ¹⁶Poken, mar teuta ha leverel bedneth der an Spyrys, fatell yll an den kebmyn, a vo i'n tyller, leverel "Amen" orth dyweth dha rassow? Ny yll ev convedhes ger vëth a'th cows. ¹⁷Ea,

martesen te a yll ry grassow, saw nyns yw hedna a les dhe'th hynsa.

¹⁸Gromercy dhe Dhuw, me a gôws in tavosow moy ès den vëth ahanowgh. ¹⁹Saw gwell via genef côwsel, rag les ow howetha i'n eglos, ha rag ow les vy, pymp ger a alsa bos convedhys, ès milyow a eryow in tavas tewl y styr.

²⁰A vreder, na vedhowgh kepar ha flehes i'gas prederow. Bedhowgh kepar ha flehes ow tùchya an drog, mès tus tevys i'gas prederow. ²¹Yma screfys i'n laha,

"Dre nacyons stranj aga yêth
 ha gans gwessyow alyons
 me a vydn côwsel orth an bobel-
   ma;
 saw nena ny vydnons y unweyth
   goslowes orthyf,"
yn medh an Arlùth.

²²Rag hedna tôkyn dhe'n paganys kyns ès dhe Gristonyon yw tavosow, mès profecy yw sin rag Cristonyon, adar rag paganys. ²³Gwren soposya oll an eglos dhe vos cùntellys warbarth ha pùbonen dhe gôwsel in tavosow. Mar teu estrenyon pò paganys ajy, a ny vydnons y leverel why dhe vos muscok? ²⁴Saw mar pëdh pùbonen ow profusa, mar teu ajy pagan pò estren, ev a glôwvyth dhyworth pùbonen taclow dhe byga y gonscyans ha gul dhodho cresy. ²⁵Wosa kevrinyow y golon dhe vos dysclôsys, an den-na a wra plegya dhyrag Duw ha'y wordhya, ha leverel, "In gwir yma Duw i'gas mesk why."

²⁶Pandra goodh dhyn gul ytho, a gothmans? Pàn wrellowgh why cùntell warbarth, bedhens hympna,

247

dyscans, revelacyon, tavas pò styryans gans kenyver onen. Bedhens pùptra gwrës rag scodhya an eglos. ²⁷Mar teu tus ha côwsel in tavosow, na vedhens y moy ès dew pò try dhe'n moyha, ha gwrêns nebonen styrya pùb torn. ²⁸Saw mar ny vëdh den vëth i'n tyller a alla styrya, gwrêns y tewel i'n gùntellva, ha côwsel yn tawesek ortans aga honen hag orth Duw.

²⁹Gwrêns dew pò try profusa, ha gwrêns an remnant attendya an pëth a vo leverys. ³⁰Mar pëdh revelacyon rës dhe nebonen a'y eseth in y se, gwrêns tewel an den a vo ow côwsel. ³¹Rag why oll a yll profusa an eyl wosa y gela may halla pùbonen desky ha cafos confort. ³²Res yw dhe'n profettys aga honen rewlya an spyrys a brofecy, ³³rag nyns yw Duw an Duw a dheray, mès an Duw a ordyr dâ.

Kepar hag in oll an eglosyow a bobel Duw, ³⁴ny dal dhe venenes côwsel orth an gùntellva. Y ny's teves an cubmyas a gôwsel, mès res yw dhedhans bos gostyth, kepar dell lever an laha. ³⁵Mar pedhons y whensys dhe wodhvos tra vëth, gwrêns y govyn orth aga gwer in tre. Ass yw dyvlas benyn dhe gôwsel orth an gùntellva! ³⁶A wrug ger Duw dallath genowgh why? Owgh why-why an udn bagas yn udnyk a dheuth an ger dhedhans?

³⁷Mar teu nebonen ha declarya y vos profet, pò an gallos a brofecy dhe vos ino, res yw dhodho aswon bos arhadow dhyworth an Arlùth an taclow-ma a screfys dhywgh. ³⁸Mar ny vydn ev avowa hedna, na vedhens ev avowys y honen.

³⁹Indelma, a gothmans, gwrewgh profusa gans mal, ha na dhyfednowgh tavosow. ⁴⁰Saw re bo pùptra gwrës in maner sêmly hag i'n ordyr ewn.

15 Perthowgh cov, a vreder, a'n awayl a wrug avy progeth dhywgh. Why a'n recêvas hag yth esowgh why ow sevel ino. ²Dredho kefrës yth owgh why sawys, mar tewgh why ha sensy fast an messach a wruga derivas dhywgh—marnas agas crejyans a vo uver.

³Rag me a dhelyvras dhywgh why avell tra a'n moyha bry an pëth a recêvys ow honen. Hèn yw dhe styrya, Crist dhe dhon mernans rag agan pehosow warlergh an scryptours. ⁴Hag y feu va encledhys, ha derevys an tressa dëdh herwyth an scryptours. ⁵Ev a omdhysqwedhas dhe Cefas kyns oll, ha nena dhe'n dewdhek. ⁶Nena ev a apperyas dhe voy ès pymp cans a'n vreder oll warbarth, hag yma an radn vrâssa anodhans whath yn few, kyn whrug radn anodhans merwel. ⁷Nena ev a apperyas dhe Jamys, nena dhe oll an abosteleth. ⁸Wàr an dyweth ev a omdhysqwedhas dhybmo vy, kepar ha dhe onen genys mes a'y dermyn.

⁹Rag me yw an lyha a'n abosteleth, ha nyns oma wordhy dhe vos gelwys abostel, dre rêson me dhe dormentya eglos Duw. ¹⁰Saw dre râss Duw me yw an pëth ov vy, ha ny veu uver y râss tro ha me. Dhe'n contrary, me a lavuryas creffa ès den vëth anodhans, kyn nag o me, mès grâss Duw usy genama a lavuryas. ¹¹Be va me pò ynjy, indelma ny a wrug progeth hag indelma why a dheuth dhe grejyans.

¹²Mars yw Crist pregowthys avell hedna a veu derevys dhyworth an re

marow, fatell yll radn ahanowgh leverel nag eus dasserghyans vëth? ¹³Mar nyns usy dasserghyans an re marow, ny veu Crist derevys. ¹⁴Mar ny veu Crist derevys, uver veu agan progeth, hag uver yw agas fëdh why. ¹⁵Ny yw kefys inwedh dhe vos dùstuny fâls a Dhuw, rag ny re dhestas a Dhuw, ev dhe dherevel Crist. Saw ny wrug ev y dherevel, mar ny vëdh an re marow derevys. ¹⁶Rag mar ny vëdh an re marow derevys, nena ny veu Crist derevys. ¹⁷Mar ny veu Crist derevys, ny dal agas crejyans oy, hag yth esowgh why i'gas pegh whath. ¹⁸Nena gyllys dhe goll kefrës yw an re-na a verwys in Crist. ¹⁹Mar nyns eson ny ow qwetyas in Crist, mès rag an bêwnans-ma yn udnyk, ny yw an dus moyha truethek in oll an bës.

²⁰Saw in gwir Crist a veu derevys dhyworth an re marow, an bleynfrûtys a'n re-na a verwys. ²¹Abàn dheuth an mernans der udn den, der udn den inwedh a dheuth dasserghyans an re marow. ²²Kepar dell wra kenyver onen merwel in Adam, in kepar maner ny a vëdh bewhës in Crist. ²³Pùbonen in y ordyr y honen, Crist an bleynfrûtys kyns oll, ha wosa hedna, pàn dheffa ev, an re-na usy ow longya dhe Grist. ²⁴Nena an dyweth a dheu, pàn wra Crist delyvra an wlascor dhe Dhuw an Tas, wosa ev dhe dhyswul pùb rewler, pùb auctoryta ha pùb gallos. ²⁵Res vëdh dhodho rainya erna whrella ev settya oll y eskerens in dadn y dreys. ²⁶An escar dewetha dhe vos dystrêwys yw Ancow. ²⁷Rag "Duw re settyas pùptra in dadn y dreys." Saw pàn lever, "Duw re settyas pùptra in dadn y dreys," apert yw nag usy an lavar-ma orth y gomprehendya ev, neb a settyas pùptra in dadn y dreys y honen. ²⁸Pàn vo pùptra gwrës sojeta dhodho, nena an Mab y honen a vëdh sojeta dhe hedna re wrug pùptra sojeta dhodho, may halla Duw bos pùptra yn tien dhe bùbonen yn tien.

²⁹Poken, pandra vydn gul an re-na a recêvas besydhyans rag an re marow? Mar ny vëdh an re marow derevys poynt, prag y fëdh tus besydhys ragthans? ³⁰Prag yth eson ow peryllya agan honen pùb eur oll? ³¹Me a verow kenyver jorna! Hedna yw mar certan, a vreder, avell ow bôstow ahanowgh why. Bôstow yns y a wrama in Jesu Crist agan Arlùth. ³²Me a wrug omlath gans bestas gwyls in Efesùs. A pe gans govenek mortal yn udnyk me dhe wul indella, pana wain a'm bia dredho? Mar ny vëdh an re marow derevys,

"Deun, debryn ha glebyn agan min,
rag avorow ny a wra merwel."

³³Na vedhowgh tùllys, "Tebelgowethas a wra shyndya conversacyon dâ." ³⁴Dewgh dhe vrës ewn ha sad, ha na drailyowgh dhe begh namoy. Rag yma certan tus i'n bës na's teves godhvos vëth a Dhuw. Me a lever hebma rag agas shâmya.

³⁵Saw nebonen a vydn govyn, "Fatell vëdh an re marow derevys? Pana gorf a's tevyth, pàn wrellons y dos?" ³⁶Te bedn cog! An hasen a wrêta gonys, ny yll hy bewa marnas hy a verow kyns. ³⁷Ow tùchya an hasen esos ow conys, ny wrêta gonys an corf a vëdh, mès hasen noth, a waneth martesen pò a neb ÿs aral. ³⁸Saw Duw a re dhodho corf warlergh y vodh, ha'y gorf teythyak dhe

bùb sort has. [39]Nyns yw pùb kig haval dh'y gela, mès yma udn kig rag mab den, ken kig rag bestas, ken kig rag ÿdhyn ha ken kig arta rag pùscas. [40]Yma corfow nevek ha corfow a'n dor. Udn dra specyal yw glory an corf nevek, ha glory taclow an dor yw neppyth aral. [41]Udn glory a'n jeves an howl, ken glory a's teves an loor, ha ken glory arta a's teves an ster. Ea, dyffrans i'ga glory yma an sterednow an eyl dhyworth hy ben.

[42]Indelma yma dasserghyans an re marow. A vo gonedhys yw leun podrethes, a vëdh derevys yw dyboder. [43]In dysonour yth ywa gonedhys, in glory y fëdh derevys. In gwander yth yw gonedhys, in power y fëdh derevys. [44]Gonedhys vëdh avell corf genesyk.

Avell corf spyrysek y fëdh derevys. [45]An scryptour a lever, "Adam, an kensa den, a veu creatur bew." An Adam dewetha a veu gwrës spyrys bewek. [46]Saw nyns o an pëth spyrysek an dra a veu kyns oll, mès an pëth genesyk. An pëth spyrysek a dheuth wosa hedna. [47]An kensa den a dheuth mes a'n dor, ha den a dhoust o va. An secùnd den a dheu dhyworth nev. [48]Kepar dell o an den a dhoust, indella yw an dus a dhoust. Kepar dell yw an den a nev, indella yma oll an re-na usy a nev. [49]Dell wrussyn ny don imach a'n den a dhoust, in kepar maner ny a vydn don imach a'n den a nev.

[50]An pëth a lavaraf, a vreder, yw hebma: ny yll an kig-ma na'n goosma eryta gwlascor Duw, naneyl ny yll an dra poder eryta an dra dhyboder. [51]Goslowowgh, me a vydn derivas mystery orthowgh. Ny wren ny oll merwel, mès ny oll a vëdh chaunjys,

[52]whare, in udn labm, pàn wrella seny an trompa dewetha. An trompa a wra seny, ha'n re marow a vëdh derevys in tyboder, ha ny a vëdh chaunjys. [53]An pëth poder-ma a dal gwysca an pëth dyboder, ha'n corf mortal a res omwysca in anvarwoleth. [54]Pàn wrella an corf poder-ma gorra adro dhodho an pëth dyboder, ha pàn wrella an corf mortal-ma omwysca in anvarwoleth, nena y fëdh collenwys lavar an scryptour, "An mernans a veu lenkys in vyctory.

[55]"A vernans, ple ma lebmyn dha vyctory?
Ple ma dha vros, a ancow?"

[56]Bros an mernans yw pegh, ha'n gallos a begh yw an laha. [57]Re bo meur râss dhe Dhuw, rag ev a re dhyn an vyctory der agan Arlùth Jesu Crist.

[58]Rag hedna, a vreder veurgerys, bedhowgh fast ha crev, rych in oberow dâ an Arlùth pùpprës. Rag why a wor nag yw uver agas lavur i'n Arlùth.

16 Now ow tùchya an offrydnow rag pobel Duw, y tal dhywgh sewya an comondmentys a wrug avy ry dhe eglosyow Galathya. [2]An kensa jorna a bùb seythen kenyver onen ahanowgh a dal settya adenewen hag erbysy pynag oll tra a vo dhodho moy ès y othem. Nena ny vëdh res dhybm cùntell mona, pàn dhyffyf dhywgh. [3]Pàn dhyffyf dhywgh, me a vydn danvon tus a vo dâ genowgh gans lytherow rag don agas royow dhe Jerùsalem. [4]Mar tegoth me dhe viajya gansans, y a wra dos warbarth genama.

⁵Me a vydn dos dhywgh, wosa mos dres Macedonya. Ervirys yw genama gul indella, ⁶ha martesen me a vydn trega genowgh pò unweyth spêna an gwâv genowgh. Indelma why a yll ow danvon in rag wàr ow fordh, na fors dhe byle. ⁷Ny via lowr dhybm agas gweles termyn cot, ha me ow passya der an pow. Govenek a'm beus a spêna termyn hir genowgh, mar mydn Duw. ⁸Saw me a vydn trega in Efesùs bys de Fencost, ⁹rag daras efan a veu egerys dhybm aberth in ober wordhy, ha me a'm beus meur eskerens.

¹⁰Mar teu Tymothy dhywgh, kemerowgh with na'n jeffa chêson vëth rag own i'gas mesk, rag yma va ow cul whel an Arlùth kepar ha me. ¹¹Na wrêns den vëth ytho y dhysprêsya. Danvenowgh ev in rag in cres, may halla va dos dhybm. Yth esof orth y wortos gans an vreder.

¹²Ow tùchya ow broder Apollos, me a'n inias crev dh'agas vysytya why gans an vreder erel, saw nyns o va whensys dhe dhos i'n tor'-ma. Ev a vydn dos, pàn vo an chauns dhodho.

¹³Bedhowgh in tyfun, sevowgh stedfast i'gas fëdh, bedhowgh crev hag a golon dhâ. ¹⁴A wrellowgh why, gwrewgh e in kerensa.

¹⁵Lebmyn, a vreder, why a wor y feu meyny Stefanas an dus kensa in Acaya bythqweth a gresys i'n Arlùth hag a sacras aga honen dhe servya pobel Duw. ¹⁶Yth esof vy orth agas inia dhe breparya agas honen dhe servya an re-na, ha pùbonen aral a vo ow cul whel ha lavur gansans. ¹⁷Lowen ov orth devedhyans Stefanas, Fortùnatùs hag Acaycùs, rag y a lenwys agas tyller why. ¹⁸Y a wrug confortya ow spyrys ha'gas spyrys why. Aswonowgh grâss ytho dhe dus a'n par-na.

¹⁹Yma eglosyow Asya orth agas dynerhy. Yma Aqwyla ha Prysca, warbarth gans an Gristonyon i'ga chy, orth agas dynerhy yn colodnek i'n Arlùth. ²⁰Yma oll an vreder orth agas dynerhy. Dynerhowgh an eyl y gela gans bay sans.

²¹Yth esof vy, Pawl, ow screfa hebma gans ow leuv ow honen.

²²Seul na'n jeffa kerensa tro ha'n Arlùth, re bo melegys. Deus, a Arlùth!

²³Re bo grâss an Arlùth Jesu genowgh.

²⁴Re bo ow herensa vy genowgh why oll in Jesu Crist.

Secùnd Pystyl Pawl dhe'n Corynthyans

1 Pawl abostel Jesu Crist dre volùnjeth Duw ha Tymothy agan broder,

Dhe eglos Duw usy in Corynth, warbarth gans oll an sens usy in Acaya.

²Grâss dhywgh why ha cres dhyworth Duw agan Tas ha dhyworth agan Arlùth Jesu Crist.

³Benegys re bo an Duw ha'n Tas a'gan Arlùth Jesu Crist. Ev yw an Tas a vercy ha'n Duw a bùb solas. ⁴Yma va orth agan confortya ny in oll agan anken, may hallen ny confortya an re-na, a vo in anken, der an solas mayth on ny agan honen confortys dredho gans Duw. ⁵Yth on ny kevrednek i'n lies torment a Grist, hag in kepar maner, dre Grist, ny a gav part i'n gweres brâs a Dhuw. ⁶Mar teun ny ha godhaf, yth yw hedna rag agas gweres why, ha rag agas salvacyon. Mar teun ny ha cafos gweres, why a gav gweres inwedh, ha'n nerth dhe berthy gans godhevyans an keth painys eson ny ow sùffra. ⁷Indelma ny vëdh shakys in termyn vëth agan trest inowgh. Ny a wor why dhe vos kevrednek kefrës a'gan painys ny, hag a'n confort eson ny ow recêva.

⁸Dâ via genen, a vreder, why dhe wodhvos adro dhe'n trobel a'gan beu in Asya. Ny a veu compressys cales dres ehen, may whrussyn kelly govenek a'gan bêwnans kyn fe. ⁹In gwir, yth esen ny ow cresy agan bos brusys dhe'n mernans. Hedna a veu rag agan desky dhe sevel orth trestya inon agan honen, mès kyns dhe drestya in Duw, usy ow terevel an re marow. ¹⁰Hedna neb a wrug agan gwetha dhyworth peryl mar dhiantel, ev a vydn agan selwel arta. Ny a drest ino dh'agan sawya i'n termyn usy ow tos, ¹¹abàn esowgh why kefrës ow kesobery genen ny ow pesy dhodho. Indelma meur a dus a vydn ry grassow ragon ny, awos an benothow a gefyn der an pejadow a lies onen.

¹²Ea, hèm yw agan bost, ha dùstuny agan conscyans, ny dhe fara i'n bës heb tùll na gil, ha gans lendury dywysyk. Ny wrussyn ny gul indelma dre furneth an bës, mès dre râss Duw y honen, spessly tro ha whywhy. ¹³Nyns eson ny ow screfa dhywgh tra vëth ken ès an pëth a wodhowgh why redya ha convedhes. Yth esof ow qwetyas why dh'y gonvedhes bys i'n dyweth, ¹⁴kepar dell wrussowgh why convedhes part a'gan messach. Rag why a vëdh agan bost ny in jorna an Arlùth Jesu, kepar dell vedhyn ny agas bost why.

¹⁵Me o certan a hedna, ha whensys dhe dhos dhywgh kyns oll, may hallowgh why cafos plesour dewblek. ¹⁶Whensys en agas vysytya wàr ow fordh dhe Macedonya, ha dhe dhos arta dhywgh dhia Macedonya. Nena why a alsa ow gorra in rag wàr ow viaj dhe Jûdy. ¹⁷Esen owth hockya, ha me whensys dhe wul indelma? Esof vy ow restry ow thowlow warlergh breus kebmyn mebyon tus? Oma parys dhe leverel, "Ea, ea", ha "Nâ, nâ", i'n keth termyn?

¹⁸Re lendury Duw, nyns yw agan ger ny dhywgh why "Ea" ha "Nâ". ¹⁹Sylvanùs, Tymothy ha me, ny a bregowthas Mab Duw i'gas mesk. Nyns yw Mab Duw "Ea" ha "Nâ". Ino ev y kefyr "Ea" pùpprës. ²⁰"Ea" yw pùb promys a Dhuw ino ev. Dredho ev ytho ny a lever "Amen" dhe glory Duw. ²¹Duw a'gan fùndyas ny genowgh why in Crist, hag a'n ùntyas inwedh. ²²Ev a settyas warnan y sel, hag a dheveras an Spyrys Sans i'gan colon avell warrant a bùptra a vydn ev gul ragon.

²³Wàr ow enef, Duw yn test, ny wrug avy dos arta dhe Corynth rag agas sparya why. ²⁴Nyns eson ny ow lordya wàr agas crejyans. Nâ, yth on ny kyns kesoberoryon rag agas lowena, dre rêson why dhe sevel fast i'n fëdh.

2 Rag hedna me a erviras, na wrellen agas vysytya why, rag dowt me dh'agas grêvya. ²Mar teuma ha'gas grêvya why, pyw a alsa ow lowenhe, mès hedna a wrug avy duwhanhe? ³Ha me a screfas kepar dell wruga, ma na ven ny grêvys gans an re-na a dalvia ow lenwel a joy. Sur ov, i'gas kever why, ow joy dhe vos an joy a bùbonen ahanowgh. ⁴Me a screfas dhywgh gans anken, gans duwhan i'm colon ha gans dagrow. Nyns o hedna rag agas grêvya, mès dhe dhysqwedhes dhywgh, pyseul ha pygebmys yw ow herensa ragowgh.

⁵Saw mar qwrug nebonen hùrtya den vëth, ny wrug ev ow hùrtya vy, mès in part—heb mos re bell—pùbonen ahanowgh why. ⁶Lowr yw an pùnyshment, a veu determys gans an gùntellva gebmyn ragtho. ⁷Rag hedna y tal dhywgh lebmyn gava

dhodho, ha'y gonfortya ma na vo va dystrêwys gans re a dhuwhan. ⁸Yth esof ytho orth agas inia dhe dhysqwedhes agas kerensa tro hag ev. ⁹Me a screfas dhywgh rag an rêsonma: may hallen agas prevy, ha godhvos mars owgh why gostyth in kenyver tra. ¹⁰Pynag oll tra a wrellowgh why gava dhodho, me a vydn gava dhodho kefrës. Kenyver tra gyvys genama, mar qwruga gava tra vëth, a veu gyvys rag agas les why i'n presens a Grist. ¹¹Ny a wra hedna, ma na wrella Satnas agan castya, rag nyns on ny dyswar a'y brattys.

¹²Pàn wrug avy dos dhe Troas, rag progeth an nowodhow dâ a Grist, y feu egerys dhybm daras i'n Arlùth. ¹³Saw ny ylly ow brës powes, dre rêson na gefys ena ow broder Tîtùs. Rag hedna me a asas farwèl gansans, ha mos in rag dhe Macedonya.

¹⁴Gromercy dhe Dhuw! In unsys gans Crist yma va pùpprës orth agan hùmbronk ny avell prysners i'n keskerth a vyctory. Dredhon ny yma Duw ow lêsa in pùb tyller an sawour wheg a dheu dhyworth aswonvos Crist. ¹⁵Ny yw kepar ha wheg smellyng a incens offrys gans Crist, in mesk an re-na yw selwys, hag in mesk an re-na usy ow mos dhe goll kefrës. ¹⁶Dhe'n eyl radn an sawour yw kepar ha flerynsy usy ow ladha. Mès dhe'n dus erel, yth ywa sawour wheg usy ow try bêwnans. Pyw yw lowr rag an taclow-ma? ¹⁷Nyns on ny gwycoryon a'n ger a Dhuw kepar ha lies onen, mès in Crist yth eson ny ow côwsel kepar ha persons a wiryoneth. Ny yw tus a veu danvenys gans Duw, hag yth on ny stedfast in y wolok ev.

3 Eson ny ow tallath bôstya arta? In gwir ny'gan beus othem vëth a lyther a gomendyans dhywgh pò dhyworthowgh, kepar dell eus othem dhe certan re. ²Why agas honen yw agan lyther, neb yw screfys i'gan colon hag aswonys ha redys gans kenyver onen. ³Yth esowgh why ow tysqwedhes agas bos an lyther a Grist, parys genen ny, screfys gans Spyrys an Duw bew, kyns ès gans ink. Ny veu va screfys wàr lehow a ven, mès wàr an lehow a golon mab den.

⁴Kebmys yw an trest a'gan beus in Duw dre Grist. ⁵Ny yllyn facya y teuth tra vëth dhyworthyn ny agan honen. Y teu oll agan teythy dhyworth Duw. ⁶Ev a'gan gwrug ny abyl dhe vos menysters a gevambos nowyth. Kevambos a'n lyther nyns ywa, mès kevambos a'n Spyrys, rag yma an lyther ow ladha, saw yma an Spyrys ow ry bêwnans.

⁷An menystrans a ancow, gravys in lytherow wàr lehow men, a dheuth in kebmys glory, ma na ylly pobel Israel meras orth Moyses dre rêson a'n glory a'y fâss. Ha'n glory-na yw settys adenewen i'n tor'-ma. ⁸Pyseul dhe voy ytho a vëdh an glory, pàn dheffa dhyn menystrans an Spyrys? ⁹Mara peu glory in menystrans an dampnacyon, kebmys dhe voy vëdh glory ha plenty in menystrans an Spyrys! ¹⁰In gwiryoneth, an pëth neb a'n jeva glory kyns lebmyn, a'n collas awos an glory brâssa esa ow tos. ¹¹Mar teuth gans glory an pëth a veu settys adenewen, seul dhe voy a dheuth gans glory an dra a wra pêsya bys vycken!

¹²Dre rêson ny dhe gafos govenek a'n par-na, yth eson ny ow lavurya gans bolder brâs. ¹³Nyns eson ow lavurya kepar ha Moyses. Moyses a worras cudhlen adro dh'y fâss, ma na wrella pobel Israel meras orth delergh an glory esa ow mos in kerdh. ¹⁴Saw aga brës a veu calesys. In gwir bys i'n jëdh hedhyw, pàn usons y ow clôwes lesson mes a'n testament coth, y fëdh an keth cudhlen-na whath in hy thyller. Ny vëdh hy kemerys in kerdh saw dre Grist. ¹⁵Ea, bys in jëdh hedhyw, pàn vo redys lyvrow Moyses, y fëdh cudhlen a'y groweth wàr aga brës. ¹⁶Saw pàn wrella nebonen trailya dhe'n Arlùth, y fëdh an gudhlen kemerys in kerdh. ¹⁷An Arlùth yw an Spyrys, ha le may ma an Spyrys, ena y fëdh franchys. ¹⁸Yth eson ny oll, ytho, gans agan fâss dyscudhys ow tastewynya glory an Arlùth. Hag yma an keth glory-na, usy ow tos dhyworth an Arlùth, an Spyrys, orth agan trailya dhia glory dhe glory bys in y imach y honen.

4 Rag hedna, drefen ny dhe recêva an menystry-ma dre dregereth Duw, ny wren ny kemeres dyglon. ²Ny a dhenahas taclow vylen cudh. Nyns eus fâlsury vëth i'gan conversacyon, naneyl nyns eson ny ow fecla ger Duw. Pàn eson ny ow progeth an gwiryoneth yn apert, yth eson ow comendya agan honen in golok Duw dhe gonscyans pùbonen. ³Mars yw cudh agan awayl, cudh ywa dhe'n re-na usy ow mos dhe goll. ⁴Ow tùchya tus a'n par-na me a lever hebma: duw an bës-ma a wrug dallhe brës an paganys, ma na wrug terlentry warnodhans an splander a awayl gloryùs Crist, Crist neb yw an imach a Dhuw. ⁵Nyns eson ny ow progeth agan honen. Nâ, yth eson ow progeth an Arlùth Jesu Crist, ha'gan honen avell agas kethwesyon why rag kerensa Jesu. ⁶Rag yth yw Duw a leverys, "Bedhens golow i'n tewolgow," golow a wrug dewynya i'gan colon ny, rag agan golowy gans an aswonvos a glory Duw i'n fâss a Jesu Crist.

⁷Ny a'gan beus an tresour-ma in lestry pry, may fo declarys an gallos marthys-ma dhe dhos dhyworth Duw, adar dhyworthyn ny. ⁸Kynth on ny ankenys in pùb fordh, compressys nyns on ny màn. Amays on, heb codha in dyspêr. ⁹Tormentys on, heb bos forsâkys; dysevys on heb bos dystrêwys. ¹⁰Yth eson pùpprës ow ton mernans Crist i'gan corf, may fo y vêwnans ev gwelys i'gan corf ny. ¹¹Hadre von yn few, yth on ny pùpprës ow codhaf mernans rag kerensa Jesu, may fo y vêwnans ev gwelys i'gan mortal kig. ¹²Indelma yma mernans owth obery inon ny, ha bêwnans inowgh why.

¹³Saw poran kepar dell usy dhyn an keth Spyrys a fëdh warlergh an scryptour—"Me a gresys, ha rag hedna me a gowsas"—yth eson ny ow cresy inwedh hag ow côwsel kefrës. ¹⁴Ny a grës, dre rêson ny dhe wodhvos fatell vydn ev, neb a dherevys an Arlùth Jesù, agan derevel ny inwedh gans Jesu. Ny a grës ev dh'agan don, warbarth genowgh why, aberth in y wolok ev. ¹⁵Ea, yma pùptra rag agas kerensa why. Kepar dell wra grâss Duw drehedhes dhe voy tus, y a vydn gul dhe voy pejadow grassow rag glory agan Duw.

¹⁶Rag hedna ny vydnyn ny kelly colon. Kynth usy agan natur mortal ow tyfygya, yma agan natur wàr jy owth omnowedhy kenyver jorna.

¹⁷Yma an anken scav rag pols bian obma, orth agan preparya rag glory brâs dres musur bys vycken ha bys venary. ¹⁸Nyns eson ny ow meras orth an pëth a yll bos gwelys, saw orth an pëth na welyr. An pëth a welyr yw rag tecken, mes an pëth na yll bos gwelys yw rag nefra.

5 Ny a wor hebma: mar pëdh dystrêwys an tylda ino mayth eson ny tregys wàr an dor, ny a'gan beus derevyans dhia Dhuw, chy na veu byldys gans dewla, hag a wra durya bys vycken ha bys venary i'n nevow. ²Yth eson ny ow kyny i'n tylda-ma, hag ow tesîrya dhe worra i'gan kerhyn agan trigva nevek, ³ma na von ny kefys yn noth, ha ny orth y worra adro dhyn. ⁴Abàn eson ny whath i'n tylda-ma, yth eson ny ow kyny in dadn agan sawgh, rag dâ via genen sevel orth bos yn noth, ha cafos dyllas moy. Indella an dra varwyl-ma a via lenkys der an bêwnans. ⁵Duw y honen a wrug agan parusy rag an very tra-ma, hag ev a ros an Spyrys yn warrant dhyn.

⁶Ny yw heb own ytho, kyn whodhon agan bos ny dyberthys dhyworth an Arlùth, hadre von ny tregys i'n corf. ⁷Yth eson ow kerdhes dre fëdh, adar dre wolok. ⁸Ea, ny yw heb own, ha gwell via genen bos dyberthys dhyworth an corf hag in tre gans an Arlùth. ⁹Na fors eson ny ajy dhe'n corf, pò avês dhodho, tôwlys on dh'y blêsya. ¹⁰Rag res vëdh dhe bùbonen sevel dhyrag sedhek breus a Grist, may halla kenyver onen recêva gober rag pùptra a vo gwrës i'n corf, be va dâ pò drog.

¹¹Abàn wodhon ny, ytho, pandr'yw own Duw, yth eson ny ow whelas dhe

berswadya tus erel. Saw ny agan honen yw aswonys gans Duw, ha govenek a'gan beus agan bos ny aswonys inwedh dh'agas conscyans why. ¹²Nyns eson ny ow comendya agan honen dhywgh arta, mès ow ry dhywgh chauns dhe vôstya inon, may hallowgh why gortheby dhe'n re-na usy ow cul bôstow wàr ves, kyns ès i'n golon. ¹³Mars on ny varys, ny yw varys rag Duw. Mars yw yagh agan brës, yth yw hedna ragowgh why. ¹⁴Rag yma kerensa Crist orth agan kentryna, dre rêson ny dhe gresy fèst udn den dhe dhon mernans rag pùbonen. Rag hedna pùbonen a verwys. ¹⁵Ev a dhug mernans rag pùbonen, may halla an dus vew bewa ragtho ev, neb a verwys hag a veu derevys, kyns ès bewa ragthans aga honen.

¹⁶Alebma rag ny vydnyn meras orth den vëth warlergh an kig. Kyn whrussyn ny kyns aswon Crist warlergh an kig, nyns eson ny orth y aswon na fella i'n vaner-na. ¹⁷Mars eus den vëth in Crist, ev yw creacyon nowyth. Passys yw pùptra goth. Mir, yma pùptra nowedhys! ¹⁸Yma hebma oll ow tos dhyworth Duw, a wrug agan kesseny ganso in Crist, hag a ros menystry a gessenyans dhyn. ¹⁹Hèn yw dhe styrya, yth esa Duw in Crist owth unverhe an bës dhodho y honen, heb nyvera aga threspassys wàr aga fydn. Hag ev a drestyas dhyn ny an messach a gessenyans. ²⁰Rag hedna ny yw canasow rag Crist, dre rêson Duw dhe elwel an dus dredhon ny. Ny a'gas pës ytho rag kerensa Crist, dhe vos unverhës gans Duw. ²¹Ragon ny ev a wrug dhodho bos pegh, ev na wodhya pegh vëth, may hallen ny dredho ev bos gwrës ewnder Duw.

6 Kepar dell eson ny ow kesobery ganso ev, ny a'gas pës why, neb a recêvas grâss Duw, na wrellowgh y dhegemeres yn uver. ²Rag ev a lever,

"Pàn dheuth an termyn may whrellen dhysqwedhes favour dhywgh, me a'gas clôwas. Pàn dheuth an jorna a'm salvacyon, me a'gas gweresas."

Merowgh! Hèm yw an termyn dhe recêva grâss Duw. Merowgh! Hedhyw yw an jorna a salvacyon! ³Ny wren ny gorra men a drebuchyans in fordh den vëth, ma na wrella den vëth dysprêsya agan menystry. ⁴Ny yw servysy Duw, ha ny a wrug comendya agan honen der oll an taclow-ma: dre wodhevyans brâs, der anken, der anwhecter hag anfusy, ⁵dre stewan, dre brysonyans, dre dervansow, dre lavur, nosow dygùsk ha nown brâs, ⁶dre lânder, dre berthyans ha cufter, dre sansoleth spyrys, der ewngerensa, ⁷dre lavar gwiryon ha gallos Duw, gans an arvow a ewnder rag an dorn dyhow, ha rag an dorn cledh, ⁸in onour ha dysonour, in worshyp hag in bysmêr. Yth on ny dyghtys kepar ha faitours, ken fen ny gwiryon; ⁹kepar hag ùncoth, saw ny yw aswonys dâ; kepar ha tus varow, ha merowgh, yth on ny yn few; kepar ha tus pùnyshys, mès ny veun ny ledhys; ¹⁰kepar ha tus trist, mès otta ny pùpprës ow rejoycya; kepar ha bohosogyon, mès ny a wra lies onen rych; kepar ha'n re-na na's teves tra vëth, mès ny a bew pùptra.

¹¹Ny a gowsas yn apert orthowgh, a Gorynthyans, hag opyn yw agan colon dhywgh why. ¹²Nyns eus fin

vëth dh'agan kerensa tro ha why, saw yma fin dh'agas kerensa why. [13]Avell chyffar teg—yth esof ow côwsel orthowgh kepar hag orth flehes—egerowgh alês dhyn ny agas colon why.

[14]Na vedhowgh kesyewys yn cabm gans dyscryjygyon. Pana gowethyans a yll bos inter ewnder ha fara dylaha? Pò pana gowethyans a yll bos inter golow ha tewolgow? [15]Pana acord a'n jeves Crist gans Belyal? A yll Cristyon bos kevrednek a dra vëth gans pagan? [16]In pàn vaner a yll templa Duw agria gans idolys? Rag ny yw templa an Duw bew, kepar dell lever Duw y honen, "Me a vydn trega i'ga mesk, ha kerdhes intredhans, ha me a vëdh aga Duw y, hag y a vëdh ow fobel vy."

[17]"Rag hedna dewgh mes anodhans ha dyberthowgh dhywortans, yn medh an Arlùth,
Na wrewgh tùchya tra vëth avlan.
Nena me a vydn agas wolcùbma."

[18]"Me a vëdh agas tas, ha why a vëdh mebyon ha myrhas dhybm, yn medh an Arlùth Ollgalosek."

7 Drefen bos dhyn an promyssyow-ma, a vreder veurgerys, gesowgh ny dhe bùrjya agan honen a bùb tebel-vostethes a gorf hag a spyrys, ha gesowgh ny dhe gollenwel sansoleth i'n own a Dhuw.

[2]Gwrewgh spâss ragon i'gas colon. Ny wrussyn ny cabm warbydn den vëth; ny wrussyn ny shyndya den vëth; ny wrussyn ny gul prow a dhen vëth. [3]Ny lavaraf hebma rag agas dampnya. Me a leverys solabrës, me dh'agas cara why kebmys, may fedha dâ genef merwel genowgh pò bewa warbarth genowgh. [4]Yth esof vy ow cul meur bôstow ahanowgh. Me yw pòr browt ahanowgh. Leun a gonfort oma. In oll ow anken me a'm beus colon dhâ.

[5]Pàn wrussyn ny dos dhe Macedonya, ny gafas agan corf powes vëth, mès ny a veu troblys in pùb maner, dyspûtyans wàr ves ha dowtys wàr jy. [6]Saw Duw, usy ow confortya an rena a vo trist, a wrug gwellhe agan cher, ha danvon Tîtùs dhyn. [7]Ny veu y dhevedhyans yn udnyk a wrug gwellhe agan cher. Ny a rejoycyas orth an confort a'n jeva Tîtùs i'gas kever why. Ev a dherivas dhybm a'gas hireth, a'gas moreth, hag a'gas dywysycter tro ha me. Ow lowena a encressyas pàn glôwys an taclow-na.

[8]Mar qwruga agas trist'he gans ow lyther, ny'm beus edrek vëth (saw edrek a'm beu, rag me dhe weles fatell wrug avy agas grêvya dredho pols bian kyn fe). [9]Yth esof vy ow rejoycya i'n tor'-ma. Nyns yw hedna awos me dh'agas grêvya why, saw dre rêson agas grêf dhe lêdya dhe edrek. Rag why a gafas tristans dhyworth Duw, ha ny vewgh why shyndys in maner vëth oll genen. [10]Rag yma tristans dhyworth Duw ow tenethy edrek, usy ow lêdya dhe sylwans. Ha nyns yw hedna chêson vëth rag edrek. Saw yma tristans dhyworth mab den ow lêdya dhe'n mernans. [11]Merowgh pana frethter a dhug an tristans sans-ma inowgh, pana whans dhe ewnhe agas honen, pana sorr, pana uth, pana dhesîr, pana dhywysycter, pana gessydhyans! In pùb poynt why a brovas agas honen dhe vos dybegh i'n mater. [12]Kyn screfys dhywgh, ny veu va naneyl rag kerensa an den a wrug cabm, na rag kerensa a

hedna o an cabm gwrës wàr y bydn, saw may fe aswonys dhywgh agas dywysycter tro ha ny in golok Duw. [13]In hebma ny a gemeras confort.

Moy ès agan confort ny, ny a lowenhas dhe voy orth joy Tîtùs, drefen why dhe ry cosoleth dh'y vrës. [14]Mar qwrug avy bôstya dhodho nebes i'gas kever why, ny veuma shâmys màn. Saw kepar dell o pùptra gwir, a wrussyn ny leverel dhywgh, indella kefrës agan bôstow ahanowgh dhe Tîtùs a veu prevys gwir. [15]Indelma yma y gerensa tro ha why owth encressya, rag yma va ow perthy cov a'gas obedyens oll, ha fatell wrussowgh why y wolcùbma, ha why ow crena rag ewn own. [16]Lowen ov dre rêson me dhe drestya inowgh yn tien.

8 Dâ via genef, a vreder, why dhe wodhvos pandra wrug grâss Duw collenwel in eglosyow Macedonya. [2]Y a veu prevys yn ahas der oll an troblys a wrussons godhevel, saw mar vrâs o aga joy, may rosons yn larj dres ehen, kynth êns y pòr vohosak. [3]Me a yll desta dhywgh, fatell wrussons y ry warlergh aga gallos ha dres aga gallos kyn fe. [4]Y a'gan pesys ernyssly may hallens recêva an gwir specyal, dhe gevradna i'n menystry dhe bobel Duw in Jûdy. [5]Moy veu hedna ès dell wrussyn ny gwetyas. Kensa y a ros aga honen dhe'n Arlùth, ha wosa hedna dre volùnjeth Duw, dhyn ny kefrës. [6]Indelma ny a inias Tîtùs, neb a dhalathas an lavur-ma, may whrella agas gweres ow collenwel an servys specyal-ma a gerensa. [7]Ass owgh why rych in pùptra eus genowgh—in fêdh, in cows, in godhvos, in frethter dres

ehen hag i'gas kerensa tro ha ny! Dâ via genen ytho why dhe vos larj i'n servys specyal-ma a gerensa.

[8]Ny lavaraf hebma avell gorhebmyn, saw yth esof ow prevy lendury agas kerensa warbydn dywysycter tus erel. [9]Rag why a wor an grâss a'gan Arlùth Jesu Crist. Kynth o va rych, ev êth bohosak ragowgh why, may hallowgh cafos rychys der y vohosogneth.

[10]Hag ot obma ow hùssul i'n mater-ma: y tal dhywgh gorfedna lebmyn an pëth a wrussowgh why dallath warleny. Why a veu an dus kensa dh'y wul, ha dhe vydnas y wul. [11]Gorfednowgh e lebmyn warlergh agas gallos, may fo haval agas cowlwrians dh'agas bolùnjeth. [12]Mar pedhowgh whansek dhe weres, plegadow vëdh agas ro dhe Dhuw, warlergh an pëth a'gas beus, kyns ès warlergh agas dyfyk.

[13]Nyns yw hedna dhe styrya, y tal dhe dus erel bos attês, mès why dhe gafos begh. Bedhens taclow eqwal [14]inter an plenty a'gas beus i'n tor'-ma ha'n othem a's teves y. In kepar maner y fêdh aga flenty y rag agas othem why i'n termyn a dheu. Indelma y fêdh taclow eqwal. [15]Kepar dell lever an scryptour, "An eyl, neb a'n jeva plenty, ny'n jeva re, ha'y gela, neb a'n jeva bohes, ny'n jeva re vohes."

[16]Gromercy dhe Dhuw, rag ev a worras in colon Tîtùs dywysycter ragowgh why, poran kepar ha'm dywysycter vy ragowgh. [17]Tîtùs a wolcùbmas agan gorholeth, ha moy ès hedna ev o whansek dh'agas gweres a'y vodh y honen. [18]Ganso ev yth eson ny ow tanvon dhywgh an broder yw gerys dâ i'n oll an

eglosyow, awos ev dhe brogeth an nowodhow dâ. [19]Moy ès hedna ev a veu appoyntys gans an eglosyow dhe viajya genen ha ny ow menystra an servys-ma a gerensa. An menystryma yw rag glory an Arlùth, ha may fe apert agan bolùnjeth dâ. [20]Ny a gebmer with na wrella den vëth agan cably ow tùchya an ro larj-ma, ha ny orth y venystra. [21]Ny re settyas agan colon dhe wul an pëth a vo ewn i'n golok tus, ha dhyrag Duw kefrës.

[22]Gans an re-na inwedh yth eson ow tanvon dhywgh agan broder, neb a veu prevys genen yn fenowgh, hag ev yw dywysyk in lies tra. Ev yw lebmyn dhe voy freth ès bythqweth, awos y fydhyans brâs inowgh why. [23]Ow tùchya Tîtùs, ev yw ow hescoweth ha'm kesoberor i'gas servys why. Yth yw agan breder abosteleth a'n eglosyow ha'n glory a Grist. [24]Rag hedna yn opyn dhyrag an eglosyow dysqwedhowgh dhedhans prof a'gas kerensa, ha prof a'gan caus dhe vôstya ahanowgh.

9 Nyns eus othem vëth dhybm screfa dhywgh adro dhe'n menystry dhe bobel Duw. [2]Me a wor, fatell owgh why whansek dhe vos a servys, ha me a vôstyas ahanowgh dhe'n dus in Macedonya. Me a leverys dhedhans, fatell o an vreder in Acaya parys dhe weres dhia an vledhen warleny. Agas dywysycter a sordyas an radn vrâssa anodhans. [3]Yth esof ow tanvon dhywgh an vreder-ma, ma na vo uver ow bôstow ahanowgh i'n mater-ma. Nâ, kepar dell leverys, why a vëdh parys gans agas socour. [4]Bytegyns, mar teu radn an Macedonyans genama, ha dyscudha na vëdh parys agas socour, assa vien shâmys (ny lavaraf a'gas sham whywhy), drefen me dhe drestya inowgh! [5]Rag hedna yth esen ow tyby y talvia dhyn inia an vrederma dhe dhos dhywgh dhyragof, ha dhe breparya dhyrag dorn an ro ervirys genowgh. Nena an ro a vëdh parys pàn dhyffyf, hag apert vëdh why dhe ry socour a'gas bodh agas honen, kyns ès why dhe vos constrînys.

[6]Perthowgh cov a hebma: neb a wrella gonys bohes has, nebes a vëdh y drevas, saw neb a wrella gonys meur a has, y drevas ev a vëdh brâs dres ehen. [7]Res vëdh dhe genyver onen ahanowgh ry, kepar dell vo ervirys ganso. Ny dal dhe dhen vëth ry a'y anvoth pò awos iniadow, rag Duw a'n car ev a rolla yn lowen. [8]Ha Duw a yll ry dhywgh dres agas othem, ma'gas bo lowr pùpprës ragowgh agas honen, ha lowr ha plenty rag pùb ober dâ. [9]Kepar dell lever an scryptour,

"Yma va ow scùllya alês hag ow ry dhe'n vohosogyon.
Y ewnder a wra durya bys vycken."

[10]Ha Duw, usy ow ry has dhe'n gonador, ha bara avell sosten, a vydn provia hag encressya agas has rag gonys, hag encressya trevas agas ewnder. [11]Why a vëdh rych in pùb fordh, awos agas larjes brâs, ha'gas helder dredhon ny a wra provia meur râss dhe Dhuw. [12]Pàn wrewgh why an servys ma, yth esowgh ow provia rag an esow usy pobel Duw ino, ha moy ès hedna, yma agas servys ow try in rag abùndans a rassow dhe Dhuw. [13]Awos an prof a dheu gans an servys-

259

ma, lies onen a vydn praisya Duw rag agas lelder dhe awayl Crist, neb esowgh why ow meneges, ha rag agas larjes; rag yth esowgh why ow kevradna gansans y, ha gans tus erel kefrës. ¹⁴Dre hedna y a wra pesy gans kerensa dhown dhe Dhuw ragowgh, awos an grâss marthys a dhysqwedhas Duw dhywgh. ¹⁵Meur râss dhe Dhuw a'y ro dres pris!

10

Me, Pawl, me a'gas pës, dre glorder ha wharder Crist— me yw uvel pàn esof genowgh fâss dhe fâss, mès hardh pàn esof pell dhyworthowgh—²me a'gas pës na wrellowgh ow honstrîna dhe vos asper tro ha why, pàn vyma warbarth genowgh, rag me a vydn côwsel warbydn an re-na a lever me dhe wruthyl warlergh breus mab den. ³Yth yw gwir ny dhe vos tregys i'n bës, saw ny wren ny gwerrya warlergh sqwîrys mab den. ⁴Ny dheu agan arvow ny dhyworth mab den, mès y a's teves nerth Duw, hag y a yll dhystrêwy dinasow crev. Yth eson ny ow tyswul argùmentys, ⁵ha pùb ancombrynsy prowt derevys in bàn warbydn an aswonvos a Dhuw. Ny a wra prysner a bùb preder, may fo va gostyth dhe Grist. ⁶Parys on ny dhe bùnyshya pùb dysobedyens, pàn vo collenwys agas obedyens why.

⁷Merowgh orth an taclow usy dhyrag agas lagasow. Mars yw den vëth ahanowgh sur ev y honen dhe longya dhe Grist, gwrêns ev ombredery arta, rag yth eson ny ow longya dhe Grist, poran kepar dell esowgh whywhy. ⁸Lebmyn, mar teuma ha bôstya nebes re a'm auctoryta, a veu rës dhybm gans an Arlùth rag agas byldya why, kyns ès

rag agas dysevel, ny vanaf vy kemeres meth anodho. ⁹Dâ via genef na wrellowgh why predery me dhe whelas agas ownekhe der ow lytherow. ¹⁰Tus a lever, "Crev yw y lytherow, saw pàn vo va obma, ny wra va amowntya màn, ha ny vëdh nerth vëth in y eryow." ¹¹Gwrêns an dus-na convedhes hebma: an pëth a lavaraf i'm lytherow, pàn nag esof genowgh, hedna me a wra pàn vyma i'gas mesk.

¹²Ny vynsen ny lavasos dhe renkya, na dhe gomparya agan honen gans radn a'n re-na, usy ow sensy aga honen yn uhel. Ass yns y gocky, hag y ow musura aga honen an eyl orth y gela, hag ow comparya aga honen an eyl gans y gela! ¹³Ny vydnyn ny bôstya dres certan finyow. Ny a vydn gortos ajy dhe'n finyow a'n ober a ordnas Duw ragon. Comprehendys in hedna yw agan lavur i'gas mesk why. ¹⁴Abàn esowgh why ajy dhe'n finyow-na, ny vydnyn ny mos drestans, pàn dheffen ny dhywgh gans awayl Crist. ¹⁵Nyns eson ny ow cul bôstow dres musur, hèn yw dhe styrya, a whel tus erel. Govenek a'gan beus agan obereth i'gas mesk why dhe encressya dhe voy, in mar veur dell wra moghhe agas fëdh. ¹⁶Nena ny a vëdh abyl dhe dherivas an awayl in powyow yw pella agesowgh why, heb bôstya a lavur gwrës solabrës in finyow den aral. ¹⁷"Neb a wrella bôstya, gwrêns ev bôstya i'n Arlùth." ¹⁸Rag ny's tevyth worshyp an re-na usy ow comendya aga honen, mès an re a vo comendys gans an Arlùth y honen.

11

Dâ via genef why dhe'm perthy tecken i'm gockyneth. Gwrewgh ow ferthy! ²Yth esof vy ragowgh ow kemeres avy kepar hag avy Duw, rag me a'gas dedhewys in maryach dhe udn gour, may hallen agas presentya why avell gwerhes heb spot dhe Grist. ³Saw dowtys ov agas preder dhe vos lêdys wàr stray dhyworth devocyon lel ha gwiryon dhe Grist, kepar dell wrug an hager-brëv tùlla Eva der y sotylta. ⁴Rag mar teu nebonen ha progeth ken Jesu ès an Jesu a wrussyn ny progeth, pò mar tewgh why ha recêva ken spyrys ès an Spyrys, a wrussowgh why degemeres, pò ken awayl ès an awayl a dhegemersowgh, otta why owth omry agas honen dhodho ev heb hockya! ⁵Me a grës nag ov vy isella in poynt vëth oll ès an abosteleth flour-ma. ⁶Kyn nag oma deskys brâs in cows, deskys ov in skentoleth. In gwiryoneth, in pùb poynt, hag in pùb fordh, me re dhysqwedhas hebma dhywgh.

⁷Pàn wruga progeth an nowodhow dâ dhywgh, me a's pregowthas heb cost vëth. Me a hùmblyas ow honen rag agas exaltya why. A veu hedna pegh? ⁸Me a robbyas eglosyow erel, ow cafos socour dhywortans, may hallen agas servya why. ⁹Ha pàn esen i'gas mesk why, ha me in esow, ny wruga beghya den vëth. Me a gafas pegans dhyworth ow hothmans, a dheuth dhia Macedonya. Indella nyns o res dhybm agas beghya, ha bëth ny vanaf agas beghya. ¹⁰Dell usy gwiryoneth Crist inof vy, ny wra den vëth in côstys Acaya nefra conclûdya an bost-ma esof vy ow cul. ¹¹Ha praga? Dre rêson nag esof orth agas cara why? Duw a wor fatell esof orth agas cara why. ¹²Ha'n pëth esof ow cul, me a vydn pêsya orth y wul, may hallen denaha chauns dhe'n re-na,

usy ow whelas i'ga bôstow dhe vos comparys genef. ¹³Bôstoryon a'n par-na yw abosteleth gow, fâls-wonesyjy, ow facya y dhe vos abosteleth Crist. ¹⁴Nyns yw marth hedna. Yma Satnas y honen owth omhevelly dhe el an golow. ¹⁵Nyns yw aneth ytho, mars usy servysy Satnas owth omwul menysters a'n gwiryoneth. Y a gav pùnyshment warlergh aga oberow.

¹⁶Me a lever arta, bydner re gressa den vëth me dhe vos gocky. Mar tewgh why ha cresy indella, nena recêvowgh vy avell fol, may hallen bôstya nebes kefrës. ¹⁷(An pëth a lavaraf ow tùchya an fydhyans-ma, leun a vôstow, me a'n lever heb auctoryta vëth dhyworth an Arlùth. Me a'n lever kepar ha pedn cog. ¹⁸Abàn eus lies onen ow cul bôstow warlergh sqwîrys mab den, me a vydn bôstya kefrës.) ¹⁹Yth esowgh why ow codhaf pednow cog yn lowen, abàn owgh why fur agas honen! ²⁰Rag why a wra y berthy, pàn wra nebonen kethwesyon ahanowgh, pò agas pylla, pò agas drog-handla, pò exaltya y honen, pò agas gweskel i'n fâss. ²¹Meth a'm beus i'n mater, saw me o re wadn dhe wul taclow a'n par-na!

Mar teu nebonen ha bôstya a dra vëth (otta vy ow côwsel kepar ha pedn cog!), me a vydn bôstya a'n keth tra. ²²Yns y Ebrowyon? Ebrow oma magata. ²³Yns y menysters a Grist? Menyster a Grist oma magata. Me a gôws kepar ha den muscok—menyster gwell agessans y me yw. Me a'm beu lies lavur moy, moy prysonyans, me re gafas scorjyansow dynyver. Yn fenowgh me a veu ogas marow. ²⁴Pympgweyth me a recêvas dhyworth an Yêdhewon an dew ugans lash mès onen. ²⁵Tergweyth me a veu cronkys gans gwelyny. Y feuv labedhys unweyth. Tergweyth ow gorhal a veu terrys. Dres nos ha jorna yth esen wàr an mor ow mos gans an gwyns. ²⁶Me a wrug meur a viajys. Pòr lies torn y feuv in peryl a ryvers, in peryl a ladron, in peryl a'm pobel ow honen, in peryl a'n Jentylys. Yth esen in peryl i'n cyta, i'n gwylfos, wàr an mor, in danjer a fâls vreder. ²⁷Me a'm beu lavur, whes hag anken, lies nos dygùsk, nown ha sehes, me a veu heb sosten, yeyn hag yn noth. ²⁸Ha dres taclow erel, me a'm beus troblys pùpprës, dre rêson ow bos in anken awos oll an eglosyow. ²⁹Pyw yw gwadn? A nyns ov vy gwadn ganso? Pyw yw dysevys? A nyns oma serrys ragtho?

³⁰Mars yw res dhybm bôstya, me a vydn gul bost a'm gwander. ³¹Duw ha Tas an Arlùth Jesu (benegys re bo ev bys vycken!) a wor na lavaraf gow. ³²In Damask, an governour, in dadn an Mytern Aretas, a wethas an cyta may halla va ow sêsya, ³³saw me a veu iselhës in canstel dre fenester in fos an cyta, ha scappya mes a'y dhewla.

12 Me a res bôstya kyn nag ywa a les vëth dhybm. Me a vydn mos in rag dhe vesyons ha dhe revelacyons a'n Arlùth. ²Aswonys dhybm yw nebonen, ha peswardhek bledhen alebma ev a veu kechys in bàn i'n tressa nev. Esa va i'n corf pò mes a'n corf, ny wòn; Duw a wor. ³Me a wor fatell veu an den na (esa va i'n corf pò nag esa, ny wòn. Duw a wor), ⁴fatell veu va kechys in bàn in Paradîs, ha clôwes taclow, na yll bos derivys, nag yw lafyl dhe dhen mortal vëth dasleverel. ⁵Me a vydn bôstya abarth an den-na, mès ny vanaf vy

bôstya poynt ahanaf ow honen, mès a'm gwander vy. ⁶Saw a mynsen bôstya, ny vien fol, rag me a lavarsa an gwiryoneth. Ny vanaf bôstya, ma na wrella den vëth gul vry ahanaf, moy ès dell yw gwelys pò clôwys ahanaf—⁷in despît dhe natur marthys a'n revelacyons.

Rag hedna, ma na ven re browt a'm bos exaltys, y feu rës dhybm dren i'm kig, messejer dhia Satnas dhe'm tormentya, dhe'm gwetha rag bos re lowen. ⁸Tergweyth me a besys dhe'n Arlùth adro dhodho, ma whrella an dra mos qwit dhyworthyf. ⁹Saw ev a leverys, "Lowr dhis yw ow grâss vy, rag ow gallos yw dhe vrâssa pàn osta gwadn." Dhe voy lowen ytho y fanaf bôstya a'm gwander, may halla gallos Crist trega inof. ¹⁰Rag hedna me yw pës dâ rag kerensa Crist a'n re ma oll: gwander, despît, anken, tormens ha drog-labmow. Rag pàn ov gwadn, nena me yw crev.

¹¹Me re beu fol! Why a'm constrînas dhe vos indella. In gwir, y codhvia dhywgh why ow fraisya, rag nyns oma lacka ès an abosteleth flourma, kyn nag oma tra vëth. ¹²An sînys usy ow prevy me dhe vos abostel gwir, an merclys ha'n anethow, an oberow brâs dres ehen, y a veu gwrës i'gas mesk why gans meur a berthyans. ¹³Fatell veu gweth agas câss why ès câss an eglosyow erel, marnas me a refrainyas dhyworth govyn gweres mona orthowgh? Gevowgh dhybm an cabmweyth ma!

¹⁴Otta vy obma, parys dhe dhos dhywgh an tressa treveth. Ny vedhaf vy begh warnowgh, dre rêson nag yw agas pëth why esoma ow tesîrya, mès why agas honen. Ny dal dhe flehes cruny posessyon rag aga thas ha

mabm, saw tas ha mabm rag aga flehes. [15]Gans lowena vrâs me a vydn spêna, ha me a vêdh spênys ragowgh. Mar qwrama dhe voy agas cara why, a vedhaf vy dhe le kerys? [16]Re bo alowys, na wrug avy unweyth agas beghya ow tùchya mona. Saw nebonen a vydn leverel, yth en vy sotel, ha me dh'agas tùlla dre dhysseyt. [17]A wrug avy gul prow anewn ahanowgh dre dhen vêth a'n re-na a dhanvenys dhywgh? [18]Me a inias Tîtùs dh'agas vysytya, ha me a dhanvonas an broder ganso. A wrug Tîtùs gul drogdevnyth ahanowgh? A ny wren ny, ev ha me, omdhon i'n kepar maner tro ha why, ha fara in kepar maner?

[19]Esowgh why ow predery oll an termyn-ma, me dhe dhyffres ow honen dhyragowgh? Yth esof vy ow côwsel in Crist dhyrag Duw. Nyns eson ny ow cul tra vêth, a vreder veurgerys, mès rag agas byldya why in bàn. [20]Dowtys ov, pàn dheffen dhywgh, me dh'agas cafos ken ès dell vynsen, ha why dhe'm cafos vy ken ès agas desîr. Own a'm beus i'gas mesk dyspûtyansow martesen, envy, sorr, crefny, cabel, scavel an gow, conseyt ha deray. [21]Dowtys ov, pàn dhyffyf dhywgh arta, Duw dhe'm hùmblya vy dhyragowgh. Res vêdh dhybm martesen ola adro dhe lies onen neb a behas kyns obma, heb kemeres edrek whath a'ga fehosow—a'n avlanythter, mostethes ha fornycacyon a wrussons.

13 Hèm yw an tressa treveth me dhe dhos dhywgh. "Res yw dhe acûsacyon bos scodhys gans dùstuny dew dhen pò try den." [2]Me a warnyas an re-na a behas kyns obma, hag oll an re erel. Yth esof lebmyn orth aga gwarnya i'n tor'-ma, ha me pell dhywortans, kepar dell wruga wàr ow secùnd vysyt, mar teuma arta, na vedhaf cuv in poynt vêth. [3]Why a gav oll an dùstuny esowgh why ow tesîrya bos Crist ow côwsel dredhof. Nyns yw ev gwadn orth agas handla, mès galosek ywa i'gas mesk. [4]Ev a veu crowsys in gwanegreth, saw der allas Duw yma va yn few. Ny yw gwadn ino ev. Saw pàn wrellen ny agas handla why, yth on ny yn few ganso ev dre allos Duw.

[5]Gwrewgh examnya agas honen, may hallowgh why godhvos, esowgh why ow pewa i'n fêdh pò nag esowgh. Prevowgh agas honen. A ny wodhowgh bos Jesu Crist inowgh?—marnas why a wra fyllel i'n apposyans! [6]Govenek a'm beus why dhe gonvedhes na wrussyn nyny fyllel. [7]Saw ny a bês Duw, na wrellowgh why pegh vêth. Nyns yw hedna may fen ny gwelys dhe spêdya i'gas kever, mès may hallowgh why gul yn tâ i'n apposyans, ea, kyn whrellen ny apperya dhe fyllel! [8]Ny yllyn ny gul tra vêth warbydn an gwiryoneth, mès rag kerensa an gwiryoneth. [9]Rag pàn on ny gwadn ha why crev, nena yth eson ow rejoycya. Hèm yw agan pejadow: may fewgh why perfeth. [10]Rag hedna yth esof ow screfa an taclow-ma, ha me pell dhyworthowgh. Poken martesen y fia res dhybm bos re gales orthowgh, pàn dhyffyf dhywgh. Nena me a vydn ûsya an auctoryta a'm beus dhyworth an Arlùth, rag agas byldya in bàn, kyns ès agas dysevel.

[11]Wàr an dyweth, a vreder, farwèl. Gwrewgh araya taclow intredhowgh; goslowowgh orth ow galow; bedhowgh acordys an eyl orth y gela.

Tregowgh in cosoleth, ha re bo genowgh an Duw a gosoleth hag a gerensa.

¹²Dynerhowgh an eyl y gela gans bay sans. ¹³Yma oll pobel Duw orth agas dynerhy why.

¹⁴Re bo grâss agan Arlùth Jesu Crist, kerensa Duw, ha cowethyans an Spyrys Sans gans pùbonen ahanowgh.

Pystyl Pawl dhe'n Galathyans

1 Dhyworth Pawl, na dheuth y alow avell abostel naneyl dre dus, na dhyworth tus, saw dre Jesu Crist, ha dre Dhuw, an Tas, neb a'n derevys dhyworth an re marow. ²Yma oll an vreder usy obma ow jùnya genama ow tanvon dynargh,

Dhe eglosyow Galathya.

³Re'gas pò grâss ha cres dhyworth Duw agan Tas, ha dhyworth an Arlùth Jesu Crist. ⁴Rag may halla agan delyvra dhyworth bylyny an present oos-ma, Crist a ros y honen rag agan pehosow warlergh bolùnjeth agan Duw ha Tas. ⁵Re bo glory dhe Dhuw bys vycken ha bys venary! Amen.

⁶Marth a'm beus why mar uskys dh'y forsâkya ev, neb a'gas gelwys in grâss Crist ha why dhe drailya dhe gen awayl. ⁷Nyns ywa ken awayl, saw yma certan re orth agas sowthanas, hag y whensys dhe wrestya awayl Crist. ⁸Mar teun nyny, pò mar teu el dhyworth nev kyn fe, ha progeth awayl contrary dhe'n pëth a wrussyn ny declarya dhywgh, bedhens emskemunys! ⁹Kepar dell leverys kyns, me a'n lever arta: mar teu den vëth ha progeth dhywgh awayl, contrary dhe'n awayl a wrussowgh recêva, re bo emskemunys an keth den-na!

¹⁰Esof vy ow whelas prais dhyworth mab den pò dhyworth Duw? Esof vy ow whelas plêsya tus? A pen vy whath ow plêsya mab den, nena ny vien servont dhe Grist.

¹¹Dâ via genef, a vreder, why dhe wodhvos hebma: an awayl esof orth y brogeth, ny dheuth ev dhyworth mab den. ¹²Ny wrug avy y recêva dhyworth tus, naneyl ny wrug den vëth y dhesky dhybm. Nâ, me a'n cafas dre revelacyon dhyworth Jesu Crist.

¹³Why a glôwas heb mar a'm bêwnans kyns in crejyans an Yêdhewon. Yth esen yn harow ow tormentya eglos Duw hag ow whelas hy dystrêwy. ¹⁴Me a avauncyas pella in crejyans an Yêdhewon ès lies onen a'm nacyon i'n dedhyow-na, rag me o fèst dywysyk ow tùchya ûsadow agan hendasow. ¹⁵Duw a'm settyas adenewen kyns ès me dhe vos genys, hag ev a'm gelwys der y râss. Pàn veu va plêsys, ¹⁶ev a dhysclôsyas dhybm y vab, may hallen y brogeth ev in mesk an Jentylys. Pàn wharva hedna, ny wrug avy omgùssulya gans den vëth, ¹⁷naneyl ny wruga mos in bàn dhe Jerùsalem gans an re-na o abosteleth kyns ès me. Nâ, me a dhybarthas heb let bys in Araby, ha wosa hedna dewheles dhe Dhamask.

¹⁸Nena wosa teyr bledhen me êth in bàn dhe Jerùsalem dhe vysytya Cefas, ha trega ganso dyw seythen. ¹⁹Saw ny welys abostel aral vëth, mès Jamys, broder an Arlùth. ²⁰Ow tùchya an taclow esof vy orth aga screfa dhywgh, re Dhuw nyns esof ow leverel gow! ²¹Nena me a entras in côstys a Syry ha Cylycy, ²²ha ny aswonas ow fâss whath an eglosyow a Grist in pow Jûdy. ²³Saw y a glôwas tus ow leverel, "Ev neb esa orth agan tormentya kyns lebmyn, yma va i'n tor'-ma ow progeth an fëdh esa va

kyns ow whelas dystrêwy." ²⁴Ha praisya Duw a wrêns i'm kever.

2 Wosa peswardhek bledhen, me êth gans Barnabas in bàn arta dhe Jerùsalem, ha kemeres Tîtùs warbarth genef. ²Me êth in bàn awos Duw dhe dhysqwedhes dhybm y cotha dhybm mos. Nena me a settyas dhyragthans (in metyans pryva gans hùmbrynkysy aswonys) an awayl esof vy ow progeth in mesk an Jentylys, may hallen bos certan, nag esen ow ponya pò na wrug avy ponya in vain. ³Yth esa Tîtùs genama, saw ny veu va constrînys dhe vos cyrcùmcîsys, kynth o va Grêk. ⁴Mès yth esa nebes fâls breder ow comendya hedna. Y fowns y drës aberveth in dadn gel, hag y a scolkyas ajy rag aspia an franchys a'gan beu in Jesu Crist, may hallens gul kethyon ahanan. ⁵Ny wrussyn ny plegya dhedhans udn vynysen kyn fe, may whrella gwiryoneth an awayl trega genowgh pùpprës.

⁶Ha'n re-na a hevelly bos neppyth (pëth êns y in gwir ny vern dhybm màn; nyns usy Duw ow tysqwedhes favour dhe dhen vëth)—ny ros an lêders-na tra vëth oll dhybmo vy. ⁷I'n contrary part, y a welas, fatell wrug Duw trestya dhybmo vy an awayl dhe'n Jentylys, poran kepar dell wrug ev trestya dhe Peder an awayl dhe'n Yêdhewon. ⁸Rag dre allos Duw me a veu gwrës abostel dhe'n Jentylys, kepar dell veu Peder gwrës abostel dhe'n Yêdhewon. ⁹Jamys, Cefas ha Jowan, neb o pyllars aswonys a'n eglos, a gonvedhas fatell veu an ober specyal-ma rës dhybm. Rag hedna y a shakyas dewla gans Barnabas ha genef vy, avell tôkyn a'gan bos ny oll

cowetha. Ny a acordyas, fatell wren ny mos dhe'n Jentylys, hag y aga honen dhe'n Yêdhewon. ¹⁰Ny wruss-ons dervyn mès udn dra: ny dhe remembra an vohosogyon i'ga mesk. In gwir me o whensys dhe wul indella.

¹¹Saw pàn dheuth Cefas dhe Antiokia, me a gowsas yn apert wàr y bydn, rag ev dhe dhampnya y honen. ¹²Kyns ès certan re dhe dhos dhyworth Jamys, yth esa ev ow tebry gans an Jentylys. Saw wosa an dus-ma dhe dhos, ev a omdednas ha gwetha y honen dyberthys dhywortans, rag own a'n dus a vynsa aga cyrcùmcîsya. ¹³Ha'n Yêdhewon erel a jùnyas ganso i'n cowardy-ma, may feu Barnabas y honen lêdys in stray der aga fekyl cher.

¹⁴Pàn welys vy, nag esens y ow kerdhes in ewn warlergh gwiryoneth an awayl, me a leverys dhe Cefas in golok pùbonen anodhans, "Yth esta ow pewa kepar ha Jentyl, kyns ès kepar ha Yêdhow, kynth osta Yêdhow. Fatell ylta jy ytho constrîna an Jentylys dhe vewa avell Yêdhewon?"

¹⁵Me ow honen yw Yêdhow warlergh genesygeth. Nyns ov onen a behadoryon an Jentylys. ¹⁶Ny a wor bytegyns bos den jùstyfies dre fëdh in Jesu Crist, kyns ès der oberow an laha. Ny a dheuth dhe grejyans in Jesu Crist, may hallen ny bos jùstyfies dre fëdh in Crist, adar der an laha. Der oberow an laha ny vëdh den vëth selwys.

¹⁷Saw mar peun ny agan honen kefys dhe vos pehadoryon, awos ny dhe whelas bos jùstyfies in Crist, yw Crist servont a begh? Bydner re bo! ¹⁸Saw mar teuma ha dasterevel an very taclow, a wrug avy dysevel, nena

yth esof ow tysqwedhes ow bosaf pehador. ¹⁹Rag der an laha me a verwys dhe'n laha, may fen yn few tro ha Duw. Me re beu crowsys warbarth gans Crist. ²⁰Nyns oma namoy yn few, saw yth yw Crist usy ow pewa inof. Ha'n bêwnans, neb a'm beus i'n kig, me a'n bew dre fëdh in Mab Duw, neb a'm caras hag a ros y honen ragof. ²¹Ny vanaf vy sconya grâss Duw, rag mar teu jùstyfycacyon der an laha, nena Crist a verwys in vain.

3 Why Galathyans, why yw fôlys ha tus heb ùnderstondyng! Pyw a wrug agas huda? Dhyrag agas lagasow y feu Jesu dysqwedhys yn apert avell onen crowsys! ²Ny vanaf vy clôwes dhyworthowgh saw hebma: pyneyl a wrussowgh why recêva an Spyrys, ha why ow cul oberow an laha, pò ow cresy an pëth a glôwsowgh? ³Owgh why mar wocky avell hedna? Wosa dallath gans an Spyrys, esowgh why ow tewedha gans an kig? ⁴A wrussowgh why gul experyans a gebmys in vain—mar peu va in vain? ⁵Usy Duw ow ry an Spyrys dhywgh, hag ow cul merclys i'gas mesk, dre rêson why dhe wul oberow an laha? A nyns ywa dre rêson why dhe gresy an pëth a glôwsowgh?

⁶Kepar dell wrug Abraham "cresy in Duw hag y feu hedna reknys dhodho avell ewnder," ⁷in kepar maner why a wel an re-na a grës aga bos an issyw a Abraham. ⁸An scryptours a welas dhyrag dorn fatell vydna Duw jùstyfia an Jentylys der aga fëdh. Rag hedna an scryptours a dheclaryas an awayl i'n dedhyow coth dhe Abraham ow leverel, "Inos jy y fëdh oll an nacyons benegys." ⁹Rag hedna oll an

re-na usy ow cresy, a's teves bedneth der Abraham, neb a gresys.

¹⁰Neb a vo ow trestya dhe oberow an laha yw melegys, rag yma screfys, "Molethek yw neb na wrella gul ha gwetha oll an taclow screfys in lyver an laha." ¹¹Now apert yw, na yll den vëth bos jùstyfies dhyrag Duw der an laha, rag "Neb a vo ewn a wra bewa dre fëdh." ¹²Saw nyns usy an laha ow powes wàr fëdh. Wàr an contrary, "Neb a wrella oberow an laha, a vydn bewa dredhans." ¹³Crist a'gan selwys dhyworth molleth an laha, pàn veu va gwrës molleth ragon ny, rag yma screfys, "Melegys yw pynag oll a vo cregys orth predn." ¹⁴Ev a wrug indelma, may teffa bedneth Abraham in Crist dhe'n Jentylys, ha may hallen ny recêva promys an Spyrys dre fëdh.

¹⁵Me a vydn ry ensampel dhywgh, a vreder, mes a vêwnans pùb dëdh oll. Kettel vo fastys testament nebonen, ny yll den vëth naneyl addya tra vëth dhodho na'y dhefendya dhe ves. ¹⁶Dhe Abraham ha'y issyw an promyssyow a veu rës. Ny lever an scryptour, "ha dhe issyw", kepar ha pàn vêns y lies onen, mès "dhe'th issyw jy." Yma hedna ow styrya dhe'n udn den, hèn yw dhe Grist. ¹⁷Ow styr yw hebma: nyns usy an laha, neb a dheuth peswar cans ha deg bledhen warn ugans awosa, nyns usy ev ow tefendya dhe ves kevambos fastys kyns gans Duw, nyns usy ow tylea an promys. ¹⁸Mar teu an erytans dhyworth an laha, nyns usy ev na fella ow tos der an promys. Saw Duw a'n grauntyas dhe Abraham der an promys.

¹⁹Prag yma an laha ytho? Y feu va addys awos transgressyon mab den. Y resa an laha durya, bys may teffa an

issyw, a veu an promys gwrës dhodho. Y feu an laha ordnys gans an eleth dre dhorn den avell main. ²⁰Res yw cafos main, pàn eus moy ès udn den i'n câss, mès onen yw Duw

²¹Yw an laha contrary dhe bromyssyow Duw ytho? Bydner re bo! Rag a pe rës laha, neb a alsa ry bêwnans, nena y halsa an ewnder dos der an laha. ²²Saw an Scryptour a wrug prysonya pùptra in dadn arlottes an pegh. Hèn o may fe rës dhe'n gryjygyon an pëth a veu dedhewys dre fëdh in Jesu Crist.

²³Kyns ès fëdh dhe dhos, ny o prysners in dadn with an laha, erna ve fëdh dyscudhys. ²⁴Rag hedna an laha o agan descador sevur, erna dheffa Crist, may hallen ny bos jùstyfies dre fëdh. ²⁵Saw abàn dheuth an fëdh, nyns eson ny na fella in dadn arlottes descador sevur. ²⁶In Jesu Crist why oll yw flehes Duw dre fëdh. ²⁷Kenyver onen ahanowgh, neb a veu besydhys, re wyscas Crist adro dhodho. ²⁸Nyns eus na fella Yêdhow na Grêk, den frank na keth, gorow na benow, rag why oll yw onen in Jesu Crist. ²⁹Ha mars esowgh why ow longya dhe Grist, nena issyw Abraham owgh why, eryon warlergh an promys.

4 Me a lever hebma: hadre vo eryon yonk, nyns yns gwell ès kethwesyon, kynth yns y perhenogyon a'n pëth yn tien. ²Saw res yw dhedhans gortos in dadn wardens ha fydhyadoryon bës i'n jëdh determys gans an tas. ³In kepar maner genen ny: hadre veun ny yonk, yth esen in dadn arlottes spyrysyon elvenek an bës. ⁴Pàn dheuth lanwes an termyn, Duw a dhanvonas y Vab, genys a venyn, genys in dadn an laha, ⁵dhe dhelyvra an re-na esa in dadn an laha, may hallen ny bos degemerys avell mebyon. ⁶Ha drefen why dhe vos mebyon, Duw re dhanvonas Spyrys y Vab aberth i'gas colon ow carma, "Abba! A Das!" ⁷Rag hedna nyns osta keth na fella mès mab, ha mars osta mab, nena dre Dhuw te yw er magata.

⁸Kyns lebmyn, pàn nag esewgh why owth aswon Duw, yth esewgh in dadn an mêstry a'n re-na nag o duwow dre natur. ⁹Saw lebmyn, drefen why dhe aswon Duw, pò kyns, drefen Duw dh'agas aswon why, fatell yllowgh why trailya arta dhe'n spyrysyon elvenek, rag y yw gwadn ha bohosak? Fatell yllowgh why whansa dhe vos arta in dadn aga arlottes y? ¹⁰Yth esowgh why ow solempnya dedhyow, mîsyow ha sêsons specyal. ¹¹Own a'm beus ow lavur ragowgh dhe vos in vain.

¹²A vreder, me a'gas pës dhe omwul agas honen kepar ha me, rag me re beu gwrës kepar ha whywhy. Ny wrussowgh why cabm vëth dhybm. ¹³Why a wor, fatell wrug avy progeth an awayl dhywgh i'n dallath, dre rêson bos cleves i'm body. ¹⁴Kyn whrug ow dysês agas prevy, ny wrussowgh why ow despîtya na scornya. Nâ, why a wrug ow wolcùbma avell el Duw, avell Jesu Crist. ¹⁵Pandr'yw wharvedhys dhe'n bolùnjeth dâ a'gas beu tro ha me? Duw yn test, me a wor y fynsowgh why tedna in mes agas lagasow ha'ga ry dhybm, mar calla hedna bos. ¹⁶Oma devedhys agas escar, dre rêson me dhe leverel an gwiryoneth dhywgh?

¹⁷Yma an dus erel-na orth agas chersya, mès nyns yw hedna rag agas profyt. Dâ via gansans agas dyberth

dhyworthyf, may whrellowgh why aga chersya y. ¹⁸Dâ yw why dhe vos chersys rag agas profyt pùpprës. Gwell yw hedna ès me dh'agas chersya yn udnyk pàn esof vy i'gas mesk. ¹⁹A flehes vian, yth esof vy arta in golovas genowgh, erna vo Crist formys inowgh. ²⁰Assa via dâ genama bos i'gas mesk i'n very termyn-ma, may hallen chaunjya ton ow lev, rag me a'm beus ancombrynsy brâs i'gas kever.

²¹Leverowgh dhybm, why usy ow tesîrya bos in dadn an laha, a ny vydnowgh why goslowes orth an laha? ²²An scryptour a lever fatell o dew vab dhe Abraham. Onen anodhans o mab kethes, ha'y gela mab benyn frank. ²³An eyl anodhans, mab an gethes, a veu genys warlergh an kig. Y vroder, mab an venyn frank, a veu genys warlergh an promys.

²⁴Allegory yw an whedhel-ma. Duw gevambos yw an benenes-ma. Benyn anodhans in gwir yw Hagar dhia Vownt Sinay, hag yma hy ow tenethy flehes dhe vos kethyon. ²⁵Hagar yw Mownt Sinay in Araby hag yma hedna ow cortheby dhe Jerùsalem agan dedhyow ny, rag yma hy in kethneth warbarth gans hy flehes. ²⁶Yma hy ben ow cortheby dhe'n Jerùsalem in nev. Hy yw frank ha'gan mabm yw hy. ²⁷Rag an scryptour a lever,

"Gwra lowenhe, te venyn anvab, te
    na'th eus flogh vëth,
dallath cana ha garma,
te na dheuth painys golovas
    warnas,
rag moy in nùmber yw flehes an
    venyn heb kespar
ès flehes hodna neb yw demedhys."

²⁸A vreder, why yw flehes a'n promys kepar hag Isak. ²⁹Kepar dell wre an flogh, genys warlergh an kig, i'n termyn-na compressa an flogh, genys warlergh an Spyrys, indelma yma an câss i'n tor'-ma. ³⁰Saw pëth a lever an scryptour? "Gwra herdhya in mes an gethes gans hy flogh, rag ny wra flogh an gethes radna an erytans gans flogh an venyn frank." ³¹Rag hedna, a vreder, ny yw flehes a'n venyn frank, kyns ès a'n venyn geth.

5 Franchys in Crist a wrug agan delyvra. Sevowgh in fast ytho, ha na wrewgh omry agas honen dhe yew an kethneth.

²Goslowowgh orthyf! Yth esof vy, Pawl, ow leverel hebma dhywgh: mar qwrewgh why alowa agas honen dhe vos cyrcùmcîsys, ny vëdh Crist a brofyt vëth oll dhywgh. ³Yth esof arta ow qwarnya den vëth a vynsa bos cyrcùmcîsys, fatell res dhodho obeya dhe'n laha in pùb poynt. ⁴Why usy ow tesîrya bos ewnhës der an laha, why a dhybarthas agas honen dhyworth Crist, ha why a godhas in kerdh mes a râss. ⁵Rag yth eson ny i'n Spyrys yn tywysyk ow cortos dre fëdh an govenek a ewnder. ⁶Rag in Jesu Crist ny amownt màn naneyl cyrcùmcisyon na fowt cyrcùmcisyon. Ny amownt tra vëth saw unsel fëdh owth obery dre gerensa.

⁷Why a wre ponya yn tâ. Pyw a'gas lettyas a sewya an gwiryoneth? Pyw a wrug agas perswadya? ⁸Ny veu va gwrës gans Duw, usy orth agas gelwel. ⁹Y hyll nebes gwel derevel oll an toos. ¹⁰Me a'm beus fydhyans i'gas kever i'n Arlùth, na wrewgh why predery tra vëth cabm. Saw pynag oll a wrug agas trobla, ev a res godhaf

ragtho. ¹¹A vreder, prag y fëdh tus orth ow thormentya whath, mars esof whath ow progeth cyrcùmcisyon? A pen vy ow progeth indella, ny via offens vëth i'm progeth adro dhe'n growspredn. ¹²An re-na usy orth agas trobla, assa via dâ mar teffens ha collenwel an dra, ha spadha aga honen!

¹³Why re beu gelwys dhe franchys, a vreder. Na ûsyowgh agas franchys avell ascûs rag agas omry dhe'n kig. Nâ, dre gerensa bedhowgh kethyon an eyl dh'y gela. ¹⁴Yma pùb poynt a'n laha comprehendys in udn gorhebmyn, "Te a wra cara dha gentrevak kepar ha te dha honen." ¹⁵Saw mar qwrewgh why brathy ha devorya an eyl y gela, kemerowgh with na vewgh why consûmys an eyl gans y gela.

¹⁶Me a lever dhywgh hebma: kerdhowgh ha gwandrowgh warlergh an Spyrys, ma na wrellowgh collenwel tebel-whansow an kig. ¹⁷Rag an kig a wra whansa contrary dhe'n Spyrys, ha'n Spyrys contrary dhe'n kig. An dhew dra yw contrary an eyl dh'y gela. Rag hedna na wrewgh an pëth a vydnowgh. ¹⁸Mars owgh why lêdys der an Spyrys, nena nyns esowgh why in dadn an laha.

¹⁹Oberow an kig yw apert; an re ma yns y: avoutry, fornycacyon, mostethes, lewdnes, ²⁰idolatry, pystry, cas, varyans, contencyon, sorr, strif, sedycyon, sectys, ²¹envy, denlath, medhêwnep, glotny ha re a'n par-ma. Anodhans me a gowsas orthowgh kyns lebmyn in termyn passys, kepar dell wruga lebmyn. Oll an re-na a wrella comyttya tra a'n par-ma, ny wrowns y nefra enjoya gwlas nev.

²²I'n contrary part an re-ma yw frûtys an Spyrys: kerensa, joy, cres, perthyans, cufter, larjes, lendury, ²³clorder hag omgontrollyans. Nyns eus laha vëth warbydn taclow an parna. ²⁴An re-na usy ow longya dhe Jesu Crist, y re growsyas an kig, y lùstys ha'y dhrog-whansow. ²⁵Mars on ny yn few der an Spyrys, gesowgh ny kefrës dhe vos lêdys der an Spyrys. ²⁶Na esyn ny bos whethfys. Na vedhens strif intredhon, ha na esyn ny dhe berthy avy an eyl orth y gela.

6 A vreder, mar pëdh nebonen dysclôsys ow cul trespas, y tal dhywgh, neb re recêvas an Spyrys, y restorya gans oll cufter. Kemerowgh with na vewgh why temptys agas honen. ²Degens an eyl ahanowgh beghyow y gela, hag indella why a vydn collenwel laha Crist. ³Mars eus nebonen heb roweth ow predery y vos neppyth, yma va ow tùlla y honen. ⁴Res yw dhe bùbonen jùjya y fara y honen. Mar pëdh dâ y fara, ev a yll bos prowt anodho y honen, ha ny vëdh res dhodho comparya y honen gans y goweth. ⁵Res yw dhe pùbonen don y veghyow y honen.

⁶An re-na usy ow tesky adro dhe'n ger, y a dal kevradna oll taclow dâ gans aga descador.

⁷Na vedhowgh tùllys. Ny yllyr gul ges a Dhuw. Pynag oll tra a wrellowgh why gonys, hedna a vydnowgh why mejy. ⁸Mar tewgh why ha gonys has dh'agas kig why, nena why a vydn mejy podrethes an kig. Saw mar tewgh why ha gonys dhe'n Spyrys, why a gav avell trevas i'n Spyrys an bêwnans heb dyweth. ⁹Na esyn ny ytho dhe omsqwitha ow cul an pëth a vo ewn. Ny a vydn mejy in termyn an drevas, mar teun ny ha durya i'n lavur. ¹⁰Rag hedna, pynag oll termyn

a vo chauns dhyn, gesowgh ny dhe lavurya rag les pùbonen, ha spessly rag les a veyny an fëdh.

[11]Lo, ass yw brâs an lytherow a wrama pàn esof ow screfa gans ow dorn ow honen!

[12]An re-na usy orth agas constrîna dhe vos cyrcùmcîsys, y a's teves whans dhe vragya ha gul mêstry in taclow an kig. Y a'n gwra bytegyns, ma na vowns y unweyth compressys awos crows Crist. [13]Ny wra an dus cyrcùmcîsys obeya dhe'n laha kyn fe, mès dâ yw gansans why dhe vos cyrcùmcîsys, may hallens y omvôstya adro dh'agas kig why. [14]Na wren ny omvôstya a dra vëth, mès a grows agan Arlùth Jesu Crist, dredhy may feu an norvës crowsys dhybm—ha me dhe'n norvës. [15]Rag nyns yw naneyl cyrcùmcisyon na fowt cyrcùmcisyon a valew vëth oll. Creacyon nowyth yw pùptra! [16]Ow tùchya an re-na a vo plêsys dhe sewya an rewl-ma, re bo cres warnodhans ha mercy, ha wàr an Israel a Dhuw.

[17]Alebma rag, na wrello den vëth gul trobel ragof. Rag yth esof vy ow ton tôknys Jesu hag y leskys i'm corf.

[18]A vreder, re bo grâss agan Arlùth Jesu Crist gans agas spyrys. Amen.

Pystyl Pawl dhe'n Efesyans

1 Dhyworth Pawl, abostel a Jesu Crist dre volùnjeth Duw,

Dhe bobel Duw in Efesùs usy ow cresy in Jesu Crist.

²Grâss dhywgh why ha cres dhyworth Duw, agan Tas, ha dhyworth an Arlùth Jesu Crist.

³Benegys re bo Duw ha Tas agan Arlùth Jesu Crist. Ev a'gan benegas gans pùb bedneth spyrysek i'n nevow dre Grist. ⁴Ev a wrug agan dêwys in Crist, kyns ès formacyon an bës, may fen ny sans ha dyvlam dhyragtho in kerensa. ⁵Ev a'gan destnas warlergh bodh y vrës dhe vos degemerys avell flehes dhodho dre Jesu Crist. ⁶Gesowgh ny ytho dhe braisya y râss gloryùs, a wrug ev grauntya dhyn yn larj der y Vab Meurgerys. ⁷Ino ev ny a'gan beus redempcyon der y woos. Agan trespassys yw gyvys dhyn warlergh an rycheth a'y râss, ⁸neb a ros ev dhyn in plenty. Gans oll furneth ha convedhes ⁹ev a dhysclôsyas dhyn mystery y volùnjeth, warlergh bodh y vrës declarys in Crist. ¹⁰Hèn o y dowl ev rag lanwes an termyn, may halla va cùntell warbarth oll an creacyon, taclow in nev ha taclow wàr an nor, ha Crist orth aga fedn.

¹¹In Crist kefrës ny re gafas erytans. Ny a veu destnys warlergh an porpos a Dhuw, usy ow collenwel pùptra warlergh y gùssul ha'y vodh y honen, ¹²dhe vewa rag y brais ha'y glory. Rag ny a veu an dus kensa bythqweth a settyas aga govenek in Crist. ¹³Why inwedh, pàn glôwsowgh why an ger a wiryoneth, an awayl a'gas salvacyon, ha cresy ino ev, why a veu merkys dre sel an Spyrys Sans, neb a veu dedhewys dhywgh. ¹⁴Yma an Spyrys ow warrantya ny dhe entra i'gan erytans, pàn wrella Duw dasprena y bobel y honen dh'y brais ha'y glory.

¹⁵Me a glôwas a'gas fëdh i'n Arlùth Jesu, hag a'gas kerensa tro hag oll pobel Duw. ¹⁶Rag hedna yth esof vy pùpprës ow ry grâss ragowgh, ha me ow perthy cov ahanowgh i'm pejadow. ¹⁷Me a bës may wrella an Duw a'gan Arlùth Jesu Crist ry dhywgh an Spyrys. An Spyrys a vydn ry skentoleth dhywgh ha revelacyon, may hallowgh why aswon Duw. ¹⁸Dre hedna pàn vo golowys lagasow agas colon, why a yll godhvos pandr'yw an govenek, may whrug ev agas gelwel dhodho, ha pandr'yw rycheth y erytans gloryùs in mesk y bobel. ¹⁹Why a wodhvyth inwedh pëth yw an brâster dyvusur a'y allos tro ha ny, tus usy ow trestya ino. Yma Duw owth obery dre nerth brâs, ²⁰hag ev a wrug devnyth a'y nerth in Crist, pàn wrug ev y dherevel dhyworth re marow, ha'y settya a'y eseth adhyhow dhodho i'n tyleryow avàn. ²¹Yma ev pell a-ugh pùb auctoryta ha power hag arlottes. Yma va a-ugh pùb hanow a vëdh henwys i'n oos-ma, ea, hag i'n osow usy ow tos. ²²Moy ès hedna, Duw a settyas pùptra in dadn y dreys, ha rag kerensáa an eglos ev a'n gwrug an rewler a genyver tra. ²³An eglos yw y gorf ev, an lanwes a hedna usy ow lenwel pùptra in pùptra.

2 Why o marow kyns lebmyn i'gas trespassys, hag i'gas pehosow, ²esewgh why ow kerdhes inhans. Why a sewya fordhow an bës-ma, ha'n rewler a bower an air, an spyrys usy i'n tor'-ma owth obery i'n dus dywostyth. ³Yth esen ny oll ow pewa kyns lebmyn in whansow agan kig, ow sewya lùstys an kig ha'n sencys. Yth esen ny, kepar ha kenyver onen aral, in dadn vreus uthyk Duw warlergh natur. ⁴Saw Duw yw rych in tregereth, hag awos an gerensa vrâs a'n jeva tro ha ny, ⁵pàn en ny marow der agan trespassys, ev a wrug agan bewhe warbarth gans Crist. Dre râss why a veu selwys. ⁶Duw a'gan derevys gans Jesu Crist. Ev a'gan settyas i'n y wolok i'n tyleryow avàn warbarth gans Jesu Crist. ⁷Ev a wrug indelma, may halla va dysqwedhes i'n osow dhe dhos an rycheth dyvusur a'y râss hag a'y gufter tro ha ny in Jesu Crist. ⁸Rag grâss a wrug agas selwel dre fëdh. Nyns yw hebma agas gwrians why, mès ro Duw ywa. ⁹Nyns yw hedna qwestyon a oberow, ma na wrella den vëth bôstya. ¹⁰Rag ny yw an pëth a wrug ev ahanan, formys in Jesu Crist dhe wul oberow dâ. Duw a breparyas an oberow-na ragon dhyrag dorn, may hallen kerdhes inhans.

¹¹Why Jentylys yw gelwys "an dus heb cyrcùmcisyon" gans an re-na yw henwys "an dus cyrcùmcîsys" (hèn yw cyrcùmcisyon i'n kig gwrës dre dhorn mab den). ¹²Perthowgh cov fatell ewgh why i'n termyn-na heb Crist. Why o alyons dhe vùrjestra Israel, hag estrenyon dhe gevambos an promys. Nyns esa govenek dhywgh, rag why o heb Duw i'n bës. ¹³Saw lebmyn in Jesu Crist, kynth ewgh why abell, why a veu drës nes dre woos Crist.

¹⁴Ev yw agan cres ny. In y gig ev re unyas an dhew vagas, hag ev re dorras dhe'n dor an parwys intredhon, hèn yw dhe styrya, an envy esa intredhon. ¹⁵Crist a dhefendyas dhe ves an laha gans oll y gomondmentys ha rewlys, may halla va formya ino y honen udn den nowyth, in le an dhew. I'n vanerma ev re fastyas cres, ¹⁶may halla va gul dhe'n dhew vagas bos acordys gans Duw i'n udn corf der an grows. Der an grows ev a ladhas an envy esa intredhans. ¹⁷Rag ev a dheuth ha progeth cres dhywgh why, ha why pell dhyworto, ha cres dhe'n re-na esa in y ogas. ¹⁸Dredho ev, ny agan dew, ny a'gan beus fordh tro ha'n Tas, der an udn Spyrys.

¹⁹Lebmyn rag hedna nyns owgh why namoy stranjers ha gwandrysy, mès yth owgh why cytysans gans an sens, ha radn a'n chy a Dhuw. ²⁰Chy Duw yw byldys wàr an fùndacyon a'n abosteleth ha'n profettys, ha Jesu Crist y honen yw an pednmen a'n gornel. ²¹Ino ev yma oll an derevyans jùnys warbarth. Yma an derevyans ow tevy dhe vos templa sans i'n Arlùth. ²²Ino ev kefrës warlergh an Spyrys why yw byldys warbarth dhe vos trigva Duw.

3 Hèm yw an rêson, me, Pawl, dhe vos prysner Crist rag agas kerensa why, why Jentylys.

²Why a glôwas yn certan a gomyssyon grâss Duw rës dhybm ragowgh why. ³Why a glôwas fatell veu an mysterys dysqwedhys dhybm dre revelacyon, kepar dell wrug avy screfa wàr verr lavarow a-uhon. ⁴Pàn wrellowgh why y redya, why a yll

convedhes an ùnderstondyng a'm beus a vystery Crist. [5]Ny veu an mystery-ma dysqwedhys dhe vab den i'n dedhyow kyns, dell veu va dyscudhys i'n tor'-ma dh'y abosteleth sans, ha dh'y brofettys der an Spyrys. [6]Hèn yw dhe styrya, an Jentylys dhe vos gwrës keseryon, esely a'n keth corf, ha kevrednek a'n promys a Jesu Crist der an awayl.

[7]Me a veu gwrës servont a'n awayl-ma warlergh ro a râss Duw, hag a veu rës dhybm dre wrians y bower. [8]Kynth oma le ès an lyha in pobel Duw, y feu an grâss-ma rës dhybm, may hallen dry dhe'n Jentylys an nowodhow a rycheth dydhyweth Crist. [9]Y feu an grâss rës dhybm, may hallen dysqwedhes dhe genyver onen pëth yw towl an mystery kelys dres an osow in Duw, an formyor a bùptra. [10]Indelma yth yw dysclôsys, der an eglos, furneth Duw in oll y liester, dhe'n rewlysy ha dhe'n auctorytas i'n tyleryow avàn. [11]Hèm o warlergh an porpos dyvarow, a wrug ev collenwel in Jesu Crist agan Arlùth. [12]Ino ev ny a'gan beus fordh dhe Dhuw in bolder ha fydhyans der agan fëdh. [13]Me a bës ytho na wrellowgh why kelly colon, dre rêson a'm painys vy ragowgh. Agas glory yns y.

[14]Rag hebma yth esof ow mos wàr bedn dewlin dhyrag an Tas [15]yw pùb meyny i'n nev hag i'n nor henwys dhyworto. [16]Me a'n pës dhe wrauntya dhywgh warlergh rycheth y glory dhe vos crev wàr jy dre nerth y Spyrys. [17]Me a bës inwedh may fo Crist tregys i'gas colon dre fëdh, ha why growndys ha fùndys in kerensa. [18]Me a bës may hallowgh why, warbarth gans oll pobel Duw, convedhes pandr'yw an les ha'n hës, an uhelder ha'n downder a gerensa Crist. [19]Me a bës may hallowgh why aswon y gerensa, kyn na yll hy nefra bos aswonys yn tien, ha may fewgh why lenwys a'n lanwes leun a Dhuw.

[20]Lebmyn dhe Dhuw neb a yll, der y allos, usy owth obery inon, collenwel yn leun plenty moy ès dell wodhon ny govyn pò desmygy, [21]re bo glory i'n eglos hag in Jesu Crist bys venary, trank heb worfen. Amen.

4 Me ytho, prysner rag an Arlùth, a'gas pës dhe lêdya bêwnans wordhy a'n galow, may fewgh why gelwys dhodho. [2]Bedhens uvel ha clor agas conversacyon, ha why gans hirwodhevyans ow perthy an eyl y gela in kerensa. [3]Whelowgh pùpprës dhe wetha ûnyta an Spyrys i'n colm a gosoleth. [4]Nyns eus mès udn corf hag udn Spyrys, kepar dell vewgh why gelwys dhe udn govenek a'gas galow, [5]udn Arlùth, udn fëdh, udn besydhyans, [6]udn Duw ha Tas ahanan oll, usy a-ugh pùbonen ha dre bùbonen hag in pùbonen.

[7]Grâss a veu rës dhe genyver onen ahanan warlergh an musur a ro Crist. [8]Rag hedna yma leverys,

"Wosa ascendya in bàn, ev a
    brysonyas captyvyta, ha ry royow
    dh'y bobel."

[9]Pàn lever, "Wosa ascendya," pëth usy an scryptour ow styrya, mès ev dhe skydnya kensa bys i'n radnow isella a'n dor? [10]An keth den yw ev, neb a ascendyas pell a-ugh an nevow, may halla ev lenwel pùptra. [11]Crist a ros power, hag appoyntya radn dhe vos abosteleth, radn profettys, radn awayloryon, radn bugeleth deves ha

descadoryon, [12]ha dhe dhesky dhe voy perfeth dhe gollenwel in benejycter an oberow a venystra rag edyfia an corf a Grist. [13]Ev a wrug hedna, may teffen ny ha dos oll warbarth in ûnyta a grejyans ha fêdh, hag a'n godhvos a Vab Duw, warlergh an musur a'n leun oos a Grist.

[14]Indelma ny vedhyn ny alebma rag kepar ha flehes, ow shakya gans pùb whaf, lêdys gans pùb blast a dhyscans in drockoleth dre wylynes a dhrog pobel, ow qwandra alês rag agan decêvya ny. [15]Nâ, gesowgh ny dhe leverel an gwiryoneth in kerensa. Indelma ny a wra tevy in bàn yn tien dhe Grist. [16]Ev yw an pedn, hag yma oll an corf ow scodhya warnodho. Jùnys ha gwies warbarth gans pùb jùnta oll usy i'n corf, yma oll an fram ow tevy der an gwrians wordhy a bùb part oll, hag indelma yma an corf ow terevel y honen in bàn dre gerensa.

[17]Hèm yw ow lavar dhywgh ytho, ha me a vydn agas kenertha in hanow an Arlùth. Na wrewgh na moy bewa kepar ha'n paganys, in vanyta aga thybyansow. [18]Aga brës a veu duhës, hag alyons yns y dhe'n bêwnans usy in Duw, awos defowt aga ùnderstondyng ha caletter aga holon. [19]Y yw marow dhe bùb sham hag edrek, hag y a wrug delyvra aga honen dhe bùb sort a dhysonester, rag ymowns y whansek dhe wul mostethes a bùb ehen.

[20]Ny wrussowgh whywhy desky Crist i'n vaner-na! [21]Rag yn certan why a glôwas anodho, ha why a veu deskys adro dhe'n gwiryoneth usy in Crist. [22]Deskys vewgh dhe forsâkya agas bêwnans kyns, an den a'n dedhyow kyns, shyndys ha dysseytys dell o va der y lùstys. [23]Deskys vewgh dhe nowedhy an spyrys a'gas brës, [24]ha dhe worra i'gas kerhyn an den nowyth, formys warlergh hevelep Duw in ewnder gwir hag in sansoleth.

[25]Rag hedna, gesowgh ny dhe sconya gowegneth! Gesowgh ny dhe gôwsel an gwiryoneth orth agan cowetha, rag ny oll yw esely an eyl a'y gela. [26]Bedhowgh serrys, saw na wrewgh peha. Na wrêns an howl sedhy wàr agas sorr. [27]Na rewgh chauns vëth dhe'n tebel-el. [28]Res yw dhe'n ladron sevel orth ladra. Gwrêns y kyns gul lavur ha whel yn onest gans aga dewla aga honen, ma's teffons neppyth dhe radna gans an othomogyon.

[29]Bydner re dheffo drog-cows vëth mes a'gas ganow. Na leverowgh mès a vo a les rag byldya in bàn, kepar dell vo res, may halla agas lavarow ry grâss dhe'n re-na a vo ow coslowes. [30]Na wrewgh grêvya Spyrys Sans Duw, a vewgh why merkys ganso dre sel rag jorna an redempcyon. [31]Forsâkyowgh pùb wherôwder, ha sorr, hag anger, ha strif, ha cabel. hag oll spît kefrës. [32]Bedhowgh cuv an eyl dh'y gela, tender agas colon, ha gevowgh an eyl dh'y gela, kepar dell wrug Duw in Crist gava dhywgh why.

5 Rag hedna gwrewgh omhevelly dhe Dhuw kepar ha flehes veurgerys. [2]Bewowgh in kerensa, kepar dell wrug Crist agan cara ny, ha ry y honen ragon, yn offryn saworys hag avell sacryfîs dhe Dhuw.

[3]Ny dal mostethes nag avlanyther a sort vëth oll bos unweyth campollys i'gas mesk, kepar dell dhegoth dhe bobel Duw. [4]Nyns yw wordhy i'gas

mesk naneyl cows lewd pò gocky na ges garow. Nâ, in le a hedna re bo clôwys grassow. ⁵Why a yll bos sur, na vëdh part vëth gans gyglot na gans den lyg pò crefny (hèn yw den usy ow cordhya idolys) i'n erytans a'n wlascor a Grist hag a Dhuw. ⁶Na wrêns den vëth agas dysseytya der eryow uver, rag awos an taclow-ma sorr Duw a wra dos wàr an dus dywostyth. ⁷Rag hedna na vedhowgh kevrednek gansans y.

⁸Kyns lebmyn yth esewgh why in tewolgow, saw i'n tor'-ma why yw pobel an golow i'n Arlùth. Bewowgh kepar ha flehes a'n golow. ⁹(Rag y fëdh frût an golow kefys in pùptra a vo dâ hag ewn ha gwir.) ¹⁰Whelowgh dhe drouvya an pëth a vo dâ gans an Arlùth. ¹¹Na wrewgh mellya gans oberow an tewolgow, rag dyfreth yns y. Gwrewgh kyns aga dyscudha. ¹²Chêson a sham via mar teffen hag unweyth campolla an taclow usy tus a'n par-na ow cul in dadn gel. ¹³Saw vysybyl vëdh pùptra a vo dysclôsys der an golow. ¹⁴Rag golow yw pùptra a vo vysybyl. Yth yw leverys ytho,

"Dyfun, te usy in cùsk!
Sa'bàn dhia an re marow
ha Crist a wra spladna warnas."

¹⁵Waryowgh ytho adro dh'agas conversacyon. Na vedhowgh kepar ha pednow cog mès kepar ha tus fur, ¹⁶ow cul prow a'n termyn, rag drog yw an dedhyow. ¹⁷Na vedhowgh gocky, saw gwrewgh convedhes pëth yw bolùnjeth Duw. ¹⁸Na wrewgh medhowy gans gwin, rag harlotry yw hedna. Bedhowgh leun a'n Spyrys, ¹⁹ha kenowgh salmow ha hympnys ha canow spyrysek intredhowgh, ow cana hag ow cul menestrouthy dhe'n Arlùth i'gas colon. ²⁰Rewgh grassow pùpprës dhe Dhuw, an Tas, rag pùptra in hanow agan Arlùth Jesu Crist.

²¹Bedhowgh gostyth an eyl dh'y gela, awos agas revrons dhe Grist.

²²A wrageth, obeyowgh dh'agas gwer, kepar dell esowgh why owth obeya dhe'n Arlùth. ²³Rag an gour yw pedn an wreg, poran kepar dell yw Crist pedn an eglos, an corf mayth yw ev an Savyour anodho. ²⁴Kepar dell yw an eglos gostyth dhe Grist, in kepar maner y tal dhe wreg obeya dh'y gour in kenyver tra.

²⁵Why gwer, kerowgh agas gwrageth, poran kepar dell wrug Crist cara an eglos, ha ry y honen rygthy, ²⁶may halla va hy gul sans. Ev a wrug hy glanhe, ha'y golhy gans dowr der an ger, ²⁷may halla presentya an eglos dhodho y honen in splander, heb nàm pò crigh, pò tra vëth a'n sort na—ea, may fe hy sans ha heb nàm. ²⁸In kepar maner, y tal dhe wer cara aga gwrageth, kepar dell usons y ow cara aga horf aga honen. Seul a wrella cara y wreg, yma va ow cara y honen. ²⁹Rag nyns eus den vëth ow casa y gorf y honen, saw yma va orth y vaga hag orth y jersya yn cuv kepar ha Crist gans an eglos. ³⁰Rag ny oll yw esely a'y gorf. ³¹"Rag an rêson-ma den a wra forsâkya y das ha'y vabm, ha jùnya dh'y wreg, ha'n dhew anodhans a vëdh udn kig." ³²Mystery brâs yw hebma, hag yth esof vy ow cul mencyon anodho ow tùchya Crist ha'y eglos. ³³Pùbonen ahanowgh bytegyns a res cara y wreg kepar hag ev y honen, hag y tal dhe'n wreg gul revrons dh'y gour.

6 Why flehes, obeyowgh dh'agas tas ha dh'agas mabm, rag ewn yw hedna. ²"Gwra onora dha das ha'th vabm"—hèm yw an kensa gorhebmyn mayth yw promys kelmys orto—³"may fo dâ dha jer ha may hylly bewa pell wàr an nor."

⁴Why tasow, na wrewgh serry agas flehes, mès gwrewgh aga maga in dyscans hag in rewlys an Arlùth.

⁵Why kethwesyon, obeyowgh dh'agas mêstrysy warlergh an kig, ow crena rag ewn own gans lendury colon, kepar ha dhe Grist. ⁶Na wrewgh hebma, may fewgh why gwelys, ha may hallowgh why plêsya mebyon tus, mès kepar ha kethwesyon Crist ow cul bolùnjeth Duw gans oll agas colon. ⁷Gwrewgh agas servys oll a'gas bodh, kepar ha dhe'n Arlùth, kyns ès dhe dus. ⁸Rag ny a wor hebma: pynag oll tra a wrellen a dhâ, ny a wra recêva an keth tra arta dhyworth an Arlùth, na fors on ny keth pò frank.

⁹Why mêstrysy, gwrewgh an keth tra dhedhans y. Sevowgh orth aga bragya, rag why a wor bos an udn Mêster in nev dhywgh why agas dew, ha nyns usy va ow tysqwedhes favour.

¹⁰Wàr an dyweth, bedhowgh crev i'n Arlùth hag in nerth y bower. ¹¹Gorrowgh i'gas kerhyn cowlhernes Duw, may hallowgh why omwetha dhyworth antylly an tebel-el. ¹²Rag nyns yw agan strif warbydn eskerens a gig hag a woos, mès warbydn an rewlysy, warbydn an auctorytas, warbydn powers an bës tewl-ma, ha warbydn luyow an sherewynsy spyrysek i'n tyleryow avàn. ¹³Rag hedna kemerowgh in bàn oll hernes Duw, may hallowgh why sevel i'n jëdh-na a'n drog, ha wosa gul pùptra, may hallowgh why sevel stedfast. ¹⁴Sevowgh ytho, ha gwyscowgh an grugys a wiryoneth adro dhywgh, ha gorrowgh i'gas kerhyn an brestplât a ewnder. ¹⁵Avell eskyjyow gorrowgh adro dh'agas treys pynag oll tra a wrella agas parusy dhe brogeth an awayl a gosoleth. ¹⁶Ha gans oll an re-ma kemerowgh inwedh an scoos a fëdh, rag ganso why a yll dyfudhy pùb flamseth a'n tebel-el. ¹⁷Gorrowgh wàr agas pedn an basnet a salvacyon, ha cledha an Spyrys, rag hèn yw ger Duw. ¹⁸Pesowgh i'n Spyrys dhe Dhuw pùpprës dre bùb pejadow ha pùb govynadow. Rag hedna bedhowgh war ha na cessyowgh dhe besy rag oll pobel Duw.

¹⁹Pesowgh ragof vy inwedh, may fo grauntys geryow dhybm, pàn dheffen ha progeth gans colonecter mystery an awayl. ²⁰Cadnas in chainys ov vy rag an caus-na. Pesowgh may hallen vy y dheclarya yn hardh pàn vo res dhybm côwsel.

²¹Tykycùs a vydn derivas pùptra dhywgh, may hallowgh why godhvos fatell oma, ha pëth esof vy ow cul. Broder ker ywa ha menyster lel i'n Arlùth. ²²Yth esof orth y dhanvon dhywgh rag an very porpos-ma, dhe leverel dhywgh fatell on ny, ha may halla ev agas confortya.

²³Re bo cres dhe'n vreder ha kerensa, gans fëdh dhyworth Duw, an Tas, ha dhyworth agan Arlùth Jesu Crist. ²⁴Re bo grâss dhe genyver onen ahanowgh, usy ow cara agan Arlùth Jesu Crist, gans kerensa nefra a bës.

Pystyl Pawl dhe'n Fylyppyans

1 Dhyworth Pawl ha Tymothy, servysy Jesu Crist,

Dhe oll pobel Duw in Crist Jesu usy in Fylyppy, warbarth gans an epscobow ha'n diagonas.

²Re bo grâss dhywgh why ha cres dhyworth Duw, agan Tas, ha'n Arlùth Jesu Crist.

³Yth esof ow ry grassow dhe'm Duw in pùb cov ahanowgh, ⁴pùpprës ow pesy gans joy in oll ow fejadow ragowgh why yn kettep pedn, ⁵dre rêson agas bos kevrednek a'n awayl dhia an kensa jorna bys i'n jëdh hedhyw. ⁶Yth esof vy ow trestya dhe hedna neb a dhalathas ober dâ i'gas mesk why, may halla an ober na bos collenwys kyns ès jorna Jesu Crist.

⁷Yth yw compes me dhe bredery indelma ahanowgh why oll, dre rêson why dhe'm sensy i'gas colon. Kevrednek owgh why oll genama a râss Duw ow tùchya ow frysonyans, hag a'n gwith hag a'n mêntons a'n awayl kefrës. ⁸Duw yn test, ass ov vy hirethek wàr agas lergh oll in tregereth Jesu Crist!

⁹Hèm yw ow fejadow, may fo agas kerensa moy ès plenty gans skentoleth ha leun ùnderstondyng, ¹⁰may hallowgh why decernya an pëth a vo a'n gwella. Indelma why a vëdh glân ha dyvlam in jorna Crist. ¹¹I'n jëdhna why a dheg genowgh an drevas a ewnder, usy ow tos dre Jesu Crist rag an glory a Dhuw—dh'y lawa!

¹²A vreder, dâ via genama why dhe wodhvos hebma: an taclow neb a hapnyas dhybm, a wrug dhe'n awayl avauncya in gwiryoneth. ¹³Y feu aswonys der oll an pretoryùm, ha dhe bùbonen aral, me dhe vos prysonys rag kerensa Crist. ¹⁴Ha'n vrâssa radn a'n vreder a veu confortys i'n Arlùth der ow frysonyans, hag y yw dhe voy colodnek dhe gôwsel ger Duw heb own vëth.

¹⁵Yma certan re ow progeth Crist rag ewn envy ha strif, mès ken re dre volùnjeth dâ. ¹⁶Dre gerensa yma an re-na ow progeth Crist, rag y a wor me dhe vos gorrys obma rag scodhya an awayl. ¹⁷Yma an radn erel ow progeth an awayl rag ewn strif, adar a golon dhâ, may hallens y encressya an painys a'm beus i'm prysonyans. ¹⁸Pana goll yw hedna dhyn? Na fors a vo gwir pò fâls aga holon, yma Crist pregowthys in pùb fordh, ha hedna yw rêson dhybm dhe rejoycya.

Ea, ha me a vydn rejoycya whath, ¹⁹rag me a wor fatell wra hebma trailya dhe'm lyfrêson, der agas pejadow, ha gans gweres Spyrys Jesu Crist. ²⁰Govenek bew ha trest a'm beus na vedhaf shâmys in tra vëth. Dre rêson me dhe gôwsel gans pùb bolder, yth esof ow qwetyas Crist dhe vos exaltys lebmyn i'm corf vy, kepar ha kyns, dre vêwnans pò dre vernans kyn fe. ²¹Rag bewa dhybm yw Crist ha merwel gwain. ²²Mars yw res dhybm bewa i'n kig, yma hedna ow styrya frûtys ow lavur. Ny wòn màn pyneyl anodhans a via gwell genef. ²³Ass esof vy in ancombrynsy inter an dhew! Ow desîr yw dhe voydya, ha dhe vos gans Crist, rag hèn yw polta gwell. ²⁴Saw yma moy res dhywgh why, me dhe drega i'n kig. ²⁵Abàn ov vy certan a hedna, me a wor fatell wrama trega ha pêsya genowgh why oll rag agas avauncyans, ha rag agas joy i'n fëdh. ²⁶Indelma me a yll bos kevrednek genowgh in pùb poynt a'gas bôstow in Jesu Crist, pàn dhyffyf dhywgh arta.

²⁷Kemerowgh with a udn dra: bedhens agas conversacyon wordhy a awayl Crist. Indelma, mar teuma dhywgh, ha'gas gweles, pò mar pedhaf ow clôwes ahanowgh, ha me pell dhyworthowgh, me a wodhvyth why dhe sevel fast i'n udn Spyrys. Me a wodhvyth why dhe strîvya oll kescolon rag fëdh an awayl, ²⁸ha nag owgh why ownekhës poynt gans agas eskerens. Prof yw hebma dhedhans a'ga dystrùcsyon, saw prof a'gas sylwans dhywgh why. Ober Duw yw hebma. ²⁹Rag dhywgh y feu grauntys dhe gresy in Crist, ha moy ès hedna dhe wodhaf rag y gerensa ev kefrës. ³⁰Lebmyn yth esowgh genama i'n vatal—an keth batal a welsowgh me dhe omlath inhy. Yth esof owth omlath inhy bys i'n eur-ma.

2 Rag hedna, mars usy agan bêwnans kebmyn in Crist ow ry dhyn confort, mars eus neb solas a gerensa ino, neb kevran a'n Spyrys, neb kescodhevyans pò tregereth, ²nena me a'gas pës indelma: lenwowgh ow hanaf a joy dre vos kescolon i'gas preder hag i'gas colon. Bedhens an keth kerensa intredhowgh why oll. Bedhowgh acordys an eyl gans y gela in enef hag in brës. ³Na wrewgh tra vëth awos avy nag awos conseyt. Bedhowgh uvel, owth acowntya agas cowetha dhe vos gwell

agesowgh agas honen. ⁴Na wrêns den vëth meras orth y brofyt y honen, mès orth profyt y hynsa.

⁵Re bo agas brës why kepar ha brës Jesu Crist.

⁶Kynth esa va in form Duw,
ny gresy y cotha dhodho strîvya
    dhe vos kepar ha Duw,
⁷mès ev a omwruk voyd,
ha kemeres warnodho y honen
    form a gethwas.
Y feu va genys in hevelep a vab
    den,
⁸hag a hùmblyas y honen
may fe va sojeta ancow—
ea, ancow i'n grows.
⁹Rag hedna Duw a wrug fèst y
    exaltya
ha ry dhodho hanow usy a-ugh pùb
    hanow,
¹⁰may whrella pùb glin in nev, i'n
    nor hag in dadn an nor plegya
    orth hanow Jesu,
¹¹ha may whrella kenyver tavas
    meneges Jesu Crist dhe vos
    Arlùth
dhe glory Duw an Tas.

¹²Rag hedna, a dus veurgerys, kepar dell wrussowgh obeya dhybm pùpprës, pàn esen i'gas mesk, gwrewgh indelma i'n tor'-ma kefrës, ha me pell dhyworthowgh. Pêsyowgh ytho gans ober agas salvacyon, ha why ow trembla rag ewn own. ¹³Yma Duw owth obery inowgh why, hag ev a vydn ry dhywgh an gallos dhe whansa, ha dhe lavurya, rag collenwel kenyver tra a vo orth y blêsya.

¹⁴Gwrewgh pùptra heb croffal ha heb strif, ¹⁵may fewgh dyvlam ha gwiryon, flehes parfyt Duw in mesk heneth cabm ha treus. Yth esowgh

why ow spladna i'ga mesk kepar ha ster i'n bës. 16Mar tewgh why ha sensy fast dhe eryow an bêwnans, me a vëdh abyl dhe vôstya in jorna Crist, na wrug avy ponya in vain, ha na veu heb valew ow lavur vy. 17Ea, mars oma scùllys alês avell offryn dewas a-ugh sacryfîs hag a-ugh offryn agas fëdh, lowen ov, ha rejoycya a wrama genowgh. 18In kepar maner res yw dhywgh bos lowen, ha rejoycya genama.

19Govenek a'm beus i'n Arlùth Jesu dhe dhanvon Tymothy dhywgh kyns na pell, may hallen bos confortys ow clôwes nowodhow ahanowgh. 20Nyns eus den vëth genef haval dhodho, hag ev yw prederys in gwir i'gas kever why. 21Yma pùbonen aral ow whelas y les y honen, kyns ès les Crist. 22Saw aswonys dhywgh yw prow Tymothy, fatell wrug ev servya warbarth genef in lavur an awayl, kepar ha mab gans y das. 23Govenek a'm beus rag hedna y dhanvon dhywgh why, pàn vo cler dhybm fatell vëdh taclow obma genef. 24Yth esof ow trestya i'n Arlùth me dhe allos dos dhywgh yn scon.

25Yth hevel dhybm bytegyns bos res danvon dhywgh Epafrodîtùs, ow broder, kesoberor, ha kessoudor, ha'gas messejer why, ha menyster a'm othem vy. 26Rag ev a veu trist orth agas desîrya why, ha troblys o va, drefen why dhe glôwes y vos clâv. 27Ea, clâv veu va bys in ancow. Saw Duw a gemeras pyteth anodho, ea, hag ahanaf vy kefrës, ma na'm be pùb anken wosa y gela. 28Rag hedna yth ov vy dhe voy whensys y dhanvon dhywgh, may hallowgh why rejoycya orth y weles arta, ha may fe lehës ow fienasow vy. 29Gwrewgh y wolcùbma

i'n Arlùth gans oll joy, ha rewgh worshyp dhe dus a'n par-na. 30Namna wrug ev merwel awos lavur Crist, hag ev y honen a beryllyas y vêwnans, ow lenwel an dyfyk i'gas servys dhybm.

3 Wàr an dyweth, a vreder, bedhowgh lowen i'n Arlùth. Nyns yw anken dhybm screfa taclow a'n par-ma, ha salow ywa dhywgh why.

2Bedhowgh war a'n keun, bedhowgh war a'n dhrog-oberoryon, bedhowgh war a'n re-na usy ow tyfacya an kig. 3Rag ny yw an gwir cyrcùmcisyon, ha ny ow cordhya in Spyrys Duw, hag owth omvôstya in Jesu Crist, rag ny'gan beus fydhyans vëth i'n kig—4kynth eus chêson genef dhe drestya dhe'n kig.

Mara'n jeves den vëth caus dhe drestya i'n kig, me a'm beus dhe voy trest. 5Otta vy, cyrcùmcîsys pàn veuma eth jorna genys, esel a bobel Israel, a drib Benjamyn, Ebrow genys a deylu Ebrow; Farysy warlergh an laha; 6ow tùchya dywysycter tormentour a'n eglos; parfyt ow tùchya ewnder in dadn an laha.

7Saw oll an taclow-na neb o dhybm gwain, ny settyaf gwel gala anodhans rag kerensa Crist. 8Moy ès hedna, certan ov na dal tra vëth oy ryb an valew dres pris a aswonvos Crist, ow Arlùth. Rag y gerensa ev me a gollas kenyver tra. Saw ny wrama vry a'n re-na, mar callaf unweyth gwainya Crist. 9Indelma me yw unys ganso ev. Nyns oma jùstyfies ahanaf ow honen dhyworth an laha, mès jùstyfies ov dre fëdh in Crist. Hèn yw an ewnder usy ow tos dhyworth Duw, ha growndys wàr fëdh yth yw. 10Me yw whensys dhe aswon Crist ha'n power a'y dhasserghyans. Dâ yw genef bos kevred-nek a'y bassyon, ha gul ow honen kepar hag ev in y vernans, [11]mar callaf wàr neb fordh gwainya an dasserghyans dhyworth an re marow.

[12]Ny wrug avy solabrës cafos hedna, naneyl nyns esof ogas dhe bedn an fordh. Yth esof bytegyns ow pêsya, may hallen y wainya, rag Jesu Crist a wrug ow gwainya vy solabrës ragtho y honen. [13]A vreder, nyns esof ow tyby me dh'y dhendyl dhybm ow honen. Ny wrav tra vëth mès hebma: prèst me a wra ponya in rag bys i'n pëth usy dhyragof, heb perthy cov a'n dra usy adrëv dhybm. [14]Otta vy ow stevya in rag dhe bedn an fordh, may hallen gwainya an gober a alow Duw avàn in Jesu Crist.

[15]Neb a vo athves i'n fëdh, bedhens ev kescolon genef. Ha mar tewgh why ha predery ken, hebma kefrës Duw a wra dysqwedhes dhywgh. [16]Saw gesowgh ny dhe sensy yn fast an pëth a veu gwainys genen.

[17]A vreder, bedhowgh kepar ha me, ha merkyowgh an re-na usy ow pewa warlergh an ensampel a vêwnans, a wrussowgh why cafos dhyworthyn. [18]Rag yma lies onen ow pewa kepar hag eskerens dhe grows Crist. Yn fenowgh me a wrug agas gwarnya adro dhedhans, ha lebmyn me a vydn gul mencyon dhywgh anodhans gans dagrow i'm lagasow. [19]Y a wra tebel-dhewedha heb dowt vëth. Aga fengasen yw aga duw, ha'ga glory yw aga sham. Ny vedhons y ow predery, mès a daclow an bës ma. [20]Saw ny yw cytysans a nev, hag yth eson ny ow cortos Savyour dhyworth nev, an Arlùth Jesu Crist. [21]Ev a vydn trailya agan corf uvel, may fo va kehaval dhe'n corf a splander, der an gallos usy orth y wul abyl dhe settya pùptra in dadn y dreys.

4 A vreder veurgerys ha caradow, why yw ow joy ha'm cùrun. Rag hedna sevowgh fast i'n Arlùth, ow hothmans wheg.

[2]Me a bës Evodya ha Syntykê dhe vos kescolon i'n Arlùth. [3]Ea, ha me a'th pës jy kefrës, ow hescoweth lel, dhe weres an benenes-ma. Y a wrug strîvya rybof in lavur an awayl, war-barth gans Clement ha remnant a'm kesoberoryon, usy aga henwyn i'n lyver a vêwnans.

[4]Rejoycyowgh pùpprës i'n Arlùth. Me a'n lever arta, rejoycyowgh. [5]Bedhens agas perthyans aswonys dhe bùbonen. Ogas yw an Arlùth. [6]Na vedhowgh troblys ow tùchya tra vëth, mès bedhens agas desîr in pùptra aswonys dhe Dhuw, dre bejadow ha govynadow gans grassow. [7]Ha cres Duw, usy a-ugh pùb con-vedhes, a wra gwetha agas colon ha'gas brës in Jesu Crist.

[8]Wàr an dyweth, a vreder, pynag oll tra a vo gwir, pynag oll tra a vo onest, pynag oll tra a vo jùst, pynag oll tra a vo glân, pynag oll tra a vo plesont, pynag oll tra a alla bos comendys, mars eus gwywder, mars eus tra vëth dhe wormel, prederowgh a'n taclow-ma. [9]Pêsyowgh gans an taclow a wrussowgh why desky ha recêva, dhyworthyf, ha clôwes ha gweles inof vy, ha'n Duw a gres a vëdh genowgh.

[10]Ass yw brâs ow lowender awos why dhe nowedhy agas preder i'm kever! In gwiryoneth why o prederys adro dhybm, saw ny wrussowgh why cafos chauns dh'y dhysqwedhes. [11]Ny lavaraf ow bos in esow, rag me a

dheskys dhe vos pës dâ gans pygeb-
mys a'm bo. 12Aswonys dhybm yw
bohosogneth ha plenty kefrës. Me a
dheskys, na fors a wrella hapnya, y
hyll den bos gwag ha lenwys, cafos
plenty ha bos in othem. 13Me a yll gul
pùptra dre hedna usy ow ry confort
dhybm.

14Bytegyns, why a wrug tra hegar
pàn vewgh why kevrednek a'm
anken.

15A Fylyppyans, why a wor yn tâ in
dallath an awayl, pàn wrug avy gasa
Macedonya, nag o eglos vëth kevred-
nek genama ow tùchya ry ha recêva,
mès whywhy yn udnyk. 16Ea, pàn
esen vy in Thessalonyca kyn fe, why
a wrug danvon dhybm moy ès
unweyth socour rag ow othem. 17Ny
wrug avy whelas an ro-na. Nâ, dâ via
genef an gwain dhe encressya dh'agas
recken why. 18Y feu tyllys dhybm yn
leun, ha me yw moy ès pës dâ, wosa
me dhe recêva dhyworth Epafrodîtùs
an royow a wrussowgh why danvon
dhybm. Y yw offryn saworys, ha
sacryfîs plesont ha dâ dhe Dhuw.
19Ow Duw a wra collenwel oll agas
othem warlergh y rychys in glory dre
Jesu Crist.

20Re bo glory dh'agan Duw ha Tas
bys vycken ha bys venary. Amen.

21Dynerhowgh pùb esel a bobel
Duw in Jesu Crist. An vreder usy
genef a's dynergh. 22Yma oll pobel
Duw orth agas dynerhy, yn specyal
an re-na usy in meyny Cesar.

23Re bo grâss an Arlùth Jesu Crist
gans agas spyrys.

Pystyl Pawl dhe'n Colossyans

1 Dhyworth Pawl, abostel Jesu Crist dre volùnjeth Duw, ha Tymothy agan broder,

²Dhe bobel Duw ha dhe'n vreder lel in Crist in Colossê.

Re bo grâss dhywgh ha cres dhyworth Duw, agan Tas.

³I'gan pejadow ragowgh yth eson ny pùpprës ow ry grassow dhe Dhuw, Tas agan Arlùth Jesu Crist, ⁴Rag ny a glôwas a'gas fëdh in Jesu Crist, hag a'gas kerensa why tro hag oll pobel Duw, ⁵awos an govenek gorrys in bàn ragowgh in nev. Why a glôwas kyns lebmyn adro dhe'n messach gwir a'n govenek, hèn yw an awayl. ⁶Lebmyn an messach re dheuth dhywgh. Kepar dell usy an awayl ow ton frût hag ow tevy in oll an bës, indelma yma va ow ton frût i'gas mesk why, dhia bàn wrussowgh why y glôwes, ha convedhes yn tâ grâss Duw. ⁷Dhyworth Epafras why a dheskys hebma. Agan kesgwas meurgerys yw ev, ha menyster lel a Grist ragowgh why. ⁸Ev re dherivas dhyn a'gas kerensa i'n Spyrys.

⁹Rag hedna inwedh dhia bàn wrussyn clôwes ahanowgh, yth eson ny pùpprës ow pesy ragowgh hag ow covyn may fewgh why lenwys a'n godhvos a volùnjeth Duw in pùb furneth spyrysek hag ùnderstondyng. ¹⁰Me a bës may fo agas conversacyon wordhy a'n Arlùth, ha plegadow dhodho in pùb poynt, ha why ow ton frût in kenyver ober dâ, hag ow tevy i'n godhvos a Dhuw. ¹¹Bedhowgh confortys gans oll an nerth usy ow tos dhyworth power y wordhyans. Bedhowgh parys dhe wodhaf pùptra gans perthyans. Rewgh gans lowena ¹²grassow dhe'n Tas, rag ev re'gas gwrug wordhy dhe gemeres radn in erytans y bobel in gwlascor an golow. ¹³Ev a wrug agan delyvra mes a bower an tewolgow, ha'gan dry aberth in gwlascor y Vab meurgerys, ¹⁴hag ino ev ny a'gan beus redempcyon ha gyvyans pehosow.

¹⁵Y Vab yw an imach a'n Duw na yll bos gwelys. Ev yw an kensa genys a oll creacyon, ¹⁶rag ino ev y feu formys kenyver tra in nev hag i'n nor, taclow dywel ha hewel, trônys ha domynacyons, rewlysy ha potestas kyn fe. Kenyver tra a veu formys dredho ev ha ragtho ev. ¹⁷Kyns ès pùptra dhe vos creatys yth esa Crist. Ino ev yma pùptra keskelmys warbarth. ¹⁸Ev yw an pedn a'y gorf, hèn yw an eglos. Ev yw an dalathfos, an mab kensa genys dhyworth an re marow, may halla va dos ha kemeres an kensa le in pùptra. ¹⁹Rag y feu oll lanwes Duw plêsys dhe drega ino ev. ²⁰Dredho ev Duw a veu pës dâ dhe gesseny pùptra ganso y honen, i'n nor kyn fe pò in nev. Duw a wrug cres inter y honen ha'n bës dre woos y Vab i'n growspredn.

²¹Why o alyons dhodho hag eskerens i'gas brës, hag yth esewgh ow cul drog-oberow. ²²Saw lebmyn ev a wrug ahanowgh cothmans dhodho der an mernans a Grist in y gorf, may halla ev agas presentya why dhodho y honen yn sans, parfyt ha

heb spot vëth—23mar tewgh why unweyth ha pêsya stedfast ha diogel i'n fëdh. Na wrewgh forsâkya an govenek promyssys i'n awayl, a glôwsowgh hag a veu pregowthys dhe bùb creatur in dadn an nev. Me, Pawl, a veu gwrës servont a'n awayl-ma.

24Yth esof ow rejoycya lebmyn i'm painys rag agas kerensa why, hag i'm kig yth esof ow cowlwul pynag oll lack a vo in passyon Crist in y gorf ev—hèn yw an eglos. 25Me a veu gwrës servont a'n eglos warlergh galow Duw, a ros ev dhybm ragowgh why, may hallen declarya an ger a Dhuw. 26Mystery yw hedna hag a veu kelys dres pùb os ha pùb heneth. Saw i'n dedhyow-ma an mystery a veu dysclôsys dhe dus sans Duw. 27Duw a veu plêsys dhe dhysqwedhes dhe-dhans pana rychys, ha pana glory, usy i'n mystery-ma rag oll an poblow. An mystery yw hebma: Crist inowgh why ha govenek an glory usy dhe dhos.

28Ev yw hedna eson ny orth y brogeth, hag yth eson ow qwarnya hag ow tesky pùbonen in pùb furneth, may hallen ny presentya kenyver onen athves in Crist. 29Rag hebma yth esof ow lavurya hag ow strîvya gans oll an nerth usy ev ow ry dhybm rag ow honfortya.

2 Dâ via genef why dhe wodhvos kebmys yw ow strif ragowgh why, ha rag tus Laodycea, ha rag oll an re-na na wrug bythqweth ow gweles fâss orth fâss. 2Dâ via genef aga holon dhe vos kenerthys hag unys in kerensa, ma's teffa y oll an rychys a skentoleth certan, ha ma's teffa an godhvos a vystery Duw—hèn yw Crist y honen. 3Ino ev yma kelys oll an tresourys a furneth hag a skians. 4Me a lever hebma, ma na alla den vëth agas tùlla der argùmentys teg aga semlant. 5Kynth esof vy pell dhyworthowgh why i'n corf, yth esof genowgh why i'n enef, ha lowen ov pàn welaf agas colon dhâ, ha why dhe vos stedfast i'n fëdh a Grist.

6Rag hedna, kepar dell wrussowgh why recêva Jesu Crist an Arlùth, bedhowgh fast, ha why yn few ino. 7Why yw growndys ha byldys in bàn ino ev, ha fùndys owgh i'n fëdh, kepar dell wrussowgh why y dhesky. Rewgh meur râss dhe Dhuw a hedna pùb termyn.

8Bedhowgh war na wrella den vëth agas sowthanas dre fylosofy ha der uvereth gow, usy ow longya dhe'n tradycyons a vebyon tus, pò a dheu dhyworth spyrysyon elvenek an norvës, adar dhyworth Crist.

9Ino ev hag in y dhensys yma tregys an lanwes a Dhuw. 10Why re dheuth dhe lanwes ino ev, neb yw pedn pùb governans hag arlottes. 11Ino ev kefrës why a veu cyrcùmcîsys dre cyrcùmcisyon a'n spyrys, hag ena why a wrug disky corf an kig, ha gorra adro dhywgh an cyrcùmcisyon a Grist. 12Why a veu encledhys ganso i'n besydhyans, may hallowgh why kefrës bos derevys ganso dre fëdh in power Duw, a wrug y dhasterevel dhyworth an re marow.

13Ha pàn ewgh why marow i'gas trespassys, ha heb cyrcùmcisyon i'gas kig, Duw a wrug agas bewhe war-barth ganso ev. Ev a bardonas oll agan trespassys 14ha defendya dhe ves an lîbel esa oll an charjys wàr agan pydn screfys ino. Ev a dhefendyas an re-na dhe ves, pàn wrug ev gans kentrow tackya an lîbel wàr an grows. [15]Ev a gemeras aga arvow dhyworth an auctorytas, ha dhyworth an rewlysy, ha gul ensampel anodhans dhyrag an bobel, kepar hag in keskerth vyctory.

[16]Rag hedna na wrêns den vëth agas dampnya why, ow tùchya boos na dewas, naneyl adro dhe dhegolyow ha'n loor nowyth, pò adro dhe jorna an sabot. [17]Nyns yw an taclow-ma mès skeus a'n re-na usy dhe dhos. An sùbstans gwir anodhans yw Crist. [18]Bydner re wrella den vëth agas dampnya, ha leverel bos res dhywgh hùmblya agas honen pò gordhya eleth. Yma den a'n par-na ow cul vry a'y vesyons y honen, ha whedhys ywa heb chêson vëth oll, drefen ev dhe bredery warlergh sqwîrys mab den. [19]Ev a dalvia kyns sensy fast dhe bedn an corf. In dan rewl an pedn yma oll an corf megys, ha kelmys warbarth, der an jùntys, ha der an giew, hag yma va ow tevy warlergh towl Duw.

[20]A ny wrussowgh why merwel gans Crist, ha passya mes a arlottes spyrysyon elvenek an ûnyvers? Prag yth esowgh why ow fara kepar ha tus, usy whath ow pewa warlergh gîsyow an bës-ma? Prag y whrewgh why obeya dhe rewlys stroth: [21]"Na wrewgh tava na tastya na handla"? [22]Yma oll an re-na ow concernya taclow a wra pedry wosa bos ûsys. Nyns yw an rewlys-na mès gorhebmyn ha dyscans mab den. [23]Taclow yns y in gwir a's teves an semlant a furneth, rag ymowns y ow sordya dywysycter, uvelder ha dhe controllyans an kig. A vohes valew yns y warbydn sensùalyta.

3 Rag hedna, mar pewgh why derevys gans Crist, whelowgh an taclow usy avàn, le mayth usy Crist a'y eseth adhyhow dhe Dhuw. [2]Settyowgh agas brës wàr an taclow avàn, kyns ès wàr daclow an nor, [3]rag why re verwys, ha'gas bêwnans yw cudhys gans Crist in Duw. [4]Pàn vo dysqwedhys Crist, hag ev yw agas bêwnans, nena why kefrës a vëdh dyscudhys ganso in glory.

[5]Rag hedna gwrewgh ladha inowgh why pùptra a vo dhyworth an bës, mostethes, avlanythter, passyon, lùstys ha coveytys (gordhyans idolys yw hedna). [6]Awos oll an re-ma yma sorr Duw ow tos wàr an dus dywostyth. [7]Yth esewgh why ow sewya an fordhow-ma i'n dedhyow kyns, pàn ewgh why yn few i'n bêwnans-na. [8]Saw i'n tor'-ma res yw dhywgh defendya dhe ves taclow a'n par-na—sorr, anger, envy, cabel ha vilta ganow. [9]Na leverowgh gow an eyl dh'y gela, abàn wrussowgh why gorra dhywarnowgh an den coth esa adro dhywgh ha'n gîsyow esa dhodho. [10]Why re worras adro dhywgh an den nowyth, neb yw nowedhys in furneth warlergh imach y formyor. [11]I'n nowedhyans-ma nyns eus namoy Grêk pò Yêdhow, tus cyrcùmcîsys pò tus heb cyrcùmcisyon, pagan, Scythyan, keth pò frank, mès Crist yw pùptra in pùbonen.

[12]Rag hedna, abàn owgh why tus dêwysys Duw, sans ha meurgerys, gorrowgh i'gas kerhyn mercy, caradôwder, uvelder, clorder ha perthyans. [13]Godhevowgh an eyl y gela, ha mar pëdh croffal gans den vëth warbydn y gentrevak, gwrêns ev y bardona. Kepar dell wrug an Arlùth

agas pardona why, y tal dhywgh pardona magata. ¹⁴Dres oll gorrowgh kerensa i'gas kerhyn, rag yma hodna ow kelmy pùptra warbarth in composter perfeth.

¹⁵Bedhens cres Crist ow rewlya i'gas colon, rag dhe hedna why a veu gelwys i'n udn corf. Ha rewgh grassow. ¹⁶Bedhens ger Crist tregys in rych inowgh. Gwrewgh desky ha gwarnya an eyl y gela in pùb furneth, ow cana dhe Dhuw i'gas colon salmow, hympnys hag antempnys spyrysek. ¹⁷Pynag oll tra a wrellowgh why gul, in lavar pò in ger kyn fe, gwrewgh e in hanow an Arlùth Jesu, ha rewgh grassow dhe Dhuw an Tas dredho ev.

¹⁸A wrageth, bedhowgh gostyth dh'agas gwer, dell dhegoth i'n Arlùth.

¹⁹A wer, kerowgh agas gwrageth, ha na vedhowgh wherow dhedhans.

²⁰A flehes, obeyowgh dh'agas tas ha'gas mabm in pùptra, rag yma hebma ow plêsya an Arlùth yn tâ.

²¹A dasow, na wrewgh provôkya agas flehes, pò martesen y a wra kelly colon.

²²A gethwesyon, obeyowgh dh'agas mêstrysy i'n pùptra, pàn vowns y orth agas gweles, rag aga flêsya, ha gans colon dhâ hag in own a'n Arlùth in termynyow erel kefrës. ²³Pynag oll tra a wrellowgh, gwrewgh e gans bolùnjeth dâ, kepar ha pàn vewgh why orth y wul rag an Arlùth, kyns ès rag agas mêstrysy. ²⁴Why a wor why dhe recêva dhyworth an Arlùth erytans avell weryson. Yth esowgh why ow servya an Arlùth Crist. ²⁵Rag neb a wrella cabmweyth, a vëdh aqwytys warlergh myns y dhrog, ha nyns usy Duw ow favera den vëth dres y goweth.

4 A vêstrysy, bedhowgh ewn ha gwiryon tro ha'gas kethwesyon, rag why a wor bos Mêster dhywgh why in nev.

²Gwrewgh pêsya in pejadow, ha bedhowgh yn tyfun ino gans grassow. ³Pesowgh genen ny kefrës may whrella Duw egery daras dhyn rag an ger, may hallen ny progeth mystery Crist, esof vy in pryson ragtho. ⁴Nena me a vëdh abyl dh'y brogeth yn apert, kepar dell dhegoth dhybm. ⁵Kerdhowgh in furneth tro ha'n re-na usy avês, ha gwrewgh devnyth dâ a'n termyn. ⁶Bedhens agas cows grassyùs pùpprës, ha blesys gans holan, may hallowgh why pùb eur oll godhvos in pana vaner a goodh dhywgh gortheby kenyver onen.

⁷Tykycùs, agan broder meurgerys, diagon lel ha keskethwas i'n Arlùth, a wra derivas dhywgh adro dhybm. ⁸Rag an very porpos-ma me re'n danvonas dhywgh, may hallowgh why godhvos fatell yw genen, ha may halla ev y honen confortya agas colon. ⁹Yma va ow tos gans Onecymùs, an broder lel ha meurgerys, hag ev yw onen ahanowgh. Y a wra derivas dhywgh oll an nowodhow obma.

¹⁰Yma Arystarcùs, kesprysner genef, orth agas dynerhy, ha Mark, kenderow Barnabas. Why a recêvas gormynadow adro dhodho. Mar teu va dhywgh, gwrewgh y wolcùbma. ¹¹Yma Jesu, henwys Jùstùs, orth agas dynerhy kefrës. An dhew-ma yw an re udnyk a'n dus cyrcùmcîsys, usy in mesk ow hesoberoryon rag gwlascor Duw. An dhew anodhans a veu confort dhybm. ¹²Onen ahanowgh ha kethwas a Jesu Crist yw Epafras. Yma va orth agas dynerhy. Y fëdh ev ow strîvya ragowgh in y bejadow, may

hallowgh why sevel yn athves ha stedfast in pùb part a volùnjeth Duw. [13]Dùstuny ov, ev dhe lavurya yn cales ragowgh why ha rag an dus in Laodycea hag in Hieropolys. [14]Yma Lûk, an medhek meurgerys, ha Demas orth agas dynerhy. [15]Dynerhowgh ragof an vreder in Laodycea. Dynerhowgh Nymfa ha'n eglos usy in hy chy.

[16]Ha pàn vo redys an lyther-ma i'gas mesk, gwrewgh may fo va redys in eglos Laodycea kekefrës, ha kemerowgh with may whrellowgh why redya an lyther dhia Laodycea magata.

[17]Comondyowgh indelma dhe Arkyppùs, "Kebmer with te dhe collenwel an ober a wrusta recêva i'n Arlùth."

[18]Me, Pawl, yth esof ow screfa an dynargh-ma gans ow leuv ow honen. Perthowgh cov a'm chainys. Re bo grâss genowgh why.

Kensa Pystyl Pawl dhe'n Thessalonyans

1 Dhyworth Pawl, Sylvanùs ha Tymothy,

Dhe eglos an Thessalonyans in Duw an Tas hag i'n Arlùth Jesu Crist:

Re bo grâss dhywgh ha cres.

[2]Yth eson ny pùpprës ow ry grassow dhe Dhuw ragowgh why oll, ha prèst ow cul mencyon ahanowgh i'gan pejadow. [3]Yth eson ny ow perthy cov dhyrag agan Duw ha'gan Tas a'gas lavur a fëdh, a'gas ober a gerensa, hag a'gas perthyans ha govenek i'gan Arlùth Jesu Crist.

[4]Ny a wor, a vreder, Duw dh'agas cara ha dh'agas dêwys why. [5]Ny dheuth agan messach a'n nowodhow dâ dhywgh i'n ger yn udnyk, mès in power an Spyrys Sans kefrës. Why yw certan a'y wiryoneth, kepar dell wodhowgh why agas honen, pana dus en ny i'gas mesk ragowgh why. [6]Why a wrug omhevelly dhyn ny, ha dhe'n Arlùth, rag in despît dhe dormens why a recêvas an ger gans joy. Why a veu kenerthys gans an Spyrys Sans, [7]may fewgh why ensampel dhe oll an gryjygyon in Macedonya hag in Acaya. [8]Ger an Arlùth a wrug seny dhyworthowgh in Macedonya hag in Acaya. Moy ès hedna agas fëdh in Duw a veu aswonys in pùb tyller aral kefrës, ma nag eus othem vëth a gôwsel anedhy. [9]Yma tregoryon an côstys-na ow teclarya adro dhyn pana wolcùm a'gan beu dhyworthowgh, ha fatell wrussowgh why trailya dhe Dhuw dhyworth idolys. Why a drailyas dhyworth idolys, may hallowgh why servya an Duw gwir ha bew, [10]ha may whrellowgh why gortos y Vab dhyworth an nevow, an Mab a wrug Duw derevel a'n re marow—Jesu, usy orth agan delyvra mes a'n sorr usy ow tos.

2 Why a wor, a vreder, na veu uver agan vysyt dhywgh. [2]Kyn whrussyn godhaf solabrës, ha kyn feun ny compressys yn tydn in Fylyppy, why a wor fatell en ny colodnek in Duw. Why a wor fatell wrussyn progeth dhywgh awayl Duw in despît dhe strif brâs. [3]Rag ny dheu agan awayl naneyl mes a dhysseyt, na mes a rêsons dyslel, na castys tus. [4]Nâ, kepar dell veun comendys gans Duw, ha kepar dell veu progeth an awayl delyvrys dhyn, indelma yth eson ny ow côwsel. Nyns eson ny ow whelas dhe blêsya mab den, mès dhe blêsya Duw, rag yma va ow prevy agan colon. [5]Duw yn test, why a wor na wrussyn ny bythqweth ûsya fâls-lavarow, na facya der ewn coveytys. [6]Naneyl ny wrussyn ny whelas prais dhyworth tus, boneyl dhyworthowgh why, pò dhyworth ken re, [7]kyn fen ny abyl dhe wovyn lowr avell abosteleth Crist. Ny a veu clor i'gas mesk kepar ha mabmeth whar ow chersya hy flehes. [8]Mar dhown yw agan kerensa tro ha why, mayth en ny porposys dhe gevradna genowgh awayl Duw, ha'gan honen kefrës. Ass owgh why ker dhyn! [9]Yth esowgh why ow perthy cov, a vreder, a'gan lavur hag a'gan ober. Ny a wrug lavurya nos ha jorna, ma na wrellen poynt agas

288

beghya why, ha ny ow progeth awayl Duw dhywgh.

¹⁰Why ha Duw kefrës yw ow dùstuniow. Dywysyk, gwiryon ha dyvlam o agan conversacyon tro ha why, why cryjygyon. ¹¹Why a wor ny dhe fara tro ha kenyver onen ahanowgh kepar ha tas tro ha'y flehes y honen. ¹²Ny a wre agas exortya ha kenertha. Yth esen ow tyspûtya genowgh, may whrellowgh why bewa in maner wordhy a Dhuw, rag yma va orth agas gelwel bys in gwlascor y glory.

¹³Yth eson ny kefrës ow ry grassow heb hedhy dhe Dhuw rag hebma: pàn wrussowgh why recêva ger Duw, neb a glôwsowgh why dhyworthyn ny, why a'n recêvas avell lavar Duw, adar avell fug-lavar mab den. Rag lavar Duw o va in very gwiryoneth. Yma an ger owth obery inowgh why, a gryjygyon. ¹⁴Why yw haval, a vreder, dhe'n eglosyow a Dhuw usy in Jûdy, ha why a sùffras taclow kepar, orth dewla an dus a'gas pow why, hag a wrussons y godhaf dhyworth an Yêdhewon. ¹⁵An Yêdhewon a ladhas an Arlùth Jesu Crist, ha'n profettys, hag y a'gan herdhyas ny in mes. Indelma ymowns y ow serry Duw, hag y contrary dhe bùbonen. ¹⁶Yth esens orth agan gwetha ny rag côwsel orth an Jentylys ha'ga hùmbronk dhe salvacyon. Yth esens y prèst ow lenwel musur aga fegh, saw venjans Duw a dheuth warnodhans wàr an dyweth.

¹⁷Saw ny, a vreder, ny a veu gwrës omdhevasow rag pols, pàn veun ny dyberthys dhyworthowgh—i'n corf kyns ès i'n spyrys—hag yth esen ny ow whansa yn fèst agas gweles why fàss orth fàss. ¹⁸Whansek en dhe dhos

dhywgh. Ea, me, Pawl, me a dhesîryas pòr lies torn dos dhywgh, mès Satnas a'gan lettyas. ¹⁹Pëth yw agan govenek pò agan joy pò agan cùrun a vôstyans dhyrag agan Arlùth Jesu pàn dheffa va? A nyns ywa whywhy? ²⁰Why yw agan lowender ha'gan glory!

3 Rag hedna, pàn na yllyn y berthy na fella, ny a erviras trega agan honen oll in Athens. ²Ny a dhanvonas Tymothy, agan broder ha kesoberor gans Duw in progeth awayl Crist, may halla va agas confortya why, ha kenertha agas fëdh, ³ma na vo den vëth shakys der an compressans-ma. In gwir, why agas honen a wor bos hebma an pëth a veun ny destnys dhodho. ⁴In gwiryoneth, pàn esen ny genowgh, ny a leverys dhywgh dhyrag dorn ny dhe wodhaf compressans. Hag indella y feu, dell wodhowgh why. ⁵Rag hebma, pàn na yllyn y berthy na fella, me a dhanvonas dhe wodhvos adro dh'agas fëdh. Own a'm beu martesen an temptyor dh'agas temptya why, ha'gan lavur ny dhe vos dhe goll.

⁶Saw Tymothy a dheuth dhyn agensow dhyworthowgh, hag ev a dhros ganso an nowodhow dâ a'gas fëdh hag a'gas kerensa. Ev re leverys dhyn kefrës why dh'agan remembra gans cufter, ha dhe vos whansek a'gan gweles. Ny inwedh yw whansek a'gas gweles whywhy. ⁷Rag hedna, a vreder, der oll agan anken ha'gan troblys, ny a veu confortys i'gas kever der agas fëdh. ⁸Rag anal an bêwnans a vëdh dhybm, mar tewgh why ha durya ha sevel fast i'n Arlùth. ⁹Fatell yllyn ny ry dhe Dhuw grassow lùk

ragowgh, may fo aqwytys oll an joy a'gan beus i'gas kever dhyrag agan Duw? [10]Nos ha jorna yth eson ny ow pesy yn tywysyk, may hallen agas gweles fâss orth fâss, hag amendya agas crejyans, mar pëdh dyfyk vëth inhy.

[11]Lebmyn re wrella Duw agan Tas ha'gan Arlùth Jesu gedya agan fordh dhywgh. [12]Ha re wrauntya an Arlùth why dhe encressya ha dhe vos leun in kerensa an eyl dh'y gela ha dhe bùbonen, kepar dell yw leun agan kerensa ny tro ha why. [13]Re wrella an Arlùth crefhe agas colon in sansoleth, may fewgh why heb nàm vëth dhyrag agan Duw ha Tas, pàn dheffa agan Arlùth Jesu gans oll y sens.

4 Wàr an dyweth, a vreder, ny a vydn agas pesy ha'gas exortya i'n Arlùth Jesu, dhe wul udn dra. Ny a wrug agas desky in pana vaner a gotha dhywgh bewa rag plêsya Duw. Yth esowgh why ow pewa indelma solabrës, saw ny a'gas pës dhe wul indelma dhe voy. [2]Rag why a wor pëth o an dyscans a wrussyn ny ry dhywgh in hanow an Arlùth Jesu.

[3]Rag hèm yw bolùnjeth Duw: agas bos why sans. Res yw refrainya dhyworth mostethes; [4]pùbonen ahanowgh a dal controllya y gorf in sansoleth hag in onour. [5]Na wrewgh plegya dhe drog-whansow kepar ha'n paganys. Nyns yw Duw aswonys dhedhans. [6]Na wrêns den vëth ahanowgh gul cabmweyth warbydn y vroder i'n mater-ma na gul prow anodho. Kepar dell wrussyn agas gwarnya yn sevur kyns lebmyn, an Arlùth a wra pùnyshya pùb cabmweyth a'n par-na. [7]Rag Duw a'gan gelwys dhe sansoleth adar dhe avlanythter. [8]Mar teu

nebonen ha sconya an rewlys-ma, nyns usy ev ow sconya auctoryta mab den, mès Duw y honen, Duw usy ow ry dhywgh y Spyrys Sans.

[9]Ow tùchya kerensa an vreder, nyns eus othem vëth dhywgh a dhen vëth dhe screfa dhywgh, rag why agas honen a veu deskys gans Duw dhe gara an eyl y gela. [10]Ea, yth esowgh why ow cara an vreder in gwir dres oll Macedonya. Mès yth eson ny orth agas exortya, a dus veurgerys, dhe wul gwell whath.

[11]Bedhowgh porposys dhe vewa yn cosel, dhe bredery a'gas taclow agas honen. Lavuryowgh gans agas dewla kepar dell wrussyn ny comondya dhywgh, [12]may fo wordhy agas conversacyon in golok an re-na usy wàr ves. I'n kettermyn ny vedhowgh why nefra in esow.

[13]Ny via dâ genen, a vreder, why dhe vos heb godhvos ow tùchya an re marow, ma na vewgh why grêvys kepar ha tus erel na's teves govenek vëth. [14]Drefen ny dhe gresy Jesu dhe verwel ha dhe dhasserhy, in kepar maner, dre Jesu Crist, Duw a wra dasvewa an re-na usy in cùsk. [15]Rag yth eson ny ow terivas hebma dhywgh dre lavar an Arlùth. An radn ahanan yw yn few ha gesys erna dheffa an Arlùth, ny wren ny dos kyns ès an re-na usy in cùsk. [16]Pàn vo clôwys an ger a gomondment, galow an arghel ha'n son a drompa Duw, an Arlùth y honen a wra skydnya dhia nev. An re marow in Crist a vëdh derevys kyns. [17]Nena nyny, yw yn few ha gesys, a vëdh kechys in bàn i'n cloudys warbarth gansans dhe vetya gans an Arlùth i'n air. Indella ny a vëdh gans an Arlùth bys vycken.

18Gwrewgh confortya an eyl y gela der an geryow-ma.

5 Ow tùchya termynyow ha sêsons, nyns eus othem vëth a screfa tra vëth dhywgh, a vreder. 2Rag why a wor agas honen dëdh an Arlùth dhe dhos kepar ha lader i'n nos. 3Pàn vowns y ow leverel, "Yma cosoleth ha cres," nena y teu dystrùcsyon trobm warnodhans, kepar ha painys golovas wàr venyn gans flogh. Ny vëdh den vëth abyl dhe dhiank.

4Saw why, ow breder veurgerys, nyns esowgh why in tewolgow, may halla an jorna-na agas contraweytya kepar ha lader. 5Rag why oll yw flehes a'n golow, ha flehes a'n jëdh. Nyns eson ny ow longya naneyl dhe'n nos na dhe'n tewolgow. 6Bydner re dheffa cùsk warnan, ytho, kepar ha wàr dus erel. Gesowgh ny dhe drega dyfun ha dyvedhow. 7Rag i'n nos y fëdh an gùscoryon in cùsk hag orth golow nos y fëdh an pednow medhow owth omvedhowy. 8Abàn eson ny ow longya dhe'n jëdh, bedhyn dyvedhow, ha gesowgh ny dhe worra i'gan kerhyn an brestplât a fëdh hag a gerensa hag avell basnet an govenek a sylwans. 9Ny wrug Duw agan appoyntya dhe wodhaf sorr, mès dhe recêva sylwans der agan Arlùth Jesu Crist. 10Ev a dhug mernans ragon ny, yn tyfun pò in cùsk kyn fen, may hallen ny bewa warbarth ganso ev. 11Rag hedna confortyowgh an eyl y gela ha derevowgh an eyl y gela—neppyth esowgh why ow cul solabrës.

12Yth eson ny orth agas comondya, a vreder, may whrellowgh why dysqwedhes revrons dhe'n re-na usy ow lavurya i'gas mesk, hag a's teves charj ahanowgh rag agas kesky. 13Dysqwedhowgh meur a worshyp dhedhans in kerensa, awos an lavur usons y ow cul. Bedhowgh in cres an eyl gans y gela. 14Hag yth eson ny orth agas exortya, a vreder veurgerys, may whrellowgh why kesky an dus diek, confortya an dus dyglon, gweres an dus wadn. Bedhens hir agas perthyans tro hag oll an re-na. 15Kemerowgh with na wrella den vëth ahanowgh aqwytya drog gans drog, mès whelowgh pùpprës dhe wul dâ an eyl dh'y gela ha dhe genyver onen.

16Rejoycyowgh pùpprës. 17Pesowgh heb hedhy. 18Rewgh grassow in pùptra, rag hèm yw bolùnjeth Duw in Jesu Crist ragowgh.

19Na wrewgh dyfudhy an Spyrys. 20Na wrewgh despîtya lavarow an profettys, 21saw prevowgh pùptra. Sensowgh in fast dhe'n pëth a vo dâ. 22Sevowgh orth gul drog a sort vëth.

23Re wrella an Duw a gosoleth y honen agas gul sans in kenyver poynt. Re bo agas spyrys ha'gas enef ha'gas corf gwethys salow ha heb fowt vëth orth devedhyans agan Arlùth Jesu Crist. 24Lel yw hedna usy orth agas gelwel. Ev a vydn gul an dra.

25Pesowgh ragon, a dus veurgerys. 26Dynerhowgh oll an vreder gans bay sans. 27Yth esof ow comondya dhywgh yn solem in hanow an Arlùth may fo an lyther-ma redys dhe bùbonen.

28Re bo genowgh grâss agan Arlùth Jesu Crist.

Secùnd Pystyl Pawl dhe'n Thessalonyans

1 Dhyworth Pawl, Sylvanùs ha Tymothy,

Dhe eglos an Thessalonyans in Duw agan Tas hag i'n Arlùth Jesu Crist.

²Re bo grâss dhywgh ha cres dhyworth Duw agan Tas ha'n Arlùth Jesu Crist!

³Res yw dhyn grassa dhe Dhuw pùpprës ragowgh why, a vreder. Res yw dhybm ry grassow, drefen agas fëdh dhe devy yn frâs hag yma an gerensa usy gans pùbonen ahanowgh dh'y gela prèst owth encressya. ⁴Yth eson ny agan honen ow cul bôstow ahanowgh in mesk eglosyow Duw, dre rêson agas fëdh dhe sevel fast in despît dhe oll agas tormens ha dhe oll agas troblys.

⁵Tôkyn dyblans a vreus wir Duw yw hebma. Ev a veu porposys dh'agas gul wordhy a wlascor Duw, mayth esowgh why ow codhevel rygthy. ⁶Rag ewn yw pàn wra Duw rewardya gans anken an re-na usy orth agas tormentya why. ⁷Yma va ow ry solas dhywgh why, pàn owgh why troblys, ha dhyn ny kefrës. I'n termyn may fëdh dysclôsys an Arlùth Jesu dhia nev gans y eleth galosek, ⁸in flabmow a dan, ev a wra venjya wàr an re-na na wrug aswon Duw, ha na wrug obeya dhe awayl an Arlùth Jesu. ⁹An re-na a wra godhaf an pùnyshment a

dhystrùcsyon heb dyweth. Y a vëdh dyberthys dhyworth fâss an Arlùth ha dhyworth glory y allos, ¹⁰pàn dheffa ev dhe vos gordhys gans y bobel y honen. I'n jorna-na oll an re-na a gresys, a vydn kemeres marth anodho. Why a vëdh i'ga mesk, rag why a gresys an messach a wrussyn ny dry dhywgh.

¹¹Rag hedna yth eson ny pùpprës ow pesy ragowgh. Yth eson ow covyn may whrella Duw agas gul wordhy a'y alow, ha may whrella collenwel der y allos pùb porpos dâ, ha pùb ober a fëdh. ¹²Indelma y fëdh glory-fies hanow agan Arlùth Jesu inowgh why, ha why ino ev, warlergh grâss agan Duw ha'n Arlùth Jesu Crist.

2 Ow tùchya devedhyans agan Arlùth Jesu Crist ha'gan bos ny cùntellys warbarth rag metya ganso: ny a'gas pës, a vreder, ²na vewgh why shakys whare i'gas brës na troblys i'n spyrys dre lavar pò dre lyther, usy ow facya dos dhyworthyn hag ow leverel bos jorna an Arlùth devedhys sola-brës. ³Na wrêns den vëth agas tùlla màn. Ny yll an jorna-na dos erna dheffa kyns oll an rebellyans dewetha, hag erna vo dyscudhys an den a begh. Ev a veu destnys dhe dhystrùcsyon. ⁴Yma va owth exaltya y honen hag ow sevel warbydn pùptra a vo gelwys "duw" ha warbydn pùptra a vo gordhys gans mab den. Yma va a'y eseth i'n very templa a Dhuw ow teclarya y honen dhe vos Duw.

⁵Certan yw why dhe remembra fatell wrug avy declarya hebma dhywgh, pàn esen i'gas mesk. ⁶Ha why a wor pandr'usy orth y lettya, ma na vo va dyscudhys erna dheffa y dermyn. ⁷Rag yma mystery an sherewynsy owth obery solabrës, saw

ev neb usy orth y lesta a vydn gul indelma erna wrella va voydya. ⁸Nena an den dylaha na a vëdh dysclôsys. I'n tor'-na an Arlùth Jesu a vydn y dhystrêwy der anal y anow, ha'y dhyswul yn tien gans splander gloryùs y dhevedhyans. ⁹Ober Satnas yw devedhyans an den dylaha-na. Attendys vëdh gans oll sînys galosek ha merclys an Gow, ¹⁰ha gans pùb dysseyt a alla sherewynsy settya wàr an re-na eus destnys dhe dhystrùcsyon. Dyswrës y a vëdh, rag ny wrussons y egery aga brës dhe gerensa an gwiryoneth dhe gafos salvacyon. ¹¹Rag hedna yma Duw orth aga gorra in dan hus. An hus a wra aga honstrîna dhe gresy an gow, ¹²may fo drës dhe vrusyans oll an re-na nag usy ow cresy an gwiryoneth. Ymowns y ow preferrya an pegh avell aga dêwys porposys.

¹³Saw ny a res grassa dhe Dhuw pùpprës i'gas kever, a vreder veurgerys gans an Arlùth, dre rêson Duw dh'agas dêwys avell an bleynfrût a salvacyon dre sansoleth der an Spyrys, ha dre grejyans i'n gwiryoneth. ¹⁴Rag an towl-ma ev a wrug agas gelwel der agan progeth a'n nowodhow dâ, may hallowgh why cafos an glory a'gan Arlùth Jesu Crist. ¹⁵Rag hedna, a vreder, sevowgh yn fast, ha gwethowgh an dyscans a wrussowgh why desky dhyworthyn dre lavar pò dre lyther.

¹⁶Agan Arlùth Jesu Crist y honen ha Duw agan Tas (neb a'gan caras hag a ros dhyn der y râss confort heb dyweth ha govenek dâ), ¹⁷re wrellens y confortya agas colon ha'gas crefhe in pùb ober wordhy, hag in pùb lavar dâ.

3 Wàr an dyweth, a vreder, pesowgh ragon, may halla ger an Arlùth omlêsa whare ha may fo ev gloryfies in pùb tyller oll, kepar dell ywa gloryfies i'gas mesk why. ²Pesowgh may fen ny gwethys rag sherewys treus, rag ny'n jeves pùbonen fëdh. ³Saw lel yw an Arlùth hag ev a wra agas confortya ha'gas gwetha rag an tebel-el. ⁴Ha ny a'gan beus fydhyans i'n Arlùth i'gas kever why, fatell wrewgh why agan gorhemynow ha pêsya inhans. ⁵Re wrella an Arlùth lêdya agas colon dhe gerensa Duw ha dhe vos stedfast in Crist.

⁶Yth eson ny owth erhy dhywgh, a vreder, in hanow an Arlùth Jesu Crist, dyberth dhyworth an vreder-na usy ow pewa in sygerneth, ha warbydn an dyscans a wrussowgh why recêva dhyworthyn. ⁷Rag why agas honen a wor in pana vaner a dal dhywgh fara. Nyns en ny diek pàn esen ny i'gas mesk. ⁸Ny wrussyn ny debry bara den vëth heb y brena. Nâ, gans lavur crev yth esen ny ow lavurya dëdh ha nos, ma na wrellen beghya den vëth ahanowgh. ⁹Ny veu hedna dre rêson na'gan beu an gwirna, saw may hallen ny ry dhywgh ensampel dhe wul wàr y lergh. ¹⁰Pàn esen ny genowgh kefrës, ny a ros dhywgh an comondment-ma: neb na vydna lavurya, na wrêns ev naneyl debry.

¹¹Yth eson ny ow clôwes lebmyn fatell eus radn ahanowgh ow pewa in sygerneth avell mellyoryon heb gul lavur vëth oll. ¹²Yth eson ny ow comondya hag owth exortya tus an par na i'n Arlùth Jesu Crist dhe wul aga lavur yn cosel ha dhe dhendyl aga bêwnans aga honen. ¹³A vreder, na

wrewgh kelly colon, ha why ow cul an pëth a vo dâ.

¹⁴Nôtyowgh an re-na na vo parys dhe obeya dh'agan gorhemynow i'n lyther ma. Na wrewgh omgemysky gansans, hag indelma y a vëdh shâmys. ¹⁵Na wrewgh aga dyghtya avell eskerens, saw gwrewgh aga rebûkya kepar ha breder.

¹⁶Re rolla an Arlùth a gres cosoleth dhywgh why pùpprës hag in pùb maner. Re bo an Arlùth genowgh why oll.

¹⁷Me, Pawl, yth esof vy ow screfa hebma gans ow leuv ow honen. Hèm yw an merk usy in pùb lyther. Indelma yth esof vy ow screfa.

¹⁸Re bo grâss agan Arlùth Jesu Crist genowgh why oll.

Kensa Pystyl Pawl dhe Tymothy

1 Dhyworth Pawl, abostel a Jesu Crist dre gomondment Duw agan Savyour hag a Jesu Crist agan govenek.

²Dhe Tymothy, ow flogh lel i'n fëdh:

Re bo grâss, mercy ha cres dhis dhyworth Duw an Tas, ha dhyworth Jesu Crist agan Arlùth.

³Yth esof vy orth dha exortya, kepar dell wruga pàn esen wàr ow fordh dhe Macedonya, dhe drega in Efesùs, may halles erhy certan re dhe refrainya dhyworth desky dyscans camgemerys. ⁴Comond dhedhans, na wrellens mellya gans whedhlow hag aghscrîvow heb worfen. Yma taclow a'n par-na ow provôkya dowtys, saw ny yllons y gul dhyn godhvos an towl a Dhuw, usy owth obery dre fëdh. ⁵An porpos a'gan arhadow yw an gerensa usy ow tos dhyworth colon lân, côwsys cosel ha fëdh wiryon. ⁶Certan tus a gollas aga forpos ha trailya dhe gows uver. ⁷Ymowns y ow tesîrya bos descadoryon a'n laha heb convedhes naneyl an pëth usons y ow leverel, na'n taclow usons y ow côwsel adro dhedhans.

⁸Ny a wor bos dâ an laha, mars usy den ow cul devnyth anodho yn compes. ⁹Res yw convedhes, na veu an laha settys in mes rag an dus jùst, mès rag an dus dylaha ha dywostyth, an debel-wesyon dreus, an re ansans hag ùngrassyùs, tus a vo parys dhe ladha tas pò mabm, ¹⁰gyglos, sodomydhyon, gwycoryon kethwesyon, gowygyon, gowlioryon ha'n re-na a wrussa tra vëth aral a vo contrary dhe dhyscans yagh. ¹¹Yma dyscans yagh plegadow dhe awayl gloryùs agan Duw benegys, hag ev a worras an awayl-na i'm charj vy.

¹²Yth esof owth aswon grâss dhe Jesu Crist agan Arlùth, a wrug ow honfortya, rag ev a'm jùjyas lel hag a'm appoyntyas dh'y servys ev, ¹³kyn feuma i'n dedhyow kyns blasfemyor, tormentour ha den garow, gwyls ow fara. Me a recêvas mercy, drefen me dhe obery kyns dre nycyta hag in dyscrejyans. ¹⁴Dre râss an Arlùth me a recêvas an lanwes a fëdh hag a gerensa, usy in Jesu Crist.

¹⁵Hèm yw lavar gwir ha wordhy dhe vos recêvys gans pùbonen: Jesu Crist dhe skydnya dhe'n bys rag prena pehadoryon—ha me yw an lacka anodhans. ¹⁶Rag an very rêson-na Duw a ros dhybm mercy, may halla Jesu dysqwedhes pùb perthyans tro ha me, pehador a'n gwetha. Me a veu ensampel dhe bynag oll a dheffa dhe gresy ino wàr ow lergh, ha dhe gafos an bêwnans heb dyweth. ¹⁷Dhe Vytern an osow, dyvarow, dywel, an Duw udnyk, re bo onour ha glory bys vycken ha bys venary! Amen.

¹⁸Yth esof ow ry dhis an gormynadow-ma, Tymothy, ow flogh, warlergh an profecy gwrës kyns adro dhis, may halles aga sewya hag indelma omlath an omlath dâ, ¹⁹dre fëdh ha dre gonscyans cosel. Pàn wrug certan re denaha conscyans, y feu an gorhal a'ga fëdh terrys. ²⁰In mesk an re-na yma Hymeneùs hag Alexander.

Me a's delyvras dhe Satnas, may hallens y desky fatell res dhedhans refrainya dhyworth cably Duw.

2 Yth esof vy owth inia i'n kensa le may fo gwrës pejadow, govynadow, gorholeth ha grassans rag kenyver onen, [2]rag myterneth hag oll an re-na usy in auctoryta, may hallen ny bewa in cosoleth hag in cres, in sansoleth hag in dynyta. [3]Dâ yw hebma ha plegadow in golok Duw agan Savyour, [4]rag yma va ow tesîrya may fo sawys pùbonen, ha may teffa kenyver onen dhe aswon an gwiryoneth. [5]Yma udn Duw; hag yma udn main kefrës inter Duw ha mebyon tus, an den Jesu Crist. [6]Ev a ros y honen yn raunson rag kenyver onen. Hedna a veu destys orth an termyn ewn. [7]Rag hebma me a veu appoyntys herot hag abostel (me a lever an gwiryoneth—ny lavaraf gow), descador a'n Jentylys in fëdh hag in gwiryoneth.

[8]Rag hedna dâ via genef an wesyon dhe besy in pùb tyller, ow terevel in bàn dewla sans heb strif na dyspûtyans.

[9]Yn kepar maner y tal dhe'n benenes omwysca in dyllas onest hag uvel, heb plethedna aga blew, heb owr, perlys na dyllas a bris uhel. [10]Res yw dhe'n benenes gorra i'ga herhyn oberow dâ, dell dhegoth dhe'n re-na usy ow meneges revrons dhe Dhuw.

[11]Gwrêns an venyn desky yn tawesek gans cowl-obedyens. [12]Nyns esof vy ow ry lecyans dhe venyn vëth desky na kemeres arlottes wàr hy gour. Res yw dhedhy tewel. [13]Rag Adam a veu gwrës kensa, hag Eva wàr y lergh. [14]Ny veu Adam dysseytys, saw an venyn a veu dysseytys ha

codha in pegh. [15]Hy a vëdh selwys dre dhenethy flehes, mar qwra hy trega in fëdh, in kerensa hag in sansoleth warbarth gans onester.

3 Sur yw an lavar-ma: neb a wrella whelas an offys a epscop, yma va ow whelas offys uhel. [2]Y tal dhe epscop bos dyvlam, gour udn wreg, clor, fur, jùst, larj, descador dâ. [3]Na vedhens pedn medhow na rës dhe argùmentys. Bedhens ev hegar, den na bleg strif dhodho. Bedhens heb coveytys vëth. [4]Y tal dhodho governa yn tâ y veyny y honen, ow qwetha y flehes in dadn y rewl hag y uvel in pùptra. [5]Mar ny wor den governa y veyny y honen, fatell yll ev governa eglos Duw? [6]Na vedhens ev dyscypyl nowyth, boken ev a alsa bos leun a woth, hag indelma codha aberth in dampnacyon an tebel-el. [7]Res yw dhodho inwedh cafos dùstuny dâ dhyworth an re-na usy avês dhe'n eglos, ma na wrella va codha in bysmêr hag antylly an tebel-el.

[8]Yn kepar maner res yw dhe dhiagonas bos dywysyk, gwiryon aga thavas, heb medhêwnep na coveytys warlergh pëth an bës. [9]Y a res sensy yn fast dhe vystery an fëdh gans conscyans glân. [10]Res yw aga examnya kensa, ha nena mar pedhons y kefys heb fowt vëth, gwrêns y servya avell diagonas.

[11]Y tal inwedh dhe venenes bos sad. Na vedhens tavasogesow, mès clor ha lel in pùptra.

[12]Bedhens an diagon gour udn wreg, ha gwrêns ev governa yn tâ y flehes ha'y veyny. [13]An re-na usy ow servya avell diagonas yn tâ, ymowns y ow qwainya revrons dhedhans aga honen ha bolder brâs in fëdh Jesu

Crist.

¹⁴Govenek a'm beus dhe dhos
dhywgh kyns na pell, saw yth esof ow
screfa an comondmentys-ma dhywgh,
may hallowgh why godhvos, ¹⁵mar
teuma ha dylâtya, fatell res fara in
meyny Duw. Hèn yw dhe styrya eglos
an Duw bewek, an pyllar ha'n grownd
a wiryoneth. ¹⁶Heb dowt vëth oll brâs
yw mystery agan crejyans:

Ev a veu dysclôsys i'n kig,
    mentenys in Spyrys,
gwelys gans eleth, pregowthys in
    mesk an Jentylys,
hag y feu cresys ino ev dres oll an
    bës,
hag ev a veu kemerys in bàn in
    glory.

4 Yma an Spyrys ow leverel yn
tyblans, fatell wra certan re in
termynyow dewetha denaha an fëdh.
Y a vydn mos tro ha fâls spyrysyon ha
dyscans dewolow, ²awos fekyl lavar-
ow gowygyon, neb yw aga honscyans
leskys gans horn tobm an tebel-el.
³Ymowns y ow tyfedna demedhyans.
Ymowns y ow sconya dhe dhebry
boos, kyn feu va creatys gans Duw
dhe vos rydnys gans grassow inter an
gryjygyon, neb a wor an gwiryoneth.
⁴Rag dâ yw kenyver tra re beu formys
gans Duw, ha ny res sconya tra vëth,
mar pëdh ev recêvys gans meur râss.
⁵Alowys ywa dre er Duw ha dre
bejadow.
⁶Mar teuta ha settya an comond-
mentys-ma dhyrag an vreder, te a
vëdh servont dâ a Jesu Crist, megys
gans lavarow an fëdh ha gans an
dyscans salow a wrusta sewya. ⁷Gwra
sconya yn tien whedhlow an paganys,
hag istorys benenes coth. Dysk dha
honen in sansoleth. ⁸Lafur a'n corf

yw a nebes valew, mès lavur adro dhe
sansoleth yw vas rag pùptra, hag yma
va ow ry promys rag an bêwnans-ma
ha rag bêwnans an bës usy ow tos.
⁹Lel yw an ger ha wordhy dhe vos
recêvys gans kenyver onen. ¹⁰Rag an
rêson-ma yth eson ny ow lavurya hag
ow strîvya, rag yma agan govenek
settys wàr an Duw a vêwnans, hag ev
yw an Savyour a bùbonen, ha spessly,
an Savyour a'n re-na usy ow cresy ino.
¹¹Te a res inia ha desky an taclow-
ma. ¹²Bydner na wrella den vëth
dysprêsya dha yowynkneth, mès bëdh
ensampel dâ dhe'n gryjygyon i'th
lavarow hag i'th fara, in kerensa, in
fëdh hag in glânder. ¹³Erna wryllyf vy
dos, gwra attendya dhe redyans
poblek an scryptour, dhe iniadow ha
dhe dhyscans. ¹⁴Na wra kemeres in
dysdain an ro usy inos, hag a veu rës
dhis dre brofecy, pàn veu dewla settys
warnas gans an elders.
¹⁵Gwra obery an taclow-ma. Bëdh
dywysyk inhans may whrella tus
gweles fatell esta owth avauncya.
¹⁶Bëdh war adro dhis dha honen hag
ow tùchya dha dhyscans magata.
Gwra pêsya i'n taclow-ma, rag mar
teuta ha gul indelma, te a wra sawya
dha honen ha'th woslowysy kefrës.

5 Na wra rebûkya elder, mès cows
orto kepar hag orth tas. Cows
orth den yonk avell broder. ²Lavar
dhe venenes cotha avell mabmow ha
dhe venenes yonk avell wheryth gans
oll glanythter.

³Gwra onora an wedhowes neb yw
gwedhowes in gwiryoneth. ⁴Saw
mara's teves gwedhowes flehes pò
flehes wydn, res yw dhe'n re-na in
kensa le desky aga dûta tro ha'ga
meyny aga honen ha wosa hedna

aqwytya aga thas ha mabm. Plegadow yw hedna in golok Duw. ⁵An venyn neb yw gwedhowes wir ha hy gesys hy honen, in Duw yma hy govenek, ha hy a vëdh nos ha jorna ow pesy Duw, hag ow cul govynadow dhodho. ⁶Mars usy gwedhowes ow pewa rag plesour, hy yw marow solabrës, kynth yw hy whath yn few. ⁷Ro dhedhans an comondmentys-ma kefrës, may fêns y dyvlam. ⁸Mar ny wra den vëth provia rag y nessevyn, hag yn arbednek rag y woos nessa, ev re dhenahas an fëdh, ha lacka ywa ès pagan.

⁹Bedhens gwedhowes gorrys wàr an rol, mars yw hy cotha ès try ugans bloodh ha mar ny veu hy demedhys saw unweyth. ¹⁰Res yw dhedhy dysqwedhes dùstuny a oberow dâ, kepar hag onen a wrug an taclow-ma: maga flehes, provia rag estrenyon, golhy treys pobel Duw, gweres an re grêvys ha sewya cheryta a bùb sort.

¹¹Na wra gorra gwedhwesow yonk wàr an rol. Pàn wra aga drog-whansow aga fellhe dhyworth Crist, ymowns y ow tesîrya demedhy arta. ¹²Indelma y a wra dendyl rebûk, drefen y dhe derry an ambos a wrussons y kyns. ¹³I'n kettermyn y a wra desky kefrës dhe vos diek ow qwybya dhia jy dhe jy. Ny vedhons y diek yn udnyk, mès tavasogesow inwedh ha mellyoryon, hag y a lever taclow na godhvia bos leverys. ¹⁴Rag hedna gwell via genef an gwedhwesow yonk dhe dhemedhy, dhe dhenethy flehes ha rewlya aga meyny, ma na'n jeffa an escar chauns vëth dh'agan cably. ¹⁵Rag solabrës certan tus re wrug trailya adenewen ha sewya Satnas.

¹⁶Mara's teves benyn gryjyk gwedhwesow gwir avell nessevyn, re wrella hy aga gweres. Na vedhens y begh wàr an eglos, may halla an eglos ry socour dhe'n re-na neb yw gwedhwesow in gwiryoneth.

¹⁷Mars usy elders ow cul yn tâ avell rewlysy, res yw aga acowntya wordhy a wober dewblek, spessly an re-na usy ow lavurya ow progeth an ger hag in dyscans. ¹⁸Screfys yma i'n scryptours: "Ny wrêta kelmy min ojyon pàn vo va ow fusta," ha, "Wordhy yw an gonesyas a'y wober." ¹⁹Na wra degemeres acûsacyon vëth warbydn onen a'n elders, saw unsel wàr dhùstuny dew dhen pò try den. ²⁰Ow tùchya an re-na usy ow pêsya in pegh, gwra aga rebûkya dhyrag pùbonen, may whrella an remnant kemeres own.

²¹Abarth Duw ha Jesu Crist ha'n eleth dêwysys, yth esof orth dha warnya dhe wetha an comondmentys-ma heb ragvreus ha heb gul tra vëth rag ewn faverans. ²²Na wra fysky dhe ordna den vëth avell menyster, pò martesen res vêdh dhis mos rag pegh tus erel. Gwait pùpprës dhe sensy dha dhewla glân.

²³Ny res dhis na fella refrainya dhyworth eva tra vëth mès dowr. Êv draght a win rag confortya dha bengasen ha drefen te dhe vos clâv yn fenowgh.

²⁴Apert yw pehosow certan re ha'ga fehosow a wra mos dhyragthans dhe'n vreus. Saw pehosow tus erel a wra dos wàr aga lergh dy. ²⁵In kepar maner apert yw oberow dâ. Pàn nag yns y apert, ny yllons y bytele bos cudhys.

6 Oll an re-na ahanowgh a vo in dadn yew an kethneth, y tal dhedhans consydra aga mêster dhe vos wordhy a bùb onour, ma na vo cablys hanow Duw na'n dyscans. ²Ha'n re-na a's teves mêstrysy cryjyk,

na wrêns y aga dysprêsya, rag y yw
kesesely gansans a'n eglos—na, y tal
dhedhans aga servya dhe voy
dywysyk, dre rêson bos Cristonyon
ha tus veurgerys an re-na usons y
orth aga servya. Gwra desky an
dûtas-ma ha gwra aga inia.

³Neb a wrella desky tra vëth aral, na
vo acordys gans geryow salow agan
Arlùth Jesu Crist ha'n dyscans usy
warlergh sansoleth, ⁴ev yw gothys, ha
nyns usy ev ow convedhes tra vëth.
Ev a'n jeves whans clâv a gontra-
versytas hag a gwestyonow ow tùchya
geryow. Mès a'n re ma y teu envy,
strif, cabel, gorgys vylen, ⁵hag argù-
mentys in mesk an re-na yw poder
aga brës. Nyns usy an gwiryoneth
inhans. Y a grës nag yw an sansoleth
mès fordh dhe wainya mona.

⁶Heb mar ocasyon brâs rag gwain
yw sansoleth ha chêson a vrës cosel
kefrës. ⁷Ny wrussyn ny don tra vëth
aberth i'n bës-ma, ha ny yllyn ny don
genen tra vëth mes anodho. ⁸Mar
pëdh genen sosten ha dyllas, ny a
vëdh lowen gansans. ⁹Saw an re-na
usy ow tesîrya rychys, y a wra codha
in temptacyon ha maglednys vedhons
dre lies whans gocky ha diantel, usy
ow lêdya tus dhe vyshyf ha dhe
dhystrùcsyon. ¹⁰Coveytys yw an
wredhen a bùb drog. Der aga ewl dhe
vos rych certan tus a wrug gwandra
dhyworth an fëdh, ha gwana aga
honen gans lies pain.

¹¹Saw te, te dhen a Dhuw, gwra
sconya oll an re-na. Gwra sewya an
taclow ma: ewnder, sansoleth, fëdh,
kerensa, duryans ha clorder. ¹²Gwra
omlath omlath dâ an fëdh. Set dalhen
i'n bêwnans heb dyweth a veusta
gelwys dhodho, hag a wrusta gul
avowans dâ ragtho in golok lies

dùstuny. ¹³Yth esof vy orth dha jarjya
in presens a Dhuw, neb a re bêwnans
dhe bùptra, hag in presens a Jesu
Crist, a wrug avowans dâ in y dhùs-
tuny dhyrag Pontyùs Pylat: ¹⁴gwra
gwetha an comondment heb nàm hag
yn parfyt, erna vo dysclôsys agan
Arlùth Jesu Crist. ¹⁵Hedna ev a wra
in y dermyn ewn—ev neb yw an
udnyk Pensevyk benegys, Pedn
Vyterneth ha Pedn Arlydhy. ¹⁶Ev y
honen a'n jeves an natur dyvarow hag
yma va tregys in golow na yll den
vëth dos nes dhodho. Ny wrug den
vëth bythqweth y weles, naneyl ny yll
den vëth y weles nefra. Dhodho ev re
bo onour hag arlottes bys vycken ha
bys venary! Amen.

¹⁷Ow tùchya an re-na yw rych i'n
present termyn, gwra erhy dhedhans
na vowns y gothys, ha na wrellens
trestya dhe vrotelsys aga rychys. Nâ,
gwrêns y trestya dhe Dhuw, usy ow
provia pùptra dhyn yn maner rych
rag agan ûsyans. ¹⁸Y tal dhedhans gul
an pëth a vo vas. Res yw dhedhans
bos rych in oberow dâ. Bedhens y larj
ha parys dhe gevradna aga rychys.
¹⁹Indelma y a wra gorra in bàn rag-
thans aga honen an tresour a fùnda-
cyon dâ rag an termyn usy ow tos.
Indelma y a yll sensy yn fast dhe'n
bêwnans neb yw bêwnans in gwir-
yoneth.

²⁰Tymothy, gwith sur an dra eus
comyttys dhe'th cùstody ha'th with.
Gwra avoydya talys nowyth, fanglys
termys ha bôstow a sciens fâls. ²¹Ha'n
sciens-na, dell vo radn orth y bro-
fessya, y a wra errya dhyworth an
fëdh.

Re bo grâss genowgh why.

Secùnd Pystyl Pawl dhe Tymothy

1 Dhyworth Pawl, abostel Jesu Crist dre volùnjeth Duw awos an promys a vêwnans usy in Jesu Crist,

²Dhe Tymothy, ow flogh meurgerys:

Re bo grâss, mercy ha cres dhis dhyworth Duw an Tas ha Jesu Crist agan Arlùth.

³Yth esof vy ow cordhya Duw gans conscyans glân, kepar dell wrug ow hendasow. Me a aswon grâss dhodho, ha me prèst ow perthy cov ahanas i'm pejadow dëdh ha nos. ⁴Pàn esof ow remembra dha dhagrow, ass ov whensys dha weles jy, may fen vy lenwys a lowender. ⁵Cov a'm beus a'th fëdh berfeth, fëdh o yn few kensa i'th vabm wydn Loys hag i'th vabm Ewnys. Lebmyn yma hy yn few inos jy, dell wòn yn tâ. ⁶Rag hedna yth esof ow try dhe'th cov fatell res dhis anowy arta an ro a Dhuw a dheuth dhis, pàn wrug avy settya ow dewla warnas. ⁷Ny ros Duw spyrys a gowardy dhyn, mès spyrys a allos, a gerensa hag a omgontrollyans.

⁸Na gebmer meth naneyl a ry dùstuny a'gan Arlùth nag ahanaf vy, y brysner ev. Gwra omjùnya genef i'm tormens rag an awayl. Gwra scodhya wàr bower Duw, ⁹neb a wrug agan gelwel gans galow sans warlergh y borpos ha'y râss, adar warlergh agan oberow ny. Hedna a veu rës dhyn in Jesu Crist kyns dallath an osow. ¹⁰Saw dyscudhys veu i'n tor'-ma der apperyans agan Savyour Jesu Crist, a dhefendyas ancow dhe ves, ha der an awayl a dhros dhe'n golow an bêwnans heb dyweth. ¹¹Me a veu appoyntys herot, abostel ha descador rag an keth awayl-ma. ¹²Rag hedna yth esof vy ow codhaf oll an taclow-ma, saw ny vanaf vy kemeres meth, drefen bos aswonys dhybm hedna neb esof vy ow trestya ino. Sur ov y hyll ev gwetha bys i'n jëdh-na pùptra a veu trestys dhybmo.

¹³Sens yn fast, dre fëdh ha der an gerensa usy in Jesu Crist, dhe'n sqwir a dhyscans dâ a wrusta clôwes dhyworthyf. ¹⁴Gwith an tresour precyùs a veu delyvrys dhis der an Spyrys Sans tregys inon.

¹⁵Te a wor fatell wrug oll an re-na usy in Asya trailya dhyworthyf, Fyjelùs ha Hermojenes i'ga mesk.

¹⁶Re wrello an Arlùth kemeres mercy wàr veyny Onecyforùs, rag lies torn ev a veu hegar dhybm, ha ny veu va bythqweth methek a'm prysonyans. ¹⁷Nâ, ev a dheuth dhe Rom, ha'm whelas yn tywysyk ha'm cafos. ¹⁸Re wrauntyo an Arlùth dhodho dhe gafos mercy i'n jëdh-na! Te a wor yn tâ pana servys a wrug ev in Efesùs.

2 Rag hedna, ow flogh, bëdh crev i'n grâss usy in Jesu Crist. ²Te a glôwas ow dyscans dhyrag lies dùstuny. Gwra delyvra an dyscans na dhe jarj tus a ylta jy trestya dhedhans, may hallens y desky tus erel. ³Bëdh kevrednek a'n troblys kepar ha soudor dâ a Jesu Crist. ⁴Ny wra soudor vëth, usy ow servya i'n ost, mellya gans taclow kebmyn. Y dowl ev yw dhe blêsya an offycer a wrug y arfeth. ⁵Mars usy den ow kesstrîvya i'n gwariow athletek, ny yll ev cafos an gùrun a vyctory, marnas ev a wra kesstrîvya warlergh an rewlys. ⁶Pyw a dal cafos an kensa radn a'n drevas, mès an tiak a wrug gonys an tir? ⁷Gwra attendya an pëth esof vy ow leverel, rag an Arlùth a vydn grauntya dhis an ùnderstondyng a genyver tra.

⁸Porth cov a Jesu Crist derevys dhyworth an re marow, issyw a Davyth. Hèn yw ow awayl vy. ⁹Rag kerensa an awayl otta vy ow codhaf prysonyans kyn fe, kepar ha drog-oberor. Saw ny wor ger Duw bos kelmys. ¹⁰Rag hedna yth esof ow perthy pùptra rag kerensa tus dêwysys Duw, may hallons y kefrës cafos an sylwans usy in Jesu Crist ha glory nefra a bës.

¹¹Gwir yw an lavar ma:

Mar qwrussyn ny merwel ganso, ganso ev ny a wra bewa kefrës.
¹²Mar teun ny ha durya, ny a wra kesrainya ganso.
Mar teun ny ha'y dhenaha, ev a wra agan denaha.
¹³Mar pedhyn ny dyslel, ev a wra gortos yn lel, rag ny yll ev sconya y honen.

¹⁴Gwra remembra dhedhans heb-ma ha'ga gwarnya dhyrag Duw fatell res dhedhans avoydya strif ow tùchya geryow. Nyns yw strif a brow vëth. Dhe'n contrary part, yma va ow shyndya an woslowysy. ¹⁵Gwra assaya gans oll dha vodh dhe dhysqwedhes dha honen dhe Dhuw, avell onen plegadow dhodho, oberwas nag yw res dhodho kemeres meth, ow terivas

yn compes an ger a wiryoneth. ¹⁶Gwra avoydya lavarow uver cog, rag ny wrowns y mès hùmbronk tus dhe voy dhe sherewynsy. ¹⁷Aga geryow a wra omlêsa kepar ha canker. I'ga mesk yma Hymeneùs ha Fyletùs. ¹⁸Y a drailyas dhia an gwiryoneth, ow leverel bos an dasserghyans whar-vedhys solabrës. Indelma ymowns y ow trobla crejyans lies onen. ¹⁹Saw yma fùndyans crev Duw whath a'y sav, hag yma an scrîf-ma warnodho, "Yma an Arlùth owth aswon y dus y honen," ha "Neb a wrella gelwel wàr hanow an Arlùth, y tal dhodho trailya dhyworth drog."

²⁰In chy brâs yma lestry a owr hag a arhans, a bredn hag a bry magata. Yma re anodhans ow servya rag ûsadow kebmyn, re erel rag ûsadow specyal. ²¹Rag hedna, kenyver onen a wrella glanhe y honen a'n taclow a wrug avy mencyon anodhans, ev a vëdh gwrës lester specyal, sacrys ha meur a les dhe vêster an chy, ha parys rag pùb ober dâ.

²²Avoyd drog-whansow an yow-ynkneth, mès gwra sewya ewnder, fëdh, kerensa ha cres, warbarth gans oll an re-na a vo ow kelwel gans colon lân wàr an Arlùth. ²³Gwra avoydya contraversytas gocky ha dylês. Te a wor contraversytas dhe dhenethy strif. ²⁴Ny dal dhe servont vëth a'n Arlùth bos strîvor. Y gonversacyon a dal bos hegar tro ha pùbonen. Ev a res bos descador dâ hag a berthyans hir. ²⁵Y tal dhodho desky gans clorder an re-na, nag yw unver ganso. Re wrauntyo Duw martesen y dhe godha in edrek, ha dhe aswon an gwiryoneth. ²⁶Indelna y a wra scappya mes a antylly an tebel-el. An

tebel-el a's prysonyas dhe wul y volùnjeth.

3 Te a dal convedhes an dedhyow dewetha dhe vos termynyow leun a drobel. ²Tus a wra cara aga honen, ha cara mona. Y a vëdh gothys, y a vëdh bôstoryon hag a lever blasfemys. Dywostyth vedhons dhe das ha mabm, heb grassow, ansans, ³dynatur, avlythys, ow cably yn fâls, dyrewl, kepar ha bestas, ow casa an dâ, ⁴traitours, dybreder, meur aga honseyt, caroryon plesour moy ès caroryon Duw, ⁵facyoryon a dhader, mès ow sconya gallos an dader. Gwra goheles oll an re-na!

⁶Rag i'ga mesk y fëdh an re-na usy ow scolkya aberth in treven dhe huda benenes gocky, benenes neb yw compressys der aga fehosow, ha movys dre whansow a bùb sort. ⁷Kyn fowns y ow cafos dyscans dëdh ha nos, ny yllons nefra dos dhe aswonvos an gwiryoneth. ⁸Kepar dell wrug Janos ha Jambres sordya warbydn Moyses, indelma yma an re ma ow myshevya an gwiryoneth, rag poder yw aga brës, ha fâls aga fëdh. ⁹Saw ny wrowns y spêdya badna. Aga gockyneth a vëdh apert dhe bùbonen, poran kepar dell veu apert folneth an dhew erel.

¹⁰Te re sewyas yn tywysyk ow dyscans, ow fara, towl ow bêwnans, ow fëdh, ow hirwodhevyans, ow herensa, ow ferthyans, ¹¹ow thormens ha'm painys, an taclow a hapnyas dhybm in Antiokia, in Iconyùm, in Lystra. Ass o brâs ow fainys! Saw an Arlùth a wrug ow fria dhywortans y oll. ¹²Ea, neb a vo whensys dhe vewa yn sans in Jesu Crist, ev a vëdh tormentys. ¹³Saw sherewys ha facyoryon a wra mos dhia dhrog dhe lacka. Y a wra dysseytya hag a vëdh dysseytys. ¹⁴Mès te, gwra jy durya gans an pëth a wrusta desky, an pëth esta orth y gresy yn fast. Te a wor pyw a wrussys y recêva dhyworto. ¹⁵Yma an scryptour sans aswonys dhis dhia bàn veusta flogh, ha te a wor fatell ylla dha dhesky rag sylwans dre fëdh in Jesu Crist. ¹⁶Yma pùb scryptour inspyrys gans Duw hag a brofyt rag dyscans, avell reprêf, rag amendya ha rag lêdya tro ha sansoleth, ¹⁷may fo pobel Duw wordhy kettep onen, ha parys dhe wul pùb ober dâ.

4 Dhyrag Duw ha dhyrag Jesu Crist, jùj an re bew ha'n re marow, hag awos y revelacyon ha'y wlascor, yth esof orth dha exortya yn solem indelma: ²progeth an messach; bëdh dywysyk i'n prës dâ hag i'n drog-prës kefrës. Gwra fastya tus i'n fëdh, gwra rebûkya ha confortya. Bedhens hir dha berthyans pàn ves ow tesky. ³Rag ow nessa yma an prës na wra tus alowa dyscans salow. Awos bos debron i'ga scovornow, y a wra cùntell dhedhans descadoryon warlergh aga sians aga honen. ⁴Y a vydn sconya goslowes orth an gwiryoneth, ha gwandra in sowthan bys in whedhlow an paganys. ⁵Saw te, bëdh sad in pùptra. Godhaf troblys, gwra ober an awaylor ha gwra collenwel dha venystry in pùb poynt.

⁶Ha me, yth oma solabrës ow pos scùllys in mes kepar hag offryn dewas. Devedhys yw an prës ragof vy dhe dhyberth. ⁷Me a wrug omlath an omlath dâ ha collenwel an resegva. Me a wethas an fëdh. ⁸Parys yw dhybm alebma rag an gùrun a

ewnder, ha'n Arlùth, an brusyas jùst, a vydn hy ry dhybm i'n jorna-na, ha dhe radn erel kefrës, dhe oll an re-na usy ow whansa y apperyans.

⁹Gwra oll dha ehen ha deus dhybm heb let. ¹⁰Rag Demas, in kerensa gans an present bës-ma, a'm forsâkyas ha mos dhe Thessalonyca. Crescens res êth dhe Galathya. Gyllys yw Tîtùs dhe Dalmacya. ¹¹Nyns eus genama mès only Lûk. Kebmer Mark ha dro va genes, rag ev yw a brow dhybm i'm menystry. ¹²Me a dhanvonas Tykycùs dhe Efesùs. ¹³Pàn dhyffy, dro genes an vantel a wrug avy gasa gans Carpùs in Troas, ha'n lyvrow, ha dres pùptra, dro genes an parchemyn.

¹⁴Alexander an gweythor cober a wruk meur a dhrog dhybmo. An Arlùth a vydn aqwytya dhodho y oberow. ¹⁵Res yw dhis bos war anodho, rag ev a savas in crev warbydn agan messach ny.

¹⁶Pàn wrug avy côwsel i'm defens an kensa treveth, ny dheuth den vëth dhe'm scodhya. Y oll a'm forsâkyas. Bydner re bo hedna reknys wàr aga fydn! ¹⁷An Arlùth a savas rybof hag ev a ros nerth dhybm, may fe an messach declarys yn leun dredhof vy avell main, ha may halla oll an paganys y glôwes. Indella me a veu delyvrys mes a anow an lion. ¹⁸An Arlùth a wra ow delyvra dhyworth pùb contraweytyans, ha'm selwel rag y wlascor in nev. Re bo dhodho ev an glory bys vycken ha bys venary. Amen.

¹⁹Dynargh Prysca hag Aqwyla ha meyny Onecyforùs. ²⁰Erastùs a dregas in Corynth. Me a asas Trofymùs clâv in Myletùs. ²¹Gwra oll dha ehen dhe dhos kyns gwâv. Yma Ewbùlùs orth dha dhynerhy, ha Pûdens, Lînùs, Claudya hag oll an vreder kefrës.

²²Re bo an Arlùth gans dha spyrys. Grâss re'gas bo. Amen.

Pystyl Pawl dhe Tîtùs

1 Dhyworth Pawl, servont a Dhuw hag abostel a Jesu Crist rag kerensa an fēdh a'n dus dêwysys a Dhuw, ha rag kerensa an godhvos a'n gwiryoneth usy acordys gans dader. [2]An re-na yw fùndys wàr an govenek a'n bêwnans heb dyweth. Duw, nag eus gow vëth ino, a bromyssyas an bêwnans-ma kyns ès dalathfos an osow, [3]hag i'n prës ewn ev a'n dysclôsyas in y vessach. An messach-na a veu trestys dhybmo vy, hag yth esof orth y brogeth der arhadow Duw agan Savyour,

[4]Dhe Tîtùs, ow flogh lel i'n fēdh. Yth on ny agan dew kevrednek a'n keth crejyans-na.

Grâss ha cres re'th fo dhyworth Duw an Tas ha dhyworth Jesu Crist agan Savyour.

[5]Me a wrug dha asa jy in Crêta, rag may halles settya in ordyr an taclow o whath dhe wul, hag appoyntya tus hen in kenyver cyta, kepar dell wrug avy comondya dhis. [6]An epscop a dal bos nebonen heb dyfowt, gour udn wreg ha'y flehes cryjyk, heb acûsacyon a dhrog vêwnans pò dyrewl wàr y bydn. [7]Rag y tal dhe'n epscop, avell styward a Dhuw, bos heb nàm vëth. Na vedhens ev gothys na crowsek. Na vedhens pedn medhow na garow. Ev a dal bos heb coveytys ow tùchya mona. [8]I'n contrary part, ev a dal bos larj, caror a dhader, doth, gwiryon, dywysyk hag omrewlys. [9]Res yw dhodho convedhes yn tâ an ger ewn warlergh an dyscans. Nena ev a yll progeth gans dyscans salow ha conclûdya kenyver onen a wrella côwsel wàr y bydn.

[10]Yma lies onen dyrewl eus ow côwsel yn uver hag ow tysseytya, yn arbednek party an cyrcùmcisyon. [11]Res yw aga honclûdya. Pàn wrowns y desky rag gwain plos taclow na godhvia bos deskys, ymowns y ow trobla lies meyny yn fen. [12]Onen a'ga frofettys a leverys, "Gowygyon yw an Crêtans pùpprës, bestas bylen ha glotons diek." [13]Ass yw gwir an lavarna! Rag hedna gwra aga rebûkya yn sherp may fowns yagh i'n fēdh, [14]heb gul vry naneyl a whedhlow an Yêdhewon nag a gomondmentys a'n re-na usy ow tenaha an gwiryoneth. [15]Glân yw pùptra dhe'n re glân, mès dhe'n dus pedrys ha dhe'n paganys nyns yw tra vëth glân. Poder yw aga very brës ha'ga honscyans. [16]Y a lever Duw dhe vos aswonys dhedhans, mès ymowns y orth y dhenaha der aga oberow. Casadow ha dywostyth yns. Nyns yns y wordhy dhe wul ober dâ vëth oll.

2 Saw te, gwra desky an pëth a vo gwyw a dhyscans salow. [2]Comond dhe'n dus cotha dhe vos clor, sad, doth ha salow i'n fēdh, in kerensa hag in perthyans.

[3]In kepar maner comond dhe'n benenes cotha bos onest i'ga honversacyon, ha sevel orth sclandra. Na vedhens pednow medhow. Res yw dhedhans desky an pëth a vo vas, [4]may hallens y exortya an benenes yonk dhe gara aga gwer ha'ga flehes, [5]dhe rewlya aga honen ha dhe vos chast. An benenes a dal bos mêstresow dywysyk i'ga threven, ha wheg ha

gostyth tro ha'ga gwer, ma na vo shâmys ger Duw dredhans.

⁶In kepar maner comond dhe'n dus yonk controllya aga honen. ⁷Dysqwa dha honen dhe vos patron a oberow dâ a bùb sort. Dysqwa lendury i'th tyscans, sevureth, ⁸ha cows dyvlam, ma na vo chêson vëth rag rebûk kefys ino. Nena shâmys vëdh pùb escar oll, dre rêson na'n jevyth tra vëth dhe inia wàr agan pydn ny.

⁹Comond dhe gethwesyon obeya dh'aga mêstrysy ha dh'aga flêsya in pùptra. Na wrêns camwortheby. ¹⁰Na wrêns manladra, saw bedhens lel in pùb poynt oll, may whrellens in kenyver tra afîna dyscans Duw, agan Savyour.

¹¹Rag grâss Duw a apperyas hag yma an grâss-na ow try salvacyon dhe bùbonen. ¹²Yma grâss Duw orth agan desky dhe sconya sherewynsy, ha drog-whansow an bës, ha dhe vewa i'n present termyn in maner omrewlys, gwiryon ha sans. ¹³Rag yth eson ny ow cortos agan govenek benegys, ha'n revelacyon a'n glory a'gan Duw brâs, ha'gan Savyour Jesu Crist. ¹⁴Ev a ros y honen ragon ny, may halla agan redêmya dhyworth pùb sherewynsy, ha pùrjya ragtho pobel anodho y honen, pobel a vedha dywysyk in oberow dâ.

¹⁵Gwra derivas an taclow-ma. Gwra exortya ha reprêva gans auctoryta. Na wrêns den vëth dha dhysprêsya.

3 Gwra dhedhans perthy cov bos res obeya dhe rewlysy ha dhe auctorytas, dhe vos gostyth, dhe vos parys rag pùb ober dâ. ²Res yw sevel orth acûsya den vëth. Y tal dhis goheles strif. Y tal dhis bos clor. Res

yw dhis dysqwedhes pùb cortesy dhe bùbonen.

³Rag i'n dedhyow kyns, ny agan honen o gocky, dywostyth, dysseytys, keth dhe lies drog-whans ha dhe lies plesour, ow pewa in sherewynsy hag envy. Ny o casadow i'n tor'-na, ha ny ow hâtya an eyl y gela. ⁴Saw pàn wrug Duw agan Savyour dysqwedhes y dhader ha'y dregereth, ⁵ev a'gan delyvras warlergh y vercy ev, adar der ober dâ vëth re bia gwrës genen ny. Ny a veu delyvrys gans an Spyrys Sans der an main a'n dowr a dhaskenesygeth hag a nowedhyans. ⁶An Spyrys-ma Duw a dheveras in lanwes warnan dre Jesu Crist agan Savyour. ⁷Wosa bos jùstyfies der y râss ev, y feun ny gwrës eryon a'n govenek a'n bêwnans heb dyweth. ⁸Lel yw an lavar. Dâ via genama te dhe inia an taclow-ma, may fe dywysyk dhe wul oberow dâ an re-na usy ow cresy in Duw. Dâ dres ehen yw an taclow-ma hag a les dhe genyver onen.

⁹Avoyd contraversytas gocky, aghscrîvow, argùmentys ha strif adro dhe'n laha. Uver yw an re-na, ha nyns eus gwain vëth inhans. ¹⁰Mar pëdh den i'gas mesk a wrella provôkya strif, gwra y rebûkya dywweyth, ha wosa hedna y sconya yn tien. ¹¹Te a wor bos negedhys den a'n par na ha leun a begh. Yma va ow tampnya y honen.

¹²Pàn wrellen danvon dhis Artemas pò Tykycùs, gwra oll dha ehen dhe dhos dhe vetya genef in Nycopolys, rag ervirys yw genef trega i'n tyllerna dres an gwâv. ¹³Gwra oll dha ehen dhe dhanvon Zenas, den an laha, hag Apollos wàr aga fordh, ha gwait na vo othem dhedhans a dra vëth.

305

14Gwrêns tus desky dhe omry aga honen dhe oberow dâ, may hallens y servya an othem brâs ha ma na vowns y uver.

15Yma oll an re-na usy genef ow tanvon dhis aga dynargh. Dynargh an re-na usy orth agan cara i'n fëdh.

Re bo grâss genowgh why oll.

Pystyl Pawl dhe Fylemon

1 Dhyworth Pawl, prysner a Jesu Crist, ha dhyworth Tymothy agan broder, dhe Fylemon agan cothman ker ha kesoberor genen,

²Dhe Appya agan whor, dhe Arkyppùs agan kessoudor, ha dhe'n eglos i'th chy jy.

³Re'th fo grâss ha cres dhyworth Duw agan Tas, ha dhyworth an Arlùth Jesu Crist.

⁴Pàn esof vy ow perthy cov ahanas i'm pejadow, me a re grassow pùpprës dhe'm Duw, ⁵drefen me dhe glôwes a'th kerensa tro hag oll pobel Duw, hag a'th fëdh jy tro ha'n Arlùth Jesu. ⁶Me yw kevrednek genes a'n udn fëdh. Me a bës may whrella an fëdh-na encressya ragos an ùnderstondyng a bùb bedneth, usy ow tos dhyn dhyworth agan ùnyta gans Crist. ⁷Dha gerensa a dhros dhybm meur joy ha confort. Dredhos jy, ow broder, colon an sens a veu kenerthys yn frâs.

⁸Rag hedna, kynth ov vy mar vold in Crist dhe gomondya dhis gul dha dhevar, ⁹bytegyns gwell via genef gelwel warnas awos dha gerensa. Me, Pawl, me a wra hebma avell elder, hag avell prysner a Jesu Crist kefrës. ¹⁰Yth esof vy orth dha besy abarth ow flogh, Onecymùs, rag me a veu gwrës y das ha me in pryson. ¹¹Kyns lebmyn nyns o va a les vëth dhis, saw i'n tor'-ma yma ev a les brâs kefrës dhyso jy ha dhybmo vy. ¹²Yth esof orth y dhanvon, hèn yw, ow holon vy, wàr dhelergh dhis arta.

¹³Me o whensys dh'y sensy obma genama, may halla ev bos a servys dhybm i'th tyller jy ha me prysonys rag an awayl. ¹⁴Saw gwell o genama refrainya dhyworth gul tra vëth heb cafos dha acord jy, may fe gwrës dha oberow dâ a'th vodh kyns ès a'th anvoth. ¹⁵Hèm yw martesen an chêson ev dhe vos dyberthys dhyworthys pols, may halles y gafos arta rag nefra. ¹⁶Indelma ny vëdh ev kethwas na fella, mès broder meur-gerys—spessly dhybmo vy—saw pyseul dhe voy dhyso jy magata—i'n kig hag i'n Arlùth kefrës.

¹⁷Rag hedna, mars esta ow tyby ow bos dha goweth, gwra y wolcùbma ev, poran kepar dell vynses ow wolcùbma vy. ¹⁸Mar qwrug ev gul trespas wàr dha bydn in fordh vëth oll, pò mars usy ev in kendon vëth dhis, gorr an charj na wàr ow acownt vy. ¹⁹Yth esof vy, Pawl, ow screfa hebma gans ow leuv ow honen. Me a vydn dha aqwytya. Nyns yw res dhybm gul dhis perthy cov dha vos in kendon dhybm ragos dha honen. ²⁰Indella, a vroder, me a'th pës i'n Arlùth, dhe wul an torn dâ dhybm. Gwell ow cher vy in Crist! ²¹Yth esof ow screfa dhis gans fydhyans i'th obedyens, rag me a wor te dhe wul moy ès dell lavaraf.

²²Moy ès hedna, gwra restry dhybm chambour. Govenek a'm beus Duw dhe wortheby agas pejadow why oll, ha dhe'm restorya dhywgh.

²³Yma Epafras, usy in pryson genama, orth dha dhynerhy, ²⁴warbarth gans Mark, Arystarcùs, Demos ha Lûk, ow hesoberoryon.

²⁵Re bo grâss an Arlùth Jesu Crist gans dha spyrys!

An Pystyl dhe'n Ebrowyon

1 I'n dedhyow coth Duw a gôwsy orth agan tasow in lies fordh hag in dyvers manerow der an profettys, [2] mès agensow ev re gowsas orthyn ny der y Vab y honen, hag ev a'n appoyntyas er a bùb tra, ha dredho ev kefrës Duw a formyas an norvës. [3] Ev yw an splander a glory Duw ha'n hevelep perfeth a'y very sùbstans. Yma va ow scodhya pùptra dre nerth y lavar. Pàn wrug ev pùrgacyon rag pehosow, ev a esedhas adhyhow dhe'n Brâster avàn. [4] In mar veur dell yw spladna y hanow ès henwyn an eleth, kebmys uhella ywa y honen agessans y oll.

[5] Rag dhe byw a'n eleth a wrug Duw bythqweth leverel,

"Te yw ow Mab;
hedhyw me re wrug dha dhenethy"?

Pò arta,

"Me a vëdh y Das ev,
hag ev a vëdh ow Mab"?

[6] Hag arta, pàn usy va ow try an kensa mab aberth i'n bës, ev a lever,

"Gwrêns oll eleth Duw y wordhya."

[7] Ow tùchya an eleth ev a lever,

"Ev a wra spyrysyon a'y eleth,
hag a'y servysy flabmow tan."

[8] Saw ow tùchya an Mab ev a lever,

"Dha dron dhejy, a Dhuw, a wra
durya bys vycken ha bys venary,
ha gwelen ewn yw gwelen dha
arlottes jy.
[9] Te re garas ewnder
ha re gasas sherewynsy;
rag hedna Duw, dha Dhuw jy, re'th
ùntyas
gans an oyl a lowena dres oll dha
gowetha."

[10] Hag arta,

"I'n dalathfos, a Arlùth, te a
fùndyas an norvës,
hag obereth dha dhewla yw an
nevow.
[11] Y â dhe goll, mès te a wra durya;
y oll a vëdh ûsys kepar ha dyllas.
[12] Kepar ha mantel
te a wra aga rolya in bàn,
ha kepar ha dyllas y a vëdh
chaunjys.
Saw te yw an keth
ha ny wra dha vledhydnyow jy
nefra dewedha."

[13] Dhe byw a'n eleth a leverys ev bythqweth,

"Eseth a'm leuv dhyhow,
erna wryllyf a'th eskerens scavel
dha dreys"?

[14] Oll an eleth, a nyns yns y spyrysyon usy ow servya Duw bys vycken, canasow danvenys dhe servya oll an re-na a wra eryta salvacyon?

2 Rag hedna y coodh dhyn attendya fèst an gwiryoneth re glôwsyn, ma na ven ny degys in kerdh dhyworto. ²Y feu dysqwedhys fatell o gwir an messach, a veu rës dh'agan hendasow ny gans an eleth, ha pynag oll na wrug y sewya, nag obeya dhodho, a recêvas an pùnyshment dendylys ganso. ³Fatell yllyn ny scappya ytho, mar ny wren ny attendya salvacyon mar vrâs? An Arlùth y honen a dheclaryas kensa an sylwansma, ha'n re-na neb a wrug y glôwes a brovas dhyn y vos gwir. ⁴I'n kettermyn Duw a addyas y dhùstuny y honen dh'aga dùstuny y, ow performya sînys ha merclys a bùb sort, hag ow kevradna royow an Spyrys Sans warlergh y volùnjeth.

⁵Ny wrug Duw settya an eleth avell rewlysy wàr an bës nowyth usy ow tos—an bës eson ny ow côwsel adro dhodho. ⁶In le a hedna, kepar dell lever nebonen i'n scryptour,

"Pëth yw mab den, a Dhuw, may
    whrelles predery anodho;
an den mortal may fes orth y
    gonsydra?
⁷Te re'n gwrug rag pols nebes
    isella ès an eleth,
te re'n cùrunas dre worshyp hag
    onour,
⁸ha'y wul rewler wàr bùb tra oll."

Yma va ow leverel fatell wrug Duw dhe vab den bos rewler wàr bùb tra. Apert yw pùptra oll dhe vos comprehendys obma. Ny welyr mab den i'n tor'-ma dhe rewlya wàr genyver tra. ⁹Saw ny a wel Jesu, neb a veu gwrës nebes isella ès an eleth rag pols, may halla va dre râss Duw merwel rag kenyver onen. Ny a'n gwel lebmyn, hag ev cùrunys gans glory hag onour dre rêson a'n mernans a wodhevys.

¹⁰Pòr ewn o ytho Duw, usy ow formya hag ow sensy pùptra, dhe wul Jesu perfeth dre wodhevyans, may halla va dry lies mab dhe vos kevrednek ganso a'y glory. Rag yth yw Jesu hedna, usy orth aga lêdya dhe sylwans. ¹¹Ev neb a wrug benega, ha'n re-na neb yw benegys, yth yns y oll onen i'ga devedhyans. Rag hedna ny gebmer Jesu meth vëth orth aga gelwel breder. ¹²Ev a lever,

"Me a vydn declarya dha hanow
    dhe'm breder,
in cres an gùntellva y fanaf dha
    braisya."

¹³Hag arta,

"Me a vydn trestya dhodho."

Hag arta,

"Otta vy obma, ha'n flehes re ros
    Duw dhybm."

¹⁴Yma an flehes a udn teylu ow kevradna kig ha goos y gela. Ev o kevrednek genen ny a'gan kig hag a'gan goos, may halla ev der y vernans dystrêwy hedna a'n jeves gallos a ancow, hèn yw, an tebel-el. ¹⁵Indelna inwedh ev a dhelyvras an re-na o kelmys in kethneth oll aga dedhyow der an own a vernans. ¹⁶Rag apert yw, na dheuth ev màn dhe socra eleth, mès issyw Abraham. ¹⁷Crist a res in pùb poynt oll bos haval dh'y vreder, may halla ev bos uhel pronter lel ha mercyabyl in servys Duw. Indelma ev o leun a vercy dhe gemeres pyta a behosow an bobel. ¹⁸Drefen ev y honen dhe vos prevys der y bassyon, ev a'n jeves an gallos

dhe weres an re-na usy in dadn brevyans.

3 Rag hedna, a vreder, kescowetha in galow sans, consydrowgh Jesu, an abostel ha'n uhel pronter a'gan confessyon. ²Ev o lel dhe hedna neb a'n appoyntyas, kepar dell o Moyses kefrës "lel in oll an chy a Dhuw." ³Saw Jesu yw wordhy dhe gafos moy glory ès dell yw Moyses, poran kepar dell y'n jeves penser an chy moy onour ages an chy y honen ⁴(rag yth yw pùb chy byldys gans nebonen, saw an byldyor a bùb tra yw Duw). ⁵Moyses o lel in oll an chy a Dhuw avell servont, dhe dhesta dhe'n taclow a via leverys wosa hedna. ⁶Saw Crist o lel wàr an chy a Dhuw avell mab. Yth on ny y jy ev, mar teun ny ha sensy fast an fydhyans ha'n uhelder usy ow longya dhe'n govenek-na.

⁷Rag hedna, kepar dell lever an Spyrys Sans,

"Hedhyw mar mydnowgh clôwes y lev, ⁸na wrewgh calesy agas colon,
kepar dell veu i'n rebellyans, hag i'n jorna a demptacyon,
⁹pàn veuma prevys i'n gwylfos gans agas tasow,
kyn whrussons y gweles ow oberow vy dew ugans bledhen.
¹⁰Casa an heneth-na a wrug avy ytho
ha leverel, 'Yth yns pobel usy ow cabmwul i'ga holon,
ha ny wrussons y aswon ow fordhow.'
¹¹Indella me a dos dre sorr, 'Na wrellens entra i'm powesva.'"

¹²Kemerowgh with, a vreder, na'n jeffa den vëth ahanowgh tebel-golon dhyscryjyk a vo ow trailya dhyworth an Duw bew. ¹³Saw gwrêns pùbonen exortya an eyl y gela pùb jorna oll, hadre vo va henwys "hedhyw", ma na vo den vëth ahanowgh calesys dre dhysseyt an pegh. ¹⁴Rag nyns on ny kescowetha Crist, mar ny wren ny sensy fast agan fydhyans bys i'n dyweth. ¹⁵Kepar dell yw leverys,

"Hedhyw, mar mydnowgh clôwes y lev, na wrewgh calesy agas colon,
kepar dell veu i'n rebellyans."

¹⁶Pyw o an re-na a glôwas hag a sordyas rebellyans bytegyns? A nyns êns y oll an re-na a dheuth mes a Ejyp, ha Moyses orth aga hùmbronk? ¹⁷Pyw êns y neb a gemeras ev sorr wàr aga fydn dres dew ugans bledhen? A nyns êns y an re-na a behas, hag a godhas aga horf i'n gwylfos? ¹⁸Dhe byw a wrug ev tia na wrêns y entra in y bowesva? A nyns êns y an re dywostyth? ¹⁹Indelma ny a wel na yllens y entra dre rêson a'ga dyscrejyans.

4 Egerys yw an promys a entra in y bowesva. Rag hedna, gesowgh ny dhe gemeres own rag dowt onen ahanowgh dhe vos gwelys dhe gelly y jauns a entra inhy. ²In gwir ny re glôwas an awayl, kepar dell wrussons y clôwes an nowodhow dâ kefrës, saw an messach a glôwsons, ny veu va rag aga les, dre rêson nag êns y unys dre fëdh gans an re-na a woslowas. ³Rag ny neb a gresys a wra entra i'n bowesva-na, kepar dell lever Duw,

"Indella me a dos dre sorr,
 'Na wrellens entra i'm powesva,'

kyn feu y oberow gorfednys dhia
fùndacyon an bës. ⁴Rag yn certan
tyller y leveryr ow tùchya an seythves
jorna kepar dell sew, "An seythves
dëdh Duw a bowesas dhyworth an
ober oll a wrug ev." ⁵Hag i'n tyller-
ma arta y leveryr, "Na wrellens entra
i'm powesva."

⁶Yth yw possybyl ytho dhe certan
re entra inhy, saw an re-na neb a
glôwas an nowodhow dâ kyns
lebmyn, ny veu alowys dhedhans
entra dre rêson a'ga dysobedyens.
⁷Rag hedna, Duw a elwys certan
jorna aral Hedhyw. Termyn pòr hir
wosa hedna, ev a leverys dre anow
Davyth an geryow campollys avàn,

"Hedhyw, mar mydnowgh clôwes
 y lev,
 na wrewgh calesy agas colon."

⁸Mar teffa Josùe ha ry powesva
dhedhans, ny vynsa Duw côwsel wosa
hedna a jorna aral. ⁹Rag hedna, yma
powesva sabot whath ow cortos pobel
Duw. ¹⁰Rag an re-na usy owth entra
in powesva Duw, y a wra cessya dhy-
worth aga lavur, kepar dell wrug
Duw cessya dhyworth y lavur ev.
¹¹Gesowgh ny ytho dhe assaya yn
freth dhe entra i'n bowesva-na, ma na
wrella den vëth codha dre dhys-
obedyens, kepar dell wrussons y
codha.
¹²In gwir, bew yw ger Duw ha
galosek, lybma ès cledha vëth dew
vin, hag yma va ow pychya erna
wrella dyberth enef dhyworth spyrys,
jùntys dhyworth marou. Ev a yll
brusy prederow ha cowsesow agan

colon. ¹³Dhyragtho nyns yw kelys
creatur vëth, mès yma pùbonen yn
noth ha dystryppys dhyrag y lagasow
ev. Hag y fëdh res dhyn ry acownt
dhodho.

¹⁴Abàn y'gan beus uhel pronter
brâs neb a bassyas der an nevow, Jesu
Crist, Mab Duw, gesowgh ny dhe
sensy fast agan confessyon. ¹⁵Rag
ny'gan beus uhel pronter, na yll
kescodhaf genen ny i'gan gwaneg-
reth, mès yma dhyn onen re beu
temptys in pùb fordh kepar ha ny,
saw ev a veu heb pegh. ¹⁶Deun ny
ytho yn colodnek dhe'n dregerethva,
may hallen ny recêva mercy, ha cafos
grâss rag agan gweres pàn vo othem
dhyn.

5 Pùb uhel pronter hag a vo
dêwysys i'n mesk tus a gav charj
a'n taclow usy ow longya dhe Dhuw,
may halla va abarth mab den offrydna
royow ha sacryficys rag pegh. ²Ev a
wor handla yn clor an dus dyskians
ha'n dus treus, drefen ev y honen dhe
vos sojeta dhe wanegreth; ³ha drefen
bos res dhodho sacryfia rag y behos-
ow y honen, warbarth gans pehosow
y hynsa.

⁴Ny vydn ev lavasos dhe gemeres
warnodho an onour-ma. Ny wra ev y
dhegemeres, saw pàn vo va gelwys
gans Duw, kepar dell veu Aron
gelwys. ⁵In kepar maner ny wrug
Crist exaltya y honen pàn veu va
gwrës uhel pronter, mès ev a veu
appoyntys ganso ev neb a leverys
dhodho,

"Te yw ow Mab;
 hedhyw me re wrug dha
 dhenethy."

⁶Hag yma va ow leverel in tyller aral,

"Te yw pronter rag nefra,
warlergh ordyr Melkizedek."

⁷In dedhyow y gig Jesu a offrydna in bàn pejadow ha sùpplycacyon gans dagrow ha garmow uhel dhodho ev neb a ylly y wetha dhyworth mernans. Hag ev a veu clôwys awos y obedyens uvel. ⁸Kynth o va Mab, ev a dheskys obedyens der y bassyon. ⁹Pàn veu va gwrës perfeth, ev a veu an penfenten a salvacyon bys vycken dhe oll an re-na usy owth obeya dhodho, ¹⁰wosa bos appoyntys gans Duw avell uhel pronter warlergh ordyr Melkizedek.

¹¹Ow tùchya an mater-ma, ny a'gan beus lowr dhe leverel, hag yth ywa cales dhe glerhe, rag why yw gyllys talsogh i'gas convedhes. ¹²Y talvia dhywgh warbydn lebmyn bos descadoryon, saw yma othem dhywgh a dhescador a alla declarya dhywgh an penrewlys kensa a oraclys Duw. Othem a'gas beus a leth, adar sosten cales. ¹³Rag neb a'n jeffa leth avell boos, yw flogh munys ha dygreft ow tùchya an ger a ewnder. ¹⁴Saw y teseth sosten cales dhe'n dus athves, dhe'n re-na a's teves an gallos dhe dhecernya inter drog ha dâ.

6 Rag hedna gesowgh ny dhe asa adrëv dhyn an dyscans kensa oll adro dhe Grist. Ny dal dhyn arta settya fùndacyon an re ma: repentyans dhyworth oberow sëgh, fëdh in Duw, ²dyscans ow tùchya besydhyans, imposycyon dewla, dasserghyans an re marow, ha dëdh breus. Deun in rag bys i'n grejyans berfeth. ³Hedna ny a wra, mar mydn Duw.

⁴Ny yll tra vëth restorya dhe edrek arta an re-na re wrug unweyth gweles an golow, tastya ro an nev, kevradna an Spyrys Sans, ⁵tastya dader ger Duw, ha gallos an oos dhe dhos, ⁶mar qwrussons y wosa hedna forsâkya aga fëdh. Ny yll tra vëth aga dry wàr dhelergh dhe repentyans, rag ymowns y arta ow crowsya Mab Duw, hag orth y dhespîtya dhyrag tus.

⁷Mars usy an dor ow sùgna an glaw a goodh yn freth warnodho, hag ow try in rag plansow meur aga frow dhe'n re-na a vëdh an dor gonedhys ragthans, nena Duw a wra y venega. ⁸Saw mar teu an dor ha dry in rag dreyn ha when, nyns ywa wordhy rag tra vëth. Yma va in peryl a vos molethys gans Duw, ha dystrêwys dre dan.

⁹Kyn whren ny côwsel indelma, a gothmans, yth eson ny ow trestya inowgh. Ny a wor why dhe gafos an benothow gwell usy ow longya dh'agas salvacyon. ¹⁰Nyns yw Duw anewn. Ny vydn ev ankevy agas lavur ha'n gerensa a wrussowgh why dysqwedhes der agas servys rag an sens, kepar dell esowgh why ow cul whath. ¹¹Dâ via genen why dhe dhysqwedhes an keth dywysycter, may hallowgh why wàr an dyweth recêva lanwes an govenek. ¹²Rag hedna na vedhowgh syger, saw bedhowgh haval dhe oll an re-na, usy owth eryta an promyssyow dre fëdh ha dre berthyans.

¹³Pàn ros Duw promys dhe Abraham, abàn nag esa den vëth dhodho, may halla va tia ren y hanow, ev a dos ren y hanow y honen. ¹⁴Duw a leverys, "Ea, me a vydn dha venega ha'th encressya." ¹⁵Indelma Abraham, wosa pêsya in perthyans, a recêvas wàr an dyweth an dedhewadow.

16In gwir mab den a wra tia in hanow nebonen brâssa agesso y honen, ha'n ly, a vo rës avell surynsy, a wra defendya pùb strif. 17In kepar maner, Duw o whensys dhe dherivas dhe glerra whath dhe eryon an promys y borpos dhe vos fast ha heb chaunj vëth. Rag hedna ev a'n warrantyas dre ly. 18Duw a wrug indelma, may fen ny kenerthys yn fen dhe sêsya an govenek re bia settys dhyragon. Ny yw an re-na a gafas harber gans Duw, hag ev a'gan kenerthas dre dhew dra, na alsa Duw ombrevy fâls inhans. 19Ny a'gan beus an govenek-ma, ancar sur ha fast rag an enef, govenek usy owth entra i'n sentry sans adrëv an veyl. 20Jesu, neb o ragresor rag agan kerensa ny, a entras i'n sentry-na, rag ev a veu gwrës uhel pronter bys vycken warlergh an ordyr a Melkizedek.

7 Melkizedek, mytern Salem, uhel pronter a'n Duw Uhella, a vetyas orth Abraham pàn esa ow tos tre wosa overcùmya an vyterneth, ha Melkizedek a'n benegas. 2Dhodho ev Abraham a wrug dega a bùptra. I'n kensa le, yma y hanow ev ow styrya "mytern ewnder." I'n secùnd le, "mytern Salem" ywa, hèn yw dhe styrya "mytern a gres." 3Heb tas, heb mabm, heb aghscrîf, heb dallath dedhyow pò dyweth bêwnans, ev a vëdh pronter bys vycken, ha haval ywa dhe Vab Duw.

4Ass o brâs an den-na, Melkizedek! Hag Abraham, agan hendas y honen, a ros dhodho dega a'y bray. 5Hag issyw Levy, usy ow recêva offys avell prontyryon, y a's teves comondment i'n laha dhe gùntell dega dhyworth an bobel, hèn yw dhe styrya, dhyworth aga nessevyn aga honen, kynth yw an re-ma skydnys dhyworth Abraham kefrës. 6Saw Melkizedek, nag esa ow longya dh'aga ehen y, a gafas dega dhyworth Abraham hag a venegas Abraham—neb a recêvas an promyssyow. 7Ny yll den vëth naha bos an den isella benegys gans an den uhella. 8I'n eyl cas yma tus mortal ow recêva dega; in y gela yma hedna ow recêva dega neb yw destys adro dhodho y vos yn few. 9Y halsa bos leverys Levy, usy ow recêva dega, dhe dhegevy der Abraham, 10rag yth esa Levy whath in lonow y hendas Abraham, pàn vetyas Melkizedek orto.

11A pe va possybyl dhe dhrehedhes perfethter dre brontereth an Levîtys—rag an bobel a recêvas an laha in dadn an prontereth-ma—pàn othem a via genen a gôwsel a bronter nowyth, a vydna sordya warlergh ordyr Melkizedek, kyns ès pronter mes a lynyeth Aron? 12Pàn vo chaunj i'n prontereth, res yw bos chaunj i'n laha kefrës. 13Ev, mayth yw an taclow-ma leverys adro dhodho, yth esa va ow longya dhe ehen aral, na wrug den vëth anedhy bythqweth servya dhyrag an alter. 14Apert yw bos agan Arlùth a lynyeth Jûda. Ow tùchya Jûda ny leverys Moyses tra vëth adro dhe brontyryon. 15Pàn usy pronter nowyth ow sevel hag ev haval dhe Melkizedek, dhe voy apert yw an câss. 16Ev yw nebonen re beu gwrës pronter dre allos bêwnans, na yll bos dystrêwys, kyns ès der an laha, usy ow tervyn lynyeth warlergh an kig. 17Rag y fëdh destys anodho indelma:

"Te yw pronter rag nefra,
    warlergh ordyr Melkizedek."

313

¹⁸Gwadn ha dyspusant o an laha, ¹⁹rag ny ylly gul tra vëth perfeth. War an eyl tu ytho, yma an gorhebmyn kensa defendys dhe ves. War y gela, yma parys ragon govenek gwell, ha dredho ny a yll dos nes dhe Dhuw. ²⁰Hebma a veu fastys gans ty. ²¹Oll an re erel, pàn esens ow recêva an offys a bronter, ny wrêns y tia tra vëth, saw an den-ma a veu gwrës pronter gans ty,

"An Arlùth re dos ha ny vydn ev
  chaunjya y vrës,
'Te yw pronter rag nefra.'"

²²Dre hedna Jesu res a veu gwrës warrant a gevambos gwell.

²³Moy whath, meur o nùmber an brontyryon i'n dedhyow coth, dre rêson an mernans dh'aga lettya dhe besya i'ga offys. ²⁴Saw yma ev ow sensy y brontereth bys vycken, drefen ev dhe dhurya rag nefra. ²⁵Indelma ev a yll selwel bys vycken an re-na usy ow tos nes dhe Dhuw dredho ev. Ev a vëdh yn few bys vycken, hag ev a yll pesy ragthans dhe Dhuw.

²⁶Y talvia dhyn ny cafos uhel pronter a'n par-na, sans, dyvlam, parfyt, dyberthys dhyworth pehadoryon, hag exaltys a-ugh an nevow. ²⁷Nyns o va kepar ha'n uhel prontyryon erel. Ev ny'n jeves othem vëth a offrydna sacryfîcys pùb dëdh oll, kensa rag y behosow y honen, ha wosa hedna rag pehosow an bobel. Nâ, ev a wrug hedna unweyth rag nefra, pàn wrug ev offrydna y honen. ²⁸Yma an laha owth appoyntya avell uhel prontyryon an re-na yw aga honen sojeta dhe wanegreth. Saw ger an ty a dheuth wosa an laha, hag yma an ger-na owth appoyntya Mab, hag ev re beu gwrës perfeth bys venytha.

8 An chif poynt i'gan lavarow yw hebma: ny a'gan beus uhel pronter a'n par-ma, hag ev yw esedhys adhyhow dhe dron an Brâster i'n nevow. ²Menyster ywa i'n sentry hag i'n tylda gwir. An tylda-na re beu settys in bàn gans an Arlùth, adar gans mab den.

³Rag y fëdh pùb uhel pronter appoyntys dhe offrydna royow ha sacryfîcys. Res yw ytho dhe'n pronter-ma cafos neppyth dhe offrydna. ⁴A pe va obma wàr an norvës, ny via ev pronter màn, rag yma prontyryon owth offrydna royow warlergh an laha. ⁵Ymowns y owth offrydna worshyp i'n sentry, neb yw skeus ha pyctour a'n sentry in nev. Rag Moyses, pàn esa parys dhe dherevel an tylda, a veu gwarnys indelma: "Kebmer with te dhe wul pùptra warlergh an scantlyn a veu dysqwedhys dhis wàr an meneth." ⁶Saw Jesu lebmyn re gafas menystry moy wordhy, in mar veur dell ywa main a gevambos gwell, neb a veu determys dre bromyssyow gwell.

⁷A pe perfeth an kensa kevambos, ny via othem vëth a whelas ken. ⁸Yma Duw orth aga hably pàn lever ev,

"Yma an dedhyow ow tos yn sur,
  yn medh an Arlùth, may whrama
  fastya kevambos nowyth
gans chy Israel ha gans chy Jûda:
⁹haval ny vëdh ev in poynt vëth
  dhe'n kevambos a wrug avy gans
  aga hendasow,
i'n jorna pàn wruga aga hemeres er
  an leuv ha'ga lêdya mes a Ejyp.

Rag ny wrussons y durya i'm
kevambos,
hag indella nyns êns y a les dhybm,
yn medh an Arlùth.
¹⁰Hèm yw an kevambos a vanaf vy
gul gans chy Israel,
wosa an dedhyow-na, yn medh an
Arlùth:
me a vydn gorra ow lahys i'ga brës,
ha'ga screfa wàr aga holon;
aga Duw y me a vëdh, hag y
fedhons y ow fobel vy.
¹¹Ny vydnons y desky an eyl y gela,
naneyl ny vydnons y leverel,
'Aswon an Arlùth,'
rag y a wra ow aswon, dhyworth an
lyha anodhans bys i'n den brâssa.
¹²Rag me a vëdh mercyabyl tro hag
oll aga sherewynsy, ha ny vanaf
vy na fella remembra aga
fehosow."

¹³Pàn lever ev a'n kevambos
"nowyth", ev re dhyleas an kevambos
kyns. An pëth yw gyllys mes a ûs ha
gyllys coth, hedna whare a wra
voydya.

9 An kensa kevambos y honen a'n
jeva rewlys rag golohas, ha rag
an sentry wàr an norvës. ²Y feu tylda
derevys rag an kensa kevambos, hag
yth esa ino coltrebyn, an bord ha bara
an presens. Hèm o gelwys an Tyller
Sans. ³Adrëv an secùnd veyl yth esa
tylda gelwys Sentry an Sentrys. ⁴I'n
Sentry a Sentrys y sevy alter owrek an
enkys hag argh an kevambos, neb o
cudhys oll adro gans owr. I'n argh yth
esa vessyl owrek ha'n mana ino,
gwelen Aron, neb a egynas, ha men-
lehow an kevambos. ⁵A-ugh an argh
yth esa cherùbyns an glory ow cul
skeus dres an dregerethva. Ny yllyn

derivas manylyon an taclow-ma i'n
present termyn.
⁶Warlergh an aray-ma an brontyr-
yon a wra entra heb hedhy i'n kensa
tylda rag collenwel aga servys. ⁷Saw
ny wra entra i'n secùnd tylda mès an
uhel pronter y honen. Nyns â ev
aberth ino mès unweyth i'n vledhen.
Ev a dal dry ganso an goos a vydn ev
offrydna rag y behosow y honen, ha
rag an pehosow comyttys dre wall
gans an bobel. ⁸Dre hebma yma an
Spyrys Sans ow terivas na veu an
fordh aberth i'n sentry dysclôsys,
hadre vo an kensa tylda whath a'y sav.
⁹Hèm yw tôkyn a'n present termyn,
rag y fëdh royow ha sacryfïcys offryd-
nys ena na yll pùrjya côwsys an
gordhyor. ¹⁰Ny wrowns y mès restry
taclow kepar ha boos ha dewas ha
besydhyansow dyvers. Rewlys rag
taclow wàr ves yns y, hag ymowns y
ordnys, erna dheffa an prës a dhas-
formyans.

¹¹Lebmyn Crist re dheuth avell
uhel pronter a'n taclow dâ dhe dhos.
Brâssa ha moy perfeth yw tylda y
brontereth ev. Ny veu va gwrës dre
dhewla mab den, hèn yw dhe styrya,
nyns usy ev ow longya dhe'n bës
creatys-ma. ¹²Goos y sacryfïs ev yw y
woos y honen. Goos gyfras ha leuhy
nyns ywa màn. Indelma ev re entras
unweyth rag nefra i'n sentry, hag ev
re wainyas redempcyon bys vycken.
¹³Mars usy goos gyfras ha terewy
warbarth gans scùllva a lusow lejek,
mars usy an taclow-na ow sanctyfia
an dus defolys, hag ow restorya aga
glander wàr ves, ¹⁴pyseul dhe voy yw
an gallos a woos Crist! Ev a offrydnas
y honen der an Spyrys dyvarow avell
offryn parfyt dhe Dhuw. Y woos ev a
bùrjyas agan côwsys dhia an marder

315

a'gan gîsyow coth. Indelma ev re'gan gwrug gwyw dhe wordhya an Duw bew.

¹⁵Rag hedna yma Crist ow cul kevambos nowyth, may halla an re-na, a vo gelwys, recêva an benothow heb dyweth dedhewys gans Duw. Hebma a yll bos, abàn wharva mernans. Yma an mernans-na ow telyvra an dus dhia an pehosow a wrussons y, pàn esens in dadn arlottes an kensa kevambos.

¹⁶Ow tùchya testament, res yw bos sur an den, neb a'n gwrug, dhe vos tremenys. ¹⁷Nyns yw testament vëth a bris saw wosa ev dhe verwel. Nyns yw an testament a bris hadre vo va yn few. ¹⁸Rag hedna, ny veu fastys heb goos an kensa kevambos kyn fe. ¹⁹Pàn veu pùb gormynadow declarys gans Moyses dhe oll an bobel warlergh an laha, ev a gemeras goos leuhy ha gyfras gans dowr, ha gwlân cogh, hag issop. Ev a scùllyas an goos wàr an rol screfa hy honen, ha wàr oll an bobel kefrës. ²⁰Ev a leverys, "Hèm yw an goos a'n testament re wrug Duw ordna dhywgh why." ²¹In kepar maner, ev a scùllyas an goos wàr an tylda, ha wàr oll an lestry a vedha ûsys i'n solempnytas. ²²In gwir, in dadn an laha y fëdh ogas pùptra pùrjys dre woos. Heb scùllya goos ny dheu gyvyans.

²³Copiow yw an re-na a'n taclow gwir in nev. Res o dhe'n copiow bos pùrjys indelma. Saw yma an taclow a nev aga honen ow terfyn sacryficys gwell. ²⁴Ny wrug Crist entra in sentry gwrës gans dewla mab den, copy a'n sentry gwir. Nâ, ev a entras i'n nev y honen, le mayth usy ev i'n tor'-ma owth apperya dhyrag Duw rag agan kerensa ny. ²⁵Y fëdh an uhel pronter owth entra i'n Sentry a

Sentrys kenyver bledhen ha goos best ganso. Saw ny entras Crist lies torn rag offra y honen. ²⁶I'n câss-na, res via dhodho godhaf arta hag arta, dhia bàn veu fùndys an bës. In le a hedna ev re apperyas unweyth rag nefra i'n tor'-ma orth dyweth an osow, may halla va don in kerdh pegh der an offryn anodho y honen. ²⁷Res yw dhe genyver onen merwel, ha wosa hedna bos jùjys gans Duw. ²⁸In kepar maner Crist a veu offrys unweyth avell sacryfis, may halla defendya dhe ves an pehosow a lies onen. Ev a vydn omdhysqwedhes an secùnd treveth. Nena an pegh a vëdh gyllys in kerdh, ha Crist a wra selwel an re-na a vo orth y wortos gans govenek.

10 Nyns yw an laha mès an imach a'n taclow dâ usy ow tos. An form gwir anodhans nyns ywa màn. Rag hedna ny yll an laha nefra, der an sacryficys a vëdh gwrës heb hedhy bledhen wosa bledhen, glanhe yn tien an re-na a vynsa dos nes dhe Dhuw. ²Poken, a ny wrussa an offrydnow cessya? An dus usy ow cordhya Duw, a pêns y pùrjys a'ga fegh unweyth rag nefra, ny vynsa aga honscyans leverel dhedhans aga bos pehadoryon. ³Saw yma an offrydnow-ma ow cul dhe'n dus perthy cov a'ga fehosow, ⁴rag ny yll goos terewy pò goos gyfras don pegh in kerdh nefra.

⁵Hèn yw an rêson Crist dhe leverel dhe Dhuw, pàn wrug ev entra i'n bës,

"Nyns eses ow tesîrya sacryfis nag offryn,

mès te a wrug parusy corf dhybm.

⁶Losk-offrydnow hag offrydnow rag pegh, ny wrusta delîtya inhans.

[7]Nena me a leverys, 'Otta vy devedhys rag gul dha volùnjeth jy, a Dhuw,' kepar dell yw screfys adro dhybm in rol an lyver."

[8]Pàn leverys ev a-uhon, "Nyns eses ow tesîrya sacryfîs nag offryn; losk-offrydnow hag offrydnow rag pegh, ny wrusta delîtya inhans" (yma an re-ma offrydnys warlergh an laha), [9]ev a addyas wosa hedna, "Otta vy devedhys rag gul dha volùnjeth jy." Yma ev ow tefendya dhe ves an eyl tra, rag fastya y gela. [10]Ha warlergh bolùnjeth Duw, ny agan honen re beu sanctyfîes der an offryn a gorf Jesu Crist unweyth rag kenyver onen.

[11]Y fëdh pùb pronter a'y sav kenyver jorna orth y servys, hag ev owth offrydna an keth sacryfîcys, na yll nefra defendya pegh dhe ves. [12]Saw wosa Crist dhe offrydna rag nefra udn sacryfîs rag pegh, "ev a esedhas adhyhow dhe Dhuw." [13]Wosa hedna yma va ow cortos "y eskerens dhe vos gwrës scavel y dreys." [14]Gans udn offryn yn udnyk ev re wrug perfethhe rag nefra oll an re-na a vo sanctyfîes.

[15]Hag yma an Spyrys Sans kefrës ow testa hedna dhyn, pàn lever,

[16]"Hèm yw an kevambos
a vanaf vy gul gansans wosa an dedhyow-na, yn medh an Arlùth:
me a vydn gorra ow lahys i'ga holon, ha'ga screfa wàr aga howsys."

[17]Wosa hedna ev a lever kefrës,

"Ny vanaf vy na fella remembra naneyl aga fehosow
na'ga gwrians dylaha."

[18]Le may ma remyssyon a'n re-ma, ny vëdh na fella offrydnow rag pegh.

[19]Rag hedna, a vreder, yma genen ny dre woos Jesu an fydhyans dhe entra i'n sentry, [20]der an fordh nowyth ha bew, an fordh a wrug ev egery dhyn der an veyl, hèn yw der an kig. [21]Abàn eus dhyn uhel pronter brâs a-ugh an chy a Dhuw, [22]gesowgh ny dhe dhos nes gans colon lel, gans trest leun ha fëdh. Rag agan colon re beu pùrjys a dhrog-gowsys ha'gan corf golhys in dowr pur. [23]Gesowgh ny heb hockya dhe sensy fast an confessyon a'gan govenek, rag lel yw hedna neb re'n dedhewys dhyn. [24]Gesowgh ny kefrës dhe bredery fatell yllyn ny inia an eyl y gela dhe dhysqwedhes kerensa, ha dhe wul oberow dâ. [25]Na wren ny ankevy dhe gùntell warbarth, kepar dell yw an ûsadow a certan tus. Gesowgh ny kyns dhe gonfortya an eyl y gela, dhe voy ha dhe voy, rag why a wel bos an prës ow nessa.

[26]Wosa ny dhe recêva skians an gwiryoneth, mar teun ny ha pêsya in pegh a'gan bodh agan honen, nyns yw sacryfîs rag pegh a valew vëth na fella. [27]Pëth a vëdh orth agan gortos, mès an govenek uthyk a vrusyans, ha conar an tan neb a wra cowl-lesky eskerens Duw? [28]Kenyver onen a wrella defolya laha Moyses, a verow heb mercy "wàr dhùstuny dew dhen pò try den." [29]Leverowgh dhybm, pyseul dhe lacka a vëdh an pùnysh-ment rag an re-na a dhenahas Mab Duw! Ea, y re dhefolyas goos an kev-ambos dredho may fowns y sanctyfîes, ha gul outray dhe Spyrys an grâss. [30]Ny a wor pyw a leverys, "Me a bew venjans; me a vydn aqwytya," hag arta, "An Arlùth a wra

317

brusy y bobel." ³¹Tra uthyk yw codha inter dewla an Duw a vêwnans.

³²Saw perthowgh cov a'n dedhyow kyns. Wosa recêva an golow, res o dhywgh godhaf gans perthyans painys tydn. ³³Traweythyow y fewgh why despîtys ha tormentys in golok an bobel. Traweythyow yth ewgh why cothmans dhe'n re-na a vedha tebel-dhyghtys indella. ³⁴Why a gemeras pyteth a'n re-na esa in pryson. Yn lowen why a alowas agas pëth dhe vos pyllys, rag why a wodhya agas bos perhenogyon a neppyth gwell hag a neppyth a wre durya pella.

³⁵Na wrewgh ytho forsâkya an trest a'gas beus, rag hedna a dhora weryson brâs. ³⁶Yma othem dhywgh a berthyans, may hallowgh why, wosa collenwel bolùnjeth Duw, recêva an pëth a veu dedhewys dhywgh. ³⁷Rag whath kyns na pell,

"Ev neb usy ow tos a dheu ha ny wra va lettya;
³⁸saw ow den gwiryon vy a vydn bewa dre fëdh.
Nyns yw ow enef plêsys gans den vëth a wrella plynchya."

³⁹Nyns eson ny in mesk an re-na usy ow plynchya. Nâ, yth eson ny in mesk an re-na a's teves crejyans. Indelna y a vëdh selwys.

11 Fëdh yw trest ow tùchya taclow gwaitys, fydhyans adro dhe'n pëth nag yw gwelys. ²In gwir agan hendasow a veu comendys gans Duw awos aga fëdh.

³Yth eson ny ow convedhes dre fëdh fatell veu an bës formys dre er Duw, pàn veu gwrës an pëth vysybyl mes a'n dra invysybyl.

⁴Dre fëdh Abel a offras sacryfîs moy servabyl dhe Dhuw ès sacryfîs Caym. Awos y fëdh ev a recêvas comendyans avell den gwiryon, rag Duw y honen a gomendyas y royow. Abel a verwys, mès der y fëdh yma va whath ow côwsel.

⁵Dre fëdh y feu Enok kemerys. Ny wrug ev tastya mernans, saw ev "êth mes a wel tus dre rêson Duw dh'y gemeres." Rag y feu declarys Enok dhe blêsya Duw kyns y vos kemerys in kerdh. ⁶Heb fëdh ùnpossybyl yw plêsya Duw, rag neb a vydna dos nes dhodho, y res dhodho cresy in Duw, ha cresy Duw dhe rewardya an re-na usy orth y whelas.

⁷Noy a veu gwarnys gans Duw adro dhe daclow na wrug ev gweles whath. Dre fëdh ev a attendyas gwarnyans Duw, ha gul lester rag selwel meyny y jy. Indelna an bës a veu dampnys, ha Noy a recêvas dhyworth Duw an ewnder yw acordys gans fëdh.

⁸Dre fëdh Abraham a obeyas, pàn veu va gelwys dhe dhallath wàr y fordh tro ha ken pow a vydna recêva wàr an dyweth avell erytans. Ev a dhalathas wàr y fordh, heb godhvos pleth esa va ow mos. ⁹Dre fëdh ev a dregas termyn hir i'n pow a veu promyssys dhodho, kynth o an pow-na astranj dhodho. Ev o tregys in tyldys warbarth gans Isak ha gans Jacob, eryon ganso a'n keth promys-na. ¹⁰Rag yth esa va ow qwetyas an cyta tôwlys ha byldys gans Duw, an cyta neb a's teves fùndacyon fast.

¹¹Dre fëdh Abraham a recêvas an gallos dhe dhenethy mab, kynth o va re goth, ha Sara y wreg hy honen o

anvab. Rag ev a gonsydras lel hedna neb a ros an promys dhodho. ¹²Kynth o Abraham ogas marow, y feu genys dhyworth an den udnykma issyw mar vrâs aga nùmber avell sterednow an nev ha mar dhynyver avell tewas an treth.

¹³Oll an re-ma a verwys in fëdh heb recêva an promyssyow, saw y a's gwelas abell ha'ga dynerhy. Y a avowa fatell êns y alyons ha tus astranj i'n nor, ¹⁴rag apert yw, pàn usy tus ow côwsel indelma, y dhe vos ow whelas pow genesyk. ¹⁵A pêns y ow predery a'n pow a wrussons forsâkya, y a gafsa chauns dhe dhewheles dy. ¹⁶Saw in gwiryoneth yth esens y ow tesîrya pow gwell, hèn yw, gwlas nev. Rag hedna ny gebmer Duw meth vëth a vos gelwys aga Duw y. In gwir ev re wrug parusy cyta ragthans.

¹⁷Pàn veu va prevys, Abraham dre fëdh a offrydnas Isak. Abraham, neb a recêvas an promyssyow, o parys dhe offrydna y udn vab, ¹⁸kyn feu leverys dhodho in y gever, "Der Isak y fëdh dha heneth henwys." ¹⁹Ev a gresys y hylly Duw derevel nebonen dhyworth an re marow kyn fe—ha rag leverel in fygur—ev a'n recêvas arta.

²⁰Dre fëdh Isak a elwys benothow wàr Jacob hag Esaw rag an termyn esa ow tos.

²¹Pàn esa ev in newores, Jacob dre fëdh a venegas kettep onen a vebyon Josef, "ow plegya in gordhyans a-ugh bleyn y welen."

²²Dre fëdh Josef, pàn o va ogas dhe'm mernans, a leverys fatell wre an Israelysy mos mes a Ejyp, hag ev a ros gormynadow ow tùchya y ancladhva.

²³Dre fëdh y feu Moyses cudhys gans y gerens try mis wosa y enesygeth, rag y dhe weles fatell o teg an flogh, ha ny's teva own vëth a ordenans an mytern.

²⁴Dre fëdh, pàn o va devedhys dhe oos, Moyses a sconyas dhe vos gelwys mab myrgh Faro. ²⁵Gwell o dhodho bos kevrednek a gompressans pobel Duw, ès enjoya plesours brottel an kig. ²⁶Ev a gonsydras tebel-dhyghtyans godhevys abarth an Messias dhe vos moy rychys ès pethow Ejyp, rag yth esa va ow meras in rag, hag ow qwetyas an weryson. ²⁷Dre fëdh Moyses a asas Ejyp heb own vëth a sorr an mytern. Ev a dhuryas, rag ev a ylly gweles hedna neb yw invysybyl. ²⁸Dre fëdh ev a wre sensy an Pask ha scùllva an goos, ma na wrella ladhor an kensa mab tùchya kensa mebyon Israel.

²⁹Dre fëdh an bobel a bassyas der an Mor Rudh, kepar ha pàn ve tir sëgh. Saw pàn assayas an Ejyptyons gul indella, y a veu budhys.

³⁰Dre fëdh y feu fosow Jeryco dysevys wosa y dhe vos settys ader dro an spâss a seyth jorna.

³¹Dre fëdh ny wrug Rahab, an hôra, merwel gans an dus dywostyth, dre rêson hy dhe wolcùbma an spioryon yn cuv.

³²A goodh dhybm leverel moy? Ny'm beus termyn lùk rag gul mencyon a'n re ma: Gydeon, Barak, Sampson, Jeftha, Davyth, Samùel ha'n profettys. ³³Dre fëdh y a wrug conqwerrya gwlascorow, menystra jùstys, cafos promyssyow, stoppya ganow lions, ³⁴dyfudhy tan coneryak, diank dhyworth min an cledha, gwainya nerth mes a wanegreth, omwul galosek in batal, ha gorra luyow estren dhe'n fo. ³⁵Benenes a recêvas aga thus varow yn few. Y feu

319

ken re tormentys, ow sconya bos relêssys, may hallens y dhe well cafos dasserghyans. 36Ken re arta a wodhevys ges ha scorjyans, ea, ha chainys kyn fe, ha prysonyans. 37Y a veu labedhys erna vowns marow, y a veu trehys inter dyw radn, y a veu ledhys der an cledha. Yth esens y ow mos adro in crehyn deves ha gyfras, othomak, compressys, tormentys. 38Nyns o an bës-ma wordhy anodhans. Y a wre gwandra i'n gwylfos hag i'n menydhyow, in cavyow hag in tell i'n dor.

39Y feu oll an re-na comendys awos aga fëdh. Ny wrussons y bytegyns recêva an pëth re bia dedhewys. 40Gwell o towl Duw, rag ev a erviras na wrellens y drehedhes perfethter mès i'gan company ny.

12 Abàn eus cloud mar vrâs a dhùstuniow adro dhyn, gesowgh ny dhe settya adenewen pùb sawgh ha pùb pegh, eus ow clena mar glos orthyn. Gesowgh ny dhe bonya gans perthyans an resegva usy dhyragon. 2Gwren ny meras orth Jesu, rag ganso ev yma agan fëdh ow powes dhia an dallath bys i'n dyweth. Dre rêson a'n joy esa orth y wortos, ev a wodhevys an grows heb gul fors a'y sham, ha wosa hedna ev a esedhas adhyhow dhe dron Duw. 3Mar tewgh why ha predery anodho ev, a wodhevys offens a'n par-na orth dewla pehadoryon, ny wrewgh why omsqwitha na kemeres dyglon.

4I'gas strif warbydn an pegh, ny wrussowgh why whath mos mar bell avell scùllya agas goos. 5Why re ancovas an iniadow usy ow côwsel orthowgh avell flehes:

"Ow flogh, na wra dysprêsya
    kereth an Arlùth,
naneyl na gebmer dyglon pàn vy
    pùnyshys ganso;
6rag yma an Arlùth ow kesky an re-
    na usy ev ow cara,
hag ev a wra keredhy pùb flogh a
    wrella va degemeres."

7Godhevowgh prevyans may hallowgh why bos kessedhys. Yma Duw orth agas dyghtya kepar ha flehes. Pana flogh eus i'n bës, na vëdh chasties gans y das? 8Mar ny'gas bedhowgh why an kessydhyans a's teves oll an flehes, nena bastardys owgh why, ha nyns owgh why y flehes ev. 9Ha pella, ny a'gan bedha kerens wàr an norvës rag agan kesky, ha ny a re revrons dhedhans. A ny gotha dhyn dhe voy lowen bos sojeta dh'agan Tas spyrysek, may hallen ny cafos bêwnans? 10Rag y a wre agan chastia pols bian kepar dell hevelly dâ dhedhans, mès yma ev orth agan chastia rag agan les, may hallen ny bos kevrednek a'y sansoleth. 11Nyns yw kessydhyans nefra plesont. Pàn ywa godhevys, yth hevel bos pòr hager. Saw moy adhewedhes, an re-na yw deskys dredho, ymowns y ow mejy an drevas a vêwnans gwiryon.

12Rag hedna derevowgh agas dewla lows ha creffe agas dewlin gwadn. 13Gwrewgh fordhow compes rag agas treys, ma na vo dyskevelsys an dra a vo mans—nâ, saw may fo va sawys.

14Sewyowgh cres gans pùbonen, ha'n sansoleth na yll den vëth heptho gweles an Arlùth. 15Gwaityowgh na wrella den vëth ahanowgh fyllel dhe obtainya grâss Duw. Na vedhens i'gas mesk gwredhen vëth a wherôwder rag gul strif intredhowgh. Lies

onen a alsa bos shyndys dredhy.
¹⁶Waryowgh na vo nagonen ahan-
owgh kepar hag Esaw, den cam-
hensek ha dydhuw. Ev a werthas y
erytans a udn prës boos. ¹⁷Wosa
hedna, pàn o va whensys dhe eryta an
bedneth, why a wor fatell veu va
sconys. Ny gafas ev chauns vëth dhe
godha in edrek, kyn whrug ev whelas
an bedneth gans dagrow.

¹⁸Ny dheuthowgh why, kepar dell
dheuth pobel Israel, dhe neppyth a
alsa bos tùchys, dhe Vownt Sinay
gans an tan whyflyn, an tewolgow, an
duder, an gwyns adro, ¹⁹sownd an
trompa ha'n lev ow côwsel. Pàn
wrussons y clôwes an lev-na, y a besys
na ve ger vëth moy côwsys ortans.
²⁰Ny yllens perthy an pëth a veu
erhys: "Mar qwra best kyn fe tùchya
an meneth-ma, labedhys vëdh bys in
ancow." ²¹Mar uthyk o an wolok-na,
may leverys Moyses, "Otta vy ow
crena rag ewn uth."

²²In le a hedna, yth esowgh why ow
sevel dhyrag Mownt Sion, ha dhyrag
an cyta a'n Duw a vêwnans. Hòn yw
Jerùsalem in nev. Yma milyow a eleth
inhy, cùntellva solem. ²³Yth esowgh
why ow sevel dhyrag ost an vebyon
kensa genys, hag yma aga henwyn
screfys in nev. Yth esowgh ow sevel
dhyrag Duw, an jùj a genyver onen,
ha dhyrag enevow an re-na re beu
gwrës perfeth. ²⁴Yth esowgh ow sevel
dhyrag Jesu, neb yw main an
kevambos nowyth, ha dhyrag an goos
scùllys, usy ow promyssya taclow
gwell ès goos Abel.

²⁵Kemerowgh with na wrellowgh
why sconya an lev usy ow côwsel. An
re-na neb a dhenahas hedna esa orth
aga gwarnya wàr an norvës, ny
wrussons y scappya. Pyseul dhe le a

wren nyny diank, mar teun ny ha'y
sconya ev usy orth agan gwarnya
dhyworth nev! ²⁶I'n termyn-na y lev
a wrug dhe'n norvës crena. Mès i'n
tor'-ma ev re dhedhewys, "Unweyth
arta me a vydn shakya an norvës, ea,
ha'n nev kefrës." ²⁷Yma an lavar-ma
"unweyth arta" ow prevy yn tyblans,
y fëdh shakys taclow creatys. Y a vëdh
defendys dhe ves, may halla remainya
an pëth na yll bos shakys.

²⁸Abàn eson ny ow recêva gwlascor
na yll bos shakys, gesowgh ny dhe ry
grassow dhe Dhuw, ha dh'y wordhya
i'n vaner usy orth y blêsya, hèn yw
gans revrons ha gans own. ²⁹Rag yn
certan agan Duw yw tan, ha'n tan na
a wra collenky.

13 Pêsyowgh gans kerensa an
eyl tro ha'y gela. ²Na dhys-
prêsyowgh an spyrys a wolcùm tro
hag estrenyon, rag certan tus a wol-
cùbmas eleth ha ny'n godhyens màn.
³Perthowgh cov a'n re-na usy in
pryson, kepar ha pàn vewgh whywhy
prysners gansans. Perthowgh cov a'n
re-na usy ow codhaf tormens, kepar
ha pàn vewgh why tormentys kefrës.

⁴Re bo maryach onorys i'gas mesk,
ha bydner re bo defolys gwely an
demedhyans. Duw a vydn brusy an
gyglot ha'n avoutrer. ⁵Gwethowgh
agas bêwnans frank a goveytys, ha
bedhowgh pës dâ gans an pëth a'gas
pò. Rag Duw re leverys,

"Ny vanaf vy nefra agas gasa na'gas
forsâkya."

⁶Indelma ny a yll gans fydhyans
leverel,

"An Arlùth yw ow gweres; ny vanaf
vy kemeres own.
Pandra yll den vëth gul dhybm?"

[7]Perthowgh cov a'gas hùm-
brynkysy, an re-na a gowsas ger Duw
orthowgh. Consydrowgh in pana
vaner a wrussons y bewa ha merwel,
ha gwrewgh warlergh aga fëdh y.
[8]Jesu Crist yw an keth de, hedhyw,
avorow ha bys vycken.

[9]Na vedhowgh shakys dre bùb
whaf a dhyscans nowyth pò a
dhyscans coynt. Dâ yw dhe'n golon
bos kenerthys dre râss, kyns ès dre
rewlys ow tùchya sosten. Ny wrug an
re-na les vëth dhe'n dus a's gwethas.
[10]Yma dhyn ny alter, ha ny's teves
prontyryon an tylda sans gwir vëth oll
dhe dhebry anedhy.

[11]An bestas-na mayth yw drës aga
goos aberth i'n sentry gans an uhel
pronter avell sacryfîs rag pegh, aga
horfow a vëdh leskys avês dhe'n
camp. [12]In kepar maner Jesu a wodh-
evys y bassyon avês dhe'n cyta, may
halla va sanctyfia an bobel der y woos
y honen. [13]Deun ny ytho dhodho
avês dhe'n camp, ha gwren ny perthy
oll an despît a wrug ev godhaf.
[14]Nyns eus genen ny obma cyta fast
vëth, mès yth eson ny ow qwetyas an
cyta usy ow tos.

[15]Dredho ev ytho gesowgh ny heb
hedhy dhe offrydna sacryfîs a brais
dhe Dhuw, hèn yw an trubyt a
wessyow usy owth avowa y hanow ev.
[16]Kemerowgh with dhe wul dâ, ha
dhe gevradna a vo genowgh. Servabyl
dhe Dhuw yw offrydnow a'n par-na.
[17]Obeyowgh dh'agas hùmbrynkysy,
ha bedhowgh sojeta dhedhans, rag y
yw wardens a'gas enevow hag y a dal

ry acownt dhe Dhuw a'ga servys. Mar
tewgh why hag obeya, y a vydn gul aga
whel yn lowen. Mar tewgh why ha
dysobeya, y a'n gwra gans hanajow,
ha ny vëdh hedna a les vëth dhywgh.
[18]Pesowgh ragon ny. Sur on ny bos
agan côwsys glân, ha ny whensys dhe
lavurya gans onour pùpprës hag in
kenyver tra. [19]Yth esof dhe voy
dywysyk orth agas inia dhe besy
Duw, may whrella ow danvon
dhywgh why arta heb let.

[20]Duw re dherevys dhyworth an re
marow agan Arlùth Jesu, neb yw
bugel brâs an deves, [21]der an goos a'n
kevambos heb dyweth. Re wrello
Duw agas gul perfeth in pùb dader,
may hallowgh why gul y volùnjeth ev.
Re wrello ev gul ahanan ny pynag oll
tra a vo servabyl in y wolok ev dre
Jesu Crist. Re bo an glory dhodho ev
bys vycken ha bys venary. Amen.

[22]A vreder, yth esof orth agas pesy
dhe woslowes gans perthyans orth an
ger-ma a iniadow. Nyns yw hir an
lyther-ma, a screfys dhywgh.

[23]Dâ via genama why dhe wodh-
vos, agan broder Tymothy dhe vos
delyvrys mes a bryson. Mar teu va
adermyn, ev a vëdh warbarth genef,
pàn wryllyf agas gweles why.

[24]Dynerhowgh oll agas hùm-
brynkysy hag oll pobel Duw. Yma an
re-na a dheu dhyworth Italy orth agas
dynerhy.

[25]Re bo grâss Duw gans kenyver
onen ahanowgh!

Pystyl Jamys

1 Dhyworth Jamys, servont a Dhuw hag a'n Arlùth Jesu Crist,

Dhe'n dewdhek trib usy scùllys alês:

Bedneth re'gas bo!

²A vreder, pàn vo anken a sort vëth ow tos warnowgh, gwrewgh omsensy pòr lowen. ³Rag why a wor an assay a'gas fëdh dhe dhenethy perthyans. ⁴Gesowgh an prevyans dhe wul oll y ehen intredhowgh, may fewgh why cowlwrës in athvetter heb othem a vertu vëth. ⁵Mara'n jevyth den vëth ahanowgh othem a skentoleth, gwrêns ev pesy Duw, rag yma Duw ow ry dhe bùbonen yn larj ha heb coveytys. Y fëdh skentoleth grauntys dhodho. ⁶Gwrêns ev pesy in fëdh, heb dowtya in termyn vëth, rag ev neb usy ow towtya yw kepar ha todn a'n mor, drîvys ha shakys gans an gwyns. ⁷Na wrêns an den a vo indelma predery ev dhe recêva tra vëth dhyworth an Arlùth, ⁸rag dobyl yw y vrës, hag ev yw brottel in pùb fordh.

⁹Gwrêns an broder uvel bôstya ev dhe vos exaltys. ¹⁰Gwrêns an den rych bôstya, dre rêson ev dhe vos drës isel, rag an den rych a wra tremena kepar ha flour a'n prasow. ¹¹Yma an howl ow terevel gans y domder pooth hag ow lesky an pras. An flowr a glamder ha'y thecter a goodh dhe ves. In kepar maner y fëdh an den

rych. Ev a wra gwedhra in mesk oll negyssyow y vêwnans.

¹²Benegys yw kenyver onen a wrella perthy temptacyon. Yma va owth omwetha dhyworth an prevyans, hag ev a wra recêva an gùrun a vêwnans, promyssys gans an Arlùth dhe'n re-na a vo orth y gara. ¹³Pàn vo nebonen temptys, ny dal dhodho leverel, "Otta vy temptys gans Duw." Ny yll Duw bos tùchys der an drog, ha nyns usy ev ow temptya den vëth. ¹⁴Saw y fëdh den temptys ha dynys der y dhrog-whansow y honen. ¹⁵Nena pàn vo an drog-whans concêvys, yma va ow tenethy pegh. Pàn vo an pegh cowldevys, yma va ow tenethy mernans.

¹⁶Na vedhowgh dysseytys, a vreder veurgerys. ¹⁷Pùb helder larj ha pùb ro perfeth a dheu dhia avàn, ow skydnya dhyworth Tas an golowys. Nyns eus varyans vëth ino, na skeus vëth a jaunjyans. ¹⁸Ev a'gan formyas der an ger a wiryoneth, dhe gollenwel y borpos y honen, ha may fen kepar ha bleynfrûtys y greacyon.

¹⁹Why a dal convedhes hebma, a vreder veurgerys: bedhens pùb onen uskys dhe woslowes, lent dhe gôwsel, ha lent dhe serry. ²⁰Nyns usy agas sorr why owth avauncya gwiryoneth Duw. ²¹Gorrowgh dhyworthowgh ytho pùb sort a vostethes, sherewyn-sy, hag envy. Recêvowgh gans clor-der an ger usy plynsys inowgh, hag a yll sawya agas enef.

²²Gwrewgh warlergh an messach a glôwsowgh. Na vedhowgh contentys dhe veras orto yn udnyk. Rag nena why a via ow tysseytya agas honen gans rêsons fâls. ²³Mar teu den ha goslowes orth an ger heb y wul, yma va haval dhe nebonen usy ow meras

orto y honen in gweder. ²⁴Ev a wel y imach y honen, saw pàn usy ev ow mos in kerdh, ny yll ev perthy cov na fella anodho. ²⁵Saw an re-na usy ow meras orth an laha perfeth, an laha a franchys, hag ow pêsya ino, y fedhons y benegys i'ga oberow. Y yw oberwesyon usy ow lavurya. Nyns yns y goslowysy, nag usy ow cul tra vëth mès ankevy.

²⁶Mar teu broder vëth ha predery y vos ev cryjyk y honen, heb frodna y davas, yma va ow tysseytya y golon, ha heb bry yw y fëdh. ²⁷Crejyans pur ha heb mostethes dhyrag Duw an Tas yw kepar dell sew: gweres an omdhevasow ha'n gwedhwesow i'ga othem, hag omwetha dha honen dhyworth podrethes an bës.

2 A vreder, mars esowgh why ow cresy i'gan Arlùth Jesu Crist gloryfies, res yw dhywgh sevel orth favera nebonen dres nebonen aral. ²Rag ensampel, martesen y teu dew dhen aberth i'gas cùntellva, an eyl anodhans rych, besewow owr wàr y vesias ha dyllas fin in y gerhyn, ha'y gela bohosak ha dyllas mostys adro dhodho. ³Mar tewgh why ha gul vry a'n den usy an dyllas fin adro dhodho, ha leverel, "Esedhowgh obma, mar pleg," ha mar tewgh why ha leverel dhe'n den bohosak, "Sav in nes," pò "Eseth orth ow threys," ⁴a nyns esowgh why ow cul dyffrans intredhowgh agas honen? A nyns owgh why ow jùjya warlergh sqwir fâls?

⁵Goslowowgh, a vreder veurgerys. A ny wrug Duw dêwys an vohosogyon i'n bës-ma dhe vos rych in fëdh, ha dhe vos eryon a'n wlascor a wruga promyssya dh'y gothmans? ⁶Saw why re dhysqwedhas dysonour dhe'n den bohosak. A nyns usy an dus rych orth agas compressa? A nyns usons y orth agas tedna dhe gort an laha? ⁷A nyns usy an dus rych ow cably an hanow uhel a wrug Duw agas henwel ganso?

⁸Why a vydn gul yn tâ, mar tewgh why ha collenwel an rewl rial warlergh an scryptour, "Te a dal cara dha gentrevak kepar ha te dha honen." ⁹Saw mar tewgh why ha dysqwedhes favour, why a wra pegh hag a vëdh dampnys avell drog-oberoryon. ¹⁰Kenyver onen a wrella gwetha an laha yn tien, saw a wrella fyllel in udn dra, ev yw blamys in pùb poynt. ¹¹Rag ev neb a leverys, "Te ny dal gul avowtry," a leverys inwedh, "Te ny dal moldra." Mar ny wrêta avowtry, mès mar teuta ha moldra, yth esta ow peha warbydn an laha.

¹²Côwsowgh ha gwrewgh kepar ha tus a vo jùjys warlergh laha an franchys. ¹³Rag ny vëdh mercy vëth dysqwedhys i'n brusyans dhe dhen vëth, na wrug dysqwedhes mercy y honen. Yma mercy owth overcùmya jùjment.

¹⁴Pëth yw an prow, a vreder, mar tewgh why ha leverel fatell eus fëdh genowgh, mar nyns eus oberow genowgh inwedh? A yll fëdh agas sawya? ¹⁵Gwren ny soposya bos agas broder yn noth hag in esow kenyver jorna. ¹⁶Mar teu onen ahanowgh ha leverel dhodho, "Kê wàr dha fordh in cres. Bëdh tobm ha deber lùk," saw heb provia rag othem y gorf, pëth yw an valew a hedna? ¹⁷Indelma an fëdh gensy hy honen, mar ny's teves oberow, marow yw hy.

¹⁸Saw nebonen a vydn leverel, "Te a'th eus fëdh, saw me a'm beus oberow."

Dysqwa dhybm an fëdh heb an oberow, ha me a vydn dysqwedhes ow fëdh der ow oberow. ¹⁹Yth esta ow cresy bos Duw onen. Yth esta ow cul yn tâ. An dhewolow aga honen a grës hedna ha crena a wrowns.

²⁰Te bedn cog, a vynta convedhes bos uver pùb fëdh heb oberow? ²¹A ny veu agan hendas Abraham jùstyfies gans y oberow, pàn wrug ev offra y vab Isak wàr an alter? ²²Te a wel ytho fatell wrug y fëdh kesobery gans y oberow, ha fatell veu an fëdh collenwys der an oberow. ²³Indelma y feu collenwys an scryptour a lever, "Abraham a wrug cresy in Duw ha hedna a veu reknys dhodho avell ewnder." Abraham a veu henwys cothman Duw. ²⁴Te a wel indelma fatell vëdh nebonen jùstyfies der y oberow, kyns ès der y fëdh gensy hy honen.

²⁵A ny veu Rahab an hôra jùstyfies indelma der hy oberow, pàn wrug hy wolcùbma an messejers ha'ga danvon in rag wàr fordh aral? ²⁶Rag kepar dell yw an corf marow heb an spyrys, indelma yw fëdh marow heb oberow.

3 Ny dal mès dhe radn ahanowgh bos descadoryon, rag why a wor fatell wra an dhescadoryon cafos jùjment dhe voy sherp. ²Yth eson ny oll ow cul lies myskemeryans. Neb na wrella myskemeryans, pàn vo va ow côwsel, perfeth ywa hag abyl dhe gontrollya oll y gorf dre frodn.

³Mar teun ny ha gorra frodn in ganow margh rag gul dhodho agan obeya, yth eson ny ow rewlya oll y gorf. ⁴Pò consydrowgh an gorholyon: kynth yns y mar vrâs mayth yw res gortos gwyns crev rag aga herdhya in rag, pòr vian yw an lew a wra aga

gedya ple pynag a vo dâ gans an lewyth. ⁵Kynth yw an tavas esel bian, ev a wra bôstya a daclow brâs. Bian yw an tan, saw ass yw brâs an forest a vëdh leskys ganso! ⁶Tan yw an tavas. Yma ev settys in mesk agan esely, kepar hag esel leun a sherewynsy. Yma va ow mostya oll an corf, hag ow corra tan i'n bës a natur oll ader dro. Saw an tavas a gav y dan dhyworth iffarn.

⁷Y hyll pùb ehen best, edhen, prëv ha mil i'n mor bos dovys gans mab den, ⁸saw ny yll den vëth dova an tavas. Bylen ywa, na yll bos temprys. Leun yw an tavas a boyson mortal.

⁹Der an tavas yth eson ny ow penega an Arlùth agan Tas, ha der an tavas yth eson ny ow molethy an rena yw gwrës in hevelep Duw. ¹⁰Mes a'n keth ganow yma ow tos bedneth ha molleth. A vreder, ny dalvia hebma bos. ¹¹A wra dowr fresk ha dowr sal dos mes a'n udn fenten? ¹²A yll fygwedhen, a vreder, dry in rag olyf, pò a yll fyges bos kefys wàr wedhen grappys? Naneyl ny yll dowr sal provia dowr fresk.

¹³Pyw ahanowgh yw fur ha skentyl? Dysqwedhowgh der agas conversacyon dâ, fatell wrewgh agas mas-oberow gans an clorder usy ow tos a furneth. ¹⁴Saw mars esowgh why in wherôwder ow kemeres envy, ha mars eus strîvyans i'gas colon, na wrewgh bôstya, naneyl na gôwsowgh gow warbydn an gwiryoneth. ¹⁵Yma furneth a'n par na ow tos a'n dor. Nyns usy ow longya dhe'n spyrys, mès dhe'n tebel-el. Dhyworth nev ny dheu va màn. ¹⁶Ple pynag a vo envy ha strîvyans hag omgerensa, ena y fëdh deray kefrës, ha pùb sort a sherewynsy.

¹⁷Saw an furneth usy ow tos dhyworth nev, yw glân dres pùptra, cosel, clor, parys dhe blegya, leun a dregereth hag a frûtys dâ. Nyns eus spot vëth a faverans, nag a fekyl cher ino. ¹⁸Ha'n re-na usy ow cul cres, y fëdh gonedhys ragthans trevas a ewnder hag a gres.

4 An strif ha'n breselyow-ma intredhowgh, a ble mowns y ow tos? A nyns usons y ow tos dhyworth agas whansow, usy owth omlath inowgh? ²Yth esowgh why ow tesîrya neppyth na'gas beus. Why a wra moldra rag y gafos. Whensys owgh why a neppyth, saw ny yllowgh why y gafos. Merowgh, omlath a wrewgh ha dyspûtya. Why ny'gas beus agas desîr, drefen na wrewgh why y wovyn. ³Yth esowgh why ow covyn, saw ny wrewgh why recêva, drefen why dhe wovyn yn cabm, may hallowgh why spêna a gaffowgh wàr agas plesour.

⁴Tus heb lendury! A ny wodhowgh why cothmans an bës-ma dhe vos eskerens Duw? Pynag oll a vo ow cara an bës-ma yw escar Duw. ⁵Pò esowgh why ow predery martesen nag yw an scryptour a vry, pàn usy ev ow leverel, "Whansow crev a'n jeves an spyrys a wrug Duw gorra i'gan colon"? ⁶Saw ev a re dhe voy grâss; rag hedna yma an scryptour ow leverel,

"Duw a sev warbydn an dus prowt,
    mès dhe'n dus uvel ev a re y
    râss."

⁷Rag hedna obeyowgh dhe Dhuw. Omwethowgh dhyworth an tebel-el, hag ev a wra fia dhe'n fo dhyworthowgh. ⁸Dewgh nes dhe Dhuw, hag ev

a vydn dos nes dhywgh why. Gwrewgh pùrjya agas dewla, why pehadoryon, ha golhowgh agas colon, why neb yw fâls agas brës. ⁹Gwrewgh lamentya ha mùrnya hag ola. Bedhens agas wherthyn trailys dhe olva, ha'gas joy dhe anken. ¹⁰Gwrewgh hùmblya agas honen dhyrag an Arlùth, hag ev a vydn agas exalta.

¹¹A vreder, na gôwsowgh drog an eyl warbydn y gela. Pynag oll a wrella côwsel drog warbydn y gentrevak, pò y jùjya, yma va ow côwsel drog warbydn an laha, hag ow jùjya an laha. Saw mar teuta ha jùjya an laha, nyns osta den usy ow cul an laha. Nâ, brusyas osta. ¹²Nyns usy mès an udn rias a'n laha ha'n udn jùj, hag ev a yll selwel ha dystrêwy. Pyw osta ytho, may whrelles jùjya dha gentrevak?

¹³Dewgh lebmyn, why usy ow leverel, "Hedhyw pò avorow ny a vydn mos dhe certan cyta ha passya bledhen ena ow cul agan negys hag ow qwainya mona." ¹⁴Saw ny wodhowgh why unweyth pandra dhora an jëdh avorow. Pëth yw agas bêwnans? Why yw nywl, gwelys rag tecken ha nena gyllys qwit dhe ves. ¹⁵In le a hedna y talvia dhywgh leverel, "Mar mydn an Arlùth, ny a wra gul hebma pò hedna." ¹⁶Saw i'n tor'-ma yth esowgh why ow cul bôstow i'gas goth agas honen. Drog yw bôstow a'n parna. ¹⁷Rag hedna, kenyver onen a wothfa an pëth ewn heb y wul, yma va ow cul pegh.

5 Dewgh lebmyn, a dus rych, hag olowgh ha lamentyowgh, awos oll an anken ha'n troblys a wra codha warnowgh. ²Poder yw agas rychys, ha'n preves re wrug devorya agas dyllas. ³Gallas cancrek agas owr ha'gas arhans, ha'n canker-na a wra desta wàr agas pydn ha devorya agas kig kepar ha tan. Why re worras in bàn rychys rag an dedhyow dewetha. ⁴Goslowowgh! Wajys an wonesyjy neb a vejas agas trevas, an wajys a wrussowgh why yn fâls gwetha dhywortans, ymowns y ow cria in mes warnowgh. Garmow an vejwesyon re dheuth bys in scovornow Arlùth an luyow. ⁵Why re vewas in plesour hag in es i'n norvës. Maga agas colon a wrussowgh in jorna an ladhva. ⁶Why re dhampnyas ha ladha an den gwiryon, na wrug bythqweth sevel wàr agas pydn.

⁷Rag hedna kemerowgh perthyans, a vreder veurgerys, erna dheffa an Arlùth. Merowgh, yma an tiak ow cortos an drevas precyùs mes a'n dor, hag yma va ow kemeres perthyans gensy, erna wrella hy recêva an glaw avarr ha'n glaw adhewedhes. ⁸Why a res dysqwedhes perthyans. Gwrewgh confortya agas colon, rag an Arlùth a vydn dos yn scon. ⁹A vreder veurgerys, na wrewgh croffal an eyl warbydn y gela, ma na vewgh why jùjys. Merowgh, yma an brusyas a'y sav orth an daras!

¹⁰Kemerowgh an profettys avell ensampel a hirwodhevyans hag a dormens, rag y a gowsas in hanow an Arlùth. ¹¹In gwiryoneth yth eson ny ow consydra benegys an re-na a dhysqwedhas perthyans. Why re glôwas a dhuryans Job, ha gweles porpos an Arlùth—fatell ywa pytethus ha leun a vercy.

¹²Saw dres oll, a vreder, na wrewgh tia, naneyl re'n nev na re'n dor na gans ken ly vëth. Bedhens "Ea" agas "Ea" ha "Nâ" agas "Nâ", ma na wrellowgh why codha in dadn jùjment. ¹³Eus den vëth i'gas mesk ow codhaf troblys? Gwrêns ev pesy. Eus den vëth lowenek? Gwrêns ev cana salm. ¹⁴Eus den vëth ahanowgh clâv? Res yw gelwel tus hen an eglos, may hallons y pesy a-ughto ha'y ùntya gans oyl in hanow an Arlùth. ¹⁵An pejadow a fëdh a wra sawya an glevyon, ha'n Arlùth a vydn aga derevel in bàn. Ha mar qwrug den vëth peha, y begh a vëdh gyvys dhodho. ¹⁶Rag hedna gwrewgh meneges agas pehosow an eyl dh'y gela, ha pesowgh an eyl rag y gela, may fewgh why selwys. Galosek hag a vry brâs yw pejadow an dus wiryon.

¹⁷Elias o den kepar ha ny, hag ev a wrug pesy na wrella codha glaw vëth. Ny wrug glaw vëth codha wàr an dor teyr bledhen ha whegh mis. ¹⁸Nena ev a besys arta, ha'n nev a ros glaw ha'n dor a dhros in rag y drevas.

¹⁹A vreder, mar teu den vëth ahanowgh ha mos in sowthan dhyworth an gwiryoneth, ha mar teu nebonen ha'y drailya arta, ²⁰why a dal godhvos hebma: mar teu den vëth ha dry arta pehador a vo gyllys wàr stray, an denna a vydn selwel dhyworth mernans enef an pehador. Hedna a vydn cudha lies pegh.

Kensa Pystyl Peder

1 Dhyworth Peder, abostel Jesu Crist,

Dhe'n dus exîlys ha scùllys alês in Pontùs, Galathya, Cappadocya, Asya, ha Bytyny. [2]Why re beu dêwysys ha destnys gans Duw an Tas, ha sacrys der an Spyrys dhe obeya Jesu Crist, ha dhe vos golhys der y woos.

Grâss re'gas bo ha cres in plenty.

[3]Benegys re bo an Duw ha'n Tas a'gan Arlùth Jesu Crist! A'y vercy brâs dre dhasserghyans Jesu Crist dhyworth an re marow, ev re ros dhyn genesygeth nowyth bys in govenek bew, [4]ha bys in erytans dyboder, heb dyfygya ha parfyt, sensys i'n nev ragowgh why. [5]Why re beu gwethys gans gallos Duw dre fëdh rag an sylwans a dal bos dysclôsys dëdh breus. [6]Yth esowgh why ow rejoycya in hebma, kynth yw res dhywgh godhaf i'n present termyn-ma painys dyvers rag tecken. [7]An porpos a'n painys-ma yw dhe brevy bos gwir agas fëdh. Yma owr assayes dre dan, kyn whrella va pedry wàr an dyweth. In kepar maner, agas fëdh why, liesgweyth moy precyùs ès owr, a dal bos assayes. Nena why a gav prais ha glory hag onour, pàn vo dysqwedhys Jesu Crist. [8]Kyn na wrussowgh why y weles, yth esowgh orth y gara. Kyn nag esowgh why orth y weles lebmyn, why a grës ino, hag yth owgh why lowen gans joy gloryùs na yll bos desmygys. [9]Rag yth esowgh why ow cafos an frût a'gas fëdh, hèn yw an salvacyon a'gas enevow.

[10]An profettys, neb a brofusas a'n grâss a'gas bedha, a wrug sarchya ha whythra ow tùchya an salvacyon-ma. [11]Y a wovydnas adro dhe'n person, hag adro dhe'n termyn, esa an Spyrys a Grist i'ga holon ow teclarya. Rag an Spyrys a wre desta dhedhans dhyrag dorn adro dhe bassyon Crist, hag ow tùchya an glory a vydna dos wosa hedna. [12]Pàn esa an profettys ow côwsel adro dhe'n maters re glôwsowgh why lebmyn dhyworth messejers an nowodhow dâ, Duw a dhysclôsyas dhedhans nag o aga lavur ragthans aga honen, mès rag agas prow why. An messejers a dheclaryas an awayl dhywgh der an Spyrys Sans danvenys dhia nev. Y a dherivas taclow a via dâ gans an eleth aga honvedhes!

[13]Rag hedna preparyowgh agas brës rag lavur. Rewlyowgh agas honen, ha settyowgh oll agas govenek wàr an grâss a dhora Jesu Crist dhywgh, pàn vo va dysclôsys. [14]Kepar ha flehes gostyth, na vedhowgh conformys dhe'n whansow a'gas beu kyns i'gas nycyta. [15]I'n contrary part, kepar dell yw sans hedna a wrug agas gelwel, bedhowgh sans agas honen in oll agas fara. [16]Yma screfys, "Why a dal bos sans, rag me yw sans."

[17]Mars esowgh why ow kelwel warnodho ev avell Tas, usy ow jùjya pùbonen heb favour warlergh y oberow, why a dal bewa gans own ha revrons i'n termyn-ma a'gas dyvroeth. [18]Why a wor fatell vewgh why dasprenys mes a'n gîsyow uver a wrussowgh why eryta dhyworth agas hendasow. Ny veu an redempcyon-

328

na gwrës gans taclow avell arhans hag owr, ¹⁹mès gans goos precyùs Crist, kepar hag ôn parfyt ha heb spot. ²⁰Ev a veu destnys kyns ès fùndacyon an bës, saw ny veu va dysclôsys rag agas kerensa why, mès orth dyweth an osow. ²¹Why re dheuth dredho ev dhe drestya in Duw. Duw a wrug y dherevel dhyworth an re marow, hag a ros dhodho glory, may fo settys agas fëdh ha govenek wàr Dhuw.

²²I'n tor'-ma why re bùrjyas agas enef der obedyens dhe'n gwiryoneth, may fe kerensa leun i'gas mesk why oll. Rag hedna kerowgh an eyl y gela yn town gans oll agas colon. ²³Dre er bew Duw, neb a wra durya bys vycken, why re beu genys anowyth. Denythyans yw hedna nag yw sojeta ancow. ²⁴Kepar dell lever an scryptour:

"Oll kig yw kepar ha gwels,
    oll an glory anodho yw kepar ha
    flourys i'n prasow.
Pàn dheffa an welsen
    ha dallath seha, an flour a glamder,
    ²⁵saw geryow Duw a worta rag
    nefra."

An ger yw an nowodhow dâ a veu pregowthys dhywgh.

2

Rag hedna, gorrowgh dhe ves pùb envy, gil, fekyl cher, spît ha cabel. ²Kepar ha flehes nowyth genys whansowgh an leth glân spyrysek, may hallowgh why dredho tevy in salvacyon—³mar qwrussowgh why in tefry tastya an Arlùth dhe vos dâ.

⁴Dewgh dhodho, an men bew. Kyn feu va sconys gans tus, dêwysys veu va bytegyns gans Duw ha precyùs ywa in y wolok ev. ⁵Kepar ha meyn

vew, gesowgh agas honen dhe vos byldys aberth in chy spyrysek, may hallowgh why bos prontereth sans dhe offrydna sacryfîcys spyrysek, plegadow dhe Dhuw dre Jesu Crist. ⁶Rag an scryptour a lever,

"Otta vy ow settya men in Sion,
    pedn men an cornel dêwysys ha
    precyùs;
neb a gressa ino, ny vëdh shâmys
    bys vycken."

⁷Precyùs ywa dhywgh why usy ow cresy. Saw dhe'n re-na na grës màn,

"An men neb a veu sconys gans an
    weythoryon,
re beu gwrës an very pedn a'n
    gornel,"

⁸ha

"Men eus ow cul dhedhans
    trebuchya, ha carrek neb a wra
    dhedhans codha."

Ymowns y ow trebuchya, dre rêson nag yns gostyth dhe'n ger. Indelma o bolùnjeth Duw ragthans.

⁹Saw why yw nacyon dêwysys, prontereth rial, tus sans, pobel rag posessyon Duw y honen. Why re beu dêwysys, may hallowgh why derivas an oberow galosek a hedna a'gas gelwys mes a dewolgow aberth in y wolow barthusek. ¹⁰Unweyth ny vewgh why pobel, mès pobel Duw owgh why i'n tor'-ma. Kyns lebmyn ny wodhyowgh why mercy Duw, mès i'n tor'-ma why re recêvas y dregereth.

¹¹A dus veurgerys, yth esof orth agas exortya kepar hag alyons ha

dyvresow: gwrewgh denaha whansow an kig usy ow qwerrya warbydn an enef. ¹²Bedhens wordhy agas conversacyon in mesk an Jentylys, pàn wrellons y agas sclandra avell drogoberoryon. Res vëdh dhedhans bytegyns aswon agas oberow dâ, ha praisya Duw in jorna y vysytacyon.

¹³Rag kerensa an Arlùth bedhowgh gostyth dhe bùb auctoryta in mesk mebyon tus. Obeyowgh dhe'n emperour, rag ev yw an auctoryta uhella. ¹⁴Bedhowgh gostyth dhe'n governours danvenys ganso dhe bùnyshya an dhrog-oberoryon ha dhe braisya an re-na usy ow cul an dâ. ¹⁵Bolùnjeth Duw ywa why dhe wul an dâ, hag indelma dhe gonclûdya an nycyta a fôlys. ¹⁶Bewowgh kepar ha servysy Duw ha tus frank. Na wrewgh ascûs a'gas franchys rag gul sherewynsy. ¹⁷Rewgh onour dhe genyver onen. Kerowgh agas kes-Cristonyon. Perthowgh own a Dhuw. Gwrewgh revrons dhe'n emperour.

¹⁸A gethwesyon, obeyowgh dh'agas mêstrysy gans oll uvelder, bedhens y asper pò wheg ha clor. ¹⁹Duw a vydn agas benega, mar tewgh why ha perthy painys ha godhaf yn cabm, drefen why dhe aswon Duw. ²⁰Mar tewgh why ha godhaf stewan dre rêson why dhe wul an drog, pana worshyp yw hedna dhywgh? Saw mar qwrewgh y berthy, pàn esowgh why ow cul an dâ, hag ow codhaf ragtho, y fëdh Duw plêsys genowgh. ²¹Dhe hedna why re beu gelwys, rag Crist a sùffras ragowgh why. Ev a asas ensampel dhywgh, may teffowgh ha folya olow y dreys.

²²"Ny wrug ev pegh vëth, naneyl ny veu dysseyt vëth kefys in y anow."

²³Pàn veu va despîtys, ny wruga despîtya arta. Pàn wrug ev godhaf, ny wrug ev godros, mès ev a drestyas y honen dhodho ev usy ow jùjya yn ewn. ²⁴Ev y honen a borthas agan pehosow in y gorf i'n grows, may hallen ny bos frank dhyworth pegh ha bewa rag ewnder. Der y vrewyon ev why re beu sawys. ²⁵Yth esewgh why ow mos wàr stray kepar ha deves, saw lebmyn why re dhewhelys dhe'n bugel, ha dhe warden agas enef.

3 In kepar maner, a wrageth, obeyowgh dh'agas gwer. Mar ny grës radn anodhans ger Duw, agas fara a wra aga gwainya dhe'n fëdh. Ny vëdh res dhywgh leverel ger vëth, ²rag y a welvyth py pur ha py glân yw agas conversacyon. ³Na wrewgh afîna agas honen wàr ves, ow plethedna agas blew pò ow qwysca tegydnow owr ha dyllas teg adro dhywgh. ⁴Nâ, bedhowgh afînys kyns oll wàr jy der an tecter a wra durya. Hèn yw spyrys clor ha cosel. Tecter a'n par-na yw pòr brecyùs in golok Duw. ⁵I'n dedhyow kyns y fedha benenes sans ow trestya in Duw. Y a wre afîna aga honen i'n vaner-ma wàr jy, rag y a vedha gostyth dh'aga gwer. ⁶Indelma Sara a obeyas dhe Abraham ha'y elwel "arlùth." Why a vëdh hy myrhas lebmyn, mar tewgh why ha gul an dâ, ha sevel orth kemeres own a dra vëth.

⁷A wer, in kepar maner why a dal kesvewa gans agas gwrageth yn cuv. Rewgh revrons dhe'n venyn kepar ha dhe'n gwadnha vessyl, rag an benenes

kefrës yw eryon a'n ro grassyùs a
vêwnans. Indelma ny wra tra vëth
lettya agas pejadow.

[8]Wàr an dyweth, re bo acord i'n
spyrys intredhowgh why oll, kes-
codhevyans, colon glor hag uvelder
brës. [9]Na wrewgh aqwytya drog dre
dhrog na despît dre dhespît. Dhe'n
contrary part, gwrewgh aqwytya gans
bedneth. Dhe hebma y fewgh why
gelwys—may hallowgh why eryta
bedneth. [10]Kepar dell lever an
scryptour,

"An re-na usy ow tesîrya bêwnans
    ha dhe weles dedhyow dâ,
gwrêns y gwetha aga thavas rag
    drog, ha'ga gwessyow rag côwsel
    dysseyt.
[11]Gwrêns y trailya dhyworth
    sherewynsy ha gul an dâ.
Gwrêns y whelas cres ha'y sewya.
[12]Rag yma dewlagas an Arlùth orth
    an re jùst,
hag opyn yw y scovornow dh'aga
    fejadow.
Saw yma fàss an Arlùth warbydn an
    dhrog-oberoryon."

[13]Pyw a wra agas pystyga, mar
pedhowgh why whensys dhe wul dâ?
[14]Saw mar tewgh why ha godhaf
awos why dhe wul an dâ, gwydn agas
bës. Na berthowgh own a'n pëth usy
an dus ow kemeres own anodho,
naneyl na wrewgh kemeres uth.
[15]Saw i'gas colon benegowgh Crist
avell agas Arlùth. Bedhowgh parys
pùpprës dhe wul agas defens dhe
dhen vëth, a wrella govyn orthowgh
acownt a'n govenek a'gas beus.
[16]Gwrewgh hebma gans clorder ha
revrons. Gwethowgh glân agas con-
scyans. Nena, pàn vowgh why acûsys,

y fëdh shâmys an re-na a vo orth agas
despîtya, awos agas oberow dâ in
Crist. [17]Rag gwell yw godhaf awos
gul dâ, ès godhaf awos drog-oberow.
[18]Crist kefrës a wodhevys unweyth
rag pehosow, den ewnhensek rag
kerensa tebel-wesyon, may halla ev
agan dry dhe Dhuw. Ev a veu ledhys
i'n kig, mès drës veu dhe vêwnans i'n
spyrys. [19]I'n spyrys kefrës ev êth ha
progeth dhe'n spyrysyon esa in
pryson, [20]na wrug obeya i'n dedhyow
coth. Duw a wortas gans perthyans in
dedhyow Noy, pàn esa ev ow terevel
an gorhal. An nùmber bian a dus esa
i'n gorhal-na a veu selwys der an
dowr. Hèn yw dhe styrya, eth person.
[21]Yma an besydhyans, neb a veu
ragarwedhys dre hedna, orth agas
selwel why. Nyns yw mater a wolhy
mostethes dhyworth an corf. Galow
Duw ywa dhe gonscyans dâ dre dhas-
serghyans Jesu Crist. [22]Jesu re
ascendyas in nev. Lebmyn yma va a'y
eseth adhyhow dhe Dhuw, hag yma
va ow rewlya oll an eleth, an auctory-
tas ha potestas an nevow.

4 Rag hedna, abàn wrug Crist
godhaf i'n kig, gwrewgh arva
agas honen gans an keth porpos (rag
pynag oll a wodhevys i'n kig, re
forsâkyas pegh), [2]may hallowgh why
bewa alebma rag warlergh bolùnjeth
Duw, kyns ès warlergh lùstys mab
den. [3]Why re spênas termyn lowr
solabrës ow cul an taclow yw plesont
dhe'n Jentylys, ow pewa in
mostethes, passyons, medhêwnep,
golyansow, festow hag idolatry
dyrewl. [4]Marth a's teves, nag esowgh
why na fella owth omjùnya dhedhans
i'n keth scùllva hag i'n keth bylyny.
Rag hedna y a wra cably Duw. [5]Saw

res vëdh dhedhans ry acownt dhodho ev neb yw parys dhe jùjya an re bew ha'n re marow. ⁶Rag hedna y feu an awayl pregowthys dhe'n re marow kyn fe, kyn fowns y jùjys i'n kig. Indelma y fëdh pùbonen jùjys, may halla pùbonen bewa i'n Spyrys kepar ha Duw.

⁷Ogas yw an dyweth a bùptra. Rag hedna, bedhowgh sad ha rewlyowgh agas honen, may hallowgh why pesy pùpprës. ⁸Dres oll, pêsyowgh gans kerensa an eyl dh'y gela, rag yma kerensa ow cudha bùsh brâs a behosow. ⁹Bedhowgh larj an eyl dh'y gela heb croffal vëth oll. ¹⁰Kepar ha stywardys dâ a râss liesplek Duw, gwrewgh servya an eyl y gela, gans pynag oll ro a wrella kenyver onen ahanowgh recêva. ¹¹Mar qwra den vëth ahanowgh côwsel, res yw dhodho gul indelma gans an nerth rës dhodho gans Duw, may fo Duw gordhys in pùptra dre Jesu Crist. Dhodho ev yma ow longya an glory ha'n power bys vycken ha bys venary! Amen.

¹²A vreder veurgerys, yma prevyans dre dan ow wharfos i'gas mesk rag agas prevy. Na gemerowgh marth anodho, kepar ha pàn ve neppyth ùncoth ow codha warnowgh. ¹³Saw rejoycyowgh, drefen why dhe vos kevrednek a bassyon Crist, may fewgh why lowen kefrës, ha may hallowgh why garma rag ewn joy pàn vo dyscudhys y glory. ¹⁴Mar pedhowgh why despîtys awos hanow Crist, yth owgh why benegys drefen bos an Spyrys a glory, hèn yw Spyrys Duw, ow powes inowgh why. ¹⁵Na wrêns den vëth ahanowgh godhevel avell moldror, lader, na drog-oberor, naneyl avell mellyor kyn fe. ¹⁶Saw

mar teu den vëth ahanowgh ha godhaf avell Cristyon, na gemerowgh meth anodho. Benegowgh Duw, awos why dhe vos henwys gans an hanow-ma. ¹⁷An termyn re dheuth, may fëdh res dhe'n jùjment dallath gans meyny Duw. Mar teu va ha dallath genen ny, pandra vëdh dyweth an re-na, na wrug obeya dhe awayl Duw? ¹⁸Dell lever an scryptour,

"Mars yw cales dhe'n re ewnhensek dhe vos sawys, pandra whyrvyth dhe'n re ansans ha'n behadoryon?"

¹⁹Rag hedna, an re-na usy ow codhaf warlergh bolùnjeth Duw, gwrêns y fydhya aga honen dhe'n Formyor lel, ha pêsya in pùb gwrians dâ.

5 Me yw elder ow honen ha dùstuny veuma a bassyon Crist. Me a vëdh kevrednek inwedh a'n glory a vëdh dysqwedhys. Me a bës an dus hen i'gas mesk ²dhe vugelya flock Duw i'ga charj ha dhe bractycya arlottes yn lowen ha heb iniadow, kepar dell yw bolùnjeth Duw. Bedhens y dywysyk heb coveytys rag mona plos. ³Na wrewgh lordya wàr an re-na usy in dadnowgh, mès rewgh ensampel dâ dhe'n flock. ⁴Pàn dheffa an chif bugel hag omdhysqwedhes, why a wra gwainya an gùrun a splander, na wra gwedhra nefra.

⁵In kepar maner, a dus yonk, why a dal bos gostyth dhe'n dus coth. Y tal dhywgh why oll gwysca uvelder adro dhywgh i'gas conversacyon an eyl gans y gela. Dell lever an scryptour,

"Duw a wra sevel warbydn an re gothys, mès ev a re grâss dhe'n dus uvel."

⁶Gwrewgh hùmblya agas honen in dadn dhorn ollgalosek Duw, may whrella ev agas exaltya i'n termyn usy ow tos. ⁷Tôwlowgh warnodho ev oll agas fienasow, rag yma va orth agas cara why.

⁸Gwrewgh controllya agas honen, ha bedhowgh yn tyfun. Yma agas escar an tebel-el kepar ha lion owth uja hag ow mos adro ow whelas rag agas devorya. ⁹Sevowgh in fast wàr y bydn, stedfast i'gas fëdh, rag why a wor agas breder in oll an bës dhe wodhaf taclow a'n keth sort.

¹⁰Why a wra godhaf pols bian. Wosa hedna an Duw a râss, neb a'gas gelwys dh'y glory heb dyweth in Crist y honen, a vydn restorya, mentena, confortya ha gwetha yn fast pùb onen ahanowgh. ¹¹Dhodho ev re bo an gallos bys vycken ha benary! Amen.

¹²Me re screfas an lyther cot-ma dre Sylvanùs. Yth esof orth y gonsydra broder lel. Dâ via genama agas kenertha ha desta hebma dhe vos grâss gwir Duw. Sevowgh yn fast ino.

¹³Yma eglos Babylon, neb a veu dêwysys warbarth genowgh why, orth agas dynerhy. Yma ow mab Mark orth agas dynerhy magata. ¹⁴Dynerhowgh an eyl y gela gans an bay a gerensa.

Why oll usy in Crist, cres re'gas bo.

Secùnd Pystyl Peder

1 Dhyworth Symeon Peder, servont hag abostel Jesu Crist,

Dhe'n re-na a recêvas fêdh, mar brecyùs avell agan fêdh ny, der an ewnder a Dhuw hag a'gan Sylwyas Jesu Crist.

2 Re'gas pò lanwes a râss hag a gres i'n godhvos a Dhuw, hag a Jesu agan Arlùth.

3 Y allos avell Duw re ros dhyn pùptra yw othem anodho, rag bêwnans ha rag sansoleth dre wodhvos anodho ev, neb a'gan gelwys dre vain y glory ha'y dhader. 4 Ev re ros dhyn y bromys precyùs ha pòr vrâs i'n taclow-ma indelma, may hallowgh why dredhans scappya dhyworth an podrethes, usy i'n bës dre rêson a dhrog-whansow, ha may hallowgh why bos kevrednek a'y natur avell Duw.

5 Rag an very rêson-ma yma res dhywgh why gul oll agas ehen dhe scodhya agas fêdh dre dhader, dader dre skentoleth, 6 skentoleth dre omgontrollyans, omgontrollyans dre dhuryans, duryans dre sansoleth, 7 sansoleth dre garadôwder an eyl dh'y gela ha caradôwder an eyl dh'y gela dre gerensa. 8 Why a bew an taclow-ma, hag ymowns y owth encressya i'gas mesk. Y a vydn agas gwetha rag bos dyfreth ha hesk in godhvos agan Arlùth Jesu Crist. 9 Neb na vo an taclow-ma dhodho, cot yw y wolok, hag ev yw dall, hag yma va owth ankevy y behosow dhe vos glanhës i'n termyn eus passys.

10 Rag hedna, a vreder, bedhowgh dhe voy whensys dhe fastya agas galow ha dêwysyans. Mar tewgh why ha gul indelma, ny wrewgh why trebuchya nefra. 11 Rag i'n vaner-ma y fêdh provies yn leun dhywgh entrans i'n wlascor heb dyweth a'gan Arlùth ha Sylwyas Jesu Crist.

12 Rag hedna yth of vy porposys dhe remembra an taclow-ma dhywgh why pùpprës, kynth esowgh orth aga godhvos solabrës, ha kynth owgh why growndys i'n gwiryoneth neb a dheuth dhywgh. 13 Yth hevel dhybm bos ewn, hadre ven i'n corf-ma, dhe nowedhy agas remembrans. 14 Me a wor fatell dheu ow mernans yn scon, kepar dell wrug ow Arlùth Jesu Crist declarya dhybm. 15 Me a vydn gul oll ow ehen dhe wul dhywgh perthy cov a'n taclow-ma in pùb termyn, wosa me dhe dremena.

16 Rag ny wrussyn ny sewya whedhlow devîsys yn codnek, pàn wrussyn ny declarya dhywgh an gallos ha'n devedhyans a'gan Arlùth Jesu Crist. Ny a welas y splander gans agan lagasow agan honen. 17 Ev a recêvas onour ha glory dhyworth Duw an Tas, pàn veu delyvrys dhodho an levna der an Glory Bryntyn ow leverel, "Hèm yw ow Mab vy, an Meurgerys, ha me yw plêsys brâs ganso." 18 Ny agan honen a glôwas an lev ow tos mes a'n nev, pàn esen ny warbarth ganso i'n meneth sans.

19 Rag hedna, ny a'gan beus geryow an profecy crefhës dhe surra dhyn. Mar tewgh why ha gul vry anodhans, kepar hag a wolow a wrella shînya in tyller tewl, why a wra dâ, bys may teffa an jëdh hag egery, ha'n Ver-

lewen derevel i'gas colonow. ²⁰Kyns oll merkyowgh hebma: nyns eus profecy vëth i'n scryptour a'n jeves interpretacyon pryveth, ²¹rag an scryptour ny dheuth bythqweth der an bolùnjeth a dhen, mès tus venegys a gowsas, kepar dell vowns y movys der an spyrys Sans.

2 Saw fâls-profettys a sordyas in mesk an bobel, kepar dell eus fâls-descadoryon i'gas mesk why, hag y a dhora gansans tebel-grejyansow. Ea, y a wra denaha an Mêster a wrug aga frena kyn fe, hag indelma y a dhora dystrùcsyon heb let warnodhans aga honen. ²Lies huny bytegyns a vydn sewya aga fordhow bylen, ha fordh an gwiryoneth a vëdh cablys der an dhescadoryon-ma. ³Awos aga hoveytys y a wra agas drog-handla dre fekyl lavarow. Ny veu diek an vreus leverys wàr aga fydn termyn hir alebma, ha nyns usy in cùsk aga dystrùcsyon.

⁴Ny wrug Duw sparya an eleth, pàn wrussons y peha, mes aga thôwlel wàr nans in gwlas iffarn, ha gorra chainys a'n tewolgow downha adro dhedhans rag aga gwetha ena, erna dheffa an vreus. ⁵Ny wrug ev sparya an bës coth-ma, kyn whrug ev selwel Noy, an messejer a'n gwiryoneth, warbarth gans seyth person aral, pàn dhros ev liv wàr norvës an dus ansans. ⁶Ev a loscas dhe lusow an cytas a Sodom ha Gomorre, wosa ev dh'aga dampnya dhe dhystrùcsyon, ha gul anodhans ensampel a'n pëth usy ow tos wàr an dus ansans. ⁷Ev a wrug selwel Lot, den jùst, neb a veu troblys brâs dre fara dyrewl an gyglos. ⁸An den ewnhensek-na a veu tormentys in y enef gwiryon der aga oberow

dyrewl, a wrug ev gweles ha clôwes dëdh wosa dëdh, hag ev tregys i'ga mesk. ⁹Apert yw ytho an Arlùth dhe wodhvos an fordh dhe dhylyvra an dus sans dhyworth assay, hag in pana vaner a goodh gwetha an dus vylen in dadn bùnyshment bys in dëdh breus—¹⁰spessly an re-na usy ow chersya aga hig dre lùstys pedrys, hag ow tysprêsya auctoryta.

Taunt yns y ha gothys, ha ny's teves own vëth a vlâmya an eleth. ¹¹Mès nyns usy an eleth, kynth yw brâssa aga nerth ha'ga gallos, owth ûsya cabel vëth hag y ow whelas aga dry dhe jùjment dhyrag an Arlùth. ¹²Saw an re-ma yw kepar ha bestas heb skians, creaturs warlergh kynda, genys dhe vos kechys ha ledhys. Ymowns y ow tespîtya an pëth na wodhons convedhes. Kepar ha bestas y a wra mos dhe goll.

¹³Y a wra godhaf an pùnyshment rag aga drog-oberow. Plesour yw dhedhans kyffewya orth golow an jëdh. Y yw kepar ha nabmow ha spottys plos. Y a vëdh ow rejoycya pùpprës i'ga harlotry, hag y ow kyffewya genowgh. ¹⁴Leun a lùst yw aga lagasow, ha ny yll bos dyfudhys aga ewl rag pegh. Ymowns y ow tynya enevow gwadn. Deskys re beu aga holon in coveytys. Ass yns y flehes emskemunys! ¹⁵Y re wrug forsâkya an fordh ewn, ha mos wàr stray, ow sewya an fordh a Balaam mab Beor, neb a garas gober an drog, ¹⁶mes a veu rebûkys rag y drespas. Asen omlavar a gowsas orto gans lev den, ha lettya muscotter an profet.

¹⁷Fentydnyow heb dowr yw an re-ma, ha nywl drîvys dhyrag an gwyns. Ragthans re beu parys an tewolgow downha oll. ¹⁸Ymowns y ow clattra

gerednow whethfys hag uver. Gans oll an lùstys dygabester a'n kig ymowns y ow slockya tus, na wrug scant scappya dhyworth errours an paganys. ¹⁹Ymowns y ow promyssya franchys dhedhans, saw y aga honen yw kethwesyon dhe harlotry; rag kethwas yw den dhe bynag oll tra a vo ow cul mêstry warnodho. ²⁰Y a scappyas dhyworth mostethes an bës der aswon agan Arlùth ha Sylwyas Jesu Crist. Mar qwrowns y trailya an secùnd treveth ha bos maglednys in taclow an bës hag overcùmys dredho, y a wra fara lacka ès dell wrêns i'n dallath. ²¹Gwell via ragthans sevel orth godhvos bythqweth an fordh a wiryoneth, ès y aswon ha trailya arta dhyworth an comondment sans, a veu delyvrys dhedhans. ²²An lavar coth re beu prevys adro dhedhans, "Dewheles a wra an ky dh'y whejans y honen," ha "Kettel vo an porhel golhys, ev a dheu rag omrolya i'n lûb."

3 A vreder veurgerys, hèm yw an secùnd lyther a screfys dhywgh. Yth esof ow whelas der ow lytherow sordya porpos dâ inowgh. Res yw dhywgh ²perthy cov a'n geryow côwsys i'n termyn eus passys gans an profettys sans. Res yw remembra comondmentys agan Arlùth ha Savyour kefrës, neb a veu rës dhyn der an abosteleth.

³Kyns oll, y tal dhywgh convedhes hebma: y teu gêsyoryon i'n dedhyow dewetha, hag y a wra ges ha chersya aga drog-whansow. ⁴Y a vydn leverel, "Ple ma an promys a'y dhevedhyans? Abàn verwys agan hendasow, yma pùptra ow pêsya kepar dell o dhyworth dalathfos an creacyon!" ⁵Dre dowl ny wrowns y vry a'n dra-ma:

fatell veu an nevow gwrës dre er Duw termyn hir alebma. An dor a veu formys mes a dhowr, ⁶ha'n bës coth a veu budhys dre dhowr ha dystrêwys. ⁷Saw der an keth ger an nevow ha'n norvës a'gan dedhyow ny a veu gwethys rag tan, hag y a vëdh gwethys bys in dëdh breus ha bys in dëdh dystrùcsyon an debel-wesyon.

⁸Saw whath, a vreder veurgerys, na vedhowgh dyswar a'n dra-ma: udn jëdh gans an Arlùth yw kepar ha mil vledhen; yma mil vledhen kepar hag udn jëdh. ⁹Nyns yw an Arlùth lent ow tùchya y dhedhewadow, kepar dell usy certan re ow tyby. In le a hedna yma va ow kemeres perthyans hir genowgh why, rag nyns usy ev ow tesîrya may fo den vëth dyswrës. Gwell via ganso kenyver den dhe drailya dhyworth y behosow.

¹⁰Jorna an Arlùth a dheu kepar ha lader. Nena an nevow a wra tremena gans tros brâs. An elementys a vëdh tedhys gans tan, ha'n nor ha kenyver tra creatys ino a wra vanyshya.

¹¹Abàn vëdh oll an taclow-ma dystrêwys indelma, pana sort tus a dal dhywgh why bos? Agas bêwnans a dal bos glân ha sacrys dhe Dhuw, ¹²ha why ow cortos hag ow tesîrya jorna Duw. Pàn dheffa an jorna-na, an nevow a vëdh leskys ha tedhys, ha'n elvenow a vëdh dystrêwys gans tan. ¹³Saw warlergh y dhedhewadow ev, yth eson ny ow cortos nev nowyth ha norvës nowyth, hag y fëdh an gwiryoneth tregys inhans.

¹⁴Rag hedna, a vreder veurgerys, pàn esowgh why ow cortos an taclow-ma, kemerowgh with dhe vos kefys ganso in cres, heb spot pò nàm vëth. ¹⁵Acowntyowgh hirwodhevyans agan Arlùth avell salvacyon. Indelma

kefrës agan broder ker Pawl a screfas dhywgh warlergh an furneth grauntys dhodho. ¹⁶Ev a gowsas a hedna, kepar dell usy ev ow cul in oll y lytherow. Yma nebes taclow inhans yw cales dhe ùnderstondya. Ha'n re neb yw ùnstabyl ha neb na'n jeves dyscans, a wra trailya an dra, kepar dell wrowns y dhe oll an scryptours erel, dh'aga dystrùcsyon aga honen.

¹⁷Rag hedna, ow hothmans, dre rêson y bosowgh gwarnys dhyrag dorn, bedhowgh war, rag dowt why gans tus erel dhe vos tednys dhe errour gans an dus dylaha ha gans an drog-pobel, ha nena codha dhyworth agas stedfastnes agas honen. ¹⁸Nâ, tevowgh kyns in grâss hag in aswonvos agan Arlùth ha Sylwyas Jesu Crist. Re bo dhodho ev an glory i'n tor-ma, ea, ha bys dëdh breus! Amen.

Kensa Pystyl Jowan

1 Yth eson ny ow screfa dhywgh adro dhe'n Ger a vêwnans. Y feu dhia an dalathfos. Ny re wrug y glôwes ha'y weles gans agan lagasow. Ea, ny re veras orto ha'y dùcha gans agan dewla. [2]An bêwnans-ma a veu dysclôsys, ha ny a'n gwelas. Indelma yth eson ny ow côwsel adro dhodho, hag ow teclarya dhywgh a'n bêwnans heb dyweth, esa gans an Tas, hag a veu dysclôsys dhyn. [3]An pëth a wrussyn ny gweles ha clôwes, yth eson ny orth y dheclarya dhywgh kefrës, may hallowgh why omjùnya genen ny i'n gowethas usy dhyn gans an Tas, ha gans y Vab, Jesu Crist. [4]Merowgh, yth eson ny ow screfa hebma ma'gas bo leun lowena.

[5]Hèm yw an messach a wrussyn ny clôwes dhyworto, hag eson ny ow progeth dhywgh: Duw dhe vos golow, ha nag eus tewolgow vëth oll ino. [6]Mar teun ny ha leverel bos cowethas dhyn ganso, ha ny ow kerdhes i'n tewolgow, ny a lever gow, ha ny wren ny an gwiryoneth. [7]Saw mar teun ny ha kerdhes i'n golow, kepar dell usy ev y honen i'n golow, nena ny a'gan beus cowethas an eyl gans y gela, hag yma goos Jesu Crist, y Vab ev, orth agan golhy dhyworth oll agan pegh.

[8]Mar teun ny ha leverel nag on ny pehadoryon, yth eson ow tecêvya agan honen, ha'n gwiryoneth nyns usy genen. [9]Mar teun ha meneges agan pehosow, Duw yw leun a vercy, jùst ha lel dhe ava dhyn agan pehosow, ha dh'agan glanhe a bùb mostethes.

[10]Mar teun leverel na wrussyn peha, ny a wra ev gowek, ha'y er nyns usy inon ny.

2 A flehes vian, yth esof ow screfa an taclow-ma, ma na wrellowgh why pegh vëth. Saw mar teu den vëth ha peha, yma genen ny plêdyor dhyrag an Tas, Jesu Crist, an Gwiryon, [2]hag ev yw an amendys rag agan pehosow. Moy ès hedna ev yw an amendys rag pehosow oll an bës.

[3]Ny a yll bos certan ny dh'y aswon ev, mar teun ny hag obeya dh'y gomondmentys. [4]Neb a lavarra, "Me re'n caras ev," mès na wra warlergh y gomondmentys, gowek yw, ha nyns usy an gwiryoneth ino. [5]Saw kenyver a wrella obeya dh'y er, in gwir kerensa Duw yw gwrës perfeth ino ev. Dre hedna ny a wor agan bos ny ino ev. [6]Neb a wrella leverel, "Me yw tregys ino," y tal dhodho kerdhes kepar dell wre Crist kerdhes.

[7]A vreder veurgerys, nyns esof vy ow screfa comondment nowyth vëth dhywgh, saw comondment coth, usy genowgh dhia an dallath. An comondment coth yw an ger a glôwsowgh why. [8]Yth yw nowyth bytele an comondment esof vy ow screfa dhywgh. Gwelys yw y wiryoneth in Crist hag inowgh why, dre rêson bos an tewolgow ow tremena, ha'n golow gwir ow spladna solabrës.

[9]Neb a lavarra y vos i'n golow hag ev ow hâtya y vroder, yma va i'n tewolgow whath. [10]Pynag oll a garra y vroder, yma va tregys i'n golow, ha nyns eus men a drebuchyans ino ev. [11]Saw pynag oll a wrella casa y ges-Cristyon, i'n tewolgow yma va. Yma va ow kerdhes i'n tewolgow ha ny

wor ev an fordh dhe dravalya, dre rêson an tewolgow dh'y dhallhe.

¹²Yth esof ow screfa dhywgh, a flehes vian, dre rêson agas pehosow dhe vos gyvys rag y gerensa ev.

¹³Yth esof ow screfa dhywgh why, a dasow, dre rêson why dhe aswon hedna usy dhyworth an dalathfos.

Yth esof ow screfa dhywgh why, a dus yonk, dre rêson why dhe fetha an tebel-el.

¹⁴Yth esof ow screfa dhywgh why, a flehes, dre rêson why dhe aswon an Tas.

Yth esof ow screfa dhywgh why, a dasow, dre rêson why dhe aswon hedna, neb re beu dhyworth an dalathfos.

Yth esof ow screfa dhywgh why, a dus yonk, drefen why dhe vos crev, ha ger Duw dhe drega inowgh why, ha why dhe overcùmya an tebel-el.

¹⁵Na wrewgh cara an bës na taclow an bës. Nyns usy kerensa an Tas i'n re-na usy ow cara an bës. ¹⁶Rag pùptra oll i'n bës—whansow an kig, whansow an lagasow, goth in rychys—ny dheu dhia an Tas, saw dhia an bës. ¹⁷Yma an bës ha whansow an bës ow tremena, mès an re-na a wrella bolùnjeth Duw, y a wra bewa rag nefra.

¹⁸A flehes, ot an prës dewetha! Dell wrussowgh why clôwes bos an antecrist ow tos, i'n tor'-ma re dheuth lies antecrist. Apert yw dhyworth hedna bos an prës pòr ogas. ¹⁹Y êth in mes ahanan, mès nyns esens y ow longya dhyn. A pêns y ow longya dhyn, y a vynsa trega genen. Saw abàn wrussons y dyberth

dhyworthyn, y a dherivas nag o den vëth anodhans a'gan party ny.

²⁰Why re beu anoyntys ganso ev, neb yw sans, ha pùb onen ahanowgh a wor an gwiryoneth. ²¹Nyns esof vy ow screfa dhywgh, dre rêson na wodhowgh why an gwiryoneth, saw dre rêson why dh'y wodhvos, ha why a wor na dheu gow vëth dhia an gwiryoneth. ²²Pyw yw an gowek mès ev usy ow naha Jesu dhe vos an Crist? Hedna usy ow tenaha an Tas ha'n Mab, yw an antecrist. ²³Ny'n jeves den vëth an Tas, mar qwra va denaha an Tas. Neb a wrella meneges an Mab, ev a'n jeves an Tas kefrës.

²⁴Gwrêns gortos inowgh an pëth a wrussowgh why clôwes dhia an dalathfos. Mar qwra trega inowgh an pëth a wrussowgh why clôwes i'n dallath, nena why a drig i'n Mab hag i'n Tas. ²⁵Awot an pëth a wrug ev promyssya dhyn: bêwnans heb dyweth.

²⁶Yth esof ow screfa an taclow-ma dhywgh ow tùchya an re-na a vydna agas tùlla. ²⁷Adro dhywgh agas honen, an ùntyans a wrussowgh why recêva dhyworto a drig inowgh, ma na'gas beus othem vëth a nebonen rag agas desky. Saw yma y ùntyans ev orth agas desky adro dhe bùptra. Gwir yw hedna, ha nyns eus gow vëth ino. Kepar dell wrug ev agas desky, tregowgh ino ev.

²⁸Lebmyn, a flehes vian, tregowgh ino ev, pàn vo va dysclôsys, ma'gas bo fydhyans, ha ma na wrellowgh kemeres meth dhyragtho pàn dheffa ev.

²⁹Why a wor y vos ewnhensek. Why a yll bos certan ytho bos genys anodho kenyver den a wrella an pëth ewn.

3 Merowgh pana gerensa re ros
an Tas dhyn—ny dhe vos
gelwys flehes Duw. Ha ny yw flehes
Duw in gwiryoneth. Ny wra an bës
agan aswon ny, dre rêson na wrug an
bës y aswon ev. ²A dus veurgerys, ny
yw flehes Duw lebmyn. An pëth a
vedhyn ny yw whath dhe vos dys-
clôsys. Saw ny a wor hebma: pàn vo
va dysclôsys, ny a vëdh haval dhodho,
rag ny a'n gwelvyth poran kepar dell
ywa. ³Kenyver den neb a'n jeffa an
govenek-ma, a dal glanhe y honen,
kepar dell yw ev y honen glân.

⁴Neb a wrella pegh, yw cablus a
fara dylaha. Fara dylaha yw pegh.
⁵Why a wor fatell veu ev dysclôsys
rag kemeres pegh dhe ves. Ino ev
nyns eus pegh vëth oll. ⁶Neb a wrella
trega ino ev, ny wra va pegh. Ny
wrug an pehador naneyl y weles na'y
aswon.

⁷A flehes vian, na wrella den vëth
agas decêvya. Neb a wrella an pëth
ewn, yw ewn, kepar dell yw ewn Crist
y honen. ⁸Neb a wrella pegh, yw
flogh a'n tebel-el, rag yma an tebel-
el ow peha dhia an dallath. Y feu Mab
Duw dysclôsys rag an porpos ma: rag
dystrêwy oberow an tebel-el. ⁹An re-
na a veu genys a Dhuw, ny wrowns y
pegh, dre rêson an very natur a
Dhuw dhe drega inhans. Ny yllons y
peha, dre rêson aga bos genys a
Dhuw. ¹⁰Dre helma yth yw aswonys
an flehes a Dhuw dhyworth flehes an
tebel-el. Kenyver onen na wrella an
pëth ewn, dhyworth Duw ny dheu ev
màn. Pynag oll yw hedna, na garra y
vroder, nyns yw hedna flogh Duw.

¹¹Awot an messach a wrussowgh
why clôwes dhia an dallath, fatell
goodh dhyn cara an eyl y gela. ¹²Ny
a dal bos ken ès Caym, rag ev a

dheuth dhyworth an tebel-el ha
moldra y vroder. Ha prag y whrug y
ladha? Drefen y oberow y honen dhe
vos drog, ha jùst oberow y vroder.
¹³Na gemerowgh marth, a vreder,
pàn usy an bës orth agas casa why.
¹⁴Ny a wor fatell wrussyn ny passya
dhia vernans dhe vêwnans, dre rêson
ny dhe gara an eyl y gela. Neb na
wrella cara, yma va tregys in mernans.
¹⁵Neb a wrella casa y vroder yw
denledhyas, ha why a wor nag usy an
bêwnans heb dyweth tregys i'n
dhenledhysy.

¹⁶Ny a aswon kerensa dre hebma,
ev dhe dhascor y vêwnans rag kerensa
y gothmans—hag y tal dhyn ny
dascor agan bêwnans an eyl rag y
gela. ¹⁷Fatell vëdh kerensa Duw
tregys in den vëth a'n jeffa pethow an
bës, hag a wella broder in esow, ha
sconya y weres? ¹⁸A flehes vian,
gesowgh ny dhe gara in gwiryoneth
hag in dêda, kyns ès in ger pò lavar.
¹⁹Ha dre hebma, ny a wodhvyth agan
bos gwiryon, ha ny a yll bos a golon
dhâ in golok Duw, ²⁰peskytter may
lavarra agan colon dhyn ny dhe wul
pegh. Rag brâssa yw Duw ages agan
colon, hag ev a wor pùptra oll.

²¹A vreder veurgerys, mar ny lever
agan colon dhyn ny dhe wul pegh, ny
vydnyn ny perthy own i'n presens a
Dhuw. ²²Ev a re dhyn pynag oll tra a
wrellen govyn orto, drefen ny dhe
gollenwel y arhadow ha'y blêsya.
²³Ha hèm yw y gomondment, ny dhe
gresy in hanow y Vab, Jesu Crist, ha
dhe gara an eyl y gela, kepar dell
erhys ev dhyn. ²⁴Neb a wrella obeya
y gomondmentys, a drig ino ev hag
ev a drig i'n den-na. Dre hebma ny a
wor y vos tregys inon ny, der an
Spyrys a wruga grauntya dhyn.

4 Na gresowgh dhe bùb spyrys, mès prevowgh an spyrysyon, may hallowgh why gweles usons y dhyworth Duw pò nag usons. Rag lies fâls profet êth in mes der oll an bës. ²Dre hemma y hyllowgh why aswon Spyrys Duw: an spyrys a wrella meneges bos Jesu Crist devedhys i'n kig, dhyworth Duw yma. ³Spyrys vëth na wrella meneges Jesu, ny dheu ev dhyworth Duw. Hèm yw spyrys an antecrist, a glôwsowgh why dhe dhos. Merowgh, yma va i'n bës solabrës!

⁴A flehes vian, dhyworth Duw yth esowgh why ow tos, ha why a wrug fetha an fâls profettys, rag brâssa yw an Spyrys, usy inowgh why, ès an spyrys usy i'n bës. ⁵Dhia an bës yma an fâls profettys. Rag hedna yma an pëth a leverons y ow longya dhe'n bës, ha'n bës a wra goslowes ortans. ⁶Ny a dheu dhyworth Duw. Neb a aswonha Duw, a vydn goslowes orthyn ny. Neb na dheffa dhyworth Duw, ny vydn agan clôwes. Dre hebma ny a aswon spyrys an gwiryoneth, ha spyrys an errour.

⁷A vreder veurgerys, gesowgh ny dhe gara an eyl y gela, dre rêson an gerensa dhe dhos dhyworth Duw. Kenyver a wrella cara, ev yw genys a Dhuw, hag a aswon Duw. ⁸Kenyver na wrella cara, nyns usy owth aswon Duw, rag Duw yw kerensa. ⁹Indelma y feu kerensa Duw dysclôsys i'gan mesk ny: Duw a dhanvonas y udn Vab aberth i'n bës, may hallen ny bewa dredho. ¹⁰An gerensa esof vy ow côwsel anedhy—nyns yw hy agan kerensa tro ha Duw, mès y gerensa ev tro ha ny, pàn dhanvonas y Vab dhe wul amendys rag agan pehosow. ¹¹A vreder veurgerys, abàn wrug Duw kebmys agan cara, y coodh dhyn cara

an eyl y gela magata. ¹²Ny wrug den vëth bythqweth gweles Duw. Saw mars eson ny ow cara an eyl y gela, yma Duw tregys inon ny, hag y fëdh kerensa collenwys inon.

¹³Dre hebma ny a wor ny dhe drega ino ev, hag ev inon ny, rag ev a ros y Spyrys dhyn. ¹⁴Ny a welas hag yth eson ny ow testa fatell wrug an Tas danvon y Vab avell Savyour an bës. ¹⁵Yma Duw tregys i'n re-na usy ow meneges Jesu dhe vos Mab Duw, hag ymowns y tregys in Duw. ¹⁶Indelma ny a aswonas, hag yth eson ny ow cresy an gerensa dysqwedhys dhyn ny gans Duw.

Duw yw kerensa, ha'n re-na usy tregys in kerensa, ymowns y tregys in Duw, hag yma Duw tregys inhans y. ¹⁷An gerensa a veu collenwys i'gan mesk, may hallen ny kemeres colon dhâ i'n jëdh fin, rag poran kepar dell yw Crist, indelma yth on ny i'n bësma. ¹⁸Nyns eus own vëth in kerensa, mès yma kerensa berfeth ow tôwlel own in mes. Ny veu kerensa collenwys in den vëth a gemerra own, rag yma own ow longya dhe gessydhyans.

¹⁹Ny a gar, dre rêson ev dh'agan cara ny kyns. ²⁰An re-na usy ow leverel, "Me a gar Duw," hag y ow casa aga breder, gowygyon yns y. Rag an re-na na wra cara broder a welsons y, ny yllons y cara Duw na welsons bythqweth. ²¹Hèm yw an comondment a wrussyn recêva dhyworto: kenyver den a garra Duw, res yw dhodho cara y vroder kefrës.

5 Kenyver a gressa bos Jesu an Crist, yth yw genys a Dhuw. Kenyver onen a garra an tas pò an vabm, a gar an flogh kefrës. ²Dre hebma ny a wor fatell geryn ny flehes

Duw, pàn geryn Duw hag obeya dh'y gomondmentys. ³Rag kerensa tro ha Duw yw hebma: ny dhe obeya y gomondmentys. Nyns yw sawgh poos y gomondmentys, ⁴rag pynag oll a vo genys a Dhuw a wra fetha an bës. Hèm yw an vyctory usy ow fetha an bës: agan crejyans ny. ⁵Pyw usy owth overcùmya an bës, mès ev usy ow cresy Jesu dhe vos Mab Duw?

⁶Ev yw hedna a dheuth dre dhowr ha goos, Jesu Crist. Ny dheuth ev dre dhowr yn udnyk saw dre dhowr ha goos. An Spyrys yw hedna usy ow testa, rag an Spyrys yw an gwiryoneth. ⁷Yma try usy ow testa: ⁸an Spyrys, an dowr ha'n goos, hag unver yns y an eyl gans y gela. ⁹Yth eson ny ow tegemeres dùstuny mab den. Saw surly yth yw brâssa dùstuny Duw. Hèm yw dùstuny Duw: ev dhe dhesta ow tùchya y Vab. ¹⁰An re-na usy ow cresy in Mab Duw, y a's teves an dùstuny i'ga holon. An re-na nag usy ow cresy in Duw, y a'n gwrug gowek, abàn na wrussons y cresy an dùstuny a veu rës gans Duw ow tùchya y Vab. ¹¹Hèm yw an dùstuny: Duw re ros dhyn bêwnans heb dyweth, hag yma an bêwnans-ma in y Vab. ¹²Neb a'n jeffa an Mab, ev a'n jeves bêwnans kefrës. Neb na'n jeffa an Mab, nyns usy an bêwnans ganso.

¹³Yth esof ow screfa an taclow-ma dhywgh why, usy ow cresy in hanow Mab Duw, may hallowgh why godhvos why dhe gafos an bêwnans heb dyweth. ¹⁴Hèm yw an colonecter usy genen ny ino ev, mar teun ny ha govyn tra vëth warlergh y volùnjeth ev, ev a wra agan clôwes. ¹⁵Ha mar codhon ny ev dhe woslowes orthyn, ha ny ow covyn taclow orto, ny a wor kefrës, ny dhe recêva dhyworto pùptra a wrellen govyn.

¹⁶Mar teuta ha gweles dha vroder ow cul pegh (nag yw pegh bys in mernans), te a wra pesy dhe Duw, hag ev a vydn ry bêwnans dhodho ev, nag usy y behosow ow lêdya dhe ancow. Yma pehosow i'n bës usy ow try mernans. Ny lavaraf bos res dhywgh pesy dhe Dhuw ow tùchya an re-na. ¹⁷Pùb trespas yw pegh, mès yma pehosow i'n bës, na wra hùmbronk dhe'm mernans.

¹⁸An re-na neb yw genys a Dhuw, ny wrowns y peha, rag yma hedna neb a veu genys a Dhuw orth aga dyffres, ha ny yll an tebel-el aga thùchya. ¹⁹Ny a wor agan bos an flehes a Dhuw, ha bos oll an norvës in dadn arlottes an tebel-el. ²⁰Ny a wor kefrës Mab Duw dhe vos devedhys, hag ev dhe ry dhyn ùnderstondyng, may hallen ny y aswon ev neb yw gwiryon. Yth eson ny ino ev neb yw gwiryon, drefen agan bos in y Vab Jesu Crist. Hèm yw an Duw gwiryon, ha hèm yw an bêwnans heb dyweth.

²¹A flehes vian, gwrewgh gwetha agas honen rag idolys.

Secùnd Pystyl Jowan

1 Dhyworth an elder,

Dhe'n arlodhes dhêwysys ha dh'y flehes, neb a garaf vy i'n gwiryoneth. Ha pùbonen kefrës usy owth aswon an gwiryoneth a's car y, ²dre rêson a'n gwiryoneth, usy tregys inon, hag a vëdh genen bys vycken.

³Re bo grâss, mercy ha cres genen dhyworth Duw an Tas ha dhyworth Jesu Crist, Mab an Tas, in gwiryoneth hag in kerensa.

⁴Ass o brâs ow joy, pàn wrug avy clôwes radn a'th flehes dhe gerdhes i'n gwiryoneth, kepar dell erhys an Tas dhyn dhe wul. ⁵Saw lebmyn, a arlodhes wheg, me a'th pës may whrellen cara an eyl y gela—ha nyns esof ow screfa dhis comondment nowyth, mès onen a veu genen dhia an dallath. ⁶Ha hòm yw kerensa, ny dhe kerdhes warlergh y gomondmentys. Hèm yw an comondment, poran kepar dell wrusta y glôwes i'n dallath, may hallowgh why kerdhes ino.

⁷Lies tùllor res êth alês i'n bës, an re-na nag usy ow meneges Jesu Crist dhe dhos i'n kig. Tùllor yw den vëth a'n par-na ha'n antecrist! ⁸Bedhowgh war, ma na wrellowgh why kelly an pëth a wrussyn ny collenwel, saw may hallowgh why recêva leun weryson. ⁹Neb na wrella trega in dyscans Crist, saw a wrella mos dresto, ny'n jeves an den-na Crist. Neb a wrella trega i'n dyscans, ev a'n jeves an Tas ha'n Mab kefrës. ¹⁰Mar teu den vëth dhywgh ha na vëdh an dyscans-ma ganso, na wrewgh naneyl y recêva i'th chy na'y wolcùbma. ¹¹Mar teffowgh ha'y wolcùbma, why a via kevrednek a'n drog-oberow a dhen a'n sort-na.

¹²Kynth eus lies tra genef dhe screfa dhywgh, gwell via dhybm refrainya dhyworth ûsya paper hag ink. Govenek a'm beus in le a hedna dos dhywgh ha côwsel orth agas ganow, may fo leun agan lowena.

¹³Yma flehes dha whor dhêwysys orth dha dhynerhy.

Tressa Pystyl Jowan

1 Dhyworth an elder,

Dhe Gayùs meurgerys, neb a garaf vy in gwiryoneth.

² A vroder meurgerys, me a bës may whrelles spêdya in pùptra, hag enjoya yêhes dâ, kepar dell usy dha enef in poynt dâ. ³ Assa veuma lowen, pàn dheuth radn a'n vreder ha desta a'th lendury dhe'n gwiryoneth, hèn yw dhe styrya te dhe gerdhes i'n gwiryoneth. ⁴ Ny'm beus chêson vëth brâssa rag lowena ès pàn glôwaf ow flehes dhe vos ow kerdhes i'n gwiryoneth.

⁵ A vroder meurgerys, pynag oll tra a wrelles, te a'n gwra gans lelder rag an vreder, kynth yns y alyons dhis. ⁶ Y a dhestas a'th kerensa jy dhyrag an eglos. Te a wra yn tâ, mar teuta ha'ga danvon in rag in maner wordhy a Dhuw. ⁷ Y a dhalathas an viaj rag kerensa Crist, ha ny wrussons y degemeres gweres vëth dhyworth an paganys. ⁸ Rag hedna y tal dhyn scodhya tus an par-na, may fen ny kesoberoryon gansans i'n gwiryoneth.

⁹ Me re screfas neppyth dhe'n eglos, mès ny wra Diotrefes, usy ow tesîrya gorra y honen i'n kensa le, nyns usy va owth aswon agan auctoryta. ¹⁰ Rag hedna, mar teuma dhywgh, me a vydn gul dhywgh remembra y oberow, hag ev ow lêsa adro fâls-cabel adro dhyn. Nyns yw hedna lowr dhodho, mès yma va kefrës ow sconya wolcùbma an vreder, ea, hag yma va ow lettya an re-na a vynsa gul indelma, hag orth aga herdhya mes a'n eglos.

¹¹ A vroder meurgerys, na wra warlergh an pëth a vo drog, saw gwra warlergh an pëth a vo dâ. Kenyver den a wrella dâ, ev a dheu dhyworth Duw. Kenyver den na wrella dâ, ny welas ev Duw. ¹² Pùbonen a dhestas gans favour a Dhemetryùs. An gwiryoneth a dhestas anodho kefrës. Yth eson ny inwedh ow testa anodho, ha te a wor bos gwir agan dùstuny.

¹³ Me a'm beus lowr dhe screfa dhis, saw gwell yw dhybm refrainya dhyworth ûsya paper hag ink. ¹⁴ In le a hedna govenek a'm beus dha weles in scon, ha ny a wra côwsel an eyl orth ganow y gela.

¹⁵ Re bo cres genes. Yma an vreder orth dha dhynerhy. Dynargh er y hanow pùbonen a'n vreder.

Pystyl
Jûd

1 Dhyworth Jûd, servont a Jesu Crist ha'n broder a Jamys.

Dhe'n re-na yw gelwys ha meurgerys in Duw an Tas, ha gwethys saw rag Jesu Crist.

² Re'gas bo mercy, cosoleth ha kerensa lowr ha plenty!

³ A vreder veurgerys, yth esof ow fysky dhe screfa dhywgh a'n salvacyon on ny kevrednek anodho. Yth hevel dhybm bos res screfa dhywgh, may hallowgh strîvya rag an fëdh a veu trestys dhe bobel Duw unweyth rag nefra. ⁴ Rag certan faitours re scolkyas aberth i'gas mesk. Yth yns y nans yw termyn hir dampnys avell tus dydhuw. Ymowns y ow camdrailya grâss agan Duw rag gul mostethes anodho, hag ow tenaha agan udn Mêster hag Arlùth, Jesu Crist.

⁵ Dâ via genef gul dhywgh perthy cov, kyn whodhowgh pùptra i'n mater, fatell wrug an Arlùth dystrêwy an re-na na vydna cresy, wosa ev dhe selwel y bobel mes a bow Ejyp. ⁶ Yma va ow sensy i'ga chainys i'n tewolgow downha oll, rag nefra bys i'n jëdh brâs dewetha, an eleth a asas aga thyleryow hag a forsâkyas aga thrigva ewn. ⁷ In kepar maner Sodom ha Gomorre, ha'n cytas ader dro kefrës, abàn wrussons y practycya mostethes, ha lùstys dynatur, y a servyas avell ensamplys. Y a veu pùnyshys dre dan dyvarow.

⁸ Indelma inwedh yma an re-ma hedhyw. Yma aga hunrosow orth aga lêdya dhe dhefolya an kig, dhe sconya auctoryta, ha dhe dhespîtya an eleth. ⁹ I'n contrary part, pàn wrug Myhal arghel strîvya gans an tebel-el adro dhe gorf Moyses, ny wrug ev lavasos gul cabel wàr y bydn, saw ev a leverys, "Re wrello an Arlùth dha rebûkya!" ¹⁰ Mès yma an dus-ma ow cably pùptra na yllons convedhes. Y yw defolys gans an taclow a wodhons convedhes—dre nas adar dre skentoleth, kepar ha bestas dyskians.

¹¹ Goy! Goy! Rag ymowns y ow kerdhes in fordhow Caym, rag ewn goveytys ow telyvra aga honen dhe errour Balaam. Ymowns y ow mos dhe goll, kepar hag in rebellyans Core.

¹² Bysmêr yw an re-ma dh'agas festow kerensa. Y a wra golya genowgh heb own vëth, hag y ow maga aga honen. Y yw cloudys heb dowr, drîvys in rag der an gwyns. Gwëdh kydnyaf heb frût vëth yns y, marow dywweyth ha dywredhys. ¹³ Y yw todnow gwyls i'n mor, ow tôwlel in bàn an ewon a'ga sham. Y yw sterednow gwandra, may fëdh an tewolgow downha sensys ragthans bys vycken ha bys venary.

¹⁴ Enok, i'n seythves heneth dhia Adam, a brofusas adro dhe'n re-ma, pàn leverys, "Me a welas an Arlùth ow tos ha deg mil a'y sens ganso. ¹⁵ Ev a vydn collenwel y vreus wàr bùbonen. Ev a wra convyctya pùbonen a'y wadn-oberow, neb a wrug ev in tebel-fordh, hag a'n geryow asper a leverys pehadoryon dreus wàr y bydn ev." ¹⁶ An re-ma yw an growsegyon ha'n vrathkeun. Ymowns owth omry

aga honen dh'aga drog-whansow. Predhek uver yw aga lavarow, hag y a vëdh ow flattra hag ow fecla rag aga les aga honen.

¹⁷Saw why, a vreder veurgerys, yma res dhywgh perthy cov a'n profecy, a wrug an abosteleth a'gan Arlùth Jesu Crist. ¹⁸Y a leverys dhywgh, "I'n dedhyow dewetha y fëdh gwelys gês-yoryon hag y a wra omry aga honen dh'aga drog-whansow." ¹⁹An re-ma yw an dus usy ow sordya strif. Rowtys yns der aga whansow genesyk, rag nyns usy an Spyrys inhans.

²⁰Saw why, a vreder veurgerys, gwrewgh byldya agas honen in bàn pùpprës in sansoleth hag in fëdh. Gwrewgh agas pejadow i'n Spyrys Sans. ²¹Gwethowgh agas honen in kerensa Duw. Gortowgh mercy agan Arlùth Jesu Crist, usy ow lêdya dhe vêwnans heb dyweth. ²²Ha kemerowgh pyteth a'n re-na a wrella hockya. ²³Selwowgh ken re orth aga sêsya mes a'n tan. Bedhowgh mercya-byl dhe radn aral whath gans own, owth hâtya an bows yw defolys der an kig.

²⁴Saw dhodho ev, neb a yll agas gwetha rag codha, ha'gas settya a'gas sav heb nàm, ha gans lowena in golok y glory, ²⁵dhe'n udn Duw agan Syl-wyas, dre Jesu Crist agan Arlùth, re bo glory, brâster, gallos hag auctoryta kyns pùb termyn oll, i'n tor'-ma bys venytha! Amen.

Revelacyon
(pò Dysqwedhyans)
Jowan

1 Hèm yw an revelacyon a veu rës gans Duw dhe Jesu Crist. Y feu va rës dhodho may halla ev dysqwedhes dh'y servysy an taclow a resa wharvos yn scon. Ev a'n declaryas dh'y servont Jowan, ow tanvon y el dhodho. ²Ha Jowan a dherivas pùptra a welas, hag indelma ev a destas a er Duw hag a dhùstuny Jesu Crist. ³Benegys yw kenyver den a wrella redya geryow an profecy, ha benegys yw an re-na a'n clôwa, ha gwetha an taclow usy ino, rag ow nessa yma an prës.

⁴Jowan,

Dhe'n seyth eglos in Asya:

Grâss dhywgh ha cres dhyworto ev neb yw, a veu hag a vëdh, dhyworth an seyth spyrys usy dhyrag y dron ev, ⁵ha dhyworth Jesu Crist, an dùstuny lel, kensa denethys a'n re marow ha pedn myterneth an norvës.

Yma va orth agan cara ny, hag ev a'gan delyvras der y woos dhyworth agan pehosow, ⁶hag a wrug ahanan gwlascor prontyryon rag servya y Dhuw ha'y Das. Dhe Jesu Crist re bo glory ha gallos bys venytha! Amen.

⁷Merowgh, yma va ow tos i'n cloudys!
Pùb lagas a'n gwelvyth,

ea, an re-na neb a'n gwanas, ha rag y gerensa ev y whra ola pùb nacyon i'n norvës.
Ea, in gwir.

⁸"Me yw an Alfa ha'n Omega," yn medh an Arlùth Duw, an Ollgalosek, neb yw hag a veu hag a vëdh.

⁹Me, Jowan, agas broder, usy ow kevradna genowgh why in Jesu Crist a'n tormentyans ha'n wlascor ha'n perthyans dov, yth esen i'n enys gelwys Patmos awos kerensa ger Duw ha dùstuny Jesu. ¹⁰Yth esen i'n Spyrys jorna an Arlùth, ha me a glôwas adrëv dhybm lev uhel kepar ha trompa ¹¹ow leverel, "Scrif in lyver pynag oll tra a wrylly gweles, ha danvon an lyver dhe'n seyth eglos, dhe Efesùs, dhe Smyrna, dhe Pergamùm, dhe Thiatîra, dhe Sardys, dhe Fyladelfya ha dhe Laodycea."

¹²Me a drailyas dhe weles pana lev esa ow côwsel orthyf. Pàn drailys, me a welas seyth coltrebyn owr, ¹³hag in mesk an coltrebydnyer me a welas onen kepar ha Mab an Den, pows hir adro dhodho ha padn owrlyn dres y vrest. ¹⁴Blew y bedn o maga whydn avell gwlân wydn, maga whydn avell ergh, ha'y dhewlagas o flàm a dan. ¹⁵Kepar ha brons bùrnsys hag afînys in forn o y dreys. Y voys o kepar ha son lies dowr. ¹⁶In y dhorn dyhow yth esa ev ow sensy seyth steren. Yth esa cledha lybm dew vin ow tos mes a'y anow. Y fâss o kepar ha'n howl, pàn vo va ow spladna gans oll y nerth.

¹⁷Pàn wrug avy y welas, me a godhas orth y dreys avell den marow. Saw ev a settyas y leuv dhyhow warnaf ha leverel, "Na borth awher. Me yw an kensa ha'n dewetha. ¹⁸Me yw hedna usy ow pewa. Me a veu

marow, saw lebmyn me a vëdh yn few bys venytha. Me a'm beus alwhedhow Ancow hag Iffarn.

¹⁹"Scrif i'n tor'-ma an pëth re wrusta gweles, an dra neb yw ha'n dra a wra hapnya wosa hebma. ²⁰Hèm yw styr sêcret an seyth steren a welsta i'm leuv dhyhow, ha styr an seyth coltrebyn owr: an seyth steren yw eleth an seyth eglos, ha'n seyth coltrebyn yw an seyth eglos.

2 "Dhe el eglos Efesùs scrif:

An re-ma yw an geryow a Hedna, usy ow sensy an seyth steren in y dhorn dyhow, hag usy ow kerdhes in mesk an seyth coltrebyn owr: ²Aswonys dhybm yw dha oberow, dha lavur ha'th perthyans. Me a wor na ylta perthy drog-oberoryon. Te re wrug prevy an re-na usy ow terivas aga bos abosteleth, mès nag yns y màn. Te re gafas y dhe vos fâls. ³Me a wor kefrës fatell esta ow pêsya hag ow perthy gans godhevyans rag kerensa ow hanow vy, ha na wrusta defygya whath.

⁴Saw me a'm beus hebma wàr dha bydn, te dhe forsâkya an gerensa a'th feu i'n dalathfos. ⁵Porth cov ytho a'n pëth osta skydnys dhyworto. Coodh in edrek, ha gwra an oberow a wrusta i'n dallath. Mar ny wrêta indelma, me a dheu ha removya dha goltrebyn mes a'y dyller—mar ny vedhyth repentys. ⁶Saw hebma a yll bos leverys i'th favour: cas dhis yw oberow an Nycolaytans. Casadow yns y dhybmo vy kefrës.

⁷Neb a'n jeffa scovornow, gwrêns ev goslowes orth an pëth usy an Spyrys ow leverel dhe'n eglosyow. Dhe genyver onen a wrella overcùmya, me a vydn ry cubmyas dhe dhebry a'n wedhen a vêwnans, usy in paradîs Duw.

⁸"Ha dhe el eglos Smyrna scrif:

An re-ma yw geryow an kensa ha'n dewetha, ev neb a veu marow, hag a dheuth arta dhe'n bêwnans. ⁹Aswonys dhybm yw dha oppressyon ha'th vohosogneth, kynth osta rych. Aswonys dhybm yw cabel an re-na a lever aga bos Yêdhewon, kyn nag yns y màn. Y yw an synaga a Satnas. ¹⁰Na gebmer own a'n pëth a wrylly sùffra. Bëdh war, an tebel-el a wra tôwlel radn ahanowgh in pryson. Why a vëdh assayes ha cafos govyjyon bys pedn deg jorna. Bëdh lel bys in mernans, ha me a re dhis an gùrun a vêwnans.

¹¹Kenyver onen neb a'n jeffa scovarn, gwrêns ev goslowes orth an pëth usy an Spyrys ow leverel dhe'n eglosyow. Neb a wrella overcùmya, ny vëdh ev pystygys der an secùnd mernans.

¹²"Ha dhe el eglos Pergamùm scrif:

An re-ma yw an geryow a hedna a'n jeves an cledha lybm dew vin. ¹³Me a wor pleth esta tregys, le may ma tron Satnas. Yth esta bytegyns ow sensy fast dhe'm hanow vy. Ny wrussys unweyth denaha dha fëdh inof vy in dedhyow Antypas, ow dùstuny lel, pàn veu ev ledhys i'gas cyta, trigva Satnas. ¹⁴Saw me a'm beus nebes taclow wàr dha bydn. Yma genes i'n tyllerna tus usy ow sensy a dhyscas

Balaam. Y a dheskys Balak dhe
settya antylly dhyrag pobel Israel.
Y a's inias dhe dhebry kig offrydnys
dhe idolys, ha dhe wul fornyca-
cyon. [15]In kepar maner, yma radn
genes usy ow sensy a dhyscans an
Nycolaytans. [16]Gwra repentya
ytho. Mar ny wrêta codha in edrek,
me a vydn dos dhis yn scon, ha
gwerrya wàr aga fydn gans cledha
ow ganow.

[17]Pynag oll a'n jeffa scovarn,
gwrêns ev goslowes orth an pëth a
lever an Spyrys dhe'n eglosyow.
Kenyver a wrella overcùmya, me a
re an mana cudh dhodho dhe
dhebry. Y rov dhodho kefrës men
gwydn, ha hanow nowyth screfys
warnodho. Ny vëdh an hanow-na
aswonys dhe dhen vëth, mès
dhodho ev neb a vydn y recêva.

[18]"Ha dhe el eglos in Thiatîra scrif:

An re-ma yw geryow mab Duw,
hag a'n jeves dewlagas kepar ha
flàm a dan, hag yma y dreys kepar
ha brons bùrnsys. [19]Aswonys
dhybm yw dha oberow—dha
gerensa, dha fëdh, dha servys ha'th
perthyans dov. Me a wor bos brâssa
dha oberow dewetha ès an kensa
oberow.

[20]Saw me a'm beus hebma wàr
dha bydn: yth esta ow perthy an
venyn-na Jezebel, usy ow facya hy
bos profet. Yma hy dre hy dyscans
ow tysseytya ow servysy dhe wul
fornycacyon ha dhe dhebry boos
offrydnys dhe fâls dhuwow. [21]Me a
ros dhedhy spâss dhe repentya, mès
ny vydn hy trailya dhyworth hy
mostethes. [22]Bëdh war! Me a vydn
hy thôwlel wàr wely a bainys. An

re-na usy ow cul lewdnes gensy, me
a vydn aga thôwlel in anken brâs,
marnas y a wra repentya a'ga fegh.
[23]Me a vydn whare ladha oll hy
flehes. Gans hedna oll an eglosyow
a wra godhvos, ow bos vy hedna
usy owth examnya conscyans ha
colon, ha me dhe rewardya pùb-
onen ahanowgh warlergh y ober-
ow. [24]Saw i'n tor'-ma me a vydn
côwsel orth an radn aral ahanowgh
in Thiatîra, an re-na na wrug
degemeres an dyscans-na, ha na
wrug desky 'taclow down Satnas,'
dell lever an dus. Ny vanaf settya
warnowgh begh vëth moy, [25]mar
tewgh why ha sensy fast dhe'n pëth
usy genowgh, erna dhyffyf.

[26]Ha kenyver a wrella fetha ha
durya gans ow oberow vy bys i'n
dyweth, me a vydn ry dhodho
power wàr an nacyons—

[27]'An den na a wra aga rewlya dre
welen horn,
kepar dell yw lestry pry sqwattys
dhe dybmyn'—

kepar dell wrug avy recêva an keth
power dhyworth ow Thas. [28]Me a
vydn ry an verlewen dhodho in-
wedh. [29]Pynag oll a'n jeffa scovarn,
gwrêns ev goslowes orth an pëth a
lever an Spyrys dhe'n eglosyow.

3 "Ha dhe el eglos Sardys scrif:

An re-ma yw an geryow a hedna
neb a'n jeves seyth spyrys Duw,
ha'n seyth steren. Aswonys dhybm
yw dha oberow. Te yw acowntys
dhe vos yn few, mès marow osta.
[2]Dyfun ha crefha a vo gesys dhis,
kyns ès an dra dhe verwel yn tien.

349

Rag me a wor convedhes, nag yw perfeth whath dhyrag Duw an pëth yw gwrës genes. ³Porth cov a'n pëth a wrusta recêva ha clôwes. Gwra obeya dhe'n taclow-na ha codha in edrek. Mar ny wrêta dyfuna, me a dheu kepar ha lader, ha ny wrêta unweyth godhvos pana dermyn a wrama dos.

⁴Yma radn ahanowgh bytegyns in Sardys na wrug mostya aga dyllas. Why a wra kerdhes genef ha gwysk gwydn adro dhywgh, rag wordhy owgh why. ⁵Neb a wrella overcùmya, a vëdh gwyskys kepar ha'n re-na in dyllas gwydn. Ny wrama vy defendya y hanow ev mes a lyver an bêwnans. Me a vydn avowa y hanow dhyrag ow Thas ha'y eleth. ⁶Kenyver onen a'n jeffa scovornow, gwrêns ev goslowes orth an pëth a lever an Spyrys dhe'n eglosyow.

⁷"Ha dhe el eglos Fyladelfya scrif:

An re-ma yw an geryow a hedna yw sans ha gwir. Ev a'n jeves alwheth Davyth. Pàn usy ev owth egery, ny yll den vëth degea. Mar teu va ha degea, ny yll den vëth egery. ⁸Aswonys dhybm yw dha oberow. Mir, me a settyas daras opyn dhyragos, na yll den vëth y dhegea. Me a wor nag eus dhis mès bohes power, mès te re wrug gwetha ow geryow, ha ny wrusta denaha ow hanow. ⁹An re-na a synaga Satnas, usy ow leverel aga bos Yêdhewon (nag yns màn—gowygyon yns y), me a wra dhe-dhans dos i'th presens, ha gordhya dhyrag dha dreys. Y a wra desky me dhe'th cara jy. ¹⁰Dre rêson te

dhe sensy ow ger vy a berthyans dov, me a vydn dha wetha rag an termyn a brevyans. Pàn dheffa an termyn-na, prevys vëdh oll tregoryon an bës.

¹¹Me a dheu yn scon. Sens yn fast dhe'n pëth usy dhis, ma na allo den vëth ladra dhyworthys an gober a vyctory. ¹²Mar teuta ha fetha, me a wra pyllar ahanas in templa ow Duw. Ny wrêta nefra mos mes anodho. Me a vydn screfa warnas hanow ow Duw, ha hanow cyta ow Duw, Jerùsalem nowyth, usy ow skydnya mes a'n nev dhyworth ow Duw, ha'm hanow nowyth kefrës. ¹³Kenyver onen a'n jeffa scovornow, gwrêns ev goslowes orth an pëth a lever an Spyrys dhe'n eglosyow.

¹⁴"Ha dhe el eglos Laodycea scrif:

An re-ma yw geryow an Amen, an dùstuny lel ha gwir, dallath a greacyon Duw. ¹⁵Aswonys dhybm yw dha oberow. Nyns osta naneyl yeyn na tobm. Gwell via dhybm te dhe vos pò yeyn pò tobm. ¹⁶Rag hedna dre rêson te dhe vos mygyl, drefen nag osta naneyl yeyn na tobm, me a vydn dha drewa mes a'm ganow. ¹⁷Rag te a lever, 'Me yw rych, ha me a'm beus meur a bethow, ha ny'm beus othem a dra vëth.' Ny wodhesta dha vos truan, morethek, bohosak, dall hag yn noth. ¹⁸Rag hedna yth esof vy ow ry cùssul dhis. Gwra prena dhyworthyf owr afînys dre dan, may hylly bos rych. Gwra prena dyllas gwydn rag gorra adro dhis, ha dhe gudha dha notha dhyvlas. Gwra prena onyment inwedh rag ùntya dha dhewlagas, ha te a welvyth. [19]Me a vydn rebûkya ha pùnyshya pùbonen a garaf. Bëdh dywysyk ytho ha gwra repentya. [20]Goslow! Yth esof ow sevel orth an daras ow knoukya. Mar teuta ha clôwes ow lev, hag egery an daras, me a vydn entra dhis, ha debry genes, ha te a wra debry genama.

[21]Kenyver a wrella overcùmya, me a vydn ry dhodho tyller genef vy wàr ow thron, kepar dell wrug avy overcùmya, hag esedha gans ow Thas wàr y dron ev. [22]Pynag oll a'n jeffa scovornow, gwrêns ev goslowes orth an pëth a lever an Spyrys dhe'n eglosyow."

4 Wosa hebma me a veras, ha mir, daras egerys i'n nev! Ha'n kensa lev, neb a glôwys ow côwsel orthyf kepar ha trompa, a leverys, "Deus in bàn obma, ha me a dhysqwa dhis an taclow a res wharvos wosa hebma." [2]Strait me a veu i'n spyrys, hag yth esa tron a'y sav i'n nev, hag onen a'y eseth warnodho. [3]An semlant a hedna esa a'y eseth wàr an tron o kepar ha men jaspys ha sardyon, hag yth esa cabmdhavas adro dhe'n tron kepar hag emerôd. [4]Adro dhe'n tron yth esa peswar tron warn ugans, ha wàr an trônys-na tus hen a'ga eseth, peswar warn ugans anodhans, gwyskys in dyllas gwydn ha cùrun owr wàr aga fedn. [5]Yth esa luhes ha tarednow ow tos mes a'n tron. Dhyrag an tron yma seyth fakel a dan ow lesky, ha'n re-na yw seyth spyrys Duw. [6]Ha dhyrag an tron yma neppyth kepar ha mor a weder, hag ev haval dhe grystal.

I'n cres hag ader dro yth esa peswar best bew, hag y a's teves lies lagas arag hag adhelergh. [7]An kensa best o kepar ha lion, an secùnd kepar ha leugh, an tressa best a'n jeva fâss den, ha'n peswora o kepar hag er ow neyja. [8]Pùbonen anodhans a'n jeva whegh askel, hag y o leun a lagasow oll adro ha wàr jy. Yth esens ow cana jorna ha nos heb cessya,

"Sans, sans, sans
yw an Arlùth Duw, an Ollgalosek,
  hag ev a veu, yth ywa lebmyn
  hag ev a vëdh rag nefra."

[9]Hadre vo an peswar best bew ow ry glory, hag onour, ha grassow, dhodho ev usy a'y eseth wàr an tron, hag a vëdh yn few bys venytha, [10]yma an peswar elder warn ugans ow codha dhe'n dor dhyragtho ev, usy esedhys wàr an tron hag a vëdh yn few bys vycken, hag ymowns y orth y wordhya. Yma pùbonen anodhans ow tôwlel y gùrun dhe'n dor dhyrag an tron, hag ow cana,

[11]"Wordhy osta jy, agan Arlùth ha'gan Duw,
dhe recêva glory, onour ha power,
rag te a formyas pùptra, ha dre dha volùnjeth jy y fowns y gwrës ha creatys."

5 Ha me a welas rol screfa i'n dorn dyhow a hedna esa esedhys wàr an tron. Yth esa screfa war an dhew denewen anedhy, ha selys veu hy gans seyth sel. [2]Ha me a welas el galosek ow carma uhel y lev, "Pyw yw wordhy dhe egery an rol ha terry an selyow?" [3]Ny ylly den vëth oll naneyl i'n nev nag i'n nor nag in dadn an dor egery an rol na meras aberth inhy. ⁴Me a skydnyas in olva, dre rêson na veu kefys den vëth gwyw dhe egery an rol, ha meras inhy. ⁵Nena onen a'n dus hen a leverys dhybm, "Na wra ola! Mir, Lion a drib Jûda, Gwredhen Davyth a wrug overcùmya, hag ev a yll egery an rol ha'y seyth sel."

⁶Nena me a aspias in mesk an trônys, in mesk an peswar best ha'n dus hen, Ôn a'y sav kepar ha pàn veu va ledhys. Seyth corn a'n jeva, ha seyth lagas, ha'n re-na yw seyth spyrys Duw danvenys in mes in oll an norvës. ⁷An Ôn êth ha kemeres an rol mes a'n dorn dyhow a hedna esa a'y eseth wàr an tron. ⁸Pàn gemeras ev an rol, an peswar best ha'n peswar elder warn ugans a godhas dhe'n dor dhyrag an Ôn. Yth esa pùbonen anodhans ow sensy harp owr, ha scala owr leun a enkys, ha'n re-na yw pejadow an sens. ⁹Yth esens ow cana cân nowyth, ow leverel:

"Wordhy osta dhe gemeres an rol, ha dhe egery an selyow, rag te a veu ledhys, ha dre'th woos te re dhasprenas tus rag Duw dhyworth pùb lynyeth ha yêth, ha dhyworth pùb pobel ha nacyon.
¹⁰Te a wrug anodhans gwlascor ha prontyryon dhe servya Duw, hag y a wra rainya i'n norvës."

¹¹Nena me a veras ha gweles eleth, milyow ha mylyons anodhans! Yth esens ow sevel adro dhe'n tron, hag adro dhe'n bestas ha'n dus hen, ¹²hag ow cana a lev uhel,

"Gwyw yw an Ôn neb a veu ledhys dhe recêva power ha rychys, ha furneth ha gallos, hag onour ha glory ha bedneth!"

¹³Nena me a glôwas pùb creatur i'n nev, hag i'n nor, hag in dadn an nor, hag i'n mor, ha pùptra esa i'n mor ow cana,

"Dhodho ev usy a'y eseth wàr an tron re bo bedneth, hag onour, ha glory, ha gallos bys venytha!"

¹⁴Ha'n peswar best bew a leverys, "Amen!" Ha'n dus hen a godhas dhe'n dor ha'y wordhya.

6 Nena me a welas an Ôn owth egery onen a'n seyth sel, ha me a glôwas onen a'n seyth best ow cria in mes, "Deus!" ²Me a veras, ha mir, margh gwydn! Gwarek a'n jeva y varhak. Cùrun a veu rës dhodho, hag ev a dheuth in mes yn vyctoryùs dhe fetha.

³Pàn wrug ev egery an secùnd sel, me a glôwas an secùnd best ow cria in mes, "Deus!" ⁴Ha margh aral eth in mes, ha rudh o va. Ha'n marhak a recêvas cubmyas dhe gemeres cres dhyworth an norvës, rag may whrella pobel an bës ladha an eyl y gela. Hag y feu rës dhodho cledha brâs.

⁵Pàn egoras ev an tressa sel, me a glôwas an tressa best ow cria in mes, "Deus!" Me a welas ha mir, margh du! Y varhak a'n jeva mantol in y dhorn. ⁶Me a glôwas tra kepar ha voys in mesk an peswar best bew ow leverel, "Wajys udn jorna rag qwart a waneth, ha wajys udn jorna rag try whart a varlys. Gwra sparya an oyl ha'n gwin!"

⁷Pàn egoras ev an peswora sel, me a glôwas lev an peswora best bew ow cria in mes, "Deus!" ⁸Ha me a veras, ha mir, margh glas! Hanow y varhak o Ancow hag yth esa Iffarn orth y sewya yn clos. Y feu rës dhedhans auctoryta wàr an peswora radn a'n norvës, dhe ladha der an cledha, dre nown, dre blag ha gans bestas gwyls an nor.

⁹Pàn egoras ev an pympes sel, me a welas in dadn an alter enevow an re-na re bia ledhys awos ger Duw, hag awos an dùstuny a rosons. ¹⁰Y a grias uhel aga lev ha leverel, "Pana bellder vëdh, a Arlùth sans ha gwir, erna wrelles jùjya, ha venjya agan goos ny wàr dregoryon an norvës?" ¹¹Y feu pows wydn rës dhe bùbonen ano-dhans, ha comondys veu dhedhans powes pols bian whath, erna ve collenwys nyver aga heswesyon ha'ga breder. Rag whare y feu an re-na ledhys, poran kepar dell vowns y ledhys aga honen.

¹²Pàn wrug ev egery an wheffes sel, me a veras, ha mir, y feu dorgis brâs. An howl a veu mar dhu avell saghlen, ha'n loor êth kepar ha goos. ¹³An ster a godhas dhe'n dor, kepar dell usy fygwedhen ow tôwlel fyges criv dhe'n dor, pàn vo hy shakys gans gwyns crev an gwâv. ¹⁴An ebron a wrug vanyshya, kepar ha rol screfa pàn vo hy rolys in bàn. Pùb meneth ha pùb enys a veu removys mes a'y dyller.

¹⁵Nena myterneth an norvës, an vrâsyon, an rewlysy, an dus rych ha pusant, ha pùbonen keth ha frank, a gudhas aga honen i'n cavyow hag in mesk carrygy an menydhyow. ¹⁶Yth esens ow kelwel dhe'n menydhyow ha dhe'n carrygy ow leverel, "Codhowgh warnan ha kelowgh ny dhyworth an fâss a hedna, usy a'y eseth wàr an tron, ha dhyworth sorr an Ôn! ¹⁷Rag dëdh brâs aga sorr a dheuth. Pyw a yll omwetha ragtho?"

7 Wosa hedna me a welas peswar el a'ga sav wàr beder cornel an dor. Yth esens ow lettya peswar gwyns an dor, ma na alla gwyns vëth whetha, naneyl wàr an nor na wàr an mor, na warbydn gwedhen vëth. ²Me a welas ken el ow tos in bàn dhyworth an howldrevel ha sel an Duw bew a'n jeva, hag ev a grias, uhel y lev, dhe'n peswar el re bia rës dhedhans gallos dhe shyndya an dor ha'n mor. ³Ev a leverys, "Na wrewgh pystyga naneyl an nor, na'n mor, na'n gwëdh, erna wrellen ny selya servysy agan Duw gans sel wàr aga thâl." ⁴Ha me a glôwas nùmber an re-na a veu selys: cans, dew ugans ha peder mil a bùb trib a Vebyon Israel.

⁵A drib Jûda y feu selys dewdhek mil,
a drib Rewben dewdhek mil,
a drib Gad dewdhek mil,
⁶a drib Asher dewdhek mil,
a drib Nepthaly dewdhek mil,
a drib Manasse dewdhek mil,
⁷a drib Symeon dewdhek mil,
a drib Levy dewdhek mil,
a drib Issahar dewdhek mil,
⁸a drib Zebalon dewdhek mil,
a drib Josef dewdhek mil,
hag a drib Benjamyn dewdhek mil.

⁹Wosa hebma me a veras, ha mir, rûth vrâs, na alsa den vëth nefra nyvera, dhyworth pùb nacyon, pùb trib, pùb pobel ha pùb yêth. Yth esens a'ga sav dhyrag an tron, ha dhyrag an Ôn. Yth esa dyllas gwydn

adro dhedhans, ha palmys i'ga dewla.
¹⁰Yth esens y ow cria in mes, uhel aga
lev, hag ow leverel,

"Yma sylwans ow longya dh'agan
  Duw,
 usy a'y eseth wàr an tron,
 ha dhe'n Ôn!"

¹¹Yth esa oll an eleth a'ga sav adro
dhe'n tron, hag adro dhe'n dus hen
ha'n peswar best bew, hag y a godhas
wàr aga fâss dhyrag an tron ha
gordhya Duw ¹²ha cana,
"Amen!
 Bedneth, ha gordhyans,
 ha furneth, ha grassow hag onour,
 ha power, ha gallos,
 re bo dh'agan Duw bys venytha!
 Amen!"

¹³Nena onen an dus hen a gowsas
orthyf ha leverel, "Pyw yw an re-ma
hag yw gwyskys in dyllas gwydn, hag
a ble teuthons y?"
¹⁴Me a worthebys dhodho, ha
leverel, "Syra, te dha honen a wor yn
tâ."
Nena ev a leverys dhybm, "An re-
ma yw an dus re dheuth mes a'n tor-
mens brâs. Y a wrug golhy ha gwydn-
he aga dyllas in goos an Ôn. ¹⁵Rag
hedna,

"ymowns y dhyrag tron Duw,
 orth y wordhya in y dempla ev
  jorna ha nos.
 Ev, usy a'y eseth i'n tron, a vydn ry
  goskes dhedhans.
¹⁶Ny's tevyth namoy nown na
  sehes;
 ny wra an howl namoy aga gweskel,
  na gwres loscus vëth.

¹⁷Rag an Ôn, usy in mesk an tron,
 a vëdh aga bugel, hag ev a wra
  aga lêdya bys i'n fentydnyow a'n
  dowr a vêwnans,
 ha Duw a vydn deseha pùb dagren
  dhyworth aga lagasow."

8 Pàn egoras an Ôn an seythves
  sel, y feu taw i'n nev neb hanter-
our. ²Me a welas an seyth el esa a'ga
sav dhyrag Duw, hag y feu rës
dhedhans seyth trompa.
³Ken el, ha sensour owr ganso, a
dheuth ha sevel dhyrag an alter.
Meur incens a veu rës dhodho dhe
offrydna, gans an pejadow a oll an
sens, wàr an alter a owr usy dhyrag an
tron. ⁴Yth esa mog an incens,
warbarth gans pejadow an sens, owth
ascendya mes a dhorn an el. ⁵Nena an
el a gemeras an sensour, ha'y lenwel
a dan an alter, ha'y dôwlel dhe'n dor.
Hag y feu sonow taran, levow, luhes
ha dorgis.
⁶Ha'n seyth el, neb a's teva an seyth
trompa, a wrug ombarusy dh'aga
whetha.
⁷An kensa el a whethas y drompa
ha mir, keser ha tan kemyskys gans
goos! An taclow-na a veu tôwlys
dhe'n dor. An tressa radn a'n dor a
veu leskys, ha'n tressa radn a'n gwëdh
a veu leskys, ha scaldys veu oll an
gwerwels.
⁸Pàn whethas an secùnd el y
drompa, neppyth kepar ha meneth
brâs ow lesky gans tan, a veu tôwlys
i'n mor. ⁹An tressa radn a'n mor a veu
gwrës goos. An tressa radn a'n bestas
bew i'n mor a verwys, ha'n tressa
radn a'n gorholyon a veu dystrêwys.
¹⁰Ha'n tressa el a whethas y
drompa, ha steren vrâs, ow spladna
kepar ha fakel, a godhas mes a'n

ebron, ha codha wàr an tressa radn a'n ryvers hag a'n fentydnyow a dhowr. ¹¹Fuelen yw hanow an steren. Y feu fuelen an tressa radn a'n dowr, ha lies onen a verwys awos an dowr, dre rêson a'y wherôwder brâs.

¹²Nena an peswora el a whethas y drompa. An tressa radn a'n howl a veu gweskys, ha'n tressa radn a'n loor, ha'n tressa radn a'n ster, may whrug an tressa radn a'ga golow kelly hy splander. Ny veu golow vëth dres an tressa radn a'n jëdh, ha dres an tressa radn a'n nos.

¹³Ha me a veras, ha clôwes er ow neyja in cres an ebron, hag ev ow cria, uhel y lev, "Gu! Gu! Goy, tregoryon an norvës, pàn vo kenys ken trompys gans an try el aral!"

9 Pàn whethas an pympes el y drompa, me a welas an steren, a godhas mes a'n ebron. Alwheth an pyt dywoles a veu rës dhe'n el, ²hag ev a egoras an pyt dywoles, ha mog a ascendyas mes anodho, kepar ha mog forn brâs. An howl ha'n air a veu tewlhës gans mog an pyt. ³Nena locùstys a dheuth wàr an nor mes a'n mog, hag y feu auctoryta rës dhedhans, kepar hag auctoryta scorpyons an bës. ⁴Comondys veu dhedhans na wrellens shyndya gwels an dor, na tra vëth glas, na gwedhen vëth, ha na wrellens pystyga den vëth saw unsel an re-na na's teva sel Duw wàr aga thâl. ⁵Y a gafas cubmyas a'ga thormentya dres pymp mis heb aga ladha. Aga fainys o kepar ha pystyk scorpyon pàn wra va pyga. ⁶I'n dedhyow-na tus a vydn whelas an mernans, saw ny wrowns y gafos. Whensys vedhons dhe verwel, saw an mernans a wra fia dhywortans.

⁷Ha semlant an locùstys o kepar ha mergh hernessys rag batal. Yth esa wàr aga fedn neppyth kepar ha cùrun owr. Fassow mebyon tus a's teva, ⁸ha blew kepar ha blew benyn, ha dens kepar ha dens lion. ⁹Scantednow a's teva kepar ha brestplât horn. Son aga askelly o kepar ha son lies charet, ha lies margh ow ponya dhe'n vatal. ¹⁰Kepar ha lost scorpyon o aga lost, hag yth esa gwan ino. Yma power i'ga lost dhe bystyga tus bys pedn pymp mis. ¹¹Y a's teves mytern warnodhans, hèn yw an el a'n pyt dywoles. Abaddon yw y hanow ev i'n tavas Ebrow, hag in tavas an Grêkys ev yw gelwys Apollyon.

¹²Tremenys yw an kensa anken, mès yma dew anken whath dhe dhos.

¹³Pàn whethas an wheffes el y drompa, me a glôwas lev dhyworth an peswar corn a'n alter owrek dhyrag Duw, ¹⁴ow côwsel orth an wheffes el, neb a'n jeva an trompa in y dhorn. An lev a leverys, "Gwra relêssya an peswar el usy kelmys orth ryver brâs Ewfrâtes." ¹⁵Indella y feu relêssys an peswar el. Y a veu sensys rag an very termyn-na, an jëdh, an mis, ha'n vledhen, may hallens ladha an tressa radn a vebyon tus. ¹⁶Nùmber an varhogyon a veu derivys dhybm. Dew cans mylyon o va.

¹⁷I'm vesyon an vergh o kepar dell sew: pùb marhak a'n jeva brestplât a lyw tan, a lyw safîr hag a lyw loskven. Kepar ha pedn lion o pednow an vergh, hag yth esa tan, ha mog, ha loskven ow tos mes a'ga ganow. ¹⁸An try flag ma a ladhas an tressa radn a vebyon tus, hèn yw an tan, an mog ha'n loskven, esa ow tos mes a'ga ganow. ¹⁹I'ga ganow yth esa power an

355

vergh hag i'ga lost. Kepar ha serpont yw an lost, hag yma pedn warnodho usy pystyk ino. ²⁰An remnant a vebyon tus, na veu ledhys gans an plagys ma, ny wrussons y trailya dhyworth an taclow a wrussons y gul. Ny wrussons y cessya dhe wordhya dewolow hag idolys a owr, a arhans, a vrons hag a bredn. Ny yll an re-na naneyl gweles, clôwes na kerdhes. ²¹Naneyl ny wrussons y repentya a'ga mùrder, a'ga fystry, a'ga mostethes nag a'ga ladrynsy.

10 Me a welas ken el, meur y nell, ow skydnya dhyworth an nev, ha cloud adro dhodho, ha cabmdhavas a-ugh y bedn. Kepar ha'n howl o y fâss ha'y arrow o pyllars a dan. ²Yth esa in y dhorn rol screfa vian hag opyn o hy. Ev a settyas y droos dyhow wàr an mor, ha'y droos cledh wàr an tir sëgh, ³ha cria in uhel, kepar ha lion owth uja. Ha pàn grias ev, an seyth taran a veu clôwys. ⁴Wosa an seyth taran dhe vos clôwys, me a vynsa screfa, saw me a glôwas lev dhyworth an nev ow leverel, "Gwra selya in bàn an dra a veu leverys gans an seyth taran, ha na wra y screfa màn."

⁵Nena an el, neb a welys vy a'y sav wàr an mor, ha wàr an tir sëgh, a dherevys y dhorn dyhow dhe'n nev, ⁶ha tia dre hedna a vêdh ow pewa bys venytha, hag a formyas an nev ha pùptra ino, an nor ha pùptra ino ha'n mor ha pùptra ino. An el a leverys, "Ny vêdh namoy strech, ⁷saw pàn wrella an seythves el whetha y drompa, collenwys vêdh mystery Duw, kepar dell wrug ev declarya dhe'n profettys, y servysy."

⁸Nena an lev, neb a glôwys dhyworth an nev, a gowsas orthyf arta hag a leverys, "Kê, kebmer an rol screfa vian hag opyn mes a dhorn an el, usy ow sevel wàr an mor ha wàr an tir."

⁹Gans hedna me êth dhe'n el, ha'y gomondya dhe ry dhybm an rol screfa vian. Ev a leverys dhybm, "Kebmer hy ha'y debry. Wherow y fëdh hy dhe'th pengasen, saw sosten mar wheg avell mel y fëdh hy rag dha anow." ¹⁰Gans hedna me a gemeras an rol screfa mes a dhorn an el, ha'y debry. Maga wheg o hy avell mel i'm ganow, saw warlergh me dh'y debry, ow fengasen a veu gwrës wherow. ¹¹Nena y feu leverys dhybm, "Res yw dhis profusa arta, ow tùchya lies pobel ha nacyon, lies yêth ha mytern."

11 Nena gwelen musura kepar ha lorgh a veu rës dhybm, hag y feu leverys, "Sav in bàn ha musur templa Duw ha'n alter, ha'n re-na usy ow cordhya ino. ²Saw na wra musura an gort avês dhe'n templa. Rës yw hodna dhe'n nacyons, hag y a wra trettya an cyta sans in dadn dreys dew vis ha dew ugans. ³Ha me a vydn grauntya auctoryta dhe'm dhew dhùstuny, dhe brofusa gans iscar adro dhedhans mil, dew cans ha try ugans jorna." ⁴An re-ma yw an dhew olyfwedhen ha'n dhew goltrebyn usy a'ga sav dhyrag Arlùth an norvës. ⁵Mar pëdh den vëth whansek dh'aga shyndya, tan a dheu mes a'ga ganow ha lesky aga eskerens. Mars eus den vëth ow tesîrya aga myshevya, ev a res bos dystrêwys indelma. ⁶Y a's teves auctoryta dhe dhegea an ebron, ma na wrella glaw vëth codha in dedhyow aga frofecy. Y a gav auctoryta wàr an dowrow kefrës, rag aga thrailya dhe woos, ha dhe weskel an dor gans plag a bùb sort, peskytter may fo dâ gansans.

⁷Pàn wrellons y gorfedna aga dùstuny, an best usy owth ascendya mes a'n pyt dywoles, a wra gwerrya wàr aga fydn ha'ga fetha ha ladha. ⁸Aga horfow marow a wra growedha in strêtys an cyta vrâs, ha hodna yw gelwys Sodom hag Ejyp warlergh an spyrys. I'n tyller-na kefrës aga Arlùth a veu crowsys. ⁹Try dëdh ha hanter-dëdh an dus dhyworth oll an poblow, an gwlasow, an tavosow ha'n nacyons a wra meras stark orth aga horfow marow, ha ny wrowns y alowa an corfow dhe vos gorrys in bedh vëth. ¹⁰Tregoryon an bës a wra rejoycya a-ughtans, ha gul degol ha ry presons an eyl dh'y gela, rag an dhew brofet-ma o pain brâs dhe dregoryon an nor.

¹¹Wosa try dëdh ha hanter-dëdh an spyrys a vêwnans a entras inhans, hag y a savas in bàn wàr aga threys. Seul a's gwelas, a gemeras uth. ¹²Nena y a glôwas lev uhel mes a nev ow côwsel ortans, hag ow leverel, "Dewgh in bàn obma!" Hag y a ascendyas i'n cloud bys i'n nev, ha'ga eskerens ow meras ortans.

¹³I'n very prës na y feu dorgis brâs, ha'n degves radn a'n cyta a godhas. Y feu ledhys seyth mil dhen i'n dorgis, ha'n remnant a gemeras uth, hag a ros glory dhe Dhuw an nev.

¹⁴Tremenys yw an secùnd anken, ha'n tressa anken a dheu yn scon.

¹⁵Pàn whethas an seythves el y drompa, y feu clôwys levow uhel in nev ow leverel,

"Gwlascor an bës re beu gwrës
   gwlascor agan Arlùth
   ha gwlascor y Grist,
hag ev a wra rainya bys venytha."

¹⁶Nena an peswar elder warn ugans, esa a'ga eseth wàr aga thron-ow, a godhas wàr aga fâss, ha gordhya Duw ¹⁷ha leverel,

"Yth eson ny ow ry râss dhis, a
   Arlùth Duw Ollgalosek,
te neb yw hag a veu,
rag te dhe gemeres dhis dha allos
   brâs ha dallath rainya.
¹⁸Conar a's teves an nacyons, saw
   dha sorr jy re dheuth,
ha'n termyn may fëdh jùjys an re
   marow,
may fëdh rewardys dha servysy, an
   profettys, an sens,
hag oll an re-na usy ow perthy own
   a'th hanow jy,
an re bian ha'n re brâs.
Ha te a wra dystrêwy an re-na usy
   ow shyndya an nor."

¹⁹Nena templa Duw in nev a veu egerys ha'n argh a'y gevambos a veu gwelys in y dempla. Y feu luhes, trosow, sonow taran, dorgis ha keser poos.

12 Y feu gwelys in nev aneth brâs: benyn, ha'n howl in hy herhyn, ha'n loor in dadn hy threys, ha cùrun dewdhek steren wàr hy fedn. ²Yth esa hy ow cria in mes, ha hy gans flogh hag in golovas, rag painys a's teva kyns ès denethy. ³Ha ken marthus a apperyas i'n nev. Mir, dragon rudh vrâs hag a's teva seyth pedn, ha deg corn, ha seyth cùrun wàr hy fednow. ⁴Ha lost an dhragon

a wrug tedna an tressa radn a ster an
nev, ha'ga thôwlel dhe'n dor. An
dhragon a savas dhyrag an venyn, ha
hy parys dhe dhenethy, rag an
dhragon a vynsa devorya hy flogh
kettel ve genys. ⁵An venyn a dhug
gourflogh, a vydna rewlya oll an
nacyons dre lorgh horn. Hy flogh a
veu kechys in bàn dhe Dhuw, ha dh'y
dron ev. ⁶An venyn a fias bys i'n
gwylfos, le mayth esa tyller parys
gans Duw rygthy, may halla hy bos
megys ena mil dew cans ha try ugans
jorna.

⁷Hag y feu gwerryans in nev:
Myhal ha'y eleth a werryas warbydn
an dhragon. An dhragon ha'y eleth a
wrug omlath. ⁸Saw ny wrussons y
overcùmya, naneyl ny veu aga thyller
kefys in nev namoy. ⁹Ha'n dhragon
vrâs a veu tôwlys in mes, an hager-
brëv coth, henwys an tebel-el ha
Satnas, hedna usy ow tecêvya oll an
bës. Ev a veu tôwlys in mes dhe'n
dor, ha'y eleth a veu tôwlys in mes
warbarth ganso.

¹⁰Ha me a glôwas lev uhel ow
leverel in nev,

"Lebmyn sylwans, ha nerth, ha
  gwlascor agan Duw
  re dheuth, ha gallos y Grist,
rag tôwlys dhe'n dor
  re beu cùhudhor agan breder,
ev neb usy orth aga acùsya dëdh ha
  nos.
¹¹Saw y re'n fethas dre woos an
  Ôn,
  ha dre eryow aga dùstuny,
rag ny wrêns y glena orth an
  bêwnans in fâss an mernans kyn
  fe.

¹²Bedhowgh lowen ytho, why
nevow, ha whywhy usy tregys
inhans!
Saw an nor ha'n mor, goy, rag an
tebel-el re skydnyas dhywgh
serrys brâs.
Rag ev a wor nag yw gesys dhodho
mès termyn cot!"

¹³Pàn wrug an dhragon convedhes
hy dhe vos tôwlys dhe'n dor, hy a
dormentyas an venyn a dhug an
gourflogh. ¹⁴Y feu rës dhe'n venyn
dyw askel kepar hag eskelly er, may
halla hy neyja bys i'n gwylfos
dhyworth fâss an hager-brëv dh'y
thyller teythy. Ena hy a vëdh megys
termyn, termynyow ha hanter-ter-
myn, pell dhyworth fâss an dhragon.
¹⁵An hager-brëv a dowlas mes a'y
anow dowr kepar ha ryver warlergh
an venyn, may halla hy scubya in
kerdh gans an liv. ¹⁶Saw an dor a
wrug gweres an venyn, hag egery y
anow, ha lenky an ryver a dowlas an
dhragon mes a'y ganow. ¹⁷Nena an
dhragon a sorras orth an venyn, ha
mos dhe werrya warbydn remnant hy
flehes, an re-na usy ow qwetha
comondmentys Duw, hag ow sensy
dùstuny Jesu.

13 Nena an dhragon êth ha
sevel wàr dreth an mor. Ha
me a welas best ow tos in bàn mes a'n
mor. Ev a'n jeva deg corn, ha seyth
pedn, ha wàr y gern yth esa deg
cùrun, hag yth esa henwyn blasfemùs
wàr y bednow. ²Kepar ha lewpart o
an best a welys vy. Kepar ha pawyow
ors o y bawyow, ha kepar ha min lion
o y anow. Ha'n dhragon a ros
dhodho hy gallos, ha'y thron, hag
auctoryta brâs. ³Yth hevelly onen a'y

bednow dhe vos brêwys bys in ancow, mès yaghhës re bia an goly mortal. Yth esa oll tus an bës ow sewya an best, hag y amays. [4]Yth esens ow cordhya an dhragon, rag hy a ros hy auctoryta dhe'n best. Yth esens ow praisya an best hag ow leverel, "Pyw yw haval dhe'n best? Pyw a yll gwerrya wàr y bydn?"

[5]Y feu rës dhe'n best ganow, esa owth ùttra lavarow gothys ha blasfemùs, hag y feu alowys dhodho gul mêstry dew vis ha dew ugans. [6]Egery y anow a wrug ha cably Duw, owth ùttra cabel warbydn y hanow ha'y drigva, hèn yw dhe styrya, myns eus tregys in nev. [7]Y feu rës dhodho kefrës lecyans dhe werrya warbydn an sens ha dh'aga fetha. Ev a gafas auctoryta wàr bùb nacyon ha pobel, wàr bùb tavas ha gwlascor. [8]Hag oll tregoryon an norvës a wra y wordhya, pùbonen na veu y hanow screfys dhia fùndacyon an bës in lyver bêwnans an Ôn, neb a veu ledhys.

[9]Neb a vo scovornow dhodho, gwrêns ev goslowes.

[10]Mars yw res dhe dhen vëth mos dhe bryson, dhe bryson ev â.
Mar qwra den vëth ladha der an cledha, der an cledha ev a vëdh ledhys.

Ot obma galow dhe'n sens dhe dhurya, ha dhe vos crev i'ga fëdh.

[11]Ha me a welas ken best ow tos in bàn mes a bry an dor. Duw gorn a'n jeva, kepar hag ôn ha kepar ha cows dragon o y gows. [12]Yma va ow rewlya gans gallos an kensa best in y le ev. Yma va ow constrîna an norvës, hag oll y dregoryon, dhe wordhya an kensa best re bia yaghhës a'y woly

mortal. [13]Yma va ow cul sînys brâs, ow try tan kyn fe mes a nev dhe'n dor dhyrag oll an bobel. [14]Der an sînys a vëdh alowys dhodho dhe wul, yma va ow tùlla tregoryon an norvës. Yma va ow comondya dhedhans dhe wul imach a'n best re bia golies gans an cledha, hag a vewas wosa hedna. [15]Alowys veu dhodho ry anal dhe imach an best, may halla imach an best côwsel kyn fe. Grauntys veu dhodho comondya dhe ladha kenyver onen na wrella gordhya y imach. [16]Moy ès hedna, yma va ow cul dhe bùbonen, kefrës brâsyon ha tus kemyn, tus rych ha bohosogyon, tus frank ha kethwesyon, dhe recêva mark wàr an dorn dyhow pò wàr an tâl. [17]Ny vëdh den vëth abyl, naneyl dhe wertha na dhe brena, marnas ev a vo merkys gans an merk. An merkna yw hanow an best pò nùmber y hanow.

[18]Hèm yw qwestyon a skentoleth. Neb a'n jeffa skians, gwrêns ev nyvera nùmber an best, rag nùmber a dhen yw. An nùmber yw 666 (whegh cans, whegh deg ha whegh).

14

Me a veras, ha mir, an Ôn ow sevel in Meneth Sion! Yth esa warbarth ganso cans, dew ugans ha peder mil, ha'y hanow ev ha hanow y Das o screfys wàr aga thâl. [2]Me a glôwas lev mes a'n nev kepar ha son lies dowr, ha son taran vrâs. An lev na o kepar ha telynoryon ow qwary wàr aga harpys. [3]Ymowns y ow cana cân nowyth dhyrag an tron, ha dhyrag an peswar best bew ha'n dus hen. Den vëth ny yll desky an gân-na saw unsel an cans, dew ugans ha peder mil neb a veu dasprenys dhyworth an dor. [4]Y yw an re-na a refrainyas orth mostya aga honen gans benenes, rag vyrjyns yns y. Ymowns y ow sewya an Ôn pynag oll fordh mayth ella. Y a veu dasprenys mes a vebyon tus, avell bleynfrûtys rag Duw, ha rag an Ôn. [5]Ny veu gow vêth kefys i'ga ganow. Dyvlam yns y.

[6]Me a welas ken el ow neyja in cres an nev, hag ev a'n jeva awayl dyvarow dhe brogeth dhe'n re-na esa tregys wàr an nor—dhe bùb nacyon ha trib, dhe bùb yêth ha pobel. [7]Yth esa va ow leverel uhel y voys, "Perthowgh own a Dhuw, ha rewgh dhodho golohas, rag termyn y vreus re dheuth. Gordhyowgh ev neb a formyas an nev ha'n norvës, an mor ha fentydnyow an dowr."

[8]Ha ken el, an secùnd anodhans, a'n sewyas ow leverel, "Codhys, codhys yw Babylon vrâs! Hy a wrug dhe oll an nacyons eva a win fell hy mostethes."

[9]Ha ken el arta, an tressa anodhans, a's sewyas, ow cria, uhel y lev, "An re-na usy ow cordhya an best ha'y imach hag usy o recêva merk wàr aga thâl, pò wàr aga dorn, [10]y a wra eva kefrës a'n gwin a sorr Duw. Hedna a vëdh deverys heb kemysky aberth in hanaf y anger, hag y a vëdh tormentys gans tan ha loskven dhyrag y eleth sans, hag in presens an Ôn. [11]Mog aga thormens a wra ascendya bys venytha. Ny vëdh powes vêth rag an re-na, usy ow cordhya an best ha'y imach. Naneyl ny vëdh powes rag kenyver a wrella recêva merk y hanow." [12]Hèm yw galow dhe'n sens rag perthyans. Y yw an re-na, usy ow cul warlergh comondmentys Duw, hag ow sensy fast dhe fëdh Jesu.

[13]Me a glôwas lev mes a'n nev ow leverel, "Scrif hebma: Benegys yw an

re marow usy ow merwel alebma rag i'n Arlùth."

"Ea," yn medh an Spyrys, "y a wra powes dhyworth aga lavur, rag yma aga oberow orth aga sewya."

[14]Nena me a veras, ha gweles cloud gwydn, hag esedhys warnodho onen kepar ha Mab an Den. Yth esa cùrun owr wàr y bedn, hag in y dhorn crobman lybm! [15]Y teuth ken el mes a'n templa ow kelwel, uhel y lev, dhe hedna esa a'y eseth wàr an cloud, "Gwra settya dha grobman dhe'n ÿs ha mejy, dre rêson bos devedhys an termyn dhe vejy, ha leun-athves yw trevas an dor." [16]Ha hedna esa a'y eseth wàr an cloud a wrug swaysya y grobman dres an dor ha mejys veu an dor.

[17]Ken el a dheuth mes a'n templa, usy i'n nev, hag ev kefrës a'n jeva crobman lybm in y dhorn. [18]Nena ken el a dheuth in mes dhia an alter, an el a'n jeves auctoryta wàr an tan, hag ev a grias in mes, uhel y voys, dhe hedna esa an crobman lybm in y dhorn. Ev a leverys, "Gwra settya dha grobman lybm dhe'n grappys. Cùntell oll an grappys a winlan an bës, rag athves yns y." [19]Ha'n el a swaysyas y grobman dres an dor, ha cùntell trevas grappys an bës, ha'y thôwlel i'n winwask vrâs a sorr Duw. [20]An winwask a veu trettys avês dhe'n cyta. Goos a resas mes a'n winwask mar uhel avell frodnow margh, rag pellder nebes dew cans mildir.

15 Nena me a welas tôkyn aral in nev, brâs ha marthys: seyth el ha gansans seyth plag. An re-na yw an radn dhewetha, rag y fëdh gorfednys sorr Duw gansans y. [2]Me a welas neppyth kepar ha mor a

weder kemyskys gans tan, hag yth esa
ow sevel ryb an mor a weder oll a'n
re-na a fethas an best, ha'y imach ha
nùmber y hanow. Yth esa harpys i'ga
dewla, ³hag yth esens ow cana cân
Moyses, servont Duw, ha cân an Ôn:

"Bras ha marthys yw dha wrians, a
   Arlùth Duw Ollgalosek!
Ewn ha gwir yw dha fordhow, a
   Vytern an nacyons!
⁴A Arlùth, pyw na wrussa kemeres
   own ha gloryfia dha hanow?
Rag te yn udnyk yw sans.
Pùb nacyon a dheu ha gordhya
   dhyragos
rag dysclôsys yw dha jùjmentys."

⁵Wosa hedna me a veras, ha gweles
an templa opyn in nev, hag yth esa an
tylda a Bresens Duw ino. ⁶Mes a'n
templa y teuth an seyth el, a's teva an
seyth plag, hag yth esa sendal ilyn
adro dhedhans, ha grugys owr dres
aga brest. ⁷Nena onen an bestas a ros
dhe'n seyth el seyth scala owr, hag y
leun a sorr Duw, Duw neb yw yn few
bys vycken ha bys venary. ⁸An templa
a veu lenwys a vog dhyworth glory
Duw, ha'y bower. Ny ylly den vëth
entra i'n templa, erna veu cowlwrës
seyth plag an seyth el.

16 Ha me a glôwas lev uhel, ow
tos mes a'n templa hag ow
leverel dhe'n seyth el, "Kewgh wàr
agas fordh, ha scùllyowgh in mes wàr
an bës an seyth scala a sorr Duw."

²An kensa el êth, ha scùllya y scala
wàr an dor. Y teuth brew poder ha
lybm wàr an re-na a's teva merk an
best warnodhans, ha wàr an re-na a
wordhya y imach.

³An secùnd el a scùllyas y scala wàr
an mor. An mor êth kepar ha goos
corf marow, ha pùptra vew ino a
verwys.

⁴An tressa el a dheveras y scala wàr
an ryvers, ha wàr fentydnyow an
dowr, hag y a veu gwrës goos. ⁵Ha
me a glôwas el an dowrow ow leverel,

"Gwiryon yw an vreus a wrussys, te
   Arlùth Sans, neb a veu, hag yw,
   hag a vëdh.
⁶Dre rêson y dhe scùllya goos an
   sens ha goos an profettys, te re
   ros dhedhans goos dhe eva.
Gallas aga gober ewn gansans!"

⁷Ha me a glôwas an alter ow
cortheby hag ow leverel,

"Ea, a Arlùth, an Duw Ollgalosek,
   gwir hag ewn yw dha vreus!"
⁸An peswora el a dheveras y scala
wàr an howl, hag alowys veu dhe'n
howl lesky tus dre dan. ⁹Y a veu
scaldys gans an tomder brâs. Y a wrug
molethy hanow Duw, rag ev a'n jeva
auctoryta wàr an plagys-ma. Ny
wrussons y codha in edrek, ha'y
wordhya ev.

¹⁰An pympes el a dheveras y scala
wàr dron an best, ha tewolgow a
godhas wàr wlascor an best. An bobel
a wre densel aga thavosow rag ewn
anken, ¹¹ha molethy an Duw a nev
awos aga fainys ha'ga brewyon. Saw
ny wrussons y repentya a'ga thres-
passys.

¹²An wheffes el a dheveras y scala
wàr ryver brâs an Ewfrâtes. Y feu
dowr an ryver sehys in bàn, hag y feu
parys fordh rag an vyterneth dhia an
ÿst. ¹³Me a welas try drog-spyrys
kepar ha qwylkydnow ow tos mes a

anow an dhragon, mes a anow an best, ha mes a anow an fâls profet. ¹⁴An re-ma yw spyrysyon an dhewolow, usy ow cul sînys, hag ow mos alês dhe vyterneth oll an bës, may hallons y aga cruny warbarth rag an gwerryans a jorna brâs Duw Ollgalosek.

¹⁵"Goslow, yth esof ow tos kepar ha lader. Benegys yw hedna a wra gortos yn tyfun, hag a vo y dhyllas adro dhodho, ha na vo ow mos ader dro yn noth, ha kemeres sham dhyrag an dus."

¹⁶Nena an spyrysyon a wrug aga hùntell warbarth i'n tyller gelwys Har Magedon i'n tavas Ebrow.

¹⁷An seythves el a dheveras y scala i'n air. Lev uhel a dheuth mes a'n templa dhyworth an tron ow leverel, "Collenwys yw!" ¹⁸Y feu luhes, sonow, tarednow ha dorgis uthyk brâs. Ny veu dorgis a'n par na bythqweth dhia bàn veu formys mab den. ¹⁹An cyta vrâs a veu rydnys inter teyr radn, ha cytas an nacyons a godhas. Duw a borthas cov a Babylon brâs, ha ry dhedhy hanaf a win asper y sorr. ²⁰Pùb enys a fias dhe'n fo, hag oll an menydhyow a voydyas. ²¹Keser brâs, ha poster cans pens in pùb keseren, a godhas mes a nev wàr an dus. Y a wrug molethy Duw, awos an plag-na a geser, rag uthyk dres ehen o va.

17 Nena onen a'n seyth el, neb a's teva an seyth scala, a dheuth dhybm ha leverel, "Deus, me a vydn dysqwedhes dhis fatell vëdh pùnyshys an hôra vrâs, an cyta byldys ryb lies ryver. ²Myterneth an bës a wrug fornycacyon gensy, ha pobel an norvës yw medhow dre win hy mostethes."

³An el a'm dros in kerdh i'n spyrys bys i'n gwylfos, ha me a welas benyn a'y eseth wàr vest rudh. Screfys dres oll an best o henwyn esa ow tespîtya Duw. An best a'n jeva seyth pedn ha deg corn. ⁴An venyn o gwyskys in pùrpur hag in dyllas cogh, hag afînys o hy gans owr, jowals ha perlys. In hy dorn yth esa hanaf leun a daclow vil hag a last hy mostethes. ⁵Yth o screfys wàr hy thâl hanow a'n jeva styr kelys:

BABYLON VRÂS
MABM OLL HÔRYS
HA MABM OLL LASTETHES AN NORVËS.

⁶Me a welas bos an venyn medhow a woos an sens, hag a woos martyrs Jesu.

Pàn wrug avy hy gweles, amays veuma. ⁷Saw an el a leverys dhybm, "Prag yth esta ow kemeres marth? Me a vydn declarya dhis styr sêcret an venyn, ha mystery an best usy orth hy don, hag a'n jeves seyth pedn ha deg corn. ⁸An best-na neb a welsys, y feu va yn few, mès nyns usy ev ow pewa na fella. Yma va parys dhe dhos in bàn mes a'n pyt dywoles. Voydya a wra va ha mos dhe goll. Ha tregoryon an bës, na veu aga henwyn screfys i'n lyver a vêwnans dhia fùndacyon an bës, y a vëdh amayes pàn wrellons gweles an best. Ev a veu yn few kyns lebmyn. Nyns ywa namoy yn few, saw ev a wra apperya arta.

⁹"Res yw bos fur ha skentyl rag styrya an dra. Seyth meneth yw an seyth pedn usy an venyn esedhys warnodhans. Seyth mytern yns kefrës, ¹⁰ha codhys yw kenyver onen anodhans. Yma onen yn few, hag yma an seythves anodhans whath dhe

dhos. Pàn dheffa va, ny vëdh res dhodho mès trega pols bian. ¹¹An best, neb a veu yn few, mès nag yw yn few na fella, ev yw an êthves mytern. Onen a'n seyth erel ywa, hag yma va ow voydya hag ow mos dhe goll.

¹²"An deg corn a wrusta gweles, y yw deg mytern na wrug rainya whath. Saw y a wra recêva auctoryta avell myterneth udn our warbarth gans an best. ¹³Acordys yns y an eyl gans y gela, hag ymowns ow ry aga gallos ha'ga auctoryta dhe'n best. ¹⁴Y a wra gwerrya warbydn an Ôn. An Ôn warbarth gans y folyers dêwysys, gelwys ha lel, a vydn overcùmya, rag ev yw Pedn Arlydhy ha Pedn Vyterneth."

¹⁵An el a leverys dhybm inwedh, "An dowrow a wrusta gweles, an dowrow le may ma an hôra esedhys, y yw poblow ha nacyons ha gwlasow ha tavosow. ¹⁶Te a welas deg corn hag y ha'n best a vydn hâtya an hôra. Y a wra hy wastya ha'y dystryppya yn noth. Devorya hy hig a wrowns, ha'y lesky dre dan. ¹⁷Duw re settyas i'ga holon y borpos dhe wul indelma. Y a wra kesobery, ha ry aga auctoryta dhe'n best, erna ve geryow Duw collenwys. ¹⁸An venyn, neb a welsys yw an cyta vrâs. Yma hy ow rewlya wàr vyterneth an bës."

18 Wosa hedna me a welas ken el ow skydnya dhyworth an nev. Gallos brâs a'n jeva, hag oll an bës a veu golowys der y splander. ²Ev a grias in mes gans lev crev ha leverel,

"Codhys, codhys yw Babylon vrâs! Nyns yw hy lebmyn saw trigva dewolow,

tyller rag pùb spyrys plos, tyller rag pùb edhen avlan, ha tyller rag kenyver best mostys ha vil.
³Oll an nacyons a evas a win crev hy thebel-lùstys hy.
Myterneth an bës a wrug mostethes gensy.
Marchons an bës a veu gwrës rych der allos hy harlotry."

⁴Nena me a glôwas lev aral dhyworth nev ow leverel,

"Dewgh mes anedhy, ow fobel, ma na wrellowgh why kemeres radn a'y fehosow, ha ma na vowgh why kevrednek a'y flagys.
⁵Crunys veu hy fehòsow in deys bys in nev, ha Duw a borthas cov a'y drog- oberow.
⁶Rewgh dhedhy kefrës poran kepar dell ros hy honen, ha gwrewgh aqwytya dhedhy dywweyth ken- yver tra a wrug hy gul.
Lenwowgh hy hanaf a dhewas, a vo dywweyth creffa ès an dewas a wrug hy preparya dhywgh why.
⁷Kepar dell ros hy glory ha plenty dhedhy hy honen, rewgh dhedhy kebmys grêf ha torment.
Rag yma hy ow leverel in hy holon, 'Rainys ov kepar ha myternes. Gwedhowes nyns oma màn, ha ny wrama nefra gweles anken.'
⁸Rag hedna oll hy flagys a dheu in udn jorna, pla, galarow hag esow.
Hy a vëdh leskys gans tan, rag galosek yw an Arlùth, usy orth hy jùjya.

⁹"Myterneth an bës, neb a wrug fornycacyon gensy, hag a gesvewas

gensy in plenty hag in rychys, a wel-
vyth mog an tan a vëdh orth hy lesky.
Nena y a wra ola ha kyny rygthy. [10]Y
a vëdh a'ga sav pell dhyworty, rag
own a'y thormens, ha leverel a
wrouns,

"'Gohy! Gohy, an cyta vrâs,
Babylon, an cyta grev!
Dha vrusyans a dheuth in udn our.'

[11]"Ha marchons an bës a wra ola ha
kyny rygthy, rag ny wra den vëth
namoy prena a'ga gwara. [12]Ny wra
den vëth prena owr, arhans, jowals ha
perlys, sendal, pùrpur, owrlyn ha pàn
cogh, pùb sort a bredn wheg y sawour,
pùb ehen a daclow gwrës a dhans
olyfans, pùptra a bredn precyùs,
brons, horn ha marbel, [13]canel, spîcys,
enkys, myrr, frankincens, gwin, oyl
olyf, bleus fin ha gwaneth, gwarthek
ha deves, mergh ha charettys,
kethyon, ea, ha bêwnans tus.

[14]"An varchons a lever dhedhy,
'Gallas an frûtys dhyworthys, mayth
esa dha enef orth aga whansa. Kellys
dhis yth yw oll dha dybmyn dainty
ha'th splander, ha ny wrêta aga hafos
nefra namoy.' [15]Marchons an gwara-
ma, esa ow qwainya rychys mes
anedhy, a vydn sevel pell dhyworty,
rag own a'y thormens. Ola ha
mùrnya a wrouns [16]ha leverel,

"'Gohy! Gohy, an cyta vrâs!
Hy o gwyskys in sendal, in pùrpur
hag in pàn cogh.
Afînys o hy gans owr, gans jowals
ha perlys.
[17]In udn our gallas qwit oll an
rychys-ma!'

"Yth esa a'ga sav abell mêstrysy oll
an gorholyon, ha'n marners, tus an
mor, ha kenyver onen esa ow colya
wàr an keynvor. [18]Y a wrug cria in
mes, pàn welsons mog an tan, esa
orth hy lesky, ha leverel, 'Pana cyta
yw haval dhe'n cyta vrâs?' [19]Hag y a
dowlas doust wàr aga fedn, hag y
owth ola, ow mùrnya hag ow carma,

"'Gohy! Gohy, an cyta vrâs, le
mayth esa pùb perhednak a lestry
mor ow cafos rychys dre hy
fethow hy!
In udn our hy a veu wastys.
[20]Rejoycyowgh warnedhy, te
nev, why sens, abosteleth ha
profettys!
Rag Duw a ros dhywgh why
jùjment wàr hy fydn hy.'"

[21]Nena el pusant a gemeras in bàn
men, kepar ha men brâs melyn, ha'y
dôwlel in mes i'n mor, ha leverel,

"Gans garowder a'n par-na y fëdh
Babylon, an cyta vrâs, tôwlys
dhe'n dor, ha ny vëdh hy kefys na
fella.
[22]Ny vëdh son an delynyoryon, an
menestrouthy, an biboryon ha'n
trompys clôwys inos na fella.
Ny vëdh gweythor a greft vëth
kefys inos namoy.
Naneyl ny vëth clôwys inos tros an
men melyn.
[23]Na ny wra golow an lantern
spladna namoy inos.
Ny vëdh na fella clôwys inos lev an
gour prias ha'n venyn brias.
Rag brâsyon an norvës o dha
varchons,
hag y feu oll an nacyons dysseytys
der dha bystry.

²⁴Inos jy y feu trouvys goos an profettys ha'n sens,
ha'n goos a oll an re-na, neb a veu ledhys i'n norvës!"

19 Wosa hedna me a glôwas in nev neppyth kepar ha lev a vùsh brâs a dus ow leverel,

"Allelûya!
Re bo sylwans, ha gordhyans ha gallos dh'agan Duw,
²rag gwir hag ewn yw y vrusyans.
Ev a jùjyas an hôra vrâs,
a vôstyas an norvës gans hy mostethes.
Ev a venjyas warnedhy goos y servysy."

³Unweyth arta y a leverys,

"Allelûya!
Y fëdh an mog owth ascendya dhyworty bys venytha."

⁴Ha'n peswar elder warn ugans, ha'n peswar best, a godhas dhe'n dor ha gordhya Duw, esa a'y eseth wàr an tron, ow leverel,

"Amen, Allelûya!"

⁵Ha dhyworth an tron y teuth lev ha leverel,

"Gormelowgh agan Duw,
oll why y servysy,
ha why oll bian ha brâs,
usy ow perthy own anodho."

⁶Nena me a glôwas neppyth kepar ha lev a vùsh brâs a dus, kepar ha son lies dowr, ha kepar ha tarednow brâs. An lev a levery,

"Allelûya!
Rag rainys yw an Arlùth,
agan Duw Ollgalosek.
⁷Gesowgh ny dhe rejoycya ha dhe vos lowen,
ha dhe ry dhodho glory,
rag maryach an Ôn a dheuth,
ha'y venyn yonk re wrug preparya hy honen.
⁸Dhedhy hy a veu grauntys
may fe hy gwyskys gans sendal spladn ha parfyt."

(An sendal yw oberow gwiryon an sens.)

⁹An el a leverys dhybm, "Scrif hebma: Benegys yw an re-na yw gelwys dhe soper demedhyans an Ôn." Hag ev a leverys dhybm, "An re-ma yw geryow gwiryon Duw."

¹⁰Nena me a godhas dhe'n dor orth y dreys rag y wordhya, mès ev a leverys dhybm, "Na wra hedna màn! Me yw servont kepar ha te ha kepar ha'th cowetha, usy ow sensy a dhùstuny Jesu. Gwra gordhya Duw." Rag dùstuny Jesu yw an spyrys a brofecy.

¹¹Me a welas an nev opyn, ha mir, margh gwydn! Y varhak o gelwys Lel ha Gwiryon, hag yma va ow jùjya in gwiryoneth hag ow qwerrya. ¹²Kepar ha flàm tan yw y dhewlagas, hag yma lies cùrun wàr y bedn. Ev a'n jeves hanow screfys, na wor den vëth saw unsel ev y honen. ¹³Yma pows in y gerhyn, a veu troghyes in goos, hag ev yw gelwys Ger Duw. ¹⁴Yth esa luyow an nev, sendal gwydn ha glân adro dhedhans, orth y sewya wàr vergh wydn. ¹⁵Yma cledha lybm ow tos mes a'y anow, may halla va gweskel dhe'n dor dredho lies nacyon. "Ev a vydn aga rewlya dre welen a horn," ha trettya an winwask

a gonar hag a sorr Duw. 16Wàr y bows ha wàr y vordhos ev a'n jeves screfys an hanow-ma:

PEDN VYTERNETH

HA PEDN ARLYDHY.

17Nena me a welas el ow sevel i'n howl. Ev a grias, uhel y lev, dhe oll an ÿdhyn esa ow neyja in cres an ebron, "Dewgh, cùntellowgh rag soper brâs Duw, 18dhe dhebry kig myterneth, kig captenow, kig an vrâsyon, kig mergh ha kig aga marhogyon—ea, kig pùbonen, frank ha keth, brâs ha bian."

19Nena me a welas an best, ha myterneth an bës cùntellys warbarth gans aga luyow dhe werrya warbydn marhak an margh gwydn ha warbydn y lu. 20Ha kemerys veu an best ha'n fâls profet, neb a wrug dhyragtho oll an sînys dredhans, may whrug ev decêvya an re-na, a recêvas merk an best ha'n re-na esa ow cordhya y imach. An dhew brysner-ma a veu tôwlys yn few aberth i'n logh a dan, esa ow lesky gans loskven. 21An remnant a veu ledhys dre gledha marhak an margh gwydn, an cledha esa ow tos mes a'y anow. Ha pùb edhen a dhebras kebmys dell ylly a'n kig a bùbonen anodhans.

20 Me a welas el ow skydnya dhyworth nev, hag in y dhorn yth esa alwheth an pyt dywoles, ha chain brâs. 2Ev a sêsyas an dhragon, an hager-brëv coth-na hag ev yw an tebel-el ha Satnas, ha'y gelmy bys pedn mil vledhen. 3Ev a dowlas an dhragon i'n pyt, ha'y dhegea dre alwheth, ha'y selya a-ugh hy fedn, ma na wrella hy namoy decêvya an nacyons, erna ve passys an vil vledhen. Wosa hedna res vëdh hy delyvra dhe wary rag tecken.

4Nena me a welas trônys, hag y feu auctoryta dhe jùjya rës dhe'n re-na esa esedhys warnodhans. Me a welas inwedh enevow an re-na, a veu dybednys dre rêson y dhe dheclarya an gwiryoneth pregowthys gans Jesu, ha gans ger Duw. Ny wrussons y gordhya an best na'y imach, naneyl ny wrussons y recêva y verk wàr aga thâl na wàr aga dorn. Y a dheuth arta dhe'n bêwnans, ha rainya avell myterneth gans Crist mil vledhen. 5Ny wrug dasvewa remnant an dus varow, erna veu gorfednys an vil vledhen-na. Hèm yw an kensa das-serghyans. 6Benegys ha sans yw an re-na, yw kevrednek a'n kensa das-serghyans. Ny'n jeves an secùnd ancow mêstry vëth oll warnodhans, mès y a vëdh prontyryon Duw, ha prontyryon Crist. Y a wra rainya mil vledhen ganso.

7Pàn vo gorfednys an vil vledhen, relêssys vëdh Satnas mes a'y bryson. 8Ev a dheu in mes rag decêvya an nacyons orth peswar cornet an bës, ea, dhe gùntell luyow Gòg ha Magog. Aga nùmber yw kepar ha tewas an mor. 9Y a geskerdhas dres oll an nor ahës, hag omsettya adro dhe gaslës an sens ha'n cyta veurgerys. Y teuth tan mes a nev ha'ga lenky. 10Ha'n tebel-el, neb a's tùllas, a veu tôwlys i'n logh a dan ha loskven, le mayth esa an best ha'n fâls profet. Hag y a vëdh tor-mentys dëdh ha nos bys venytha.

11Nena me a veras, ha gweles tron brâs gwydn, ha hedna esa esedhys warnodho. An norvës ha'n nev a fias dhyworth y bresens, ha ny veu kefys tyller vëth ragthans. 12Me a welas an re marow, brâs ha bian, ow sevel dhyrag an tron, hag y feu egerys lyvrow. Y feu ken lyver egerys kefrës, hèn yw an lyver a vêwnans. An re marow a veu jùjys warlergh aga oberow, kepar dell o recordys i'n lyvrow. [13]Nena an mor a dhros in rag an dus varow esa ino. Ancow, hag Iffarn kefrës, a dhros in rag an dus varow esa inhans. Oll an dus varow a veu jùjys warlergh an taclow a wrussons y. [14]Nena Ancow hag Iffarn a veu tôwlys aberth i'n logh a dan. An logh-ma yw an secùnd mernans. [15]Pynag oll na veu kefys y hanow i'n lyver a vêwnans, ev a veu tôwlys aberth i'n logh a dan.

21 Wosa hedna me a welas nev nowyth ha norvës nowyth, rag tremenys o an kensa nev ha'n kensa norvës, ha'n mor a voydyas qwit dhe ves. [2]Me a welas an cyta sans, an Jerùsalem nowyth, ha hy ow skydnya mes a nev dhyworth Duw, kepar ha benyn brias afînys rag hy gour. [3]Me a glôwas lev uhel dhyworth an tron ow leverel, "Mir, yma trigva Duw in mesk mebyon tus. Ev a drig gansans. Y a vëdh y bobel ev, ha Duw y honen a vëdh i'ga mesk. [4]Ev a wra deseha pùb dagren dhyworth aga lagasow. Ny vëdh Ancow kefys na fella. Galarow hag olva a wra cessya, rag tremenys yw an kensa taclow."

[5]Hag ev neb esa a'y eseth wàr an tron a leverys, "Mir, yth esof vy ow nowedhy kenyver tra!" Ev a leverys kefrës, "Scrif hebma, rag gwir ha lel yw an geryow-ma."

[6]Nena ev a leverys dhybm, "Collenwys ywa! Me yw an Alfa ha'n Omega, an dallath ha'n dyweth. Dhe'n re-na a's teves sehes, me a

vydn ry yn ro dowr dhyworth fenten dowr an bêwnans. [7]Oll an re-na a wrella overcùmya, y a wra eryta an taclow-ma. Me a vëdh aga Duw y, hag y a vëdh ow flehes. [8]Saw ow tùchya an cowardys, an dus dyslel, an dus vostys, an dhenledhysy, an gyglos, an bystrioryon, an dus usy ow cordhya idolys ha pùb gowleveryas—aga thyller y a vëdh i'n logh usy ow lesky gans tan ha loskven. Hèn yw an secùnd mernans."

[9]Nena onen a'n seyth el, neb a's teva an seyth scala leun a'n seyth plag dewetha, a dheuth ha leverel dhybm, "Deus, me a dhysqwa dhis an venyn brias, gwreg an Ôn." [10]Ev a'm lêdyas in kerdh i'n spyrys dhe veneth uhel brâs, ha dysqwedhes dhybm an cyta sans, Jerùsalem, ha hy ow skydnya mes a nev dhyworth Duw. [11]Hy a's teves glory Duw, ha splanyjyon kepar ha jowal precyùs dres ehen, kepar ha jaspys, mar gler avell crystal. [12]Fos vrâs hag uhel a's teves hy, ha dewdhek yet inhy. Yma dewdhek el orth an yettys, ha wàr an yettys yma screfys henwyn dewdhek trib Israel, [13]try yet dhe'n ÿst, try yet dhe'n north, try yet dhe'n soth ha try yet dhe'n west. [14]Yth o fos an cyta byldys wàr dhewdhek fùndacyon, ha warnodhans yma screfys an henwyn a dhewdhek abostel an Ôn.

[15]An el, esa ow côwsel orthyf, a'n jeva gwelen musura a owr dhe vusura an cyta, hy yettys ha'y fosow. [16]Pedrak yw an cyta, rag kehaval yw hy hës ha'y les. Ev a vusuras an cyta der y welen: pymthek cans mildir. Kehaval yw y hës ha'y les ha'y uhelder. [17]Ev a vusuras hy fos kefrës: peswar kevelyn ha seyth ugans warlergh an musur kebmyn, rag hèn o an

musur esa an el owth ûsya. ¹⁸Gwrës a jaspys yw an fos, saw an cyta hy honen yw owr pur, maga cler avell gweder. ¹⁹Fùndacyon an cyta yw afînys gans pùb sort a jowal. Jaspys o an kensa; safîr an secùnd; calcedon an tressa; emerôd an peswora; ²⁰sardonyx an pympes; sardyn an wheffes; crysolît an seythves; beryl an êthves; topaz an nawves; crysoprâs an degves; jacynt an unegves hag amethyst an dewdhegves anodhans. ²¹Dewdhek perl yw an dewdhek yet. Udn perl yw pùb yet oll, hag owr pur yw strêt an cyta, boll kepar ha gweder.

²²Ny welys vy templa vëth i'n cyta, rag hy thempla yw an Arlùth Duw Ollgalosek ha'n Ôn. ²³Ny's teves an cyta othem vëth a howl, nag a loor, dhe spladna warnedhy, rag glory an Arlùth yw hy golow, ha'y lantern yw an Ôn. ²⁴Orth hy golow hy an nacyons a wra kerdhes, ha myterneth an bës a vydn dry aga rychys aberth inhy. ²⁵Ny vëdh hy yettys degës nefra i'n jëdh, ha ny vëdh nos vëth inhy rag nefra. ²⁶Tus a wra dry aberth inhy brâster ha rychys an nacyons. ²⁷Saw ny wra tra vëth avlan entra inhy, naneyl den vëth a wrella abomynacyon pò gowegneth. Ny yll entra inhy mès an re-na a vo screfys in lyver bêwnans an Ôn.

22 Nena an el a dhysqwedhas dhybm an ryver a'n dowr a vêwnans, maga cler avell crystal. Yth esa ow tos mes a'n tron a Dhuw hag a'n Ôn ²in cres strêt an cyta. Yma an wedhen a vêwnans ow tevy wàr bùb gladn a'n ryver-na, ha dewdhek sort a frût warnedhy. Yma hy ow ton hy frût dewdhek torn pùb bledhen, unweyth pùb mis oll. Ervirys yw hy delyow rag

sawment an nacyons. ³Nyns yw kefys i'n cyta tra vëth melegys. Saw yma an tron a Dhuw hag a'n Ôn kefys inhy, ha'y servysy a wra y wordhya. ⁴Y a welvyth y fâss ev, ha'y hanow a vëdh wàr aga thâl. ⁵Ny vëdh nos inhy na fella. Ny's tevyth namoy othem a wolow lantern nag a'n howl, rag an Arlùth Duw a vëdh aga golow, hag y a wra rainya bys venytha.

⁶Hag ev a leverys dhybm, "Gwir ha heb tùll yw an geryow-ma, rag an Arlùth, Duw an spyrysyon, a dhanvonas y el dhe dhysqwedhes dh'y servysy an taclow a res hapnya whare. ⁷"Mir, yth esof ow tos heb let! Benegys yw ev usy ow qwetha geryow an profecy usy i'n lyver ma."

⁸Me, Jowan, a glôwas hag a welas an taclow-ma. Pàn wrug avy aga clôwes, ha'ga gweles, me a godhas dhe'n dor dhe wordhya orth treys an el a's dysqwedhas dhybm. ⁹Saw ev a leverys dhybm, "Na wra hedna màn! Me yw servont kepar ha te, ha kepar ha'th cowetha, an profettys, ha kepar ha'n re-na usy ow qwetha geryow an lyver-ma. Gwra gordhya Duw!"

¹⁰Hag ev a leverys dhybm, "Na wra selya in bàn an geryow a brofecy usy i'n lyver, rag ow nessa yma an prës. ¹¹Gwrêns an drog-oberor gul y dhrockoleth whath, ha neb a vo avlan, bedhens ev avlan whath. Pynag oll a vo gwiryon, a dal pêsya gans an gwiryoneth. Pynag oll a vo sans, a dal durya in sansoleth."

¹²"Mir, yth esof vy ow tos whare, hag yma ow gober genef, rag rewardya pùbonen warlergh y oberow. ¹³Me yw an Alfa ha'n Omega, an kensa ha'n dewetha, an dallath ha'n dyweth.

14"Benegys yw an re-na a wrella golhy aga dyllas, hag a vo an gwir dhedhans dhe dhos bys i'n wedhen a vêwnans, ha dhe entra i'n cyta der an yettys. 15Yma an keun wàr ves, an bystrioryon, an gyglos, an dhen-ledhysy, an re-na usy ow cordhya idolys, ha kenyver onen a garra gowegneth hag a vo orth y wul.

16"Me, Jesu, a dhanvonas dhywgh ow el vy gans an dùstuny-ma rag an eglosyow. Me yw an wredhen ha'n issyw a Dhavyth, an verlewen spladn."

17Yma an Spyrys ha'n venyn brias ow leverel, "Deus!" Pynag oll a wrella clôwes hedna, y tal dhodho leverel, "Deus!" Neb a'n jeffa sehes, gwrêns ev dos. Neb a vo whensys, gwrêns ev kemeres yn ro an dowr a vêwnans.

18Yth esof vy ow qwarnya pùb-onen, a wrella clôwes an geryow a brofecy usy i'n lyver-ma, indelma: mar teu den vëth hag addya dhe-dhans, Duw a wra addya dhodho ev an plagys derivys i'n lyver-ma. 19Mar teu den vëth ha kemeres tra vëth in kerdh dhyworth an geryow a brofecy i'n lyver-ma, Duw a wra kemeres dhyworto y gevran a'n wedhen a vêwnans, hag a'n cyta sans, taclow re beu derivys i'n lyver-ma.

20Ev neb usy ow testa dhe'n taclow-ma a lever, "Ea, me a dheu whare."

Amen. Deus, a Arlùth Jesu!

21Re bo grâss an Arlùth Jesu gans oll y bobel! Amen.

AN POW SANS IN DEDHYOW JESU

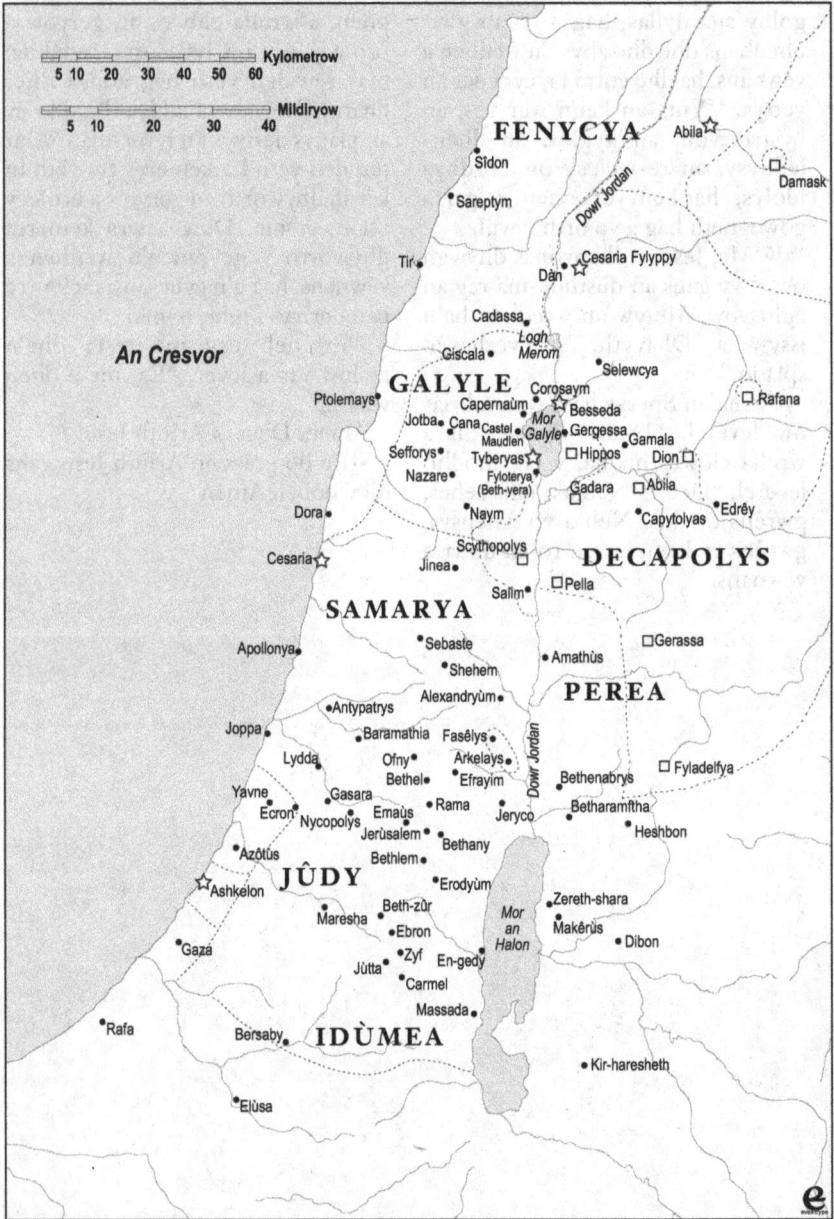

Kylometrow
5 10 20 30 40 50 60

Mildiryow
5 10 20 30 40

FENYCYA

Abila

Sîdon

Damask

Sareptym

Dowr Jordan

Tir

Dân

Cesaria Fylyppy

An Cresvor

Cadassa

Logh Merom

Giscala

Selewcya

GALYLE

Corosaym

Rafana

Ptolemays

Capernaùm

Besseda

Jotba

Cana

Mor
Galyle

Gergessa

Gamala

Castel
Maudlen

Sefforys

Hippos

Dion

Nazare

Tyberyas

Fyloterya
(Beth-yera)

Gadara

Abila

Naym

Capytolyas

Edrêy

Dora

Scythopolys

DECAPOLYS

Cesaria

Jinea

Salîm

Pella

SAMARYA

Gerassa

Apollonya

Sebaste

Amathùs

Shehem

PEREA

Antypatrys

Alexandryùm

Joppa

Baramathia

Fasêlys

Lydda

Ofny

Arkelays

Dowr Jordan

Bethel

Efrayim

Fyladelfya

Yavne

Gasara

Emaùs

Rama

Bethenabrys

Ecron

Nycopolys

Jerùsalem

Jeryco

Betharamftha

Azôtùs

Bethany

Heshbon

Bethlem

JÛDY

Erodyùm

Zereth-shara

Ashkelon

Beth-zùr

Mor
an
Halon

Makêrùs

Maresha

Ebron

Dibon

Gaza

Zyf

En-gedy

Jùtta

Carmel

Massada

Rafa

Bersaby

IDÙMEA

Kir-haresheth

Elùsa

370

DALLETHVA

SYRY

Daßask

PONTÚS

Amyssus

Synope

Anassia

Zela

Sebeste

Cesaria Masaca

CAPPADOCYA

CYLYCY

Antiokia

Seleswça

Fenvça

Sidon

Tir

Ptolemays

Cesaria

Joppa

Gaßle

Jerußalem

Judy

Gaza

ARABY

Pellusyúm

Heliopolys

Memfys

EJYP

Amastris

Iheraptra

Tavyúm

GALATHYA

Jernanyopolys

Angora

Pessynús

Tyana

Dede

Iconyúm

Tharsys

Selynús

Salamys

Pafoe

CYPRÚS

ANYNLLA

BYTYNIA

Eradea

Nycomedya

Niss

Besuth

Dôryleúm

Mysya

Mígdonya

Pergamúm

Lycaonya

Amela

Lystra

Perga

Attalya

PANFYLYA

LYCYA

Patara

Myra

Troas

Adramyt

Assos

Myrlenae

Thyatira

Sardys

Lydya

Efesus

Laodycea

Syma

Myletus

Cnidus

Xanthus

Carya

Hverapolys

Colosse

FRYJA

Alexandrya

Paretonyúm

Mor Du

MÊSY

THRÁSS

Messembria

Fývppy

Neapolys

Apollonya

Amfypolys

Tessalonya

Berea

Larissa

Coryto

Nycopolys

An Mor Enesek

Cydonya

Gnossys

Lasea

CRETA

Fênyx

Athena

Corynta

Gencrys

Spata

ACAYA

Catabathmus

Marmaryca

LYBY

MACEDONYA

DALMACYA

Scodra

Dyrrakyúm

Apza

Britndisyúm

Croton

Mor Adryan

Benevemtum

Taremttim

Buxemtum

Regjúm

Messena

Syracûs

Agryjent

Malta

SYCYLY

ITALY

Rom

An Try Thaverū

Forúm

Appyus

Puteoly

Neapolys

Ortona

Mor Tyrenyan

An Cresvor

Kylometrow

500

400

300

200

50 100

Mili ryow

300

200

100

50

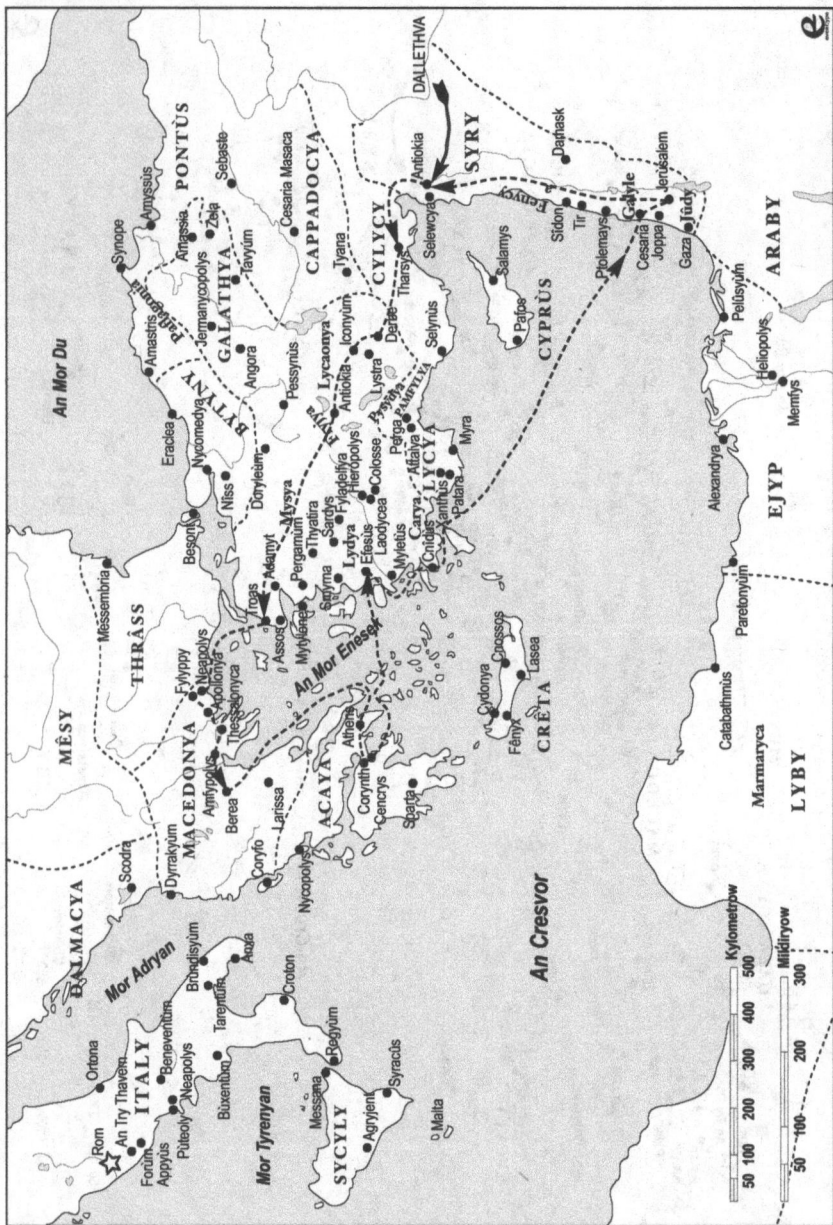

SECÙND VIAJ PAWL

DALLETHVA

SYRY

PONTÙS

CAPPADOCYA

CYLYCY

GALATHYA

ANALÀ

THRÀSS

MÊSY

MACEDONYA

ACAYA

BALMACYA

ITALY

SYCYLY

CYPRÙS

CRÊTA

LYBY

EJYP

ARABY

An Mor Du

Mor Adryan

Mor Tyrenyan

An Cresvor

An Mor Enesek

Mor Adryan

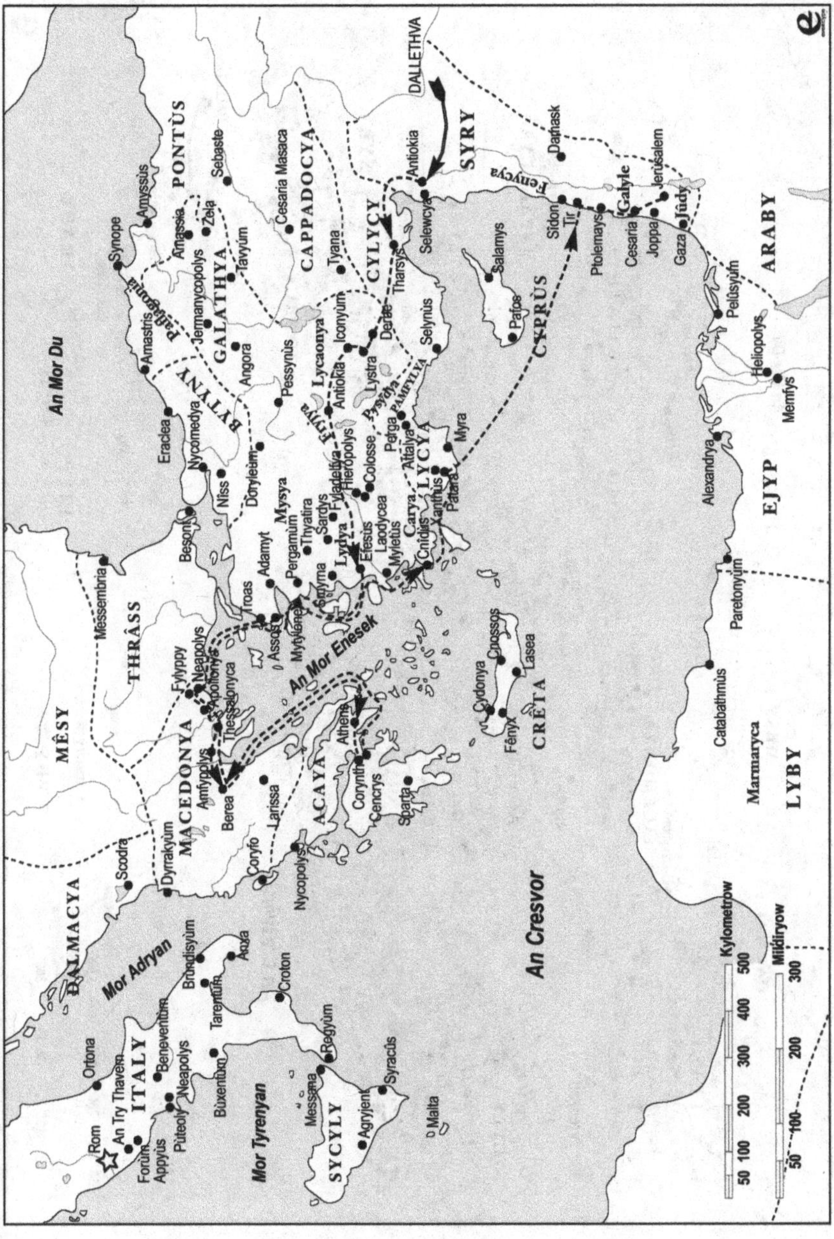
An Mor Du
An Mor Enesek
An Cresvor
Mor Adryan
Mor Tyrenyan
PONTÙS
Paflagonia
BYTYNY
GALATHYA
CAPPADOCYA
CYLYCY
SYRY
DALLETHVA
Fenycya
Galyle
Jûdy
ARABY
EJYP
Marmarya
LYBY
CRÊTA
CYPRÙS
LYCYA
PAMFYLYA
Pysydya
Lycaonya
Fryjya
Mysya
Lydya
Carya
ACAYA
MACEDONYA
THRÀSS
MÊSY
DALMACYA
ITALY
SYCYLY
Synope
Amyssùs
Amassia
Zela
Sebaste
Tavyùm
Jermanycopolys
Amastris
Angora
Cesaria Masaca
Tyana
Pessynùs
Iconyùm
Lystra
Derbe
Antiokia
Tharsys
Selewcya
Damask
Sidon
Tir
Ptolemays
Cesaria
Joppa
Jerùsalem
Gaza
Salamys
Pafos
Pelùsyùm
Heliopolys
Memfys
Alexandrya
Paretonyùm
Catabathmùs
Selynùs
Myra
Attalya
Perga
Patara
Xanthùs
Cnidùs
Colosse
Hieropolys
Laodycea
Myletùs
Efesùs
Fyladelfya
Sardys
Thyatira
Pergamùm
Smyrna
Adamyt
Troas
Assos
Mytylene
Dorylêùm
Nyss
Nycomedya
Eraclea
Besonys
Messembria
Fylyppy
Neapolys
Apollonya
Thessalonyca
Amfypolys
Berea
Larissa
Athens
Corynth
Cencrys
Sparta
Cnossos
Lasea
Cydonya
Fênyx
Dyrrakyùm
Scodra
Coryfo
Nycopolys
Brundisyùm
Aoxa
Tarentùm
Croton
Regyùm
Syracùs
Messana
Agryjent
Malta
Beneventùm
Neapolys
Bùxentùm
Pùteoly
Ortona
Rom
An Try Thavern
Forùm Appyùs
Kylometrow
50 100 200 300 400 500
Mildiryow
50 100 200 300

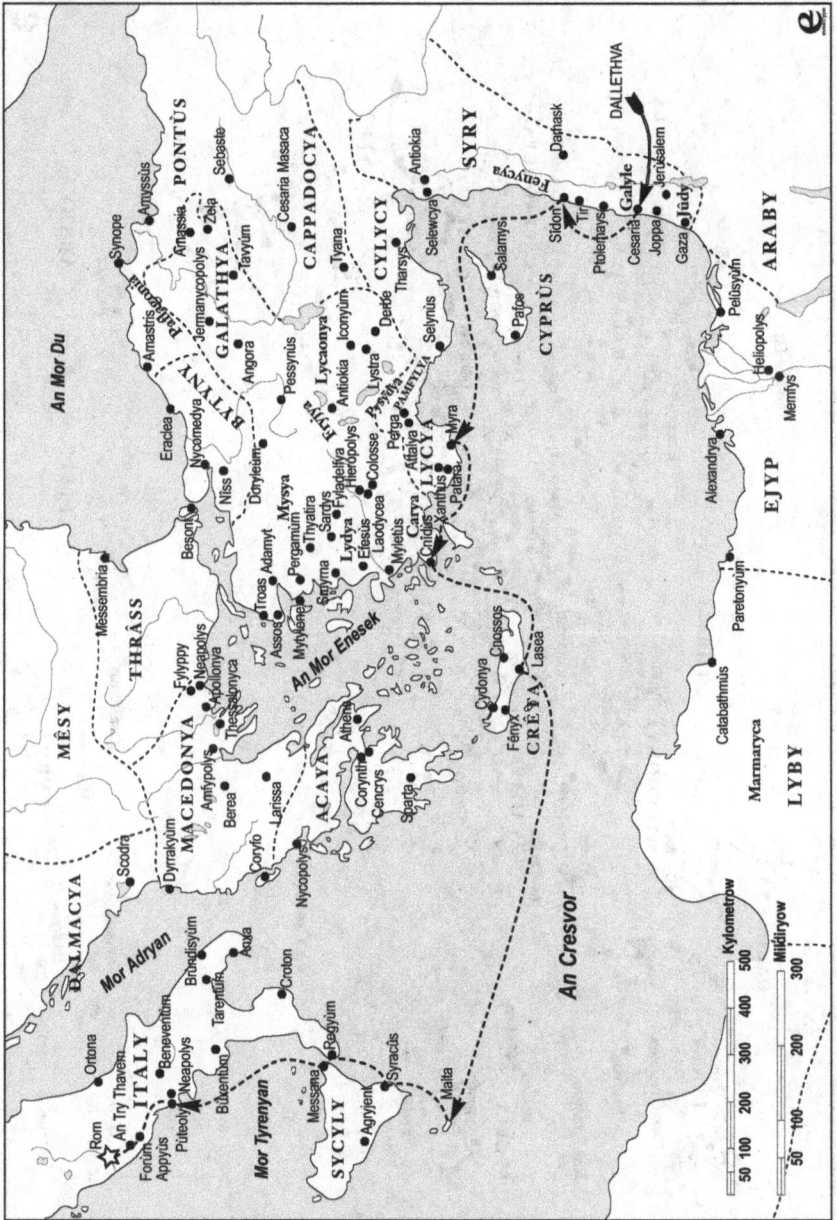

www.ingramcontent.com/pod-product-compliance
Lightning Source LLC
Chambersburg PA
CBHW011202090426
42742CB00019B/3375